KB079545

그곳에 늘 그가 있었다

그곳에 늘 그가 있었다

민주화운동 40년
김정남의 진실 역정

한인섭 대담

창비

머리말

미루어왔던 숙제를 마친 기분

지난 2005년에 나는 『진실, 광장에 서다』라는 제목으로 내가 살아온 민주화의 역정을 책으로 낸 바 있습니다. 책을 쓸 때부터 어딘가 미진한 생각이 들어 언젠가는 그 책을 보완하는 작업이 필요하다고 생각했습니다. 얼마 뒤 창비의 염종선 이사에게 그런 나의 뜻을 말했더니 그것보다는 차라리 회고록을 써달라는 것이었습니다. 회고록이라니? 아직 그런 걸 쓸 나이라고 생각해본 적도 없는데다가, 회고록이라는 것이 흔히 그렇듯이 제 잘난 얘기를 늘어놓는 노릇이라 그건 차마 못할 짓이라고 마음속에 담아놓고 있었습니다.

2018년에 한인섭 교수와의 대담을 담아 펴낸 함세웅 신부의 『이 땅에 정의를』이 나왔습니다. 나는 이 나라 민주화의 긴 여정에서 한국 천주교정의구현전국사제단과 그것을 이끌어온 함세웅 신부의 역할은 질(質)과 양(量)에서 압도적인 위치를 차지한다고 늘 생각하고 있던 터라 이 책의 출간이 그렇게 반가울 수가 없었습니다. 그러나 자신을 낮추고 자신을 자랑하지 않는 사제의 아름다운 덕목을 이해한다 해도, 이 책에는 사제단이 했던 그 많은 일의 상당 부분이 빠져 있었습니다. 사제단의 활동에 일정 부분 제가 동행한 적이 있었기에, 어떤 형태로든 그 빠진 부분을 보완해야 한다는 생각을 가지게 되었습니다.

그러던 차에 창비로부터 내가 관여했던 한국 민주화운동의 전 역정을 역시 대담으로 정리하자는 제안에 들어왔고, 또 마침 한인섭 교수가 바쁘고 힘든 공적 생활의 와중에도 틈을 내어 대담을 맡겠노라 어렵게 나서주었습니다. 나는 일찍이 홍성우 변호사와의 대담집 『인권변론 한 시대』를 한교수가 정리할 때도 여러차례 보조 대담으로 불려나간 적이 있는데다가, 함세웅 신부와의 대담을 정리한 것을 보고 한인섭 교수야말로 이 나라 민주화운동과 인권운동에 관한 한 대한민국 최고의 연구자요, 기록자라는 것을 깊이 깨닫고 있었기 때문에 차마 그 출판기획을 거절하지 못했습니다. 어쩌면 그것은 나에게 불감청(不敢請)이되 고소원(固所願)이었는지도 모릅니다. 따라서 이 책이 나올 수 있게 된 것은 오로지 한인섭 교수 덕택이라고 할 수 있습니다.

이제야 비로소 미루고 미루던 숙제를 끝낸 기분입니다. 사실 민주화운동 40년에서 정작 내가 말하고 싶었던 것은 세상에 널리 알려지지 않았지만 우리가 여기까지 올 수 있게 해준 그때 그 사람들, 의협 박윤배, 이선휘, 강은기, 1970년대 구속자가족협의회를 이끌었던 김한림 선생, 정금성 어머니, 고독한 민주혁명의 주인공 김재규와 그 주변, 한국에서는 어디 한줄 보도되지 못하는 일들을 제 일인 양 온 세계에 알리는 역할을 했던 콜레트와 송영순(바오로)을 비롯한 해외의 의인들, 이역 땅에서 풍찬노숙하며 한국의 민주화와 민족 통일을 염원하며 국내외 한인들의 연대를 모색했던 해외 지사(志士)들의 이야기였습니다.

잘 알려진 사건과 사람들의 알려지지 않은 뒷이야기도 들려주고 싶었습니다. 한 사람이라도 더, 한 장면이라도 더 드러내 보여주고 싶었습니다.

한인섭 교수는 이 책 발문에서 홍성우 변호사의 '인권', 함세웅 신부의 '정의'에 이어 나에 대한 주제어를 '진실'이라고 말합니다. 나에게는 너무나도 벅차고 과분한 말이면서 또 두려운 말이기도 합니다. 『추기경 김수환 이야기』(평화방송·평화신문 2004)에 이런 이야기가 나옵니다.

> 광주에서 계엄군과 시위대의 충돌이 초읽기에 들어갔다. 무슨 수를 써서라도 유혈사태를 막아야 한다는 신념으로 이희성 계엄사령관을 만났지만 소득이 없었다. 다만 계엄사령관의 협조를 얻어 군종신부 편으로 광주의 윤공희 대주교에게 편지와 약소하지만 돈을 보낼 수 있었다.
>
> 편지에 "광주의 진실을 알려야 합니다. 따라서 진실이 필요합니다." 윤대주교한테서 짧은 답장이 왔다. "옳은 말씀입니다. 광주의 진실이 필요한 게 지금 '진실'입니다."

민주화투쟁의 격랑 속에서 민주화를 명분으로 한 나의 간청을 차마 거절할 수 없어서 '끌려 들어온' 탓에 시대의 봉변을 당하신 분들 가운데는 감옥에까지 가신 분들도, 명예로웠던 직장에서 쫓겨나신 분들도 있습니다. 또 힘들고 먼 민주화의 여정에서 보이게, 보이지 않게 민주화로 인해 궂은일을 당하신 분들도 많습니다. 저로서는 참으로 죄송스럽기 짝이 없습니다.

민주화운동 40년, 그 역정을 마감하면서 민주화라는 이름으로 인연을 맺었던 모든 분들께 성심을 다해 감사의 인사를 전합니다. 감사합니다. 감사합니다.

2020년 10월

김정남

차례

1부 1960년대

2부 1970년대

3부 1980년대

4부 1990년대 이후

대담을 시작하며

양재역 12번 출구 앞에서 우연히 김정남 선생을 만났다.
평생을 별다른 직업 없이 살아온 그는
아침에 일어나면 동네를 한바퀴 돌며 골목을 깨끗이 쓸었다고 하는데,
세상엔 이렇게 그림자처럼 조용한 분들이 있으시다.
칠팔십년대 인권 탄압이 있는 곳엔 그가 늘 뒤에 있었으며
변호사를 대신해 쓴 '변론'만도 아마 수천 페이지가 넘을 것이다.
'박종철 사건'도 보이지 않는 그의 손에 의해 처음으로 밝혀졌다.
그러나 역사는 이런 분을 잘 기억해주지 않는다.

— 이시영 「찬(讚) 김정남 선생」

김정남 선생님, 그동안 참으로 만나 뵙고 말씀 나누고 싶었습니다. 선생님은 군사독재에 맞서 민주화운동을 기획작품으로 만들어낸 분, 민주화운동의 보이지 않는 손길, 그리고 민주화운동에서 탄생한 수많은 문건의 실제 집필자, 대략 이렇게 알려져 있는 것 같습니다. 민주화운동의 실상을 파고들다보면 곳곳에 선생님의 손길과 발길이 스며 있다는 느낌을 여러번 받았습니다. 이런 김정남 선생님을 모시고 장기 인터뷰를 통해 궁금한 대목을 질문 드리고 싶습니다. 주인공은 어디까지나 김정남 선생님으로 해서 말입니다.

한교수가 그런 방향으로 하겠다면 그렇게 하되, 내 희망사항은 되도록이면 많은 역사적 진실을 담아, 관련된 사람들의 이야기가 많이 나오면 좋겠습니다. 특히 묻힐 수 있는 사람 또는 덜 드러나 있는 사람들에 대해 내가 아는 이야기를 더 많이 해야 하는 게 아닌가 싶습니다.

그런 방향에 유의하겠습니다. 제가 청년들에게 김정남 선생의 생애를 인터뷰하고 있다고 말하면, 대체로 첫 반응이 "김정남이 누구인가요?"입니다. 때로는 "북한의 그 '김정남' 말입니까?" 하고 반문을 듣기도 합니다. 그런 분들에게 저는 영화 「1987」(2017)을 봤느냐고 묻습니다. 설경구가 연기한 실제 인물이 김정남 선생님이시잖아요.

선생님의 이름을 검색해보면 반드시 등장하는 것이 영화 「1987」의 중심 사건이기도 한, 1987년 '박종철 고문치사 사건'입니다. 자세한 이야기는 나중에 다루게 되겠지만 간단히 말씀을 드리면, 당시 치안본부 대공분실에서 대학생 박종철을 고문치사시켜놓고는, 2명의 경관이 실수로 죽인 거라고 마지못해 발표를 합니다. 그 고문사의 실질적 내막을 폭로하기까지 선생님이 지대한 역할을 했고, 이 사건이 1987년 국면을 독재타도와 민주주의의 시작이라는 대반전으로 전환하는 결정적인 계기가 되었습니다.

제가 혼자 한 게 아니라 여러 분들이 어려운 고비를 넘기면서, 배턴터치하듯이 제 역할을 한 덕분에 진실이 밝혀지고 역사를 새롭게 쓸 수 있게 된 거죠. 신학적 톤으로 말하자면, 1987년까지의 민주화의 역사는 하느님의 오묘한 역사개입이라고 부를 만하다고 생각됩니다. 다만 언급해주신 박종철 사건만 하더라도 진실이 뒤죽박죽되어 있어, 내가 아는 범위 내에서 바로잡고 싶은 생각이 있습니다.

선생님도 아시다시피, 저는 그 시절 인권변호사로 활동하신 홍성우 변호사와 천주교정의구현전국사제단의 중심이셨던 함세웅 신부를 인터뷰한 책을 내기도 했습니다. 홍성우 변호사는 법조인이고, 함세웅 신부는 종교인인데, 이 두분을 통해 절망의 시대를 타개해가는 지혜와 용기, 그리고 이웃을 향한 사랑과 정의를 배울 수 있었습니다. 그런데 그 두분의 인터뷰에 처음부터 끝까지 그림자처럼 동반해가는 인물이 바로 김정남 선생님이었습니다. 법조인과 종교인이 어쩌면 약간 표면적인 일을 해야 한다면, 그런 일이 가능하게끔 기획하고 추진해가는 모습으로 김정남 선생님이 시종 등장합니다. 과연 김정남이 누구일까? 구체적으로 어떤 활동을 어느 수준까지 했을까? 궁금함이 가득 차올랐습니다. 그런데 이렇게 그 김정남 선생님을 모시고 장기 인터뷰를 진행할 수 있다고 하니, 궁금함과 호기심이 마구 약동합니다. 그런 제 마음이 우리 독자나, 현대사에 대해 궁금한 분들의 공통적인 마음이 아닐까 합니다.

한교수가 공무로 바쁜 중에도 대담을 해주신다니, 나로서는 그저 미안하고, 내가 할 말이 따로 있을까 송구스럽기도 합니다. 하지만 그동안 소개되지 않았거나 부각되지 않은 이분 저분들의 이야기를 남겼으면 좋겠다고 생각하고 있었으니 잘 활용하면 여러모로 유익할 것 같습니다.

최근 20년 동안 선생님은 공적 활동보다는 집필활동으로 존재감을 드러내는 것 같습니다. 『진실, 광장에 서다』가 2005년에 나왔고, 『이 사람을 보라』 1권이 2012년에 나왔고, 2권은 2016년에 나왔습니다. 아마도 군사통치, 독재정치 시대의 역사적 진실과 그 내막을 잘 아는 입장에서 시대의 증언자로서의 소임을 자임하신 것 같습니다. 다만 두 책에서 제가 아쉬웠던 점은 김선생님의 스토리가 숨은 듯이 나와 있는 것입니다. 자기 겸손이 지나쳐서, 과연 그러한 일에 있어 김선생님의 역할과 내적 어려움, 그리고 그것을 뚫고 가는 개인적 지혜 같은 속사정을 알기 좀 어렵습니다. 그래서 김정남을 중심으로 질문 드리고 싶은데, 이번에는 회피하지 마시기 바랍니다.

글쎄요…

민주화운동의 기획자다, 조직가다, 배후인물이다 이런 세평에 대해서는 어떻게 받아들이시는지요?

그런 것보다 그냥 역사에 부딪혀서 따라가다보니까 여기까지 온 거죠. 그때그때 상황의 연장선에서 어떻게 할 것인가 고심하다가 꾀가 나왔는지는 모르지만. 대개 보면 내 일생이 그랬던 것 같아요. 역사의 부름에 내가 '여기 있다' 하고 자발적으로 나간 건 아니었지만 그런 요청에 끊임없이 불려나가서 채이고 뒹굴고 그랬던 것 아닌가 하는 생각이 듭니다.

제가 여기서 해야 될 얘기인지는 모르지만 살아오면서 참 오묘한 부름이었다 하는 생각이 들 때가 많습니다. 전혀 생각하지 못했는데 하루하루 가다보니까 그렇게 되었다고 할까요. 또 마침 보살펴주는 분들이 있어서 내가 안전하게 그 위험한 터널을 잘도 지나왔구나 싶기도 하고요. 예를 들면 박종철 사건, 최종길 사건도 그렇지만 천주교정의구현전국사제단을 비롯한 관련된 모든 분들이 나를 지켜주지 못했더라면… 이런 것들이 다 합쳐져서 여기까지 올 수 있었던 거 아닌가 싶습니다. 나도 그렇고 세상도 그렇고 역사도 그렇고, 다 그런 게 아닌가 하는 생각이 들어요.

앞으로 선생님과의 대담을 통해 우리 현대사의 내막을 알아보고, 또 등장인물들의 숨은 공헌도 두루 알아가면 좋겠습니다. 토요일 오후에 창비 사무실에서 뵙도록 하고요. 제가 주로 질문하겠지만, 서현수 박사도 가세하고, 또 창비의 여러 분들도 녹취와 정리를 도와주실 예정입니다. 아울러 선생님도 너무 겸양으로 일관하지 마시고, 자신의 활동과 고민도 충분히 말씀해주시면 좋겠습니다.

여러분들께 감사드리고, 모두에게 의미 있고 충실한 시간이 되었으면 합니다.

1부

1960년대

나의 대학 신입생 시절

이제 본격적으로 들어가볼까요? 선생님의 대학 시절 이야기로 시작해볼까 합니다. 대학 입학이 1961년 4월이시죠? 그때 서울대 문리대는 4·19혁명을 주도한 학생운동의 산실로서 그 분위기가 최고조였을 것 같습니다. 그런데 입학하고 한달 뒤인 5월에 5·16군사쿠데타를 맞지 않습니까. 한달 사이에 극단적 변화를 겪었을 텐데, 신입생 입장에서 어땠습니까?

대학 시절로 들어가기 전에 서울대 입학 한해 전인 1960년 고3 시절부터 이야기를 해야겠네요. 제가 대전고를 나왔습니다. 4·19가 나던 그해에 제일 먼저 시위에 나선 게 2월 28일 경북고이고, 그다음이 대전고였습니다. 그때는 학도호국단이라는 게 있었는데, 경북고에서 2월 28일에 시위가 있었다는 얘기를 듣고, 우리 학교 학도호국단 친구들이 3월 8일 공설운동장에서 하는 야당 후보 정견발표에 가기로 했어요. 그걸 알게 된 교장 선생이 거기에 못 가게 하기 위해서 학도호국단 간부들을 교장 관사에 집결시켜 다른 학생들하고 접촉하지 못하게 조치했습니다. 그런데 이심전심으로 전달이 돼서 교장 관사에 잡혀 있던 간부 학생들도 관사를 뛰쳐나왔고, 교내 학생들도 담을 뛰어넘어서 공설운동장으로 달려가 대전 시내를 한바퀴 도는 시위를 했어요.

그때 처음으로 뭐라고 설명하기 어려운 벅찬 느낌을 받았습니다. 저절로 주먹이 쥐어지고, 가슴에선 뭔가 빽빽하게 차오르고, 눈에서는 괜히 눈물이 나오고, 목은 막히고, 말할 수 없는 벅찬 감격 같은… 이것이 바로 정의감인가 하는 생각을 했습니다. 사전적인 의미로만 알고 있던 단어의 실체를 온몸으로 느낀 거죠. 그 시위로 일부 학생들은 경찰서에 연행되기도 했는데, 나는 간부도 아니었고, 그냥 따라만 다녔기 때문에 처벌을 받지는 않았습니다.

어떻든 3월 8일의 그 사건이 4·19로 이어지는 과정에 상당히 중요한 역할을 했습니다. 대전고 교정에 2013년에세운 3·8민주의거기념비가 서 있는데, 그 비문을 제가 썼습니다. "1960년 3월 8일 순정한 정의의 함성이 침묵하던 시대와 강산을 흔들어 깨워 마침내 4·19혁명으로 이어지게 하였으니 그 의기 높고도 장했다. 여기를 거쳐 가는 대능의 젊은이여! 불의를 보고 분노할 줄 아는 그날의 용기를 되새겨 항상 깨어 있어라" 3월 8일은 2018년에 국가기념일로 지정이 됐어요.

대전의 3·8이 대구의 2·28에서 마산의 3·15로 넘어가는 가교 역할을 한 것이군요. 그뒤 부산도 고등학생들은 3·24를 기념하더라고요. 대학 개강은 4월이었으니까, 3월에 뭔가 할 수 있는 건 고등학생밖에 없는 상황이고, 또 3월 15일이 선거일이었으니, 선거 정국에서 학생운

대전고등학교 교정에 있는 3·8민주의거기념비(월간토마토 제공).

동이 발화한 것이네요.

저는 1956년에 신익희 대통령 후보가 돌아가셨을 때도 울고, 1960년 야당의 대통령 후보로 선출된 조병옥 박사가 신병 치료차 미국에 건너가 월터리드 육군병원에서 죽었을 때도 아주 안타까워했어요. 조병옥이 죽고 이승만이 대통령 후보로 단독 출마한 기이한 상황인데, 학생들보고 유세장에 가지 말라고 탄압한 것이 오히려 학생들을 격동시킨 셈이 됐죠.

4·19가 성사되고 나서 우리는 엄청난 환희에 빠져 있었어요. 당시 고3이었던 저는 법학과와 정치학과를 두고 고민을 했는데, 어린 마음에 법대는 고시를 봐야 한다는 것이 좀 구차하다는 생각도 들고, 한편

으로는 4·19 이후에 높아진 민주화에 대한 기대 때문에 정치학과를 선택했습니다.

그때 서울대에 지원을 하려면 제2외국어를 해야 되는데, 저는 불어로 시험을 쳤습니다. 그때 들어간 대학의 분위기를 불어로 표현하자면, 지금 정확하게 그 단어는 생각이 안 나는데, 누 느 불롱 파 사크리피에 소시알리슴 푸르 위마니테… 해석하면 "우리는 휴머니즘을 위해서 사회주의를 희생할 수도 없고, 사회주의를 위해서 휴머니즘을 희생할 수도 없다"(Nous ne Voulons pas Sacrifier Socialisme pour Humanite, Nous ne Voulons pas Sacrifier Humanite pour Socialisme) 이런 뜻이에요. 이게 아마 프랑스의 혁명적 로맨티스트들의 구호 비슷한 게 아니었던가 싶은데 대학에 입학했을 때 저의 기분이 그랬습니다. 그때는 '쿠바 인민이 물으면 나 자랑하리라, 1960년 4월 19일 민중의 힘으로 이승만 독재를 무너뜨린 대한민국의 청년학생임을' 이런 걸 흥얼거리기도 했습니다. 그 전해(1959년)에 쿠바의 카스트로가 혁명에 성공했잖아요.

사람의 기억 속에서 기억의 총량이 제일 많고 영향이 오래가는 게 대학 1학년 신입생 시절 같더라고요. 선생님의 대학 1학년은 어떠했는지를 여쭙고 싶습니다.

대학에 들어가니까 내가 살던 대전 지역사회와는 확연히 그 분위기가 달랐습니다. 그중에서도 결정적으로 달랐던 사람들이 경북고 출신들이었어요. 서울대 정치학과에 경북고 출신들이 엄청나게 많았거든요. 정치학과는 경북고 출신이 주축이 된 상당히 선각된 사람들과 그냥 정치학과라는 이름 때문에 온 사람들이 혼재돼 있었어요. 제때 들어온 사람들은 3분의 1 정도 되고, 재수 또는 삼수를 한 사람이 3분의 2쯤 됐죠.

경북고 출신들이 정치지향성이 상당히들 강했는데, 보차로프의 『세계사교정』, 전석담의 책, 모택동의 『모순론』 등을 읽고 와서 아는 척을 합니다. 저는 대학에 오기 전까지 전석담, 백남운이란 이름을 한번도 들어본 적이 없었고, 레닌의 『제국주의론』도 들어본 적이 없는데, 이 친구들은 그런 얘기를 다반사로 하는 거예요. 나는 우물 안 개구리였구나, 공부를 많이 해야 이 사람들하고 대화를 할 수 있겠다, 빨리 이 사람들 따라잡아야지, 이런 지적 열등감을 많이 느꼈던 것 같습니다. 대전고도 좋은 학교라고 생각했는데 경북고가 압도해버렸다고 해야 할까요.

저는 매일 도서관에 가서 그쪽 관련 책을 섭렵하거나 『삼천리』 같은 잡지도 많이 봤습니다. 그 친구들의 분위기에 휩쓸려 우리 과 친구들 대부분이 동대문 쪽의 중고서점에 가서 그런 계통의 헌책을 열심히 샀어요. 저도 마찬가지고요. 어디 중고서점에 무슨 책이 있다더라 하는 소문이 나면 서로 먼저 가려고 난리였죠. 당시 중고서점에 가면 일본 책도 있고 우리나라 책도 엄청나게 많이 있었습니다.

전석담, 백남운은 맑스주의 사회경제사 관계로 일제강점기부터 책을 낸 좌파 지식인이고 해방 후 월북한 학자로 압니다. 경북고의 2·28 민주운동도 그냥 나오는 게 아니군요.

그랬을지도 모릅니다. 2·28이 고(故) 이대우 부산대 명예교수가 중심인 것으로 알려져 있는데, 당시 김중태를 비롯해 경북고 출신들이 한 얘기는 조금 달라요. 하청일이라고 기층 계층 사람인데 그 친구가 학생운동을 주동했다는 거예요. 아마 실제로 그랬을 겁니다.

아무튼 1학년 때 저는 『세 세대』라는 서울대 문리대 신문사에 들어갔는데요. 『세 세대』는 『우리의 구도』라는 신문의 후신입니다. 신문을 발행하는 주체는 대개 2학년들이었고 그때는 아동문학가인 고 마해송 선생의 아들 마종훈이 편집장을 하고 있었어요. 『무진기행』을 쓴 김승옥, 숙명여대 교수 하다가 뒤에 번역원장을 지낸 김주연 이런 친구들이 2학년 편집자들이었습니다. 제가 찾아갔을 때는 『새 세대』 기자 모집이 끝나버렸더라고요. 그래서 기자가 하고 싶은데 이러저러한 이유로 늦어서 시험을 못 쳤다고 설명을 했어요. 다행히 그게 받아들여져서 제가 『새 세대』의 기자가 됐습니다. 『새 세대』는 2주에 한번씩 발행을 했는데, 남대문 사거리에 있는 민국일보에서 인쇄를 했습니다. 교정 작업 마친 후 회식 자리에서 난생처음으로 돈까스를 먹었습니다.

당시에 지방에서 올라온 학생들은 입주 가정교사를 하면서 숙식을 해결하는 경우가 많았어요. 시간제 가정교사도 있었지만 수입도 적고 숙식을 자기가 알아서 해결해야 하니 입주 가정교사를 선호했지요. 저도 마찬가지고요. 신문에 친구 집 전화번호를 적어 가정교사 광고를 낸 후에 그 집에 가서 하루 종일 기다린 적도 있는데, 사실 광고를 낸다고 바로 할 수 있는 것도 아니지요. 한동안은 『새 세대』 사무실에서 잠자리를 해결했습니다. 김승옥이 순천 사람인데 어머니가 아주 자상하세요. 어머니가 미숫가루를 한말씩 만들어가지고 김승옥에게 보내면 그것도 좀 얻어먹으며 한끼 때우기도 하고, 같이 자기도 하고.

대학 들어간 지 한달도 안 되어 5·16이 일어났습니다. 선생님께 당시 5·16은 어떻게 다가왔습니까?

사실 나는 등록금을 마련하지 못해 4월이 훨씬 지나서 서울로 올라왔어요. 내 딴에는 등록금을 만든다고 고심을 했어요. 신문에 보니 삼일장학회라는 곳에서 주관하는 시험이 있는데 거기 합격한 대학 신입생에게 4년 내내 장학금을 준다는 거예요. 그 시험 장소가 부산이어서 부산까지 가서 장학생 시험을 쳤는데 떨어졌어요. 등록금을 못 내니 대학은 못 다니다보다 하고 있었는데, 우리 집에서 빚을 내 등록금을 냈는데 왜 안 가냐고 해서 뒤늦게 서울에 올라왔지요. 4월 20일쯤 됐을 겁니다. 그러고 얼마 안 돼서 5·16군사쿠데타가 일어났습니다.

대학생활을 시작하자마자, 우리들의 낭만이 이제 막 꽃피려 할 때 5·16은 아닌 밤중에 홍두깨였지요. 군사쿠데타는 우리의 대학생활, 낭만에의 기대 같은 것을 한꺼번에 빼앗아갔습니다. 다만 당시에 모든 이들이 곧바로 절망으로 느끼지는 않았던 것 같아요. 선배들 가운데는 쿠데타의 수괴라 할 박정희의 정체에 대해 반신반의하는 묘한 분위기도 있었습니다. 박정희가 옛날에 남로당에도 가입을 했다더라 그러니까 반드시 반동적인 것만은 아니지 않냐, 기대해보자 하는 유보적인 심리도 있었던 듯하고요. 다른 한편에서는 5·16은 군사쿠데타 이상도 이하도 아니라고 보는 단호한 의견도 있었습니다. 뒤에 들은 얘기지만 박현채 선생은 박정희에 대해 한번 배신한 놈은 두번 배신한다, 박정희는 인정할 수 없는 자다, 틀림없이 반동쿠데타를 일으킨 거다, 우리가 추호도 흔들려서는 안 된다고 일관된 주장을 내세웠다고 합니다.

1963년 민정이양 다음에 대통령 선거 등의 과정들이 있었는데, 그때까지 학생들의 움직임은 별로 없는 것 같더라고요. 학생들의 움직임은 1964년부터 일어나는 거 아니에요?

내 기억으로 1962년에 의정부, 동두천 쪽에서 양키들이 양공주라 불리던 여성들의 머리를 강제로 자르고 린치하는 일이 상당히 많았습니다. 제가 대학 들어와서 했던 공개적인 첫 시위가 1962년에 한미행정협정 체결 촉구 데모로 기억을 합니다. 그때는 돈이 없으니까 문방구에 가서 전지 한장을 사가지고 와서 붓글씨로 '린치 노'라고 써서 들고 중앙청까지 행진을 했어요. 1963년에는 박정희가 군정을 민정으로 한다, 아니다 군정을 연장한다, 이런 정치술수를 부려 학생들이 군정연장 결사반대 데모를 합니다. 이때는 박정희의 정체가 확연히 드러났고, 군정은 안 된다는 것이 저희들의 신념이었습니다. 당연히 저도 참여를 했는데, 『사진으로 보는 한국백년』(전4권, 동아일보사 1991)이라는 화보집에 제가 '군정연장 결사반대'라고 쓴 종이 플래카드를 들고 있는 사진이 실려 있어요.

당시 학생운동의 중심은 단연 서울대 문리대였지요?

1960년대, 우리가 학교에 다닐 때는 학생운동의 중심이 문리대였습니다. 혁신계 사람들도 문리대를 주목했습니다. 4·19 당시에 나온 제1선언문은 이수정이라는 사람이 썼는데 "우리는 캄캄한 밤의 침묵에 자유의 종을 난타하는 타수의 일익임을 자랑한다" 이런 명문이에요. 4·19 다음 해에는 혁신계 사람이 썼습니다. 김정강의 증언에 의하면 제

1963년 군정연장 반대투쟁에서 플래카드를 들고 있는 김정남(오른쪽 아래). 동아일보 1963년 4월 19일.

2선언문을 쓴 사람이 이종률이라고, 그 당시 서울대 학생은 아니었고, 통일민주청년동맹(통민청) 위원장이었다고 합니다. 선언문을 쓸 때는 현실인식을 어떻게 선언문에 표현할 것이냐 하는 문제가 상당히 중요하지요. 아마도 4·19 이후의 사태 전개에 대한 상황인식과 나아갈 방향 등을 선언문에 담아야 하기 때문에 굳이 그분이 썼던 게 아닌가 싶어요.

나는 3학년 때 4·19 제4선언문을 썼습니다. 현실인식이나 나아갈 방향, 박정희 군사정권에 대한 투쟁을 통해 우리의 정체성을 확보해야 한다, 우리가 변혁하지 않으면 안 된다, 이런 내용이었던 것 같아요. "4

월의 하늘은 이토록 청명한데 우리를 둘러싼 대기는 어이 이처럼 암울한가" 이런 다소 감상적인 문구를 넣었던 기억이 납니다.

학생운동의 중심으로

당시 4·19 선언문은 연도별로 하나하나가 중요하죠. 시대인식이 반영돼 있으니까요. 그럼 제4선언문을 쓰신 게 1963년이죠. 그때쯤이면 촌놈의 열등감을 다 극복하고 학내 중심이 되신 겁니까.

상당히 의욕적으로 바뀌었죠. 이제 나도 학생운동에 적극적으로 참여를 해서 역사의 일익을 담당해야 한다고 생각했어요. 지금 돌이켜보면 상당히 오만하고 건방졌던 것 같습니다. "나는 인민 일반을 불타게 사랑한다" 이런 문장을 공책에다 써놓기도 하고, 혁명을 하다 잡혀 들어가 단두대에서 처형되는 꿈을 꾼 적도 있어요. 꿈속의 나는 어떨 땐 비겁하고 어떨 땐 당당하기도 하고, 그때는 아주 혁명적 로맨티스트의 시대였죠, 말하자면. 그 무렵 서울대 문리대에서 나온 이런저런 선언문이나 문건에 손을 대기도 했습니다.

혁명적까지는 맞는데 로맨티스트가 붙으려면 다른 뭐가 하나 있어야 됩니다. 사랑과 이별, 비장감, 이런 인간적인 뭔가가 덧붙어야 로맨티스튼데…

당시 운동권하고 가까이 지낸, 그러니까 우리한테 접근했던 이들이 서울대 미대의 3, 4학년 여학생들이었습니다. 미대하고 우리하고는 상당한 정도로 왕래가 있었어요. 그 친구들은 우선 우리보다 부유하니까 술값을 낼 수가 있고, 또 술도 조금은 먹을 줄 알았지요. 우리에게 잘하고 있다며 고무시켜주는 분위기가 있었습니다. 나에게 사랑과 이별 같은 낭만은 없었지만 그때 혁명을 꿈꾸던 우리들 옆에 그들이 있어서 우리의 젊음이 마냥 삭막하지만은 않았지요.

대학 3학년이 된 선생님은 이제 학내 학생운동의 중심에 있다고 볼 수 있나요?

중심까지는 아니지만 그 당시는 주류라고 할 수 있는 그룹에 있었죠. 그때 우리가 제일 경멸했던 사람이 학생회 감투 쓰려고 왔다갔다 하는 놈들이었습니다. 거의 사람 취급을 안 했죠. 학생회 선거를 간선으로 했는데, 대개 저희들끼리 타협을 합니다. 주류가 서울고하고 경기고니까, 그 두 학교 출신들이 자기들끼리 협상을 해서 우리가 학생회장하고 총무부장 맡을 테니까 너희들은 뭐 해라 이런 식이었던 거죠. 저는 학생회 철폐를 주장했습니다. 쓸데없는 옥상옥이고 저런 애들은 필요 없다고요.

학생회 말고 학생운동을 이끌 만한 조직이 있었나요? 재판기록을 보면 1964년에 민주화운동의 배후로 민족주의비교연구회(민비연)가 떠오르는데, 정권이 크게 부각시킨 겁니까 아니면 그 자체의 영향력이 있었는지요. 선생님도 민비연 멤버이셨던 것 같은데요.

네. 그렇죠. 민비연은 사실 정권에 의해 부각된 측면이 있습니다. 당시 최문환 교수의 『민족주의의 전개과정』(백영사 1958)을 열심히 읽으면서 민족주의에 대해 공부했고, 이종률(학생)을 포함해 3, 4학년이 주축이 돼서 민비연을 만들었어요. 초대 회장은 이종률이 했고, 실질적인 주체는 김중태 등 우리 학년이었어요. 민비연이 마치 당시 여러 사건의 모체 비슷하게 언급이 되는데 실제 그런 건 아니고, 그냥 우리끼리 문리대 내에 공식적인 학내 써클로 만든 거죠. 교수들이 민비연 지도교수를 서로 안 하려고 했는데 독일에서 공부하고 돌아온 황성모 교수가 다행히 지도교수를 맡아주었습니다. 6·3학생운동도 민비연 멤버들이 참여했고 주된 역할을 한 건 사실인데, 민비연 자체가 주축이 돼서 뭘 했다고 하기에는 좀 억지가 있죠.

6·3학생운동으로 선생님의 이름이 알려지고 고초도 겪게 됩니다.

군사쿠데타로 박정희 정권이 들어선 뒤에 살아남은 그룹 중 이념적 색채가 강한 조직이 문리대에 꽤 많았습니다. 그때 논쟁이 상당히 치열했는데, 예컨대 철학과의 서정복을 중심으로 일각에서는 국민의 70~80퍼센트가 농민이니까 혁명의 중심이 농민이 돼야 한다고 주장했어요. 박종렬, 김정강 이런 사람들은 혁명의 원칙상 프롤레타리아,

특히 노동 계급이 중심이 돼야 한다는 주장을 했고요. 지금 생각하면 좀 우습지만 옛날에는 꽤 격렬하게 토론도 하고, 그거 때문에 서로 갈라서기도 하고 그랬어요. 또다른 일부는, 우리가 실력을 키울 때까지는 우리를 숨겨야 된다, 지금 뭘 하는 것은 자기소모적이니 삼가야 한다는 주장을 하는 사람도 있었죠. 이런 논의들에 나도 관심이 많을 수밖에 없었어요. 학내 학생운동의 중심을 누가 장악하느냐 하고 관련이 있는 일이기도 했고요.

그 무렵 나한테 김정강이 의도적으로 접근을 했습니다. 김정강은 굉장히 똑똑한 사람이에요. 원래는 육군사관학교를 가려다가 시력 때문에 못 갔다고 합니다. 사관학교까지 찾아가서 자초지종을 설명했는데 끝내 규정상 안 된다고 해서 서울대 정치학과에 들어왔지요.

김정강에 대해서 좀더 이야기를 하면, 김정강은 밤늦게까지 모여 있어봤자 사람들끼리 쓸데없는 얘기만 하게 되니 잠은 잠대로 못 자고 책도 못 읽고 시간낭비다, 그러니까 저녁 7시에 자고 새벽에 일어나 독서를 해야 한다고 주장했어요. 본인 스스로도 실제 그렇게 엄격하게 자기관리를 했고요. 우리가 어디서 몇시에 약속을 했다 그러면 김정강은 한두번 먼저 가서 몇분이나 걸리는지 재보는 거예요. 한두번은 괜찮지만 약속시간을 계속 어기면 벌칙으로 장기입신이라고 해서 원을 그려놓고 30분 서 있게 시켰습니다. 그런 규격이 내가 보기엔 좀 거북했죠.

우리나라에서 김정강과 그 일행이 소위 위장취업 1호일 겁니다. 자동차관리사, 열관리사 등 자격증도 한 10개쯤 땄어요. 저는 노동자들 앞에서 내가 『타임』이나 『뉴스위크』 읽는 걸 안 보여줘야 된다고 생각하는데, 김정강은 그걸 읽고 노동자들에게 설명을 해줬어요. 노동자들을 깨우쳐야 한다고. 그렇게 결이 다른 사람인데 그 사람이 나하고 상당히 장기간 만났어요. 문리대에 맑스레닌주의에 기초한 단체를 만들자는 얘기를 했습니다. 우선 문리대에 만들어 그걸 '불꽃회'라고 하고, 서울대 전체에 만들어지면 그걸 반제회, 즉 반제국주의로 하자는 거예요. 한편으로는 황당하기도 하고.

어느 날 김정강이 강령을 써가지고 왔는데, 그 강령 1조가 "미 제국주의와 그 직접적 번견(番犬)으로 되어 있는 군사 파쇼 아래서…" 이렇게 시작하는 글이었어요. 이게 일본 공산당선언, 공산당강령 1조를 번역해서 베껴온 거죠.

어떻게 보면 1차 인민혁명당(인혁당) 사건은 김정강 때문에 만들어진 거라고도 할 수 있습니다. 김정강은 도예종이니, 이종률이니 하는 선배들을 만나고 다니면서 토론도 했는데, 그걸 전부 일기 형식의 기록으로 남기는가봐요. 6·3이 딱 났는데, 광범위한 수배령 아래 집요한 압수수색 과정에서 김정강의 기록 일체가 나온 거죠. 거기에 기록되어 있는 사람들, 도예종과 무슨 토론을 했고, 뭐 했고, 누구랑 만났고, 또 비판도 하고…

김정강 기록을 보면 문리대 책임자는 김정강 본인, 불꽃회 책임자는 김정남, 법대 책임자는 이태일 이렇게 되어 있어요. 게다가 김정강이 접촉한 사람들도 다 기록으로 남겨놨어요. 성균관대는 김승균, 광주는 김시현, 이런 식으로. 그렇지만 저의 죄명은 반국가단체를 구성하고 협의하는 걸 알면서도 신고하지 않았다는 불고지죄였습니다. 내가 적극 동조, 참가한 걸로 되었으면 더 무겁게 처벌될 수도 있는 거죠. 어쨌든 그런 일련의 과정을 거치면서 내가 좌파의 맹장인 것처럼 세상에서 알려지게 되지 않았나 싶습니다.

그럼 문리대 좌익 맹장이 김정강이 아니고 김정남이 된 겁니까?

아니지요. 좌익이라면 누가 뭐래도 김정강이지요. 김정강은 교조주의자적 성격이 강했습니다. 김정강은 6·3 때 인혁당 사건과 같이 불꽃회 사건으로 잡혀 들어가서 2년 징역을 살았어요. 나는 6개월 정도 살다 선고유예로 나와 복학했지만. 이제 김정강은 학내 세력과 완전히 격리가 됩니다. 그뒤로는 과학적 사회주의다, 노동자 투쟁이다 이래가지고 공장으로 갔고요. 그리고 서울 법대나 공대 출신들의 노학연대로 연결이 되죠. 김정강은 그쪽으로 계속했는데 그가 감옥에 있다 나오면서 나와의 관계는 끊어졌어요.

젊을 때부터 좌익, 빨갱이 같은 낙인의 위험하에 있었는데, 그런 걸 지금 시점에서 정리해보면 어떤가요.

내 생각으로 젊은 시절, 사회과학도라면 처음 대학에 들어가 가난한 사람들과 함께 살겠다, 그들을 위해 살겠다, 그들과 함께 싸우겠다고 생각하지 않는 사람은 없을 거예요. 대학사회의 들뜬 분위기에서 자신도 혁명가의 길을 걷겠다고 마음먹는 경우는 얼마든지 있습니다. 그중 상당수는 데모를 하든 글을 쓰든 이러저러한 일로 감옥에 갑니다. 공소장에는 "가난한 집에 태어나 불공정한 사회구조에 불만을 품은 나머지 무슨 무슨 책을 읽고 현체제를 전복할 생각으로 이러저러한 활동으로 국가보안법 또는 반공법을 위반하였다"라는 내용이 적히지요.

감옥에 들어가면 이들의 죄수복에는 네모난 빨간색 딱지를 붙입니

다. 바로 이것이 돌이킬 수 없이 그 사람에게 끝까지 붙어 다니는 좌익, 빨갱이 딱지가 됩니다. 한번 그 딱지가 붙으면 그로부터 헤어나올 수가 없습니다. 많은 사람들이 이 딱지를 안고 인생을 살아가야 하는 거지요. 나는 이 좌익, 빨갱이라는 낙인을 단호히 거부하고 싶습니다. 자유스럽고 젊은 날의 나와 그뒤의 나는 다르며, 또 다를 수밖에 없다는 것을 세상에 말하고 싶습니다. 그들이 죄수복에 빨간 딱지로 붙인 그 낙인을 빌미로 유신정권 이래 역대 정권과 보수언론이 한 사람을 문제적 인간으로 모략 선전하는 데 대해 나는 온몸으로 거부합니다. 나는 그때도 마찬가지지만 지금도 한마디로 규정할 수 없는, 여전히 자유로운 영혼을 가진 한 인간이라는 것을 밝히고 싶습니다. 역대 정권이 전가의 보도처럼 휘두르는 용공좌경 모략이 더이상 통해서는 안 된다고 부르짖고 싶습니다.

한일회담 반대의 격랑

1964년 상반기에는 한일회담에 대한 학생들의 데모가 엄청난 규모로 발전하는 것 같아요. 3·24, 5·20, 6·3학생운동도 있고 그렇죠. 이게 연속적으로 이어지는 흐름이었나요?

3월 24일은 한일굴욕외교 반대투쟁이라고 이름 붙이는 게 제일 좋을 것 같습니다. 3·24는 서울 시내 몇개 대학이 참여를 했는데, 그중 고려대 학생들과 교유가 있었습니다. 서진영, 최장집, 박정훈, 조홍규, 이인식 이 다섯 사람과 자주 만나서 토론도 하고, 6·3학생운동, 다나까 망언 등 현안이 나올 때마다 어떻게 대처할지 논의도 했지요. 연세대에서도 이영철, 정준성 등 새로운 인물들이 나타나 신촌의 시위문화를 바꾸었습니다. 연세대, 고려대 외에 한일회담 반대투쟁에 제일 강한 학교가 동국대였습니다. 제대군인 그룹이 있었거든요. 당시 우리보다 나이가 서너살씩 위인 장장순, 박동인, 정기용 등 제대 후 복학한 사람들이 아주 열심히 한일굴욕외교 반대투쟁에 앞장섰죠. 3·24는 그러니까 3월 24일에 각 대학에서 동시에 일어나서 한일굴욕외교 반대투쟁을 한 거예요.

5·20은 '민족적 민주주의 장례식'이라 그래서 박정희와 김종필이 주창한 소위 '민족적 민주주의'라는 것이 거짓이요, 허구라는 걸 선언하는 데모였어요. 당시 김종필이 항상 자기들의 행위를 민족적 민주주의라고 강조하면서, 한국의 민주주의는 서구의 민주주의와 다르다, 한국의 정세에 맞고 한국적 특질에 맞는 민주주의를 해야 한다고 주장했습니다. 5·20은 이 주장이 허구라는 걸 선언하는 것이었기에, 민족적 민주주의 장례식이라고 한 거죠. 그 장례식의 조사를 김지하가 썼고요. 그러고선 상여를 매고 시위했죠. 그러니까 5·20은 한일굴욕외교 반대투쟁에서 반박정희 정권 투쟁으로 옮아가는 중요한 사건입니다. 이렇게 반박정희투쟁이 확대되는 상황에서 나온 게 6·3학생운동이에요. 그와 같은 분위기가 전국적으로 급격히 확산되자 놀란 박정희 정권이 이대로 가면 망할지 모른다는 위기감에 계엄령을 선포하고 학생들을 탄압한 게 직접적인 계기가 되었지요.

훨씬 뒷일입니다만, 원용석에게 당시 상황에 관련한 이야기를 들은 적이 있습니다. 원용석은 1964년에 농림부장관으로서 일본 농림대신 아카기 무네노리(赤城宗德)하고 카운터파트가 돼서 한일회담을 진행한 사람입니다. 그 사람이 나중에 혜인중기라는 회사를 운영할 때 다른 개인적인 일로 그를 만나 우연히 들은 이야기입니다. 처음에 한국에서 한일회담 반대투쟁이 일어나니까 일본 쪽에서 얼어가지고 "뭐든지 들어주겠다, 너네가 요구하는 게 뭐냐?"라고 아카기 농림대신이 얘기하더래요. 그렇게 유리한 입장에서 회담을 진행하고 있었는데, 데모가 커져서 정권이 위험한 상황에 처하니까 입 쓱 닦고 안 만나주더라는 겁니다. 그러면서 국제관계라는 게 단순한 게 아니다, 한국에서의 일거수일투족이 모두 다 국제관계에 반영된다는 얘기를 하더라고요.

3·24 당시 선생님의 역할은 뭐였습니까?

저는 전면에 나서지는 않고, 뒤에서 문면검토나 이론 만드는 일을 했습니다. 한일굴욕외교 반대투쟁을 계획하면서, 우리들의 정당성을 확보하기 위해서는 이론적인 무장이 필요하다고 판단해서 서울상대 박희범 교수와 안병직 전임강사 등을 찾아다니며 배웠습니다. 돈암동에서 안암동으로 넘어가는 동네에 살고 있던 박희범 선생 댁을 드나들었던 기억이 납니다. 안병직 선생하고는 1970년대 말까지 교유를 계속했어요.

당시 한일회담 반대투쟁의 맨앞에는 김중태 같은 투사가 있었습니다. 웅변조의 글도 잘 쓰고 연설도 아주 잘합니다. 상당히 선동력이 있는 친구예요.

그렇다고 시위대가 항상 비장하고 선동적인 것만은 아닙니다. 유명한 일화가 있지요. 한교수도 들어봤을지 모르겠습니다. 후배 중에 임진택이라는 친구는 경찰과 대치된 상태에서 "경찰에게 고한다! 경찰에게 고한다! 다시 한번 고한다!" 이러고 앞서 나가요. 그러고는 "물러가지 아니하면!" 하고 무슨 자폭할 것처럼 얘기하지. 그러다 "물러가지 아니하면! 우리가 물러가겠다!" 그러면 한바탕 폭소가 터집니다.

그때는 좀 낭만시대였어요. 당시에 차익수라고 황해도 출신의 동대문경찰서 사복경찰이 있었습니다. 서울대 문리대 담당인데, 아마 1950

년대부터 담당이었을 거예요. 그러니까 문리대를 꽤 드나들었죠. 누가 잡혀 들어가는지 누가 수배가 됐는지도 알았지만 자기는 절대로 직접 연행을 안 합니다. 빨리 도망가라면서 오히려 정보를 주기도 하고, 돈이 생기면 우리 술도 사주고요. 상부에 보고를 했는데 나만 모르는 일이 있다든지 하는 본인 곤란하게 만드는 일만 없게 해달라고 그래요. 어떻게 보면 경찰이라도 적대관계라기보다는 묘한 협력관계였던 거죠.

선생님은 3·24, 5·20 때는 처벌 안 받고 6·3 때만 재판을 받으신 건가요?

네. 6·3 때는 다 같이 갔죠. 5·20 때는 검찰이 주동자들을 구속하기로 하고 영장을 청구했는데, 그중 일부를 양헌 판사가 증거가 부족하다며 기각을 합니다. 그러자 바로 다음 날 공수특전단 소속의 현직 군인들이 법원 청사에 난입하고, 양헌 판사의 집까지 찾아가 위압하는 행패를 부렸습니다. 그래서 6·3 때는 학생들을 민간법원이 아닌 군법회의에 회부해버립니다.

양헌 판사의 소신과 용기는 아직 사법부가 살아있음을 보여준 증거로 오늘날 정리되고 있습니다. 6·3 때 대한변호사협회(대한변협) 회장인 이병린 변호사가 계엄령 선포가 위법하다는 내용을 담은 '인권에 관한 의견서'를 대한변협 명의로 냅니다. 그러자 박정희 정권은 이병린 변호사를 구속시키는 만행까지 저지르고요. 그때 재판기록을 보니까, 6월 3일 저녁 8시인가에 비상계엄령이 선포가 됐는데, 그럼 저녁 8시 이전에 일어났던 사건에 대해서는 법적 논리로 보면 군법회의 재판을 할 수 없는 것이다, 소급효 금지의 원칙에 저촉되는 것이라고 변호사들이 주장하여 큰 쟁점이 됩니다. 당시 김중태, 현승일 등 학생 지도부는 군법회의 재판을 받은 것 같습니다. 나중에 민간법원으로 넘어갔고요.

저는 민간법원에서 재판을 받았습니다. 인혁당 사건도 그렇고.

아, 그럼 선생님은 6월 3일 당일이나 직후에 잡혀간 건 아닌 모양이지요?

도망다니다 아마 7월 중순경에 6·3학생운동보다는 앞서 얘기했던 김정강의 노트 때문에 잡혀 들어갔어요. 처음에는 문리대 학생 데모와 관련된 배후로 조사를 받았는데, 김정강의 노트가 드러나면서 완전히 그쪽으로 편입이 돼서 6·3 관련 부분은 조사를 덜 받았죠. 최대현이 내 담당 검사였어요.

7월 중순경이면 선생님은 도피생활을 좀 하셨던 셈인데, 그때 상황은 어땠습니까?

그때만 해도 젊을 때니까 아무 데서나 잘 수는 있는데 피곤하죠. 대개 친구들 집을 옮겨 다녔습니다. 그러면 내가 다녀가기 전후로 경찰이 친구 집을 찾아가고, 별일 없어도 한번씩 더 들르기도 하고요. 친구의 가족들은 굉장히 불안하죠. 나도 상당히 난처해요. 그래서 차라리 감옥에 들어가는 게 낫겠다 싶어 자수를 했습니다. 그런데 경찰 조서에 의하면 자기들이 체포한 것으로 되어 있더라고요. 그 사람들 승진과 관련이 있으니까.

그때는 뭘 추궁하던가요?

주로 김정강 관계죠. 김정강이 먼저 잡힌 상태였어요. 노트에 전부 다 드러나 있었으니까 불꽃회 강령이 뭐냐, 누구누구 만났냐, 뭘 모의했냐, 그런 걸 물어봤어요. 경찰은 6·3의 본류를 잡으려고 밀고 나간 건데 김정강 노트가 나오면서 인혁당 사건하고 불꽃회 사건이 불거진 거죠. 그러자 인혁당 관계자들이 이 6·3학생운동을 조성해서 국가변란을 획책했다는 쪽으로 몰고 갔습니다. 1974년에 소위 인혁당 재건위 사건하고 판박이였어요.

6·3과 관계해서 재판받는 학생들 사진을 본 적이 있는데 그때 재판은 어땠나요?

신문에 사진하고 조직도도 났었죠. 그러니까 저는 김중태 등과 함께 재판받은 건 아니고 불꽃회 관련해서 재판을 받았어요.

1963년 신직수가 검찰총장에 임명됐는데, 서른여섯살이었어요. 벼락출세인 셈이죠. 박정희가 사단장 시절에 신직수가 법무참모로 함께 근무한 인연이 있었다고 합니다. 그때 공안부의 이용훈 부장검사, 김병리, 장원찬 검사 등이 인혁당 사건은 도저히 사건이 안 된다, 국가변란으로 기소할 수 없다, 인혁당 사건을 국가보안법상 반국가단체로 구성할 수 없다고 버텼어요.

(第3種 郵便物認可) 【陰6月10日戊辰】 경향신

學生데모 背後操縱

金正剛은 共産主義者

"反政府음모行動"

晋州서검거、校內에 地下組織

楊內務발표

◇체포된 金正剛◇

鹿茸만전문 密輸

香港서、3名拘束1名手配

週末話題

불꽃회 활동으로 김정강 등이 검거되었다는 기사. 『경향신문』 1964년 7월 18일.

저도 중앙정보부에 끌려갔었는데 그때는 중앙정보부가 동대문에 있었습니다. 콘세트 건물로 되어 있어서 옆방 소리가 들려요. 인혁당 관계자들이 처음에는 "야, 이 새끼들아 신사적으로 하자" 이러다가 고문을 좀 당하면 "야, 야, 아니야, 아니야" 하는 소리가 다 들리죠. 고문에 장사는 없는데 버티는 사람들도 있어요. 태동고전연구소를 하던 임창순 선생이나 강무갑이라고 동경제대인지 경도제대인지 광산과 나왔다는 분이 같이 들어갔는데 다 옛날에 혁신운동을 하던 분들이시죠. 이분들은 아주 강인하게 버텨요. 도예종 같은 분은 지혜가 많으니까 중앙정보부 조사에서는 고문에 못 이겨서 일괄 시인을 해놓고 검사 앞에 와서 전면 부인을 합니다. 증거가 없으니까 검사들이 이건 사건이 안 된다 그럴 수밖에요.

어떻든 검사들의 공소 거부가 문제가 됐어요. 국회에서도 문제가 되고. 나중에는 한옥신 검사를 불러들여서 타협적 기소를 합니다. 반국가단체 구성이 아니고 라디오 들은 거, 몇 사람과 회합할 때 이러저러한 발언을 한 것들이 반공법 4조 1항에 걸린다, 이런 식으로 해서 1년 6월, 그러니까 대개 2년 미만의 징역을 사는 것으로 1차 인혁당 사건은 결말이 납니다.

저는 그때 선고유예를 받았습니다. 불고지죄뿐이니까요. 김정강은 징역 2년을 받았고요. 결론은 선고유예지만 1964년 7월에 잡혀가서 감옥에서 겨울을 보내고 1965년 3월에 나왔어요. 저는 말이 선고유예지 거의 8개월 실형을 산 것과 마찬가지였지요.

그때 막 판사를 하다가 때려치우고 나와서 변호사 개업을 한 스물아홉살의 이세중 변호사가 김정강 변호를 했어요. 저도 이세중 변호사의 간접적인 변호를 받았고요. 요새도 이세중 변호사를 만나면 그때 얘기를 합니다.

형사소송법 해설을 좀 덧붙이자면, 경찰에서는 불되, 검찰에서는 부인하라는 게 뭐냐 하면 경찰에서 쓴 조서의 내용에 대해 법정에서 '나 이거 인정하지 않습니다' 하면 증거가 아예 안 돼요. 칠판에 쓴 글씨와 같아서 법정에서 싹 지워버릴 수 있다는 겁니다. 그런데 검찰에서 진술한 것은 법정에서도 대개 그대로 증거로 인정이 됩니다. 검찰은 나름대로 인권 배려를 하지 않았겠느냐는 전제가 있는 거죠. 검찰에서 자백한 조서는 법정에서 증거 자체는 된다, 증거로 인정된 다음에는 신빙성이 있느냐 없느냐 이런 게 다툼이 되는 것이고요.

그때 검사들이 서울지검 공안부 소속인데, 이 사건을 받아놓고 증거를 보니까 유죄로 할 만한 증거가 안 나오는 거죠. 중앙정보부는 조직도를 그려가면서 엄청나게 큰 공안사건이라고 다 발표를 했는데, 공안검사들이 기소를 못하겠다 이렇게 된 거예요, 인혁당 사건이.

그때 담당 검사들이 상급자인 지검장, 검찰총장 이런 사람들에게 불려갑니다. 위에서는 '그냥 기소만 해, 기소만 하면 무죄가 나더라도 너희들보고 뭐라고 안 할 테니까'라고 검사들을 회유한 거죠. '증거가 없다고? 증거가 없다는 건 진짜 프로 간첩이라는 증거다. 아마추어 같으면 증거를 남겼을 텐데 정말 증거가 없어? 이거는 완전 고도의 진짜 간첩이라는 증거다' 이런 말도 안 되는 억지주장을 상급자들이 하니까, 담당 검사가 기가 차서 면전에서 눈물까지 나왔다고 합니다. 이런 압박 속에서 이용훈 부장, 김병리 검사, 이런 사람들이 사표를 내요. 이게 언론에 보도되면서 큰 문제가 되고.

한국 검찰 전체 역사에서 내세울 인물이 별로 없는데, 검사의 소신을 내세우려면 그 첫번째 인물로 이용훈 검사가 꼽힙니다. 이용훈 부장검사가 사표를 내면서까지 이건 사건이 안 된다라고 한 것을 긍정적으로 평가하는 거죠. 검사의 저항이 어떤 의미가 있는지는 1974년 인혁당 재건위 사건을 통해 명확히 알 수 있습니다. 그때는 검사들이 저항을 안 했잖아요. 군사법정에서 하니까. 1964년에는 검사가 저항하니까 공안돌풍의 바람이 훅 빠져버리는 거예요. 그래서 1년 6개월, 2년 선고받고 나오게 됩니다. 그런데 1974년에는 그걸 막는 장치가 없잖아요. 검사가 거르지를 못하고 바로 법정으로 가져가고, 1심은 또 바로 상급심으로 넘기고, 2심에서 대법원 가면 대법원도 그대로 하다보니까 결국 사형집행에 이르게 되었죠. 프로세스를 달리 만들어놓았잖아요. 누구 하나라도 제대로 소신을 갖고 판단을 하면 일단 저지가 되었을 텐데, 그러지 못하니 결국 사법살인에 이르게 됩니다.

신직수라는 인물도 중요해요. '군인' 박정희의 참모였던 사람이 '대통령' 박정희의 총애를 받으면서 권력을 휘두르니까, 1964년에는 우리가 저런 자들에게 굴복하고 살아야 되겠는가 하는 보이지 않는 저항의 성격도 있었죠. 그런데 1974년에 이르면 신직수 중심의 검찰이 되어버립니다. 김기춘이 제일 존경하는 사람이 신직수예요. 그래서 정치검찰의 계보 첫머리에 신직수, 김기춘이 들어가는 거죠. 그 신직수하고 인혁당의 제2라운드가 인혁당 재건위 사건이에요. 1964년에는 공안검사들이 막아서는 바람에 신직수가 뜻밖의 패배를 했죠. 중앙정보부의 공작과 검찰의 공작이 성공을 해야 되는데 망신을 당한 꼴이 되어버린 겁니다. 10년 뒤에 같은 인물을 끌어내어 사건을 조작해낸 게 인혁당 재건위 사건이지요. 그런데 1964년 인혁당 사건(제1차)에서 보면 중앙정보부가 만들어낸 그런 유형의 유죄라고 할 만한 증거는 없었지만, 인혁당이란 타이틀을 붙일 만한 나름의 근거가 전혀 없지는 않았던 것 같아요.

1974년 식으로 한다면 만들어낼 수 있을 정도는 되죠. 그때 박정희 정권하에서 혁신계가 몰락을 하니까 재건을 모색하는 모임이 여러개 있었고 실제로 그랬어요. 전혀 없는 데서 만들어진 게 아니라 통민청, 민주민족청년동맹(민민청) 이런 사람들이 만나서 우리가 다시 조직을 재건을 해야 될 게 아니냐 하는 정도의 논의는 산발적으로 꽤 있었습니다.

첫번째 옥살이

선생님은 1964년 7월부터 1965년 3월까지가 첫 옥살이죠? 여름, 가을, 겨울, 봄을 다 지내셨습니다.

네. 짧은 기간이었지만 제 삶에 많은 영향을 미쳤지요. 그때가 스물세살 때니까요. 제가 감옥에 들어갔을 때가 조봉암이 사형당한 지 얼마 안 되었을 무렵이어서 감옥에서 조봉암에 대한 이야기를 들었습니다. 조봉암은 내가 이승만의 정적이니까 이승만이 날 죽이려는 건 당연하다, 깨끗이 죽어줘야 된다, 이런 생각을 갖고 있었다고 합니다. 조봉암에 대한 전설이 참 많았는데요. 그중 하나만 얘기해보면, 감옥에서 나오는 보리밥을 막 비비면 이게 꼬들꼬들해집니다. 조봉암이 살아생전에 보리밥을 비벼서 꼬들꼬들하게 만들어가지고 쇠창살 밖으로 손을 내밀어 보리밥을 올려놓으면 새가 손바닥 위에 와서 먹었다는 거예요. 그런데 조봉암이 사형당하고 나니까 새들이 '봉암 봉암' 하고 운다 그래서 봉암새라고 부른다는 전설이 있었어요.

또 황태성이라는 사람에 대해서도 들었는데, 그 사람이 3사(舍) 상(上) 24방에 있었다고 합니다. 황태성이 죽고 난 뒤에 제가 그 방에 들어간 거죠. 황태성도 상당히 깨끗하게, 구차하지 않고 비굴하지 않게 살다 갔대요.

조봉암은 1959년에 그가 주도한 진보당이 해산당하고, 간첩죄 혐의가 들씌워져 처형당합니다. 이승만 정권으로서는 그에 도전할 만한 정치인을 제거하는 것이겠고, 전체적으로는 공안정국을 조성하는 정치공작이었고요. 조봉암은 2011년에야 대법원 전원합의체의 재심 판결로 무죄가 확정됐습니다. 황태성은 박정희의 죽은 형과 절친이었고, 박정희 집권 후 북한에서 남파되었다가 체포되어 처형되었습니다. 그건 그렇고, 실제로 옥살이는 어땠습니까?

그때는 감옥 안에 손글씨라는 게 있었습니다. 1950년대 이후에 정치범들이 감옥에 많이 들어왔는데 그 사람들이 손가락으로 글자를 만들어서 의사소통을 하는 겁니다. 손가락으로 모음 자음을 만드는데, 거의 사람 말하는 속도 비슷하게 해요. 교도관이 저쪽에서 이쪽으로 오면 앞 사동에 있는 사람한테 손으로 엎드려라 하고 알려주는 식의 통방을 굉장히 많이 했습니다. 그만큼 정치범이 많았어요.

저 같은 경우에는 3사 상 24방에 있었는데, 2사 상에 인혁당 사건으로 들어온 박현채 교수와 그 옆에 김명훈이라는 남파간첩하고 통방을 했어요. 박현채 선생이 20방에 있었나 그런데 그게 맞은편이었거든요. 서로 통방도 많이 하고 가르침도 많이 받았습니다. 간첩들도 나름대로 엄격하게 살려는 사람이 많았어요. 자기들이 필요 없는 물건은 없는 사람들한테 꼭 나눠줬지요.

저는 감옥에 오래 있지 않은데다가 손글씨로 본격적인 통방을 해보지 않아서 그 손글씨를 복원해낼 수 없지만, 수형생활이 길었던 사람이라면 아마 그 손글씨를 복원해낼 수 있을 거예요. 저는 누구 관심 있는 사람이 감옥 안의 손글씨를 연구한다면 꽤 재미있는 논문이 될 수 있을 것이라고 생각합니다. 세종대왕이 한글을 창제한 것에는 못 미치지만 손가락으로 한글의 자음과 모음을 다 만들어낼 수 있다는 것은 재미있잖아요?

경주호 사건으로 들어온 사람들도 기억이 납니다. 전라남도 광주에 있는 중고등학교 교사들이 학생들을 이끌고 북으로 넘어가려고 배를 타고 가다 기관 고장으로 서해상에서 표류를 했는데, 중국에 잡혔고, 중국에서 한국으로 송환을 했어요. 왜 그때 북한으로 안 보내고 한국으로 보냈는지 모르겠는데 하여튼 그래서 한국에서 재판을 받았어요. 그 사람들이 내가 있던 감옥에 수감되어 있었습니다. 내가 지금 기억하는 사람은 박석운이라는 조대부고 독일어 교사, 정해근이라는 순천여중 국어 교사인데, 그 교사들의 가르침, 특히 감옥생활과 관련해 많은 것을 배웠습니다.

또 이제까지 같이 지내던 사람들이 사형장으로 끌려가는 것을 보면서는 '내 나이 아직 젊지만 인생이란 무엇인가'를 한번쯤 생각해보게 됩니다.

내 방에서 사형장이 내려다보입니다. 1월 겨울인데도 이상하게 천둥이 요란스럽게 치고, 굳이 그렇게 안 하면 모를 텐데 밖을 내다보지 말라고 교도소 당국에서 소란을 떠는 거예요. 아, 뭐가 있는가보다 싶어서 내다봤어요. 사형장을 넥타이 공장이라고 그러는데, 1관구에서 넘어와서 쭉 가다 오른쪽으로 틀면 치료를 받는 의무실로 가는 거고, 왼쪽으로 틀면 사형장으로 가는 겁니다. 왼쪽으로 틀면 그때부터 어떤 사람은 발버둥을 치고 어떤 사람은 사방에 대고 마지막 하직인사를 하고 그래요. 박석운 선생 등 경주호 사건 관련자 3명은 내가 출소한 다음해인 1966년 11월에 처형되었습니다. 나중에 들으니 박석운은 박현채 선생하고 초등학교 친구더라고요.

경주호 사건을 재판한 게 김홍섭 판사예요. 재판을 하면서 참 난감하잖아요. 사람을 죽인 것도 아니고 배 타고 북쪽으로 넘어가려다 잡혔는데, 당시 법으로 하면 주모자는 사형을 선고할 수밖에 없는 거예요. 김홍섭 판사는 죄수들을 불쌍히 여기고 그 사람들을 존중하고 의견도 잘 들어주었는데, 마지막 판결을 할 때 '하느님의 눈으로는 어느 편이 유죄인지를 알 수가 없습니다. 그러나 인간의 한계를 가지고 여기서 재판을 하니까 이렇게 선고할 수밖에 없습니다' 하고 "사형, 무기" 이렇게 선고를 했다고 합니다. 최종고의 『사도법관 김홍섭』(육법사 1988)에 나오는 얘기입니다. 저는 김홍섭 전기를 읽으면서, '경주호 사건이 뭐지?' 하고 궁금한 적이 있었습니다. 전기에는 피고인 인물에 대한 이야기는 하나도 안 나오거든요. 저는 북한의 간첩이 내려와서 배를 납치하려고 했나 정도로 생각했는데 그게 아니고 그야말로 북한으로 가려고 했던 거군요.

한편으로 생각하면 아주 나쁜 사람이잖아요. 자기들만 결행한다면 자신들의 죄책만 문제되겠지만, 제자들을 함께 끌고 간 거니까 법적으로나 교육적으로나 말이죠.

제자들은 다 선생님을 존경했다고 그래요. 박현채 얘기에 의하면 박석운은 인품도 훌륭하고 또 아주 탁월한 독일어 선생이었다고 합니다.

박현채 선생에 대해서는 알려진 이야기와 알려지지 않은 이야기가 섞여 있는데. 박현채는 대학 때 만났습니까?

1964년에 감옥에 들어갔을 때 박현채를 처음 만났습니다. 그 사람이 1차 인혁당 사건에서 서열이 도예종 다음 순서쯤 됐을 겁니다. 박현채 선생은 인혁당 사건만 아니면 그때 정식으로 서울상대 강사가 될 뻔했어요. 서울상대에서 강의를 맡기로 되어 있었다는데 잡혀 들어가는 바람에 끝내 교수 노릇을 못했지요. 1988년에 이돈명 변호사가 조선대 총장될 때까지는 정식 교수가 못 되고 그냥 글품을 팔아서 지냈어요. 조용범 이름으로 나온 글 중 박현채가 쓴 게 많다고 알려져 있어요. 조용범이 이름을 빌려줘서, 그 사람 이름으로 글을 게재하고 원고료는 박현채가 갖고. 그걸로 먹고살았죠.

아, 그래요? 조용범 선생의 『후진국 경제론』(박영사 1973)은 엄청 인기 있는 책이었죠. 너무 일본화되어 있어 거의 번안 아니냐는 말도 있었고요.

조용범이 아마 박현채 도움을 받아서 같이 썼을 겁니다. 조용범이 상당히 보스 기질이 있습니다. 그래서 자기가 박현채를 보호한다 하는 생각을 갖고 있었고, 실제로 남자다운 기상이 있었어요.

저는 1970년대 후반에 서울대에서 대학신문 기자를 했는데 지식인들의 기고를 받아 싣는 학술면을 담당했습니다. 당시 농업 쪽에는 유인호 교수, 경제 쪽에는 박현채 선생, 이런 분들로부터 글을 자주 받았죠. 박현채의 특징은 어떤 종류의 원고도 다 써낸다는 것이었어요. 그러니까 특집으로 어떤 주제가 꼭 필요한데 쓸 사람이 없으면 박현채를 넣으면 되는 거죠. 원고를 항상 마감보다 조금 일찍 당겨서 보내줬거든요. 그런데 문장이 편하거나 좋은 편은 아니었던 걸로 기억해요.

그게 맑스주의를 일본어로 번역한 듯한 문체지요. '무엇 무엇으로 한다'라든지 그런 독특한 좌익어법이 있어요. 박현채는 글도 잘 쓰고, 박학다식합니다. 이런 일화가 있어요. 한국노동사회연구소 명예 이사장인 김금수의 말에 의하면, 검찰조사를 받을 때 검사가 말하길 '느그들이 집권하면 박현채가 총리할 거다' 하더랍니다. 그 정도로 박현채가 당당하고 당차다는 인상을 주었죠.

감옥 얘기가 길어졌는데, 앞서 혁명적 로맨티스트라는 표현을 쓰셨어요. 그때 혁명이라는 건 뭔가요?

세상을 한번 뒤집어 혁신하자는 거죠. 그때는 혁신계라고 보통 그랬잖아요.

혁명이라고 할 때는 군사독재 때려 엎자 정도인가요? 아니면 완전히 친북이나 사회주의 등의 지향점이 있던 겁니까?

그런 건 아니죠. 다만 그때 학생들 일각에서는 가령 민족정통성이 우리보다는 북한에 있지 않냐 하는 정서도 없지 않아 있었습니다. 그보다 그때 분명한 것은 박정희 정권을 때려 엎지 않고는 더불어 함께 잘 사는 대동사회고 통일이고 다 안 된다는 생각은 있었죠. 1965년의 한일협정이 남과 북이 해양세력과 대륙세력으로 갈라서는, 제2의 분단이라는 사실을 우리는 철저하게 꿰지 못했어요. 결과적으로 경제개발, 수출입국이라는 이름으로 남한은 해양세력으로 뻗어나가고, 북한은 대륙세력으로 남았습니다. 그 방향이 더 멀리 헤어지는 아픔의 출발이라는 것을 그때는 미처 헤아리지 못했어요. 알았다고 해도 달라질 거야 없겠지만… 솔직히 고백하자면 우리의 6·3학생운동은 반박정희 민주화투쟁이 그 본질이라 할 수 있습니다. 한일굴욕외교다, 청구권자금이 적다 이런 것은 부차적이고요.

1980년 초에 일본 교과서 문제로 데모를 했거든요. 엄청나게 크게 했는데, 당시 일본 교과서에 무슨 관심이 있겠어요. 워낙 학생운동이 봉쇄가 되니까 일본 교과서 반대라고 하면 전두환 측이 학생들을 대대적으로 탄압하기가 조금 어색하잖아요? 그러면서 학생운동의 동력을 끌어올리기 위한 걸로 활용한 거죠. 비슷한 상황이라고 볼 수 있겠습니다. 당시 문리대의 문화적 분위기는 어땠습니까?

1960년대를 대표하는 작가나 비평가 군들이 문리대를 중심으로 많이 나왔죠. 당시를 대표하는 소설가로 김승옥이 있습니다. 대학 들어가 나도 친하게 지냈는데, 김승옥이 『산문시대』라는 동인지를 내기 시작합니다. 김현, 최하림, 강호무 이런 사람들 다 참여했지요. 주섭일을 중심으로 나이가 좀더 많은 그룹에서는 『비평작업』이라는 동인지를 냈어요. 상당히 열심히들 했습니다. 공부도 열심히 했고. 도서관에 가보면 공부하는 사람들로 꽉꽉 차 있고, 열띤 토론도 하고.

나 같은 사람을 그때는 칫솔부대라고 했는데, 칫솔 하나만 들고 종횡무진 누비고 다니는 거죠. 1964년 즈음인 것 같은데 '라디오서울'이라고 민간 방송이 처음으로 개국을 했어요. 개국 기념으로 한운사의 「가슴을 펴라」라는 라디오 드라마가 나왔는데, 당시에 나, 김지하, 김승옥 등등이 한운사하고 어울렸어요. 한운사 집에 가면 술하고 밥은 주니까. 한운사가 자기 작품 쓰다가 수시로 우리를 불렀습니다. 한운사 특유의 이름 붙이는 스타일이 있는데, 문학에 미친 청년 이름을 '문학병'이라고 하는 식이지요. 그의 작품에 이런저런 타입의 사람들이 나오는데, 거기에 당시의 우리 이야기가 그런대로 녹아 있습니다.

선생님 대학 졸업은 언제였죠?

원래 1965년에 해야 되는데 1년 늦어서 1966년에 했어요. 1965년 3월에 출소해서 바로 복학이 안 됐고, 2학기를 다녔죠.

1965년에는 학교에 돌아와서 조용히 살았습니까?

조용히 살 수밖에 없었어요. 내가 감옥에 가 있는 사이에 이른바 제2민비연 사건이 터졌고, 한일협정비준 반대투쟁운동도 있었고요. 저는 감옥을 산 덕택에 화를 피해갈 수 있었어요. 만약 그때 조금만 일찍

출소했으면 둘 중 하나 어디에라도 끼었을지 모르죠. 다행히 비껴가서 거꾸로 내가 그 사람들 옥바라지를 하는 처지가 됐지요.

1961년부터 1966년 2월까지의 대학생활을 종합적으로 회고하고 느낀 건 어떤가요?

질풍노도의 시대였지만, 한편으로 보면 유물사관 같은 새로운 학문에 상당히 심취해서 열심히 탐구했어요. 이게 옳은 학문 연구 방법이 아닌가, 이게 우리가 가야 될 길일지도 모른다, 이런 생각도 섣부르게 했고요.

대학 시절 친구들하고의 우정을 지금 생각해보면 어떻습니까?

내가 감옥에서 나오면 다른 사람이 들어가고, 내가 들어가 있을 때는 그 친구들이 밖에 있고 그래서 대학 후반기로 갈수록 느슨해졌죠. 만날 기회가 없으니까. 김지하가 그때 폐병에 걸려가지고 역촌동에 있는 시립 결핵요양소에 와 있어서 제가 요양소에 찾아가서 자주 어울렸고요. 이 무렵 박현채 선생의 도움도 많이 받았습니다.

졸업 뒤는 다음에 이야기하기로 하고, 대학 시절에 만난 친구들은 계속 교유를 이어갔습니까, 각자 일이 바빠서 만나지 못했던가요?

김중태는 미국에 갔고, 취직을 하지 않았던 친구, 유학 준비 중인 사람들하고 어울렸지요. 후배인 송두율, 박재일하고는 계속 교유를 했습니다.

1965년에 지학순 주교가 원주교구장이 됐어요. 지학순 주교가 원주에서 일을 많이 벌였는데, 박재일은 김지하의 권유로 그때 원주에 가서 지학순 주교를 도왔습니다. 박재일은 워낙 후덕하고 아주 무던한 사람입니다. 무슨 불평이 있어도 별로 내색 안 하고 꾸준히 일하다가, 한살림으로 나름대로 성공을 했지요. 그러나 좀 제대로 풀린다 싶으니까 병이 들어 앓다가 죽었어요.

여기가 창비 사무실인데, 선생님은 창작과비평사와도 일정한 관계를 맺고 있는 것 같더라고요. 『창작과비평』은 처음에는 문학과 문학평론으로 시작했다가 종합 문예·사회비평지로 바뀌어간 것 같습니다. 『문학과지성』이 문학과 한국사, 인문학 범위 내에 머물렀다면, 창비는 영역을 인문사회 전반으로 확장해간 것 같은데, 선생님도 역할을 한 점이 있다고 들었습니다.

창비는 어떠한 의미에서 단순한 출판사가 아니었습니다. 이 나라 정신문화의 한 축을 지켜온 사상의 요람이었고, 반독재 민주화투쟁 시기에는 군사정치 세력에 맞서 싸워온 민주·민중문화운동의 성채요, 보루였지요. 창비가 있어서, 백낙청, 김윤수, 염무웅 같은 분들이 있어서, 이 나라 민중문화운동이 그 명맥을 유지할 수 있었어요. 일찍이 1960~70년대부터 창비 사람들과 직간접으로 고락을 함께할 수 있었던 것을 참으로 다행스럽고 또 자랑스럽게 생각합니다.

2016년에 창비 50주년 기념행사에 초대되어 축사를 했는데 거기서 '빨리 가려면 혼자 가고, 멀리 가려면 함께 가라'라는 아프리카 속담을 언급했습니다. 창비가 그 먼 길, 험한 길 50년을 올 수 있었던 것은 여러 사람과 함께했기 때문이었다고 저는 생각합니다. 1980년대 초 『창작과비평』이 폐간되고 절대적으로 어려웠던 시절에는 구속자 가족들과 어머니들마저 치마폭 속에 창비 정기구독신청서를 들고 다니며 월부 판매에 나섰습니다. 그렇게 걸어온 50년, 그 역정에 비추어 보면 제가 도움이 되었던 것은 보잘것없지요. 다만 창비가 사회비평으로 그 영역을 확장해나가는 데 조금 기여를 했던 것 같습니다.

사회비평, 국제 문제 등에 관련된 글이 실리기 시작한 것은 리영희 선생 글이 들어가면서라고 생각할 수 있을지 모르지만 큰 틀에서 보면 백낙청 교수가 운영하다가 미국으로 간 상태에서, 신구문화사가 출판의 책임을 졌는데 그때 창비 살림을 실질적으로 이끌어간 사람이 염무웅 선생이었어요. 재정적으로 많이 어려웠습니다. 요즘으로 치면 재능기부처럼 도와주는 사람들이 많았지요.

내가 도움이 되었다고 한다면 그런 게 있을 겁니다. 한때 장준하 선생도 『사상계』 이후에 책을 출판할 생각으로 출판사 등록을 하고 여기저기 꽤 많은 데다 고료를 주고 원고를 써달라고 바탕을 깔아놓고 있었어요. 안병직, 박현채, 리영희, 유인호 이런 여러 분들한테 청탁을 했지요. 출판 일을 맡은 책임자가 한국일보에 있다가 그만둔 허현이라는 사람으로 기억이 됩니다.

그런데 그때 장준하의 출판사도 어려운 때여서 책을 내지 못하고 있었어요. 제가 그 얘기를 듣고 모은 원고가 있다고 하던데 당장 책을 내지도 못하니 그걸 우선 창비에 실으면 안 되겠냐 해서, 원고료도 없고 원고도 없는 어려운 상태의 창비가 그 원고들을 실을 수 있었습니다. 또 하나가 홍국탄광을 하던 박윤배라는 분이 있어요. 나중에 상세히 얘기할 기회가 있을 텐데, 그분이 백낙청 교수가 안 계신 시절에 창비를 도왔지요.

리영희 선생의 글이 실리게 된 것은 이런 이유에서일 겁니다. 리영희 선생은 상당히 어렵게 살았어요. 애써서 원고를 썼는데 그것을 실을 데가 없으니까 『창작과비평』에도 싣고 『정경연구』에도 싣고 그게 또 생활에도 보탬이 되면서 리영희 선생이 여기 창비의 주요 필자로 자리잡게 되죠.

김지하와의 만남과 원주교구

선생님은 김지하와도 대학 시절부터 오랫동안 교분이 있고, 활동에도 많이 관여되어 있던 것으로 압니다.

김지하의 원래 고향은 목포고, 아버지가 원주에서 군인극장 영사주임을 하셨어요. 대학 다닐 때는 성균관대 앞에 있던 명륜극장에서 영사주임을 하셨고요. 김지하 아버지가 전기기술자예요. 그래서 1960~70년대 옛날 덩치 큰 광석 라디오 같은 걸 조립해주셔서 해외 방송을 들을 수 있었지요. '미국의 소리'라든지, 핀란드 방송, 스웨덴 방송 등에 한국 뉴스가 꽤 많이 나왔습니다.

부친의 본명은 맹모(孟模)이고, 별호가 석주(石舟)입니다. 키는 좀 작은데 아주 멋쟁이셨어요. 그 당시 대개는 바지 밑단을 접어올린 양복바지를 입었는데, 그 양반은 '가부라'(접단) 없이 입으셨죠. 그때도 건수마찰이라고, 새벽에 일어나가지고 몸을 씻고 온몸을 솔로 한번 훑어내시던 모습을 종종 봤습니다. 참 잘 웃으시던 분으로 기억하고 있어요.

친구라고 해도 부친을 만날 기회가 별로 없는데, 김지하 집에 자주 드나들고 그러셨나요?

자주 드나들었죠. 부친과 모친 모두 그때부터 다 알고 있었고요. 당시 우리들은 형편이 안 되니까 입주 가정교사를 하거나 대학에서 그냥 숙식을 해결했습니다. 김지하네는 서울 가회동, 길음동, 제기동 등 여러곳을 옮겨 다니며 살았는데, 어떤 때는 그 집에 가서 밥 좀 달라고 하기도 했어요. 밥 해주는 사람은 흔히 그렇듯이 맛있게 잘 먹는 사람을 좋아하잖아요. 저는 밥을 받으면 비교적 맛있게 먹고 그릇을 깨끗이 비우니까 저를 상당히 좋아하셔서, 그 집에 더욱 자주 드나들었죠.

부친 성함도 특이하지만 모친도 특이한 이름 같은데요.

모친의 원래 성함이 정천대자(鄭千代子)라는 일본식 이름인데, 호적에 그냥 정천대자라고 돼 있었어요. 그건 호적상의 이름이었고 뒤에 고쳐 불려진 이름은 정금성입니다. 상당히 명민하고 재치가 있는 분이셨어요. 아마 김지하 재능의 상당 부분이 어머니한테서 유전된 게 아닌가 하는 생각이 들 정도로.

부친에 대해서는 김지하 자신의 글에 보면, 부친이 빨치산이었는데 외아들이 죽었다는 소리를 듣고 산에서 내려왔다고 합니다.

대학 시절에는 빨치산 그런 건 몰랐고, 김지하가 어디선가 내 아버지는 공산주의자였다고 얘기하는 걸 봤어요. 전기기술자고 하니까 지식인 노동자로서 좌익 계열의 운동 단체에 참여를 하셨던 것 같아요. 그러나 제가 보기로는 공부를 많이 하셨거나 이론이 밝거나 그랬다기보다는 기술 좋고 마음씨 좋은 아저씨 같은 분이었어요.

김지하 이야기가 나왔으니까 말인데, 원래 이름이 김영일(金英一)로 돼 있는데, 언제 지하(芝河)가 됐습니까?

대학 다닐 때 개인 혹은 여럿이서 시화전을 많이 했는데, 그때 지하라고 스스로 부르기 시작한 거죠.

지하란 게 언더그라운드(地下)를 말하는 것 아니었나요? 그런데 한자로 쓸 때는 언더그라운드가 아니잖아요?

처음에는 그냥 언더그라운드였지요. 그런 뜻에서 썼다가, 나중에 지면에 발표할 때, 특히 일본에서 「오적」 사건을 보도하면서 지초 지(芝) 자에 내 하(河) 자 김지하로 쓰면서 그 이름이 굳어져버렸죠. 그건 멋있게 표현한 거고, 원래 뜻은 술 먹고 지하에서 비틀거리는 사람 뭐 그런 낭만적인 의미로 지어졌지 싶어요. 김지하가 마지막으로 자기 이름을 작명한 게 있는데, 노겸(勞謙)이라는 이름이에요. 일할 노(勞) 자에다 겸손할 겸(謙)을 썼는데, 지하라는 이름이 너무 거친 것 같아서 좀 편안하고 겸손한 이름을 써야 되겠다 해서 감옥에서 나와서 1980년대에 그 이름을 썼어요. 한때 그랬는데 저도 부르다가 말고 다른 사람도 불러주는 이가 없고 그래서 결국 안 쓰게 됐죠.

김지하라는 이름이 그 자체로 굳어져 있으니까요. 말이 나온 김에 김지하 선생에 대해서는 김선생님의 마음도 좀 복잡하고 그렇죠?

김지하는 원래 서울대 미대로 들어왔습니다. 1959년에. 미학과가 1960년에 미대에서 문리대로 옮겨졌고, 저는 1961년에 입학을 했지요. 학교 다니는데 김지하가 본인 말로는 맨날 하숙집 밥 먹는 게 아주 지겨웠다고 해요. 술을 참 좋아했어요. 그때는 막걸리가 카바이트 막걸리였고, 소주도 정제된 소주가 아니라 먹으면 토하는 막소주밖에 없었지요. 김지하가 폭음하는 건 아닌데, 문학인이고 하니까 거의 매일 마시다시피 했어요.

우리가 대학에 들어와서 데모하러 나가는 거에 대해 김지하는 처음에는 상당히 냉소라 그럴까 좀 비판적인 시각이었어요. 김지하가 이런 말을 했던 기억이 나요. '우리가 큰 나무를 벨 때는 둔탁하지만 도끼로 잘라야지, 면도칼로 자를 순 없지 않냐. 근데 지금 니들이 하는 건 꼭 면도칼로 나무를 자르겠다고 하는 것과 같다. 그거 가지고 되지 않잖냐.' 이런 식으로 좀 시니컬한 입장이었어요.

그러다가 1964년 5월 20일 거행된 '민족적 민주주의 장례식' 이후에 데모가 한풀 꺾이고, 웬만한 사람들은 수배로 도망다닐 때였어요. 그때 김지하가 나타나서 나머지 전 과정을 지휘를 합니다. 지하가 앞에 나서면서 데모 방식이나 유형을 완전히 바꾼 거예요. "새야, 새야" 하는 전봉준 노래나 "분아 분아 박가분아" 하는 노래 같은 걸 부르면서 끊임없이 활력을 제공했습니다. 5월 20일부터 6·3 학생운동이 나서 잡혀 들어가기 전까지의 과정은 김지하가 이끌었죠. 민족적 민주주의 장례식 때 "시체여! 너는 오래전에 이미 죽었다. 죽어서 썩어가고 있었다" 하는 유명한 조사도 김지하가 썼어요.

김지하는 나보다 2년 위인데, 이 사람이 그런 점은 참 솔직하고 명쾌한 사람인 게, 구차하게 선후배 따지지 말고 말 놓자고 본인이 먼저 제안했어요. 그래서 우리는 일찍부터 말을 놨어요. 김지하란 친구가 나한테는 안 보면 그립고 보면 좀 지겹고 한 그런 관계라고 할까요?

안 보면 그립고 보면 좀 지겹고는 그때 이야기는 아니죠?

그때도 그렇고 항상 그렇죠. 만나기만 하면 이거 하자, 저거 하자 끊임없이 일거리를 만들어 가지고 오니까요. 김지하는 미학과에서 촉망받는 학생이었어요. 그때 미학과에 있었던 교수들이 전부 다 김지하한테 상당히 기대를 하고, 학교에 남아 있어줬으면 했어요. 이 친구가 재주가 많아서 서구의 미학이론뿐만이 아니고 판소리, 춤 등 여러가지 분야에서 재능이 있었고, 그림 실력도 상당했습니다.

저는 항상 이런 이야기를 해왔습니다. 독재정권이 민주주의를 가로막아서 가장 큰 피해를 준 것은, 그 자체로도 물론 큰 죄악이지만, 개개인이 자기실현을 위해서 나아가는 데 필요한 엄청난 창조적 능력과 문화예술적 창의력을 우리 내부의 싸움으로 소진하게 했다는 것이라고 생각해요. 실제로 김지하를 좋아하건 싫어하건 여러가지 감정들이 있겠지만, 오늘날의 문화 현상들의 상당 부분이 김지하하고 다 관련이 있죠. 사실 1970년대 이후에 나오는 임진택의 판소리, 이애주의 살풀이 춤, 채희완의 탈춤 등.

반독재투쟁에 많은 사람들이 끌려들어가는 바람에 개개인의 역량이 발휘되지 못하고 창의적인 에너지가 소진되었다는 것은 지당한 말씀입니다만, 그런 속에서 새로운 출구를 개척하는 창의력 또한 대단했을 수도 있다는 생각이 듭니다. 한갓 미신처럼 치부해버린 우리 전통문화를 발굴하고 재해석해서 탈춤, 가면극, 판소리, 살풀이춤 이런 것들이 개발된 측면도 있는 것 같거든요.

가령 김덕수 같은 친구들도 지금은 사물놀이로 전세계적인 인물이 되었지만, 옛날에는 사물놀이도 탄압을 받았습니다. 사물놀이가 민주화투쟁에 이용된다고 해서요. 그런 게 아니었더라면, 한류가 더 일찍 창발하고 꽃피울 수 있었지 않나 하는 생각이 들죠.

김지하와는 졸업한 뒤에도 계속 만남이 있었습니까?

계속 만났죠. 김지하는 1966년부터는 원주에 있었어요. 1965년 3월에 춘천교구에서 분리해서 원주교구가 설정이 되고 지학순 주교가 들어오면서 그리로 갔습니다. 그때 김지하는 지학순 주교를 백두(白頭)라고 불렀는데 나중에 알고 보니까 지학순 주교 머리가 하얘가지고 그렇게 부른 거였죠.

김지하 말로는 지학순 주교가 원주에 들어왔는데, 그냥 보통 가톨릭 주교가 아니라 사회변혁운동을 하려고 그런다, 사람이 좀 필요하다 이래서 서울에서 꽤 많은 사람이 원주에 가서 협력했고 거기 정착하기도 했습니다. 1960년대 말에서 1970년대 초에 거기에 간 사람들 중 정착한 사람으로 앞서 말한 박재일, 또 서울상대 나온 김헌일이라고 황석영의 친구가 있는데, 그 두 사람이 원주교구에 가서 일을 했죠. 김지하도 원주교구 교구청에서 기획위원으로 활동을 하고요.

그때 거기 가 있는 분들이 원주에서 MBC하고 싸울 때 있었던 거죠. 그 이전까지는 조용히 그냥 뭔가를 하고 있었던 겁니까?

지학순 주교가 윤공희 대주교와 친구 사이인데, 윤공희 대주교가 지주교를 두고 "저 사람은 주교 할 사람이 아니다. 처음부터 그랬다"라고 했다고 합니다. 다행히 지학순 주교가 제2차 바티칸 공의회 무렵에 외국 유학을 했고 그 여파로 주교가 된 거죠.

정확하게 구분이 될 수 있는지 모르지만, 천주교회에 두가지 그룹이 있는 걸로 알고 있습니다. 하나는 방인교구라고 하는데, 외국의 힘을 빌리지 않고 자기들끼리 먹고살면서 나누는 교회예요. 방인교구의 주교들은 그냥 한국에서 계속 신앙생활을 한 분들입니다. 그 옛날 천주교가 박해를 당한 시절에 순교했던 분들의 후예여서 주교가 된 분도 있고요. 외국과의 관계나 사회활동 같은 것이 전혀 없고, 또 마찬가지로 제2차 바티칸 공의회의 세례도 아직 덜 받은 상태죠.

이분들은 가령 어떤 사람을 혼인성사를 줬다, 혼인예배를 봐주고 예물로 10만원을 받았다, 이런 돈을 신부 개인의 수입으로 하지 않고 그걸 전부 교구청으로 올립니다. 그러면 교구청에서 한달 단위로 집계를 해서, 그걸 똑같이 신부들한테 나눠요. 그러다보니 항상 곤궁하지요. 그렇게 어렵게 살았어요. 심지어는 옛날에 정의구현사제단이 서울에서 집회를 하면 지방에 계신 신부님들은 오가는 차비를 마련하기가 힘들어서 올라올 차비를 서울서 보내주고, 내려갈 때도 차비를 주고 이런 일도 있었고요.

전주의 문정현 신부 같은 경우 성당을 맡고 있는데, 거기에 물론 사제관도 있거든요. 밥을 해주는 여성분을 식복사라고 그러는데 식복사를 채용할 돈이 없는 거예요. 대신 어머니가 와서 아들 신부님 밥을 해주고. 동생인 문규현이 신부가 되니까 문규현 신부는 이모가 와서 밥을 해주고… 그런 정도로 생활이 힘들었죠.

지학순 주교는 방인교구와 달리 외국에서 유학을 하고 오신 분입니다. 지주교는 처음부터 제2차 바티칸 공의회의 지침에 준하는 사목활동을 하려고 사목지침도 그렇게 내렸을 뿐만 아니라, 해외와 교류가 잦아서 벌이는 사업들이 많았어요. 원주교구 안에 진광중고등학교라는 학교도 있었고요.

1972년에 강원도에 전대미문의 대수재가 일어납니다. 탄광이 물에 잠기고 농가와 농지가 휩쓸려가니까 지학순 주교가 전세계를 다니면서, 특히 독일에 가서 우리 원주교구를 살려달라 요청해서, '미제레오르'(Misereor)라는 선교단체에서 상당한 액수의 돈을 끌어옵니다. 그래서 재해대책본부를 꾸리죠. 그리고 그 돈을 일회성으로 나눠주는 건 아무 의미가 없다고 보고 신용협동조합 운동을 전개합니다. 탄광촌과 농촌에 재해대책 사업을 신용협동조합 형식으로 꾸려나가니까 조직사업이 되는 거죠.

박재일은 농촌 지역에 투입이 되고, 탄광과 관련 있는 사람은 탄광촌으로 가고요. 그들에게 무조건 돈을 주는 게 아니라 나중에 회수를 한다는 전제 위에 서로 협동하는 조합 형태로 복구사업을 전개했어요.

지학순 주교가 원주에서 여러가지 사업을 벌이는 와중에 교육사업을 하기 위해서 원주MBC 주식 일부를 인수했어요. 원주MBC보다 지분이 많았을 겁니다. 그런데 원주MBC가 돈만 갖다 쓰고 제대로 보고를 하지 않는데다 부정도 있는 것 같은 거죠. 원주교구에서 이를 좌시하지 않고 1971년 10월 5일에 데모를 감행합니다. 이게 상당히 중요한 데모예요. 가톨릭의 사회참여라는 의미에서 첫 데모라고 할 수 있을 거예요. 원동 주교좌성당에서 미사를 하고 모두 다 나와서 원주 일대를 전부 데모대가 메웠어요.

가톨릭이 사회 문제에 적극 진출하는, 거의 반정부적인 성격을 띤다고 할 수 있는 첫 사건이었죠. 그러니까 지학순 주교가 1974년 전국민주청년학생총연맹(민청학련) 사건과 관련하여 양심선언을 한 것으로 유명한데, 그런 인식과 실천이 1974년에 돌출된 것이 아니고, 원주교구의 대사회적 실천의 역사 속에서 등장하게 되는 것 같네요. 원주 쪽 이야기를 듣다보니 장일순, 지학순, 김지하, 박재일 이런 이름이 나오는데, 그들 사이의 관계는 어떻게 됩니까?

지금은 장일순 동네하고 김지하하고는 단절이 돼 있더라고요. 김지하가 장일순 선생이 돌아가셨을 때 「말씀」이란 시도 쓰고 좋은 마음이었던 것 같은데, 그뒤로 지금은 상호간에 연락이 잘 되지 않는 것 같아요.

장일순 선생이 아주 자상한 분이에요. 김지하네 집에 가서 지금 생활은 어떠냐, 뭐 모자란 건 없냐 챙기시고, 김지하가 감옥에 있으면 어머니한테 가서 김지하 잘 있냐 묻고 그랬어요. 김지하가 1975년에 잡혀 들어갔을 때 '말뚝'과 '장일담'이라는 시작 메모가 문제가 됐잖아요. 그때 장일순 선생이 그건 이러저러하게 변소를 하라며 맑시즘 이론을 글로 써서 김지하한테 보내기도 했어요. 그 글을 제가 운반했지요. 그런 정도로 자상한 분이에요.

1982년에 이돈명 변호사의 회갑문집을 냈는데 그때 장일순 선생이 '지인평범(至人平凡)'이라는 휘호를 써서 보내주셨습니다. 도교에서 말하는 진인(眞人)이 지인입니다. 쉬운 말로 하면 "지극한 사람은 평범하다"라는 뜻인데, 저는 장일순 선생 본인이 바로 지인(至人)이었다는 느낌을 갖고 있습니다. 또 1986년 송건호 선생의 회갑문집에는 '천지공생(天地共生)', 1989년 리영희 선생의 회갑문집에는 '한매춘심(寒梅春心)'이라는 휘호를 보내주었습니다.

원주교구에서 1971년 데모라든지, 신용협동조합 이런 얘기들이 나올 때 그게 지학순 주교의 기본적인 추진력과 아이디어였는지, 서로 역할 분담은 어떻게 되고, 영향은 어떻게 주고받았는지 하는 부분을 좀더 말씀해주시면 좋겠습니다. 지학순 주교나 장일순 선생 등이 약간 신비화된 면이 있잖아요. 전체를 기획한 사람이 장일순이라는 이야기도 있는데, 그게 실제로 어떻게 됐는지 더 듣고 싶습니다.

사람을 끌어들이고 인화하는 측면에서는 장일순이 한 역할이 결정적이었다고 생각을 합니다. 그런데 신부들하고 마찰도 없지 않았다고 들었습니다. 교구장이 신부들을 더 신뢰하느냐, 평신도들을 더 신뢰하느냐 이래가지고 교구 안에서도 갈등이 있으니까요. 김영주, 장일순을 비롯해 여러 사람들이 토론을 통해서 일을 해나갔다고 저는 알고 있습니다. 지학순 주교는 간판으로 우산이 되어주고 더 나아가 모든 책임은 내가 진다 하는 입장이었고.

원주 사람들은 자기네들이 민주화의 해방지구, 전진지구라고 자랑을 하는데, 그건 조금은 과장된 것 같아요. 당시에 그렇게까지 선구적이거나 엄청난 것은 아니고, 그렇지만 후방의 좁은 사회에서 상당히 힘들게, 자기들 나름으로는 열심히 산 셈이죠.

1975년에 수도권 특수지역 선교위원회 선교자금 사건이라는 게 있었는데, 손학규가 그 일 때문에 쫓길 때 제가 처음에는 손학규더러 김두식이라고 동아투위(동아자유언론수호투쟁위원회) 하는 사람 집에 좀 가 있으라고 했다가, 나중에는 할 수 없이 원주교구로 보낸 적이 있습니다. 거기는 신도 중에 과수원 하는 사람도 있고 그러니까 장일순 선생이 거기서 배치를, 저는 모르지만, 하는 거죠. 네가 좀 도와줘야겠다 하면서 도망자를 보냅니다. 손학규는 거기에서 오랜 기간 지냈어요.

원주 쪽에 연락하면 어딘가 배치가 되고, 안전판이 마련이 되는 모양이죠.

안전판이 있어서라기보다 마땅히 보낼 다른 곳이 있는 게 아니니까 일단 원주에 보내놓고 다음을 생각하는 거죠. 그러니까 원주가 엄청나게 잘 조직되어 있어서 그런 건 아니에요. 그 산하가 넓지 않습니까? 또 홍국탄광도 있고. 그쪽에 가 있을 데는 좀 많았죠. 어떻든 그렇게 하면 자기네들 나름으로는 최선을 다해서, 그걸 수습을 합니다. 장일순 선생이나 원주 쪽 분들이.

리영희 선생과의 50년

앞에서 종종 리영희 선생 얘기가 나왔는데, 이제 본격적으로 듣고 싶습니다.

나는 리영희 선생하고 여러가지로 인연이 깊습니다. 내가 리영희 선생을 처음 만난 건 1964년 겨울인데요. 그때 나는 6·3학생운동의 배후 및 불꽃회 관련해서 감옥에 가 있었고 그해 겨울에 리영희 선생이 잡혀 들어왔어요. 당시 리영희 선생은 조선일보 정치부 기자였어요. 그때 편집국장은 선우휘였고요. 제2차 아시아-아프리카 회의를 알제리에서 여는데 그때 의제 중 하나가 남북한을 동시에 초청하는 것이고 나아가 유엔에 동시에 가입할 가능성에 대해서도 토의를 할 예정이라는 기사를 썼다가 그게 반공법 위반이라고 잡혀온 거였습니다.

나는 2관구의 8사 상에 있었고 리영희 선생은 8사 하 22방인가에 들어왔는데 온 사동에 소문이 났습니다. 어제 저녁에 조선일보 기자가 들어왔다더라, 반공법 위반이라더라 하면서요. 운동 나갈 때나 접견 나갈 때 리영희 선생을 슬쩍 보면 항상 책 보는 모습이었습니다. 초췌한 모습으로 이불을 뒤집어쓴 채 이휘영 교수가 펴낸 빨간 표지의 불란서 사전하고 불어 책을 보던 모습이 내가 본 리영희의 첫번째 모습이었습니다.

그때 또 한명의 언론인이 감옥에 들어와 있었는데 경향신문의 추영현 기자였습니다. 1964년 여름에 엄청난 가뭄이 들어서 삼남지방의 논이 전부 거북이 등처럼 쩍쩍 갈라졌지요. 먹을 게 없어가지고 학교에서 분유를 타서 우유를 만들어 학생들에게 나누어줬는데 학부형들이 학교에 와서 그것 좀 달라고 해서 먹고 이럴 정도로 굉장히 기근이 심각했어요. 그때 정일권 내각이 출범하면서 새로 시작하는 내각에 바라는 시민들의 목소리를 담은 기사를 경향신문에서 냈어요. 그중에 하나가 너무 참담한 현실이니 북에서 주겠다는 식량이라도 받아서 먹자는 내용이었는데 그게 반공법 위반이었던 거죠. 당시 북한에서 식량지원을 하겠다는 방송이 나왔거든요. 얼마 후에 리영희 선생은 불구속 기소로 풀려나고 추영현은 좀더 오래 있었던 걸로 기억합니다. 저도 출소하고 나서는 사직동의 대머리집이라는 데서 셋이 만나기도 하고 그랬습니다.

리영희 선생은 출소한 뒤에 조선일보에 복직을 했어요. 그때까지는 조선일보와 대립관계가 아니었죠. 조선일보에서 외신부장, 조사부장으로 자리를 옮기면서 계속 근무했어요. 리영희 선생은 얼굴에 좀 시니시즘(cynicism)이 깔려 있고, 당시 기자들 특유의 객기 같은 것이 전혀 없었다고 할까요. 생활고 때문에 상당히 시달리고.

리영희는 우리나라 언론계의 외신 분야에서 독보적인 존재였어요.

당시 외신이 AFP, AP, UPI 이런 것들이었는데 서구 쪽하고 우리하고 밤낮이 다르기 때문에 외신부 기자들은 야근을 해야 합니다. 밤에 텔레타이프(teletype)를 통해서 기사들이 들어오면 아침에 기사를 내는 거죠. 나중에 들으니까 리영희 선생은 부원들한테 밤새 들어온 외신 중에서 제일 중요하다고 생각하는 순서로 10개씩 써내라고 했다고 합니다. 그때 내 친구나 선배들 신홍범, 정태기, 박범진 이런 사람들이 휘하였고, 그 가운데 김대중도 있었다고 들었어요.

우리나라에서 처음으로 외신 기자들을 공개모집한 게 1957년입니다. 그때 리영희가 육군 소령 계급장을 달고 입사시험을 치러 와서 합격해가지고 합동통신에 들어가게 됩니다. 그때 같이 일한 사람들 면면이 이왈수, 고명식, 리영희, 그리고 좀 뒤늦게 들어온 사람이 서동구 이런 분들이에요. 우리나라에서 외신을 신문사의 보도기사로 본격적으로 끌어올린 사람들로 평가가 되고 있지요.

당시에는 외신을 가지고 국제논설이나 국제정치 기사를 쓰는 사람이 거의 없었고, 그런 걸 실을 만한 매체도 없었어요. 엄민영이라고 박정희의 친구이기도 하고 내무부장관을 한 사람이 있는데 그 사람이 1965년에 『정경연구』라는 잡지를 창간합니다. 그러면서 처음으로 경제논설이나 국제정치에 대한 글을 싣기 시작했습니다. 또 그뒤에는 『창작과비평』이 나와서 사회과학과 관련된 글들이 실리게 되었죠. 어떻게 하다보니 내가 『정경연구』와 『창작과비평』에 리영희를 연결하면서 리영희의 글들이 이 두 잡지에 실리기 시작해요. 베트남 전쟁 문제도 『창작과비평』에 실린 글이죠.

리영희 하면 제일 먼저 떠오르는 게 베트남 전쟁의 사실과 관점에 대한 선생의 글이지요.

베트남에 관해서는 사실 리영희가 남다른 시각을 가지고 있었던 건 아니에요. 다만 우리는 미국과의 관계 때문에 베트남 전쟁의 진실에 대해서 제대로 알지 못했을 뿐이었는데 그 진실을 알렸다는 의미가 크죠. 베트남에 대한 진실을 세상에 알린 글로 리영희 이름이 알려지기 시작합니다. 그러면서 리영희는 진실을 알리는 사람이라는 이미지가 생겼습니다.

『우상과 이성』(한길사 1977)의 서문에서 "나의 글을 쓰는 유일한 목적은 진실을 추구하는 오직 그것에서 시작되고 그것에서 그친다"라고 밝히기도 했지요.

리영희 선생과 비슷한 시기에 감옥에 있던 사람 중에 합동통신에서 같이 근무했던 정도영이라는 사람이 있어요. 리영희 선생의 가장 가까운 친구였지요. 정도영은 인혁당 사건으로 들어왔는데 나하고 같이 조사도 받았습니다. 두분은 영어와 일어를 그렇게 잘했어요. 리영희 선생은 누구랑 싸울 때나 화낼 때 영어가 더 잘 나온다고 우스갯소리를 하기도 했습니다.

리영희 선생은 제기동 쪽에 조그만 한옥 주택에서 어머니를 모시고 살고 있었어요. 어머니가 신경성 위경련을 앓아가지고 매일 편찮으셨고요. 그때 저는 장준하 선생 쪽과도 어울려 다녔는데 하루는 장준하 지지자가 불개미술을 담가가지고 장준하 선생에게 가져온 적이 있었어요. 불개미술이 신경통, 위경련 등에 좋다고 그 술을 리영희 선생에게 어머니 갖다드리라고 드린 적도 있습니다. 어머니가 그 약을 먹고 아주 좋아졌다는 말도 했다고 해요. 또 한번은 로열젤리 장사를 하는 친구가 있어가지고 그것 좀 살 사람을 소개해달라고 가져왔는데 로열젤리가 위경련에 좋다고 해서 그것도 리영희 선생 어머니께 갖다드렸습니다. 로열젤리도 상당히 효험이 있었던가봐요. 그거 먹고 많이 나아졌다면서 리영희 선생 집에 가면 어머니가 저를 그렇게 반가워하셨어요.

리영희 선생은 어떻게 보면 참 까탈스러운 사람이었던 것 같아요. 조선일보에서도 처음에는 자기 회사 기자로 감옥에 가기도 했고, 유능한 외신 기자다 이래서 감쌌는데 기사의 방향이 점점 조선일보 기조하고 달라지니까 사이가 나빠졌어요. 그러니까 리영희 선생은 조선일보를 그만두고 자기는 지식인 사회를 떠나겠다면서 출판사 외판 사원을 한 적도 있습니다. 그때 『지리산』의 작가인 이병주가 자기 저서를 많이 내고 출판사를 차렸는데 그 출판사 외판원을 했어요.

그러다가 그 얼마 뒤에 합동통신에서 외신부장으로 와달라고 해서 다시 합동통신에 들어갔지요. 1971년에 '64인 지식인선언'으로 합동통신에서 해직되고 나서는 한양대 교수로 갔고요.

1974년에는 그 전까지 『창작과비평』 등에 쓴 글을 모아서 『전환시대의 논리』(창작과비평사 1974)를 출간했습니다. 출판기념회를 을지로입구에 '호수그릴'이라는 레스토랑에서 했는데 그때 내가 출판기념회 준비를 하면서 '리영희 출판기념회'라고 쓴 종이와 화살표 같은 걸 무교동에 있는 전봇대마다 붙이고 다녔던 기억이 납니다.

이 책의 제목에도 제가 관여를 한 것 같아요. 옛날 해방정국 때 신남철이라는 역사철학자가 쓴 『전환기의 이론』(백양당 1948)이라는 책이 있습니다. 내가 기억하는 대목 중에 하나는 사대주의에 대한 내용인데, 그 사람 주장에 의하면 사대주의는 그냥 생기는 게 아니고 우리 안에 분열이 있고 밖에 강대한 세력이 있을 때 우리 안의 온당하지 않은 세력이 자기가 불의한 걸 커버하기 위해서 외세와 결탁하는 게 사대주의라고 설명했어요. 상당히 수준이 높은 책인데 그 책의 제목에서 아이디어를 얻어서 '전환시대의 논리'라고 지은 걸로 기억합니다.

리영희 선생은 신남철 책에서 『전환시대의 논리』 제목이 나왔다는 생각은 안 하고 있겠죠? 그런 언급을 본 적이 없는 것 같은데요.

글쎄요. 여러 사람의 의견을 모으고, 또 치열한 토론을 거쳐 책의 제목을 정한 게 아니라서 그 전과정을 기억하지는 못할 수도 있겠지요. 내가 이러이러한 책을 봤는데 참고를 했으면 좋겠다고 의견을 내고 토론 끝에 이론을 논리로 바꿨던 게 아닌가 싶어요.

이 책 이후로 우리 동창들을 비롯해서 많은 사람들이 리영희의 열렬한 팬이 됐습니다. 가까운 친구나 선배 중에는 신홍범, 임재경이 리영희 선생을 굉장히 좋아했어요. 그리고 대학가에서 이 책이 거의 필독서로 읽혔습니다. 정권 입장에서는 눈엣가시였겠죠. 기회만 엿보고 있다가 『우상과 이성』 『8억인과의 대화』(창작과비평사 1977) 출간 이후에 두권을 한꺼번에 묶어서 반공법 위반으로 남영동 대공분실로 연행이 됩니다. 백낙청 선생도 출판인으로 함께 반공법으로 엮었고요.

그때 백낙청은 불구속이 됐고 리영희는 구속이 됐는데, 당시에는 보통 이런 유형의 공안사건은 중앙정보부에서 맡았거든요. 그런데 이 사건은 치안본부에서 담당을 했습니다. 바로 박처원이라는 사람이 책임자였어요. 박처원의 말에 의하면 '리영희를 잡아넣지 않고는 좌익학생운동 애들을 근절시킬 수가 없다. 이 사람을 잡아넣게 해달라'라고 했다는 거예요. 박처원이 리영희를 불러다놓고 '내가 너를 이렇게 잡아넣었다. 그러니까 너 쉽게 나갈 생각하지 마라' 하면서 협박 비슷하게 아주 대놓고 말을 했다고 해요.

검찰에서 말하는 혐의는 국외공산계열 찬양인데 문제 삼은 글 중 하나는 『우상과 이성』에 실린 「농사꾼 임군에게 띄우는 편지」입니다. '농사꾼 임군'이 실제 있는 사람이에요. 서울대 농대 출신의 임수대라고. 실제로 그 사람한테 보낸 편지인 거죠. 여러가지 농촌 현실을 빗대서 농촌 현실이 이러니까 생각하고 저항할 수 있는 농민이 되어야 한다, 우리를 얽매고 있는 구조를 타파해야 된다는 내용을 문제 삼은 겁니다.

『8억인과의 대화』에서는 중국 상해 사람들이 미국 뉴욕 사람들보다 의료 혜택을 많이 받는다. 중국 인민들이 미국 시민보다 죽음의 위험으로부터 훨씬 더 보호를 받고 있다는 내용을 번역해서 실은 건데 그것도 국외공산계열인 중공의 활동을 찬양하고 동조했다는 혐의를 씌웠습니다.

리영희 선생이 그때 어느 정도 순진했냐 하면 자기의 의견을 법정에서 제대로 설명하겠다는 생각이었던 거예요. 리영희 선생이 검찰의 논리를 격파하겠다고 농업 관계 책을 좀 넣어달라고 요청했어요. 그래서 나는 열심히 자료나 논문이나 책 등을 찾아서 공식, 비공식적인 루트로 공급했어요. 또 변호인들 회의에도 참석을 하고요. 백낙청 선생도 불구속이기는 하지만 재판을 받으니까 함께 전략회의라든지 변호인단 회의 같은 데 참석을 했지요.

리영희 선생의 재판에 대해서는 상고이유서를 달필로 눌러쓴 것을 본 적이 있습니다. 그야말로 한땀 한땀 온 정성을 모아 썼고, 본인으로서도 가장 귀중한 글 중의 하나로 회고하더군요. 당시 재판이란 게 진실을 규명하기가 참 어려운데다가 진술하는 것도 여러 장애가 있었지요.

리영희 선생은 재판정에서 자기가 사실을 왜곡하거나 국외공산계열을 찬양한 게 아니라 지금 농촌 현실을 내가 가장 정확하게 제대로 파악하고 있다고 주장하면서 그걸 이론과 수치로 밝히려고 노력했습니다. 스스로는 변소를 굉장히 열심히 했다고 생각을 하죠.

우리 한교수가 더 잘 알겠지만, 실제로 법정에서의 재판 과정은, 특히 유신시대의 재판에서 어떤 판사는 재판 시작부터 재판 자체를 아주 개판으로 만들어놓기도 합니다. 진술도 못하게 봉쇄하는 거죠. 또 어떤 판사는 재판은 실컷 잘해놓고 판결에서 다른 말을 하는 사람도 있고요. 물론 이것도 저것도 아닌 사람도 있지요.

아무튼 리영희의 재판을 맡았던 사람이 유경희라는 판사인데, 순천 출신으로 소설가 김승옥의 친구예요. 대학 때 문리대도 자주 놀러오고 해서 나도 유경희를 잘 알았죠. 유경희는 사람도 선량하고 우리가 증인신청 하는 걸 다 받아줬어요. 그리고 김승옥이 리영희 선생이 재판받는다고 하니까 유경희 판사하고 우리 사이를 왔다갔다 하면서 연락도 해주고 열심히 도움을 줬죠.

우선 리영희 선생이 재판 준비를 아주 진실하고 충실하게 잘했고, 유경희 판사는 또 재판 절차를 제대로 해줘서 우리 쪽의 방어가 충분히 됐다고 생각을 했고 재판의 결과가 좋을 것이라고 엄청난 기대를 했어요. 그런데 막상 판결이 나온 걸 보니 형량도 상당히 높을 뿐만 아니라 판결문의 범죄사실이 공소장의 공소사실하고 글자 하나 안 틀리게, 말하자면 공소장의 오타까지 똑같은 거예요.

홍성우 변호사의 『인권변론 한 시대』(경인문화사 2011)에서도 그 이야기가 자세히 나온 것으로 알고 있습니다. 참 어처구니가 없는 거죠. 우리는 재판 결과에 기대를 하고 리영희 선생 부인도 어쩌면 남편이 나올 수도 있겠다고 목욕물도 끓여놓고 김치까지 담가놓고 법정에 나왔다고 합니다. 그런데 재판 선고를 그렇게 해놓고는 항소하시라고 하더라고요.

리영희 선생이 상고이유서에 '검사의 기소장이 8,268자인데 1심 판결문의 판결 이유가 똑같이 8,268자다. 내가 또 우리 온 변호인 몇이 그렇게 치열하게 자기방어를 했지만 글자 하나도 바꿀 수 없을 만큼 우리의 주장이 의미 없었단 말인가'라고 썼습니다.

그리고 그때 리영희 선생의 어머니가 돌아가셨어요. 그것도 기소된 날인가 그래요. 그날 리영희 선생이 감옥 안에서 먹지 않고 남겨둔 '가다밥'에 당시에 같이 수감 중이던 김지하가 보내준 알사탕을 놓고 어머니한테 마지막 제사를 드렸다고 해요. 그때는 리영희 선생의 집이 화양동에 있었는데 어머니 운구행렬이 교도소 앞으로 해서 지나갔다고 합니다. 우리는 그때 단 하루라도 임시석방을 해서 아들이 어머니 장례 절차를 마치고 들어갈 수 있게 해달라고 신청을 했는데 전혀 통하지가 않더라고요. 리영희 선생으로서는 어머니를 그렇게 여읜 거에 대해서 아주 안타까워하고 죄스러워하지요.

리영희 선생이 아들이 둘이고 딸이 하나인데 딸 이름이 미정이입니다. 미정이는 연세대 생화학과에 들어갔는데 아주 똑똑하다고 했어요. 연세대 들어가서 데모를 하는 과정에서 유인물을 전하다가 걸려서 구속이 된 거예요.

리영희 선생의 부인이 윤영자 여사인데 그분이 남편이 감옥에 들어갔을 때는 자기의 신념을 지키다가 저렇게 됐으니까 할 수 없는 일이다 싶은데, 딸이 들어간 거는 상당히 괴롭고 못 견디겠는 거지요. 어떻게 할 수 없냐고 여기저기로 도움을 청해왔습니다. 그때 마침 옛날에 나와 같이 민주회복국민회의를 만들었던 김정례가 보건사회부 장관을 하고 있었어요.

나는 전두환 정권 이후에 김정례하고는 전혀 연락이 없었는데 내가 할 수 있는 게 그분께 부탁을 드리는 것뿐이다 싶어서 김정례를 찾아갔어요. 리영희 선생의 딸이 이리이리해서 들어갔는데 당신이 좀 힘이 돼줬으면 좋겠다 그러니까 그게 관료사회의 풍토인지 진정서를 써오라고 하더라고요. 진정서가 어디 가서 얘기할 때 근거가 되는 거죠. 그때 김석휘가 검찰총장이고 배명인이 법무부장관이었는데 김정례가 그 진정서를 가지고 찾아갔어요. 그랬더니 진정서 두고 가라. 그리고 나서 진짜 미정이가 기소가 안 되고 나왔어요. 이게 참 당시로서는 낙타가 바늘구멍으로 나온 거죠.

미정이는 지금 '하노이의 아침'이라는 음식점을 합니다. 베트남 음식점인데 잘된다고 하더라고요. 그런 걸 보면은 리영희 선생이 베트남의 진실을 한국사회에 알리는 역할을 했고 딸은 베트남 음식점을 하니 인연이 묘하지요.

1992년에 우리나라와 베트남이 수교가 되는데, 주한 베트남 대사관에서 당신이 그동안 우리 조국의 진실을 알리기 위해 한 일들에 감사

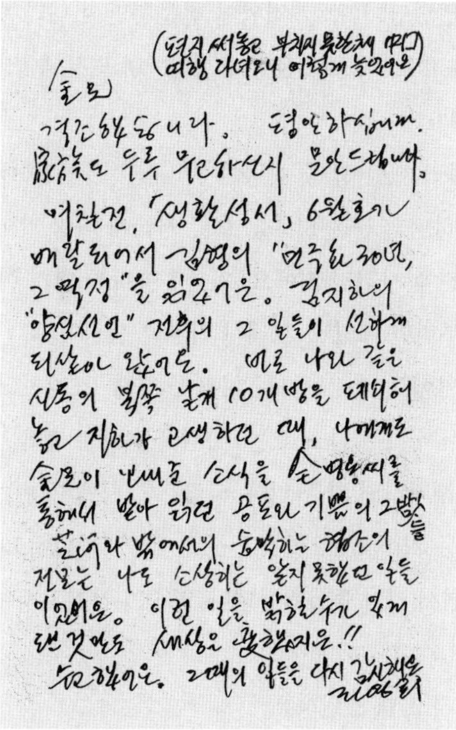
(편지 써놓고 부치지 못한 채 여행 다녀오니 이렇게 늦었어요)

金兄

그동안 안녕하십니까. 家族들도 두루 무고하신지 물어드립니다.

며칠 전, 「생활성서」 6월호가 배달되어서 김형의 "연극 30년, 그 여정"을 읽었어요. 김지하의 "양심선언" 전후의 그 일들이 선하게 되살아 왔어요. 바로 나와 같은 신동의 북쪽 낮게 10개 방을 떼어 놓고 지하가 고생하던 때, 나에게도 金兄이 보내준 소식을 金명봉씨를 통해서 받아 읽던 공포와 기쁨의 그 밤들.

감옥 안과 밖에서의 숨막히는 협조의 전모는 나도 소상하게는 알지 못했던 일들이었어요. 이런 일을 밝힐 수가 있게 된 것만도 세상은 좋아졌지요!!

수고했어요. 그때의 일들을 다시 감사해요.

리영희

리영희 선생이 보낸 편지.

를 표한다면서 대사관 개설식에 리영희 선생을 초청했대요. 그 이후에도 리영희 선생은 감옥을 몇번 더 갔죠. 남북관계 때문에도 그렇고.

몇년 전에 미정이와 둘이 있을 기회가 있었는데 나한테 '우리 아버지는 어떤 사람이었어요'라고 묻더라고요. '내가 보기로는 좀 칼칼한 사람이었지'라고 대답한 적이 있습니다.

리영희 선생이 늘 자랑스러워했던 게 자기가 속사권총에 능하다는 것, 설악산 신흥사의 목판본 불경을 보존시켜낸 것이라고 얘기를 합니다. 병사들이 추우니까 불을 피우려고 불경판을 태우고 있었는데 그걸 보고 본인이 말렸답니다. 그 경판이 한문뿐만 아니라 범어로도 되어 있다고 하더라고요. 리영희 선생이 항상 '내 덕분에 그거 안 탔다'고 자랑하곤 했지요.

또 부끄럽다고 했던 일 중 하나는 지리산 전투 와중에 술을 마시다가 어떤 기생 하나와 눈을 맞추고 오늘 저녁에 나랑 같이 가자 했는데 그 기생이 중간에 사라진 거예요. 전쟁통이니까 별것 아닌 군인도 대단히 위세를 부리던 때였죠. 그래서 리영희 선생이 그 기생이 사는 집으로 찾아간 거예요. 총을 들고 '나오라 그래' 소리쳤더니 이 기생이 마루에서 딱 서서 그걸 다 보고는 "사람을 총으로 겁을 줘서 마음대로 할 수 있다고 생각하면 안 됩니다. 사람은 그렇게 다루는 것이 아닙니다"라고 했다는 거예요. 그 말을 듣고는 말이 턱 막히고 나는 정말 못난 놈이다 하면서 그냥 돌아왔답니다. 일종의 자기고백이지요.

진주기생이라고 돼 있던데요.

맞습니다. 그런 일을 고백할 수 있다는 것도 엄청난 용기라 할까요.

리영희 선생도 민주화운동 당시에 국제여론화에 역할을 하셨던 것으로 알고 있습니다.

리영희 선생은 1970년대 중반에 한국의 민주화투쟁 내용을 일본 언론에 전달하는 중간 역할도 상당히 많이 했습니다. 교도(共同)통신의 서울 특파원으로 에구치 이쿠코 기자 등 몇명이 번갈아 와서 그런 사람들이 한국을 일본 지식인의 입장에서 보도하고 취재하려고 노력을 했는데 리영희 선생이 통역 겸 안내를 맡았어요. 김지하의 「오적」 사건 등에도 리영희 선생의 역할이 상당히 컸습니다. 일본 언론에서 비밀리에 김지하와 회견도 하고 일본 지식인들이 모금도 해주고, 시인들이 김지하를 지지하는 움직임 같은 것도 연결을 해주고요.

일본의 그런 건강한 신문기자들하고 끝까지 교류를 하다가 에구치 기자가 여든 다 돼서 죽었는데 리영희 선생이 일본에 조문하러 가기도 했어요. 리영희 선생은 일본과의 개인적인 교류뿐만 아니라 한일간 교류, 특히 진보적인 지식인들 사이의 교류에 다리를 놓거나 직접 중간 역할을 담당한 경우가 상당히 많습니다.

최근에 창비에서 『리영희를 함께 읽다』(창비 2017)라는 책이 나왔어요. 사실 나보다 더 오랜 기간을 가깝게 지낸 사람은 임재경인데 나에게 섭외가 왔더라고요. 리영희재단과 창비학당에서 기획해서 강의를 하고 그걸 묶어서 책으로 낸 겁니다. 「리영희 선생과의 50년」이라고 해서 저와 선생의 관계가 아주 자세하게 나와 있습니다.

리영희 선생은, 리영희가 하고 있는 모든 일에 칭송과 비난을 동시에 받았죠. 한쪽에서 '사상의 스승'이라 할 만큼 영향력이 컸으니까 다른 쪽에서는 '빨갱이 사상의 제일 중심인물' 이런 식으로 모든 것이 시빗거리가 됩니다. 리영희의 가치를 충분히 인정하지만, 그의 모든 것을 미화할 이유는 전혀 없는 것 같습니다. 한쪽 시각을 교정한다고 하는 게 중국의 문화혁명을 너무 미화한 측면이 있어요. 나중에 알고 보니 대약진운동, 인민공사, 문화혁명의 참혹한 실패, 엄청나게 많은 인민들의 죽음, 하방 이런 것들이 리영희의 책에는 지나치게 미화된 느낌입니다.

그런 오류에 대해, 자신의 잘못된 견해에 대해서 뒤에 사과하기는 했지만 어떤 면에서는 편견이 아주 심한 분이기도 합니다. 등소평을 굉장히 싫어해요. 등소평이 프랑스로 유학 가고, 노름 좋아했다는 것을 싫어하는 겁니다. 또 리영희 선생은 대단히 근엄한 사람이라는 이미지가 있는데 다소의 일탈이나 자기 자랑 같은 것도 좋아했어요.

그러니까 사람에 대한 신화화는 언제나 위험하다고 생각해요. 김지하를 완전히 신화화했다가 나중에 그것이 주는 부작용들을 여러 사람들이 치르고 있는 거잖아요. 저는 현대사를 보면서 한 사람이 신화적으로 위대하다 이런 생각은 다 접고, 특정한 시점에서 했던 특정한 활동에 대하여 개별 평가를 해야 한다는 입장을 갖게 되었습니다. 보통은 소시민으로 다소 비겁하게 살다가, 어느 역사적 국면에서 평소보다 훨씬 더 용기 있게, 어떤 사람은 두걸음씩 나아가고 어떤 사람은 한걸음씩 나아가고, 역사의 회오리 속에서 평소에 자기라면 못할 것들을 각자가 한걸음씩 두걸음씩 막 내딛는 경우가 나타나면 그것 자체를 귀중히 여기자, 이런 겁니다. 그 사람은 정말 완벽하고 대단한 사람이다 하면서 꼭대기에 올려놓고 나면 그뒤에 약점 두어개만 나와도 확 허물어져버리잖아요. 그건 그렇고, 리영희 선생을 '칼칼한 사람'이라 하셨는데요.

전에 김지하가 잡혀가고 강신옥 변호사에게 사건 변호를 부탁하고는 박윤배, 이선휘, 백낙청, 리영희, 임재경 등이 다 같이 모여서 술자리를 가진 적이 있습니다. 서로 처음 보는 사이들도 있었죠. 술을 먹고 강신옥 변호사가 기분이 좋으니까 ‘어이, 우리 집에 가서 2차 하자’ 이렇게 된 거예요. 그래서 강신옥 집으로 몰려갔는데 꽤 넓은 잔디 마당이 있고, 2층에는 레코드에서 성가가 나오고 있었어요. 리영희 선생이 그 집을 보더니 ‘난 이런 부르주아하고는 안 놀아’ 그러고 나가버려서 모두를 난처하게 한 적이 있습니다. 그렇게 좀 칼칼한 사람이라고 할까요.

그 시대에 벌어진 하나의 삽화 같은 거죠. 리영희 선생은 글 쓰는 자세가 정말 남달랐죠. 군더더기 없이 정확하게 쓰려고 하는. 글을 쓸 때 굉장히 예민하셔가지고, 평전에 보면 자식들이 숨도 죽여야 됐던 걸 나중에 미안하게 여긴다고 그러시더라고요.

글은 상당히 완벽주의였지요. 자다가 일어나서 또 읽고 고치고 그랬다고 해요. 그리고 내가 안타깝게 들었던 얘기 중에 하나는 자기가 진실을 말하기 시작하면서 글을 쓰면 글 때문에 매번 문제가 생기니까 글을 발표한 뒤에는 항상 내가 언제 잡혀갈지 모른다 싶어서 잘 때도 옷을 깔끔하게 정제한 채로 입고 잤다는 거예요. 내가 끌려갈 때 초라하고 우스꽝스런 모습을 보이지 않기 위해서 그걸 언제나 염두에 두고 있었다는 말씀은 좀 찡합니다. 어떻게 그렇게 살았을까 싶지요.

또 하나는 부인인 윤영자 여사 이야기인데 어떻게 보면 순박하고 그냥 단순한 아낙네라고 할 수 있지요. 제주도 출신인데. 그런 윤영자 여사가 남편이 감옥에 가면서 투사가 된 거죠. 시위하면 꼭 나가고. 리영희 선생이 구속됐다가 풀려난 뒤에도 구속자가족협의회에 항상 나와서 활동했어요. 구류도 한 20일씩 살고. 경찰 때문에 오른손 새끼손가락이 부러져서 지금도 구부러져 있대요. 언젠가 리영희 선생이 말하길 우리 마누라가 그렇게 투사가 돼 있더라는 거죠. 리영희 선생 마지막 저서가 『대화』(한길사 2005)인데, 거기에 아내에게 바치는 간곡한 헌사를 썼죠.

삶의 방식을 바꿔보고자

이제 대학 졸업 전후로 가볼까요. 대학 졸업이 1966년 2월이죠? 졸업하고 난 뒤에 한 1970년대 초까지 어떻게 사셨는지 이야기를 해보면 좋겠습니다.

감옥에서 나와 보니 내가 필요 이상으로 과대포장이 돼서 학생운동의 거물처럼 알려져 있는 바람에 처신하기가 상당히 어려운 상황이었어요. 그때 박희범 선생이 자네 그러지 말고 자기 동기생 중에 오상직이라는 국회의원이 있는데 그 사람을 도와주면 어떻겠나 하면서 그를 소개해줬습니다. 그 인연으로 잠시 그 집에 가서 숙식을 하면서 지냈어요. 오상직 의원의 의정활동을 도우면서 세상에 대해서 엄청나게 많이 알게 됐죠. 의회민주주의란 걸 몸으로 접한 것도 처음이었고 현실정치라는 걸 본 것도 처음이었어요. 또 경제기획원을 오가면서 엘리베이터도 처음 타봤고. 수세식 화장실도 처음 사용해봤지요.

그럼 졸업 직후에 오상직 의원을 도우면서?

그렇죠. 대학 때는 의회민주주의라는 형식보다는 혁명이라는 방식을 통해서 나라가 바뀌어야 된다고 생각했습니다. 그러다가 졸업 후에야 의회민주주의라는 것을 처음으로 체험했던 겁니다. 그때는 국회의원들이 질의를 서로 안 하니까 오히려 정부 쪽에서 질의하기를 바라던 풍토도 있었어요. 또 자료를 요청하는 국회의원이 없어서 기자들이 나한테 와서 어떤 자료 좀 요청해달라 이러는 경우도 많았고요. 자기들이 자료를 구할 방법이 없으니까. 그리고 정부 쪽에서 그것을 나쁘다거나 귀찮게 생각하는 게 아니라 불감청(不敢請)이되 고소원(固所願)이라는 식이었죠.

그때 양순직이 재정경제위원회(재경위) 위원장이고 오상직이 여당측 간사를 했어요. 양순직에 대해서 난 개인적으로 알려진 바와 다른 것으로 알고 있어요. 그 사람이 해군 출신으로 박정희 정권에 붙어 출세한 사람으로 알려져 있지만, 실상은 매우 양심적이고 의협심이 강한 사람이었어요. 나중에는 삼선개헌 반대운동도 하고 만년에는 김대중 선생을 도와 재야 민주화운동에도 깊게 참여했지요. 어떻든 그 사람이 재경위원장을 하고, 야당에서는 이중재, 김대중 등이 야당 재무경제통으로 활약을 하고. 오상직은 민주공화당 재경위 간사였고요.

오상직 의원 집에는 얼마나 있었던 겁니까?

한 1년 6개월 정도 있었지 않나 싶습니다. 그 사람이 1967년 7대 국회의원 선거에서 떨어졌어요. 6·8부정선거라고도 불리는데, 여당임에도 불구하고 떨어졌어요. 그때 당선된 사람이 우홍구입니다.

그럼 정식 보좌관이었나요?

그때는 보좌관이라는 게 없었고, 비서관과 비서 두 사람이 있었어요. 그 사람들이 공식적인 비서진이고, 저는 대외활동보다는 주로 연설 원고 써주는 비공식적인 역할을 했습니다.

현실정치의 이모저모도 알게 되었다고 말씀하셨는데요.

지역구에 더러 내려가니까, 그 당시 적나라한 정치 행태를 자주 목격하게 됐죠. 예를 들면 부정선거가 어떻게 이뤄지는지 하는 겁니다. 그때 장기영이 경제기획원 장관이었는데, 저보고 장기영한테 가면 뭘 주는 게 있을 거라고 해요. 그래서 가면, 요새 돈으로 치면 1만원짜리 지폐를 한 천만원 가방에 넣어서 줘요. 그걸 가지고 현지로 내려가 봉투에 한 3만원씩 나눠 담아서 뿌리는 게 그때 선거의 일이더라고요. 현실정치의 어떤 부분을 좀 봤다 그럴까.

1960년대 후반에도 일련의 용공사건이나 조작사건이 계속 나오잖아요. 그와는 무관했던 건가요.

난 1967년까지 오상직 의원을 돕는 일을 했는데, 1967년에 동백림 사건이 터집니다. 그 당시 김지하를 비롯해 주로 어울리던 사람 중에 송

대학 졸업식에 찾아온 송두율과 함께.

두율이라는 친구가 있었어요. 송두율은 이 사건에 직접 연루되지는 않았습니다만, 그때 유학 준비를 하고 있었어요. 임석진이 독일에서 헤겔 철학을 하고 와서 명지대 교수로 있었는데, 송두율이 임석진으로부터 이런저런 도움을 많이 받았습니다. 개인교수 비슷하게 왔다갔다 하면서 배우고, 독일 유학 준비를 하는 도중에 동백림 사건이 터졌어요.

당시에는 몰랐는데 나중에 알려진 바에 의하면 임석진이, 사전인지 사후인지는 확실치 않지만, 동백림 사건의 상당 부분을 제보를 했다고 합니다. 많은 사람이 동베를린을 거쳐서 북한에 다녀왔다는 것을 불어가지고, 그 때문에 걸린 사람들이 상당히 많았다는 설이 있어요. 그래서 송두율이 독일 유학을 가니 안 가니 하다가 나중에 유학을 떠났어요. 민비연 사건은 동베를린 사건의 전초전 비슷한 것이었죠.

1968년이 되면 통일혁명당(통혁당) 사건이 터져요. 서울상대에 경우회라는 학내 서클이 있었습니다. 경영학과 말고 대개 경제학과 출신 쪽인데, 자칭 우수하다는 사람들끼리 경우회라는 모임을 만들어서 활동을 했었지요. 이 서클을 지도 비슷하게 한 사람이 안병직이었고, 신영복도 깊이 관계를 했어요. 그때 우리랑 연락을 한 사람 중에 대학원에 재학 중인 사람이 있었는데, 그의 얘기에 의하면 신영복과 학사주점 멤버들이 이상하다, 수상전집, 그러니까 김일성전집이죠, 김일성전집을 가져와서 학생들한테 읽히고 독후감을 써오라 그런다 하는 거예요. 그 얘기를 듣고 우리는 불안하니까 그럼 전부 철수시키자, 그들과 관계를 끊고 나가지 말자고 의견을 모았지요.

통혁당 사건이 터지자 신영복한테 너 누구누구랑 공부를 했고, 책은 어떻게 구해서 누구랑 나누어봤느냐 이렇게 물으며 고문을 가했죠. 그때 신영복은 육군교도소에 있었어요. 육사 교관이었거든요. 이런 식으로 여러 사람들이 불려가서 고문을 당했고, 그러니까 함께 공부했던 다른 사람들 이름을 불지 않을 수 없었죠. 고문 앞에 장사 없으니까요. 그 사건에서 신영복은 조직상으로는 작은 하부조직의 일부였는데도 사형선고가 내려졌다가 최종적으로 무기징역형을 선고받았어요.

나는 이 사건의 영향이 나한테까지 오는 건 아닐까 걱정이 되지요. 구체적인 혐의가 있어서 그런 게 아니라 줄줄이 엮어서 잡아들이는 분위기였으니까. 문리대에서는 개인적으로도 모르고 만나본 일도 없는 이문규, 김질락 등이, 상대에서는 이수인, 신영복, 박성준, 이종태 등이 잡혀 들어갔어요. 또 통혁당의 남쪽 책임자라는 김종태라는 사람이 잡혀 들어가고요. 당시 분위기가 아주 살벌했습니다.

강신옥 변호사가 신영복의 변호를 맡았는데, 그래서 사무실에 가면 통혁당과 관련된 여러가지 얘기들을 들었어요. 예를 들면 김종태는 무식하다는 걸로 소문이 나 있는 사람인데 어쨌든 북쪽에서는 높게 평가를 했던 모양이에요. 그 사람은 교도소에서 탈옥을 시도해서 거의 성공할 뻔했다고 그래요. 방 창문에 철책이 박혀 있는데 장기간 상당히 치밀하게 그 밑을 파낸 다음, 이불 같은 것을 물에 적셔가지고 걸치고 아래로 내려가서 탈옥을 시도했다고 해요. 감방 밖으로 탈출해서 저쪽 담까지 도망을 가서 담에 올라가는 걸 체포를 했다고 하는데, 그게 만약 성공했더라면 아주 엄청난 사건이 벌어졌겠지요. 그런 식으로 담대한 탈옥을 실행한 사람이 없었어요.

이런 일화도 있어요. 북에서 통혁당이 사건화된 건 알지만 어떤 상황인지는 잘 모를 때 중앙정보부가 이문규, 김질락에게서 캐낸 암호를 가지고 연락을 해서 북에서 제주도로 간첩선을 보낸 것을 일망타진했어요. 암호를 알려주면 틀림없이 나중에 석방해주겠다든지 하는 약속을 했을 거예요. 정보부에서는 일망타진이라는 전과를 올렸지만, 이 사람들하고의 약속은 안 지켜졌죠. 그래서 강신옥 변호사는 박정희 정권을 도덕적으로 타락한 정권이라고 생각했어요. 그렇게까지 이용만 하고 약속은 지키지 않는다고.

이용은 이용대로 하고, 그런 뒤에 처형은 시켜버리고.

그런저런 인연으로 뭔가 불안하고 초조하던 때였어요.

동백림 사건 이야기도 하셨는데, 선생님은 이 사건과 관계가 없으셨잖습니까. 그런데도 초조했던 이유는 뭔가요?

직접적 관계는 없죠. 하지만 송두율이 굉장히 초조해하고 불안해하니까, 나도 상당히 불안함을 느꼈어요. 송두율을 통해서 나한테도 혹시 위험이 올 수 있지 않을까 두려웠습니다. 송두율의 친구라는 것만으로도.

송두율은 나보다 두해 아래인데, 서울대 철학과 출신이에요. 김지하가 중동고를 나왔는데, 송두율도 중동고 출신이에요. 그래서 매일 만나서 술 먹고, 송두율 집에 가서 자기도 하고 그랬어요.

아주 친했으니까 송두율에게 "너 누구랑 만났어" 물었을 때 김정남 이야기가 나오면, "어이! 잘 걸렸다" 이렇게 해서 불똥이 튈 수 있다고 생각하셨던 거군요.

그렇죠. 어쨌든 나는 저쪽에서 뭐 걸려고 하면 상당히 걸기 좋은, 걸고 싶어하는 그런 사람 중의 하나였을 테니까요. 그래서 그런 사건만 나면 덜컥덜컥하는 거죠. 통혁당 사건 때도 마찬가지고.

제2민비연 사건과 관계가 더 밀접한 거 아니에요?

관계가 있었지만, 한일회담비준 반대투쟁을 할 때는 내가 감옥에 있었으니까 확실한 알리바이가 있죠. 반면 통혁당은 아까도 말한 것처럼 직접적으로 관계는 없지만 그 하부조직의 일부와는 상당한 정도로 교유를 하고 있었으니까, 사건이 터지면 나도 상당히 불안하죠. 그때는 법대로 되는 시절이 아니니까.

제 생각에는 통혁당 사건을 시작으로 박정희 정권과 김일성 정권이 적대적 공생관계로 갔던 것 같아요. 이때가, 그리고 이 사건이 그 변곡점이 아닌가 싶어요. 서로 미워하고 서로 이용하면서. 그걸 빙자해서 감옥 안에서는 사상 전환 요구를 하고.

선생님 그 당시 나이가 20대 후반에서 30대 초반 정도였을 텐데, 서로 아는 사이에, 저쪽은 수상전집 읽고 독후감 써낸다 하는 이야기를 듣고 "불안하다, 철수하자" 이런 단호한 결단을 하시기가 쉽지 않았을 것 같아요. 온갖 인간관계가 얽혀 있을 법하니까요.

전하는 사람이 '저쪽은 수상전집 읽고 독후감을 써낸다' 하고 이야기를 하면서 상당히 불안해했어요. 당시는 박정희 정권의 탄압으로 혁신계조차 꼬리를 내릴 때였는데, 학사주점 쪽 일단의 사람들이 좌익모험주의에 좀 빠져 있었어요. 『청맥』이라는 잡지를 만들었거든요. 그런 것을 옆에서 보면서 저쪽 사람들하고 관계를 차단해야 되겠다 생각하던 차에 그런 정보가 들어오니까 철수 결정을 할 수 있었던 거죠.

그런데 우리는 철수하자라고 할 때, 그 우리는 누굽니까?

그때 나하고 교유하고 있던 사람들, 그때 일을 잊고 싶어하는 사람들의 이름을 굳이 말할 필요는 없을 것 같아요.

분위기를 알고 있었다고 해도 참 어려운 결정일 것 같아요. 서로 친구들이고, 한쪽이 모험주의로 간다고 해도 청년들의 관계라고 하는 것이 냉정한 분별력을 발휘하기가 쉽지 않죠. 발을 떼자 하고 말하기가 실제로 어렵거든요. 그런 인연들과 발을 떼어 살기도 쉽지 않잖아요?

그래서 아예 삶의 방식을 좀 바꿔야겠다는 생각을 했습니다. 그때 내가 생각해낸 게 장사였어요. 장사를 해서 지식인이나 혁신계의 정치건달 같은 삶과는 전혀 다른 삶을 살아보자 하고는 리어카를 하나 샀어요. 그 당시 녹번동, 역촌동, 신사동 등 은평구 일대가 전부 황량한 벌판이었어요. 도살장이 하나 있었고, 산 끄트머리에 시립 결핵요양소가 있었지요.

거기가 다 채소밭이었습니다. 새벽에 일어나서 리어카를 끌고 채소밭에 가 이슬 맞은 배추 같은 걸 떼다가 연신내시장이나 불광시장에 갖다 내는 거예요. 도매죠. 일차로 이렇게 한번 내고, 두번째로 가져온 건 리어카에 놓고 소매를 했습니다. 최소한 부지런은 하니까, 또 열심히 하면 나름대로 소득이 있죠.

그걸 한 6개월쯤 했을 때인데, 하다보니까 사람이 좀 쩨쩨해져요. 리어카를 보관하는 장소가 있는데, 보관소에 리어카를 맡기면 보관료를 내야 됩니다. 하루 저녁에 요새 돈으로 한 만원쯤. 그게 그렇게 아까운 거예요. 그래서 수를 냈죠. 주택 건설 현장에 가서 내일 아침에 이 리어카를 찾아가겠다, 그러니까 리어카를 여기다 하루 저녁 재우자고 하면 대개는 들어줍니다. 그러면 사람들이 내일 찾아갈 때 꼭 좀 가져간다고 말을 해달라고 그래요. 그런데 사람들이 깨어 있으면 리어카 가져간다 그러는데, 건설 현장에서 일하는 사람들이 잠자고 있는데 깨워서 내 리어카 가져간다고 얘기하기가 좀 뭣해서 그냥 가져갈 때도 있었지요.

1969년 늦여름이었을 거예요. 내가 리어카를 맡긴 건축 현장에서 도난사건이 있었던 모양이에요. 그러니까 이 사람들이 도둑으로 나를 지목을 해요. 당신이 처음부터 의도적으로 접근을 한 게 아니냐, 도둑질할 생각을 하고 리어카를 일부러 맡겼다는 게 그 사람들 주장이에요. 그러면서 저보고 경찰서에 가자는 거예요. 그런데 그 당시 나는 여전히 내 신원에 대해 불안할 때였어요. 그 사람들 앞에서 차마 안 간다 할 수는 없고 그래서 "가자, 가서 밝히자. 서대문경찰서 가자" 그랬어요.

그때는 은평경찰서가 없고, 서대문경찰서가 있을 때였지요. 그러면서 리어카를 끌고 나오니까 그 사람들이 내가 아닐지 모른다는 생각을 했는지 가다가 아무리 봐도 아닌 것 같다 그러면서 풀어주긴 했는데, 그때서부터 더이상 장사를 한다는 게 내키지가 않더라고요. 그때까지 내 꿈은 1년 안에 연신내시장이나 불광시장 안에 다이(판매대) 하나 마련해서 나도 가져오는 채소를 받아서 팔겠다는 거였는데, 아직 다이 마련하는 건 요원하고 그러니까 과연 이게 희망이 있겠나 싶어서 그만뒀어요. 좌절감과 허탈감이 한꺼번에 겹쳐서 '아, 더는 못하겠다' 이래가지고 포기를 했지요.

그렇게 리어카 장사를 그만두고 잡지사에 들어갔습니다. 내가 알고 있는 박현채, 조용범, 유인호, 박승 이런 사람들이 필자니까 『재정』에서 편집장으로 이 사람들을 만나고 다니면서 글을 받았죠. 나는 대학시절 『새 세대』를 할 때부터 활자를 안다는 거에 대해서 좋지 않은 생각을 했어요. 당시 출판계에서는 활자를 알면 활자로 먹고살게 된다는 고정관념 같은 게 있었거든요.

보통 조판을 하는 글씨는 명조체, 무슨 체, 무슨 체로 정해져 있고, 웬만한 건 동판을 떠서 합니다. 사식을 칠 때 활자를 몇호 몇호 이렇게 지정해줘야 하는데 그게 상당히 복잡해요. 그래서 활자는 가급적 멀리 하려고 그랬는데 결국 활자밖에는 접근할 수 있는 게 없더라고요. 『비즈니스』 편집장을 얼마간 했고, 『재정』 편집장은 꽤 오래 했어요. 1970년 6월에 서울사대 독서회 사건 배후로 지목돼서 잡혀 들어갈 때까지 그런 생활을 했지요.

리어카 장사 이야기를 하셨는데요. 장사를 할 때 삶의 방식을 바꾸자, 돈도 좀 벌자 하는 마음을 먹었다고 하셨어요. 돈을 크게 벌 거라고 기대를 하셨던 건가요? 한땀 한땀 출발하기로 하신 겁니까?

우선 생활인으로 한번 성공해보고 싶다는 생각이 아주 강했습니다. 그랬는데 도둑으로 몰려서 경찰서 가자 할 때는 몹시 불안했죠. 불안하면서도 불안한 내색을 할 수는 없잖아요. 그때가 서울사대 독서회 사건이 터진 뒤였을 겁니다. 그래서 제 이름이 거론되었을 수도 있을 때라서 상당히 불안했죠. 당시 서울사대 독서회 사건이 터진 건 이미 알고 있는 상태였거든요. 신원을 확인하면 걸릴 수도 있겠다, 그러나 그렇다고 그걸 회피할 수는 없다는 생각이었죠.

서울사대 독서회 사건은 1968년 4월에 터졌고, 나는 1970년 6월에 잡혀 들어갔어요. 잡혀 들어가기 전까지는 수배 상태였죠.

서울사대 독서회 사건의 유탄

서울사대 독서회 사건에 대해 상세히 설명을 해주세요.

아버지의 막냇동생, 그러니까 막내 삼촌이 저보다 고등학교를 2년 먼저 나왔어요. 나한테는 멘토 같은 사람이에요. 나는 삼촌이 사범학교를 가서 선생을 하면 참 잘할 것 같다 하는 생각을 했습니다.

삼촌이 졸업하던 해가 1959년인데, 그때 집안 형편이 어려워서 대학시험을 못 쳤어요. 1960년에는 서울법대를 쳤는데 떨어졌어요. 1961년에 저하고 같이 시험을 칠 때 나는 정치학과를 내고, 삼촌은 좀 낮춰 간다고 불어불문학과를 냈는데, 여기도 또 떨어진 거예요. 1962년에 교육대학이 우리나라에 처음 생기기 시작을 했고, 이분이 결국 공주교육대학에 들어갔어요. 그런데 삼촌 생각에 '내가 나중에 자식들한테 서울대를 계속 떨어져서 끝내 못 들어갔다 이런 얘기를 할 수는 없지 않나' 싶어 1963년에 다시 시험을 봤고 서울사대 사회교육학과에 합격이 됐어요. 그때 나는 대학 3학년이고, 『새 세대』 사무실에서 숙식할 때였죠. 삼촌도 나도 생활이 어려우니 어떨 때는 문리대 와서 나랑 같이 생활하기도 하면서 내 친구가 삼촌 친구가 되기도 하고, 그렇게 함께 지냈죠. 서로 왔다갔다 하면서 경험한 문리대의 분위기가 그분한테는 굉장히 좋았던 모양이에요. 그때 『모순론』 『실천론』 『제국주의론』 따위의 책들을 내가 좀 가지고 있었는지, 나는 지금은 기억이 잘 안 나는데, 그런 책들을 가지고 가서 사대 사람들하고 독서를 하고 그랬는데, 그게 뒤늦게 사건으로 만들어진 거죠.

대개 경찰서에 정보과가 1, 2, 3계로 나뉘어 있습니다. 1계는 일반 정보활동을 하고, 2계는 신원조회라든지 외국 관련 일을 담당하는 외사계예요. 3계는 공작반이라 그러는데 소위 간첩을 잡는 곳이죠. 실제로 3계 사람들이 간첩 잡으려고 고구마 장사로 위장을 해서 아파트 앞에서 잠복을 한다든지 상당히 고생하는 것도 사실이지만, 이 3계에서 손을 댔다 하면 사건이 만들어집니다. 이른바 막걸리 반공법 위반사건으로 불리는 것들이죠. 공안경찰들이 대개 거기 가 있어요.

그때 서울사대 독서회 사건이 동대문경찰서 정보 3계에 걸려가지고 네댓 사람이 잡혀 들어갔는데 그 책이 나한테서 나왔다고 불은 거예요. 참 아주 어설픈 걸로 걸린 거죠. 무시할 수도 없고, 그렇다고 자수하기도 그렇고 나로서는 아주 곤란한 거예요. 우리 삼촌은 그때 잡혀 들어가서 고생하다가 항소심에서 집행유예로 나왔고. 김기수라는 사람은 5년형을 받고 실형을 살았어요. 나를 엄청나게 잡으러 다닌 건 아니지만 어쨌든 수배 상태로 지내야 했죠.

말하자면 서울사대 독서회 사건은 예기치 않은 유탄인 셈이네요.

1970년 6월에는 어떻게 잡혀가게 된 겁니까?

그때 나는 잡지사에 있었는데, 주변조사를 굉장히 많이 한 모양이에요. 한국일보에 김 아무개라는 기자가 있었습니다. 나보다 3~4년 위 선배인데 나중에 해외 공보관까지 한 사람이에요. 그 사람하고 친해서 왕래가 있었는데, 정보과에서 그 사람을 데려다가 물었던 모양이에요. 그래서 재판을 받고 1970년 겨울을 거기서 났죠.

죄목은 모택동의 『모순론』『실천론』, 레닌의 『제국주의론』 이런 책을 삼촌에게 줬다, 뭐 이겁니까?

네. 반공법 위반이죠. 그때 본의 아니게 내 처남인 신홍범이 범인은닉죄로 불구속 입건, 기소되었어요. 내가 그 집에 있었거든요. 경향신문의 홍성만 기자 집에도 좀 있었는데, 그 사람도 범인은닉 및 편의제공으로 불구속 기소되었어요. 홍성만은 저하고 대학 동기였거든요.

불구속으로 했으니까 별일은 없었습니다만 홍성만은 정치부 기자로 다른 부처는 원하는 대로 출입 다 해봤지만 청와대 출입만은 못했어요. 신원조회에 걸려가지고. 홍성만 어머니가 내 원망을 많이 했죠. 나 때문에 우리 아들 출세에 상당히 지장이 있다고 생각을 하셨어요. 어떻든 신홍범, 홍성만, 나 이렇게 세명이 같이 법정에 섰어요. 나는 1971년 2월에 집행유예로 나왔고요.

지금까지 말씀을 들어보면 1966년 2월부터 1970년 6월까지 뭔가 모를 불안한 상태가 계속된 거네요. 그런데 다른 동료들은요? 6·3에 관련된 다른 동료들은 이런 불안한 생활을 하지 않았습니까?

그때 대학가나 정보 계통에서 저에 대한 평가가 필요 이상으로 과장돼 있어서 행동반경이 조심스럽고 좁을 수밖에 없었어요. 그런데다 만나는 사람마다 "걸리기만 하면 넌 죽어" 하는 소리를 다반사로 하니까요. 하다못해 서울대 출입하는 동대문경찰서 형사도 "조심해 너, 걸리면 넌 죽는 거야" 이런 이야기를 하니까 아주 불안할 수밖에 없죠.

필요 이상으로 평가가 과장되었다고 하셨는데, 그 평가는 어떻게 만들어진 걸까요?

김정강과 재판을 같이 받다보니까 6·3학생운동 배후 세력에다가 좌익의 골수다 이런 식의 평가가 있었던 게 아닌가 싶어요. 6·3과 관련해 구속된 사람 가운데 가장 늦게 나온 것도 저를 좀 진한 시선으로 보게 했을 겁니다.

6·3과 관계된 민주화운동의 유명 인물들이 있었는데 선생님은 그들보다 더 급이 높다고 치는 겁니까? 또 김정강이라는 인물과의 연계도 작용하고요. 불꽃회로 잡혀갔으니까.

대체적으로 그렇죠, 사람들이 보기에는. 배후조종을 하는 사람이라는 거죠. 김정강이 2년 징역을 살게 되고, 그러면서 저하고의 조직관계는 이미 차단된 상태였어요. 저는 그때 우리한테 남아 있던 김정강과의 일련의 관계들을 정리해나갔지만 평판까지 정리되지는 못했지요.

그런데 가끔 선생님이 1960년대 이야기를 하면서 좌익이다, 사회주의 계열이다, 좌익 골수다 이런 언급을 하는데, 그때 사회주의나 좌익은 어떻게 볼 수 있을까요.

깊이 있는 사상으로 받아들였다기보다는 학내에서 그냥 떠드는 분위기였던 것 같습니다. 내가 감옥 들어갔을 때 공안검찰한테 들은 바에 의하면 최상엽 검사가 '야, 대학 때 사회주의자 아닌 사람도 없고, 대학 나와서 사회주의자 하는 사람들은 바보라 그러더라'라고 했다고 합니다. 이게 일본의 유행이라 그러는데 우리 대학 다닐 때인 1960년대 전반기까지가 대개 그런 분위기였어요.

반정부하고 반체제하고 이런 것들이 좀 섞여서. 과격해야 좀더 어깨에 힘도 들어가고?

그리고 또 하나는 1960년대 전반까지만 해도 서상일, 김달호, 정화암 등 이른바 혁신계라는 분들이 아직 남아 있었을 뿐만 아니라 혁신계의 변혁운동을 통해 남북통일이나 정치개혁이 가능할 수 있다고 여기는 분위기가 있었습니다. 그러나 혁신계가 점점 쪼그라들고 옹색해진데다 박정희 정권의 폭압이 심해지자 지금 당장 시급한 것은 반박정희투쟁, 민주화투쟁이라는 쪽으로 방향이 모아집니다. 그렇게 만든 것이 1969년에 삼선개헌 하고, 1971년에 국가보위에 관한 특별조치법 생기고 위수령 발동하면서부터였어요. 그런 쓸데없는 논변이 중요한 게 아니라 반박정희, 민주화투쟁이 유일한 싸움의 길이다, 이렇게 수

렵되는 거죠.

학생운동이나 사회운동을 보면 1960년대 후반이 좀 소강기 비슷한 느낌이 들더라고요. 그건 박정희의 경제개발이라든지 엄청난 규모의 사회변동, 도시로의 인구 대이동 등이 일어나는 것과 관계가 있을까요? 아니면 세대교체? 일종의 세대교체를 위한 중간기 정도 되는 것인지… 선생님의 생각은 어떠신지요?

아마 1960년대 초반기에 박정희 쿠데타정권으로부터 당한 탄압이 너무 컸기 때문이 아닐까 합니다. 우리 민주화운동사에서 월남파병에 대한 본격적인 반대운동이 전혀 일어나지 않았다는 게 좀… 그게 1960년대 후반인데 그때 그런 역량이 소진된 거죠. 없었죠.

그런데다가 저 사람들이 동백림 사건이다, 통혁당이다, 이래가지고 사건을 조작하고 키우고 자꾸 상징조작을 하니까 파병 반대운동을 하기가 상당히 어렵죠. 고작해야 윤보선 정도가 왜 우리 젊은이들이 거기 총알받이로 나가야 되느냐 이런 정도의 논리밖에는, 월남파병에 대한 반대운동이 일어날 수가 없었죠.

네. 크고 작은 사건을 엮고 처벌받고 역량이 소진된데다가 사회는 뭐 엄청나게 빠른 속도로 달려가니까. 그때 보면 1965년을 끝으로 1966, 67, 68년이 지나가고 1969년의 삼선개헌, 삼선개헌 때도 저항의 동력이 어마어마하게 강하거나 하지 않잖아요, 사실. 엄청나게 나올 수 있을 것 같은데. 그래서 결국 야당에서 1971년 40대 기수론이 나오면서 세대교체가 될 정도로 그때 종합적인 리더십이, 아주 와해는 아니지만, 크게 약화돼 있는 상태였던 것이겠죠.

그 당시 잡혀가면 조사를 동대문경찰서나 대공분실에서 받았어요. 1964년에는 충무로에 치안본부 대공분실이 있었는데 삼일사라는 전혀 상관없는 간판을 붙여놓았어요. 거기도 고문실 같은 걸 다 갖춰놓고 완전히 제대로 고문도 하고 수사도 했죠. 제가 아는 곳은 거기뿐이지만 그런 곳이 서울 시내에 아마 여러군데 있었을 겁니다. 김정강은 고문에 못 견뎌서 삼일사에서 탈주해 담을 넘어 도망을 갔다가 나중에 잡혀 들어와서 더 심하게 당하기도 했어요.

그리고 동대문경찰서나 치안본부, 분실 같은 데를 가보면 대개 그 안에 반드시 뭐라도 사건을 만들어서 공을 세우려는 사람이 있어요. 가령 내가 화장실 가면 따라와가지고 '네가 뭘 불 때는 반드시 나한테 불어야 한다, 안 그러면 넌 죽어' 이런 식으로 협박을 하죠. 그리고 고문하는 걸 '공사한다'라고 하는데 대개 손을 묶고 고개를 뒤로 젖혀 얼굴에 수건 씌운 다음 물을 붓습니다. 고문을 하긴 하지만 자신들의 공사를 굉장히 안타깝게 생각하는 사람도 있고, 공을 세우려고 적극 나서는 부류도 있고. 그렇게 끝까지 악랄하게 추적을 하고 올라간 사람들이 나중에 보면 남영동에 가 있더라고요. 나중에 다시 만나는 경우도 꽤 있습니다.

선생님 좀 전에 리어카 장사 하시면서 자신의 경험을 말씀을 해주셨는데요. 그때 무엇보다 생활인이 되어야 되겠다 이런 열망이 강하셨다고 했잖아요. 그러면서 시장 안에 가게를 하나 차리겠다는 꿈도 세우시고 했는데 그게 우연찮은 사건으로 허무하게 종결이 되어버린 게 굉장히 인상이 깊습니다.

김수영 선생의 「양계변명」이라는 글이 있는데요. 김수영 선생이 양계를 하는 이야기입니다. 김수영이 '나도 생활인이 되어야 되겠다, 나도 아내에게 생활인으로서 무언가를 증명해보이리라' 하고 닭을 치는데 이게 보통 일이 아니잖아요. 그래서 닭을 정말 미워하게 되는 거예요. 그런 우여곡절 끝에 결국은 역시 다시 한번 활자에 의존하지 않을 수 없게 되는 시인의 운명이랄까요, 그 구절이 아까 선생님 말씀을 들으면서 겹치던데요. 그래서 리어카 장사로 생활인이 되고자 했던 시절이 선생님께 어떻게 남으셨을까, 선생님이 하신 인생의 결정에서. 그 부분을 좀더 듣고 싶습니다.

아마 경찰서에 가냐 마냐 하는 실랑이 속에서 이렇게까지 하면서 살아야 하나 하는 참담함이 너무 깊었던 것 같아요. 그러나 바로 그 이후, 그리고 지금도 생각해보면 내가 그때 왜 그 수모를 다 견뎌내지 못했나, 내가 왜 그 순간을 이겨내지 못했나 하는 후회와 아쉬움이 너무 커요. 내 삶의 모습을 바꾸기 위해 선택한 일이었는데 너무 허망하게 끝을 맺었다는 느낌을 지울 수가 없습니다. 그때 만약 내가 그 고비를 넘겼다면, 나의 삶은 전혀 다른 궤적을 그릴 수 있었겠죠. 그때 내가 지식인의 삶을 바꾸어내지 못한 것이 지금도 가장 안타깝고 후회스럽고 자신이 못나 보입니다. 어쩌면 그게 내 인간으로서의 한계인지도 모르겠습니다만…

도둑으로 몰렸던 상황이 있고 난 뒤에, 채소 장사는 바로 그만두었습니까?

네, 그날로 리어카를 팔아버렸어요. 그때의 참담한 기분을 이겨내지 못한 거지요.

그때는 뭐 그냥 생활인이지 노동자들과 삶을 같이 하겠다 이런 거는 아니죠? 그래도 생활인이 되겠다는 생각에 그런 배경이 전혀 없었다고 할 수는 또 없었을 것 같은데요.

그런 건 아니죠. 우리 때 보면 한때 지식인들이 무슨 노동자 한다고 노동판에 좀 들어가고 그랬어요. 그런데 나는 실제로 거기 가서 끝까지 할 자신이 없으면 하지 말아야 한다고 생각을 해요. 지식인이야 갔다가 나 글 써야겠다 하면 나오면 되는데, 같이 일했던, 결코 쉽게 나올 수 없는 사람들, 그냥 노동판에서 끝까지 해야 되는 사람은 뭐가 되냐는 거죠. 그래서 나는 그런 사람들한테 속으로 '너 쓸데없는 짓 하지 마라, 괜히 쇼하는 거지. 네가 진짜 온몸을 바쳐서 들어갈 생각이 아니면 하지 마라' 그랬죠.

난 지금도 그렇게 생각합니다. 김윤이라고 김한림 선생의 딸이 있는데요. 서강대 나오고 신앙생활도 굉장히 잘하고, 영어도 잘했습니다. 그 친구는 시골에 가서 살다가 일찍 세상을 떠났는데, 제가 보기에 김윤 같은 친구는 훨씬 더 자기 적성에 맞는 일을 통해서 사회에 기여할 수 있는 게 많지 않았겠나, 그게 더 낫지 않았겠나 싶어요.

선생님이 1971년도 2월에 감옥에서 나오지 않습니까? 그때 6개월 동안은 계속 재판받는 피의자 피고인 상태죠? 그래가지고 1심에서 집행유예로 석방이 됐으니까. 그러고 난 뒤부터 유신 때까지 1971년의 민주수호국민협의회(민수협)와는 관계가 있습니까?

민수협하고 직접적인 관계는 없었습니다. 내가 민수협에 가입을 하거나 민수협에 참여를 해서 심부름을 하거나 그런 건 없었는데 민수협 주변에는 가까이 있었죠. 왜냐면 그때 맨날 같이 어울렸던 이들이 이호철, 박태순 이런 사람들이었습니다. 당시에 박태순의 아버지가 박우사라는 출판사를 했어요. 1960년대에 박우사에서 『인물한국사』(전5권, 1965)라는 책을 냈었습니다. 그리고 신구문화사에서는 『한국의 인간상』(전6권, 1965)이라는, 한국의 역사인물들을 담은 책을 냈어요. 『인물한국사』와 콘셉트가 비슷한 책들이었죠. 1970년대에 들어와서 박우사에서 더 욕심을 내가지고 『한국인물대계』(전10권, 1972)라고, 『인물한국사』를 배로 늘려서 전집을 만드는 작업을 하고 있었어요. 나는 정식 직원은 아니지만 박우사에서 그 작업을 도왔습니다. 그때 정현종 시인도 『한국인물대계』 작업을 잠시 같이 했어요. 정현종은 시인이라 확실히 제목 다는 센스가 다르더라고요. 우리는 '백전백승의 명장' 이렇게 붙인다 그러면 정현종 시인은 '싸우면 이기는 장수' 이런 식으로. 그 작업을 하는 동안에 이호철이나 그 문인들하고 같이 많이 어울려서 돌아다녔죠.

문인들과의 어울림

문인들하고 어울린 것이 언제 적 이야깁니까?

1960년대 말에서 1970년대 초에 자유실천문인협의회 만들고 할 무렵에는 아주 가까웠습니다. 구속된 김지하 구명운동과도 관련이 있고 또 나하고 이호철은 불광동에 이웃해서 살기도 했고요.

문인들의 사정이나 내막은 잘 아시겠네요. 그 당시의 상황이나. 아까 황석영은 이름만 잠깐 나왔다가 들어갔는데, 『객지』(창작과비평사 1974) 나오기 전까지는 이름이 하나도 안 알려져 있던 분 아닌가요?

황석영이 경복고를 나왔는데 사람들하고 어울리길 굉장히 좋아했습니다. 그때 황구라라 그래가지고 어디 가면 구라!

초창기부터 황 '구라'였어요?

그때도 황구라였지요. 뱀장사, 약장사 흉내도 잘 내고요. 그냥 문학지망생. 황석영 말고 백기완도 상당한 '구라'죠. 예를 들면 장산곶매가 그렇습니다. 아마 그게 황해도 자기 고향에 내려오는 전설이 아닐까 싶은데, 『장산곶매 이야기』(우등불 1993)라고 책으로도 나왔어요.

그 얘기를 백기완으로부터 듣고 나중에 내가 박경리 선생한테도 하고 황석영한테도 전했는데 황석영도 나 달라 그러고, 박경리 선생도 그걸 나 달라 그러는데, 내가 줄 수 있는 게 아니잖아요. 황석영이 아마 『장길산』(전10권, 현암사 1984)에 썼을 거예요.

『장길산』의 제일 앞머리에 장대하게 써놨습니다.

백기완에 대해 얘기를 하면, 백기완이 대한일보 논설위원을 했는데, 우리 먹물 출신들한테 백기완은 상당히 대단한 인물이었어요. 이 사람이 영화감독 신기선이나 그 주변 사람들하고도 친했어요. 백기완이 젊은 시절에 산림녹화운동을 했는데 당시에 상당히 많은 사람들이 함께 했습니다. 1960년인가에 백기완이 용산에서 국회의원 선거에 나오는데 그때 선거운동을 도와줬던 백기완 지지자들이 그 옛날 산림녹화운동을 같이했던 사람들이었어요.

백기완이 영화감독한테 '야, 이 자식아 너 진짜 일하는 노동자의 근육은 어떻게 찍는지 알아' 하고 묻는 거예요. 그러면 상당히 당황할 수밖에 없죠. '야, 이 자식아 밑에다 카메라를 대는 거야. 이두박근 삼두박근을 아래서 위로 찍는 거야!' 이러면 옆에서 듣는 사람이 깜빡 죽는 거지요.

그런 유형의 구라가 그때 상당히 유행했어요. 가령 방배추(방동규)라는 사람이 있습니다. 독일 탄광촌에 갔다온 사람이에요. 당시에 청계천 복개공사가 한창이었는데 지하에 전선줄도 있고 어둡고 위험하죠. 청계천 지하에서 하는 작업은 일당은 많이 주는데 위험하니까 사람들이 안 하려고 해요. 그런데 방배추가 더러 거기에 끼어서 노동을 했어요.

방배추가 장준하 선생한테 '나는 무식하니까 잘 모르는데 그런 데 가서 우리가 일하면, 일하는 사람들 사이에 뭔가 웅웅 하는 소리가 들려. 뭔지 꼬집어서 이거다 저거다라고 얘길 하진 않지만. 장선생 그게 무슨 소리인지 알아! 그게 바로 민심이라는 거요'라고 해요. 말하자면 천민 노동자들의 소리를 당신들이 알아들을 수 있냐 뭐 이런 의미였던 거죠.

백기완이 백범사상연구소를 만들어서 『항일민족시집』(사상사 1971)을 내고, 김도현과 함께 편집을 해가지고 『백범어록』(사상사 1973)이라는 책도 냈어요. 백범사상연구소에 가면 백기완은 한글 전용을 주장하는 사람이니까 신영 '빌딩'을 신영 '건물' 201호 이렇게 붙였죠.

당시에는 누구든 가난했어요. 백기완은 마누라한테 만원을 얻어가지고 나와서 남대문시장에 가서 친구랑 점심 사 먹고, 그게 다예요. 장준하는 차는 있는데 차에 기름 넣을 돈이 없어서 누구한테든 자기 차 좀 타라고, '누구 내 차 타고 갈 사람 없어?'라고 묻곤 했어요. 자기 차를 누가 이용하면 기름을 넣어줄 테니까. 장준하 선생도 그렇게 가난했지요.

1973년, 그러니까 박정희의 10월유신 직후인데, 그해 12월에 백기완 부인의 여자 동료 교사 한 사람이 퇴직을 했어요. 퇴직금을 그때는 연금으로 받을 건지 일시불로 받을 건지를 선택할 수 있었어요. 그런데 어떤 이유인지, 퇴직금 일시불 지급이 안 된다고 해서 제가 해결해준 적이 있습니다. 그때 수고비 조로 몇만원을 받았는데 그 돈을 가지고 '항일문학의 밤'을 12월 26일에 열었어요. 전지에 항일문학의 밤 글자를 한자씩 써 붙이고 명동에 있는 대성빌딩에서 열었죠. 그게 시인들과 초창기 운동권이 함께 연 마지막 문학행사였을 거예요. 조태일이 자작시를 낭독하고 어떤 사람은 『항일민족시집』에 있는 시를 낭독하기도 하고.

기왕 나온 김에 구라라는 것에 대해서 좀더 얘기할 필요가 있겠네요. 얼마 전에도 인사동에서 구라대회(?)라는 것이 있었습니다. 20~30명의 사람들이 호기심을 가지고 나왔습니다. 제대로 된 구라대회는 아니었습니다만, 자칭 타칭 당대의 3대 구라라고 말하는 방배추, 황석영, 유홍준의 얘기를 들었습니다. 구라가 무엇이냐. 일단은 얘기를 재미있게 하는 것이지요. 그러나 얘기를 재미있게 하는 것만으로는 부족합니다. 입담이 센 것에 더해 보이지 않는 메시지가 있어야 해요. 무엇인가 듣는 사람에게 깊은 울림이 있어야 되는 거죠. 이율곡 선생은 문학을 가리켜 '착한 울림'(善鳴)이라고 했다고 하는데, 구라가 바로 착한 울림을 주는 이야기라고 할 수 있겠네요. 구라를 들으면서는 단순한 이야기 이상의 어떤 울림, 더러는 전율 같은 것을 느끼게 될 때도 있습니다. 단순히 내가 아는 것을 자랑하거나 교육적인 내용만을 담는 것은 교육방송이라고 하면서 구라판에서는 한수 아래로 쳤어요.

우리는 흔히 구라가 일본말 또는 일본말에서 유래한 것으로 알지만, 일본말에는 구라라는 말이 아예 없대요. 언젠가 나는 구라라는 새로운 장르를 입 구(口)자에 펼칠 라(羅)자를 써 구라(口羅)라고 적는 것은 어떨까 하는 이야기를 한 적도 있습니다. 어쨌든 구라는 30여년에 걸친 군사정치문화 속에서, 그것을 거스르고자 하는 많은 사람들의 가슴속에서, 탄생하고 발전한 우리 시대의 착한 울림의 이야기라고 할 수 있습니다. 할 수만 있다면 우리 시대의 시대담론의 한 형식으로 정립하고 발전시킬 필요가 있다고 나는 생각합니다.

그 시절에 선생님 인생에 중요한 일로, 결혼을 하신 것 같은데요.

배추 장사를 하던 그 무렵에 내가 있을 데가 없어서 내 대학 1년 선배이자 친구인 신홍범의 집에 있었어요. 신홍범은 두레출판사를 오래 했는데 인품이 상당히 훌륭한 사람이에요. 우리 후배나 동료 모두 대개 자기들이 제일 신뢰하고 존경하는 사람이 신홍범이라 그럴 정도였죠. 성망이 좋은 사람입니다. 옛날에 학교 다닐 때 신홍범은 육촌 형네 집에 얹혀살았는데, 집이 제기동에 있었어요. 나는 이따금 배고플 때는 그 집에 가서 밥을 먹고, 자주 드나들었죠.

신홍범이 대학 졸업하고 나서 조선일보에 입사를 해요. 그리고 녹번동에 두 칸짜리 방을 얻어서 살고 있었어요. 신홍범의 누이동생이 학교를 마친 뒤에 오빠 밥을 해주러 와 있었어요. 그때 내가 신홍범 집에 있으면서 배추 장사 한다고 왔다갔다 할 때였죠. 그런 인연으로 만나게 되어 1969년 12월에 결혼을 하게 됩니다. 1970년 6월에 나는 감옥에 가고.

제 아내가 저를 좋아하게 된 것은 아마도 오빠친구 증후군과도 관련이 있을 겁니다. 오빠가 서울로 유학을 떠났는데 방학 때 자신의 친구를 데리고 오고, 또 틈만 나면 대학생활, 특히 친구 얘기를 합니다.

그러다보니 동생은 저도 모르게 오빠 친구들 가운데 하나를 좋아하게 되는 거죠. 아마 제 아내는 저와 만나기 전에 저에 대한 얘기를 수도 없이 들었을 겁니다. 그것이 저와의 결혼에 작용한 것이 아닌가 보여집니다. 오빠 친구라는 함정에 빠져 속아서 저한테 시집을 왔고 그로부터 길고 험난한 고생이 시작된 거죠.

또 저의 처지에서 보면, 내가 가난한 집안의 7남매 중 맏인데, 비까번쩍하는 신식여성들이 과연 내 부모형제들과 더불어 한 가족으로 어울릴 수 있을지 자신이 없었어요. 시골 출신의 이 여성이라면, 또 오빠의 덕성을 함께 가지고 있다면 위화감 같은 문제는 없을 것이라고 나는 생각했습니다.

그때의 교유관계나 사회관계에서 다른 언급할 만한 분들은요.

1970년 6월에 감옥 갔다가 1971년 2월에 석방된 후에는 코리아마케팅이라는 광고회사에서 잠시 일을 했습니다. 지금은 한국인간개발연구원 회장을 하는 장만기라는 사람이 그때는 코리아마케팅이라는 회사를 했어요. 인간개발연구원은 1970년대 중반서부터 호텔에서 일주일에 한번씩 조찬 강연을 하는 걸로 지금까지 약 3천회에 이르고 있을 정도로 그걸로 상당히 성공했어요. 그때 우리가 막 산업화 과정에 있었으니까 회사 회장이라든지, 경제 전망을 할 수 있는 관료라든지 이런 사람들을 조찬회 강사로 모셔오면 뜻있는 사람들이 와서 돈 내고 그 강연을 듣고 그랬죠.

장만기하고 어떻게 만났는지 기억은 안 나요. 그 사람이 우리나라에 처음 경영대학원이라는 게 생기기 시작했을 때, 서울대 경영대학원 1

기 졸업을 했어요. 그때 광고에 눈을 뜬 거죠. 당시 우리나라 광고라는 게 아주 일천하고 수준도 상당히 낮았거든요. 그에 비해 일본은 하쿠호도(博報堂)나, 덴쓰(電通) 같은 광고회사들이 세계적으로 막 뻗어나갈 때였죠.

그 사람이 한국 광고를 개척한다고 나름대로 상당히 노력을 했어요. 그때는 우리나라의 광고가 수준이 낮으니까 예컨대 『뉴욕타임스』라고 하면, 『뉴욕타임스』의 한국 광고 대행 특별계약을 맺는 거예요. 그러면 광고가 들어왔을 경우에 특별계약을 맺은 우리는 광고 이익으로 30퍼센트를 가져가고, 보통 에이전트의 경우에 15퍼센트를 가져가는 거죠. 그 대신 1년에 한번 이상은 '코리아 서플먼트'(Korea Supplement)라는 한국 특집을 내야 돼요.

아무튼 그래서 난데없이 김지하는 카피라이터로, 나는 기획 비슷한 걸로 광고회사에 들어가게 돼서 김지하는 한 3~4개월 했고 나는 몇달 더 했어요. 그때 기억나는 게 그 광고회사에서 전매청 해외광고를 땄어요. 홍콩에 있는 신문, 잡지에 광고를 내야 하는데, 내가 무슨 광고를 제대로 아나요? 인삼 광고였는데, 인삼이 불로장생약이라고 설명하려고, 내가 영어를 모르니까 한영사전을 뒤져보니 불로장생약을 엘릭서라고 하더라고요. 두 유 노 엘릭서?(Do you know elixir?) 이렇게 광고를 냈어요.

아, 그런 말이 있습니까?

신상우 의원과의 관계

나도 처음 들어보는 말이었습니다. 어쨌든 그런 식으로 광고도 만들고 몇달 일을 했지요. 그 인연으로 전매청 해외영업 과장 신동대를 알게 됩니다. 신동대가 나중에 한국담배인삼공사 부사장까지 했지요. 신동대가 나를 잘 봤는지 자기가 아는 국회의원을 소개해줍니다. 그해 1971년 4월에 대통령 선거가 있고 5월에 국회의원 선거가 있었어요. 그때 나는 직접적으로 재야 쪽 일을 맡지는 않았지만, 왕래 정도는 하면서 어떻게 돌아가는지 알았죠.

아무튼 1971년 5월 국회의원 선거에서 당선된 사람들 중에 신상우라는 사람이 있습니다. 신상우가 신동대와 한집안인데다 동향이에요. 신동대가 저에게 상당히 야심이 있는 젊은 사람이 이번에 새로 국회의원이 됐는데, 이 사람이 정책적으로 정치적으로 도와줄 수 있는 동지를 구한다더라, 협력을 해줄 수 있냐고 해서 신상우를 만나게 됐습니다.

신상우는 불광동 살고 나는 응암동에 살았는데, 첫 만남 이후로 아침에 한 30분을 걸어서 신상우 집에 갑니다. 가면 한시간 정도 정치적인 문제를 놓고 협의를 하거나 세상 돌아가는 이야기를 나눴습니다. 신상우가 정책질의 등의 자료가 필요하다 하면 나는 남아서 작업을 하기도 하고요.

대개 그때는 총리를 비롯한 전 국무위원이 참석한 자리에서 초선의원들이 대정부질문 하는 걸 보고 저 사람이 잠재력이 있는 정치인이냐 아니냐를 가늠하고 그랬어요. 그래서 신상우 의원의 대정부질문 준비를 돕는 작업을 했죠.

그해 8월에 광주대단지 사건이 일어났거든요. 그때 마침 르포 작가 박태순이 광주대단지를 열심히 취재해서 『월간중앙』에 글도 쓰고, 나를 만나면 어떻게 이럴 수가 있냐 격분을 했습니다.

광주대단지 사건의 대체적인 요지를 말씀 드리자면, 박태순이 말하기를 '대개 서구의 하꼬방 촌이나 슬럼가는 도시 패배자 집단인데, 지금 우리나라의 슬럼가, 즉 산동네나 판자촌은 패배자 집단이 아니라 큰 꿈을 가지고 산업화 시대에 적응하기 위한, 대도시에 정착하기 위한 전진기지로 생각한 사람들이 모인 곳이다. 도덕적으로 건강하고 이웃하고도 숟갈이 몇갠지 알고 서로 돕고 살 만큼 건강한 집단이다. 그런데 거꾸로 우리나라의 도시정책이 그렇게 서울로 올라온 사람들을 슬럼화시키고 있으며, 그들이 올바른 길로 나아갈 수 있도록 산업화정책으로 수용하는 쪽이 아니라 자꾸 배척함으로써 폐쇄시키고 그 사람들을 죽음으로 몰고 있다. 이건 행정살인이다'라고 합니다.

그런데다가 일례로 용산역 근처에 판자촌이 있었는데 어느 날 밤에 아무 예고도 없이 수백명이 트럭을 몰고 들이닥쳐서 판잣집들을 전부 철거하고 거기에 살던 사람들을 실어서 경기도 광주, 지금의 성남으로 강제이주를 시켜요. 그러면서 '한가구당 20평이 당신 땅이다' 이렇게 얘기를 하죠. 물론 그것도 나중에는 말을 바꾸지만. 아무튼 광주는 대단지를 건설한다는 계획만 세웠을 뿐이지 기반시설도 전혀 없었고 일자리도 하나 없는, 말 그대로 황무지였어요.

이 사람들도 먹고살려면 돈을 벌어야 하잖아요. 일을 하러 최소한 천호동까지는 나와야 하는데 걸어서 갔어요. 차는커녕 도로도 없었으니까요. 그리고 자조근로사업이라고 일을 시키고 시(市)에서 밀가루를 주는데 그걸 가지고 집으로 가는 길에 뒤에 오는 사람이 냅다 뺏어가지고 도망가고, 이런 일이 다반사로 일어났고요. 그때 일설에는 정신이 좀 이상한 사람이 집에서 뭘 삶는데 동네 사람들이 가보니까 머리카락이 보였다, 애를 삶아먹었다는 소문도 있었고요. 그런 말이 나돌 정도로 광주라는 데가 아주 살벌한 지경이었죠. 견디기 어려운 빈민들이 대대적인 저항을 하면서 폭동을 일으키는데, 이걸 광주대단지 사건이라고 합니다.

나는 신상우한테 대정부질문에서 이걸 단독 주제로 해보면 어떻겠냐고 제안을 했어요. 대개 대정부질문이라고 하면 잡다하게 이것도 넣고 저것도 넣고 하는데, 이거 하나만 가지고 대정부질문을 하면 어떻겠냐 했더니 신상우가 하겠다고 그러더라고. 그래서 그 원고를 내가 썼어요. 대략 30분에서 한시간 되는 분량이거든요. 그때는 대정부질문을 했다 그러면은.

일장 연설을 하는 거죠.

일장 연설을. 그때는 원고를 읽는 게 아니라 국회의원이 웅변조로 '총리!' 하면서 큰소리치는 패턴이었어요. 어쨌든 간에 단일 주제로 광주대단지 사건 하나만 가지고 대정부질문을 한 건 상당히 이례적이고 또 상당히 성공적이었어요.

1971년도 이후에 신상우 의원의 보이지 않는 비서 역할을 한 셈입니까?

그렇죠. 그때는 의원에 따라서 딸린 보좌진들이 한둘 더 늘었던 것 같아요. 공식적으로는 운전기사와 여사무원, 비서관과 비서 등 네 사람이 보좌진이었는데 나는 국회에서 정식으로 받는 게 아니고 신상우한테 매월 따로 받았어요.

특별한 동지로서 대우를 받은 거네요.

말하자면 그런 대우를 받은 셈이죠. 예를 들어 차를 타고 간다면 내가 신상우 옆에 탄다든지. 그런데 정치판이라는 게, 이건 알려지지 않은 얘긴데, 신상우가 국회의원이 되고 그다음 해에 10월유신이 났어요. 국회가 해산됐죠. 유신이 끝나고 나서 다시 국회의원 선거를 했을 때는 한 선거구에 두 사람씩 뽑는 국회의원에다가 유정회라는 게 생겨서 여당이 앉아서 국회의석의 3분의 1을 차지하게 돼 있었어요.

신상우는 고려대를 나와서 부산일보 정치부 기자를 하다가 기자를 그만두고 1970년에 신민당 양산 지구당위원장으로 정계에 입문을 합니다. 그리고 1971년 8대 국회의원 선거에 경남 양산 선거구에 출마를 하죠. 그때 노재필이 그 지역구의 국회의원이었고 법제사법위원회(법사위) 위원장을 했는데, 그 노재필을 꺾고 신진기예로 33세에 국회의원에 당선이 돼요. 그래서 서울에 올라와가지고, 신상우가 김영삼 비서실장이 됩니다.

이른바 40대 기수론 때 신상우가 김영삼의 비서실장이었던 거죠. 1972년 유신이 나고 신상우 선거구인 양산하고 김해가 합쳐져서 한 선거구가 됐습니다. 김해는 인구가 10만명 가까이 되고, 양산은 3만명 정도였어요. 부산과 경남 일원은 김영삼이 좌지우지하는 곳이니까 신상우는 당연히 자기가 합쳐진 선거구에서 공천을 받을 줄 알았던 거죠. 대개는 이철승 당권체제하에서 서로 상의를 해서 후보 선정을 하지만, 그 상의라는 것이 이 지역 공천은 네가 맡고, 이 지역 공천은 내가 맡고 그런 다음에 나중에 조정을 하는 방식이었어요.

그런데 이 정치판이라는 게 참 묘합니다. 김해에 윤복영이 후보로 출마 준비를 하고, 양산은 현역의원인 신상우가 나왔거든요. 그런데 김영삼이 인구가 더 많은 김해의 윤복영한테 공천을 주려는 쪽으로 이미 기울었다는 걸 신상우가 알게 돼요. 그래서 신상우는 구명운동 차원에서 신도환을 찾아가죠. 어제까지 김영삼 비서실장을 하던 사람이 신도환의 도움으로 공천을 받아요.

아, 윤복영은 결국 공천을 못 받고요?

못 받았고요. 그때는 집단지도체제라는 것이 계파 간 나눠 먹기식이라 보스의 영향력이 상당히 컸어요. 국회 상임위원회(상임위)도 재무위원회(재무위)나 상공위원회(상공위)처럼 돈 좀 생기고 신문에 자주 날 수 있는 상임위를 좋은 상임위, 가고 싶은 상임위로 치는데, 신상우는 공천 일로 김영삼한테 밉보여가지고 국방위원회(국방위)로 밀려났어요. 국방위는 서로 안 가려고 했거든요. 웬만한 건 성역이다 이래가지고 국방과 관련된 질의는 할 수도 없고 설사 한다 하더라도 국가 기밀이라 보도도 안 되는 경우가 허다했으니까요.

신상우 의원이 국방위로 쫓겨 갔으니 저도 거기에 맞춰 일을 해야죠. 나는 국방 문제와 관련해 아는 게 없으니까 신문에 나는 것 중에 문제제기할 만한 게 있으면 정책질의를 준비하곤 했습니다. 신상우는 국방위에서 다른 국방위원들과는 달리 장성들이 방청하고 있는데 국방 관련 질의도 하고 답변도 받고 그랬던 거죠.

생활비의 원천

직업도 없고 사찰 당국을 의식하게 되면서 현실적으로 돈이 참 어렵잖아요. 그때 신상우 의원이 돈은 어떻게 넘겨줍니까?

거의 매일 아침 만나니까, 그때 틈을 보아 내게 전하지요. 아니면 나랑 따로 택시나 차를 타고 갈 때 줬습니다. 봉투에 넣어서.

그 돈으로 생활이 가능할 정도입니까?

그런 거 저런 거 하면서 내가 받은 돈이 아마 요새 돈으로 하면 한 200만원은 되지 않았을까 싶어요. 그래서 1970, 80년대 내가 민주화운동 쪽에 외도를 할 수 있었던 거죠. 신상우한테 기초적인 생활비를 받을 수 있었던 게 생활의 원천이 됐죠. 그 돈으로 애들 학교도 다니고 최소한의 집안 살림도 꾸렸습니다. 그에 더해 지학순 주교가 준 돈도 생활에 큰 도움이 되었지요. 1974년에 지학순 주교가 잡혀 들어갔다 나온 후에 1975년부터 한달에 한번씩 서울에 오셨는데, 돌아가실 때까지 매달 일부러 찾아오셔가지고 꼭 10만원씩 주셨어요. 그때 10만원이면 지금 돈으로 100만원쯤 될 겁니다.

매달 서울에 오신다고요?

가톨릭인성회라고, 한국 카리타스의 전신인 구제회라고 할 수 있는데, 지주교가 거기 총재주교를 했어요. 그 일을 보자면 한달에 한번꼴로 원주에서 서울에 오셔야 했어요. 서울에 오시면 꼭 인성회 사무실에서 만나서 나한테 돈을 주셨던 거죠. 그때는 물가도 오를 때였는데, 아무튼 신상우가 주었던 돈하고 지학순 주교가 주었던 돈, 그 두개가 내 생활의 기본적인 원천이었죠.

선생님의 생활의 원천이 처음으로 공개되는 겁니까?

그럴 겁니다. 그래서 그거 가지고 우리 집 살림을 했어요. 그 두 사람의 도움으로.

그 두분은 어쩌다 한번이 아니고, 안정적으로 매월 도움을 주는 식이었네요. 이게 보통 일이 아니었겠습니다. 지주교는 서울에 한달에 한번 올 때마다 만난 겁니까?

네, 그렇죠. 거의.

만날 때 생활비를 주는 거 말고 의견 교류도 합니까?

하죠. 교회의 현안, 해외, 특히 일본 가톨릭과의 연락관계 등에 대한 정보와 의견을 교환했습니다. 그리고 대개 지주교가 발표하는 교서나 원고 청탁이 들어오면 내가 글을 쓰고 지학순 주교가 교열을 봐서 내거나 하는 식으로 필요한 글들을 쓰는 게 내가 해야 될 일의 대부분이었어요.

아, 보이지 않는 원고료이기도 했네요.

그런 셈이죠.

그럼 지주교 이름으로 나온 세상을 향한 글들은 선생님이 거의 쓰신 겁니까?

모두 다라고 할 수는 없지만, 그 무렵 대외적으로 나간 공개적인 글은 거의 제가 썼지요. 또 지주교의 메시지를 교회 안팎에 전하는 일을 제가 많이 맡았습니다.

혹시 지주교의 전집이나 선집은 없나요?

전집은 없고, 단행본으로 『정의가 강물처럼』(형성사 1983)이라는 제목의 책이 나왔습니다.

선생님의 생활자금의 출처가 이번에 처음 활자화되겠네요. 그 의미는요?

첫째는 1970, 80년대에 내가 어떻게 살았는가를 궁금해하는 사람이 많고, 둘째로는 내가 중앙정보부에서 돈을 받는다는 루머 같은 것도 없지 않아 있었고요. 당시는 물론 최근까지도 제가 겪어온 속사정을 말할 기회도 없었고, 드러내놓고 밝힐 처지도 아니고, 그럴 용기도 없었습니다.

왜냐면 그런 생활자금의 소스가 전혀 알려질 수가 없잖아요?

없죠. 얘기할 수도 없고.

그런데 생활은 되어지고 있잖아요. 신상우 의원의 경우 1971년도에는 정치적 동지를 구한다 하면서 한두번 도와줄 수는 있는데 이렇게 그야말로 10여년에 걸쳐 끈기 있게 도움을 주었다는 게 놀랍습니다. 그게 어떻게 가능할 수가 있죠? 본인도 정치하며 고비 고비가 많을 거고 선거 때도 돈 엄청나게 들어가고 할 거 아니에요?

신상우가 1980년대 초 민한당 사무총장을 할 때는 정치자금이 좀 있었겠죠. 저는 주로 국회에서 쓸 팸플릿 만들어주는 일을 했고요. 선거 때는 선거 팸플릿 만드는 일, 선거에 이슈를 제공하는 일도 했어요. 신 의원이 공적으로 발언해야 할 내용을 거의 전부 내가 정리하지요. 상임위건 본회의 발언이건 모든 발언 글은 내가 써야지. 다행히 저를 믿고, 저의 의견을 모두 받아주었지요.

그러니까 신의원과는 상호도움이지, 일방적으로 도움만 받은 건 전혀 아니지요?

그렇죠. 그러나 나로서는 상당히 어려운 도움을 받은 거죠. 그걸 한 번도 거르지 않고 챙겨주고 저를 동생처럼 생각했던 것 같아요. 그러니까 정치적인 문제 등 크고 작은 일들을 저하고 제일 먼저 상의를 하죠. 가령 1985년에 민주한국당(민한당)을 탈당해서 신한민주당으로 가는 게 옳으냐 그르냐 같은 문제나, 또 민한당 창당에서부터 몰락에 이르기까지 그 전 과정을 신상우 의원이 전기로 쓴 것도 최종적으로는 내가 빼고 넣고를 했지요. 내 말을 들어서 그랬는지는 모르지만, 그가 난파하는 민한당에 남은 것은 나름 용기 있는 행동이었다고 지금도 생각합니다.

배가 난파되도 난파선을 책임지는 선장 하나는 남아 있어야 한다는 뭐 그런 건가요. 신상우 의원도 자서전 비슷한 걸 냈나요?

몇권 있죠. 저서, 몇권 있는데, 그중에 대표적인 게 민한당 창당 과정부터 의정활동, 어떻게 해서 망하게 됐는지까지 다룬 『고독한 증언』(창민사 1986)이라는 책이 있어요. 나도 모르는, 그만이 아는 비사(祕史)가 거기에는 나와 있습니다.

의원들이 자기가 글 쓸 여유도 없고 쓸 실력도 잘 안 되고 하니까 글은 다 김정남 선생님의 필력을 통해 나오는 거네요.

『고독한 증언』을 빼고는 그렇다고 할 수 있지요. 나머지는 가령 신 의원이 바둑 실력이 상당했는데, 바둑과 관련한 좀 가벼운 글이라든지, 국회 소식지인 국회보에 민한당 사무총장으로 나가는 글 등 전부 일단 제가 먼저 써야 되는 거죠.

그렇게 하는 대신 신상우 의원은 아까 동생이라 그랬나요? 이 사람의 생활비는 내가 챙겨줘야 되겠다는 확고한 자기 생각이 있었던 모양이죠? 거기서 이제, 신의원이 그렇게 하면서도 혹시 들통나면 어쩌나 하는, 꺼리거나 이런 느낌은 없었습니까?

저에게 내색을 한 기억은 없습니다만, 충분히 그런 생각을 할 수 있지요. 그리고 들통날 뻔한 적도 있었어요. 아마 신상우 의원도 내가 자신을 돕는 일 이외에 무슨 일을 하는지 막연하게는 눈치채고 있었을 겁니다. 다만 아는 척하지 않았을 뿐이지요. 나 역시 내가 하고 있는 다른 일을 말하는 것이 자칫 그에게 부담이 될 것 같아서 말하기를 삼갔죠. 그러다가 1983년 김영삼 단식 때, 안기부 차장으로부터 김영삼 단식의 뒤에 김정남이 있다는 얘기를 들었다고 하더라고요.

그밖에 생활 재정의 또다른 소스가 있습니까?

고정적인 건 그것밖에 없었습니다. 누구는 '나를 키운 건 8할이 바람이다'라고 고백했다지만 저는 살아오면서 너무나 많은 사람들로부터 도움을 받았습니다. 수배 중에도 정말 이런저런 고마운 도움을 너무 많이 받았습니다. 도망다닐 때 돈을 준다는 게 받는 건 쉬워도 주는 건 굉장히 어렵습니다. 예를 들면 해위 윤보선 선생 같은 분도 누군가 도망다니는데 10만원을 줬다가 그 사람이 잡혀서 10만원을 받았다고 자백하면, 해위 대신 적어도 부인인 공덕귀 여사가 가서 조사를 받아야 하는 거예요. 어쨌든 간에 편의제공을 한 거니까. 사실 도망다닐 때 돈 주는 게 제일 어려운 일이라고 저는 생각을 합니다.

내가 이부영에 대한 도피방조 혐의로 1987년 전후해서 도망다닐 때 추기경이 인편을 통해서 20만원을 보내주신 적이 있어요. 1987년 초에. 사실은 도망다닐 때 그 돈이 정말 필요한데, 그럴 때 돈이 있어도 건네주기란 굉장히 어렵습니다. 말했다시피 이 사람이 잡힐 경우를 고려해야 하기 때문이죠. 수사기관에 불려가고 조사받는 게 엄청난 후유증이 뒤따르기 마련이거든요. 하여튼 추기경이 20만원을 보냈는데 옛날에 제가 이돈명 변호사한테 배운 게 있어요. 자기는 가장 깨끗한 돈을 자녀교육을 위해서 쓴다는 거야. 가령 자기가 무료변론을 했는데 뒤에 의뢰인 가족이 찾아와서 꼬깃꼬깃 손에 쥐어주는 돈이 5만원이 들어왔다 그러면 그 돈이 각별히 의미 있는 것이니 따로 모아요. 그렇게 소중하게 잘 모았다가 애들 학비에 썼다고 합니다. 이제까지 그래 왔다는 거예요. 그래서 나도 추기경께 받은 귀한 돈을 결코 쓰지 않아야 되겠다 생각했고 끝까지 쓰지 않고 가지고 있다가 수배에서 풀리고 난 뒤에 아이들 학비로 쓴 일이 있어요. 그리고 아이들한테 너희들에게 주는 이 돈은 하면서 경위를 얘기하고 전해줬습니다.

김수환 추기경은 다른 이들 모르게 돈을 모아서 좋은 일에 쓰신 미담을 가끔 듣습니다. 추기경이 금전은 있으신가요?

김수환 추기경한테 무슨 돈이 있겠어요? 그분이 돌아가셨을 때 통장에 있는 돈이 5백만원이 채 안 되었던 것으로 기억해요. 그때그때마다 변통해서 쓰지 않았나 싶어요. 1975년 김지하 반공법 위반 사건 때 속기사 비용은 추기경과 연관이 있는 해외의 교회 관련 인권단체로부터 받은 것으로 알고 있습니다. 그때 양심선언 등으로 김지하 사건은 세계적으로 널리 알려져 있었잖아요? 그리고 1980년에 휴업을 강제당한 홍성우 변호사에게 생활비에 보태 쓰라고 준 2만마르크(약 6백만원)은 김수환 추기경이 독일의 어느 주교한테 "꼭 도와줘야 할 사람이 있다. 용도는 묻지 말고 달라"라고 해서 전해준 거라고 합니다.

김동한 신부라고, 추기경의 형님 되는 분이 당시 대구교구 신부였습니다. 일찍이 폐병에 걸려 요양원 생활을 했고, 그뒤에도 늘 당뇨를 앓았어요. 그분이 가끔 서울에 오시면 교구청으로 추기경을 찾아가지 못하고 가톨릭여학생관만 왕래를 했습니다. 당시 김동한 신부는 대구에 요양원을 차리고 그걸 운영하느라 애를 먹었습니다. 그래도 추기경은 형님 신부를 도울 수가 없는 거예요. 교구가 다르니까 혹시 쓸데없는 잡음이라도 나올까 두분은 아주 조심스럽게 만나곤 했습니다. 김동한 신부의 겨울옷이 너무 초라해 보이면 추기경이 당신의 외투를 형님께 갖다주시는 것이 고작이었죠. 1980년대 초반에 김동한 신부가 소천한 뒤 김신부의 묘비 제막식에 나도 참석한 일이 있습니다. 그때 추기경이 형님에 대한 애절한 사연과 다하지 못한 우애에 대해 절절하게 말씀하시는 것을 들었습니다. 어머니가 두분 형제를 어떻게 신부로 만들었는지 추기경의 사모곡도 들을 수 있었고요.

김선생님에게 가는 돈은 하나하나 찡한 사연들이 있네요. 돈 이야기 더 풀어놓을 수 있나요.

김홍명 교수라고, 서강대 교수로 있다가 나중에 조선대 총장도 했죠. 이 친구가 서강대에 있다가 이돈명 변호사가 조선대 총장으로 가니까 자기도 조선대 교수가 되었어요. 아무튼 당시에 도망다니는 와중에 그 친구를 만나서 저녁을 먹고 헤어지려고 하는데 "형님 도망다니는데 필요할 텐데" 하면서 호주머니에 돈을 넣어주고 가더라고요. 헤아려보고 싶은데 꺼내볼 수는 없고 호주머니에 있는 채로 세어보니까 다섯장이더라고. 아, 그러면 5만원인가보다 이렇게 생각을 했는데 나중에 보니까 이게 2만 3천원이야. 만원짜리 두장에 천원짜리 세장이었던 거죠. 작다고 실망을 한 게 아니라 약간 코끝이 찡한 게 내가 감탄을 했습니다. 제 차비까지 다 털어서 나를 준 거잖아요.

앞에 2만원보다 뒤에 3천원이 더 정성의 끝자락까지 보여주는 느낌입니다.

프랑스 파리에 살고 있던 정준성의 어머니가 한국에 왔을 때 여비를 아껴 제 아내에게 1천불인가를 주고 가셨다는 얘기도 뒤에 들었습니다. 저와 함께 일요일 등산을 하던 거시기산우회에서도 돈을 모아 여러차례 도움을 주었습니다. 이밖에도 많은 사람들의 도움을 받았습니다. 참으로 고맙고 감사한 일이지요.

전병용 교도관과의 만남

민주화운동 관련 자료들을 보다보면 전병용 교도관의 이름이 도처에 등장하는데, 선생님은 전병용 선생을 언제 알게 된 겁니까?

제가 1970년에 감옥에 갔을 때 알게 됐어요. 말이 나왔으니 감옥에 대해서 좀 이야기를 해야겠네요. 감옥이라는 게 상당히 중요하다고 생각해요. 제가 1964년에 처음 감옥에 갔을 때에는 1관구가 있고 2관구가 있었어요. 그때마다 관구의 이름이 바뀌어서 하나로 통일할 수 없지만 쉽게 말하면 해방 이후에 지은 감옥과 해방 전 일제강점기에 지은 감옥으로 나눈 겁니다. 일제강점기에 지은 감옥은 밖에서 안을 보려면 투시구로 들여다봐야 돼요. 해방 이후의 감옥은 앞에 창문이 있어서 복도를 지나가면서 볼 수 있게 되어 있지요. 감방 수는 비슷하지 않을까 싶어요. 물론 해방 후에 지은 감옥의 감방 크기가 조금 더 크긴 합니다.

처음 감옥에 들어가서 보니 한방 건너 하나에 수갑이 채워져 있는 사람이 있는 거예요. 수갑을 채운 채 방에 있다는 것은 사형수라는 뜻이에요. 사형수는 기결수가 있는 교도소로 보내지 않고 미결수가 있는 곳에 남겨 두는데, 당시 사형집행을 미루고 하지 않으니까 사형수들이 쌓여서 한방 건너 하나씩 있었던 거죠. 감옥 안에서는 사형수가 있는 방에 들어가는 것을 '곱징역'이라고 그래요. 왜냐면 사형수하고 있으면 일거수일투족이 상당히 조심스럽잖아요. 예컨대 누구는 죽일 놈이라거나 죽어야 한다는 따위의 얘기를 함부로 못하는 겁니다. 사형수가 사람하나 더 죽인다고 두번 사형할 것도 아니니까 밤에 내 목을 밟지 않는다는 보장도 없고. 그러니까 무심코 말 한마디 잘못했다가 사형수 심기를 건드리지 않도록 신경을 써야 하지요.

그런데 그 사형수들이 감옥에 오래 있다보니 나름 감옥의 전통을 지켜주는 역할을 합니다. 이분들이 많은 걸 알려줘요. 예를 들면 건강유지를 위해서 하루에 사탕을 한두개씩 꼭 먹어라, 그래야 몸에 필요한 당분을 보충해준다. 식물성이건 동물성이건 지방은 꼭 섭취해야 한다, 그러니 식물성 마가린 따위를 사서 밥이 뜨거울 때 잘라 넣어서 비벼먹어라. 내가 필요한 것 이외의 물건이 있으면 남을 줘라, 겨울에도 내복을 못 입고 있는 사람이 있다, 이렇게 말하며 나눔을 권장하기도 하고요. 감방 안에서는 건강이 이찌방, 검사 앞에서는 부인(否認)이 이찌방이다. 이찌방은 제일이란 뜻으로 일본말이죠. 그밖에도 냉수마찰하는 방법, 영양보충하는 비법도 알려줘요. 말하자면 감옥에서 생존하기 위한 살아있는 지혜를 가르쳐주는데, 이런 것들이 일제강점기부터 내려온 감옥 안의 전통이 되어왔지요.

그런데 내가 1970년에 두번째로 잡혀갔을 때 그 많던 사형수들이 다 죽고 없었어요. 들리는 말로는 1960년대 중반에 어떤 이가 법무부장관을 하면서 다 없어졌다는 거예요. 당시에는 법무부장관이 대통령한테 사형집행 품신을 하면 거의 다 그대로 된답니다. 사형이 집행되는 거죠. 대부분의 법무부장관은 가급적 자기 임기 중에 안 하려고 하는데, 그 법무부장관은 사형집행 품신을 많이 했다는 거예요. 사형수들을 거의 절멸시킨 거죠.

사형수가 없으니 감방생활을 가르쳐주는 사람이 없어요. 나는 1964년에 그분들한테서 참 많은 걸 배우고 어떤 건 묻기도 했는데 말이죠. 1964년에는 사형수들이 알려준 것도 그렇고, 감옥의 전통으로 봐서도 겨울에 냉수마찰 하는 게 자기 건강을 위해 상당히 중요한 덕목 중에 하나였어요. 꼭 해야 하는 과제로 생각하고 있었죠.

감옥에서는 대개 한방에 물이 한말 들은 주전자 하나를 줍니다. 독방을 쓰나 여럿이 쓰나 마찬가지예요. 겨울이면 영하 10도, 15도까지 내려가는데 추우니까 주전자의 물이 밤새 꽁꽁 얼어요. 그 얼음을 깨서 수건에 싸가지고 심장에서 가장 먼 부분부터, 발끝에서부터 또는 손끝에서부터 심장을 향해서 마찰해오죠. 냉수마찰을 시작하면 처음에는 덜덜 떨리지만 점차 김이 올라오면 내 몸이 김에 휩싸여서 신비한 분위기가 됩니다. 그러면 자기 몸이 신비롭다는 생각을 하게 돼요. 그러고 나서 인왕산을 쳐다봅니다. 대개 봄 여름 가을 해는 먼저 먼동이 트면서 불그스름하다가 떠오르지만, 겨울 해는 불그스레하다 한꺼번에 떠오릅니다. 겨울에 인왕산에 해가 떠오르는 걸 보면 상당히 기분이 좋지요. 냉수마찰을 하면서 해를 보고 있으면 어쩐지 오늘은 좋은 일이 있을 것 같은 예감이 듭니다.

나는 1964년에 배운 대로 1970년에도 감옥에서 냉수마찰을 했는데 어떤 교도관이 와가지고 왜 이렇게 일찍 일어나서 뭐하는 짓이냐며 규칙위반이라고 목소리를 높이는 거예요. 분위기가 완전히 달라진 거죠. 어떤 교도관들은 냉수마찰을 불법이라며 못하게 하고 또 어떤 교도관들은 와서 구경하고. 이 겨울에 새벽에 일어나서 냉수로 마찰을 하는 사람이 있다 너 와서 봐라, 그런 일단의 사람 중에 전병용과 요새 얘기하는 민주교도관들이 있었어요. 그 사람들이 나를 상당히 신기하게 봤던 모양이에요. 그들이 먼저 나에게 말을 걸어왔어요.

그러면서 그 사람들과 이런저런 상담이 시작됐죠. 당시 그 사람들이 자신들의 복지문제에 굉장히 관심이 많았어요. 원칙적으로는 24시간 교대근무인데 인원은 적고 업무량은 많으니 24시간 근무 후 이어서 다시 6시간 추가근무까지 해야 비로소 끝나는 거예요. 즉 30시간을 하고 가서 나머지 시간을 쉬고 다시 출근하는 거죠. 교도관 식사는 못 봤습니다만 식단표를 가져와서 급식 문제나 건강 문제 이야기도 하고요. 끊임없이 와서 나한테 그들의 복지 향상 방법을 놓고 상의했어요.

그 사람들이 착각을 한 거죠. 김 아무개는 대단한 사람이다, 그 추운 날 냉수마찰을 하고, 사식도 먹지 않고 엄정하게 교도소 규칙을 지킨다면서 상당히 좋아해줬습니다. 돈이 없어서 사식을 먹지 않았지만 나머지 생활이 꼭 그렇게 모범적인 것만은 아니었거든요. 그런데 이런저런 구라가 더해져 내가 교도소에 전설 비슷하게 알려진 거죠. 그래서 자기네들이 자청해서 뭐 도와줄 거 없느냐, 집에 꼭 알려야 될게 있으면 전하겠다 하며 물어왔어요.

그 인연이 감옥 밖에까지 이어졌지요. 한때는 그 사람들이 여름이면 나를 보신시킨다고 개를 한마리 잡아가지고 다산선생 생가가 있는 마을 근처로 가요. 당시에는 굉장히 한가한 마을이었죠. 그때 백기완, 박태순, 이호철과도 같이 갔는데, 거기 가서 주로 먹고 수영하고 놀고 또 먹고 그렇게 종일 즐거운 시간을 보내다 오곤 했습니다. 그런 관계로 교유가 이어지다가 민청학련 사건을 비롯해서 사람이 갇힐 때마다 그 교도관들이 우리한테 적극적인 도움을 주게 됐죠.

그때 서울사대 독서회 사건으로 얼마나 오래 계셨습니까, 옥중에서?

6개월 정도 있었는데 겨울을 그 안에서 났다는 게 중요해요. 사실 1960년대까지는 1년 6개월을 장기수냐 단기수냐를 나누는 기준으로 삼았어요. 1년 6개월이라고 하면 대개의 경우 겨울을 두번 살게 돼요. 겨울을 한번 나느냐, 두번 나느냐가 단기수 장기수를 나누는 기준인 셈이죠. 감옥 안에서는 보통 하하동동(夏夏冬冬)이라고 그래요. 감옥은 사계절이 아니라 여름 여름 겨울 겨울, 하하동동만 있다는 것이죠. 그 안에 있으면 정말로 그렇게 느껴져요. 심리적으로뿐만 아니라 물리적으로도.

복역했던 6개월 동안 겨울이 들어 있었군요. 그때 냉수마찰 하는 모습을 완전히 신기하게 보다가 교도관들이 감화되고 그다음에 존경하게 되고 그다음에 사귀게 되고 조언자도 되고. 6개월 사이에 결속력이 아주 단단해진 모양이죠?

그 6개월 안에 다 이루어진 관계는 아니고 감옥을 나와서도 계속해서 관계를 맺었던 거죠. 감옥이라는 게 그렇습니다. 이호철도 징역을 몇번 살았는데, 불광동 살면서 서울구치소 앞을 지나갈 때는 안 쳐다보려고 머리를 돌리고 가요. 또 감옥에서의 인연을 애써 잊으려고 하고, 감옥과 연관된 걸 기억하지 않으려고 하는 게 대부분입니다.

그런데 내가 그러려고 해서 그런 건지 그 사람들이 잘해서 그런 건지 모르지만 나는 계속 관계를 유지했죠. 여름이면 야외에도 나가고, 또 자기네들 복지 문제 가지고 오면 상담에 응하고요. 그들이 교도관들의 복지 문제에 관심을 가지고 조직을 만들어 법무부에 교도관 처우개선을 요구하기 시작했고, 소식지 낼 때 조언을 한다든지 편집을 도와준다든지 하는 식으로 관계들이 쭉 유지가 됐죠.

야외 소풍갈 때 교도관이 몇명이나 나옵니까?

교도관은 두세명 정도였고, 각자의 지인을 데려오기도 했습니다. 그중에는 전병용의 형도 있었어요. 전병용은 함경도 북청 사람이에요. 『꺼삐딴 리』의 저자인 전광용 교수가 육촌 형입니다. 처음에는 숨기려고 하더라고요. 전광용과 자기들 집안관계를. 전병용의 형이 두분 계신데, 큰형은 전성용이라고, 서울고를 나온 것으로 알고 있습니다. 아주 독실한 가톨릭 신자인데 폐병에 걸렸어요.

어느 날 같은 폐병 환자한테 가서 우리가 기도가 부족한 모양이라면서 며칠 같이 기도를 했답니다. 전성용은 자신의 폐병을 낫게 해달라고 기도를 했는데 상대편은 빅토리노의 병을 낫게 해달라고 내내 기도를 하더래요. 전성용의 세례명이 빅토리노입니다. 폐병 치료를 위해 마산 가포의 요양원에 있을 때 거기서 전성용이 김수환 추기경의 형님인 김동한 신부를 만났어요. 그분 역시 폐결핵을 앓았어요. 신부님 가운데서 김수환 추기경의 유일한 혈육이었죠. 그러면서 두분이 우리가 이 병이 좀 낫거든 결핵요양원을 하자 하는 뜻이 맞아가지고 나중에 함께 요양원을 만듭니다. 김동한 신부가 요양원장을 하고 전성용이 사무장 비슷한 것을 했는데, 천사 같은 분이에요.

전병용의 둘째형은 중용이라고 그러는데, 그 양반은 지금은 불구가 됐습니다. 앉아 있는데 차가 후진해와서 다리 하나를 못 쓰게 됐어요. 옛날에는 벽돌 쌓는 적조기술자였어요. 자기가 우리나라에서 제일 잘 쌓는다는 자부심을 갖고 있었습니다. 자하문 쪽에 있는 외국인 교회를 자신이 쌓았다며 자랑하기도 했지요. 전중용이 그렇게 개고기를 좋아했어요. 보통 남자들은 요리를 잘 못하는데 그분은 개고기를 손수 요리를 해요.

전병용 삼형제와 다 정이 다 깊었던 것 같네요. 이 삼형제가 나중에 도망다니던 사람들도 숨겨주고, 나름의 역할을 한 거 아니에요? 전병용 패밀리가 우리 민주화에 기여한 바가 크군요.

그렇죠. 큰형은 김동한 신부 도와주느라고 다른 건 신경쓸 새가 없었고, 둘째 형은 장기표라든가 많은 사람들이 그 집에 가서 숨어 있기도 했습니다.

정의구현사제단과의 인연이 시작되다

가톨릭하고 선생님과의 관계가 아주 밀접한 것으로 아는데, 가톨릭 영세도 받으셨나요?

받았습니다. 견진까지는 받았어요. 1984년에 한국 천주교 200주년 기념행사를 여의도에서 했는데, 제가 그때 이러저러한 준비에 관여하게 되었어요. 제가 사회 문제, 그러니까 한국사회와 교회 부분을 준비하는 역할을 맡게 돼서 내가 영세를 받지 않고 이 일을 계속한다면, 천주교회를 이용하기 위해서 침투한 사람처럼 되지 않나 하는 생각이 들더라고요. 그래서 자처해서 함세웅 신부가 계시는 한강성당에 가서 교리 공부를 하고, 거기서 영세를 받았습니다. 대부는 이돈명 변호사였고요. 그리고 1986년에 불광동성당에서 김옥균 주교로부터 견진을 받았습니다. 견진 때는 주교가 옵니다. 그때는 김옥균 주교가 오셨지요. 지금은 좀 냉담자이지만, 엉터리 신자는 아닙니다.

1984년 이전에는 영세를 안 받았군요? 가톨릭에 계신 분들과의 사이가 아주 가까웠는데도 영세를 안 받은 것은 다른 자기 주견이 있었던 겁니까?

우선 영세를 받으려면 부활주 전에 길게는 6개월 정도 교리를 배우고 준비하는 반에 들어가서 공부를 해야 돼요. 그게 좀 여의치 않았던 거죠. 1974년에 지학순 주교가 구속되고 처음으로 성당에 갔습니다. 명동성당이나 혜화동성당에서 기도회 할 때 가보면 천주교회 의식 중에 "평화의 인사를 나눕시다" "가서 복음을 전합시다" 하는 인사가, 그 의식 자체가 그렇게 아름다워 보이더라고요. 아, 천주교에 이런 게 있었구나. 그런데 영세를 받는다는 것은 시간 여유가 허락되지 않기도 하지만, 상당히 주저되더라고요. 고해성사 등 자신을 다듬는 준비를 하고 하느님 앞에 서는 건데, 거짓으로 설 수는 없지 않냐, 내 마음의 준비가 있어야 하지 않냐 싶었어요.

황인철 변호사도 비슷한 취지의 이야기를 하신 적이 있습니다. 1974~75년에 황인철 변호사 집이 연희동이었는데 제가 자주 갔어요. 왜냐하면 황변호사가 김지하 재판의 재판기록을 정리하고 관리했는데 그 기록을 밖으로 가져가는 걸 싫어하고, 당신이 꼭 가지고 있어야 안심을 하니까 그 기록을 보기 위해서 사무실로 가거나 아니면 황인철 변호사 집에 드나들어야 했던 거죠. 그때 황인철 변호사가 뒤늦게 결혼을 해서 막 돌이 지난 애가 있었어요. 이름이 대하예요. 애가 같이 저녁도 먹고 할 때 보면 사람하고 눈을 안 맞추는 거예요. 말도 못하고. 처음에는 애가 늦되는가보다 했는데, 한살 한살 나이를 먹어도 똑

같아요. 그때 홍강의라고 하는 우리나라에서 최초로 자폐증에 대해서 연구를 한 교수인데 그분이 서울대병원 소아정신과에서 '자폐증'이라는 진단을 내리기 시작했대요. 서울대병원에 가서 진찰을 받고 나서야 애가 자폐증이라는 걸 알았어요. 황인철 변호사 내외가 상당히 당황했죠. 당시만 해도 자폐증에 대한 이해가 거의 없던 시절이어서 본인 스스로 연구도 하고 자료수집도 하고 그랬어요. 그리고 홍강의 교수를 중심으로 자폐아를 가진 부모들을 모아서 전국자폐아부모회도 만들어 활동을 했어요. 황변호사 부부가 정신적으로 상당히 힘들었던 모양이에요. 그 일을 계기로 천주교에 귀의하고 영세를 받았습니다. 아마 홍제동성당에서 김승훈 신부한테 교리교육을 받고 영세를 받았을 거예요.

1970년대 말 즈음으로 기억을 합니다. 추기경이 황변호사를 수시로 만나서 자문을 듣는데 황변호사가 영세를 받았다는 얘기를 듣고는 반가운 마음에 부부를 초대했어요. 황인철 변호사가 '교리 공부를 한다고 했지만, 교리도 잘 배우지 못하고 이렇게 영세를 받아 죄송하다' 이렇게 말씀을 드리니까 추기경 말씀이 '나는 뭐 아는 줄 아는가. 나도 명색이 추기경이지만 아무것도 몰라' 이러면서 영세를 축하한다, 환영한다고 했다는 일화가 있습니다. 그뒤부터 황인철 변호사는 아주 열심히 활동했습니다. 까리따스 수녀회에서 김장을 하면 재료를 사주기도 하고, 생활이 어려운 아이들을 돕는 일도 상당히 적극적으로 기여를 많이 했어요.

황인철 변호사는 인격적으로나 사회적으로나 신앙적으로나 굉장히 훌륭하지요. 그런데 김선생님이 영세를 받기 전에 쓴 글이나 관여한 내용을 보면 제2차 바티칸 공의회(1962~65)라든가, 가톨릭 중심의 기독교 교리에도 상당히 정통하셨던 것 같습니다.

저도 뒤늦게야 깨닫게 된 것이지만 제2차 바티칸 공의회라는 게 가톨릭 역사에서 엄청난 의미를 가지고 있는 건데, 가톨릭 내부에서 그거를 제대로 알고 호흡하는 사람들은 별로 없었어요.

그 전까지는 신부들이 신자들한테 말을 놨대요. 나이가 좀 많아도 '야, 바울아 이리 와' 이런 식이었죠. 미사도 라틴어로 하고. 그런데 일부는 좀 깨달은 사람들이 있었고 추기경이나 지학순 주교, 함세웅 신부 이런 분들은 제2차 바티칸 공의회를 유학 시절 또는 유럽에서 몸소 체험을 했거나, 아니면 문건을 통해서 세례를 받은 사람이라고 할 수 있습니다. 그리고 역설적으로 제2차 바티칸 공의회 문헌을 번역한 사람이 수원교구의 김남수 주교입니다. 가장 보수적이고 교회의 사회참여와 사제들의 민주화운동에 적극적으로 반대편에 섰던 인물이지요.

그때 기억나는 건 가톨릭 잡지인 『경향잡지』에 백낙청 교수가 "나는 최근 활발해진 사제단의 정의구현 활동이 제2차 바티칸 공의회에 의해 강력하게 밑받침되고 있다는 사실을 최근에야 알았다. 그러나 내가 그것을 덜 미안하게 생각할 수 있도록 해주는 것이 있다면, 한국 가톨릭 내부에 아직도 제2차 바티칸 공의회가 없었던 것처럼 생각하고 행동하는 사람들이 있다는 사실이다" 이런 글을 쓴 일도 있어요.

김수환 추기경이 한국주교회의 대표로 1971년 시노드(Synod)라고 세계주교대의원회의에 가서 '일반적으로 가톨릭교회는 자기한테 무슨 일이 생기면 벌떼처럼 일어나서 항의하지 사회적인 일에는 관심없다. 이는 한국뿐만 아니라 세계적인 가톨릭의 병폐다' 그런 얘기를 했어요.

1970년대 사제단 이름으로 나온 것들 중에 선생님이 대필한 것이 많이 있지 않나요?

성명서나 또 1970년대에는 주로 기도회 같은 것을 통해서 '신자들의 기도'니 '호소문', 그 자리에서 발표하는 '성명서' 이런 것이 꽤 많았습니다.

대한민국 민주화, 자주화의 역사에서 나는 함세웅 신부나 문정현 신부한테 큰 빚을 졌다고 생각해요. 1982년 부산미문화원 방화사건 때만 해도 변호인들조차 반미에 대해서는 상당히 조심스러워했어요. 이것을 어떻게 변론할 거냐 굉장히 고심을 많이 했는데. 우리나라에 반미, '미국 너 이건 아니야'라고 본격적으로 얘기한 것이 문정현 신부가 처음이었죠. 그 이후로 반복하다보니 여기까지 올 수 있었지. 그런 점에서 엄청나게 빚을 진 거예요.

신자들의 기도도 쓰셨다고 했잖아요. 그럼 계속 관여를 하면서 선생님은 거의 가톨릭화된 겁니까? 가톨릭적 문체가 들어가야 될 거 아니에요?

그런 건 아니지만 공부는 나름대로 열심히 했죠. 모르는 게 상당히 많더라고요. 나만 해도 가톨릭이 중세 이래 상당히 폐쇄적이고 닫힌 세계 안에서 시대 상황에 맞게 발전해오지 못한 걸로 알았는데. 가령 '레룸노바룸'(Rerum Novarum)이라고 해서 1891년에 나온 교황회칙이 있습니다. 이 회칙을 보면 노동 문제에 대해서 상당히 현대적인 노동인식과 그것에 대한 가르침이 있거든요.

한국에서도 시대 상황에 따라서 1968년에 강화도에서 '심도직물 사건'이 생기면서부터 그리고 추기경이 독일에 가 계신 동안에 제2차 바티칸 공의회가 있었고 지학순 주교도 마찬가지고. 그 공의회의 세례를 받은 사람들이 주교가 되고 사제가 되고 한국 교회의 지도자가 되면서 한국도 1960년대 이래 비록 완만하기는 하지만 상당한 발전을 해온 거죠. 회칙이라든지 사목교서라든지. 그래서 그런 것을 뒤늦게 깨닫고 기왕에 나와 있는 교서나 책도 보면서 자꾸 인용을 하다보니까 상당한 이해가 생긴 것 같아요. '가장 보잘것없는 형제에게 해준 것이 곧 나에게 해준 것이다'라든지. 성경 말씀을 자주 인용하기도 했어요. 그러다보니까 어떤 것은 터득하고 어떤 것은 배우고 공부하면서 그런 것을 기초로 해서 글을 썼습니다.

1974년에 정의구현사제단과 선생님의 관계는 어떻게 시작된 겁니까?

지학순 주교가 양심선언으로 잡혀 들어간 게 계기가 되었습니다. 천주교 전체에서 지학순 주교의 법률 지원은 물론이고 옥바라지를 어떻게 해야 되는지 아는 사람이 없었던 거죠. 면회는 어떻게 하는지, 영치금은 어떻게 넣는지, 책은 넣을 수 있는지, 어떤 책을 넣어야 하는지 전혀 모르니까 지학순 주교의 동생인 지학삼 선생이 도움을 요청한 거예요. 연결해준 분은 김지하 어머니였고요.

지주교의 옥바라지에 큰 역할을 하신 또 한분이 박영자(삐엘마리) 수녀입니다. 박영자 수녀는 명동성당 옆의 성모병원 지하 1층에 엑스레이실 행정 담당이었는데 지학순 주교 팬이에요. 이분이 지학순 주교를 뒷바라지해줄 사람들을 다 모은 거예요. 어떻게 하다보니 거기서는 제가 선생님이죠. 이렇게 하십시오, 저렇게 하십시오 이렇게. 군종단에서 일하던 박의근(야고보), 이창복(뒤에 국회의원) 신부 등이 지학순 주교를 보필해온 분들인데, 그 사람들과 함께 이번 주에는 무슨 책을 넣고 무슨 돈을 얼마를 넣고 이런 계획을 논의했지요. 감옥에 가서 접견하고 물건을 넣는 역할은 주로 지학삼이 했습니다.

지학순 주교가 잡혀 들어가니까 원주교구에서 긴급 대처방안으로 신현봉 신부를 서울에 파견해서 지학순 구명운동과 전국 천주교회와의 협력관계를 구축하는 일을 담당하게 했습니다. 명시적인 것은 아니지만 대충 그런 뜻으로 신현봉 신부가 와 있었고, 독일 유학을 준비하던 최기식 신부가 이 시국에 유학이 다 뭐냐 하면서 거기에 합류를 해서 두분 신부가 명동성당 입구에 있는 가톨릭출판사에서 지냈습니다. 그 당시 출판사 사장이 김병도 신부였는데 그분이 신현봉 신부하고 신학교 동기예요. 그래서 출판사의 방을 하나 내줬어요.

신현봉, 최기식 신부가 전국 교구를 돌아다니면서 지주교가 구속됐는데 우리 가만히 있을 수 없지 않냐 하면서 읍소를 하고 다녔죠. 그때는 신학대학이 가톨릭신학대학 하나여서, 신부들은 거의 다가 신학대학 동창이에요. 어느 교구에 가든지 자기 동창이 있죠. 그 사람들 통해서 기도를 해달라, 기도회를 만들어달라, 또 서울에서 기도회 하면 참여해달라 이런 얘길 했고, 최기식 신부 역시 마찬가지고요.

이 두분이 원주교구의 직속 신부들이니까 사제단 내에서도 중심은 아니지만 어쨌든 정보를 제공하고, 거기에 꼭 참여해야 될, 없어선 안 될 사람들이었던 거죠. 그때는 신현봉 신부가 단장 격이었어요. 나이가 제일 많고, 원주교구에서 왔고, 옛날에 학교 다닐 땐 학생회장으로 리더십도 있었다고 하고 연락도 쉬웠고요. 이렇게 저는 사제단하고 연결이 되고, 그게 또 어떻게 알려져서 추기경을 만나게 된 거죠.

지학순 주교의 구속이 가톨릭이 사회적, 정치적 이슈에 직접 관여하게 되는 기폭제가 된 건 분명하지요. 여기에 선생님의 관여는 어떠했는지 자세히 듣고 싶습니다.

여러가지 정황을 종합을 해보면 중앙정보부가 민청학련 사건 배후자 중 하나로 지학순 주교를 찍었어요. 지학순 주교가 김지하한테 1백여만원인가를 줬다는 것을 알고서요. 그런데 한편으로 부담스러우니까 박정희 정부가 처음에는 그 액수를 줄일 수 없겠냐, 말하자면 지학순 주교의 죄를 줄여서 문제 삼지 않을 수 있다는 생각도 해봤던 것 같아요.

지학순 주교가 7월 6일 귀국을 합니다. 원주교구 사람들이 주교가 온다 그러니까 공항에 마중 나가서 트랩에서 내려오는 지주교를 보고 서로 손도 흔들었어요. 그런데 이틀이 지나도 지주교가 원주교구에 오지 않고 행방이 묘연하니까 걱정이 되는 거죠. 사람들이 교구에 와서 기도회도 하고 추기경한테 찾아가서 어떻게 된 건지 좀 알아봐달라고 요청을 했어요.

그때 중앙정보부 차장이 김재규였어요. 김재규가 지주교가 중앙정보부에 있다고 알려줘서 7월 7일에 추기경이 가서 지주교를 면회했어요. 그리고 10일에 명동성당에서 저녁 6시에 있을 시국기도회 준비를 하고 있는데, 김재규 차장이 대통령이 만나기를 청한다며 찾아옵니다.

추기경은 기도회 석상에 가서 '내가 지금 대통령이 만나자는 연락이 와서 가는데 여러분들은 이 기도회를 잘 마치길 바란다' 그러고 대통령 만나러 갑니다. 가서 아마 두세시간 이상 얘기를 했을 겁니다. 그때 박정희가 '교회가 하느님이나 믿지 무슨 현실정치에 관여를 하느냐' 이러니까 추기경 쪽에서는 '우리 교회는 세상 속에 있는 교회로, 모든 사람들의 정치적 관심뿐만 아니라 세상 사람들의 기쁨과 슬픔이 곧 우리 교회의 관심사다, 지학순 주교는 특히 그런 것에 아주 민감한 분이다' 이렇게 설명을 하고, 그날 저녁으로 지학순 주교가 석방이 됩니다.

그러고 나서 여러가지 미스터리한 일이 많이 일어납니다. 지학순 주교가 주거제한 조건으로 석방이 됐거든요. 처음에는 명동의 성바오로 수녀원에서 지학삼 집으로, 다시 성모병원으로 옮겨지는데, 주거제한하는 중에 7월 23일에 지학순 주교가 양심선언을 해서 자기 발로 구속이 되는 길로 간 거죠. 추기경 입장에서는 상당히 노력을 해서 가까스로 석방까지 됐는데 지주교가 양심선언을 하고 다시 잡혀 들어간 거에 대해 처음에는 꽤나 섭섭하게 생각하는 마음이 있지 않았을까 싶어요.

어쨌든 지주교의 양심선언은 굉장히 중요한 사건입니다. 왜냐하면 지학순 주교가 들어감으로써 교회가 이제까지 막연하게만 생각했던 제2차 바티칸 공의회의 가르침에 따라 젊은 사제들이 반응해야 될 필요성을 느꼈고, 그때부터 교회나 사제의 신원이 무엇인가에 대한 자기 질문이 시작된 거죠. 그리고 교회의 교도권(敎導權)이라고 그럴까, 지도층에서도 우리 교회가 진짜 무엇을 해야 되느냐에 대해 진정한 의문이 제기되기 시작합니다.

말하자면 한국에 천주교가 들어온 지 200년 만에 처음으로 이 땅,

이 현장에서 우리가 해야 될 일이 무엇이냐에 대해 정면으로 질문을 던진 거죠. 그때부터 기도회도 열리고 교회가 달라지는 모습이 보이기 시작했어요. 그전까지는 저도 가톨릭에 대한 생각이 별반 다르지 않았거든요. 교회는 자기들이 쌓아놓은 성 속에 깊이 틀어박혀서 밖으로 나오려고도 하지 않고, 또 밖에서 누가 들어오는 것도 원치 않는 폐쇄된 성채 같은 거라고 생각을 하고 있었어요. 물론 김지하로부터 지주교의 변화된 사목방침 등에 대한 얘기는 들었지만 김지하가 자신을 합리화하기 위해서 하는 얘기 정도로밖에 들리지 않았거든요.

처음에는 불규칙하고 불특정하게 지학순 주교 구명을 위한 기도회를 열었고 그러다가 점점 세력화되었다고 할까, 체계화되면서 신현봉 신부나 최기식 신부가 전국을 다니면서 지학순 주교의 억울한 투옥에 대해서 동조할 수 있는 신부들을 규합했습니다. 가령 광주교구라면 광주교구 자체에서 기도회를 하게 하고 기도회 자료를 두분 신부들이 제공을 해준다든지 이런 활동을 했습니다. 파견 나온 것과 마찬가지 활동을 했죠, 두분이.

그러다가 함세웅 신부 등이 합류를 하면서 함세웅 신부가 사제단의 중심역할을 하시게 되었죠. 그때까지는 대체로 신현봉 신부가 사제단을 이끄는 중심역할을 했어요. 점차 천주교정의구현전국사제단의 공식적인 발족으로 이어지죠. 9월 24일 원주에서 했던 기도회와 시위, 그리고 사제단회의를 거쳐 1974년 9월 26일에 천주교정의구현전국사제단 이름으로 '제1시국선언'을 발표를 하게 됩니다. 그렇게 하는 과정에서 자연스럽게 나도 최기식 신부, 신현봉 신부하고 친해지고요.

그리고 본격적으로 정의구현사제단과 함께하시게 된 거죠?

제가 정의구현사제단 초기에 함께한 일이 최종길 교수 사건인데요. 작년(1973년) 10월에 서울법대 최종길 교수가 중앙정보부에 연행되어 문초를 받다가 죽었다, 정보부에서 고문기구를 새로 도입을 했는데 작동 방법을 몰라서 오작동으로 인해 심장 파열로 죽었다라고 하는 게 그때 시중에 퍼진 일반적인 이야기였어요. 그런데 그에 대해 누구 하나 공식적으로 문제제기를 하는 사람이 없었어요. 미국에서 제롬 코언 교수가 『워싱턴포스트』에 「한국의 우울한 1주년」(1974.10.9.)이라는 기고를 통해 최종길 교수의 죽음에 대해서 문제제기를 하고, 함세웅 신부가 미국 언론에 실린 그 글을 읽고 최종길 교수가 의문의 죽음을 당했다는 것을 알게 된 거죠.

그러니까 그 전까지는 신부님들이 그런 일이 일어날 수 있다는 것, 정부의 발표가 거짓이라는 것을 전혀 생각도 못했어요. 12월 10일이 세계인권선언 기념일이라 가톨릭에서는 인권주일로 지내거든요. 그 주에 최종길 사건을 폭로하자는 거예요. 그런데 이건 저에게도 큰일이에요. 폭로를 하려면 제가 강론을 준비해야 하고 성명도 써야 하니 상당히 두렵지요. 그렇게 해서 두번에 걸쳐서 12월 10일에는 성명으로, 18일에는 추모미사를 봉헌했죠. '최종길 교수는 고문치사되었다'는 내용이었습니다.

인혁당 사건 때도 그랬습니다. 1975년 2월에 신부님들이 책임질 테니까 진상을 정리해달라는 거예요. 저는 제가 할 수 있는 일을 했죠. 변호사들도 만나고 인혁당 가족들을 만나서 얘기도 들었습니다. 그분들이 한목소리로 하는 말이 법정에서 한 진술과 재판기록에 첨부된 내용이 다르다는 거예요. 가령 이수병한테 "인혁당 서울시 지부를 재

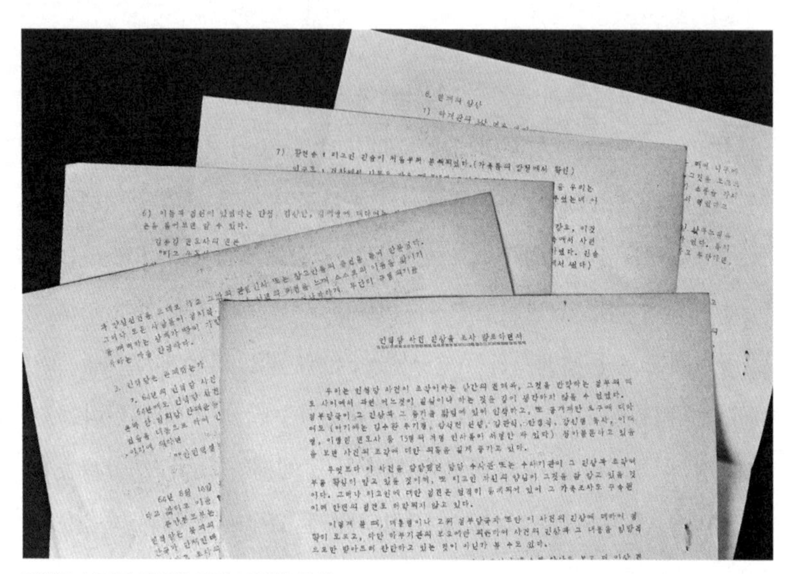
인혁당 사건 진상을 조사 발표하면서

인혁당 사건의 진상을 직접 조사한 문서.

건할 계획을 세워서 누구누구를 만났죠?"라고 물으면 이수병은 "전혀 그런 일이 없습니다"라고 했는데, 재판기록에는 "예, 그렇게 했습니다. 누구누구를 만나서…" 이런 식으로 하지 않은 답변이 들어가 있다는 거예요. 저는 굉장히 두려웠죠. 만약 그때 쥐도 새도 모르게 잡혀가면 끝나는 거니까요.

'제2의 최종길'을 만들어내는 게 어렵지 않을 때니까요. "우리가 책임질 테니 진상을 정리해달라" 이 말은 사제단 쪽 이야기입니까? 당시에는 정의구현사제단이 막 시작했을 때니까 자료수집, 발표문 작성, 기자회견 등이 익숙하지 않아서 선생님이 그 일을 맡으셨던 거군요.

개신교 목사들은 이미 당시의 정치 상황, 정보정치에 대한 이해가 상당한 정도로 있었습니다. 열려 있는 교회에는 정보원들이 수시로 왔다갔다 하다보니 정보정치에 어떻게 대처해야 하는지 어느 정도는 알고 있었지만 사제들은 전혀 그러지 못했죠. 이제까지 한번도 해본 적이 없으니까 이분들은 그냥 모든 게 새롭고. 말하자면 최종길 사건을 놓고 '이렇게 불의한 일이 있다니! 이를 두고 가만히 있을 수 있냐, 우리가 뭐든지 해야 된다' 이런 순수한 열정만 가지고 일을 벌이는 거죠.

그러니까 그런 게 사제단이 아니면 할 수 없는 일이에요. 무서워서라도. 최종길 사건이 알려지기도 어려웠어요. 그 어떤 신문도 보도한 곳이 없으니까. 다만 동아투위가 태동할 무렵이어서 동아일보에서 잘린 친구들이 민주회복국민회의나 사제단의 활동을 단 한줄이라도 보도하려고 굉장히 애를 많이 써줘서 조금은 알려졌지요.

사제단과의 초기 만남이 어디서 언제, 누구와 함께 이루어졌는지 좀 더 알고 싶습니다.

이 무렵 저는 열심히 기도회에 참석했습니다. 실제로 저는 가톨릭의 의식에도 깊은 감명을 받았습니다. '내 탓이오'를 큰소리로 외치고 평화의 언사를 나누며 성체를 모시는 거룩한 모습에 빠져들어갔지요. 그래서 사제들과도 인사를 나누게 되었고 그분들 회합에도 가끔은 참석하게 되었습니다. 정확하지는 않은데… 함세웅 신부를 비롯해 한 열댓명이 가끔씩 가톨릭여학생관 회의실에서 모이기도 했는데, 그럴 때 뵙고 지학순 주교의 재판은 어떻게 되어갈 것이고 뭐 이런 내용을 말씀드리기도 했습니다. 초기의 만남은 그랬던 것 같아요.

12월쯤 됐을 때는 사제단 운영에 틀이 잡혀가고 있었습니다. 자연스럽게 제2차 바티칸 공의회 이후에 서품을 받은 젊은 신부들이 나서게 되었고, 또 아무래도 서울교구 신부들이 구심이 되어야 하는 상황에서 아주 자연스럽게 함세웅 신부가 사제단의 중심에 서게 되었습니다. 또 함세웅 신부의 동기신부들, 김택암, 안충석, 양홍 신부 등이 함세웅 신부를 도와 사제단의 구심이 되었지요.

사제들의 모임에 매번 참석을 하셨습니까? 그리고 지학순 주교 옥바라지 일로 사제단과 인연을 맺었다고 하셨는데, 누군가가 '김정남이라는 사람이 있는데 변론이나 옥 뒷바라지는 이분에게 가서 조언을 듣는 게 좋다'라는 정도는 누군가가 알려줘야 연결이 되지 않나요.

사제들 모임에는 더러 참석을 했습니다. 제 소개를 따로 했던 것 같지는 않고, 주로 김지하 어머니와 인혁당 가족들, 또 김한림 선생하고의 관계 속에서 사제들하고 자연스럽게 인연이 맺어진 것 같아요. 개신교 쪽에서는 인혁당과 얽히면 큰일난다고 인혁당 가족들이 기도회에 참석하려는 것을 거북해하기도 했어요. 이렇게 여기저기서 거부당했던 인혁당 가족들이 천주교 쪽으로, 그러니까 사제단 쪽으로 많이 왔지요. 문정현 신부는 인혁당 가족들을 보자마자 대번에 '인혁당 사람들이라면 우리가 도와야지' 이런 적극적인 반응을 보이셨죠.

그건 정말 보통 용기가 아닙니다. 이미 1974년에는 김정남 선생님의 이름이 아주 신뢰할 수 있는 사람이라고 알려져 있었던가요?

은밀한 형태로 나에 대해 들었겠지요. 처음엔 물론 경계와 의심의 눈초리도 있었을 겁니다. 지학순 주교의 일로 김수환 추기경도 가톨릭 여학생관에서 나를 한번 보게 되었어요. 그전(1974년)까지 추기경을 뵌 적은 없었어요. 그냥 그때 개별적으로 나 하나만 보자고 그런 건 아니었고, 오도 하스(Odo Hass) 신부도 계셨고요.

아피(AFI, Association Fraternelle Internationale) 분들과도 그때 인연을 맺었습니다. 아피는 국제가톨릭형제회로 국제적인 가톨릭 평신도들의 모임인데, 수녀복을 입지 않고 자신이 원하는 곳에 가서 하느님의 말씀을 실천하는 사람들이에요. 그 아피 모임이 서울대교구로부터 위임받아서 공식적으로 가톨릭여학생관 운영 책임을 맡고 있었어요. 여학생관 위탁경영이라는 것은 기숙사를 운영할 뿐만 아니라 거기에서 하는 프로그램이라든지 건물 운영까지 책임을 집니다. 그 모임에 아주 공교롭게도 이탈리아, 독일, 프랑스 출신 아피들이 있었는데 이 분들이 구속자를 돕는 일에 열심이었어요.

아피 분들이 김지하 어머니나 구속자 가족들하고 어떻게 연결이 되었는지는 모르겠지만 민청학련 사건이 터지자 그분들이 남대문시장에 가서 슬리핑백이라는 슬리핑백은 거의 다 사가지고 가족들한테 나눠줬어요. 감옥에 있는 자식들한테 넣으라고. 그렇게 해서 여학생관이 구속자 가족들한테는 수시로 마음놓고 드나들 수 있는 장소가 됐죠.

그러니까 지주교 사건도 희한하군요? 지주교를 구속을 안 시켰으면 가톨릭은 전혀 시국에 관여하지 않았을 수도 있었을 텐데, 지주교를 구속시키니까 아피도 뛰어들고, 추기경도 오고, 김정남 선생님도 가톨릭하고 연결이 되고, 사제단도 등장하고. 한명의 구속이 완전히 새 세상을 열어가는군요.

지학순 주교가 감옥에 막 들어갔을 때는 전병용을 통해서 안부를 전했어요. 제가 걱정하지 마시라는 편지를 써서 전병용에게 전하면, 전병용이 교도소에 출근해서 지학순 주교한테 저벅저벅 가서는 '지주교님, 책 뭐 봐요? 거 책 좀 줘봐요' 하고 보고 있던 책을 빼앗아서는 그 책 속에다 내 편지를 찔러 넣고 '조심하세요' 이러고 갔답니다. 지학순 주교는 감옥 안에서 얼마나 무료했겠어요? 오늘 전병용이 비번이어서 나갔으니까 내일은 무슨 소식이 올까 하고 기다리셨다고 해요. 또 들은 바로는 당시 감옥 안에서 지학순 주교가 상당히 특별대우를 받았다고 합니다. 방에 연탄불을 피워줬다는데 그건 당시로서는 있을 수 없는 특별대우거든요.

결국 1974년이 되어서 그동안 개별적으로 해왔던 여러 활동이 완전히 조직적으로 연결이 돼서 새로운 운동의 시대로 가는 거네요. 아주 묘한 상황이에요.

나는 1970년대의 민주화운동의 특질을 하느님의 역사개입이라고 할 수 있지 않을까 생각합니다. 신구(新舊)교회가 사회참여에 본격적으로 나서기 시작하고, 특히 사제단이 발족할 수 있었다는 것은 역사적으로 상당히 의미가 있는 것 같아요. 사실 1970년대 천주교의 현실참여는 한국 교회가 박해시대에 한국 민중, 한국 역사와 만난 이래 오랜 침체 끝에 비로소 제2의 만남을 이룬 것라고 볼 수 있습니다. 지학순 주교 구속이 천주교의 현실참여를 가져오는 계기가 되었지만, 그 가운데서도 천주교정의구현전국사제단의 출현은 한국 민주화운동사에서도 획기적인 사건이었어요. 사제단을 옆에서 도울 수 있었던 것은 저에게는 더없는 기회였습니다. 사제단은 여러차례 걸쳐 복음을 선포했는데, 1974년 9월 26일 제1시국선언을 발표한 것을 빼고는 그후의 대소 문건은 거의 대부분 공교롭게도 내 손을 거쳤어요. 그 가운데서도 나는 1975년 3월 10일 근로자의 날에 발표한 「민주·민생을 위한 복음운동을 선포한다」를 주목하고 싶어요. 이 글은 그 당시 한국 신학계에서 논의되고 있었던 민중신학의 토대를 제공하는 문건입니다. 이제 정치적인 문제뿐 아니라 노동자와 농민, 그리고 도시 빈민의 인간적인 삶에도 관심을 갖기 시작한 거지요. 한국 천주교회로서도 마땅히 가야할 길이면서도 아직은 가보지 않았던 새롭고 험한 길이었어요. 비로소 이 땅에 사는 사람들의 기쁨과 슬픔을 함께하기 시작했다는 것을 의미합니다.

사제단의 활동은 박완서 선생이 묵상집 『옳고도 아름다운 당신』(열림원 2008)에서 "암울한 시대상을 향해 거침없이 외친 정의구현사제단의 참다운 용기에 영향을 받아" 주님을 영접할 용기를 내었다고 고백할 만큼 감동적이었고, 1975년 3월에 다시 감옥에 갇힌 김지하가 그해 5월 감옥 안에서 써서 양심선언문과 함께 밖으로 내보낸 편지에서 "이 침묵의 세계를 말씀의 폭풍으로 뒤흔들어주십시오. 사제단만이 구원의 불빛입니다. (…) 이 주림과 슬픔뿐인 세상에 정의가 강물처럼 흘러넘치게 해주십시오" 하고 호소할 만큼 위력적이었습니다. 1975년 1월 4일, 동아일보에 사제단이 전면에 걸친 격려광고를 냈는데, 그 제목이 '암흑 속의 횃불'이었어요. 그 제목처럼 당시 사제단의 활동은 과연 암흑 속의 횃불이었습니다. 저와 사제단의 끈질긴 인연은 1974년에서부터 시작해 2007년 김용철 변호사의 삼성 비자금 폭로 사건으로까지 이어져왔습니다. 사제단과 함께했던 시간이 숨 막힐 만큼 긴장되기도 했지만, 마침내 함께 이뤄냈을 때의 그 쾌감과 성취감을 잊을 수가 없습니다. 저는 항상 보호받는 입장이었지만 사제들과 함께했던 시간은 그래도 행복했습니다.

1970년대 사제단을 비롯한 천주교회의 인권운동, 민주회복 투쟁을 정리한 책이 『한국가톨릭인권운동사』(한용희 편저, 명동천주교회 1984)이고, 사제단의 신부들이 자신들의 활동을 종합하고 평가한 책이 『한국천주교회의 위상』(천주교정의구현전국사제단 엮음, 분도출판사 1985)인데, 뒤의 책을 정리하는 일을 내가 맡아서 했습니다.

천주교의 현실참여가 사제단의 발족으로, 그리고 민주화운동으로까지 이어질 수 있었던 것은 예수를 믿는 사람들이 기꺼이 시대의 십자가를 졌기 때문인 것 같습니다. 그 첫 십자가를 지학순 주교가 지신 셈이고요. 선생님의 얘기 중간에 두려웠다는 말씀을 자주 하셨는데, 이때는 어떠셨습니까?

두려웠죠. 저는 1964년에 인혁당 사건을 겪었잖아요. 그 두려움의 실체를 다른 사람보다 좀 안다고 할 수 있죠. 인혁당 사건이 어떤 거고, 이것이 박정희 정권과 중앙정보부에 얼마큼 아킬레스건인지 알고 있었기 때문에, 사제단이 인혁당을 건드리는 것을 상당히 말리고 싶은 심정이었습니다. 그런데 거꾸로 사제단은 가족들이 울부짖는데 우리마저 모른 척할 수 없다, 발표는 우리가 하겠다 하고 나섰어요. 사제들은 천주님 백이 있어서 그런지 모르지만, 제 입장에서는 제가 깊이 관여한 게 알려지면 나는 어떻게 될까 생각하면 두렵고 떨리기가 한정

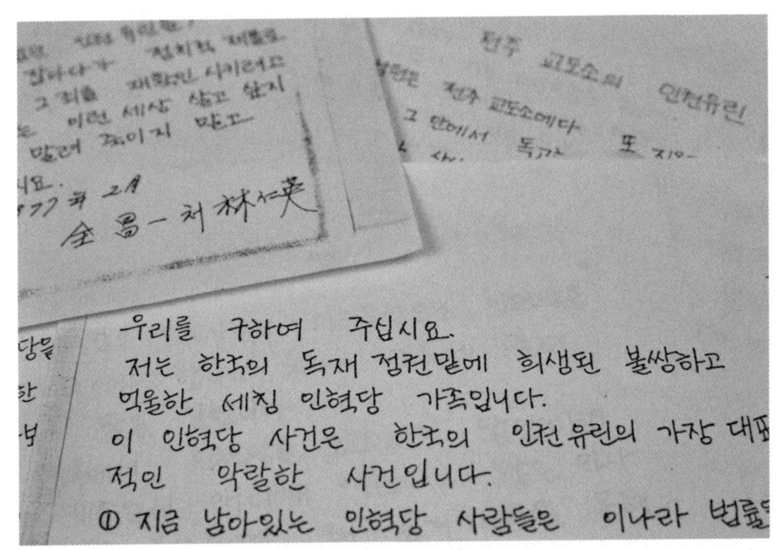

전주 교도소의 인권유린

우리를 구하여 주십시요.
저는 한국의 독재 정권밑에 희생된 불쌍하고
억울한 세칭 인혁당 가족입니다.
이 인혁당 사건은 한국의 인권 유린의 가장 대표
적인 악랄한 사건입니다.
① 지금 남아있는 인혁당 사람들은 이나라 법률

인혁당 재건위 사건(2차 인혁당 사건) 피해자 전창일의 부인 임인영의 호소문. 1977년 여러 성당에서 낭독되었다.

이 없죠. 그 여운이 완전히 가라앉을 때까지, 이제는 벗어난 것 같다는 느낌이 들기 전까지는 아주 불안하고 초조했습니다.

1964년 여름 당시 나는 6·3학생운동 배후 및 불꽃회 사건으로 매일 서울구치소에서 중앙정보부로 끌려가 시달리다 들어오는 것이 일과였어요. 그때 동대문 중앙정보부의 콘크리트 건물에서 조사를 받고 있던 인혁당 혐의 사람들하고 오며가며 만났고, 통방으로 서로의 사연을 나누기도 했습니다. 간접적이긴 하지만 임창순, 강무갑 선생으로부터는 고문을 이겨내는 강인함과 인내를 배웠고, 도예종, 박현채 같은 분들로부터는 이 어려운 시대를 어떻게 살아가야 할까 지혜를 배웠어요.

그렇지만 그때나 그로부터 10년 뒤인 인혁당 재건위 사건은 저에게 피해갈 수만 있다면 피하고 싶은 모통이돌이었어요. 사제단이 주최하는 기도회에서 임인영(전창일 부인), 강순희(우홍선 부인)를 만나면 아는 척하기가 무척 두려웠어요. 그렇지만 문정현 신부가 앞장선 사제단이 1974년 인혁당 구명운동에 나섰고, 그러다보니 구명운동과 관련한 크고 작은 작업에 제가 나서지 않을 수 없었지요. 1975년 2월 24일에 발표한 성명과 인혁당 사건의 진상도 제가 쓰게 됐습니다.

알게 모르게 가족들의 구명운동을 도우면서도, 내가 누구란 것이 밝혀지는 것은 계속 두려웠어요. 더구나 그 가족들과 가까워지는 것이 정보 당국에 알려질까봐 그렇게 두려울 수가 없었습니다. 그래서 그 가족들이 중앙정보부에 끌려가 온갖 협박과 수모를 다 당하고, 마침내는 당사자들이 형장의 이슬로 사라져도 찾아가 조그만 위로 한마디도 건네지 못했어요. 그 가운데서도 제가 제일 잘 아는 이는 김용원 선생입니다. 대학 시절 그렇게 가깝게는 아니지만 더러 만나서 토론도 하고 그랬거든요. 당시에 감옥에 있던 친구이자 인혁당 재건위 사건으로 함께 사형당한 이수병 선생을 면회하러 갔다 와서는 이수병의 근황을 알려주고는 했지요. 그리고 자신이 이수병의 친구라는 것을 무척 자랑스러워했습니다. 물론 두분이 가깝다보니 이념적으로도 통하는 바가 있었을 겁니다. 그렇지만 나는 김용원 선생은 어디까지나 죽마고우 시절부터의 우정이 죽음으로까지 이어졌다고 생각합니다. 둘 다 억울하게 조작된 죄목으로 죽었지만, 김용원 선생이야말로 친구 따라 강남 간 것이 죽음으로 이어진 거지요. 그래서 그의 죽음이 누구보다 더욱 안타까웠습니다. 2012년 김용원 선생 아들 김민환이 돌아가신 아버지를 이장하면서 비문을 써달라고 왔더라고요. 내가 적임은 아니라고 생각했지만, 그의 비문을 썼습니다. 글씨는 청민(淸民) 오병철 선생이 썼는데, 그 비문은 이렇습니다. "암장(岩漿)으로 살다가 활화산의 뜨거운 분출을 미룬 채 갔으니 분하다. 그러나 그는 조국 산하에 의로움으로 남아 그의 사랑은 사람마다의 가슴속에 꽃으로 피어날 것이요 그의 생각과 열정은 겨레의 숨결로 살아날 것이다."

그럼 1987년에 박종철 고문치사의 내력을 폭로할 때도 두려움이 여전합니까, 두려움에도 불구하고 결행하시는 겁니까?

박종철 사건 때는 만성이 돼 있었을 뿐 아니라 저와 사제단의 인연도 이미 10년이 훨씬 지나서 서로 간에 신뢰가 깊어졌어요. 제가 함세웅 신부에게 박종철 사건이 조작되었다는 사실을 사제단에게 알려준 사람이 수배 중인 김정남이라고 공개해도 좋다고 말하기까지 했어요. 당시는 물론 신뢰감과도 관계가 있지만 이것만은 반드시 공개해주셔야 한다는 내 나름의 간곡한 바람과 신념을 담아서 전한 것입니다.

그때는 사제단이 든든하게 대외적인 책임을 받쳐주니 선생님께서는 보이지 않는 역할을 하면 됐던 것이고, 최종길 교수 사건이나 인혁당 사건 때는 누가 만들고 정리했느냐 하는 사실관계로 목숨이 위험할 수도 있는 있는 상황이었던 거네요.

2부

1970년대

우리 시대의 의협 박윤배

이제 유신 전후 김정남의 시대에 관한 이야기를 듣고 싶습니다. 무슨 이야기부터 풀어가면 좋을까요?

제가 대담을 시작하면서 알려지지 않았던 사람들에 대한 이야기를 많이 하고 싶다고 했었는데, 인물로 시작하면 어떨까 합니다. 가장 먼저 소개하고 싶은 분이 박윤배입니다. 사마천의 『사기』 열전에 「유협열전」이 있는데, 내가 만난 범위에서 의협(義俠)이라고 할 만한 사람 하면 떠오르는 인물이 박윤배입니다. 1960년대 말에서 1970년대 초에 창비가 어려울 때 박윤배의 도움을 많이 받았죠. 그렇지만 그가 생색을 내는 사람이 아니어서 많은 사람들이 그 내용을 잘 모릅니다.

박윤배는 백낙청, 임재경, 채현국하고 아마 대구에 있던 서울 피란 대구연합중학교에서 만났다 그래요. 대구에 서울 피난민 학생들이 다니던 초등학교(서울 피란 대구성남국민학교)와 중학교(서울 피란 대구연합중학교)가 있었습니다. 그때 맺은 우정이 계속되어서 그분들의 이후 활동에도 많은 영향을 주지 않았나 생각해요.

박윤배의 활동은 대체적으로 개인적인 의협심의 발로라고 할 수 있습니다. 가령 신동아 필화사건으로 천관우, 홍승면, 손세일 등이 연행되었을 때 박윤배가 이종찬에게 연락을 해요. 이종찬은 박윤배와 경기고 동기인데 당시 중앙정보부에 근무하고 있었어요. 박윤배가 이종찬한테 '제발 부탁이다, 사람 때리지 마라, 고문 같은 거 못하게 해라, 또 정치문제화 안 되고 어떻게 나오게 할 수 없냐' 하면서 중간에서 애를 많이 썼어요. 결국 신동아 필화사건은 아무도 구속된 사람 없이 관련자들 사표 받는 걸로 마무리됐죠. 그런 호협적 방식의 역할을 상당히 많이 했어요.

박윤배의 집이 원래 엄청 가난했답니다. 채현국이 박윤배에게 자기네 강원도 흥국탄광에 와서 일해보지 않겠느냐고 제안을 해요. 흥국탄광을 세운 사람이 채현국 아버지인 채기엽인데 1970년대 초반에 채기엽이 우리나라에서 종합소득세를 제일 많이 내던 분이었어요.

채현국이 흥국탄광에 와서 일하라고 했을 때 박윤배의 첫 질문이 거기 가면 밥은 실컷 먹을 수 있느냐는 거였대요. 그래, 밥은 실컷 먹게 해주마 해서 거기에 갔다는 거죠. 그 이후에 박윤배가 다른 사람들을 탄광에 끌어들여요. 많은 사람들이 흥국탄광에 가서 숨어 있거나, 또는 거기서 혁명과업을 수행하기 위한 단련을 하겠다, 탄광 노동자들에게 의식화교육을 하겠다 하면서 찾아왔지요. 1970년대에 흥국탄광은 민주화운동권들의 숨은 기지 같은 느낌이었어요. 그때 왜 좀 다소 들뜬 분위기 같은 게 있었잖아요. 여대생들도 흥국탄광에 가서 검정치마에 흰저고리 입고 흥국탄광 직원들의 부인들에게 교육을 시키겠다고 오고 그랬대요.

손정박 등 남조선해방전략당 사건에 연루됐던 친구들도 위험할 때는 홍국탄광으로 도피를 하고, 그렇지 않을 때는 거기서 탄광 노동자들하고 같이 노동자 의식화교육을 하기도 했지요.

당시는 탄광업이 호황이었고, 홍국탄광의 탄질이 우리나라에서 제일 좋았어요. 홍국탄광 탄을 가지고 나가면 연탄업자들이 서로 자기한테 달라고 그랬던 시절이에요. 박윤배가 홍국탄광 탄을 한 트럭 싣고 원주에 나와서 연탄공장에 넘기고, 상당한 돈이 생기면 김지하 아버지 불러내서 저녁 사드리고 남은 돈은 쓰시라고 다 주고 자기는 표표히 홍국탄광으로 들어갔답니다.

김지하도 홍국탄광에 드나들었어요. 여기에도 일화가 하나 있는데 김지하가 홍국탄광의 노동의식이 이런 정도냐, 이렇게 좀 힐난하는 소리를 했나봐요. 김지하 책에도 나오던데(『흰 그늘의 길』, 전3권, 학고재 2003) 그 말한 것 때문에 박윤배한테 얼굴의 생김새가 달라질 정도로 상당히 두들겨 맞았다고 해요.

김지하가 박윤배한테 맞았다고요?

아주 대단히 맞았어요. 경기고는 원래 깡패 집단 같은 건 없는데, 박윤배는 경기고 최고의 '가다'(어깨)였대요. 박윤배가 고등학생 때 김우중이랑 같이 가출을 해서 돌아다니기도 했다고 그래요. 그래서 김우중하고도 친했죠.

김우중이 대우그룹 회장일 때 박윤배가 돈이 좀 필요하다면서 김우중한테 연락을 하면 김우중이 비서실에다 박윤배가 나 찾거든 없다고 그래라 하고 일러둬요. 그럼 박윤배는 '그래? 알았어. 그럼 내가 기다리지' 하고는 김우중 사무실 앞에서 하루 종일 버티고 있는 거예요. 사무실 안에 있는 걸 아니까. 그러다 결국에는 '그래 나 여기 있다, 왜 왔냐' 그러면 '돈 좀 내놔라' 하면서 돈을 뜯어갔다고 해요.

박윤배는 김우중한테 돈을 요구할 때도 구차하지 않았어요. 당당하게 내라고 했죠. 이종찬한테 무슨 일을 부탁할 때도 구차하게 도와달라는 게 아니라 '너 그렇게 안 하면 죽어' 이런 식이었어요. 그러니까 친구들 사이에서 신뢰도 있고 듬직하기도 하고 그런 사람이었어요.

그때는 동력자원부라고 해서 동력, 지하자원, 전기, 연료 등에 관한 사무를 맡던 부서가 따로 있었습니다. 1993년에 상공부와 통합됐지요. 아무튼 당시 동력자원부 장관이 최동규였는데 박윤배와는 경기고 동문이에요. 탄광과 관련된 일은 그 사람에게 부탁해서 해결하곤 했다고 들었습니다. 나는 박윤배한테 신세를 굉장히 많이 졌습니다.

그 신세 진 이야기들 다 말씀하시죠.

박윤배를 어떤 경위로 알게 되었는지는 정확하게 기억나지 않아요. 어쨌든 박윤배도 나를 알고 있었고 나도 박윤배를 알고 있었죠. 박윤배와 최초로 일을 같이 도모한 게 내 기억으로는 민청학련 사건으로 김지하가 잡혀 들어간 때였을 거예요.

나는 변호사 선임은 생각도 못하고 있었는데, 박윤배가 강신옥을 변호사로 선임하자고 해서 강신옥 변호사가 김지하 변호인 선임계를 내고 변론을 했죠. 그래서 민청학련 결심공판이 있던 7월 9일에 그 유명한, 법정모독 사건으로 알려진 강신옥의 변론이 있었고, 강신옥 변호사도 구속이 됐습니다.

1974년 10월 24일 동아일보에서 이른바 자유언론실천선언이 있었어요. 긴급조치까지 발동된 상태에서 언론자유수호를 문서로 선언하는 정도가 아니라 구체적인 실천을 하겠다는 거지요. 중앙정보부 요원이나 형사들의 편집국 출입을 단호히 제지, 거부한다든지, 또 언론인 중 누가 중앙정보부에 연행이 되면 전 편집부 직원과 기자들이 그가 나올 때까지 퇴근을 하지 않기로 한다든지, 그런 '실천' 선언이에요.

자유언론실천선언을 주도한 사람이 이계익이라고 나중에 김영삼 정부 때 교통부장관을 한 사람인데 서울대 문리대 철학과를 나왔어요. 이계익이 박윤배에게 내가 동아일보에서 이 작업을 하려면 돈이 필요하다고 요청을 해서 10·24선언은 순전히 박윤배가 개인적으로 재정적 밑받침을 다 했습니다. 그게 동아일보 기자들이 해직되는 단초가 되었어요. 그 선언 이후에 제일 격렬하게 참여한 기자들이 하나둘씩 쫓겨나기 시작한 거죠.

하여튼 그렇게 죽는 날까지 박윤배는 옳은 일을 위해서 상당히 애를 썼던 사람이에요. 나는 그래서 우리 시대의 진짜 의협이라고 생각합니다. 어떨 때는 하나 더 붙여서 대협이라고도 하고요. 임재경도 돈이 필요하면 박윤배한테 가서 돈 좀 만들어달라고 부탁하기도 했고. 우리 주변에서 아무 반대급부도 기대하지 않고 힘껏 우리를 도왔던 사람이에요. 돈이 있건 없건 간에, 남의 것 뺏어서라도 우리 쪽에 필요한 돈을 우선 만들어줬지요.

1980년에는 김태홍이 기자협회 회장에 선출되었어요. 그런데 그해에 신군부가 들어오면서 수배가 된 거예요. 김태홍이 사람은 굉장히 좋은데 좀 나대고 요란하다고 할까. 도망을 다니는 걸 '잠수함을 탄다'

고 합니다. 그만큼 조용조용하게 밑으로 기어다녀야 하는 거죠. 그런데 이 친구는 어제 저녁에 어디 신문사 누구 기자랑 만났다 그러면 그 사실이 내일이면 바로 정보기관에 알려져 그 신문사 기자가 불려가서 두들겨 맞고 이런 일이 반복됐어요.

김태홍으로서도 도피생활이 힘들고 한계에 도달하자 저한테 찾아왔어요. 저더러 자기가 광주일고 출신이니까 광주에 가면 갈 데가 많대요. 광주까지만 자기를 좀 안전하게 운반해달라고 하더라고요. 박윤배랑 상의를 했더니 박윤배가 자기 동생을 불러서 동생 주민등록증을 뺏어가지고 동생 사진을 뜯고 김태홍 사진을 붙이는 거예요. 그리고 자가용 하나를 구해서 김태홍을 광주까지 태워다줬습니다. 그래서 김태홍이 강진에 있는 자기 친구의 농장에 숨어들었어요.

그러나 그것이 곧 잡히는 길이었죠. 수사기관은 누구누구가 친구다, 누구랑 가까웠다, 이런 정보를 기반으로 거기부터 뒤지게 마련이거든요. 그래서 김태홍이 일주일 만에 잡혔어요. 김태홍이 잡혀가지고 취조를 받는데 도피한 전 과정을 전부 불지 않을 수 없게 된 거야. 김정남을 통해가지고 박윤배라는 사람을 만났더니 동생 주민등록증의 사진을 어쩌구 저쩌구. 안 불 수가 없었을 겁니다. 왜냐면 남영동에 끌려가서 이근안한테 고문을 당했는데 칠성판에까지 올라갔대요. 김태홍이 기자협회 회장이니까 상당히 거물이지. 김태홍의 자백 때문에 박윤배까지 잡혀 들어가요.

박윤배는 덩치가 굉장히 커요. 그러니까 그 고문경찰 이근안이 순전히 남자 대 남자로 승부욕 같은 게 발동했나봐요. 박윤배가 '야, 좀 신사적으로 하자' 이러니까 남영동 사람들이 의도적으로 박윤배를 묶어놓고, 팔과 다리를 늘어뜨리는 등 하여튼 마음껏 고문을 가한 거지. 어처구니없이. 박윤배가 1988년에 돌아가셨는데 아마 고문후유증이 상당히 있었지 않았을까 하는 생각이 들어요. 그분이 이 세상을 일찍 떠나간 게 마치 내 잘못이 아니었나 하는 회한과 죄송스러움이 지금도 내게 남아 있습니다.

나는 박윤배한테 매번 받기만 했는데 딱 한번 준 적이 있어요. 민주회복국민회의를 할 때 하루는 김대중 선생을 만나러 동교동에 갔습니다. 이희호 여사는 김대중을 꼭 선생님이라고 불렀는데, 나한테 선생님이 주시는 거다 이러면서 봉투를 하나 줬어요. 한 3만원쯤 들어 있었습니다. 그날 박윤배를 만났는데, 그에게 봉투 얘기를 했더니 자기를 달라 그러더라고. 그래서 내가 줬지. 그때 돈 3만원을 준 게 내가 생전에 박윤배에게 준 유일한 돈이었어요.

박윤배하고 선생님은 서로 되게 좋아했던 모양이죠. 선생님 쓰신 여러 글에서도 박윤배에 대한 이야기가 자주 나옵니다. 그런데 대부분 박윤배가 이러이러한 활동을 했다는 내용뿐인데 개인적으로 특별히 가깝기도 했습니까?

좋아하고, 신뢰가 있었죠. 그분은 리영희 선생이 감옥에 갔다, 고생을 많이 한다 이러면, 자기가 있는 대로 리영희 선생 집에 생활비를 보냈어요.

박윤배와 방배추 사이에 얽힌 일화가 하나 생각이 나네요. 방배추는 우리나라 3대 구라 중에 한명이라고 알려져 있을 만큼 언변이 상당히 좋은 사람입니다. 유홍준이 문화재청장 할 때 방배추를 경복궁 관람질서 지도위원으로 불러서 거기서 근무하기도 했어요.

리영희 선생이 감옥에 있을 때 어머니가 돌아가셨는데, 리선생은 외아들이었지만 귀휴를 보내 장례를 치르게 하는 것은 꿈도 꿀 수 없는 때였어요. 그래서 리영희 선생 어머니의 상여가 교도소 앞을 지나갔습니다. 그때 나는 리영희 선생 어머니 장례 치르는 내내 거기 가 있었죠. 리영희 선생 어머니 장례식장에서 박윤배하고 방배추가 처음 만났는데 둘이 으르렁거리는 거예요.

세련된 육체미는 방배추가 나은데, 몸집이나 주먹으로는 박윤배도 만만치 않았어요. 그 둘이 옥신각신하다가 붙은 거야. "야, 너 진짜 한번 해볼래" 이러고. 웃통 벗고, 배에 임금 왕(王) 자 탁 보이고, "한판 뜰래?" 이러고. 내가 방배추 만나면 박윤배 얘기를 하고, 박윤배 만나면 방배추 얘기를 하니까, 둘은 서로에 대한 얘기만 많이 들었지. 그날 처음 만난 거거든요. 그런데 처음 만나자마자 얼마나 으르렁거리는지, 사자가 으르렁거리는 것 같았다니까. 아주.

아니, 그냥 장례식장에서 처음 만났는데 왜 으르렁거려요?

장례식장에서 앉아가지고 술을 먹다보니까, 내가 누구를 한방에 날렸다는 둥 서로 자랑하다가 거기까지 간 거죠.

서로 한번 재봐야 된다 이거군요. 재본 결과 어찌 됐습니까?

아니 안 됐지, 못 됐지. 둘이 붙으면 둘 중에 하나는 어떻게 되는 건데. 그리고 장례식장에서 그런 일이 나면 안 되지, 나는 조마조마하기도 하고 필사적으로 막는 시늉을 했지요. 그보다는 두분이 겉으로만

으르렁댔을 뿐, 실제로는 판을 벌일 생각이야 했겠어요?

박윤배하고는 가끔씩 봤습니까? 앞서 박윤배가 김우중한테 돈을 받아서 줬다는 이야기도 하셨는데, 이런 이야기들은 어떻게 해서 알게 된 겁니까?

박윤배가 어떤 때는 무용담처럼 얘기하기도 하고 리영희 선생 생활비 이야기는 리영희 선생한테 직접 들었죠.

나는 우리 시대에 박윤배처럼 그렇게 당당하게 살다간 사람은 많지 않았다고 생각해요. 그렇게 많은 사람들을 도우면서 한번도 생색을 내지 않았어요. 박윤배 밑에서 노무과장, 부소장을 하면서 박윤배의 그런 모습을 배운 사람이 이선휘입니다. 이선휘는 박윤배가 광업소장을 할 때 부소장을 하면서 당시에 박윤배와 함께 진폐증, 규폐증으로 퇴사한 탄광 노동자들을 돌봐줬어요. 경기도 연천에 농장을 하나 마련해서 거기서 농사도 짓게 하고 규폐 치료도 받게 하고. 노동자들의 복지에 상당히 신경을 쓴 거지요.

이선휘는 1984년에 우리나라 최초로 지하철 역사에 설치하는 화장지 자판기 사업을 했어요. 나중에는 거기 넣는 휴지공장을 만든다, 확장한다 이러다가 잘 안 되고. 또 그게 공개입찰로 바뀌면서 자꾸 불리해져서 결국은 그만뒀는데, 아무튼 그때는 장사가 꽤 잘됐지요. 이선휘도 박윤배한테 배워가지고 그때 번 돈으로 이부영, 이재오 이런 사람들의 재야 민주화투쟁을 지원해주었습니다.

내가 1987년에 도망다닐 때 이부영이 나한테 왔다가 잡혀 들어가면서 나도 수배가 됩니다. 추측하건대 그날도 이부영이 이선휘를 만나서 돈을 받아가지고 오다가 우리 집을 들른 거예요. 이부영 몸을 다 뒤졌는데 돈이 나오니까 이거 어디서 났냐, 김정남하고 만났다더니 김정남한테 받았구나, 이래서 내가 편의제공 및 도피방조 혐의로 수배가 된 거죠. 1986년 말에.

아무튼 1970, 80년대에 걸쳐 이선휘, 박윤배, 채현국 등이 그런 식의 의로운 일을 상당히 많이 했습니다. 김지하, 장기표, 이부영 이런 사람들은 이들의 도움과 혜택을 많이 받았죠. 장기표가 갈 데가 없다고 해서 박윤배한테 얘기했더니 '그래, 데리고 나와라' 하더라고요. 박윤배가 장기표를 채현국한테 데려가서 '여기 좀 있게 해라' 이래가지고 장기표가 채현국 집에 몇달, 아니 한 1년쯤 있었을 겁니다. 박윤배는 나한테 항상 정신적으로나 여러가지 면에서 큰 배경이었죠. 우리의 민주화는 박윤배, 이선휘 등 남몰래 뒷배를 봐준 이런 사람들에게 큰 빚을 졌습니다. 그러나 한번도 감사하다는 뜻을 전하지 못했습니다.

하나 독특한 게 이종찬은 중앙정보부 안에 있잖아요? 중앙정보부의 중간 간부일 텐데, 김지하 회고 같은 데 보면 서로 아주 친했고, 피신하라고 시그널을 주기도 하고. 조영래 쪽도 서로 잘 도와준 것 같고. 심지어 김지하는 육사 내에서 반군정 쿠데타를 일으킬 수 있다, 그 주역이 이종찬이다, 이런 이야기를 후일담으로 하고. 이종찬은 그건 아니다, 조금 도와주고 이랬을 뿐이라고 이야기하는데, 1970년대에 선생님이 아는 범위 내에서 이종찬의 활동과 연대는 어떻게 되는 겁니까?

이종찬이 중앙정보부 안에서 급수는 그렇게 높지 않지만 유능하니까, 아마 유효하게 도움이 되는 일을 상당히 많이 할 수 있었던가봐요.

예를 들면 부장한테 그거 구속까지 할 거 없지 않느냐고 조언을 한다든지, 그런 식으로 요령껏 도움을 준 일이 많은 건 맞아요.

김지하한테 피신하라고 한 것도 마찬가지고요. 아마 더러 정보를 준 일도 있을 거예요. 우리가 이종찬하고 연결된 채널은 박윤배였죠. 다른 사람은 얘기하기가 어렵죠.

그 인격과 뭔가를 통해서 박윤배만이 할 수 있는 네트워킹이 있는 거고. 다른 사람은 돈 좀 달라 이런 걸 말하기가 굉장히 어려운데 박윤배만이 '야, 내라'라고 떳떳하고 당당하게 요구하는 거죠. 박윤배와 선생님하고의 개인적인 관계는 김지하 구속 전후였나요? 그 이전에는 전혀 몰랐던 사이입니까?

재야운동의 불씨를 살린 민주회복국민회의

그게 김지하 때문에 안 건 아닐 거예요. 창비 때문에 알게 된 것 같아요. 나는 그때 이호철, 박태순 같은 소설가들하고 많이 놀았는데, 이호철은 불광동에 나랑 가까운 데 살았어요. 그리고 이호철이 왜 그런지 나를 좋아해서 산에도 꼭 같이 가려고 하고. 이호철이 쓴 『소시민』(삼중당 1972)이라는 작품이 리얼리즘 작품이다, 이래서 창비 쪽이 이호철을 상당히 두둔하고 밑받침하고 그랬어요. 그 연장선 위에서 이호철이 민주화운동의 문학 쪽 대표 비슷하게 추대가 된 거죠. 이호철은 실제로는 겁도 굉장히 많고, 착한 사람이에요. 그러니까 자기는 사실 안 하고 싶은데 자꾸 추대돼서 그 힘겨운 일을 떠맡은 거죠.

이호철은 천관우 선생하고 앞뒤 집, 그러니까 지호지간(指呼之間)이에요. 바로 붙어 있지는 않지만 큰 소리로 '어이, 이선생' 하면 들릴 정도로 가까운 곳에 살았죠. 천관우 선생이 1970년대 초 민주수호국민협의회의 중심인물이었어요. 1969년에 삼선개헌이 되고 나니까 재야 쪽에서 이대로 있을 수는 없다면서 김재준, 함석헌, 이병린, 천관우 이런 분들을 위시한 지식인들이 꽤 많이 민주수호운동에 참여했습니다. 의사 김숭경이라든지 철학자 하기락, 홍남순 변호사 이런 분들이 자발적으로 참여해서 민주수호국민협의회를 발족했습니다.

또 그 흐름을 타고 1971년 민주수호청년협의회라는 조직이 만들어져서 이 조직을 기초로 전국에서 학생들을 모집해가지고 전국에 부정선거 감시 참관인단을 구성을 했습니다. 그해에 4월 27일이 대통령 선거고 5월 25일이 국회의원 선거였어요. 4월 27일 대통령 선거에 참관인단을 파견했는데 그때 우리는 야당 측이 선거는 이길 수 있지만 투표에서 이길 수는 없다고 생각했어요. 무슨 말이냐 하면 선거에 부정이 너무 많아서 일일이 다 잡을 수가 없을 거라는 판단이었지요. 어떤 부정이 발각돼서 실랑이하는 사이에 다른 부정이 이루어지는 상황이었습니다.

그래서 민주수호국민협의회 쪽은 5월 국회의원 선거를 거부하자는 의견이 강했습니다. 야당인 신민당도 대통령 선거까지는 전력투구로 부정선거 감시나 '김대중 지지 박정희 반대'를 재야세력들과 함께했는데, 5·25국회의원 선거를 두고는 재야 쪽과 신민당 쪽이 갈렸어요. 재야 쪽 그러니까 민주수호국민협의회 쪽은 보이콧을 해야 된다는 입장이었고, 신민당은 선거에 참여하겠다는 입장이었지요. 5·25국회의원 선거에 신민당에서 89명이 당선됐습니다. 이때 이택돈, 이택희, 한병채, 신상우 이런 꽤 쟁쟁한 사람들이 다 당선이 됐어요.

5·25국회의원 선거로 위기를 느낀 박정희 정권은 민주수호운동을 더 심하게 탄압했고, 그러다보니 나중에는 이병린, 천관우 둘이 운영하는 체제 비슷하게 되어버렸어요. 이 두 사람한테 정보과 형사들이

붙어서 맨투맨으로 막으니까 활동이 어려웠죠. 천관우 선생이 거의 혼자서 철필로 원지를 긁어서 글을 쓰고 자기 집에서 인쇄, 등사를 해가지고 성명을 발표했어요.

이호철이 가까이 있으니까 천관우 선생한테 제일 많이 불려갔죠. 이호철은 불안하긴 했지만 천관우 선생 비서처럼 민주수호국민협의회 활동을 열심히 했어요. 나는 이호철을 통해서 지금 민주수호국민협의회가 어떻게 진행되고 있는지, 누구누구와 뭘 하는지를 대개는 알고 있었지요. 어떤 건 저한테 상의하기도 했고요. 김지하가 원주에 있던 장일순, 지학순 주교를 민주수호국민협의회에 끌어들이고 동시에 이병린 선생이 하던 국제앰네스티 한국지부에 이 사람들을 가입시켰어요. 처음에는 활동을 꽤 했는데, 날이 갈수록 탄압이 심하니까 나중에는 좁혀져서 천관우, 이병린 둘이 떠맡게 된 거죠.

이병린 선생도 중앙정보부 사람이 변호사 사무실에 와서 막으면 사람도 만날 수가 없었고, 천관우 선생 혼자 성명서를 발표하는 등 아주 외로운 싸움을 했지요. 박정희가 민주헌정질서를 파괴하고 1972년 유신정변을 일으켰을 때, 민주수호국민협의회는 위축될 대로 위축된 상황이었어요. 그래서 민주수호국민협의회 이름으로 반대성명을 내지 못하고 1973년 11월에 민주수호국민협의회 대신 김지하, 이호철, 천관우, 이병린 하는 식으로, 개인 연명으로 성명 발표를 합니다.

민주수호국민협의회 초기 활동은 상당히 대차고 활발했습니다. 비슷한 시기에 장준하가 비상시국 국민토론회를 하는데 김수환 추기경, 천관우 이런 사람들이 마지막 안간힘을 다하지요. 그게 백기완, 장준하가 주축이 된 1974년 개헌청원 백만인 서명운동으로 발전을 해요. 그렇게 하다가 워낙 탄압이 심하니까 1974년 8월에 천관우 선생이 마지막 자폭적인 민주수호국민협의회 성명을 발표해요. 성명문이 남아 있지 않아 나도 잘은 모르겠는데, 하여튼 그만큼 재야 민주화운동이 굉장히 어려웠어요.

그 꺼져가던 재야운동을 다시 이으려고 했던 게 민주회복국민선언이었지요?

네. 그렇습니다. 제가 재야운동 재건을 준비하면서 만났던 사람이 김정례와 김철이었습니다. 김정례는 김지하 어머니를 통해서 알게 되었고요.

김정례는 한국여성유권자연맹 위원장을 했는데 상당히 여장부예요. 김정례는 구속자 가족들을 돕는 일에도 열심이었습니다. 구속자가족협의회에서 활동했던 김지하 어머니가 그 인연으로 나에게 김정례를 한번 만나보라고 했던 거죠. 김정례는 전남 담양 출신인데 평양에 있는 방직공장에서 직공을 했어요. 해방 후에는 국민학교 교원 자격시험에 합격도 했다고 하고요. 교사 노릇을 좀 했는지는 모르겠는데, 이후 이범석이 이끌던 조선민족청년단(족청)에 들어갑니다. 아마 상당히 활동적이고 씩씩했던 모양이에요. 이범석이 김정례한테 의당(義堂)이라는 호를 지어줬다고 해요. 그때 족청을 같이 한 사람이 김철이에요.

이렇게 만나게 된 저와 김철, 김정례가 함께 재야 단체 재건을 위한 상의를 시작했습니다. 김철은 사회당을 해서 굉장히 찌들대로 찌든 상태고, 항상 김정길과 강모라고 하는 사회당원 두 사람을 대동하고 다녔어요. 비용이 별로 많이 드는 건 아니었는데 기본적으로 필요한 비용은 김정례가 담당했죠. 나는 천주교, 법조계, 문화계 쪽과 이호철을 통해서 구 민주수호국민협의회 쪽에 관계했던 분들을 맡고, 개신교, 여성 쪽은 김정례가 맡고, 김영삼, 양일동 등 정치권은 김철이 맡아 서명을 받았어요.

서명자는 71명이었는데, 정계 원로로 윤보선, 백낙준, 이인, 김홍일, 유진오, 정일형, 정화암, 독립투사 김재호, 안재환, 유석현, 제헌의원 진헌식, 송진백, 황호현, 학계의 이희승, 정석해, 이동화, 문단의 이헌구, 김정한, 법조계의 이병린, 언론계의 천관우, 리영희, 종교계의 김재준, 함석헌, 윤형중, 야당정치인으로 김영삼, 양일동 등 당시 각계에서 명망을 쌓아온 인물들이 거의 망라된 진용이었습니다. 돌이켜보면 어떻게 일일이 다 발품을 팔아서 그분들의 서명을 받아냈는지 아득할 뿐입니다.

1974년 11월 27일에 민주회복국민선언을 했어요. '민주회복국민회의'라는 이름은 내가 지었는데 지금 생각해보면 왜 그랬는지 모르지만 그때는 자연스럽게 나온 이름이었어요. 당시는 민주화가 아니라 유신이 가로챈 민주주의에 대한 회복을 요구하는 단계라고 판단했습니다. 나중에 전두환 정권이 되니까 민주화라는 말로 바뀌었지요. 그때는 야당에서 정무회의를 해도 민주회복투쟁이라고 했어요. 민주회복이란 말이 아주 일반화되었죠. 민주회복국민선언과 민주회복국민회의의 결성은 그때로서는 획기적이었어요.

고비도 상당히 많았습니다. 명단을 만들고 서명을 받으러 다니던 어느 날, 옛날에 동대문경찰서에서 나를 담당하던 정보과 형사가 남산 3호 터널 근처에 있던 치안본부로 나를 연행한 적이 있었습니다. 제가 그때 명단이 적힌 쪽지를 가지고 있었거든요. 너무 놀라고 당황했지요. 볼일 급하다고 연기를 해서 화장실 가서 그걸 전부 찢어서 변기에

버리고 다행히 민주회복국민선언을 할 때까지는 전혀 다른 위해를 받지는 않았어요. 그렇게 해서 1974년 12월 25일에 창립총회를 열어 민주회복국민회의의 규약을 채택하고 정식으로 발족을 했습니다. 발족도 쉬웠던 건 아니었어요. 탄압이 워낙 심하니까 겁이 나서 서로 대표위원을 안 하려고 하지요. 그때 생겨난 편법이 대표위원을 여러 사람 만들어놓고 그중에 한 사람을 상임대표위원이라고 이름을 붙이되, 두 달에 한번씩 상임대표위원을 교체하는 거예요.

첫 상임대표위원이 윤형중 신부였는데 당시 윤형중 신부는 대외적인 활동이 불가능했어요. 몸이 안 좋아서 병석에 계셨거든요. 명동성당 주교관 숙소에 누워만 계셨죠. 천주교 대표인 윤형중 신부로 상임대표위원을 삼자고 누가 발의를 하니까 '옳소' 이래가지고 윤형중 신부가 맡게 됐어요. 그리고 사무국장은 홍성우 변호사, 대변인은 함세웅 신부가 맡았죠.

윤형중 신부가 상임대표위원이 되면 모든 발표나 책임도 천주교 쪽에서 하게 되니 그쪽에서 대변인을 맡아야 된다고 해서 함세웅 신부가 맡게 됐습니다. 윤형중 신부가 활동이 어려우니 결과적으로 함세웅 신부가 중심이 될 수밖에 없었어요. 함세웅 신부는 그때만 해도 이런 재야 민주화투쟁에 익숙지 않았기 때문에 제가 뒤에서 이것저것 챙기고 도와드려야 했습니다.

당시에도 아주 긴박했군요. 여러가지 상황들이 속출했고요. 성명서 하나 발표하는 것도 쉬운 일은 아니었겠습니다.

민주회복국민선언에 참여한 백낙청, 김병걸 교수 등은 이 일로 학교에서 해직됐습니다. 민주회복국민회의에서 이건 정치탄압이라고 성명을 내기로 했지요. 그럼 제가 성명을 씁니다. 그다음 가톨릭 원주교구에서 올라온 임카타리나 수녀가 독수리 타법으로 타자를 쳐서 함세웅 신부가 있는 응암동성당에 가지고 갑니다. 그다음 함세웅 신부가 성명을 검토하고 어떤 경우는 기자회견을 하고 어떤 경우는 신민당사 게시판에 붙입니다. 신민당사에 붙일 성명서는 함신부가 직접 성당에서 등사를 해가지고 새벽에 안국동에 있는 신민당사에 가는 거지요. 성명서 하나 내는데 나나 임카타리나는 밤을 꼬박 새우고, 함세웅 신부는 새벽부터 움직여야 해요. 그때는 모든 연락이 조심스러웠죠.

위험한 일의 경우에는 전화하면 안 되니까 사람이 직접 운반을 했어요. 상도동이나 동교동에 가서 김영삼이나 김대중을 만날 때는 굉장히 두려웠죠. 들어갈 때는 그냥 지나가는 척하다가 갑자기 집으로 뛰어들어가는 식으로 하는데, 나올 때가 그리 겁이 나는 거예요. 민주회복국민회의에서 사실상 내가 심부름을 다 해야 하는데, 만약 내가 무슨 일이 생겨서 잡히기라도 하면 민주회복국민회의 기능이 정지되는 거잖아요.

대표위원한테 가서 양해를 구하는 일이나 이런 성명을 내겠다든지 하는 바깥소식을 운반하는 일을 김한림 선생, 김지하 어머니가 만이 해주셨고, 개신교 쪽은 박형규 목사 부인 등을 통해서 대표위원들께 연락을 했습니다. 어떤 경우는 내가 직접 가기도 하고요. 그런 과정에서 어떤 때는 대표위원들을 일일이 찾아다니면서 양해를 구할 때도 있지만 급할 때는 그냥 진행할 때도 있다보니 가끔은 좀 독단 비슷하게 할 수밖에 없었죠. 그런데 천관우 선생은 그걸 굉장히 섭섭하게 생각했는가봐요.

이호철이 그러는데 언젠가 한번은 밤중에 천관우 선생이 소리 소리를 지르더라는 거예요. “김정남이 나와! 김정남이 나와!” 하고. 처음에는 왜 그러시는지 몰랐죠. 이호철이 저에게 천관우 선생이 상당히 섭섭해하신 것 같다는 말을 전해 듣고서야 알게 됐어요.

그래서 제가 그해 추석에 명절 쇠러 고향에 갔다 오는 길에 천관우 선생 집에 들렀어요. 천관우 선생이 좀 뭐라 그럴까 성격이 괄괄한 것처럼 보이지만 정작 만나면 여린 부분이 있어요. 제 앞에서는 아무 얘기를 안 꺼내시더라고요. ‘어이 김선생 왔어요, 술이나 한잔하자’ 하시고는 별말 없으세요. 그렇게 천관우 선생하고 애증이라고 할까요, 서로 갈등도 있었지만 제가 존경하는 분이셨지요.

천관우 선생은 1970년대에는 민주회복 진영의 대표주자였는데, 1980년 전두환 정권 때 잠시 실족한 것으로 뒤끝이 찜찜하게 된 것 같습니다.

1980년 전두환 군부가 들어서면서 그분이 1981년에 민족통일중앙협의회 의장을 맡아요. 전두환 군부에 합류를 하니까 사람들이 천관우 선생 집에 가지를 않았죠. 그전까지는 동아투위 기자들이 천관우 선생 집에서 항의농성을 한 적도 있거든요. 또 천관우 선생이 글씨도 잘 씁니다. 연말연시에 붓글씨를 써서 연하장을 보내면 받는 사람이 상당히 용기를 얻곤 했지요. 장준하 1주기 행사 때를 비롯해 천관우 선생의 글씨가 민주진영에서 상당한 인기를 끌기도 했습니다. 그런데 1980년에 그런 선택을 한 이후로 사람들이 전혀 찾아가지 않고, 동아투위도 발길을 딱 끊었죠. 돌아가신 뒤에도 장례식에 아무도 안 갔어요.

천관우 선생이 역사학자로서 쓴 논문이나 글도 꽤 많이 있고, 또 여기저기에 쓴 원고도 산더미같이 쌓여 있는데, 그걸 찾아가 정리해주는 사람이 없는 거예요. 자료 하나도 제대로 정리가 안 되고 그냥 상자 속에 넣어진 채로 있는 거죠. 일부 언론 관계 자료는 동아일보 나온 친구들이 나서서 조금 수습되기도 했지만 아직까지는 제대로 정리된 게 없는데 그게 지금까지도 가슴이 아파요. 2004년 한국일보에 천관우 선생 부인이 충주에 있는 임대아파트에서 기초생활보호대상자로 사신다는 기사가 났어요. 내가 나중에 확인해보니까 여러가지로 그게 맞더라고요.

마음 한편으로는 선생님이 며칠을 못 참으셔가지고 그러셨나, 그게 원망스럽기도 합니다. 천관우 선생 당신이 조금만 견뎌줬으면 되는데… 그때 들리는 말로는 워낙 가난했다고 해요. 천관우 선생이 영등포에 그린벨트로 묶인 땅이 조금 있었는데 그걸 군부정권에서 풀어줬다는 풍문이 있는데, 진위 여부는 모르겠어요. 친척 중에 천관우 선생 집을 담보로 돈을 빌려 사업을 해가지고 천관우 선생이 생계가 어려웠다는 말이 나돌기도 했어요. 그렇지만 천관우 선생 같은 분이 단지 생계 때문에 변절하지는 않았다고 믿고 싶습니다. 어쩌면 전두환 정권의 통일 논의에 관심을 가지셨을 수도 있지요.

민주회복국민회의에는 명망가 외에 실제 활동 선에서 홍성우 변호사, 함세웅 신부, 김정례 등 새로운 실무 주축이 등장하는 것 같습니다. 이후에도 여러 활동에서 중심이 된 분들이요.

앞서 말한 대로지요. 민주회복국민회의 활동에 있어 함세웅 신부가 고통도 제일 많이 당하고 열심히 했지요. 김병걸, 임재경, 김정례 등 몇분이 운영위원으로서 참여를 했지만 탄압이 굉장히 심했습니다. 사무총장을 맡았던 홍성우 변호사도 중앙정보부에 끌려가서 2박 3일을 있다 나오기도 했고, 김정례도 연행되었다가 장기간 구류 처분을 받기도 하고요.

또 황인철, 한승헌 변호사는 중앙정보부 앞에 있는 세종호텔에 연행돼 강제로 민주회복국민회의 사퇴서를 쓰기도 했습니다. 그렇게 받은 사퇴서를 명동성당의 윤형중 신부 앞으로 보내는 거예요. 본부에서는 물론 안 받은 것으로 하지요. 그런 식의 탄압이 엄청나게 많았습니다. 그렇지만 본부의 허락이 필요한 것도 아니고, 사제단 활동과 맞물려서 신부님들이 지역에서 자발적으로 운동을 벌이면서 전국에 상당히 많은 수의 지부가 생겨났어요. 1, 2년 동안은 꽤 활발했습니다.

민주회복국민회의를 통해서 제가 역점을 뒀던 것 중에 하나는 '정의'였습니다. 국민교육헌장에 다른 아름다운 덕목은 다 있는데, 젊은 애들한테 정의를 위해서 싸우라는 말이 한마디도 없는 거예요. 그래서 민주회복국민회의 이름으로 발표되는 윤형중 신부의 기자회견문이나 성명서에 정의라는 말을 반드시 넣었어요. 국민교육헌장에 대비되는 것으로 민주국민헌장을 발표하기도 했고요.

양심선언운동을 제창하다

겉으로나마 민주정치가 작동하던 시절과 유신체제 이후는 분위기가 완전히 다르고, 탄압도 혹심하고, 그래서 투쟁 방법에 대해서도 남다른 고민과 모색이 적지 않았을 것 같습니다.

제가 민주회복국민회의를 통해서 잘했다 싶은 것 중에 하나가 양심선언운동입니다. 그 시작은 지학순 주교였지요. 앞서 얘기했듯 지학순 주교가 중앙정보부에 잡혀 들어갔다가 석방이 됩니다. 그때 젊은 신부들이 잡혀간 학생들도 많은데 주교만 혼자 석방될 수는 없다고 주장을 했어요. 지주교가 이에 호응하면서 7월 23일 이른바 양심선언을 한 거예요. '내가 양심선언에서 얘기하는 것 이외에 중앙정보부에서 발표하는 것은 전부 믿지 마라, 유신헌법은 자연법에 반하는, 인간의 정신에 반하는 것이기 때문에 인정할 수 없다' 이런 내용이었어요. 거기엔 임광규 변호사의 역할이 좀 있었던 것으로 알아요. 임광규 변호사는 가톨릭 신자로, 지주교를 모시는 쪽이었고, 상당히 씩씩한 사람입니다. 나중에 극우로 돌아섰지만 그때는 굉장히 열심히 도왔어요.

양심선언의 내용을 보고 제가 생각했던 게 있어요. 사람들이 중앙정보부에 끌려가서 조사를 받잖아요. 조사를 받다보면 꼭 고문이 아니더라도 수사관들의 그 집요함을 이길 수가 없어요. 그러니까 나중에는 결국 그 사람들이 하라는 대로 다 해주게 되거든요. 지나고 나면 그 일이 그렇게 후회되고 자괴감이 들 수가 없어요. 저는 지학순 주교의 양심선언을 보고 '이거다'라는 생각이 들었어요. 양심선언을 사전에 하든 사후에 하든 적어도 그 진실을 분명히 밝혀줘야 되지 않나 싶었던 거죠. 신부나 성직자 앞에서의 양심선언이라면 신뢰도가 더 높아지죠. 이런 양심선언을 통해서 일반인들도 자기가 가지고 있는 양심의 괴로움으로부터 해방될 수 있지 않을까. 적어도 어느 정도 위안을 받을 수 있지 않을까. 나는 비록 무너졌지만 내가 느꼈던 절망감이나 양심의 괴로움으로부터 벗어날 수 있지 않을까.

그래서 내 기억으로는 1975년 2월 3일 민주회복국민회의 이름으로 양심선언운동을 제창을 했습니다. 내가 생각한 양심선언운동은 순전히 우리 스스로 양심의 괴로움으로부터 해방되자는 취지였는데, 2월 12일에 유신헌법에 대한 찬반 국민투표가 있었고, 2월 15일에 긴급조치 위반자들 석방 조치가 있었죠. 그런데 국민투표 다음 날 여주에 있는, 허헌구라는 국민학교 교사가 국민투표에 선생님들을 어떻게 동원했는가를 양심선언을 통해서 폭로했어요. 우리가 양심선언운동을 제창하고 나서 최초의 반응이었죠. 이어 공화당원 김진환이라는 사람이 공화당의 대리투표 공작을 폭로하고, 그러저러한 과정을 거치면서 양심선언이 우리 시대 저항운동의 중요한 수단 중 하나가 됐습니다. 무저항 투쟁으로서는 유효한 투쟁 방법이 아니었나 하는 생각이 들어요.

선생님이 창안해낸 겁니까? 지학순 주교는 그냥 한 건데, 운동으로 하는 방식으로 진전시키고자 한 것은?

민주회복국민회의가 발표한 성명서에 양심선언을 왜 하는가, 어떨 때 하는가, 그 방법까지 다 적시를 했습니다. 『암흑 속의 횃불』(기쁨과 희망 사목연구소 1996)에도 전문이 나와 있을 거예요. 지학순 주교가 석방되고 난 뒤에 지학순 주교한테 원고청탁이 와서 제가 그걸 다시 한번 정리를 해가지고 『기독교사상』에 보낸 기억이 나요.

그 집필자는 사실상 선생님이시겠네요.

네, 제가 했습니다. 지학순 주교의 양해를 얻어서 양심선언의 시발에서부터 전개 과정까지 정리해 『기독교사상』에 발표한 것이지요.

그 방식은 뒤로 계속 이어지잖아요.

양심선언은 그뒤에도 때마다 이어졌지요. 그러면서 민주회복국민회의에 대한 탄압도 심해지기 시작합니다.

민주회복국민회의에 와서야 재야운동에서 선생님의 자기 역할을 전면화한 거죠? 그 전에는 개인적인 관계였고. 민주회복국민회의에서도 직함이 없으셨던 것 같아요. 직함이 없었던 이유는 뭔가요?

良心宣言을 하기까지

池 學 淳

천주교원주교구장 · 주교

① 나에게 주어진 제목은 「나는 왜 양심선언을 하는가」라는 것이었다. 또 편집자의 요청에 의하면 내가 양심선언을 하지 않으면 안 되었던 구체적 상황, 또 강제적으로 양심에 反하는 자백을 한 내용 등을 적어 달라는 것이다. 먼저 밝혀 두어야 할 것으로 나는 양심에 反하는 자백을 한 일이 없다는 것을 분명히 해야 하겠다.

그러면 왜 양심선언을 하게 되었느냐 하는 당연한 질문에 接하게 된다. 그것은 어차피 글을 써 나가다가 보면 언급하게 될 것이다. 그보다 양심선언 운동이 독재권력에 대항하는 한 방편으로서 보편화되어가고 있는 오늘의 현실이 7개월 가까운 감옥생활에서 석방된 나에게 제시되었을 때 적으기 놀라지 않을 수 없었다.

즉 작년 7월 23일 내가 양심선언이라는 것을 한 이래 민주회복국민회의가 양심선언운동을 제창하고 그에 따라 권력의 공포에 떠는 국민들의 호응을 받게 되기에 이르렀으며, 양심에 거역하여 不正의 대열에 불가피하게 참여했던 인사들이 그 부정을 폭로하고 구속되면서 양심선언을 해 놓고 끌려가는 등 一見 생소한 양심선언이라는 말이 이제 국민 사이에 보편화되어 가고 있는 것이다.

— 30 —

지학순 주교의 양심선언문. 『기독교사상』 1975년 5월호.

여러 이유가 있었는데, 일단 내가 어떤 특정 분야, 가령 문학을 한다든지, 변론을 한다든지 하는 특정 분야를 대표할 성격이 마땅치 않았고, 또 내가 드러나면 활동하는 데 상당히 지장이 있지 않겠나 생각했어요.

꼭 분야를 대표하지 않아도 표면적으로 이름을 올린 분들도 있잖아요. 실제 활동은 김정남 선생이 주로 할 테니까 김정남 이름은 드러내지 않고 잘 보호해주자 그런 역할 분담에 대한 고려가 있었을까요?

여러 분들이 저를 도와주셨습니다. 고마운 마음과 함께 정신적으로는 괴로움이 좀 많습니다. 홍성우 변호사를 비롯한 법조계 분들이나 임재경 선생도 제가 가서 서명을 받아왔는데, 그분들이 연행돼서 조사를 받을 때 정작 나는 빠지는 것이 너무나 송구스럽고 죄짓는 느낌이었어요. 백낙청 교수가 서울대에서 해직됐을 때 진짜 순수하게 나 때문에 잘린 거나 마찬가지구나, 제가 끌어넣었으니까. 김병걸 교수의 해임도 그렇고. 미안하기 짝이 없죠.

1975년에 있었던 5·22서울대 시위사건, 오둘둘 사건이라고 그 일로 도망다니는 학생들이 있는데 갈 데가 없다고 김지하 어머니가 얘기를 해가지고, 제가 2018년 작고하신 김윤수 선생에게 얘기를 했어요. 당시에 이화여대 교수였거든요. 선생이 '그럼 우리 집에 와 있지' 이래서 유영표가 김윤수 교수 댁에 가 있었는데, 그 일로 김윤수 선생이 뒤에 구속이 됐어요. 저로서는 그런 때가 참 괴롭죠. 나로 인해서 사람들이 피해를 본다는 것이. 특히 구속이 되거나 고초를 당하셨던 분들이 돌아가시면 그렇게 그게 죄송스러워요. 그런 게 한둘이 아니죠, 나는.

중앙정보부에서 유영표와 김윤수 선생이 잡혀 들어갔을 때 유영표 당신은 어떻게 알고 김윤수 집에 가게 됐냐고 막 따져대면 김정남이 알선해서 가게 됐다, 이런 말이 나오는 건가요?

아, 저에 대해서는 모르죠. 내가 직접 나선 게 아니라 김지하 어머니를 통해서 했으니까요. 그런 방식으로 이루어진 일이 많습니다. 다른 분들에게 굉장히 폐를 끼치며 살아왔습니다.

그런데 중앙정보부로서는 민주회복국민회의 멤버가 뻔한데, 조금만 생각해보면 누군가가 끼어들어가지고 함세웅 신부 등과 연결해서 된 것 아니냐? 이렇게 생각할 법도 한데 전혀 몰랐나요?

전혀 몰랐던 것 같아요. 아마 그때는 함세웅 신부나 천주교 쪽이 상당히 크렘린같이 느껴졌던 모양이에요. 중앙정보부는 천주교 쪽이 얼마나 크고 얼마나 위세가 있고 또 그 안에 어떤 조직이 있고 어떤 활동을 하는지 전혀 감을 못 잡았으니까. 오히려 내 느낌으로는 중앙정보부 사람들이 천주교는 엄청난 잠재력이 있다는 식으로 생각을 했을 것 같아요. 또 신부님들이 필사적으로 나를 보호했죠. 함세웅 신부는 물론이고 많은 신부님들이 저를 보호하기 위해서 굉장히 애를 썼어요.

애를 쓴 이유가 김선생님의 역할에 대한 이해를 갖고 있었기 때문일까요?

신부들이 모든 책임은 우리가 진다는 견고한 자세가 있었고, 저에게 피해가 가서는 안 된다고 생각하지 않았나 싶어요.

지금까지 이야기를 들어보니까 선생님이 민주화운동에 관여하는 방식이 다른 분들하고 좀 다른 것 같아요. 예를 들면 다른 분들은 글을 쓴다거나 혹은 어느 날 잡혀가거나, 탄압을 받잖아요? 그러면 이 탄압이 부당하다고 주장을 하는, 보통은 그런 과정을 거치잖아요. 말하자면 수세적 방어자! 나는 그런 사람이 아니다, 나는 빨갱이가 아니다, 나는 이런 사람이 아니다라고 주장하죠. 사람들은 김선생님을 두고 민주화운동의 기획자다, 비밀병기다, 오거나이저(조직자)다 이런 말을 하는데 제가 볼 때 선생님은 '타개자' 같아요. 어려운 국면을 타개하려는 적극적인 노력이 있는데, 예를 들어 장준하 선생이 중심이 된 유신헌법 개헌청원 백만인 서명운동, 이런 게 국면을 타개하면서 이슈와 동력을 모아내잖아요. 그런데 선생님은 장준하처럼 표면에 나서서 대중운동으로써 타개가 아니고, 굉장히 어려운 국면에서 이것을 어떻게 뚫고 나가서 새롭게 만들어낼 것인가를 고민하면서 만들어나가는 것, 이런 특장이 있는 것 같은데, 맞습니까?

글쎄요, 그 말씀이 맞는지는 모르겠지만, 그때 제가 필사적으로 해보고자 했던 게 민주회복국민회의를 만들어서 박정희 정권과 대결하는 구도를 만드는 것이었어요. 사실 그때까지만 해도 민주수호국민협의회는 좀 낭만적이었어요. 개인들이 각자의 정의감을 가지고 자발적으로 참여한 경우가 많았다고 할까요. 그러다가 탄압의 강도가 높아지면 하나둘씩 떨어져나가게 되는 거죠. 천관우 선생이 마지막까지 그냥 당신 혼자 맨몸으로 지켜오다가 스러지는 단계에서 이것을 어떻게 재건해나가느냐 하는 것이 저의 고민이었어요.

저는 일찍부터 정치권이 민족의 통일이나 발전에 제대로 기여한다고 생각해본 일도 없었거니와, 내가 참여할 생각은 꿈에도 없었어요. 1970년대 들어서 말하자면 민주화운동의 중심이 야당에서 재야 쪽으로 넘어오는데 민주수호국민협의회가 처음부터 그 역할을 수행하다가 스러지니까 그때서부터는 새로 만들어서 우리가 주축이 되어 움직여야 된다, 민주화투쟁의 중심은 이제 야당이 아니라 재야가 되어야 한다, 그 재야의 중심체를 굳건히 세워야 한다, 그런 점에서 민주회복국민회의는 제가 어떻게든 만들어보고자 했던 거였습니다. 실제로 87년체제가 형성되고 대통령 직선제가 확정되기 전까지는 민주화운동의 중심이 야당이 아니고 재야운동권에 더 있었다고 저는 생각을 합니다.

김지하 양심선언문의 작성과 반출 전말

오늘은 조영래 변호사 이야기로 시작을 해볼까 합니다. 앞에서도 이름이 몇번 거론되기도 했는데요. 두분의 인연은 어떻게 시작되신 건가요?

내가 조영래를 만난 건 민청학련 사건 재판이 있을 무렵이었습니다. 김지하 어머니가 어느 날 나한테 와가지고 조영래 처를 만났는데 조영래가 너를 만나고 싶어한다더라 그래요. 어느 날 몇시에 그리 나가봐라 그래서 나갔더니 조영래가 왔어요. 그게 아마 1974년 여름이었을 겁니다. 서울 서대문구 홍은동에 백련사라는 절이 있는데, 그때 조영래가 백련사 아래 동네에 살았어요.

조영래는 과묵한 편이었고 특유의 말이 있어요. "모르십시오"라고. 내가 구체적으로 어디서, 어떻게 사느냐고 물어보면 "모르십시오"라고 대답해요. 내가 보기에 그때는 조영래가 연락할 만한 인맥이 거의 없었던 것 같아요. 그때까지만 해도 우리나라에 프랑크푸르트 선언이 번역이 안 됐는데 그걸 조영래가 번역을 해서 통일사회당을 이끌고 있던 김철이 낸 『오늘의 민족 로선』(김웅삼 엮음, 한일출판사 1975)이라는 책에 실었어요. 그 책은 말하자면 사회당의 민족노선이겠죠. 조영래가 당시 수배 중에 그런 식으로 이런저런 일을 한 거죠. 조영래는 성격이 아주 신중하고 조심스러워서 도망다니는 스타일도 다른 사람하고 달랐어요.

이효재 선생이 조영래 부인인 이옥경하고 자주 연락을 했어요. 이효재 선생 집이 연세대 세브란스병원 있는 그 뒤쪽 봉원동에 살았는데, 이화여대 재학생이나 졸업생은 물론 그들의 남편이나 애인들도 도망다닐 때 우선 갔던 곳이 이효재 선생 집이었대요. 이효재 선생 댁에 희경이라는 친구가 있습니다. 이효재 선생이 딸처럼 키웠고 지금도 같이 살 거예요. 이효재 선생 집에 가면 희경이가 끓인 곰국을 먹을 수가 있었어요. 곰국을 그렇게 잘 끓여요. 뼈하고 고기를 사다가 푹 고아서. 도망다니느라 지친 사람들을 그렇게 대접했던 거죠.

1974년 이전에는 조영래를 만난 적이 없습니까?

전혀 없죠. 직접 만난 일은 없어요. 조영래 관련 사건 관계자 중에는 이신범만 왕래가 있었어요.

1974년 민청학련 사건 때 조영래도 수배돼 있었죠. 장기표도 수배돼 있고?

그뿐만 아니라 김지하가 지학순 주교한테 1백여만원을 받아가지고 조영래한테 주고 조영래가 서중석한테 주고, 서중석이 나병식한테 주고 이래서 자금으로 쓰였습니다. 그러니까 상당히 위험했죠.

조영래는 아까 얘기했듯이 번역이나 문헌 정리 같은 걸 해서 생계를 꾸리고 있었어요. 조영래한테 필요한 건 돈인데 그렇다고 그냥 주면 받지를 않으니까 일을 시키고 그 사례로 돈을 주었던 거죠. 1971년에 서울대생 내란 음모사건으로 조영래, 장기표, 이신범, 심재권 등이 구속이 됩니다. 그리고 장기표는 1972년 9월에 보석으로 나오죠. 그때 장기표가 전태일 어머니한테 가서 전태일이 가지고 있던 모든 자료를 자기한테 달라고 했어요. 그리고 민청학련 사건으로 도망다니면서 전태일 어머니를 주기적으로 만나서 들은 전태일 얘기를 기록을 했어요.

나는 이 자료가 어떻게 해서 조영래한테 넘어갔는지는 모르지만 조영래는 장기표가 가져온 자료를 기초로 전태일 평전 작업을 계속 이어나갔습니다. 모자란 것은 조영래가 전태일 어머니와 관계자들을 직접 만나 확인했고요.

조영래가 김지하의 양심선언문 작성에 깊게 관여한 걸로 알려져 있습니다.

조영래가 나하고 본격적으로 일을 한 건 1975년 김지하가 다시 잡혀 들어갔을 때예요. 그 전해인 1974년에 김지하는 민청학련 사건으로 구속이 되지요. 그리고 김지하 어머니가 우리 집에 찾아오시면서 민주회복투쟁과 관련한 이런저런 사건과 이어지기 시작했어요.

1974년에 김지하 잡혀 들어갈 때를 이야기하자면 이만희 감독 이야기부터 해야겠네요. 그 당시에 이만희 감독을 위시한 그 휘하 영화패들이 있었습니다. 나중에 영화제작자를 한 김원두하고 「만추」(1966)라는 영화의 시나리오를 쓴 백결이라고 있어요. 이런 사람들이 이만희 사단 비슷하게 움직이고 있었죠. 그중에 김원두하고 내가 좀 친하게 지냈어요. 그리고 김원두가 녹번동 살았어요. 김지하는 책에서 자꾸 모래내라고 얘기를 하던데 모래내가 아니고 은평구 녹번동입니다. 어느 날 내가 김지하한테 이만희를 소개하는 자리를 만들었어요. 다 같이 술을 한잔했는데 김지하하고 이만희가 가까워졌죠. 김지하와 이만희는 서로 이름이야 많이 들어봤겠지만 만난 것은 아마 그때가 처음이었을 거예요. 그 계기로 이만희가 동료들과 흑산도로 「청녀」(1974)라는 영화를 찍으러 갈 때 김지하도 조감독 자격으로 그 일행과 같이 갑니다.

그리고 김지하가 4월 25일 흑산도에서 체포되었다는 소식을 들었는데 김지하가 잡혀 들어간 뒤에 김지하 어머니가 저희 집에 찾아온 거죠. 김지하 아들이 4월 19일인가 태어났는데 그때 자세한 것은 모르겠습니다만 언뜻 듣기로 추기경이 알선해서 명동 성모병원에서 애를 낳았다고 합니다. 그때 김지하 부인의 건강이 안 좋다는 이야기를 듣고 나는 상당히 걱정스러워하고 있었죠. 그러던 차에 김지하 어머니가 김지하가 감옥에 들어간 뒤 옥바라지를 하러 원주와 서울을 오가면서 우리 집에 자주 오셨어요. 그때는 매일까지는 아니지만 적어도 며칠에 한번씩은 와서 주무시거나 아니면 새벽에 오셨지요. 그러면서 이런저런 사태들을 접하게 됐어요.

김지하는 옥중에서 아들이 태어났다는 소식을 듣고 나에게 아들 이름의 작명을 주석균(농업경제학자) 선생에게 부탁해달라고 했어요. 그래서 제가 주석균 선생으로부터 원보(圓普)라는 이름을 지어 왔습니다. 주석균 선생은 한국은행 임원을 지낸 다른 분으로부터 이름을 받았다고 했어요.

김지하가 민청학련 사건으로 형을 살다가 1975년 2월 15일에 나와서 3월 13일, 그러니까 27일 만에 다시 구속이 됐어요. 그때는 김지하 자신도 이전과 달리 굉장히 살벌하다고 느꼈대요. 김지하는 감옥도 몇 번 드나들고 해서 교도관과도 친하고, 감옥생활도 잘했단 말이에요. 친화력이 있어서 누구하고도 거리낌 없이 지냈죠. 그런데 이번에 감옥에 들어갔을 때는, 일단 접견이 안 됐어요. 변호사 접견 외에는 가족은 물론이고 다른 사람들도 일체 접견 불허. 그리고 종이도 금지, 심지어 이제까지 넣어주던 휴지도 주지 않고, 일반 서적은커녕 성경 차입도 안 됐어요. 거기다가 감시카메라까지 설치해서 일거수일투족을 감시하는 거예요. 김지하 본인도 느꼈죠. 지금 유신정권이 얼마나 자기를 가혹하게 다루고 있는지.

그때 담당 검사였던 최명부가 김지하의 공소장 변경을 신청했어요. 공소사실은 그대로 놔두고, 반공법을 여러차례 어긴 경우에 최고 사형에 처할 수 있다는 법조문 하나를 얹는 거였어요. 최명부하고 서울고 동기 중에 이수인이라고 국회의원도 했던 사람이 있어요. 이수성 전 국무총리의 동생이에요. 이수인이 영남대 이인기 총장 비서실장을 하고 있어서 내가 이수인을 만나려고 대구에 내려가 이틀인가를 잤어요.

감옥의 분위기가 너무 살벌하니까 이수인을 만나서 공소장 변경이 김지하를 진짜 죽이려고 하는 건지 좀 확실하게 알아봐달라고 부탁을 하려고 간 거였습니다. 하지만 이수인을 만나지는 못하고 돌아왔어요.

그뿐 아니라 중앙정보부에서 「김지하에 대한 반공법위반사건 관계

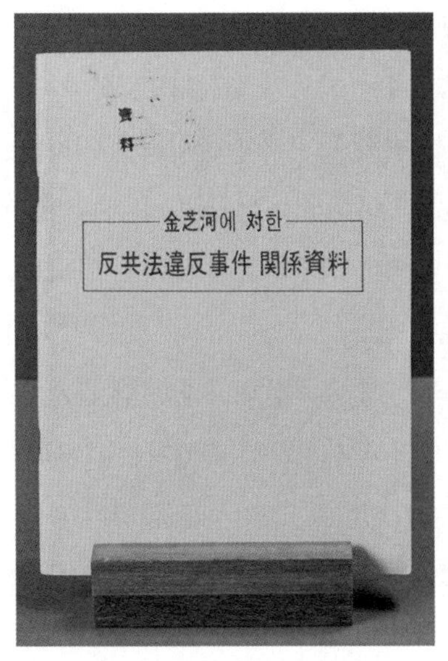

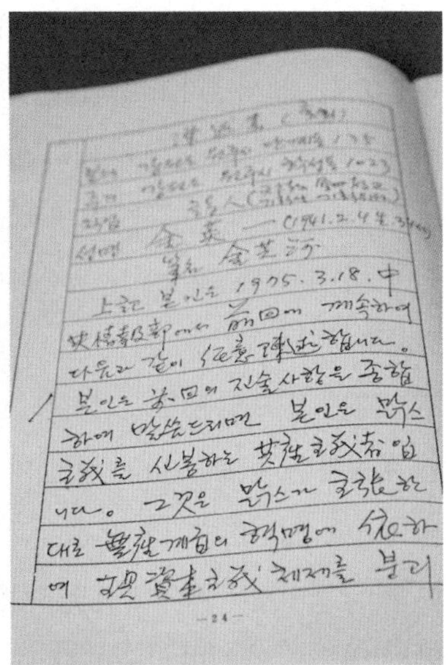

중앙정보부가 김지하에 대한 내용을 묶어 배포한 '노란' 책자.

자료」라는 제목의 노란 표지의 팸플릿을 수만권을 찍어서 해외에도 돌리고 국내에도 돌렸어요. 그때 김지하가 취조 중에 고문을 당하니까, 정신적으로 많이 힘들었던 모양이에요. 김지하한테 그런 게 좀 있어요. 그러니까 김지하는 아예 그냥 '너희들 하고 싶은 대로 해봐라, 너희들 하자는 대로 다 할게' 그런 거죠. 그래서 "나는 가톨릭에 침투한 공산주의자로서" 이렇게 시작하는 자술서를 쓴 거예요. 그 친필 자술서를 전부 복사를 해가지고 전국에 돌린 거죠.

김지하 어머니도 그동안 여러차례 김지하를 옥바라지했지만 이번 케이스는 좀 다르다고 느낄 정도로 분위기가 심각했어요. 그 무렵 박윤배가 돈을 50만원 가져왔는데, 아마 요새 돈으로 하면 한 5백만원쯤 될 거예요. 거금이지요. 흥국탄광에서 퇴직금으로 받은 돈 중에서 쓰고 남은 건데 김지하를 구해야 되겠다, 김형이 이 돈 가지고 김지하 구명을 하는 데 써달라고 하더라고요. "나는 지하가 죽는 꼴은 못 본다, 내가 진짜로 하는 얘기다" 이러면서 "진짜 김지하를 죽이려는 거라면 파옥이라도 합시다" 하는 거예요. 그게 허투루 하는 소리가 아니라는 건 알 수 있었죠. 그밖에도 많은 사람들이 김지하를 걱정하고 안타까워했습니다.

그때는 하도 엄혹하고 김지하한테 특히 가혹한데다 인혁당 관계자를 처형하는 걸 보고 나는 정말 이 정권이 김지하를 죽일지도 모른다, 내 친구를 잃어버릴지도 모른다고 생각했어요. 김지하를 살려야 된다는 게 절체절명의 과제였지요. 어떻게 해야 되느냐, 어떻게 해야 살리냐, 살리는 길이 뭐냐.

나는 정부가 어떤 결정을 내릴 때 관계기관 대책회의라는 것도 있고, 그 나름대로 여러 절차와 방법을 통해 하겠지만, 정권 자체가 갑자기 히스테릭하게 결정을 내릴 수도 있다고 봤어요. 가령 김지하를 죽이기로 하는 거죠. 그렇게 회까닥할 수도 있지 않나. 김지하를 그래야 할 필요를 느낀 건 중앙정보부 간부였던 이용택을 비롯해서 박정희 정권 전체가 인혁당 사건의 조작 진상이 폭로되는 걸 굉장히 두려워했던 게 아닌가. 그래서 김지하 입을 막아야 되고 필요하다면 죽일 수도 있다고 판단을 한 게 아닌가 싶어요. 김지하는 당시 본인이 김대중과 만난 것 때문에 재구속된 것처럼 생각을 하는데, 내 생각으로는 인혁당 사건의 진상 공개를 봉쇄하는 게 첫번째 목표였다고 봐요.

이런 엄중한 상황을 맞아 우리가 생각을 해낸 게 재판부 기피신청이었습니다. 김지하 재판의 담당 재판장이 권종근이었는데 이 사람이 1974년 군법회의에서 심판관으로 인혁당 사건 판결에 관여했다는 사실을 재판기록을 통해서 알게 됐어요. 이걸 알 수 있었던 것은 사제단에서 낸 성명서 덕분입니다. 1975년 2월에 제가 썼습니다만, 인혁당 사건을 재조사하자는 기자회견을 하고 거기에 우리가 알고 있는 인혁당의 이제까지의 경과를 같이 붙였거든요.

그 과정에서 인혁당 가족들도 만나게 됐죠. 재판관이 김용원한테 당신은 인혁당 서울시당 재건 조직하는 데 참여했는가 하고 물으면 가족들의 기억으로는 분명히 김용원이 '아니오'라고 대답을 했다는데 재판기록상으로는 '예, 참여했습니다. 그렇게 결의를 했습니다' 이런 식으로 재판기록이 조작돼 있는 걸 확인하기도 했어요. 인혁당 관련자와 인연이 있어서 사건 변론을 맡았던 전 변협회장 함정호 변호사가 '이런 일이 있을 수 있나' 하면서 확인도 해준 내용이에요.

그 과정에서 추적하다보니까 권종근이 나왔어요. 권종근이 재판장인 것이 기피사유가 될 수 있냐고 변호사들과 상의하니까 된다고 하더라고요. 그러면 김지하 재판에 재판장인 권종근이 이 재판을 맡기에 합당하지 않다는 얘기를 해야 하는데 변호사들이 선뜻 나서지 않고 좀 자신 없어 하는 표정이었어요. 워낙 엄혹하고, 기피신청을 한 사례도 거의 없었으니까. 그래서 김지하가 직접 기피신청을 하도록 하자, 이렇게 돼서 감옥에 있는 김지하한테 얘기를 전달한 거죠. 지금 우리가 살려면 널 죽이려고 하는 이 히스테릭한 상태를 빨리 벗어나는 게 우선이다. 그래서 김지하가 감옥에서 재판부 기피신청 준비를 한 거죠.

그리고 5월 19일 1차 공판 날 김지하가 재판정에 오는데 보통 피고인을 계호(戒護)할 때 대부분의 경우 피고인을 묶어놓으니까 수인 한 사람에 교도관 둘 이상은 계호를 안 하는데 그날은 김지하 하나 법정에 나오는데 교도관이 열명 이상이 나온 거예요. 그러니까 후에 김지하의 표현을 빌리면 "법정에 칼이 선" 분위기였지요.

김지하가 재판 시작하고 인정신문이 끝나자마자 손을 들고 '당신은 내 재판을 할 수 없다. 당신은 인혁당 사건의 재판에 참여한 사람이고 지금 내가 걸려 있는 최대의 쟁점이 인혁당과 관련한 내 발언이다. 그렇기 때문에 이 사건에 대해서 당신에게 공정한 재판을 기대할 수가 없으므로 당신을 기피한다' 그렇게 전격적으로 기피신청을 하니까 일단은 안 받아들일 수가 없게 되었죠. 그때 듣기로는 김지하가 재판부 기피신청을 한 뒤에 정치범 사건에서 기피신청이 꽤 많이 들어왔다고 해요. 재판부도 이후로는 '시일이 급박하므로 그대로 진행한다'라는 답을 준비해뒀죠. 그런데 김지하 건은 갑작스러우니까 권종근이 이걸 받아들일 수밖에 없었어요. 재판은 연기가 됩니다.

기피신청과 함께 풀어가야 할 일이 김지하가 자필로 쓴 '나는 가톨릭에 침투한 공산주의자로서, 반국가 활동을 획책했다'고 써놓은 노란 표지의 책자, 이것을 뒤집어엎는 게 김지하를 살리는 상당히 중요한 문제였습니다. 어떻게 검찰의 주장을 뒤집어 무죄로 만드는가. 이 문제가 시급한데 이를 해결할 묘수로 지학순 주교가 바로 작년에 한 양심선언이 생각나더라고요. 그래서 양심선언문 작성을 시작했습니다. 김지하가 했던 부분은 김지하가 써야 되지만 초고는 처음부터 조영래가 작업을 했어요. 그때 조영래가 쓴 글이 아주 명문이었어요.

양심선언이라는 방법을 써야 되겠다, 그걸 감옥 안에서 전부 쓰기 어려우니 일단은 바깥에서 대필 형식으로라도 써내야 되겠다 하는 결정은 누가 어떻게 내린 겁니까?

일단은 내가 했죠. 김지하가 쓸 부분은 김지하가 쓰고, 조영래가 쓸 부분은 조영래가 쓰고. 둘은 또다시 한번 교환을 해서 보고 고칠 건 고치고 보완할 건 보완해야 된다. 이런 생각으로 조영래와도 상의를 했고. 김지하한테도 이런 방법으로 하는 게 어떻겠냐 상의를 했죠.

그럴 때 김지하와의 연락과 소통은 어떻게 했습니까?

전병용을 통해서 했죠.

여기서도 전병용 교도관이 등장하는군요.

민청학련 사건에서 필요한 게 두가지였습니다. 하나는 민청학련 사건과 인혁당 사건을 분리할 필요가 있었습니다. 그래서 감옥 안에 있는 이철, 유인태 등을 찾아다니면서 인혁당과는 절대로 관련이 없다고 얘기해라, 여정남과의 관계를 차단해라, 그걸 하지 않으면 너희들이 죽을 수도 있다는 내용을 전병용이 전달한 거죠. 그리고 또다른 하나가 일본인 다치카와 마사키(太刀川正樹), 하야카와 요시하루(早川嘉春)와의 관계를 차단하는 것이었습니다. 이철과 유인태가 이 사람들과 관련이 있는 것으로 엮어놨는데 이걸 인정하면 국외공산계열과 연락한 것으로 확대시키려는 속셈이었거든요. 이런 메시지 운반을 전병용 쪽에서 한 거죠. 그러는 과정에서 전병용의 역할이 상당히 컸죠.

그때 전병용은 꽤나 바빴겠네요? 그럴 때 전병용과 어디서 만나 이야기합니까?

그때는 교도관이 오늘 당번 하면 내일 점심 때 나오는 형태로 근무했습니다. 밖에 나온 동안에 본인이 나에게 찾아오기도 하고, 내가 집으로 찾아가서 얘기하기도 했어요. 당시 전병용은 교도관 관사 선배 집에 같이 살았어요. 그래서 드나들 수 있었지요. 김지하 어머니가 전병용의 집으로 직접 찾아가기도 했고요. 이호철이 감옥에 들어갔을 때는 이호철 부인이 반찬을 전병용에게 전해서 감옥에 넣어달라고 부탁하기도 했습니다.

그러니까 전병용이라는 분은 도대체 역할이 어디까진지. 김지하 양심선언 이야기로 다시 돌아가면, 전병용이 밖에서 들은 이야기를 감옥으로 전달하고 감옥에서 들은 이야기를 밖으로 전달을 합니까?

그렇죠. 그때 김지하에게 필기도구를 준 사람도 전병용이에요. 나중에 걸렸을 때를 대비해서 사전에 서로 말 맞추는 게 제일 중요한 과제 중에 하나죠. 종이를 어디서 받았냐, 볼펜을 어디서 받았냐, 이런 디테일한 내용을 말을 맞춰놓는 거예요.

대개 항소이유서나 상고이유서를 쓸 때는 필기도구와 종이를 주게 돼 있어요. 마침 김지하 방 옆방에 수감된 학생이 항소이유서를 쓰기 위해 받은 종이와 필기구 남은 거를 김지하가 사용한 것으로 말을 맞추기로 했습니다. 김지하는 밤에 편지나 글을 써서 전병용에게 주고 아침에 전병용이 그걸 가지고 밖으로 나오고. 그러면 나는 그거를 받아서 조영래한테 보내고, 조영래가 그걸 보고 정리하고, 조영래가 보낸 거를 다시 반대 방향으로 김지하한테 전하고. 그 과정을 여러번 거듭했죠.

방금 이야기는 김지하의 양심선언 초안 만들어가는 과정 아닙니까? 초안을 만들어가는 과정에서 김지하가 옥중에서 쓴 내용들이 아주 상세하고 길 수 없을 텐데요. 주로 조영래가 쓴 겁니까 아니면 주로 김지하가 쓴 겁니까? 김지하는 양심선언문을 조영래가 다 썼다고 얘기하는데, 그건 사실이 아닌 거죠?

범죄사실에 대한 부분은 김지하가 제일 잘 아니까 그 변소(辯訴)는 김지하가 썼고요. 전체적으로 노란 표지 책자를 뒤엎을 수 있는 기본 논리는 조영래가 정리했습니다. 그래가지고 둘이 서로 왔다갔다 하면서 교정도 보고 고치기도 했지요. 나도 물론 손을 좀 보태고요. 이런 과정으로 완성된 거죠. 조영래가 다 쓸 수 없는 게, 김지하를 구속하자마자 중앙정보부에서 원주에 가가지고 김지하 집에 있는 문서들을 거의 가져가버렸어요.

네, '장일담' '말뚝' 등의 초고.

그 부분은 조영래는 모르잖아요. '말뚝'을 썼는지, '장일담'을 썼는지 모르죠.

'장일담' 내용도 모르는 거고.

그런 부분은 김지하가 변소를 해야 되고. 내가 공산주의자인가 또는 내 사상은 뭔가, 이런 거는 조영래가 논리적으로 반박하는 글을 쓰는 거죠. 조영래가 총론을 쓰고, 각론은 김지하가 쓰고. 그러고 나중에는 합쳐서 전체적인 맥락을 통일하는 과정을 거치는 거죠.

그 양심선언에 취조를 통해 자신이 "적색 오징어포가 되었다" 이런 말이 나오잖아요. 그런 건 김지하 말 같은데. 김지하가 아니더라도 당한 사람이어야 쓸 수 있는 말이겠죠. 직접 관계자가 아닌 사람은 논리적 구성은 할 수 있는데, 체험한 본인만이 할 수 있는 표현이나 방식이 있는 것 같고. 거기에 테야르 드샤르댕이라든지 이런 이야기들은 직접 인용 부호까지 되어 있으니 감방 안에서는 쓸 수 없는 거죠.

지금 그 구체적인 내용은 기억은 안 나지만 총론 부분은 조영래가 큰 틀을 쓰고, 거기에 김지하가 가필하는 형식이 아니었나 싶어요. 조영래가 그때 사회민주주의, 기독교민주주의 이쪽 분야에 대해서 공부를 상당히 많이 했어요. 조영래가 기독교, 개신교 쪽에도 글을 꽤 많이 제공을 했습니다.

그게 진짜 여러번 왔다갔다 했습니까? 한번 왔다갔다 하는 것도 위험하잖아요?

여러번이라 그래서 수십번은 아니고 열번 내외 정도로 여러번 왔다갔다 해야 했죠.

그럴 때 전병용이 직접 만난 건 김정남 선생님 혼자지요? 그 작업이 진행 중일 때는 김지하, 전병용, 김정남, 조영래 이렇게 네명만 오고가는 거고요. 알려지는 게 극히 위험하니 보안에 극도로 신경을 써야 했겠네요.

그렇죠. 전병용은 조영래를 전혀 모르죠. 전병용은 나중에 김지하가 조영래 얘기를 해서 비로소 알았지 운반은 물론 작성까지 내가 하는 줄 알고 있었어요.

전병용은 그렇게 생각했고, 조영래도 전병용을 몰랐겠네요? "모르십시오" 철학에 따르자면.

운반하는 사람이 있다는 건 알지만 구체적 실체로서의 전병용은 몰랐죠.

누군가를 통해서 되고 있다, 이 정도만 알고 있었군요. 그럼 조영래는 아까 말씀하신 백련사 밑에 사는 그곳으로 선생님이 찾아갑니까?

아니죠, 약속을 했죠. 조영래가 신중하고 철저해가지고 집은 절대 알려주지 않았어요. 오늘 헤어질 때 다음 약속을 하는 거죠.

예를 들어, 헤어질 때는 어떻게 약속합니까? 구체적으로요.

오늘 만난 장소에서 모레 몇시에 보자는 식이지요. 상황이 급할 때는 며칠 사이가 되겠지만 안 그럴 경우에는 보통 한 일주일이나 열흘 정도였던 것 같아요.

전화도 못하니까 그 선이 한번 끊어지면 대책이 안 서겠네요? 끊어진 적도 있습니까? 주로 어디서 만난 거예요?

상황이 여의치 않으면 못 나가서 선이 끊어지기도 하죠. 그러면 다시 김지하 어머니를 동원하거나, 이효재 선생을 동원하거나 조영래 부인 이옥경을 동원하거나 그래야 복원이 되죠. 공원이라든지… 사직공원에서 주로 만났습니다. 내 기억으로는 저녁에 만나가지고 술을 같이 먹거나 한 적이 없어요. 그러니까 대개 낮에 만나서 낮에 헤어지고, 아니면 오후 서너시 경에 만나서 다섯시쯤에 헤어진다든지 그랬던 것 같아요. 만나서는 감옥에서 나온 쪽지를 건네거나 조영래 쪽에서 전하는 메시지를 전달받았습니다.

양심선언문 분량이 상당히 많은 걸로 압니다. 책자로 만들었을 때 한 30면 가까이 되는 것 같던데요. 완성된 다음은 어떻게 됩니까?

완성에 못지않게 어려운 게 이걸 어떻게 반출하느냐였지요. 감옥 안에서 기결수 중에 교도관을 도와서 배식 등의 일을 하는 사람을 소지라고 부르는데, 말하자면 감옥에 익숙한 사람들이에요. 양심선언문 반출을 그들이 도와줬어요. 전원용이라는 소지가 김지하 방을 왔다갔다 했는데, 그 사람이 김지하 재판기일인 5월 19일 무렵에 마침 출소 예정이었거든요. 그때 김지하가 전원용한테 종이뭉치를 주면서, 겉에다는 가톨릭에서 말하는 오병이어, 물고기 두마리를 그려서 명동성당에 있는 윤형중 신부한테 갖다주라고 부탁을 합니다. 그 종이뭉치 안에는 아무 말도 안 들어 있어요, 실제로는. 겉에 물고기 두마리만 그려져 있었죠. 전원용은 출소한 뒤 윤형중 신부한테 정확히 전달을 했죠.

그 사람도 착하네요. 그걸 하기도 쉽지 않았을 텐데요.

김지하가 재판정에 5월 19일에 나왔잖아요. 김지하 어머니도 방청을 가고. 전원용도 거기 있었던 것 같아요. 법정에서 김지하가 몸짓으로 자기 어머니한테 전원용을 자꾸 가리키면서 이렇게 껴안아주라는 메시지를 전했다고 해요. 그후에 전원용이 김지하 어머니를 찾아갔고, 김지하 어머니가 나한테 부탁을 한 거죠. 전원용을 소개하면서 양심선언문 반출을 도운 사람이라고 알려줬어요.

반출 직후 같으면 모습을 안 나타내보여야 되는 거잖아요? 듣는 제가 조마조마한데요.

전원용한테는 우리가 성심으로 대했죠. 왜냐면 그 사람이 중앙정보부에도 끌려갔어요. 김지하가 진술을 해가지고. 중앙정보부에서 전원용은 자기는 뭔지 모르겠다, 그냥 물고기 그림 갖다주라고 해서 갖다줬다 그렇게 말했어요.

어쨌든 내가 직접 전원용을 만났어요. 김지하 어머니는 처음에 전원용의 이름도 몰랐을 거예요. 내가 전원용을 만나서 어떻게 살 거냐 물으니까 처음에는 얘기를 안 하더니 자기가 광나루 쪽에서 자랐는데 작은 놀잇배를 한척 사주면 강 유람하는 사람 태워가지고 다니거나 낚시하는 사람 태워가지고 다니고 하면 먹고살 수 있을 것 같다고 해서 배를 사줬어요. 김지하 어머니와 있는 돈 없는 돈 모아서 요새 돈으로 한 500만원쯤 들지 않았나 싶어요.

전원용이 처음에는 그 일을 계속했어요. 광나루에서 배에 사람들 태워서 유람 비슷하게 천호동 근처 한강을 왔다갔다 했지요. 그러다 언제인지 그걸 팔고 떠나더니 그뒤로부턴 연락이 없어서 저절로 끊어졌어요.

그렇다면 전원용이 들고 나온 건 빈껍데기뿐인 종이뭉치였습니다. 실제 양심선언문은 어떻게 반출이 되어서 일본까지 옮겨지게 되는 겁니까?

아무튼 그렇게 해서 나온 양심선언이 우리나라에, 나는 직접 접촉한 일이 없습니다만, 신구교회 성직자들이 자기들끼리 모이는 성직자 모임이 있는데, 거기에 전달했어요. 개신교 목사도 있고, 신부도 있고. 물론 외국 사람들이죠.

아, 외국인들?

네. 외국인들. 처음에는 양심선언문을 미국에 있는 제임스 시노트 신부한테 보낼 생각을 했어요. 시노트 신부가 인혁당 구명운동에 관련 있다는 이유로 한국에서 추방되어서 미국에 있었습니다. 우리나라만 아니면 다른 나라에서 미국으로 우편을 보내면 되니까 한국을 벗어나기만 하면 되겠다고 생각해서 홍콩으로 가는 외국인 선교사에게 양심선언문을 가지고 나가달라고 부탁을 했죠. 그런데 김지하 어머니가 어떻게 그걸 알고 떠나기 전 그 선교사를 찾아가 양심선언문을 되찾아 왔어요. 김지하 어머니는 자칫 이게 김지하를 살리는 길이 아니라 김지하를 빨리 죽이는 일이 될지도 모른다고 걱정을 해서 그런 일을 한 거예요. 어머니 된 심정인데 오죽하겠어요.

그래가지고 이거를 안전하게 한다고, 다시 오도 하스 신부에게 일본까지만 운반해달라고 부탁을 합니다. 오도 하스는 왜관에 있는 베네딕토수도원의 수도원장(아빠스)이었어요. 30대 독일인 신부였는데요. 수도원장이면 주교급이어서 주교회의에도 참석을 합니다. 아주 현명하고 생각이 깊은 사람이고, 김수환 추기경하고도 가까웠고요. 그 사람이 자신이 왜관의 수도원장을 계속하고 있으면 한국인 수도원장이 나오기 어렵지 않겠나 생각해서 일찍 사표를 냈어요. 오도 하스는 사표를 낸 뒤에 필리핀 쪽에 가서 선교활동을 하면서 한국과 일본에 자주 드나들었고요.

아무튼 제 부탁으로 오도 하스가 양심선언문을 일본까지 안전하게 운반합니다. 대외적, 공식적으로는 시노트 신부가 일본 가톨릭정의와 평화협의회(정평협)에 보내서 영어, 일어로 번역해서 발표했다고 일본 정평협의 소마 노부오(相馬信夫) 주교하고 말을 맞춘 거죠. 이 모든 과정과 번역이 다 끝내고 8월 4일에 소마 주교 이름으로 양심선언을 공개 발표했어요. 양심선언이 발표된 이후에 또 관련자들이 잡혀 들어가기 시작했습니다.

잡혀 들어간 다음에는 지금까지 맞춰진 대로 다, 전원용도 가서 맞춘 대로 얘길 했고, 김지하도 같은 얘기를 하고. 다만 그때 잡혀 들어간 교도관 몇 사람은 아주 가슴 아프죠. 그 사람들은 우리 심부름을 했다고 잡혀 들어간 게 아니라, 그 당시 김지하 사방 담당 교도관, 또 책임자라고 해서 잡혀갔거든요. 교도관 중에 견책을 당하고, 쫓겨난 사람도 있었어요.

그러니까 공식적인 그림은 김지하가 옥중에서 양심선언문을 작성했고, 그다음에 반출은 전원용이 했고, 그다음 그게 윤형중 신부에게 갔고, 윤형중 신부는 외국인 선교사를 통해 시노트 신부에게 전달했다. 이렇게 된 거네요. 시노트 신부에게 전달했다는 외국인 선교사는 누군지 드러나지 않았네요?

네. 앞서 설명했듯이 한국을 떠나기만 하면 우편으로 보내면 되니까 꼭 누가 드러나지 않아도 되는 거죠. 한국에 찾아온 어느 외국인 선교사를 통해서 시노트 신부에게 우편으로 전해달라고 그랬다 한 거죠.

수사 과정에서는 이렇게 하기로 말을 맞췄다는 거죠. 다 아귀가 잘 맞네요. 그런데 실제로는?

제가 오도 하스 신부에게 줬고 오도 하스가 직접 일본 가톨릭정의와평화협의회로 가지고 갔습니다.

초안이 완성이 된 뒤에는 그걸 타이핑했습니까? 글씨를 남겨두면 필자가 드러날 테니, 타이핑했을 것 같은데요. 누가 한 거예요?

기억이 잘 안 나는데, 최종 정리는 내가 했어요. 그러고 보면 타이핑도 내 책임 하에 했을 겁니다. 손학규는 자기가 어디 수녀원에 가서 했다고 얘기하더라고요.

그렇게 말한 것 같아요.

나는 어디서 어떻게 타이핑했는지 기억이 정확하게 나지 않습니다. 손학규가 따로 타이핑을 했다고 해도 아마 많이 만들지는 못했을 겁니다. 몇부 정도겠지요.

그 몇부 중에 시노트 신부한테 보냈는데 김지하 어머니가 중간에 다시 받아왔다고 한 사본은 선생님한테 안 돌아왔죠? 선생님은 다른 사본을, 몇부를 갖고 있는 건가요?

그건 안 돌아왔죠. 몇부인지는 모르겠고, 그렇지만 나는 나대로 양심선언 원본을 여러벌 확보해서 가지고 있었을 겁니다. 그중에 하나를 오도 하스가 왔을 때 제가 전해준 것이지요.

오도 하스와 선생님은 어떻게 연결이 됩니까?

오도 하스는 주교급인데다 추기경과 친분도 두터워서 한국에 오면 명동성당의 추기경실에 들르곤 했어요. 자주 만나고. 그리고 가톨릭여학생관에도 독일인 시그리드라는 아피 회원이 있었어요. 거기도 놀러 오고. 그래서 나도 개인적으로 알죠. 친하거나 하진 않았지만 신뢰관계는 있었습니다. 한국에 오면 저랑 가톨릭여학생관에서 저녁을 먹는 일도 더러 있었어요.

그러면 문건을 전달할 때 오도 하스하고 일대일로 만난 겁니까?

공개된 곳에서 전달했는지, 단둘이 따로 만났는지 정확하지 않아요. 거기 여학생관에 있는 아피들은 신뢰할 만한 사람들이고, 외국인들이기는 하지만 지금 생각에는 다 같이 있는 데서 공개적으로 주지는 않았을 겁니다. 따로 그 사람 짐 챙길 때 짐 속에 넣으면서 '이것 좀 꼭 갖다줘라 중요하다' 이렇게 했던 게 아닌가 싶어요. 오도 하스는 이 일 전에도 비슷한 일을 많이 했습니다. 한국의 여러 문건들을 일본이나 국외로 내보내는 일들이요. 제가 그런 일을 하는 과정에서 제일 안심할 수 있는 사람이 오도 하스였어요.

외국인인데다가 주교급 정도 되니까 함부로 못 건드리게 되죠. 그래서 오도 하스에게 이 양심선언문을 일본의 누구에게 전달해달라고 한 건가요?

송영순 선생에게요. 그런데 특별히 송영순이라고 지칭한 건 아니고, 그 전부터 쭉 해왔으니까 송영순이라고 얘기할 거 없이 일본에 가톨릭정의와평화협의회 가서 전해주면 된다, 그러면 알죠.

아, 여기 송영순이 등장합니까?

네. 송영순이라는 선이 계속 있었어요. 그 사람들은 가톨릭 내에서 오랜 관계였기 때문에 나보다는 더 가깝죠.

이게 완전히 드라마 같거든요. 표면적인 것과 실제의 것이 아슬아슬하게 진행되고 있기 때문에 들어보면 너무 흥미진진합니다.

중앙정보부는 정보부대로 실제 진상을 알아야 될 강렬한 욕구가 있을 거 아니에요. 왜냐면 때려잡아야 되니까. 또 한쪽은 감추려 하고. 그리고 민주화운동이라는 게 한 사람의 힘이 아니고 수많은 사람들이 지금 구석구석에 관여해가면서 초조해하면서 불안해하면서 한땀 한땀 만들어가는 역사라는 게 실감나네요. 그리고 정치범도 아니고 학생도 아닌, 전원용의 특이한 기여가 또다른 흥미입니다. 아까 김지하 재판정에 전원용이 나왔다고 했잖아요. 왜 나왔을까요, 통상은 법정 나오기를 꺼릴 텐데요.

글쎄, 아마 김지하에 대한 관심과 존경이었을지도 모르죠.

전원용은 윤형중 신부를 직접 만나서 전했을까요?

직접 가서, 윤형중 신부는 누워 계시니까 아마 가서 만났을 겁니다. 제가 윤형중 신부한테 뭉치를 받았으니까요.

윤형중 신부는 그거 안 풀어봤습니까? 왜 빈종이가 왔는지 궁금해하지 않았을까요?

'이런 게 왔네' 그랬겠죠. 그러니까 내가 윤형중 신부 쪽에 '뭐가 갈 건데 그거는 아무 것도 아니니까 나중에 주시면 됩니다' 이렇게 미리 얘기해놓았습니다.

전원용이라는 친구가 아주 특이한 게, 보통 그러면 정치적으로 무시무시한데, 갓 출소한 절도범이 재판 날짜를 알아서 법정에 나올 리가 없을 것 같은데, 그게 희한하네요.

재판 날짜는 전원용이 출소 전에 이미 알고 있었을 겁니다. 그리고 이유야 모르겠지만 전원용 본인이 김지하를 돕기로 결심을 했던 것 같아요. 김지하는 친화력도 있는데다 존경받는 정치범이었으니까, 도움을 많이 받았을 겁니다. 소지니까 물을 더 많이 준다든지, 반찬을 더 많이 준다든지 자기가 할 수 있는 일을 하면서 그 안에서 관계가 깊어진 거죠.

그런 고도의 인간적 유대감이 있지 않고는 출소할 때 이걸 윤형중 신부에게 전해주라 부탁할 순 없겠죠. 복역자가 다른 복역자로부터 뭐 하나 뭉치를 받으면 보통 경우 의아하잖아요. '왜 이러지? 신고하고 포상 타먹을까' 이런 생각이 들 수 있고. 일단 받아서 가지고 나왔다고 하더라도 출소한 다음에는, 보통 나오자마자 자기 친구들 만나가지고 술 마신다고 싹 잊어버릴 수도 있잖아요. 그런데 그 종이를 챙겨 들고 명동성당을 가는 거예요. 또 명동성당 가서 전해라 하는데, 명동성당의 윤형중 신부를 어떻게 만날 수 있는지 그걸 어떻게 알아요?

그건 김지하가 가르쳐줬겠죠. 명동성당 주교관에 가면 윤형중 신부가 병중이어서 방에 누워 있다. 거기 가서 인사하고 드리면 된다.

어쨌든 전원용도 나름 역사적 임무를 잘 수행한 셈이네요.

그렇죠, 자기 할 일을. 애가 또 싹싹해요. 지하 어머니한테 어머니, 어머니 하고.

여관에 틀어박혀서 작성한 김지하 변론요지서

김지하가 1974년 4월에 민청학련 사건으로 잡혀가잖아요. 그리고 1975년 2월에 형 집행정지로 출소를 했다가 1975년 3월에, 27일 만에 다시 잡혀 들어가지요. 그사이에 동아일보에 「고행… 1974」라는 글을 발표해서 인혁당 사건의 관계자들이 고문으로 탈장했다는 등 특히 심한 고문을 받았다는 이야기를 한 것 때문이었습니다. 그때 중앙정보부가 김지하를 체포하면서 동시에 원주에 가서 집을 털어서 '장일담' '말뚝' 등의 메모를 가져간 거고요. 「타는 목마름으로」라는 시를 김지하의 원주 집에 가서 선생님이 가져왔다는 게 맞습니까? 그 경위를 한번 정확하게 말씀해보시죠. 정보부가 압수수색을 한 다음 선생님은 얼마나 지나서 김지하의 집에 갔는지 기억이 나시나요?

김지하가 잡혀 들어간 뒤에 바로 중앙정보부 사람들이 김지하의 원주 집을 전부 훑어갔어요. 그래서 거기서 찾은 옥중수첩에 적혀 있던

'장일담'과 '말뚝'의 작품 구상 메모를 가져다가 반공법 위반으로 몰아간 거지요. 나는 그뒤에 김지하 구명운동을 하는 과정에서 활용할 만한 자료들을 찾기 위해서 김지하의 원주 집으로 갔습니다. 재판하기 전이었던 걸로 기억을 해요. 1975년도에 잡혀 들어갔는데 1976년서부터 재판을 시작했거든요. 그래서 그 무렵 어간에 몇번 원주에 갔었어요. 일부러 간 건 아니고 원주는 자주 가니까 간 김에 김지하 짐을 다 털어본 거죠.

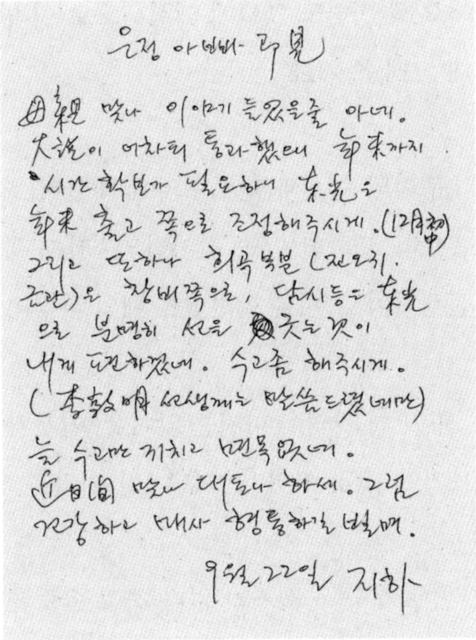

김지하가 안부를 묻고 원고의 출판을 상의하기 위해 보낸 편지.

일본에서 구명운동을 하자면 새로운 자료가 계속 나와야 돼요. 자료를 보내줘야 그걸 가지고 김지하에 대한 이야기를 이어갈 수 있으니까요. 원주 집은 이미 정보부에서 다 뒤졌고 이제 찌끄러기만 남아 있는데, 김지하 짐을 전부 다시 꺼내가지고 나머지 이삭줍기를 한 거죠. 그중에 하나가 「타는 목마름으로」였어요. 그밖에도 쓰다 만 시, 써놓고 미처 챙기지 못한 시들도 좀 있었습니다. 시 말고도 그리다 만 난초 같은 것도 남아 있었고요. 또 하나가 「가포일기」라는 산문이에요. 지금의 경남 창원 마산합포구 가포동에 예전에 마산 결핵요양원이 있었어요. 김지하도 옛날에 폐결핵으로 이 병원에서 강제요양한 일이 있는데 그때 쓴 거죠.

우리의 현실과 민주주의에 대한 염원을 가장 잘 그려낸 시 한편을 뽑으라고 하면 단연 김지하의 「타는 목마름으로」라고 할 수 있지요. 선생님이 그 시를 발견했을 때의 과정이 생각이 나시나요?

특별히 기억이 나지는 않아요. 이것저것 챙기면서 거기 있는 글들을 보기야 봤죠. 아마 「1974년 1월」이라는 시도 그때 같이 나왔을 거예요.

정보부는 문젯거리 없나 하고 슬렁슬렁 훑어보다가 모택동 책하고 '말뚝' '장일담' 이런 거 몇개만 가져가고 만 거네요. 김정남 선생님은 거의 고고학 자료 발굴하듯이 훑어낸 겁니까?

내가 지금 정확히 기억을 못하는데 깊이 감추어놓았기 때문에 정보부에서 미처 거기까지 챙기지 못한 것일 수도 있고, 훑었는데 놓치고 간 것일 수도 있겠지요. 또 그냥 아무렇게나 종이 뭉텅이로 흩어져 있어서 빠뜨렸을 수도 있고. 정확하게 모르겠지만 나는 그거 말고도 꽤 많이 주워서 일본 쪽에 보냈어요. 특별히 뭘 꼼꼼하게 샅샅이 뒤진 건 아니었던 것 같아요. 눈에 띄는 대로 가져왔다고 보는 게 더 맞죠.

김지하가 상상력을 발휘해서 자기 과장과 현실이 막 섞여버린 게 여러건이 있는 것 같습니다. 김지하가 그때 반박정희 군사쿠데타를 일으킬 세력이 있었고 중앙정보부 이종찬이 그 주역이었다고 얘기를 했

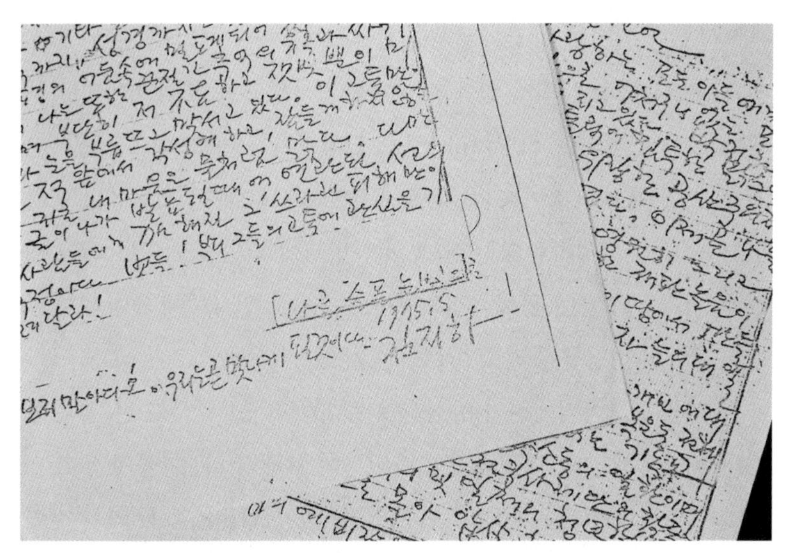

김지하 양심선언문 육필 원고(1975년 5월).

는데 제가 얼마 전에 이종찬 전 의원을 만나 직접 물어봤습니다. 이종찬 의원은 그건 말이 안 된다고, 쿠데타 한번 일으키려면 얼마나 많은 준비가 필요한데 전혀 말도 안 된다고 하시더라고요.

다만 그 무렵에 김지하를 만나게 됐는데, 김지하가 이종찬에게 원주에 가면 장일순 선생이란 분이 있는데 우리의 리더다, 한번 만나보라고 했다는 거예요. 그래서 장일순 선생을 만나보니까 사람이 굉장히 활달하고 여러가지 이야기들을 잘하더라는 거죠. 이종찬 생각에 김지하 등의 배후에 장일순이 있고, 장일순이 북한과 내통했으면 문제가 크고 내통을 안 하면 문제될 거 없을 것 같다 싶었대요. 그래서 확인을 해보니 장일순이 북한과 내통한 흔적은 전혀 없고 자기 나름대로 주견과 소신이 확실한 분이라는 걸 확인했다는 정도지 그 이상은 뭐가 없었다고 하더라고요.

그러고서 김지하를 잡아넣자고 할 때 이종찬이 머리를 짜낸 게 국제 펜(PEN)클럽 대회가 있는데 시인을 잡아넣으면 그 대회가 명분이 돼가지고 '김지하를 석방하라' 구호나 성명서가 바로 나오고 곤욕을 치를 수도 있으니 잡아넣는 게 좋지 않겠습니다 해서 설득에 성공을 했어요. 대신 김지하한테 마산 쪽 정신병원에 피난을 가 있으라고 한 건데, 김지하가 몸이 근질근질해가지고 수시로 인사동에 출몰해서 많은 사람들이 진땀을 흘리고 이랬다는 거죠.

김지하는 또 어디에선가 양심선언에 대해 '나는 하나도 본 적이 없는데 조영래가 그냥 대필해가지고 일본에 보낸 거다' 이렇게 쓰고 있으니까 읽는 독자들은 문득 '아, 그런가? 좀 심한 거 아냐?'라는 생각을 가질 수 있죠. 왜냐면 본인 뜻과 관계없이 막 보냈다고 하니까. 그래서 민주화운동 과정에서 생산된 문건의 진정성을 훼손하고자 하는 사람들이 이 내용을 빌미로 자기가 안 쓴 것도 막 썼다고 사칭한다는 식의 주장을 하게 됩니다. 그런데 오늘 실물자료를 보니까 이게 김지하 자신의 글씨로써 양심선언 마지막 부분이 다 적혀 있잖아요. 김지하의 주장들이 자가발전된 과장 혹은 허위도 상당하다는 증거가 되는 거죠. 물론 좋게 보면 겸손이라고도 할 수 있을지 모르겠지만요.

「타는 목마름으로」 시를 김정남 선생님이 발굴해가지고, 홍성우 변호사가 1976년 말에 김지하 재판 결심할 때 변론요지서에 인용을 합니다. 여섯명의 변호사가 쓴 원고지 분량을 보니까 한 250매 되더라고요. 250매의 변론요지서를 여섯분이 나누어서 읽는데, 마지막 부분에 「타는 목마름으로」를 인용하면서, '이 시에서 우리는 민주주의와 자유에 대한 김지하의 진실을 알 수 있다. 이 진실을 드러낼 수 있는 훌륭한 판결이 되길 바란다' 이렇게 홍성우 변호사가 끝을 맺더라고요. 그런데 그 250매 되는 변론요지서를 김정남 선생님이 쓰셨다면서요? 처음부터 끝까지 다 쓴 겁니까?

네. 그랬습니다.

김지하 양심선언 사건 때 이한택 신부 이름으로 낸 감정서도 선생님이 완전히 다 쓴 것으로 알고 있습니다. 그 글이 신학 감정으로 되어 있지만, 문학적인 분석도 들어가고요. 변론요지서나 감정서를 집필하실 때 과정을 기억할 수 있습니까?

내가 재판기록을 봐야 할 수 있는데, 변호사들의 기록은 총무 역할을 자임한 황인철 변호사가 갖고 있었어요. 변호사 사무실에 있는 그 기록들을 내가 가지고 나가는 걸 황변호사가 상당히 불안해했어요. 나중에 만약 인출한 게 드러나면 자기 책임이 되니까요. 그런데 황변호사 사무실에서 쓸 수는 없는 일이니까, 그래서 내가 한일여관이라고 청진동 해장국 골목에 오른쪽으로 들어가서 있는 여관인데 그 여관에 틀어박혀서 변론요지서를 이틀인가 사흘인가 썼습니다.

홍성우 변호사로부터 상세히 확인한 것이지만, 당시 김지하 재판은 법정 공방을 속기로 기록할 수 있었고, 그건 심훈종 재판장이 나름 역할을 한 것이라는 말씀을 들었습니다. 그 속기된 기록을 토대로 변론문서 등을 만들었다는 말이지요?

김지하 재판이 우리 재판사에서 특기할 게 몇가지 있는데 그중 하나는 법정의 모든 기록을 속기로 남겼다는 겁니다. 이제까지는 법원 서기가 문답을 다 받아썼어요. 대개의 경우에는 '예, 아니오'로만 재판기록이 남는데 김지하 재판 때는 문학논쟁도 있고 종교적인 문제도 있어 섬세하게 기록을 해야 될 필요가 있었습니다. 그래서 피고인 쪽에서 비용을 대고 속기사를 쓰자고 요청했는데 그게 받아들여졌습니다. 심훈종 부장판사가 '지난번에 당신은 이러이러하게 진술을 했는데 사실입니까' 물으면 '예' 이렇게 답하면서부터 본격적인 재판을 하게 되는 거죠. 속기사 비용은 다행히 김수환 추기경 쪽에서 부담을 했고, 총무 역할은 황인철 변호사가 했습니다. 자기 노트에 가톨릭에서 얼마가 들어오고 법원에 얼마를 주고 이런 내용을 다 적었어요.

변론요지서는 말이 요지서지 분량이 엄청나던데. 그것을 여관에서 이삼일 만에 썼다고요?

네. 그리고 김지하가 재판할 때마다 또는 속기록이 나올 때마다 복사하거나 내용을 압축해서 일본으로 보냈어요. 그때는 김지하 구명운동을 할 수 있는 공간이 일본이었어요. 그렇게 보낸 재판기록이 일본 가톨릭정의와평화협의회 편으로 『김지하는 누구인가: 그 옥중투쟁의 기록』이라는 이름으로 1979년에 출간되었습니다. 여기에는 공판기록은 물론 옥중 메모에 대한 감정의견서, 김지하의 최후진술, 변론요지서와 항소이유서까지 모두 실려 있습니다. 일부는 『세카이(世界)』의 「한국으로부터의 통신」에도 나오고 어떤 건 부분적으로 발표한 것도 있고. 계속 공개발표할 거리를 만들어줘야 돼요. 그래서 김지하한테도 감옥 안에서 자꾸 쓰게 했죠. 「분씨물어(糞氏物語)」라고 나중에 임진택

일본에서 발간된 김지하 관련 서적들. 시집 『불귀』와 투쟁 기록 『김지하는 누구인가』

이 「똥바다」라는 판소리로 만들기도 했는데, 그것은 감옥에서 김지하가 쓴 겁니다. 그 글을 내가, 최민이라는 시인에게 한번 봐달라고 해가지고 마지막 정리를 했어요. 물론 발표도 일본에서 먼저 했습니다.

그다음에 이한택 신부의 감정서 있잖아요? '신학적 감정서.' 이건 신학적 조예가 들어가야 되잖아요? 선생님의 신학적 조예가 어떻게 형성되었습니까?

조예가 있을 턱이 없지요. 무엇보다 내가 종교적 영성이 없잖아요. 김수환 추기경이 글을 쓰라고 할 때 대부분은 불러주시면서 이런 방향으로 써달라고 합니다. 언젠가 한번은 함세웅 신부가 김수환 추기경의 크리스마스 메시지를 나보고 한번 써보라고 하시는 거예요. 그런데 글이라는 게 공부를 엄청나게 많이 해서 차고 흘러 넘쳐야 되는 건데

더군다나 영성이 필요한 글은 더 그래요. 하다하다 안 돼서 신부님한테 저는 도저히 이건 못 쓰겠다 한 적도 있어요.

'신학적 감정서'를 쓸 때 신학 책도 보고 하셨습니까?

그때까지 주로 제가 가지고 있던 자료나 섭렵한 것을 가지고 쓴 거죠. 제2차 바티칸 공의회 문헌이라든지 역대 교황의 회칙이라든지.

그때 이한택 신부는 전혀 내용을 보지 않았습니까?

봤죠. 양해를 구했죠.

그 양해 과정은 어떻게 되나요?

그때 이한택 신부가 굉장히 열심이었어요. 예수회 신부이면서 수학을 전공해서 수학 교수를 하고 있었어요. 예수회 신부로서는 사제단 활동에 상당히 열성이었죠. 함신부한테도 큰 힘이 되었고요. 당시에 영국의 BBC방송에서 인혁당 사건을 취재했는데 그때 이한택 신부가 열심히 도왔어요. 그 방송 DVD도 이한택 신부가 많이 가지고 있어요. 나도 그 DVD를 가지고 있다가 누구를 줬던가 뺐겼던가 그랬는데 이한택 신부가 자기한테 있다 그래서 하나 얻어왔어요.

이한택 신부는 그 시대의 활동에 대해서 상당히 자부심을 갖고 있었겠습니다. 선생님이 쓰신 감정서를 보시고는 자신의 의견은 안 붙이셨습니까?

큰 틀에서는 양해를 해주셨지만, 용어라든지 부분적으로 고쳐주신 걸로 기억합니다.

김지하 사건이 묘한 게 구상 시인 이름으로 감정서가 하나 들어가는데 그건 김병익 선생이 친구 황인철 변호사의 부탁을 받고 다 썼다고 김병익 선생이 나중에 밝혔죠. 그다음에 이한택 신부 이름으로 들어간 것은 김정남 선생님이 거의 다 쓰고. 또 김지하의 양심선언은 조영래가 많이 썼잖아요. 말하자면 김지하, 조영래, 김병익, 김정남 그 당대의 문필가들이 절실한 염원을 담아 가담하게 된 셈이네요. 최후진술은 김지하만의 빼어난 작품이 되었고요. 문학적으로나 사회과학적으로 가장 명문이고 통찰력 있는 글들이 거기에 다 모인 것 같더라고요. 그 자체가 하나의 이야깃거리이거니와 거기에서 나오는 종합적, 문학적 성취의 수준으로도 특별한 공력이 들어간 글들이라고 생각이 됩니다.

조선일보의 선우휘도 있었죠. 선우휘는 여러가지 성향으로 봐서 문학적으로 그 당시에 김지하하고는 반대쪽입니다. 염무웅이나 백낙청과 대척점에 있기도 하고요. 그런데 선우휘는 김지하의 장모인 박경리 선생하고 가까워요. 선우휘가 김지하의 범죄혐의라는 '말뚝'이나 '장일담' 메모 같은 것을 봤는지 안 봤는지 모르겠지만, 아마 안 봤겠죠. 실제로 글 내용을 보면 안 보고 쓴 것 같아요. 선우휘는 '김지하는 시인이다, 시인으로서 김지하 자신이 공산주의자가 아니라면 아니다, 나는 김지하를 믿는다, 왜냐하면 시인이나 문인은 진실을 말하는 사람이기 때문에 그렇다' 이런 요지로 말하고 있거든요.

선우휘는 우파의 논객이고 또 소설가로서 독자적 평판도 갖고 있지요. 이런 선우휘까지 끼어드니까 당시의 문필가들이 거기에 다 같이 결합되는 희한한 장면이 만들어졌네요. 그럼 변호사들은 어떻게 임했습니까?

당시 김지하 변호인단에서 제일 연세가 많은 분이 박세경 변호사였는데 여섯분이 차례로 변론에 나섰지요. 또 인혁당 관계 부분이 제일 민감하니까 이돈명 변호사가 그 부분은 자기가 맡겠다 해서 변론도 하고 반대신문도 했고요. 홍성우 변호사는 변론요지서의 마지막 부분을 정리하셨고요. 그 최후변론을 6시간인가를 했다고 하더라고요. 밤늦게까지. 나는 그 자리에는 없었는데 아주 장엄했다고 들었습니다. 그때 홍성우 변호사가 마지막으로 변론을 하면서, 김지하의 「타는 목마름으로」를 낭독합니다. 그것이 「타는 목마름으로」 최초의 낭독이었습니다. 많은 사람들이 감동을 했지요. 그게 12월 23일인가 그렇지요.

변호인 여섯분이 이어가면서 릴레이로 최후변론을 하고, 그다음에 김지하가 최후진술을 하는데 최후진술은 글로 쓸 수가 없잖아요. 김지하의 머릿속에 있는 게 말로 나온 건데, 그 최후진술이 녹취가 돼가지고 정말 다행이지요. 진짜 천하의 명문장입니다. 글로서도 그렇고 말씀으로도 좋아요. 현장 속에서만 나올 수 있는 그런 말들의 귀중한 모음이라고 봅니다.

여기 김지하 시집 출간본을 보니까, 김지하가 쓴 「타는 목마름으로」「1974년 1월」「불귀(不歸)」「가포일기」 뭐 이런 것들이 다 나옵니다. "61년부터 75년 사이에 쓰여졌거나 발표된 것이다. 한번 훑어보니 도무지 거칠고 들쑥날쑥. 지난 세월 내 살아온 거를 한눈에 보는 것 같다"라고 되어 있습니다. 이 중에서 선생님이 건져낸 시가 뭔지 기억이 나십니까? 많이 건져오셨나요?

그렇게 많지 않아요. 제가 일본 가톨릭정의와평화협의회에 김지하의 집에서 건진 시와 산문들을 모두 보냈는데 1975년 10월 30일에 보낸 시와 자료가 양심선언과 함께 『불귀(不歸)』라는 김지하 작품집으로 나오고, 같은 시기에 김지하 돕기회 비슷한 일본 시민단체에서 역시 시집이 나오는데 여기에 「타는 목마름으로」가 처음으로 공개됩니다. 김지하가 처음으로 시집을 낸 것은 1970년에 『황토』(한얼문고 1970)였고, 『타는 목마름으로』라는 이름으로 창비에서 김지하 시집이 나온 것은 1982년인데 나오자마자 판금이 되었던 걸로 기억합니다.

『황토』라는 시집에는 시국 그 자체를 직접 이야기하는 건 아직 안 나와요. 「1974년 1월」이라든지 「타는 목마름으로」, 하여튼 1974, 75년의 분위기에서만 나올 수 있는 강도 높은 저항시들은 시집으로 나오기 전에 필사되어 광범하게 유포되었습니다. 연극공연의 대본도 되었고요. 저항시, 민주시 계통의 시들은 1982년에 시집으로 묶여 나왔는데, 나오자마자 판금되었지요.

서울대 학생 김상진이 1975년 4월 11일에 유신체제의 폭압성에 항거하는 양심선언을 하고 할복 자결하는데, 4월 24일에 정의구현사제단 주최로 명동성당에서 김상진 추모 기도회를 열었어요. 전병용을 통해 감옥에 있는 김지하한테 연락을 해서 김지하가 조시(弔詩)를 썼습니다. 제목이 「아아 김상진」입니다. 그 시를 24일에 낭독을 했지요. 시 내용이 굉장히 강렬합니다.

그러고 그해 5월 22일에 서울대에서 김상진 추도회 형식으로 '오둘둘 사건'이라는 게 일어나는데 그때 김정환도 조시를 썼고요. 또 김근태하고 신동수가 신경림한테 찾아가서 우리가 이러한 일을 하려고 하는데 김상진을 위한 조시를 하나 써달라고 부탁해서 신경림도 조시를 한편 썼습니다. 그 시를 5월 22일에 낭독을 하고 거리에 뿌렸지요. 굉장히 많은 사람들에게 읽혔어요. 그 시들을 비교해보는 것도 의미가 있을 것 같습니다.

총 세편이네요. 김지하가 쓴 「아아 김상진」, 김정환의 시, 신경림의 시.

내가 신경림한테 그 시를 찾아준 일이 있는데, 자기도 그때 그냥 써주고도 잊어먹었죠. 신경림의 시 전집에도 안 들어가 있어요. 김지하는 본인이 「아아 김상진」을 썼다는 것도 모르고 있는 것 같아요. 알고 있으면 어디 실었겠지.

네. 그럼 김지하의 시 전문을 한번 읽어보겠습니다.

기인 겨울
얼음 뚫고 흐르는 맑은 한줄기

시냇물 소리여
그대 죽음이여

여윈 나무가지마다
눈보라에도 움트는 저 애잔한
푸르름이여
검은 총구에 꽂혀진
한떨기 붉은 철쭉꽃의 눈부심이여
그대 죽음이여

두려움에 얼어붙은 가슴들을 찢어
선혈로 들끓게 함이여
돌이 된 혀를 칼로 쳐
빈하늘 말씀의 폭풍으로 가득히 채움이여
탄식마저 성난 파도되어
잿빛 거리로 거리로 휩쓸어오게 함이여
그대 죽음이여

꽃일 적에 아리따이
흰 이슬 더불어 단 한 번 죽어
세세에 끝없이 피어나 저 푸른 대지의 꽃바다로 영생할 그대 죽음의
오묘한 뜻이여
죽어 비로소 삶이여

버림으로써 얻음이여
결단함으로써 자유의 이름이여
땅에 더불어 하늘을 모심이여
인간으로서 인간답게 인간과 더불어 삶이여
우리 모두 삶의 외줄기 저 새 하얀 외로운 길이여
불꽃이여
그대의 죽음이여

아아 김상진!
아아 김상진!
비겁이 지배하는 우리 가슴에
용기를 주었다
두려움에 사로잡힌 우리 마음에
슬기를 주었다
분열이 잦은 우리 전열에
단결을 주었다
좌절에 빠진 동지에게
희망을 주었다
압제가 판치는 이 나라에
자유의 종소리가 되었다
총칼이 번뜩이는 저 거리에
평화의 꽃다발이 되었다

아아, 김상진!
아아, 김상진!
굶주림에 허덕이는 이웃들에게
충족된 생존으로!
절망에 질식당한 형제들에게
축복된 나날로!
모든 어둠 위에 빛으로!
온갖 부정 위에 심판대로!
일체의 마귀 위에 회초리로!
방황엔 나침반으로!
실의엔 광명으로!
폭정, 부패, 독선, 압박과 착취와 기만의
악마 현정권에게 폭풍으로!
이 어둡고 가난한 나라 곳곳에 이 힘없고
의지할 곳 없는 우리들 가슴 가슴에, 손과 손에
파도로! 함성으로! 해방의 불기둥으로
부디부디
아아! 님아 돌아오소서.

김지하가 1976년 12월 23일에 있었던 결심공판에서 장엄한 최후진술을 하는데, 특히 자신을 탄압하고 있는 박정희 정권을 향해서 이렇게 말했습니다. "내일, 주의 성탄절을 맞이해서 여러분에게 모두 축복이 내리고 나를 그렇게 미워하고 박해하고 구박하는 현정부 최고지도자 박정희 선생과 중앙정보부의 모든 고급 요원들에게 가슴과 머리

조 시

"곡 김상진"

네 목소리는 바람이 되었다.
어둠이 덮은 온 나라의
강과 산과 마을을 누비며
짐승처럼 서럽게 울부짖고 있다.

네가 흘린 피는 꽃이 되었다.
말라 죽은 나무가지 위에 골목 진흙탕에
숨 죽인 우리들의 팔뚝 위에
불뚝 불뚝 일어나는 숨결이 되었다.
친구여

이 어두운 땅에도 봄이 왔구나
네 시체를 밟고 사월이 왔구나
네가 뿌린 피를 밟고
다시 사월이 왔구나

민주주의여, 아아 자유여 정의여
가난하고 억눌린 사람들에게도
그렇다 사월이 왔구나 친구여
너의 죽음으로
잘린 우리들의 혀가 되살아나리라
백두산에서 한라산까지 울리는
저 우렁찬 목소리로
막힌 우리들의 두 귀가 뚫리리라
눈앞을 막은 안개가 걷히리라

이제 우리들의 목소리도 바람이 되었다
어둠을 뚫는 우렁찬 아우성이 되었다
아무것도 두려울게 없는 노랫소리가 되었다

친구여 잘가거라 너는 외롭지 않다
네 뒤를 따르는 피의 노랫소리가 되었다.

— 친구일동 —

김상진 열사를 추모하는 신경림의 시 「곡(哭) 김상진」.

위에 흰 눈처럼 은총이 폭폭 쏟아지기를 빕니다. 자비로운 은총이 이루어져 용서하시고 모두 축복받을 수 있기를 빕니다."

김지하는 1976년 12월 31일, 7년형을 선고받고 장기복역에 들어갔습니다. 변호인들은 1977년 3월 28일 항소이유서를 제출했고, 김지하 역시 옥중에서 항소이유서를 제출했으나, 법원은 피고인 김지하의 항소이유서는 열람이나 복사를 끝까지 허가하지 않았습니다. 나는 김지하의 항소이유서를 세상에 알리고 일본 정평협에도 전달하려 했으나 끝내 반출할 수 없었어요.

이렇게 김지하의 감옥생활이 하염없이 길어지자 천주교정의구현전국사제단과 자유실천문인협의회 등이 1978년 3월 김지하 구출위원회를 발족시키고, 그해 12월 21일 동대문성당에서 '김지하 문학의 밤'을 개최했습니다. 이날 지학순 주교가 개회사를 하고 함세웅 신부가 「세계 기독교인에게 보내는 메시지」를 발표했는데, 이 김지하 문학의 밤 행사가 옥중의 김지하의 면모를 이해하는 계기가 됩니다. 지학순 주교는 그 행사가 "우리가 하루속히 김지하를 우리와 함께 살게 되기를 기원하는 것이 그 목적"이고 "부디 김지하를 그의 가족과 우리 민족에게 되돌려놓게 되는 크나큰 염원의 자리가 되기를" 바란다고 했습니다. 함세웅 신부는 메시지에서 "우리는 지금 김지하를 만나고 있습니다. 그의 신념과 신앙, 그 고백을 다시 듣고 있습니다. (…) 오늘 김지하의 문학의 밤에서 낭독되는 김지하의 모든 시와 글은 이러한 김지하의 내면적 신앙의 삶과 그리고 실천과 증언의 고백들이 담겨진 것들입니다. 김지하의 싸움은 인류의 양심과 공동선을 위한 투쟁 그것이며, 크리스천의 사명을 수행하는 영적 투쟁이기도 한 것입니다. 김지하의 고통과 수난은 자유와 정의, 그리고 양심과 평화를 위한 노력이 당하는

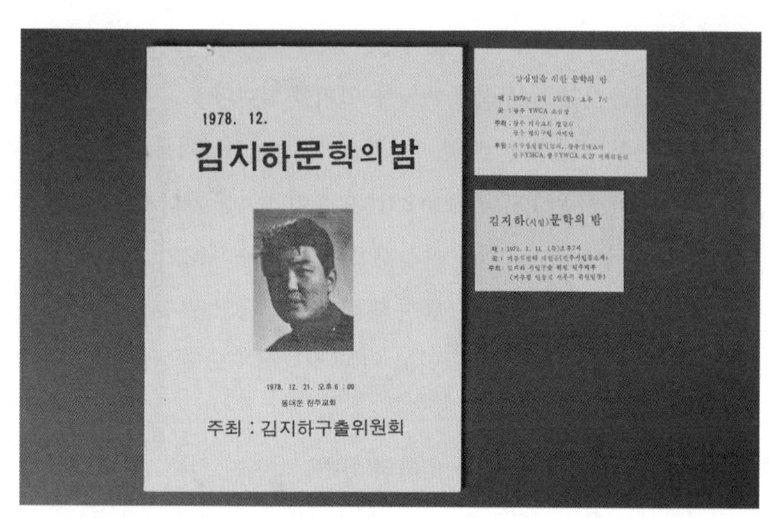

'김지하 문학의 밤' 행사 자료집과 행사 안내 전단.

고통과 수난입니다"라고 했습니다. 그리고 이어서 김지하의 여러 시와 작품, 편지가 낭독됐는데, 이때 가장 많이 낭독된 시가 「타는 목마름으로」였습니다.

김지하 문학의 밤은 사제단과 자유실천문인협의회 관련 문인들이 주축이 되어 전국을 순회하며 열렸습니다. 김지하는 1975년 6월에 아시아·아프리카작가회의로부터 특별상(로터스상)을 수상하기도 했지요. 수상 이유가 "한 시인으로서, 가톨릭 신자로서, 그리고 시를 통해 민주주의와 자유와 인간의 존엄을 추구하고 있는 한 인간으로서의 그대의 투쟁에 강력한 지지를 표명한다"였습니다.

일본선(線)과 송영순

앞에서도 여러번 언급되었지만, 오랫동안 선생님께서 일본 지식인 사회와 인연을 맺어오신 것으로 알고 있습니다. 1960~70년대 한국의 민주화운동에 일본 지식인사회가 많은 관심을 갖고 지지를 할 때 선생님의 역할이 컸다고 알고 있습니다. 이즈음에서 일본 지식인들과의 관계를 본격적으로 말씀해주시면 좋겠습니다.

글쎄요. 처음에는 굉장히 무서웠습니다. 1974년 지학순 주교의 구속 이후 당시 명동성당에서 기도회가 자주 열렸어요. 저도 참석을 하니까 자연히 천주교 쪽에 대한 유신 당국의 박해 움직임도 알게 되었죠. 그때 한국 천주교회에서 일어나고 있는 일이 일본 교회 쪽에도 전해지곤 했어요. 그러나 체계적으로 전해지는 것이 아니라 불규칙하게, 간헐적으로 전해졌습니다. 그걸 좀 체계화해야 하지 않나 생각하다가, 우연치 않게 제가 끼어들게 되었지요. 그래서 일본선(線)이 저하고 연

일본 가톨릭정의와평화협의회 간사로 활동한 재일교포 송영순.

결이 됐어요.

일본 쪽에서 맡은 사람이 앞서 잠깐 언급했던 송영순이라는 분이었습니다. 송바오로라고 불렀죠. 원래 대전 사람인데 해방 이후에 일본으로 건너간 것 같아요. 재일교포죠. 전기기술자가 됐다가 1960년대에 한국에서 신한애자(新韓碍子)라는 전기회사를 창업해서 운영했습니다. 사업이 여의치 않은데다가 1972년 8·3조치(사채동결조치, 대통령 긴급명령으로 발동)를 맞아 가까운 주변 사람들로부터 빌려온 돈을 신고를 하고 일본에 가 있던 중 지학순 주교의 구속사태를 맞게 됩니다. 그러면서 일본에서 지학순 주교 구명운동에 뛰어들게 되고, 일본 가톨릭교회의 한국 관련 창구 역할을 스스로 맡게 되었다고 해요. 8·3조치에 따른 채권신고를 하면 몇년 뒤 그 채권을 돌려받도록 되어 있었는데, 한국 천주교회와의 연락, 김수환 추기경 등 한국 교회 인사들의 일본 방문 시 안내와 각종 수발, 더 나아가서는 한국 민주화운동에 관여하면서 중앙정보부 등에 노출되어, 한국에 올 수 없게 되어버린 거죠. 그래서 8·3조치로 뒤에 돌려받아야 할 재산과 돈을 날리게 됐습니다. 귀국하면 체포되니까. 송선생이 한국에 들어올 수 있었던 게 1987년 6·29선언 이후인데, 그러다보니 한 20년 가까이 저와 그분이 펜팔을 했죠.

김지하 구명운동을 할 때 일본 쪽하고 연계를 하려고 송선생한테 전하면 그분이 김지하 돕기회 사람들한테 자료를 전달했습니다. 일본에서는 자료가 없으면 구명운동이 중단이 돼요. 자료가 있어야 새로운 자료를 입수했다며 기자회견도 하고 기사도 쓸 수 있으니까요. 그렇게 1980년대 말까지 이어진 편지가 한 200통 있을 겁니다. 송바오로가 김지하 양심선언, 광주민주화운동, 인혁당 사건 기록 등 민주화운동 대부분을 해외에 소개하는 역할을 맡아서 했죠.

먼저 송영순 선생 건에 대해서 이야기를 시작해보지요. 그분을 언제 알게 됐습니까. 얼굴은 1988년에 봤고, 편지를 한 것은 1974년쯤 시작을 했다는 말씀인데 얼굴도 모르는 상태에서 편지만 열심히 주고받으신 거네요. 그럼 1974년에는 어쩌다 시작하게 된 겁니까?

지학순 주교가 잡혀 들어가는 상황에서 알게 되었습니다. 그런데 지주교가 들어가기 전에도 일본에 가면 송영순 집에서 묵었대요. 정확한 인척관계는 모르겠는데 송바오로의 부인인 김애자라는 분이 김수환 추기경의 조카뻘이 되는 것 같아요. 김애자의 여동생이 김순자라는 분이에요. 까리따스 수녀회라고 일본에서 시작되었는데, 한국 까리따스

宋君에게. 잘 있는가. 그리고 愛子와 子女
들도 안녕하기 바라네. 부탁한 것은 아빠
님 통해서 보내네. 그런데 大會했다고 상우
해서 民族하시는 분들의 의견이 확실할 때
써주기를 바라네. 그밖에 보내준 것, 선물
다 잘 받고, 모든 것에 대하여 감사하네.
지금 우리는 부득이 고요히, 더 깊이 기도
로써 나라 일을 걱정하고
을 생각하는 다른 일세.
獄中의 金君

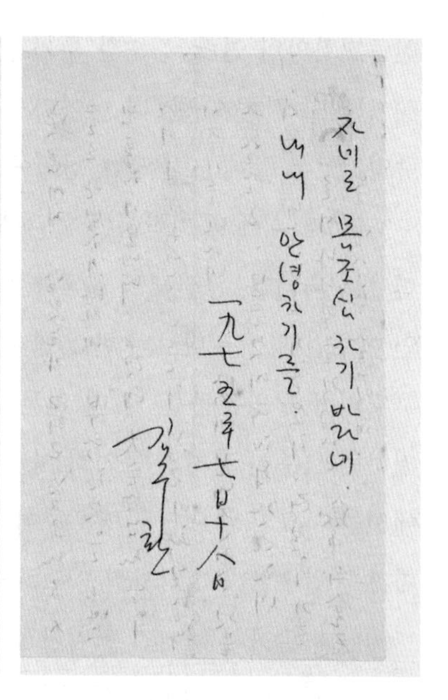

자네를 몸조심 하기 바라네.
내내 안녕하기를.
一九七三年 七月 十八日
김수환

김수환 추기경이 송영순에게 보낸 편지.

수녀회를 광주에 만든 분이지요. 또 그 동생은 살레시오수도회에 있는 김보록 신부라는 분이고요.

일본 가톨릭정의와평화협의회는 지학순 주교가 잡혀 들어가면서 한국 교회와의 연락 등 창구활동을 시작을 했습니다. 일본에서 김지하의 「오적」이 알려지면서 아오치 신(靑地晨), 오다 마코토(小田實) 이런 사람들 중심으로 해서 김지하 팬들이 모여 김지하 돕기회라는 게 생겼어요. 당시에 가톨릭정의평화협의회의 회장은 소마 주교고, 일본 가톨릭의 최고 책임자는 일본 천주교를 대표하던 시라야나기 세이치(白柳誠一) 동경 대주교였습니다.

아무튼 제가 연락책을 가로챘다기보다 내가 보기에 불규칙하게 되는 대로 하는 게 불안하니까 그쪽 카운터파트너가 누구냐 해서 연락을 맡기 시작을 했죠. 나중에 보니까 일본 쪽 연락 책임자가 일본 정평협의 송바오로였어요. 송바오로가 창구를 맡으면서 김지하 재판부터 김지하에 대한 탄압, 천주교회 자료를 운반하는 것까지 저와 함께하다 보니까 자연스럽게 이후에 조영래 건이라든지 다른 건도 당신들이 도움을 줄 수 있겠냐, 도울 수 있다, 그럼 이 자료를 활용해달라 하면서 자료를 보낸 거죠.

선생님이 처음에 원주 팀이 하는 게 불안해보였다고 하셨는데, 왜 불안하다고 느꼈습니까?

그 사람들은 지학순 주교에 대한 애정만 있을 따름이지 종합적인 시각이랄까, 뭐를 어떻게 해야 되고 뭐가 문제고 하는 걸 잘 몰랐어요. 그때만 해도 일본과의 연락을 저는 매우 위험한 일로 보았습니다. 그런데다 자칫 그 상태로 이어져서 중구난방이 되면 곤란하니까 내가 정리를 할 수밖에 없겠다 싶어서 스스로 구원투수로 나선 거죠.

그러니까 송영순 선생은 지학순 주교와 김수환 추기경을 어느 정도 알고 있었네요.

일본에 오시면 수행비서처럼 자기가 모시고 다니거나 시라야나기 대주교한테 안내를 하는, 한국과 일본의 고위 성직자들의 면담을 주선하는 역할을 했다고 해요.

1974년 처음 펜팔을 시작할 때 선생님은 송영순을 만난 적도 없었는데 어떻게 신뢰를 할 수 있었나요?

지학순 주교가 구속된 뒤, 한국 교회의 활동을 불규칙하게 일본에 알리곤 했습니다. 초창기에는 가톨릭 관계자가 한국을 방문할 일이 있을 때 그 사람에게 일본 가톨릭정의와평화협의회에서 편지를 쥐어 주면서 명동성당 뒤에 가면 가톨릭여학생관(전진상교육관)이라는 데가 있는데 거기다 좀 전해달라, 그리고 거기서 주는 자료가 있으면 가져와라 하는 식이었습니다. 그렇게 연락을 취하고 있다는 사실을 어떻게 알게 됐는데, 제가 보기에는 상당히 불안정하죠. 기왕 연락을 할 거면, 불특정하게 왕래할 것이 아니라 분명한 목적을 가지고 체계적으로 하는 것이 효과적이고 또 안정적이라고 저는 생각했습니다. 그래서 송영순과의 비밀통신이 이루어지게 된 거죠. 지학순 주교의 구속과 관련된 사건에 이어 1975년에는 김지하의 재구속이 통신의 주된 내용이었습니다. 초기에 매우 살벌한 분위기였기 때문에, 교회활동과 김지하 구명운동에 초점이 맞추어졌고, 그러다 점차 청계 평화시장 노조건설 문제 등으로, 다시 한국 민주화운동 전반으로 통신의 내용이 확장되었던 거죠.

예를 들면 전태일의 노조회복운동 같은 것을 한다 하면 일본 쪽에서 알고 그것에 대한 기자회견을 할 뿐만 아니라 거기서 모금된 100달러, 500달러 정도의 성금을 보내왔습니다. 격려인 거죠. 일본에서도 여공애사(女工哀史)가 있었대요. 그래서 상당히 관심들이 많더라고요. 이런 돈을 전태일 어머니 또는 김지하 어머니에게 전하고 영수증을 받아서 보내고 그랬습니다. 이런 것들이 오래 이어지면서 1980년대 가서는 점차 양도 많아졌죠.

† 主의 平和 83-8-2.

무더운 여름철 安寧하오신지요? 前般에 보내어주신
資料와 至那新聞 写本과 国会 속기록등 大端히 감사합니다.
지난 7月11日 公判時에는 저의 証言으로 그냥 넘어 갔읍
니다. 約1時間 主尋問이 있은 다음 20分이 남아 있었으나
反對尋問은 다음 期日에서 하기로 되었읍니다. 10月24日
午后1時30分에 反對尋問 約1時間30分이 있을 다음
結審으로 될 可能이 크다는 것 같읍니다. 現在의 進行事項
으로 봐서 裁判当局이 저 以外는 証人을 採択하지 아니
하는限 明春에는 判決로 될것이라고 봅니다.
이제 判決後에 올릴 저가 할일에 関하여서도 検討와
준비가 必要할것으로 느끼고 있읍니다. 이곳 日本에서
할일과 国内에서 해야 할일들을 細密히 検討하고
준비 해야 할것으로 生覚합니다
저의 個人問題도 無視 못하거니와 오히려 그제
韓日 経済協力 全体問題의 実態를 드러내는 問題로서
会社로서 찾아내야 할 金額등 큰 問題가 남아 있음으로
本裁判後의 일이 시작 되어야 할것으로, 国内의 本件을
해 낼수 있도록 3名가한 번 主어서 構成 되어야 할것으로
生覚하고 있읍니다
그러함으로 저는 일단 여기 公判이 끝나면 帰国하여
이에 対한 具体的 相議를 했으면 합니다. 諸般情勢
全体를 勿論 充分히 生覚하여야 하겠읍니다마는.
아무쪼록 国内 여러분의 綜合的인 高見을 모아 저個人
보다도 国家全体에 도움이 가는 方向에서 일이 추진 되어
야 할것으로 느끼고 있읍니다. 現政権下에서 그것이 可能
할지는 모릅니다마는.

— 1 —

송영순이 김정남과 김수환 추기경에게 보낸 편지.

조금 더 구체적으로 이야기해주시겠어요? 예를 들어 일본에 보내야 될 문건이 하나 있다고 할 때 그게 가톨릭여학생관에 어떻게 전달이 되고, 그것을 누가 가져와서 어떤 과정을 통해서 공항을 통과해서 송바오로까지 연결되는지 아주 세세하게 이야기해주세요. 그게 상상이 잘 안 되거든요.

김지하의 양심선언으로 예를 들어보지요. 앞서도 언급한 것처럼 김지하의 양심선언문은 오도 하스를 통해서 송바오로에게 전달했습니다. 제가 직접 가톨릭여학생관에서 만나서 문건을 전했지요. 오도 하스는 추기경을 만나서 대화할 때도 같이 만난 적이 있었던 분이에요. 익숙하죠. 상당히 신뢰할 수 있는 사람이고 그분이 문건을 일본으로 운반을 하는 게 가장 좋겠다고 생각을 한 겁니다. 오도 하스와 송바오로 두분은 옛날부터 서로 잘 알던 사이이기도 하고요.

운반을 할 때 크기는 얼마나, 어떻게 됩니까? 글자를 아주 줄였습니까? 그리고 어디에 넣어 가나요.

한지에 쓰거나 아니면 인찰지에 써서 부피를 최대한 줄이지요. 내용을 줄일 수는 없으니까요. 특히 여자분들이 협력을 많이 해주셨어요. 하다보면 왕래하는 분들마다 나름대로 자기네들의 운반 방법이 있었겠죠.

그럼 송영순 선생이 전달받은 다음에는 어떻게 하나요?

편지에 제가 이건 이렇게 처리하십시오, 저건 저렇게 처리하십시오, 지금 해외랑 하려고 하는 발표는 보류해주시고, 이다음에 올 때까지 무엇을 해주십시오 등의 이야기를 같이 보냅니다. 김지하 양심선언 때는 영문판, 일문판, 그리고 한글판이 동시에 발표가 됐으면 좋겠다는 내용을 같이 써서 보냈습니다. 그때 나는 김지하가 잘못하면 죽을 수 있다고 판단했기 때문에 양심선언을 일본으로 보내 영어, 일본어, 한국어 동시 배포를 생각했던 것이고, 그런 식으로 꽤 많은 문건이 일본으로 운반이 됐죠. 그런데 다행스럽게 그 과정에서 결정적으로 크게 문제가 된 일은 없었어요.

그 문서가 한글본이잖아요? 송영순 선생은 어떻게 번역을 하나요. 도와주는 사람들이 있었겠죠?

제일 가까운 사람이 와다 하루키(和田春樹)였다고 들었습니다. 그런 자료를 주로 번역한 게 와다 하루키였고, 와다 하루키는 송영순을 형님이라고 불렀습니다. 둘이 왕래가 많았고.

번역과 발표에는 두 사람이 역할을 했습니다. 몇 단계로 나눠지는데 첫 단계에서는 일본의 이혜성이라는 사람을 비롯해서 김지하의 작품을 아는 사람들이 있는 김지하 돕기회에 그것을 운반하는 것이죠. 그러면 돕기회에서는 그 자료를 바탕으로 기자회견도 하고 『문예춘추(文藝春秋)』나 『세카이』 같은 데 싣기도 하고, 또는 책을 내기도 하고.

그 편지가 오고가다가 선생님이 쓴 편지가 들킨 적은 없습니까?

수녀님이 편지를 압수당한 적은 있는데 그런 일로 저까지 크게 문제된 적은 없었어요. 1980년 광주민주화운동 전후에 한국에서 보낸 사람이 오태순 신부가 아니냐 하면서 저 대신 신부님들과 다른 분들이 상당히 곤혹을 치른 일은 있습니다.

그런 비슷한 루트를 따라서 전태일 평전도 나간 겁니까?

전태일 평전은 오도 하스를 통해 나간 건 아니고, 그때 계속 일본하고 소통하니까, 일본 가톨릭정의와평화협의회 쪽으로 먼저 나갔죠.

전태일 평전의 제작과 반출에는 선생님이 관계한 바가 없습니까?

조영래 원고를 일본으로 보낸 건 저였습니다. 손으로 쓴 거예요.

수기 원고라고 하셨는데, 원고째로 가려면 분량이 많잖아요. 누가 타이핑 비슷하게 했나요?

아마 아닌 것 같아요. 그냥 손으로 쓴 것으로 보낸 것 같아. 그걸 복사를 해서 보냈거나. 기억이 확실치는 않은데 일본에서 책이 나온 게 1978년이더라고요. 조영래가 원고를 완성한 게 1976년 시점인 것 같고. 국내에서는 언감생심 낼 수도 없고, 일본에 좀 낼 수 있겠냐 그래서 제가 그럼 한번 알아보자, 일단 보내봐서 할 수 있으면 하자, 하고 송영순한테 보냈죠.

1978년 일본에서 먼저 출간된 조영래의 『전태일 평전』. 당시 일본어 제목은 '불꽃이여 나를 태워라'였다.

아, 또 송영순이 등장하는군요.

나는 다른 채널이 없고 송영순뿐이었어요. 『전태일 평전』 관련한 출판 경위는 정확히 모릅니다.

김정남과 송영순 사이는 한국에 있는 선교사나 종교인들이 주로 역할을 했습니까?

한국 신구교회가 비슷했을 겁니다. 선교사라든지 교회와 관련된 어떤 일을 하거나 교회 사역을 하는 사람이 일본에 와서 일을 봅니다. 그리고 그 사람이 한국에도 들를 예정이라고 하면 아주 맞춤이지요. 개신교 쪽이라면 그 사람한테 기독교회관에 누구누구한테 이걸 갖다줘라, 그리고 주는 게 있으면 받아가지고 와달라고 하는 거죠. 가톨릭 쪽도 마찬가지입니다. 일본까지 온 가톨릭 관계자가 있는데 한국에 들를 일이 있다 하면 송영순이 그 편에 보내는 거예요. 아니면 꼭 필요한 경우에는 왕복 차비를 주고 부탁하기도 했습니다. 한국 명동성당 뒤 가톨릭여학생관에 가서 이걸 전해주고 거기서 주는 걸 받아가지고 와라. 그러면 그분이 그걸 받아서 다시 일본에 갖다주는 방식이었습니다. 100여차례쯤 될 겁니다. 1970, 80년대를 통틀어서.

엄청난 횟수네요. 그 편지나 문건 교환은 항상 위험이 뒤따른다고 생각했나요?

위험하죠. 그러니까 가볍고 얇은 인찰지 또는 문종이 같은 거에다가 써서 보내요. 전부 인편이죠. 대개의 경우 사람이 다릅니다만 어떤 경우에는 같은 사람이 오기도 해요. 한 3년 전에 다녀갔던 사람이 한국에 다시 한번 가고 싶다 이러면 일본 들렀을 때 그 사람이 하는 수도 있고.

일본에서 오는 건 가톨릭여학생관으로 다 옵니까?

대부분의 경우 그렇죠.

여학생관에 오면 누가 상대합니까?

대개는 콜레트라고 프랑스인 아피가 받아줬습니다. 거기에 외국인 아피가 세 사람이 있었어요. 콜레트와 이탈리아 사람 안젤라, 독일 사람 시그리도. 이 세 사람이 다, 우리 구속자 가족을 돕는다거나 한국 민주화에 열성적으로 협력을 해주고 있었죠. 그리고 거기에 있는 다른 한국인 아피들도 상당히 협조적이었어요. 편지 내용 중에 추기경한테 전해야 될 내용이 있으면 추기경한테 연락을 해서 여학생관으로 와주십사 하면 거기서 추기경을 만나서 전할 때도 있고. 더러 여학생관에서 함께 저녁식사를 하기도 하고요. 주교관 뒷편에 계성여자중고등학교가 있었는데 여학생관에는 계성학교 쪽으로 난 문이 있었어요. 공식적으로 드나들 수 있는 문은 아니었고, 그냥 똑똑 두드리면, 추기경이 밖에 드러나지 않게 여학생관 쪽으로 올 수가 있습니다. 그래서 나하고 만날 땐 주로 거기서 뵀지요. 외국인들 중에도 우리와 친숙한 분들은 사람들 눈에 띄지 않게 여기에 와서 뵙기도 하고요. 말하자면 추기경에게는 비밀스런 접견 장소였던 셈이지요. 알려지지 않은 이야기가 많이 묻혀 있는 곳입니다.

여학생관에는 기관원들이 못 오겠네요. 당시 기관원들이 거의 남자였을 테니까.

함석헌 선생이 노자 강의를 하는 월요강좌 같은 것이 있었지만, 외견상 정보 사찰할 대상이 아니었지요. 그리고 주목을 덜 받았죠. 명동성당을 통해서 들어오는 길도 있었지만 명동 주교관하고 연결되는 추기경의 비밀통로라는 것을 저들은 미처 헤아리지 못했어요. 이 여학생관을 추기경도 가족과의 접촉점으로 잘 활용하셨는데, 가족들에게도 이곳은 위안 받는 곳이고 그네들끼리 만나는 곳이고 서로 아픈 곳을 호소하는 곳이고 그랬어요.

민주화운동에 적극 협력했던 아피 소속 프랑스인 콜레트(오른쪽).

대개 콜레트가 받아준다고 하셨는데, 콜레트가 창구 역할을 한다는 걸 외국에서 오는 분들은 알고 있는 거예요?

대체적으로요. 적어도 송영순이 그렇게 보냈겠죠. 콜레트한테 갖다 줘라.

그러면 선생님은 콜레트에게 받고요. 그분은 지금 어디에 계세요?

지금은 프랑스에 있어요. 이제 나이가 팔십대 중반이시고.

이분들이 참 엄청난 수고를 하셨네요.

그렇죠, 좋은 기여를 참 많이 했죠. 그분들이 성심으로 자발적인 협력을 해주니까 나로서는 감지덕지하면서 그분들 도움을 많이 받았죠. 초기에는 가톨릭여학생관에 타자기가 있어서 성명서를 거기서 타이핑하기도 했습니다.

선생님이 일본의 한국민주회복통일촉진국민회의(한민통) 배동호와 관련된 일화를 가끔 듣습니다. 1970년대 당시 유신정권은 한민통을 재일본조선인총연합회(조총련)과 동급으로 보고 반국가단체로 찍었고, 그와 접촉하면 아주 중형에 처했고, 빨갱이로 몰아쳤거든요. 김대중도 한민통과 엮어서 사형선고할 빌미를 만들기도 했고요. 그러니 한민통이나 배동호 등과 연결되어 있다는 걸 정보부에서 알았다면, 자칫하면 엄청난 사건으로 만들어질 수도 있는 일이었잖아요?

한민통 쪽에서 송바오로가 한국과 연락이 된다는 걸 알고 아마 상당히 의도적으로 나한테 접근을 한 것 같아요. 이후에 한민통의 배동호가 나한테 연락을 하기 시작했지요. 생각해보면 무서운 일이었던 거죠. 내가 배동호와 선이 닿아 있었다는 걸 최근에 알고 김효순 같은 친구가 깜짝 놀랄 정도니까요. 실제로 어느 정도 혹독했냐 하면, 진두현이라고 재일본대한민국거류민단(재일거류민단) 부단장까지 지낸 분인데, 조총련하고 연결이 돼 있다 그래가지고 여기 감옥에 들어와 있었어요. 또 비슷한 죄목으로 들어온 최철교라는 분도 있었습니다.

이런 사람들에게는 가족이고 누구고 간에 일체 면회는 물론 입국조차 안 되는 거예요. 그 가운데 한분의 부인이 우리 남편이 죽었는지 살아있는지 알 길이 없다고 하소연하고 다닌다는 소식을 송바오로를 통

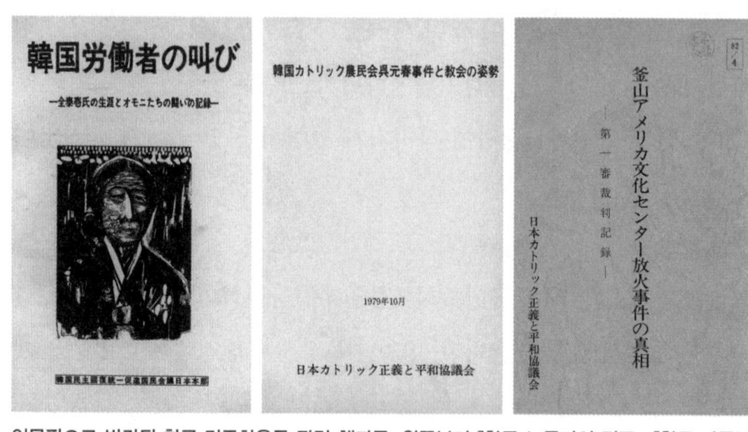

일문판으로 발간된 한국 민주화운동 관련 책자들. 왼쪽부터 『한국 노동자의 절규』, 『한국 가톨릭 농민회 오원춘 사건과 교회의 자세』 『부산미문화원 방화사건의 진상』.

해서 들었어요. 그럼 어떻게 알게 해주는 게 좋겠냐 생각 끝에 가족이 보내준 내복을 거꾸로 보내주면 되겠구나 생각했지요. 우편으로 교도소에 넣어준 내복을 보면 알 수 있을 것 아니에요. 그래서 제가 전병용을 통해서 본인으로부터 그 내복을 받아서 일본으로 보냈고, 비로소 자신의 남편이 살아있다는 것을 확인할 수 있게 해준 일도 있었습니다.

그건 언제 이야기입니까? 진두현이나 최철교라는 이름은 들은 적이 없는데요.

1970년대 중반쯤 될 겁니다.

그때 일본에서 활동하다보면 조총련하고 관계가 딱 선이 그어지는 게 아니잖아요.

당시 사건이 만들어지는 과정은 두가지가 있어요. 하나는 이런 거예요. 재일교포유학생 간첩단 사건도 실제로는 조총련이나 조선적(일본 거주하는 한인 중에서 대한민국 국적도 아니고 북한 국적도 아니고 일본 국적도 아니고, 일본에 재류하는 한인으로 '조선적'을 갖고 있는 경우)하고 관련이 있어서, 적어도 피고인 당사자들은 부인할지 몰라도, 관계로 봐서는 유학생들이 조총련이나 조선적과 연계되어 있다는 것을 피의사실로 하여 간첩 사건으로 만드는 경우죠.

또 하나는 이런 거예요. 특히 1980년대 들어 보안사에서 지들끼리 '너들 승진할 때 안됐냐? 그럼, 한건 하지 그래?' 이러면서 사건을 만드는 거죠. 예를 들어 재일교포유학생 명단을 가지고 하나씩 하나씩 만들어나가는 겁니다. 이건 사실상 처음부터 조작이지요. '유학생 이 아무개라는 얘를 중심으로 한건 하자' '이번에는 강모라는 사람을 중심으로 뭘 하자' 이런 식으로 1980년대 이후는 생판 조작이에요.

1980년대 이전에는, 가령 재일교포유학생 간첩단 같은 경우 나름대로 근거는 갖다 붙여요. 진두현이 거류민단에 활동을 하고 있으면서도 조총련과의 관계를 끊지 않고 있었다든지 하는 의혹이 상당히 제기가 돼서 조사를 했더니 이런 증거가 있다 뭐 이런 식으로 만드는 거죠.

최근에 이석태 변호사가 중심이 돼서 재심재판을 하고 있는 소위 재일교포유학생 간첩단 사건이 무죄를 계속 받고 있습니다. 그중에 어떤 사람들은 내가 무죄가 되는 것도 좋고 돈 천만금도 다 좋은데 한국이라는 나라는 쳐다보기도 싫다, 재심이고 뭐고 너무 싫으니 나한테 제발 오지 좀 마라 하는 사람들도 있다고 들었습니다.

그래도 꽤 진척해서 한 30명 이상이 무죄 판결을 받아낸 것 같습니다.

최근에 김효순이 지은 『조국이 버린 사람들』(서해문집 2015)이라는 책이 일본에서 번역출간되어서 출간기념회를 했다는 기사를 봤어요. 이석태 변호사를 비롯한 여러 변호사들이 정말 집요하게 그 진실을 밝혀 그들의 포원을 풀어주려 노력하고 있습니다.

한국으로 돌아온 송영순 자료들

선생님께서 일본으로 편지나 자료를 보낼 때 복사본을 안 만들고 보냈을 거 아니에요? 이 편지들이 일본에서 보관되고 있다는 걸 알고 있었습니까?

송바오로가 상당히 치밀한 사람이니까 아마 어떤 형태로든 관리하겠지 생각은 했지만 보관까지 하고 있는지는 몰랐죠. 송바오로가 돌아가시고 나서 그 아들이 송바오로가 일본에 보관하고 있었던 자료 한 10박스를 우편으로 전부 보냈어요. 자기들 나름으로는 이 편지들을 연도별로 차곡차곡 쌓아서 보관하고 있었더라고요.

송영순 선생님, 훌륭하기 그지없습니다.

나도 사실 받은 뒤로는 그냥 가지고만 있다가 이번에 한번 봤습니다. 다시 읽어보니까 새롭게 보이는 것도 상당히 있더라고요. 아, 이런 일이 있었구나 하는 것도 있고.

이 자료들이 일본으로 건너가서 효과가 어떻게 나타나는지는 들었습니까?

알죠. 제가 가지고 있는 자료들 중에 일본에서 김지하 구명운동을 할 때의 자료가 있는데 내가 보내준 자료를 가지고 이런 걸 만드는 거죠.

김지하의 양심선언이다 하면 이 양심선언이 일본으로 갈 때는 김지하 글씨로 갔습니까?

아니, 일부를 위장하기 위해서 김지하 자필로 쓴 양심선언의 앞부분, 신부들에게 보내는 편지, 끝부분과 함께 본문은 타이핑을 해서 보냈지요. 김지하 자필을 끼워서 보낸 거죠.

일본에서 김지하 양심선언 포함해 그밖에 자료나, 책자, 옥중 작품 등이 나올 때는 김정남 선생님이 자필로 쓴 이 자료를 토대로 일본에서 번역을 해서 널리 알리는 거죠? 그런데 정보부로서는 기가 찰 거 아니에요. 도대체 일본에서 어떻게 이런 상세한 내용이 나올 수 있느냐 하고요.

잠깐 보도자료 하나 보지요. 이게 송바오로가 어떤 자료를 공개하면서 일본 기자들한테 전하는 메시지입니다. 한국에서 이런 자료가 왔는

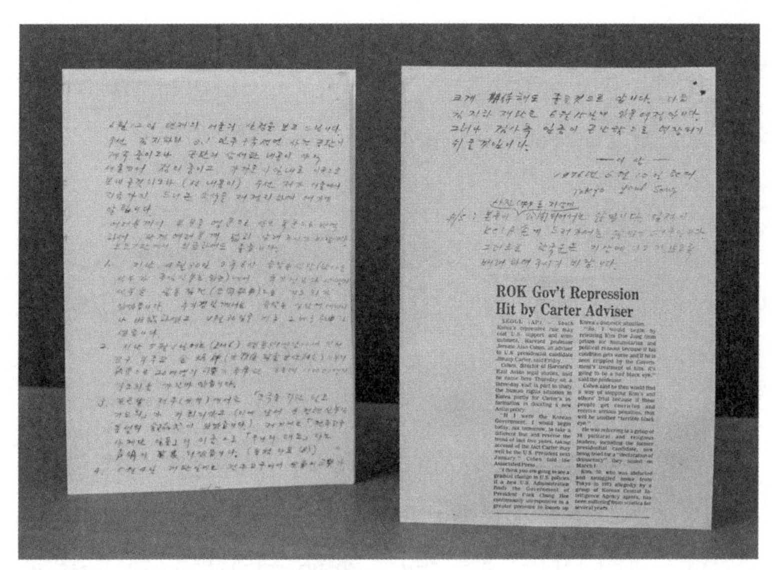
ROK Gov't Repression Hit by Carter Adviser

송영순이 한국의 민주화운동과 정세를 알리고자 작성한 보도자료.

데 이걸 이렇게 사용해달라 하고 되어 있죠.

송바오로 선생 보도자료를 읽어보겠습니다. "6월 12일 현재의 서울의 실정을 보고 드립니다. 우선 김지하와 3·1민주구국선언 사건 공판이 계속 중이오나, 공판의 상세한 내용이 아직 서울에서 정리 중이고, 가까운 시일 내로 이곳으로 보내올 것이오나 (전 내용이) 우선 제가 서울에서 지금까지 들어온 소식을 재정리하여 여기에 알립니다. 여러분께서 본문을 영문으로 또는 독문으로 번역하셔(서) 관계(자) 여러분께 널리 알려주시기 바랍니다. 보도기관에서 취급하셔도 좋습니다" 하고 1, 2 해가지고 쭉. 그럼 송바오로 선생은 이걸 한글로 해서 나눠주진 않았을 것 같은데요.

그건 말을 하기 위한 자료고, 그걸 보면서 일본어로 얘기를 하고 자료는 일본어로 번역한 자료를 나눠주는 거죠.

한국에서 선생님이 취합을 해서 송바오로에게 보내면 송바오로 선생은 다시 자기 글로, 일본용으로 만들어가지고 정리해서 알렸군요. 일본에서는 송바오로의 존재가 드러나 있었습니까?

가톨릭 안에서는 어느정도 드러났겠지만 밖에서는 그다지 드러나지 않았을 겁니다. 내가 보낸 이 편지를 쭉 보시면 알겠지만 당신은 드러나면 절대 안 된다고 계속 얘기를 했어요. 그래서 처음에는 가톨릭 안에서 하는 것, 정평협 이름으로 발행하는 것, 또 하나는 김지하 돕기회 팀하고만 연락을 하게 했지요.

편지에 '바울'은 송바오로, '조지'는 배동호한테 내가 붙인 이름이고, 그 사람들한테 나는 '마리아'라는 이름으로 통했습니다. '서울에 있는 마리아' 이렇게.

완전히 여성인 것으로 꾸몄군요. 지명관 루트는 지명관 선생이 다 공개를 했습니다. KNCC-오재식-지명관-야스에 료스케(安江良介)-『세카이』 쪽이 지명관 루트죠. 김정남 선생님의 루트와는 전혀 안 겹치네요.

왜냐하면 개신교 쪽과는 심리적인 거리감도 조금 있었고, 또 하나는 불안하니까 안전성을 높이기 위한 것도 있었어요. 일본 개신교 쪽에 이인하 목사를 중심으로 한국 민주화에 관심을 갖고 있던 사람들이 어떤 목사님이나 WCC(세계교회협의회) 관계자가 일본에 오면 그 사람한테 권유해서 한국 NCC(한국기독교교회협의회)를 좀 다녀와달라, 그 비용은 우리가 내겠다고 부탁하는 거죠. 그 사람들 입장에서는 비용 들이지 않고 한국에 올 수 있고, 기독교회관 같은 데서 하는 구속자 가족들의 모임이나 기도회에 참석을 해서 사진도 찍고, 거기서 받은 자료를 일본으로 갖다줍니다. 일본에서 받은 자료를 지명관이 번역을 해서 『세카이』에 넘기는, 이게 개신교 루트지요.

3·1사건의 경우도 개신교 쪽에서는 말하자면 자기네들, 그러니까 이문영, 문익환, 문동환, 이우정 등 개신교 쪽 목사와 교수들 자료, 그리고 김대중의 관련 자료까지는 보내지만, 해위(윤보선)하고 신부들 건 빠뜨려요. 물론 반드시 나쁜 뜻만 있는 건 아닙니다. 두렵기도 하고 나중에 드러났을 때 문제도 있으니까요.

지명관 루트는 지명관, 오재식 이분들의 증언으로 좀 드러났는데 지금 선생님이 하시는 김정남-송바오로-와다 하루키-일본 가톨릭정의와평화협의회 이 루트가 상시적으로 작동하고 있었다는 건 글로 나온 건 없지요?

솔직히 고백하자면, 제가 보낸 자료가 어떻게 번역되고 누구누구한테 전달되어 마지막으로 「한국으로부터의 통신」에 게재되는지 저는 확실하게는 모릅니다. 우리가 그 얘기를 한번도 안 했으니까 지금 현재까지는 「한국으로부터의 통신」은 지명관이 다 한 것으로 되어 있죠. 그랬다가 박형규 목사가 『나의 믿음은 길 위에 있다』(창비 2010)에서 개신교 쪽 자료는 어떻게 전달이 되고, 가톨릭 쪽이나 학생운동 자료나 일반 민주화운동 자료는 김정남을 통해서 일본으로 건너가서 이렇게 이렇게 됐다 그런 내용이 처음으로 나와요.

잠깐 언급하는 거지 아주 상세하게 나오는 건 아니잖아요. 증거자료도 없고요. 이런 것들은 지금 제대로 안 알려져 있는 게 많네요. 퍼즐을 완성을 하려면 지금 선생님이 일본에 보낸 것하고, 또 그것을 송바오로 선생이 정리한 것하고 그다음에 일본에 나온 책자까지 세개를 하나하나 다 모아야 전체 활용 경위가 쫙 나오겠네요.

그렇죠. 그리고 그렇게 내가 보낸 자료가 송바오로에 의해 차곡차곡 쌓여져 있습니다. 거기에 송바오로가 보내온 자료도 있고, 미국에서 추간된 영문판 『한국 민주화운동사』도 있습니다. 6권으로 되어 있어요. 영문판, 일문판은 아마 당시에 그때그때 번역을 해서 만든 걸 거고요. 제대로 정리를 다시 해야 할 것 같습니다.

듣는 입장에서는 역사학적 문제의식이 마구 솟습니다. 역사학자로서는 1차 자료, 이 살아있는 1차 자료야말로 말을 걸어오는 힘이 제일 크잖아요. 일본에 보낸 것들을 정확하게 정리를 하고 또 일본에서 그것들이 어떻게 알려졌는가를 원 자료를 하나하나 소개해가면서, 꼼꼼하게 정리된 자료집을 만들어내는 게 최우선 과제일 수 있겠습니다. 아, 이 자료들이 일본에 갔다가 유실되지 않고 완전히 그대로 돌아왔다는 게 참 오묘합니다.

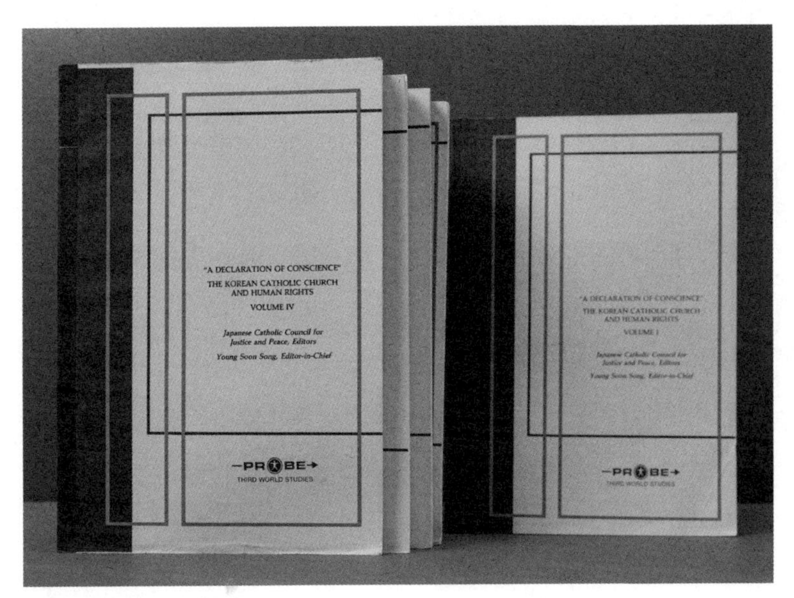

『한국 민주화운동사』 영문판.

김지하의 재판기록은 『김지하는 누구인가』(일본가톨릭정의와평화협의회 1979)에 다 수록이 돼 있죠.

그건 이미 타이핑이 된 책이고 선생님 글씨체가 수록돼 있는 게 아니잖아요. 자필은 과연 이 자료를 누가 써서 일본에 전했느냐에 대한 결정적 증거가 됩니다. 김지하 양심선언의 경우 조영래가 완전 대필했느냐 안 했느냐 이런 논쟁이 있는데 일본에서 나온 자료를 보면 제일 앞부분, 마지막 부분은 김지하 자신의 글씨로 썼습니다. 그건 김지하가 양심선언문의 내용을 다 인지하고 있었고 직접 관여했다는 증거지요. 일본 정평협에 있는 자료들은 정평협에 있지 한국으로 안 넘어왔죠? 보신 적이 있습니까? 정평협 자체에는 한국의 많은 자료가 그득 쌓여 있을 것 같은데요.

대충 있을 겁니다. 어떻게 보존되고 있는지는 전혀 모르겠어요.

누군가 일본 정평협을 방문해서 자료 확인을 해야 될 것 같은데요.

일본에서 이걸 다 맡아서 한 책임자는 소마 주교입니다. 1975년 8월 4일 김지하 양심선언 발표도 소마 주교 이름으로 영문과 일문으로 발표를 했습니다. 그다음에 실무자는 송영순이었다가 그뒤에 후카미즈 마사카쓰(深水正勝) 신부가 참여를 하게 됩니다. 그분은 나도 봤습니다마는, 자세히 어디까지 관여했는지는 잘 모르겠어요. 박계동이 1980년에 고려대에서 시위를 주도하고 수배된 사건 때 박계동의 일본 망명을 주선하고 함께했던 사람이 후카미즈 신부라고 해요.

가톨릭은 자기자랑도 잘 안 하고 입도 무겁고 해서 말하자면 한국 민주화운동에 대한 어마어마한 자원들이 거의 알려져 있지 않았는데, 김정남 선생과의 대담인 이 책을 통해서 본격적으로 알려질 판이군요.

송바오로 얘기를 마저 좀 하면, 아까 송바오로가 한국에서 사업을 하다가 1972년에 8·3조치를 맞아서 경제적 손실이 많았다고 했잖아요. 그때 돈으로 한 10억원 정도를 날린 거지요. 송바오로가 한국으로 들어오지 못하게 된 탓에 자기 재산을 전부 잃었어요. 그 회사가 아마 다른 사람한테 넘어갔을 거예요.

나중에 민주화가 된 뒤에 추기경하고 지학순 주교한테 그때 8·3조치로 송바오로가 피해본 액수를 정확하게 산정을 해서 민주화운동 관련자 명예회복 및 보상심의위원회(민주화보상심의위원회) 같은 데 당신들이 보증을 해줄 수 없겠냐고 물어봤어요. 추기경에게도 '이 사람이 순전히 한국에 올 수 없었기 때문에 본 손해 또한 민주화보상심의위원회에 의해서 보상받을 수 있어야 되지 않냐. 분명한 사실은 이 사람이 20년 동안 한국에 못 나와서 못한 거다'라고 강하게 얘기를 했습니다. 그런데 대부분의 분들이 송바오로의 피해는 사적인 거라는 거예요. 조준희 변호사가 그때 위원장이어서 물어보기도 했는데 어떡할 수가 없다고 하더라고요. 난 그 일에 대해서 항상 송바오로에게 부채감이 있습니다. 지금 우리가 가지고 있는 자료를 활용해서 혹시 돈이 조금이라도 생기게 되면 우선 거기에 얼마라도 좀 줘야 마음이 나을 것 같아요.

송바오로는 한국에 서둘러 안 나타났으면 상당히 묵직한 사람이라고 각인이 됐을 텐데, 민주화가 된 뒤에 1988년인가 한국에 왔는데 사람을 만난 순서대로 사기를 당하는 거예요. 계속 당하기만 하다가 돌아가셨어요. 송바오로는 추기경의 오촌 조카사위니까 추기경으로서는 자기 친척인 셈인데 송바오로 일에 당신이 나서기도 그렇고 안 나서기도 그렇고 안타까워만 했죠. 지주교도 마찬가지고.

민주화보상심의위원회는 재산피해에 대해서는 전혀 해당 사항이 없습니다. 민주화운동에 관계했다가 생활이 아주 어려운 사람에 대하여 생활지원금 조로 보상을 일부 하는 거고 전면적인 국가배상하고는 차원이 완전 달라서, 이런 재산 부분에 대한 것은 보상 자체가 안 되는 걸로 알고 있어요. 송바오로 선생의 혁혁한 공헌은 이제부터라도 알아주면 되지요. 그동안 한국과 일본 사이에 이런 편지가 어떻게 왔다갔

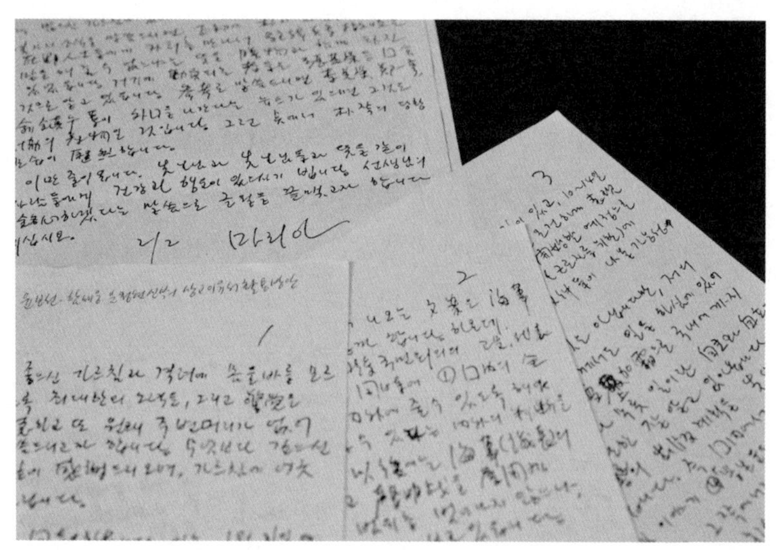

김정남이 송영순에게 보낸 편지.

다 했고. 그것이 어떤 영향을 미쳤는가 이런 것들에 대하여 스스로 정리는 한번도 안 했습니까?

아니, 얘기도 안 했죠.

그거는 후대의 몫입니까?

다만 광주 5·18재단에서 자기네들 광주사태(5·18광주민주화운동)가, 외국에 공개되는 과정에서 일본 정평협, 그리고 날 통해 자료가 갔다는 걸 어설프게나마 알고 있어요. 그래가지고 광주에서 행사를 할 때 그 일이 일본에서 공개된 과정, 나간 과정에 대해 한두번 얘기한 일이 있어도 이런 일반적인 자료에 대해선 얘기한 일이 없고. 어떤 건 한국에 보존할 수 없지.

다른 무엇보다 일본으로 간 그 편지 전체를 원문 그대로와 타이핑본 두개의 책자로 독립해서 내야 되겠는데요.

글쎄 모르겠는데.

저는 선생님 얘기를 듣고 이런 자료도 보면서 계속 '중앙정보부는 뭐 했나?' 하는 생각이 역설적으로 자꾸 듭니다. 오재식-지명관 루트도 결국 못 밝히고 당사자들이 나중에 밝혔고, 김정남-송바오로 루트도 중앙정보부한테는 초미의 관심사였을 텐데 전혀 드러나지를 않았잖아요.

그사이에 여러번 위험도 있었어요. 가령 1980년 광주민주화운동 때는 신부 세명이 잡혀 들어갔어요. 아피를 통해서 일본으로 자료를 보내는데, 아피가 김해공항에서 잡힌 거예요. 신부들한테 받았다고 진술을 하니까 신부 셋이 구속된 거죠. 또 하나가 우리 일을 전적으로 봐주던 콜레트는 1979년에 외국인 선교사가 가지고 나가던 자료가 걸려서 함께 조사를 받고는 그 일로 고려대 불어불문학과 강사직에서 쫓겨났어요.

이렇게 위험한 고비는 수도 없이 넘겼죠. 그렇지만 결정적일 때마다 우리한테 중요한 우군이 있었는데, 전에도 말씀드렸지만, 오도 하스입니다. 나는 이분만 오면 안심하고. 여기는 아무 걸 맡겨도 잘 운반할 수가 있다는 믿음을 가지고 있었어요.

오도 하스가 1970, 80년대에 자주 왔습니까?

자주 왔죠. 어떤 때는 일부러 오기도 했어요. 우리가 특별한 요청은 안 했지만 자기가 심부름해야 될 게 있을지 모른다고 생각하지 않았을까요. 여기 오시면 추기경하고도 자주 만나고요. 그분이 계셨던 왜관 분도수도원에는 겸재 정선의 그림이 있었다고 해요.

그러니까 훌륭한 분들이 많습니다.

많죠. 우리는 엄청나게 많은 선의의 도움을 받았어요. 민주화운동이라는 게 그냥 저절로 된 게 아니고 눈물겹게 한발 한발 나아간 거죠. 심지어 외국 방송 듣고 그 소식을 알려주러 오는 신부도 있었어요.

민주화운동은 사람들이 하는 거잖아요. 쿠데타와 같이 폭력으로 하는 거라면 소수의 폭력집단이 무기를 들고 하면 되는데 민주화운동 자체가 의식이 깨이는 사람이 늘어나면 늘어날수록 민주화가 정착이 되는 거니까요. 그 과정에서 선생님은 말하자면 숨어 있는, 혹은 은폐된 진실 알리미군요. 민주화에 관계된 진실 알림 기획자. 이렇게 될 것 같습니다.

민주화운동 전개 과정에서 한국과 일본의 시민사회, 재야 지식인, 또 성직자들 간의 교류사랄까요, 이게 복원될 가치가 있겠네요. 「택시운전사」(2017)라는 영화를 통해서도 독일 기자가 기여해준 바들이 크게 조명이 됐잖아요. 그것과 마찬가지로 언젠가는 일본 쪽에서 함께 관여했던 정평협이라든지, 그 안에서 활동했던 사람들도 조명이 되어야 할 거라고 봅니다.

점차 해나가야 할 일이겠지요. 나도 요새 자료를 다시 보면서 새삼 알게 된 것들도 있습니다. 조영래의 『전태일 평전』이 일본에서 나오고 난 뒤에 또 「어머니」(1978)라는 영화를 제작해 상영했잖아요. 송영순이 자세한 얘기를 한 적이 없어서 모르지만, 추측하건데 「어머니」라는 영화는 배동호 선생 등이 물심양면의 지원을 보탠 것 같아요. 영화를 상영하면서 성금이 모였던 모양이에요. 그 돈을 전태일 어머니한테 전달을 했는데 요새 자료를 다시 읽어보니까 전태일 어머니 이소선 여사가 그 돈을 가지고 노동교실을 운영했더라고요. 노동교실을 운영하는 비용이 그런 모금에서 나온 것임을 감사 편지를 보고 알았죠. 이소선 여사가 전태일 유지를 받들어서 노동교실을 끝까지 자기가 하겠노라 하는 결의가 편지에 담겨 있었습니다. 그때 물론 내가 다 운반한 거지마는 까맣게 잊어버리고 있었는데 아, 그런 일도 있었구나 싶더라고요. 여기 전태일 어머니를 보면 아주 눈물 나와요. "노동교실을 어떻게든 해야겠습니다. 고맙습니다"라는 문장이 마음이 아프죠.

한국의 민주화운동도 일본, 독일, 미국 이런 쪽의 국제연대가 미친 영향도 주목할 필요가 있겠습니다. 국내에서 탄압을 받으니까 국제연대망을 최선을 다해 만들어내서 군사정권에 압력을 행사하게끔 하고, 민주화 세력에게 힘을 보태주고.

가령 김지하 구명운동 때 보면 칼 메츠, 장 폴 사르트르 등 별의별

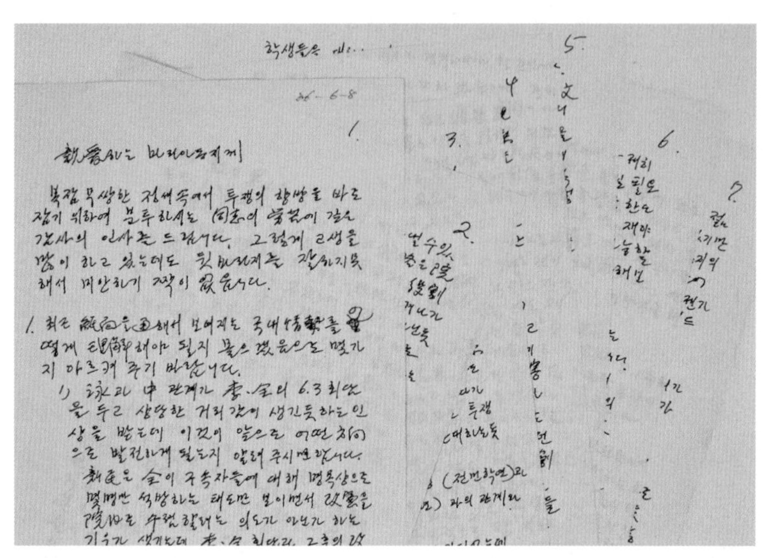

배동호가 보낸 편지.

사람들의 편지를 받았지요. 송바오로한테는 세계 곳곳에 배포처가 있어요. 송바오로와 연락하는 과정에서 새로운 인연이 형성되는 경우도 있었습니다. 가령 미야타 마리에(宮田毬榮)라는 중앙공론사 편집장과 만나게 된다거나, 일본 한민통의 배동호 선생과의 인연 등이 그렇습니다. 미야타 마리에는 일본 시민사회에서 김지하 돕기에 열성적이었는데, 가톨릭을 통해서 김지하 작품이 나오는 것을 보고 저와도 직접 편지 왕래를 했고, 배동호 선생의 경우는 가톨릭을 통해서 한국 민주화 운동의 내용이 일본에 알려지는 것을 보고 저에게 편지를 하기 시작했지요. 대단히 위험한 일이고 자칫 걸리면 생명이 위험할 수도 있겠다 생각하면서도 차마 편지 왕래를 거절할 수가 없었어요.

배동호 선생이 고희가 되었을 때 일본에 건너가 풍찬노숙하는 처연한 그의 처지를 보고는 연민을 금치 못했습니다. 원주의 장일순 선생을 연결시켜 두분이 비밀리에 서신 왕래하는 것을 돕기도 했고, 배동호 선생이 작고했을 때는 서둘러 조사를 써 보내기도 했어요. 나라의 민주화와 통일을 위해 이국에서 불철주야 헌신했던 그의 삶이 그렇게 끝나는 것이 너무나 안타까웠습니다.

이렇게 은밀하게 편지 연락을 하다보니, 사람의 이름 대신 전혀 다른 직함이나 이름을 사용하기로 했습니다. 예를 들면 윤보선 전 대통령은 회장, 지학순 주교는 당시 재일교포유학생 간첩단 조작사건과 관련된 사람들의 구명운동과 영치 등을 도맡아 하고 있었을 때여서 사장 또는 다니엘로, 김수환 추기경은 스테파노로, 김대중 선생은 토마스로, 김지하는 시인 또는 프란체스코로 쓰기도 했습니다. 물론 저쪽에서도 알아듣는 이름이어야 했지요.

기묘하게 일하시는 하느님

우리 민주화운동사에서 김수환 추기경의 역할이 매우 중요하지요. 추기경과의 내밀한 연락과 판단에서 김정남 선생님의 역할이 컸다고 들었습니다. 우선 김수환 추기경을 언제 알게 됐습니까?

1974년 말쯤이 아닌가 하는 생각이 들어요. 민주회복국민회의 할 무렵인데 민주회복국민회의와는 관계가 없었고요.

그럼 정의구현사제단과 관계 있습니까?

그럴 겁니다. 지학순 주교가 구속이 되니까 원주교구에서 신현봉, 최기식 두 신부를 서울에 파견했고 서울대교구가 가톨릭출판사에 방을 내주고 지주교 구명활동을 할 수 있게 했죠. 저는 원주교구 신부들을 만나러 거기 드나들고. 그때는 목마른 사람이 샘 판다고 사제단이 형성되기 전이니까. 사제단이 한참 지나고 나서야 저절로 함세웅 신부가 총무 비슷한 역할을 했지만 그 전에는 단장 격으로 신현봉 신부가 활동을 주도했어요.

저는 김지하 어머니 소개로 이분들을 먼저 만났고, 이분들과 더불어 뒤에 정의구현사제단 신부들을 만나기 시작했습니다. 기도회가 많아지고 또 신부들과 만나면서 그런 와중에 추기경이 '저 사람은 누구냐'고 물으니, 신부들이 '우리도 저 사람한테 얘기를 많이 듣는다' 그러니까 추기경이 '나도 좀 한번 만나게 해다오' 뭐 이렇게 된 게 아닌가 싶어요. 그뒤에는 가끔 아주 어렵게 제가 요청을 해서 추기경을 봬야 되겠다 그러면 가톨릭여학생관을 통해 연락을 해서 만나기도 하고. 또 추기경이 저를 만나고 싶으면 여학생관 쪽에 얘기해서 나를 만나고.

그때 시국에 대한 견해도 교환했습니까?

그런 얘기도 하죠. 시국 얘기도 하는데 제일 중요한 건 김수환 추기경이 나를 과격한 사람이라고 생각을 안 했던 것 같아요. 그래가지고 어떨 때는 의견을 듣기도 하고. 특히 김지하 재판이 시작되면서는 추기경하고 자주 뵈어야 했습니다. 그게 '가톨릭에 침투한 공산주의자'라는 유신정권의 모략이 있기도 했지만 어쨌든 우리 변호인단에서 김수환 추기경을 특별 변호인으로 모시기로 했거든요. 추기경한테 얘길 했는데 추기경도 상당히 조심스러워하시면서 내가 할 수 있을까 생각을 많이 하셨지요. 그리고 그때 김지하 재판에 도움을 많이 받았습니다. 그중 하나가 김지하 재판에서 속기사를 쓰자고 요청했는데 법원에서는 예산이 없다고 그래서 우리 변호인 측에서 속기사 비용을 댔고

김수환 추기경과 함께.

그렇게 속기한 재판기록을 우리가 받았죠. 그 속기사 비용을 추기경이 내주셨어요.

김수환 추기경 글도 대필이나 서포트 한 적이 있습니까?

더러 있습니다. 추기경을 부르는 곳이 워낙 많았거든요. 가령 관훈 클럽 토론에 나가야 하면 거기서 말씀하실 것을 검토해달라든지, 또는 거기서 나올 질문이 뭐가 있을지 물으시고 그 질문에 대해서 할 수 있으면 짧은 대답을 같이 적어달라 이런 것들이 더러 있었죠.

그럴 때에는 누가 연락이 옵니까?

추기경 비서실에서 오죠.

연락이 와서, 만납니까? 어디서 만납니까?

가톨릭여학생관이 제일 자주 만나는 곳이었고 더러는 교구청 교구장 사무실에서 만나죠.

그러면 만나서 서로 토론 자료, 예상 질문과 예상 답변 등을 만들고요. 긴 글에 대해서 초안을 쓴 적도 있습니까?

노무현 정부의 시작을 앞둔 2003년 초에 한 신문사가 추기경에게 인터뷰를 요청하면서 질문지를 보냈는데 저보고 답변을 써보라고 하셔서 썼습니다. 마침 프레시안 등 다른 언론매체들도 인터뷰 요청을 해서 그 답변서로 대신한 적이 있습니다. 또 언젠가 한번은 당신이 부득이 해외에 나가게 되었다면서, 어느 잡지사로부터 새해 연두 말씀을 청탁받았는데 회피할 수 없는 자리라면서 저더러 대신 쓰라고 하는 겁니다. 그러면서 쓸 내용을 구술해주었습니다. 그 내용이 이렇습니다. 인도에 한 성자가 있었는데 어느 날 제자들을 모아놓고 "너희들은 새날이 온 것을 어떻게 아느냐"라고 물었습니다. 이에 어떤 제자는 동이 터오고 날이 밝아지는 것을 보고 안다고, 또 어떤 제자는 사물이 형체를 드러내어 산천초목이 보이기 시작하는 것을 보고 안다고 했습니다. 어떤 제자는 사람들이 지나가는 발소리와 말하는 소리가 들리는 것으로 새날이 오는 것을 느낀다고 말했습니다. 그러나 스승은 이 모든 대답들에 고개를 저었습니다. 이제 제자들이 그렇다면 스승님은 새날이 온 것을 어떻게 아시느냐고 따지듯 물었습니다. 제자들의 질문에 스승은 천천히 고개를 들어 "날이 밝아 밖을 보았을때 지나가는 사람들이 모두 너의 형제처럼 보이면 그때 비로소 새날이 온 것이다"라고 말했다고 합니다.

이렇게 추기경과의 관계는 오랫동안 긴밀하게 이어지는 거지요?

그렇습니다. 추기경은 만나면 만날수록 더욱 존경하지 않을 수 없는 분이었습니다. 저는 그분이야말로 박정희 유신정권에 무저항 비폭력으로 맞서 있었던 또 하나의 정부였다고 생각합니다. 정현종 시인이 김수환 추기경 영전에 바친 시에서도 충분히 드러나듯이 김수환 추기경이야말로 갖은 분열과 어둠의 시대, 세상 모든 억울한 사람들의 통곡의 벽이었으며 언로가 막힌 세상에서 유일한 위안과 소통의 통로, 피할 곳 없는 사람들에게 따뜻한 울타리였습니다. 저는 김수환 추기경에게로 가는 작은 통로의 하나였을 뿐이었습니다.

저는 추기경과 접촉하면서, 그분이 참으로 인간적이라는 것을 온몸으로 깨달았어요. 빈민운동을 했던 제정구가 빈민촌에 들어가 빈민과 함께 살 때, 모든 정신적, 물질적 뒷받침을 추기경이 다 해주었습니다. 그러면서도 자신은 그 가난한 사람들과 화장실을 같이 쓰고, 같은 식탁에 앉아 밥을 먹지는 못했노라고, 자신이 사랑의 부족함을 고백하곤 했습니다. 그리스도가 가장 깊이 그 안에 현존하는 가난한 사람들, 우는 사람들, 소외된 사람들, 모든 불우한 사람들 속에 있지 못한 자신을 언제나 부끄러워했지요.

추기경은 유머 또한 인간적이었어요. 1970년대 강원도 해수욕장에 갔을 때, 피서객이 다가와 "김수환 추기경을 닮으셨네요" 했을 때 "가끔 그런 얘기를 듣습니다"라고 했다는 얘기는 유명하고, 비행기 예약을 확인했을 때 항공사 측에서 "김수환 군은 예약이 되어 있는데 추기경 양은 안 돼 있습니다"라고 하니까 "그럼 나는 누구와 제주도 신혼여행을 가란 말이요?"라고 했다는 거예요.

김수환 추기경의 인품이야 널리 알려진 얘기지만 인간적인 면모도 있었군요. 민주화운동과 관련된 일 외에 추기경과 개인적으로 있었던 일화도 있습니까?

추기경과 직접 관련된 것이라기보단, 미력이지만 제가 한국의 천주교회에 보탬이 되는 일을 하나 한 것이 있습니다. 1980년대 초, 옹기와 관련한 민원이 천주교 지도부를 향해서 수도 없이 올라왔어요. 아시다시피 한국 천주교 초창기 신자들은 옹기를 굽고 팔아서 생계를 꾸렸습니다. 더불어 옹기의 생산과 유통은 내밀한 포교의 수단이기도 했지요. 그러다보니 옹기를 굽거나 파는 사람 가운데는 유독 천주교 신자가 많습니다. 김수환 추기경의 아버지도 옹기를 팔았다고 해요. 추기경의 아호가 바로 그 옹기입니다.

그런데 전두환 정권과 결탁한 옹기업자 하나가 억지로 무공해 옹기 제조법 특허를 내고 시중에서 생산·판매되고 있는 옹기가 환경기준치를 초과한다는 이유로 마구잡이로 고발해서 대부분이 천주교 신자인 기존 옹기업자들이 입건·조사받는가 하면 사실상 판매를 못하게 하는 사태가 발생한 겁니다. 판매를 하려면 벌금을 물거나 전과자가 될 각오를 해야 했어요. 옹기는 공기가 통하여 숨은 쉬되 물은 새지 않는 독특한 성격을 가지고 있어서 장을 담그거나 김치를 저장하는 데 유용한 용기입니다. 진흙을 이기고 다듬어 1300도에서 구워내는 옹기는 당초 무공해였지만 일제강점기부터 광을 내기 위해 광명단이라는 것을 안팎에 바르는 것이 유행하게 됐어요. 광명단에 납 성분이 포함되어 있기는 하지만 굽는 과정에서 유해성분은 고열에 날아가기 마련입니다. 문제를 제기한 그 업자는 그래도 옹기에 납 성분이 남아 있다고 끝까지 주장했습니다.

더구나 그 기준이라는 것도 말도 되지 않았어요. 옹기에 담기는 물질의 환경기준치보다 옹기 자체의 기준치가 더 낮을 정도였습니다. 당시 보건사회부가 위촉한 환경기준 심의위원들이 기준을 만들었는데, 그들의 대부분은 앞서 말한 업자와 한통속이었던 거죠. 마침 그때 보건사회부 장관이 김정례였어요. 나는 전두환 정권에 합류한 그를 찾아가 부탁한다는 것이 마음에 걸렸지만 천주교 신자 옹기쟁이들을 위해 나 하나 수고쯤이야 참자고 생각하고 용기를 내서 찾아가 환경기준을 바로잡아줄 것을 요구했습니다. 김장관도 그 환경기준을 바로 바꿀 수는 없었지요. 결국 심의위원들의 임기를 기다려 전원 교체하고 나서야 교회 측의 민원을 해결해줄 수 있었습니다. 아마도 그런 일은 김정례 장관이 아니라면 그렇게 마음먹고 해결해주지 못했을 겁니다. 이렇게 해서 나는 김정례 장관을 통해 천주교 신자 옹기쟁이들의 숙원을 해결해줄 수 있었습니다. 물론 김수환 추기경은 김정례 장관에게 고맙다는 뜻을 전했지요.

천주교와 옹기 사연이 이렇게도 이어지네요. 그럼 지학순 주교와의 만남과 교류는 어떻습니까?

요새 새삼스럽게 내가 지학순 주교를 이렇게 많이 만났나 생각이 들더라고요. 지주교가 평안남도 중화에서 태어났잖아요. 저 북한 평양 밑에 거기가 고향인데 그 양반이 1985년 전두환 정권 시절에 남북교류할 때 북한에 가서 동생 용화를 만났습니다. 지주교가 눈물이 굉장히 많은 사람이어서 옛날에 헤어졌던 동생을 만나고 그렇게 울었어요. 원래 동생이 아주 독실한 가톨릭 신자였어요. 그 집안 자체가 독실한 가톨릭이었는데, 동생이 '오빠, 여기가 천국이야' 하더래요. 그 얘기를 듣고 너무나 안타깝고 가슴이 아파서 많이 우셨지요.

1989년인가 지학순 주교가 몹시 아파가지고 당신이 죽기 전에 나한테 녹음을 남겨서 그 녹음을 풀어가지고 자기 일대기를 내가 써주기를 바랐어요. 그래서 인터뷰한다고 몇번 다녔습니다. 녹음도 좀 했는데 갑자기 병세가 악화되어 돌아가시는 바람에 멈출 수밖에 없었지요.

지학순 주교는 북한이 고향이니까 거기에 묻히고 싶어했어요. 그 이야기를 듣고는 남북 정부에 공식적으로 요구를 하면 어떨까 생각했습니다. 아직 지학순 주교 여명이 남아 있으니까 차차 공식화하겠다는 계획이었는데 그러기 전에 돌아가셔서 아쉽지요.

아, 인터뷰를 했는데, 많이 못했습니까? 알짜배기 내용은 좀 들어갔습니까?

서너번밖에 못했어요. 초반이었으니까 지주교가 북한에서 넘어온 얘기들이었는데 별 얘기는 아닙니다. 지주교는 1975년에 감옥에서 나온 뒤에 당신 나름으로는 한국 교회에서 내가 해야 될 역할이 있다, 이건 내 목숨을 바쳐서 나 하나 어찌 되더라도 나의 역할을 밑받침으로 한국 교회가 일어나야 된다는 생각을 갖고 있었어요. 그런 내용의 강론 원고를 저한테 부탁하기도 했지요. 그래서 쓰기도 많이 썼어요. 그 분 명의로 여기저기 청탁원고를 썼어요. 지주교는 틀이 커서, 쩨쩨하고 이러지 않아가지고 잔소리가 없고. 그래서 저분이 좀 오래 살아서 지도자가 됐더라면 어땠을까 하는 아쉬움이 있죠.

가톨릭 지도자들의 스타일은 어떠신가요?

그게 참 오묘한 게 지학순 주교는 일을 저지르고 막 나가는 스타일이고, 김수환 추기경은 그걸 수습하면서 올바른 방향으로 만드는 스타일이고요. 윤공희 주교는 정의평화위원회 위원장을 했는데 종합적으로 정리하고 충돌하지 않을 방향으로 나아가는 역할을 한 거죠. 이런 점에서 보면 지학순, 김수환, 윤공희 나이도 비슷한 성직자들인데 이들 간의 아주 오묘한 조합이 한국 천주교회에 있었다, 참 어떻게 이런 조합이 가능했을까 싶어요.

아, 그 세분은 자기 역할을 충분히 잘했다?

그렇죠. 참 잘했죠.

가톨릭에 중요하고 핵심적인 분들이 1973년까지는 조용했던 편이죠? 대체로 조용했던 분들이 1974년부터 1987년까지는 자기 역할을 아주 적극적으로 잘 수행했어요. 그 덕분인지 천주교가 1970년대 초까지만 해도 규모가 아주 작았는데 1980년대 후반에 이르면 엄청나게 커졌습니다.

1974년부터가 아니고 그 전부터죠. 1971년 10월에 원주교구에서 부정부패 척결과 정의를 내세우며 교구 차원의 시위를 벌인 것을 시작으로 교회의 사회참여가 비롯되었고, 이들의 목소리가 황야에서 외치는 소리로 들리면서 신도가 100만명에서 200만명까지 늘어났지요. 지금은 500만 신도라고들 하더라고요. 민주화운동으로 천주교회의 위상이 많이 올라갔죠. 명동성당이라는 상징성, 그리고 제2차 바티칸 공의회를 겪은 추기경, 지학순 주교 그리고 정의구현사제단, 그다음에 제2차 바티칸 공의회라는 교회 내부의 변화가 합쳐져서, 삼위일체라고 나는 그러는데, 이 세가지가 200년 전에 한국에 처음 들어온 천주교회를 이 땅의 민중 속에 뿌리내리게 하지 않았나 생각합니다.

명동성당, 정의구현사제단, 제2차 바티칸 공의회. 명동성당이라 하면 김수환으로 상징되는 겁니까?

그렇다기보다는 명동성당이라는 지리적인 장소와 거기서 벌어졌던 사건들의 상징성이지요. 한국 천주교 역사에서 최초의 순교자로 알려진 김범우가 살았던 곳이자 최초의 천주교 예배 장소에서 다시 한국 민주화운동이 일어난 거잖아요. 또 그때는 갈 곳이 없는 사람들, 가난이 제 탓만이 아닌 사람들, 정의를 부르짖고서도 어디 호소할 데 없는 사람들이 갈 수 있는 데가 명동성당이었어요. 명동성당은 진짜 누구나

다 받아들이는 그런 공간이었지요. 판자촌에 사는 사람들도 명동성당에 가면 우리도 도움을 받을 수 있을지 모른다는 기대를 가지고 찾아왔어요.

그런 점에서 사제단 쪽도 세가지가 필요하다고 생각해요. 불의가 판을 치고 정의가 힘을 못 쓸 때 사제단은 '정의의 사제'가 되어야 합니다. 정의구현의 단계가 지나면 양쪽이 서로 다툴 때 양쪽에서 돌을 맞더라도 우리는 하나가 되어야 한다고 얘기할 수 있는 '화해의 사제'가 되어야 하고요. 마지막은 누구든지 사랑할 수 있는 '사랑의 사제'가 되어야 하지요. 우리는 여전히 정의구현의 단계인 것 같아요. 앞으로는 사회도 변하고 사제단도 변했으면 좋겠다고 생각합니다.

선생님은 그 '삼위일체'가 아니었잖아요. 김정남 선생님 위치가 독특한 게, 명동성당도 아니고, 사제단도 아니고, 바티칸 공의회도 아닌데 심지어 처음에는 가톨릭 신도도 아니었는데 그거를 절묘하게 연결시켜서 사제단이 가장 신뢰하고, 명동성당의 김수환 추기경도 신뢰하고. 선생님의 위치는 그야말로 독특한 거 아닙니까? 여러가지로 절묘하고 오묘한 합작이었다는 생각이 듭니다.

개신교에서 최초로 크게 터진 게 1973년에 남산 부활절 연합예배 때 박형규 목사와 그 일행이 국가를 전복하려 하고 방송국을 점거하려 했다는 사건이었지요. 순전히 엉터리로 짜 만들어진 건데 부활절이 지나고 몇달이 지난 뒤에 그게 만들어졌어요. 그러니까 박형규 목사, 권호경, 김동완 전도사 다 잡혀 들어갔지요. 고초를 치르고 생각해보니까 이런 일들이 오히려 교회를 단결시켜주는 거예요.

그해 10월에 석방되고서 관계되는 목사들이 인사 편지를 하나 썼어요. 우리가 석방되었지만 항소를 하려고 하니 기도해달라고요. 그 편지에 보면 '기묘하게 일하시는 하나님'이라는 표현이 나와요. 기묘하게 일하시는 하나님을 다른 말로 하면 섭리라고 할 수도 있을 거고 아니면 역사의 힘이라고 할 수도 있을 텐데요. 어떻게 보면 오늘을 살아가는 일체의 개인이건 집단이건 이렇듯 우리는 교묘하게 일하는 하나님의 손길로부터 벗어날 순 없지 않냐. 그렇게 인도하시는 대로 따라가야 되지 않냐, 이런 생각을 안 할 수가 없죠. 이 엄청난 일들을 겪으면서 나 같은 사람이 이렇게 살아온 것도 아, 참 생각하면 기적 같다고 생각이 들고요.

아멘. 김정남 선생님의 신앙고백이 되겠습니다. 김수환 추기경은 '섭리의 힘'이라는 말을 쓰기도 했습니다. 예를 들어 전두환이 1987년 4·13호헌선언을 한 그 순간, '아, 이 모든 민주화 과정은 이제 끝났구나'라고 하는 그 시점에 '박종철군 고문치사 사건의 진상이 조작되었다'는 5·18 명동성당의 발표를 시작으로 전두환이 상상도 못할 일들이 막 일어나잖아요. 그래서 확 반전되어지는… 이런 것들이 보이지 않는, 거대한 섭리의 힘을 느낄 수 있지 않느냐 하는 거지요. 사회과학적으로야 여러 요인이 투입되어 그러한 결과가 나왔다고 자못 인과론적으로 설명하겠지만, 그건 사후에 정리한 것이고, 역사 과정 과정에서 작동하는 힘을 설명하기엔 그것만으로는 부족하지요.

드러나지 않지만 누군가는 해야 할 일

전에도 얘기한 것처럼, 나는 사실 1974년 민청학련 사건이 생기기 전까지는 그전에 일어났던 일련의 사건하고 직접적인 관계는 없었어요. 1974년에 나는 서른셋이었습니다. 결혼도 했고, 아이도 있었고요. 1960년대 말 통혁당 사건 때부터 그 불똥이 나한테 튀는 건 아닐까 그때마다 전전긍긍하고 있었죠. 크고 작은 민주화투쟁의 움직임에도 관여하지 않았어요. 예를 들면 이호철이나 박태순을 통해서 민주수호국민협의회의 움직임이라든지, 자유실천문인협의회가 생기기 전이었습니다만, 문인들의 활동도 간헐적으로 듣고, 국제앰네스티 한국지부가 발족되어서 활동을 시작했다든지 이런 정도는 알고 있었지만 내가 참여하거나 그러진 않았어요.

이 긴박한 사태라고 그럴까, 이런 전반적인 흐름과 조우하게 된 것은 민청학련 사건이 터지고 김지하가 잡혀 들어가고 나서부터예요. 비로소 그런 게 준비되고 있었다는 것도, 그런 게 학원에서 일어나고 있었다는 것도 알게 됐어요. 그 당시에 나는 어떻게 살 것인가 고민하면서 건달생활 비슷하게 왔다갔다 하기도 하고, 광고회사도 다니고, 명동에 나가서 술 마시기도 하고 그러면서 살았죠. 잡지사에도 관계를 하고.

그러셨지만 결국은 민주화운동사의 결정적인 순간마다 선생님의 손길이 닿지 않은 곳이 없게 되었습니다. 그런데 다른 분들하고 완전히 다른 선생님의 특징이 있는 것 같네요. 대중 앞에 나선 적이 없으면서 해야 할 일을 했다는 것인데, 한번도 안 나선 이유는 뭡니까?

특별한 이유가 있었던 것 같지는 않아요. 우선은 당시의 엄혹한 상황 속에서 잘못 걸리면 죽을지도 모른다는 두려움이 있었지요. 게다가 남 앞에 나서는 것이 저한테는 전혀 안 맞는 것 같았어요. 그러나 나를 찾아와 도움을 청하는 것은 차마 거부할 수 없었습니다. 그렇게 한발한발 당장 해야 할 일을 하다보니까 여기까지 흘러온 것이죠. 예를 들면 수배가 돼서 도망다니는 사람이 제일 먼저 찾아오는 게 나였어요. 그런 사람들을 돌보는 것 때문에 내가 지고 있는 짐의 무게가 굉장히 무겁게 느껴졌습니다. 내가 나서서 내 이름을 내세워 무엇을 하는 것보다는 뒤에서 일을 거드는 것이 편했고, 또 안전한 측면도 있죠.

그 당시 선생님께서 지고 있던 짐이 뭐였던가를 하나하나 풀어내봅시다. 도망자 얘기부터 시작해보면, 선생님이 지금까지 도움주고 알선한 도망자 리스트를 한번 대보죠. 신동수, 유영표, 조영래, 손학규, 그리고 장기표도 있었고요. 나중에 이부영도 알선해주셨나요? 우선 왜 도망자가 선생님을 찾아옵니까?

그건 모르겠어요. 경기고 61회 동기들이 자기들끼리는 손학규, 김근태, 조영래를 상당히 열심히 일한 사람들이고 혁혁한 공이 있는 사람들이라고 꼽는데 그 사람들 말고 신동수라는 사람이 있습니다.

신동수가 1975년 오둘둘 사건, 서울대 학생데모를 실질적으로는 조직한 사람이에요. 앞의 세 사람과 달리 신동수는 4년 늦은 1969년에 서울대 동양사학과에 입학을 합니다. 경기고 다닐 때는 변론반이었다는데 실제로는 아주 과묵해서 말을 잘 안 했다고 해요. 신동수가 오둘둘 사건으로 도망다닐 때 갈 데가 없다고 해서 제가 가톨릭여학생관에 아피들이 사다놓은 슬리핑백 하나를 달라고 해서 그걸 신동수에게 들려서, 신현봉 신부한테 이 사람 좀 원주에 데리고 가서 그 이후는 알아서 하라며 보낸 적이 있어요.

그 친구가 어디든 잘 나타나는 사람이 아닌데 신현봉 신부 회갑 때 봤습니다. 정선성당에서 회갑잔치 비슷한 것을 해서 내가 거기를 갔더니 신동수가 와 있더라고요. 지금은 선농음식살림이라고 학교 급식이나 단체 급식, 전문적인 케이터링 등을 하는 회사를 경영하고 있어요. 원혜영이 풀무원을 차렸을 때도 신동수가 많이 관여했다고 해요. 유기농 관련한 쪽으로는 꽤 유능하고 경영 능력도 탁월한가봐요.

오둘둘 사건의 실질적 주역으로 알려진 유영표는 김윤수 선생한테 보내고, 그런 일들이 계속 일어나고 있으니 제가 나서서 다른 일을 할 겨를이 없었다고 얘기할 수 있죠.

이부영도 마찬가지죠. 이부영은 도망을 길게 다니지는 않았습니다. 바로 잡혔기 때문에. 5·3인천사건 이후 장기표, 여익구, 박계동 그런 친구들이 도망을 다닐 때 이부영도 잠깐 도피생활을 했죠. 장기표는 상당히 오랫동안 도망을 다녔고, 1977년에 청계피복노조 사건으로 잡혀 들어가서 감옥을 살고 나와서도 또 도망다니는 일이 상당히 많았고요.

그럼 장기표는 도피생활도 꽤 오래 했고, 이제 도망자로서 '프로'에 가깝다고 할 수 있는데, 이 정도면 나중에는 선생님의 알선이 필요 없지 않았을까요?

사실 나도 공개수배를 한번 당해봤어요. 그런 경우 말고도 위험하다는 판단 때문에 스스로 피신하는 경우가 꽤 있었는데, 도망자가 되면 정작 이 너른 천지에 내 한 몸 뉘일 데가 없습니다. 저녁때면 암담하고, 오늘 저녁은 어디 가서 내 몸을 뉘이나 이런 걱정을 매일 합니다. 장기표는 친분관계도 엄청나게 넓고 이럴 것 같지만 도망자 신분으로는 막상 갈 데가 없는 거예요. 이럴 때 마지막으로 찾는 사람이 나였던 거죠. 나한테 와서 어디 없겠냐.

그럼 숨을 데가 어디 없겠냐는 접촉은 어떻게 하나요?

대개는 만나죠. 전화는 도청을 할 수도 있고, 연결이 안 될 수도 있기 때문에 위험해요. 어머니들을 이용하거나 부인 등을 통해 전달이 됩니다. 신동수나 장기표는 주로 길거리나 성당에서 만났습니다. 장소 전달도 어머니들이나 수배자의 부인들이 중간에서 왔다갔다 전달을 하고요.

예를 들어 신동수나 유영표는 중간에 누가 끼어들었나요? 기억이 나십니까?

신동수는 기억이 확실하지 않아요. 유영표는 기억이 납니다. 유영표는 김지하 어머니가 와서 유영표라는 얘기는 안 하고, 쫓기는 사람이 둘인데 급하다고 하더라. 네가 빨리 좀 와달라 그래서 김윤수 선생한테 얘기를 했던 거죠.

그러니까 둘이 쫓기고 있는데 급하다더라 이 말만 듣고 알선을 해준다고요? 위험한데? 둘이 누가 누군지도 모르는데요?

어느 집에 가 있어라, 누구한테 가 있어라 할 때 이 사람이 거기 가서 오래 있으리라고는 생각하지 않았어요. 도피자를 숨겨줄 때 제일 중요한 게 하루 이틀 급한 시기를 빨리 넘겨주어야 한다는 겁니다. 그 사람도 급한 시기가 넘어가면 자기 나름대로 가 있을 데를 찾을 수 있으니까. 잘못해서 그 시기를 놓치면 절망할 수도 있고, 잡힐 수도 있고 하니 그 시기를 어떻게 넘기느냐가 굉장히 중요한 과제 중에 하나죠. 도망다닐 때는 그런 상황 판단이 아주 중요합니다.

그럼 유영표는 김윤수 선생 집에는 오래 머물렀습니까? 그것 때문에 김윤수 선생이 범인은닉죄로 재판도 받았잖아요?

한 6개월 이상 있었을 겁니다. 2018년에 김윤수 선생이 돌아가셨을 때 유홍준이 장례위원장을 했는데 얼마 전에 얘기를 들으니까 장지까지 간 사람 중에 유영표가 있었다고 하더라고요. 김윤수 선생은 유영표를 숨겨준 것 때문만이 아니라 김지하의 양심선언을 여기저기 여러 사람에게 배포한 건이 긴급조치 위반으로 걸려서 재판을 받은 거죠.

도망자들은 자금이 궁할 텐데, 자금 지원도 좀 했습니까?

내게 돈이 있을 때는 하죠. 그렇지만 없는 때가 더 많지요. 내가 한다고 하면 일회성으로 차비 정도나 줄 수 있죠. 대개의 경우는 자금 지원이 필요 없는 데로 보내는 게 제일 중요합니다.

그런데 '다급하다, 어떻게 할 수 없다'라고 할 때 그런 사람들이 김정남 선생님한테 연락을 해야겠다는 그 생각은 어떻게 만들어졌을까요? 그전부터 어떤 신뢰가 있었던 걸까요? 가령 유영표는 오둘둘 이전에는 김정남 선생님을 몰랐을 것 아니에요.

글쎄요. 아마 내가 드러나 있지 않은 사람이라는 것이 그 사람들한테는 상당히 안심하는 분위기를 줬을 거라는 생각이 듭니다. 유영표는 오둘둘 이후에도 몰랐어요. 저야 김지하 어머니 같은 분한테 연락이 오니까 제가 할 수 있는 일들을 한 거죠. 유영표는 내가 김윤수 선생 댁을 주선한 것을 아는지 모르지만, 요즘도 가끔 유영표를 만날 때가 있어도 한번도 그 사실을 아는 체하거나 그 얘기를 꺼낸 적이 없어요. 도망 다니는 사람들의 도피처를 알선하고 보살피는 데 훨씬 열심히, 잘한 분이 따로 계십니다. 바로 김한림 선생이에요. 김한림 선생은 나보다 더 많은 사람들을 알선했습니다. 김한림 선생은 발이 넓고 또 여자분이고 하니까 밖에 다니기가 좀더 자유롭고요. 숨겨주는 것뿐만 아니라 자기가 숨겨준 사람이 있는 집에 가서 보살펴주기도 해요. 가령 장기표가 도망다닐 때 도망처를 알선해줬을 뿐만 아니라 수배 중에 애를 낳았을 때는 뜨개질을 해서 포대기를 떠다 주기도 하고, 돈이 생기면 전해주기도 하고 그런 정도였어요.

김한림 선생과 김지하 모친 같은 경우는 정말 기여를 많이 했네요. 그러니까 메신저로서는 타의 추종을 불허하는 그런 분이신 것 같네요.

그렇습니다. 김한림 선생은 항상 다니면서 뜨개질을 하는데, 특별한 주문이 있거나 무슨 필요 때문에 하는 게 아니었어요. 그저 양말을 떠서 교도소에 있는 사람들한테 겨울용 양말을 영치시키고, 그렇지 않을 때는 '승리 숄'이라고 해서 보라색 숄을 떠서 가족들한테 하고 다니라고 주기도 하고요. 3·1민주구국선언 사건 때는 구속자 가족들이 전부 승리 숄을 걸치고 다녔어요.

또 김한림 선생은 호주머니든 가방이든 속옷 안에 있는 주머니든 그 안에 성명서, 호소문 이런 걸로 항상 불룩했어요. 창비가 어려웠을 때는 창비 정기구독신청서를 들고 다니면서 많이 받았죠. 정기구독권을 상으로 주기도 하고요.

누구를 숨겨달라고 부탁할 때 상상하기도 어렵고 거절도 많이 당했을 것 아니에요?

대개 숨겨준다거나 도피하는 사람들은 급한 돈이 필요한데, 돈을 준다는 게 굉장히 어렵습니다. 왜냐하면 나중에 들통이 나면 자기가 상당히 고통을 받아야 되고 또 그건 개인의 일로 그치는 것이 아니라 가족이 위험해지는 문제기도 하니까요. 그렇기 때문에 굉장히 신중해야 하죠. 돌이켜보면 대개의 경우는 큰 문제가 없었던 것 같아요. 요청을 받은 쪽도 오죽 답답하면 그랬을까, 오죽 갈 데가 없으면 그랬을까 생각이 들죠.

칭찬받는 경우도 있었어요. 도망자가 잘하는 경우지요. 장기표는 처음에 김한림 선생이 와서 이 사람이 「민중의 소리」를 쓴 사람이고 민청학련 사건의 주범인데 숨겨야 된다며 갑자기 부탁을 하는 거예요. 마땅한 사람이 없어서 전병용한테 '야, 이런 사람 있는데 너한테 보냈으면 한다. 어디 없겠냐' 했죠.

전병용으로서는 내가 부탁을 하니까 하긴 해야 되는데. 그때 마침 전병용 형의 처남댁이 방 두 칸을 얻어서 신혼살림을 하고 있는 곳에 알선을 했는가봐요. 그 집 부인이 애를 낳았는데, 그때는 지금처럼 일회용 기저귀가 아니라 소창이라고 이불안감이나 기저귓감으로 쓰던 허름한 옷감이 있어요. 유구라고 공주 이쪽에서 많이 나오는 옷감인데 그걸 길게 잘라서 애들 기저귀로 쓰는 거예요. 애가 똥 싸고 오줌 싼 기저귀를 모아서 나중에 한꺼번에 빨려고 문밖에 내놓았는데, 그걸 내놓기만 하면 장기표가 번개같이 빨아서 널어놓는 거예요. 하나씩 하나씩. 그러니까 거꾸로 그 집에서 이분이 훌륭한 사람이라는데 우리 애 기저귀를 몸소 빨고 있다고 미안해하고 몸 둘 바를 모르기도 했죠.

장기표는 그런 것뿐만이 아니라 한시도 놀지 않고, 하다못해 아이들 가정교사처럼 그렇게 누구를 가르쳐주려고 그래요. 우리 집에 놀러와도 우리 애 붙들고 산수책 가져와봐라 그래가지고 가르쳐주고.

결국 수배자가 장기적으로 안정을 하려고 하면 애들하고 잘 놀아주고, 애들을 잘 보살펴주는 게 좋은 방편이네요.

그게 상당히 좋죠. 물론 곤란한 일도 있습니다. 1975년에 수도권 특수지역 선교위원회 선교자금 사건이라는 게 있었는데 그 활동을 할 때 회계 비슷하게 실무를 한 게 손학규여서 손학규가 쫓기게 됩니다.

저는 처음에 손학규를 김두식의 집에 보냈습니다. 김두식은 내 중학교 동창이고 서울고, 서울법대 나와서 나중에 한겨레신문사 사장도 했어요. 당시 그 친구가 동아일보에 있으면서 서울시 출입하는 기자였습니다. 수입도 괜찮고 대접도 괜찮고 그랬는데 졸지에 동아일보에서 해직되면서 생활이 무척 어려워졌죠. 스스로에게 굉장히 까다로운 사람이어서 처갓집도 잘사는 편인데 굳이 그 도움을 안 받고 살려다보니까 꽤 어려웠나봐요.

손학규가 거기 가 있을 때 집이 월급도 없지 이러니까 집에서 아침에 수제비도 끓여먹고 그랬는가봐요. 그리고 그 집이 일본식 적산가옥인데 다다미방에 2층짜리였어요. 거기서 밖을 내다보면 전봇대가 있는데 전봇대 앞에서 사람들이 지나가다가 오줌도 누고 그러죠. 김두식 부인이 손학규가 와 있으니까 예민해져가지고 거기서 누가 오줌만 눠도 우리 집 감시한다, 이렇게 생각을 하고 상당히 불안해했어요. 그런데 손학규가 어느 날 온다간다 말도 없이 그 집에서 나간 거예요.

내가 얼마 뒤 원주에 장일순 선생한테 손학규가 가니까 좀 선처해달라 이래서 손학규가 거기 가서 아마 몇달 있었을 겁니다. 과수원 집에 가 있었는데, 그쪽에서는 우리 동네 와 있으니까 잘 먹여야 된다 하면서 보약도 해먹이고 그랬거든요. 김근태의 경우는 화가이면서 교사인 어느 여성분에게 부탁해서 세검정 넘어가는 고갯마루에 있는 시민아파트에 숨어 있게 했습니다. 화장실이 안에 있지 않고 밖에 있어서 낮에는 집 안에서 용변을 봐야 했어요. 그래도 김근태는 책을 읽고 쓰고 하면서, 열심히 살았어요.

생각해보면, 쫓기는 사람의 입장에서는 길고 긴 고달픈 여정에서 한 때의 일이에요. 그래서 다시 찾아가 그때 고마웠다고 말하기가 쉽지 않습니다. 그렇지만 숨겨주는 사람의 입장에서는 모든 위험을 감수하고 자신의 모든 것을 내던지는 거잖아요. 그러다보니 은혜를 베풀었다고 생각하는 사람들은 자신이 숨겨준 사람들이 찾아와 감사했다고 답례하기를 바라는 게 인지상정이겠지요. 또 자신이 한국의 민주화투쟁에 간접적이나마 기여했다는 자부심도 가지고 있고요.

장기표같이 숨겨주었던 사람과의 아름다운 인연을 끝까지 이어나가는 사람이 있는 반면 떠나고 나서 인사 한번 없는 사람도 있는데, 그런 사람한테는 인간적으로 섭섭하고 더 나아가서는 민주화운동을 하는 사람들의 인간적인 면모를 경멸하고 운동권 전체에 대한 반감을 갖게 되는 경우도 있습니다.

이럴 때 중간에 있는 나 같은 사람이 참으로 난처해요. 어떻게든 그런 사람들을 다독여야 하는 것이 소개한 사람의 책무라고 할 수 있겠지요. 어쨌든 민주화투쟁의 전 과정에서 저는 많은 사람들에게 본의 아닌 폐를 끼친 일이 많은데, 늦었지만 그런 모든 분들께 진심으로 감사와 사과의 말씀을 드리고 싶습니다.

각자마다 사연이 있을 것 같습니다만, 선생님께서 지고 있던 짐 제1호는 도망자 숨겨주기였고. 다른 건 또 뭐가 있을까요?

글쎄요. 구속자 가족을 돕는 일일까요? 이부영 같은 경우에 잡혀 들어가서 감옥에 있는 상태에서 집이 이사를 했어요. 돈도 없고 여러가지로 답답하고 그런 때인데, 물질적으로 크게 도움은 안 되지만 옆에 사람이 있어주면 그래도 심적으로 좀 도움이 되잖아요. 그때 이부영 집을 세검정에서 불광동으로 옮겼는데 우연찮게도 나중에 알고 보니 불광동 파출소 옆이었어요. 집이 파출소 옆이니까 좋은 점도 있고 나쁜 점도 있어요. 한참 심하게 정권 차원에서 단속하고 그럴 때는 이부영은 어차피 감옥에 가 있으니까 대신 그 부인을 감시하는데, 가령 가족 모임에 나갈 때 경찰이 미행을 하기도 하고 못 가게 막기도 하고 그래요. 이런 점은 나쁜 점이죠. 하지만 파출소가 가까우니까 집에 도둑이 들 염려도 없고 애들 통학 길에 잃어버릴 염려도 없고. 그런 점은 좋은 점이기도 하더라고요. 안심도 되고요.

이부영이 딸하고 아들이 있는데, 딸이 아빠 어디갔냐고 물으면 대개의 경우 미국에 갔다고 하죠. 어릴 때 딸이 위경련이 자주 나서 아파 뒹굴고 그랬는데 그런 거 보면 안타깝죠. 엄마 혼자서 아이를 키우니까 어려운 점도 많고요.

구속자 가족도 알게 모르게 계속 도왔습니까?

도와야죠. 그렇지만 제가 도움이 되었다기보다는 김한림 선생과 김지하 어머니 등이 정말 어려운 일을 많이 하셨습니다. 구속자에 대한 정보를 물어오고 도움도 많이 주셨죠.

선생님께서 재판에도 보이지 않게 도움을 제공한 예가 아주 많은 것으로 알고 있습니다. 변호사들과 합작해서 말입니다. 변호사들은 법률적인 것을 하지만 그걸로 채워지지 못하는 많은 부분들이 있지 않나요?

우리가 할 수 있는 건 별게 아닙니다. 크게 보면 자료를 찾고 만드는 일이지요. 1980년대에는 걸핏하면 국가보안법으로 걸어서 잡아들이는데, 어떻게 하냐면 맨 먼저 한 사람을 찍어서 그 집에 기습을 해서 책장 검열을 합니다. 자기들 보기에 조금이라도 눈에 거슬린다거나 이게 좌경 책이다 싶은 게 있으면 무조건 뽑아가지고 가요.

그때 치안본부 산하에 내외정책연구소라는 곳이 있었는데 거기 책임자가 홍지영이라는 사람이에요. 이 사람은 홍성문이라고도 하고 홍성철이라고도 하고 이름을 다섯개나 가지고 있었어요. 홍지영이 관여한 내외정책연구소도 이름을 여러번 바꿨습니다.

내외정책연구소는 치안본부 대공분실이 수색한 집에서 수상쩍은 책을 가져오면 그 책이 공산주의 서적이고, 그 독자는 공산주의자임에 틀림없다는 맞춤 감정을 해주는 하부기관이었습니다. 한편으로는 엄청난 고문을 통해서 자백을 받고 다른 한편으로는 이렇게 사상감정이라는 것을 통해서 빨갱이를 만들어냈습니다.

홍지영은 일제강점기에 나카노학교를 졸업하고 일본군이 중국을 침략했을 때 남경 쪽에 나가서 첩보활동을 했대요. 그후에 전쟁이 끝난 뒤에도 못 돌아오다가 한참 뒤인 1950년대에 한국에 돌아왔다고 합니다. 홍지영이 "공산주의와 대결하는 신앙인의 교양지"라는 잡지 『현대사조』를 창간했는데, 이 『현대사조』의 발행인이 유상근이라고 명지대 이사장을 하고 박정희 정권에서 국토통일원 장관도 했던 사람이에요. 홍지영이 이런 용공시비를 일으키는 글을 쓰고 책도 내면서, 말하자면 책을 통해서 용공모략하는 짓을 아주 많이 했습니다.

예를 들어서 추기경이 강원룡 목사하고 대담을 하면서 '나는 성 베드로 성당에 가서 예수상을 봤을 때보다도 석굴암에 가서 불상을 봤을 때 어떤 종교심 같은 것이 더 생긴다' 이런 얘기를 했어요. 그러면 홍지영이 추기경은 가짜 크리스천이라고 하는 거예요. WCC(세계교회협의회)는 완전히 빨갱이 국제조직이다, 그러니까 산하조직인 NCC(한국기독교교회협의회)는 빨갱이 산하 조직이다, 이렇게까지 가는 거죠. 도시산업선교회를 빨갱이 집단으로 모략하고. 심지어는 김학준의 『러시아혁명사』(문학과지성사 1979)도 좌경서적으로 몰아갔어요.

홍성우 변호사가 버스에서 일간스포츠에 실린 만화를 보다가 나카노학교가 일본 육군성 산하에 있는 첩보학교라는 것을 우연히 알게 된 거예요. 어떤 경로인지는 모르겠지만 어떤 신부가 중앙정보부에 있는 홍지영의 인적사항을 확인한바 홍지영이 이 나카노학교를 나왔다는 것을 알게 된 거죠. 그래서 이태복 재판(전민노련 사건) 때 그 사람을 증인으로 신청을 합니다. 판사가 검사와 서로 결탁됐거나 잘 아는 사람은 검사가 필사적으로 반대하면 증인 채택이 안 되는데 검사가 그냥 넘어갔거나 잘 모르는 판사였는지 홍지영이 증인으로 채택이 된 거예요. 그래서 이돈명 변호사를 통해서 법정에서 증인신문을 한 거죠. 그 신문 사항을 제가 작성했어요. 홍지영이 그때 자기는 간첩 잡고 하다보니까 언제 죽을지 모르니 이름을 다섯개 쓴다고 했다고 하더라고요. 그런 재판에 필요한 자료 찾는 일은 변호사들보다도 우리들이 나서서 하는 경우가 더러 있었어요. 어쨌든 이런 식으로라도 홍지영의 정체를 온 세상에 밝혀야 한다는 생각을 갖고 있었지요.

그밖에도 재판에 도움을 준 일이 많이 있으시지요?

그거 말고도 홍변호사가 맡은 변론과 관련해서 가령 송기숙 사건, 우리의 교육지표 사건이 1978년인가 있었는데 그러면 사실 우리로서는 홍변호사한테 그런 사건을 자꾸 가지고 가서 맡기는 게 괜히 죄송스럽더라고요. 우리의 교육지표 사건이 어떤 사건이냐 하면 해직교수들이 분노하고 이런 게 유신정권의 국가주의에 대한 반감이에요. 국가주의를 대표하는 게 국민교육헌장이잖아요. 국민교육헌장 교육은 안 된다, 새로운 민주적 교육지표가 설정되어야 한다는 내용을 담고 있는 게 「우리의 교육지표」예요. 이걸 주도한 게 성내운 선생이었고, 그 선언문은 백낙청 선생이 쓴 걸로 알고 있어요.

서울에 있는 교수들한테 성명서 서명을 받으려고 하는데 분위기가 살벌하니까 교수들이 서명을 망설이는 거예요. 가톨릭신학대학에서는 단합해서 교수 전원이 서명을 했지만, 개인적으로 서명한 사람은 이화여대 이효재 교수 한명밖에 없었대요. 그러니까 성명서 발표를 할 수가 없는 거예요. 신부 교수 20명에 여자 교수 1명뿐이니까. 그래서 성내운 교수가 이걸 가지고 광주로 내려갔는데 전남대에서 11명이 서명을 했어요. 그 11명의 이름으로 성명서 발표를 하고 성내운 교수는 빠졌고요.

그 사건으로 전남대 국문과 송기숙 교수는 긴급조치 9호 위반으로 구속이 됐고, 나머지 교수들은 전원 해임됐습니다. 그래서 광주에서 송기숙 교수 재판이 시작된 거죠. 이 재판에 광주의 홍남순 변호사 등 몇분과 서울에서 홍성우 변호사가 합류해 공동으로 변론을 했어요. 우리 쪽에서 변론 준비하는 걸 도와드리기 위해 자료를 찾으러 돌아다녔어요.

유형진이라고 한양대 교육학과 교수였는데 그 사람이 말하자면 국민교육헌장을 만드는 데 실무를 맡았던 사람이에요. 물론 모체는 일본의 메이지유신 때 나왔다는 '교육칙어'를 베낀 거라고들 했고, 초안을 만든 건 서울대 교수인 박종홍을 비롯해서 안호상, 이인기 이런 사람들이고요.

국민교육헌장을 보면 그 많은 덕목을 나열하고 있으면서도 '정의'와 '민주'라는 말이 없어요. 나는 그때 동대문시장에 있는 헌책방을 돌아다니며 민주교육헌장의 제정 과정과 관련된 책자 등을 사다가 변론 자료 같은 걸 만들어서 드렸어요. 어떻게 보면 법리라기보다는 정치적인 문제죠. 그런 부분은 내가 해야 될 부분인 거고요. 홍변호사에게는 사실 재판에 맞춰서 광주에 내려가게 하는 것만 해도 상당히 죄송스러웠어요.

그래서 그 재판에 어떤 때는 저도 동행했는데, 사실 저는 송기숙 선생의 최후진술에 크게 감동했어요. 그래서 그 최후진술 내용을 정리해서 여기저기 돌리기도 했는데요. 1978년으로 기억하는데, 송교수가 서울에서 학생들이 교수들에게 돌을 던졌다는 얘기를 듣고 가슴팍을 돌로 얻어맞은 것과 같은 충격을 받고, 자신들이 학교에서 학생들의 데모를 막는 일을 돌이켜봤다는 거예요. 교수들이 강의시간표 짜듯이 누구는 도서관 앞에서 몇시부터 몇시, 누구는 사범대학 벤치 앞에서 몇시부터 몇시, 이런 식으로 보초를 서서 학생들을 감시하는 자신들이 부끄러웠다는 것입니다. 또 국민교육헌장이 행정부의 독단적인 추진으로 제정·공포되었다는 것은 엄연한 사실인데 왜 그것을 말한 자신의 의견이 긴급조치상의 사실 왜곡이 되느냐, 자신은 소설가로서 일제강점기 독립운동 관계 자료를 모으는데 3·1운동 재판기록에 의하면 대부분의 시위자가 1년에서 2년의 형을 선고받더라, 그런데 검찰관은 나에게 징역 7년을 구형했다, 나는 담담한 심정이지만 성실성을 결여한 구형이라고 말하지 않을 수 없다면서, 자신은 소설가로서 이 재판정에 있었던 일, 표정 하나하나를 놓치지 않고 기억하겠다는 말로 끝을 맺었습니다.

수많은 사건들의 기록을 보면서, 또 때로는 법정에 가서 재판의 전 과정을 지켜보면서, 나는 모두진술, 최후진술, 항소이유서, 상고이유서 가운데 우리가 반드시 기억해야 할 감동적인 내용이 많이 있다고 믿습니다.

선생님이 법정 안에 들어가서 참관한 사건이 있습니까?

있죠. 몇개 있어요. '부산미문화원 방화사건' '우리의 교육지표 사건(송기숙 사건)' '오송회 사건'이라고 군산에서 있었던 일, '오원춘 사건' 등이 있어요.

이럴 때는 법정에 가서 방청석에 앉아 있는 거예요?

그렇죠. 그때 방청권도 몇개 가지고 있습니다.

그 방청석에 사람이 많이 있었겠죠?

사건마다 달랐습니다. 오원춘 사건이나 부산미문화원 방화사건은 사람이 많았고, 오송회나 우리의 교육지표 사건 같은 경우는 별로 없었죠. 방청을 할 때 그때는 녹취가 안 되니까 거기서 중요하다고 생각되는 게 있으면 열심히 메모를 했어요. 부산미문화원 방화사건 피고인들의 최후진술, 송기숙 최후진술, 오송회 사건의 이광웅, 박정석 등의 최후진술 그리고 재판 전 과정 등을 제가 전부 다시 정리해가지고 세상에 내놓았죠.

아 그래요? 이광웅, 송기숙 최후진술 이런 것들이 돌고 있잖아요?

대부분 그때 제가 정리를 한 겁니다. 법정에서 중요한 말만 메모를 하고 나중에 연결해서 문장으로 만들었죠. 예를 들어 부산미문화원 방화사건의 문부식, 김현장, 김지희 최후진술을 들으며 눈물도 흘리고 그랬어요. 김지희는 4·19묘지에 있는 이은상이 탑에 쓴 비명을 읽었는데 '해마다 4월이 오면…' 그것을 좍 먼저 읽고 최후진술을 하는데 눈물이 나더라고요. 저도 울고, 방청객 다 울리고. 실제로 눈물 나요.

그러니까 깔끔하게 다듬어진 문장은 법정에서 한 그 최후진술 '말'하고 차이가 있죠? 그것보다 훨씬 다듬어진 것이겠네요. 그럼 이런 사건들 때 지방에 변호사들과 같이 내려가면 선생님이 들킬 염려는 없습니까?

오원춘 사건 때는 변호사하고 대구 분도수녀원에 가서 같이 먹고 자고 했어요. 변호사들이 피고인 면회 갈 때는 따라갈 수가 없지요. 나머지 대부분의 시간은 같이 토론하고 그랬어요. 변론 준비하면서 함께 움직인 거죠.

그럼 선생님을 변호사 사무장쯤으로 생각할까요? 선생님이 법정에서 최후진술 등을 듣고 널리 전파해야 되겠다는 목적으로 키워드를 메모를 해 와가지고 다시 풀어쓰는군요.

네, 메모를 연결해서 리라이팅 하고, 변호사 사무실에 가서 타이핑을 합니다. 홍변호사 사무실 아니면 제일합동법률사무소에서 했죠. 나는 홍변호사 사무실 타자기를 쓴 건지 제일합동법률 사무소 타자기를 쓴 건지 보면 알았어요. 타자기가 달라서 타자기 글자 형태가 달랐거든요.

인권변호사들과의 관계

재판 과정 이야기가 나온 김에 당시 이돈명, 홍성우 등 인권변호사들과의 관계가 어떻게 형성되고 이어져 나가는지를 중심으로 말씀해 주시죠.

기억이 확실하지는 않은데, 민청학련 사건이 나서 제가 제일 먼저 뵌 사람은 강신옥 변호사였을 거예요. 박윤배가 김지하 사건에 강신옥을 변호사로 선임하자고 해서 그때 겸사겸사해서 다 같이 가서 한번 만났는데 그 일 이후로 자주 만났죠.

그런데 강신옥 변호사는 우리가 알고 있는 인권변호사 네분하고는 약간 결이 다르지 않나요.

강신옥 변호사는 이상하게 철저한 반공주의자를 자처하기도 하고,

당시 운동권 학생들의 성향에 동조하지도 않아요. 황인철 변호사는 대전고 선배인데 학교 다닐 때는 전혀 몰랐어요. 다만 그때는 『문학과지성』을 재정적으로 후원하는 변호사 정도로 알고 있었어요. 아마 제가 두분을 처음 본 게 1974년에 민주회복국민회의에 참여해주십사 두분을 같이 만나지 않았나 싶습니다. 그러고 김지하 사건이 1975년 3월에 생기니까 그때 그분들이 변호를 맡기 시작한 거죠.

1970년대 후반에 인권변호사라 하면 이돈명, 홍성우, 황인철, 조준희 변호사를 자주 지칭하잖아요. 김선생님은 그분들과 함께 늘 작업했으니까, 속사정도 잘 아시겠지요?

경제형편에 대해 말씀드리자면, 그분들 처지가 똑같지는 않아요. 출신 학교가 어디냐에 따라서 상당한 차이가 있었어요. 예컨대 홍성우 변호사, 황인철 변호사는 같은 학년이고 같이 인권변론을 했습니다. 황인철 변호사는 대전고를 나왔는데, 인권변론 활동으로 인해 상당히 어렵다더라 소문이 나면 동문들이 사건을 가져와요. 그렇게 도움을 받았습니다. 홍성우 변호사는 경기고를 나왔는데, 오히려 동문들이 피하는 느낌이었습니다. 홍성우 변호사 쪽은 사건이 점점 줄어드는 거예요. 경기고 동문들은 위험한데 거기를 왜 가냐 싶었을지도 모르겠습니다. 홍변호사는 생활의 위협도 두번인가 상당히 심하게 받았고요. 1970년대 무렵하고 1980년대 초반에.

이돈명 변호사는 1960년대 중반에 김제형 변호사를 필두로 제일합동법률사무소를 만들어 활동을 시작했어요. 네 사람이 출발을 했는데, 김제형, 이돈명, 유현석, 이동신이에요. 똑같이 투자하고, 똑같이 가져가고, 똑같이 남겨두고, 한 사람이 맡은 건 네 사람이 맡은 것이고 등등 원칙을 정했고, 그게 끝까지 지켜졌습니다. 그래서 제일합동법률사무소는 변호사들한테 상당히 부러움의 대상이었죠. 그것을 조정하는 중심역할을 김제형 변호사가 했습니다. 그분 인품이 훌륭했어요. 이돈명 변호사가 순전히 인권변론 활동에 전념을 해도 비용이나 운영 등을 책임지고 맡아주니까, 이돈명 변호사는 심리적 또는 금전적으로 피해를 별로 안 봤죠. 그런 점에서 홍변호사가 아마 그때 물질적 피해뿐만 아니라 정신적으로도 고통을 가장 많이 받으셨을 거예요. 집에서도 심리적, 경제적 고통을 많이 받았을 거고요.

제일합동법률사무소 초창기 멤버인 이동신 변호사는 안동 사람인데 사업을 한다고 일찍 나갔어요. 그 대신에 이건호 변호사를 영입하죠. 이건호 변호사는 홍성우 변호사하고 동기입니다.

저는 인권변론을 하는 분들이 상당히 어렵게 일을 하는 걸 아니까, 괜히 미안하고 뭐라도 좀 도와드려야 되지 않겠냐 하는 생각을 했어요. 그래서 자료수집이라든지, 관련 문건을 검토를 하는 일을 도왔어요. 당시 감옥에 있는 사람들에게 인권변호사는 그 자체로 큰 위안이 됩니다. 옥중의 사람들은 접견오는 걸 한결같이 기다리죠. 처음에 잡혀 들어갈 때는 고립무원이고 도와주는 사람 하나 없는 것 같고, 절해고도에 떨어져 있는 것 같은데 변호사의 접견은 천군만마를 얻은 것과 같은 거예요. 나를 도와주는 사람이 있구나, 더군다나 이런 인권변호사라는 분들까지 찾아오고 사회에서도 나에게 관심을 갖는구나 하는 마음이 들고, 상당한 위안을 받지요.

선생님 책을 보면 그중에서 이돈명 변호사와는 사무실을 같이 할 정도였다고 되어 있습니다.

이돈명 변호사는 재치가 있고 박람강기(博覽强記)에다가 잡학지식이 상당히 많은 분이에요. 임기응변도 뛰어나고요. 1974년 12월부터 다음 해 3, 4월까지 동아일보 광고 탄압이 있을 때 이돈명 변호사가 솔선수범해서 돌출광고로 '대한민국은 민주공화국이다' 같은 문구로 광고를 내 응원하기도 했어요. 돌출광고가 상대적으로 비싸요. 같은 사무실에 있던 유현석, 이건호, 김제형 변호사가 참여하고 그다음부터 변호사를 한 사람 한 사람 찾아다니면서 동아일보 광고 모집을 하는 거죠. 사람들한테 우리가 변호사라면 인권에 관심이 많아야 된다, 민청학련이 이런 식으로 진행 중에 있고, 사람들이 감옥에 가 있고 그런데 우리가 뭐라도 해야 되지 않겠냐, 동아일보 사태가 났는데 우리라도 힘을 보태자 이러면서 연명 또는 개인 이름으로 광고를 몇십회나 냈어요. 아침 일과가 변호사들 찾아다니면서 광고 섭외를 하는 것일 정도로 상당히 열심이셨습니다.

그분이 김지하 재판 때 '나도 좀 껴다오' 하고 자청을 했어요. 내가 좀 나이도 먹고 그랬지만 하여튼 껴주면 좋겠다 그래서 합류를 했지요. 김지하 재판에서 제일 예민한 부분이 인혁당 관계 부분인데 이돈명 변호사 본인이 '내가 나이가 제일 많으니까 그 부분에 대한 반대신문이나 변론을 내가 맡는 게 젊은 자네들보다는 좀 덜 불안하고 낫지 않겠어' 하시면서 그런 걸 떠맡아주셨어요. 어려운 부분인데.

이돈명 변호사가 그 무렵에 정의구현사제단 활동을 보고 천주교 영세를 받았어요. 천주교회도 열심히 나가고 유홍열 박사가 대부를 섰는데 실제로 교회로 이끌고 간 이는 유현석 변호사였어요. 유현석 변호사가 댓살 정도 아래인데 말은 아주 똑 부러지게 반말을 하더라고요. '돈명아 이놈아' 이러고. 나는 사실 그게 못마땅했지요.

이돈명 변호사 아버지가 아직 살아계셨을 때 이돈명 변호사가 판사를 하면서도 아버지가 쌀을 보내서 생활을 하고 그랬어요. 아버지가 돌아가시면서 유현석 변호사한테 내 아들 좀 부탁하네 했대요. 말하자면 우리 아들이 촌놈인데 서울에 와서 있고 하니 자네가 잘 좀 돌봐줘라 하는 거였겠죠. 그뒤부터 유변호사가 이돈명 변호사한테 '네 아버지가 나한테 너를 탁고(託孤)하셨다'라고 농담을 해요.

유현석 변호사는 명동성당과 성모병원의 고문 변호사를 했어요. 오래된 가톨릭 신자입니다. 나는 이제까지 유현석 변호사만큼 천주교 교리를 많이 아는 사람은 못 봤어요.

유현석 변호사는 워낙 다방면에 걸쳐 똑똑하고 수완도 좋고 기억력이 좋다고 널리 알려져 있습니다.

예를 들면 어떤 사람이 고해성사를 하는데, 둘이 도둑질을 하기로 한 거예요. 신부님의 방에 있는 책상 셋째 서랍에 카메라가 있더라, 우리 언제 이걸 훔쳐가지고 팔아서 같이 나누자 했는데 한 사람이 양심의 가책을 느껴서 도저히 못하겠다 하고 신부님한테 가서 고해성사를 했습니다. 그러면 한 사람은 고해성사를 했지만 한 사람은 아직 도둑놈이니까 혼자서 훔칠 수도 있잖아요. 그런데 고해성사를 듣고 카메라를 서랍 다른 칸으로 옮겨놓으면 신부가 교회법을 위반하는 거래요. 그런 정도로 상당히 미세한 부분까지 알고 있는. 그러니 내가 배우는 게 많지요.

1970, 80년대에 선생님의 공식적 활동은 뭐였습니까? 일상적으로 어디 출근을 한다든지?

공식적인 건 전혀 없었죠. 대개 변호사 사무실 한번씩 출입하고. 만날 사람이 있으면 만나고 저녁에는 술 먹고. 그냥 건달이죠. 낮에는 변호사 사무실에 가서 뭐 쓰기도 하고, 재판기록이나 변론봉투 안에 뭐가 들어 있나 살펴보기도 하고요.

변호사 사무실은 어떻게 활용을 한 겁니까?

잘 활용했죠. 1970년대에는 민청학련을 중심으로 한 젊은이들 사건이 많기도 하고, 성명서를 발표한다든지 이럴 경우가 있으면 홍성우 변호사 사무실에 가서 주로 작업을 했어요. 홍변호사 사무실에 미스 조라는 직원이 있었는데 그런 사람들의 도움을 받아 타자를 친다거나 또는 재판과 관련해서 일이 있을 때 주로 거기 가서 많이 했었죠.

성명서를 친다고 하면, 초안을 가지고 가서 변호사에게 보여주면서 내가 미스 조를 활용하겠네, 이렇게 됩니까? 아니면 미스 조에게 바로 가져갑니까?

처음에는 물론 홍변호사한테 얘기를 했지만 나중에는 안 할 때도 있었어요.

변호사 사무실은 선생님이 드나들기에 안전하다고 여기신 겁니까?

비교적 그런 편이었지만 위험한 순간들도 더러 있었습니다. 한번은 홍변호사 사무실에서 홍변호사랑 상당 시간 얘기를 하고 끝나서 막 나오려고 하는데, 해위 선생(윤보선) 내외가 홍변호사한테 인권변론해 주어서 고맙다고 인사하러 사무실로 온 거예요. 나도 합류해서 해위 선생과 홍변호사와 같이 얘기를 나누었죠. 그러고 해위 선생이랑 나가려고 하는데 갑자기 서대문경찰서 정보과 형사들이 들이닥친 거예요. 그래서 해위 선생은 나가시고, 나는 홍변호사 책상 밑에 숨어가지고 한 한시간여를 쭈그리고 있었어요. 그 사람들이 정보업무와 관련해 헛소리하는 걸 다 들어야 했죠.

1983년에 김영삼이 단식을 할 때 「단식에 즈음하여」 성명에 앞서서 「국민에게 드리는 글」이라는 것이 먼저 나왔어요. 성명서를 만들어야 하는데 김영삼이 연금 중이니까 어디 가서 타자 칠 데가 마땅치 않아서 타이핑을 제일합동법률사무소에서 했어요. 거기도 안기부 사람, 정보과 형사들이 수시로 드나드는 곳이라 그들이 나타나면 참 불안하죠. 거기에 미스 염하고 미스 오라는 여직원이 있었는데 그 두 사람이 열심히 우리를 도와주려고 타자를 치고 있는데 정보부원이 온 거예요. 사무실을 한번 휘돌아보고 돌아갔는데 다행히 그 사람들이 성명서 타이핑하는 걸 안 봐가지고 무사히 넘어갔죠. 이돈명 변호사 사무실에서 정치적인 문건 타자를 꽤 많이 쳤습니다.

변호사 사무실의 타자수의 역할도 컸네요. 홍변호사 쪽에는 미스 조. 이돈명 변호사인 제일합동법률사무소에는 미스 염, 미스 오라고 하셨는데 이름은 모르죠?

이름은 모르죠. 옛날에는 다 알았는데.

타이핑할 때 밑에 뭘 깔고 합니까, 아니면?

1970년대는 먹지를 대고 타이핑을 했어요. 1980년대는 그냥 타이핑 한 후 복사를.

아, 1970년대를 먹지를 대야 됐었고. 제록스 복사기가 보급되는 1970년대 끄트머리에서 1980년대 초가 되면 타자 하나를 치면 먹지가 필요 없군요. 복사를 하면 되니까. 먹지시대에서 복사시대로 넘어가네요. 1970년대에 타이핑을 한 곳은 홍변호사 사무실이고요? 그때는 이돈명 변호사 사무실 활용은 안 했습니까?

더러 했죠. 했는데. 홍변호사 사무실이 좀 편했어요.

왜 편했습니까?

그만큼 친숙해졌다는 얘기죠. 양력 설날 사무실에 나왔다가 함께 보신탕을 먹을 만큼 가까웠으니까.

홍변호사 사무실에 홍변호사하고 미스 조하고 또 누가 있었어요?

윤사무장이라고.

그러니까 홍변호사 사무실이 좋았던 것은, 거기에 다른 사건으로 찾아오는 사람도 별로 없고, 단독 개업을 하고 있고. 그다음에 윤사무장과 미스 조가 협조적이었으니까. 그런데 예를 들어 미스 조 입장에서는 과외의 일이고 약간의 위험부담이 따른다는 생각 안 했을까요?

했겠죠. 그런데 변호사님이 계시니까 변호사님에게 미룰 수 있다고 생각했겠죠.

저는 디테일에 관심이 있다고 했으니까. 윤사무장과 미스 조가 대하는 태도가 어땠습니까?

다 좋았어요. 홍변호사 바로 밑에 동생이 성종이인데 성종이가 경기고 58회인가 그래요. 윤사무장이 성종이의 경기고 동기였어요. 경기고에서 주먹도 좀 쓰고 상당히 영향력이 있는, 의리 있는 사람이었어요. 지금도 아마 홍변호사와 왕래가 있을 겁니다. 변호사 대 사무장 관계라기보다는 윤사무장이 우리 형님 보호해야 한다라는 의식이 강했어요. 정보과 사람들이 왔을 때 조금이라도 심하게 한다 싶으면 몸싸움도 마다하지 않고.

그다음에 미스 조는요?

미스 조는 그냥 착한 사무원이었죠.

그럼 성명서 같은 거 가져와서 타이핑해달라 이러면 그냥 해주고. 다른 문제 없이?

그렇죠.

1980년대에는 이돈명 변호사 사무실을 더 자주 이용했습니까?

그렇습니다. 아마 이용 횟수가 이돈명 변호사 쪽이 더 많았을 거예요. 거기 사무실도 크고 하니까.

그럼 그 두 변호사 사무실에서 타이핑된 게 굉장히 많습니까?

진정서, 호소문, 성명서 같은 걸 작성하는 데 변호사 사무실만큼 안전한 곳이 없었지요. 그러고 변호사님들한테 교열을 받아야 하니까 변호사 사무실에서 하는 게 유리하고요.

초안을 가져가서 변호사와 같이 보면서 고쳐나가고?

네, 고쳐나가죠. 법률용어를 잘 모르는 것도 있고, 가끔 상의할 것도 있고요.

인권변호사들과 함께 활동한 한 시절에 대해선 어떤 생각을 가지고 계십니까?

한 시대의 인권변론을 감당했던 변호사들을 도와 때로는 변론 준비를 위해 자료를 찾고, 때로는 변호사들의 변론활동에 편승하기도 하면서 많은 것을 배우고 또 느꼈습니다. 사실 이분들의 인권변론 활동은 우리나라 변론의 수준을 한단계 높인 것은 물론, 변론의 영역을 단순한 법률 차원을 뛰어넘어 문학과 철학 등 다양한 분야에서 그 깊이를 더해줬다고 나는 봅니다. 1976년의 김지하 재판에서는 법정에서 신학논쟁, 문학논쟁이 벌어지기도 했고요.

1977년에 양성우 시인이 해외 출판물에 의한 국가모독 및 긴급조치 9호 위반 혐의로 구속이 됐어요. 『세카이』 6월호에 「노예수첩」이라는 장편시를 실은 것과, 그가 몇 사람에게 돌린 시 「우리는 열번이고 책을 던졌다」가 긴급조치상의 사실 왜곡이라는 것이었습니다. 변론을 맡은 홍성우 변호사는 당시 창비에서 번역출판한 아르놀트 하우저의 『문학과 예술의 사회사』(1976)에 나오는 "문학은 본질적으로 허구일 수밖에 없다"라는 대목을 제시하며 문학작품에 사실 왜곡이라는 팻말을 붙이는 것 자체가 어불성설이라는 주장을 폈습니다. 시인 김규동을 증인으로 세워 "문학의 본질상 사실과 다른 내용을 묘사하는 것이 문제되어야 할 이유가 없다"라는 증언을 받아내고요.

이와 같은 문학논쟁은 김지하의 재판에서도, 송기숙의 재판에서도 벌어졌습니다. 송기숙은 표현에는 사실의 표현과 의견의 표현이 있는데, '찔레꽃이 하얗다'고 하는 것은 사실의 표현이지만 '찔레꽃이 아름답다'고 하는 것은 의견의 표현으로, '찔레꽃이 빨갛다'고 하는 것은 사실 왜곡일 수 있지만 '찔레꽃이 아름답다'고 하는 것은 결코 사실 왜곡이 될 수 없다고 명쾌하게 정리해주더군요.

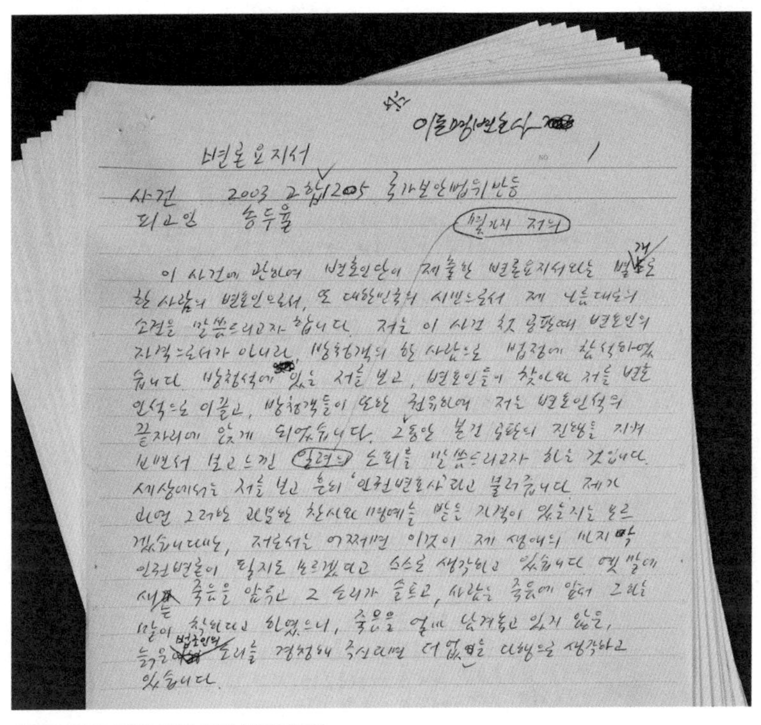
이돈명 변호사

변론요지서

No 1

사건 2003고합1205 국가보안법위반등
피고인 송두율

이 사건에 관하여 변호인단이 제출할 변론요지서와는 별도로 한 사람의 변호인으로서, 또 대한민국의 시민으로서 제 나름대로의 소견을 말씀드리고자 합니다. 저는 이 사건 첫 공판때 변호인의 자격으로서가 아니라, 방청객의 한 사람으로 법정에 참석하였습니다. 방청석에 있는 저를 보고, 변호인들이 찾아와 저를 변호인석으로 이끌고, 방청객들이 또한 권유하여 저는 변호인석의 끝자리에 앉게 되었습니다. 그동안 본건 공판의 진행을 지켜보면서 보고 느낀 소회를 말씀드리고자 하는 것입니다. 세상에서는 저를 보고 흔히 '인권변호사'라고 불러줍니다. 제가 과연 그러한 과분한 찬사와 명예를 받을 자격이 있는지는 모르겠습니다마는, 저로서는 어쩌면 이것이 제 생애의 마지막 인권변론이 될지도 모르겠다고 스스로 생각하고 있습니다. 옛말에 새는 죽음을 앞두고 그 소리가 슬프고, 사람은 죽음에 앞서 그 하는 말이 착하다고 하였으니, 죽음을 멀지 않게 남겨놓고 있지 않은, 늙은 변호인의 소리를 경청해 주신다면 더없는 다행으로 생각하고 있습니다.

송두율 국가보안법 위반 사건 변론요지서.

1976년의 예수회 수사 김명식이 「10장의 역사연구」라는 시를 쓰고 나누어본 것이 긴급조치 9호 위반이라고 해 본인은 물론 여러명의 수사들이 구속되어 1심에서 징역 5년의 중형을 선고받았으나 바깥세상에서는 까맣게 모르고 있었습니다. 나는 1심 재판이 끝난 뒤에야 이한택 신부로부터 이야기를 듣고 시 전문을 구해 일본 정의와평화협의회에 보냈고, 정평협 측이 『세카이』 1976년 10월호에 전문을 실었는데, 이 시를 번역·해설한 사람이 와다 하루키 교수였어요. 제가 할 수 있는 일이 고작 그런 것이었지요.

제가 인권변론에 마지막으로 관여한 것은 2004년 송두율 재판이었습니다. 그때 이돈명 변호사는 방청석에서 이 재판을 방청하고 있었는데, 변호인석에 있던 김형태 변호사 등이 변론석으로 올라오시라고 해서 이돈명 변호사도 얼결에 송두율 변호인이 되었습니다. 그러다보니 당신도 변론요지서를 제출해야겠다고 말씀하시면서 저더러 변론요지서를 작성하라고 하시는 거예요. 저는 1976년 김지하 재판 때의 경험을 살려, 송두율 같은 세계적으로 저명한 학자가 자기 이름을 걸고 부인한다면 그의 주장이 바로 진실일 수밖에 없다는 논지로 썼던 것으로 기억합니다. 그것은 1976년 김지하 재판 때 선우휘가 쓴 감정의견서를 원용한 것입니다.

구속자가족협의회

다음으로 구속자와 그 가족과의 유대와 지원 이야기로 넘어가보지요. 여기 김한림 선생 추모집이 있습니다. 『따슨 손 따슨 웃음꽃』(신앙과지성사 1994)이라는 책이네요. 선생님께서 김한림 선생과의 인연을 중심으로 한번 이야기를 해주시지요.

아마 당해본 사람들은 알겠지만, 학생운동을 하다가 구속만 돼도 고향에 그 소식이 바로 내려갑니다. 그 지역 경찰서에서 그 학생 집을 직접 관리를 해요. 대표적인 경우가 이태복입니다. 이태복 아버지가 충남 보령군 천북면의 면장을 했어요. 집안이 그 지역 유지라고 할 수 있었지요. 그런데 이태복이 잡혀 들어가면서 그날로 그 집이 감시대상이 되는 거예요. 어제까지 '면장님, 면장님' 하던 집이었는데 '국사범 가족들이다' 하면서 경찰들이 와서 동태를 감시하니까 상당히 살벌하게 느끼죠. 이런 상황에서는 대개 그 가족들은 '비싼 돈 주고 가르쳐놨더니 서울 가서 고작 데모를 해가지고 우리 가족은 이렇게 괴롭힘과 감시를 당하고, 너는 또 구속되어서 그런 모진 고생을 하냐' 하는 심정이 돼요. 1974년 민청학련 사건 때 처음에 천여 명이 연행되고 이 중에 200명 가까이 구속이 되니까, 시골 분들이 서울구치소에 맨날 와가지고 자식 원망만 하고 있는 거죠. 말하자면 '내 자식 놈이 하라는 공부는 안 하고 데모해서 저놈 때문에 우리 집은 망했다' 하면서 절망에 빠지고, 신세한탄하고.

그런데 김지하 어머니나 김한림 선생 같이 분이 가서 그런 사람들한테 '절대 당신 자식이 잘못한 게 아니다. 당신 자식이 나라를 구하기 위해서 장하게 일어선 거다. 그건 만번 잘한 일이고 칭찬받아야 될 일이지 원망할 일이 아니다' 하면서 위로를 해줬습니다. 그러면 그 말을 들은 사람들이 새삼스레 용기를 갖고 '아, 시골에서 공안경찰들한테 들은 얘기하고는 다르구나' 알게 되는 거죠.

그 이후에는 아들이 재판정에서 고문을 당한 얘길 할 때 아주 깊은 연민과 분노를 느끼고, 또 자기가 한 일에 대해서 떳떳하게 주장할 때는 상당히 자랑스럽게 생각을 하고요. 구속자의 가족들이 점차 '아, 우리가 그렇게 주눅 들어야 될 이유가 하나도 없다'고 생각을 바꾸게 됩니다.

구속자 가족들끼리도 자주 만나면서 점차적으로 떼 지어 다니게 되었고요. 재판 방청을 가서 검사가 구형을 한다거나, 논고를 할 때 말이 안 되는 소리를 하면 야유도 하고요. 그런 게 판검사들한테는 상당히 도덕적인 압력이 되죠. 가족들이 와서 떡 버티고 앉아가지고 '말 같은 소리를 해라' 하고 소리를 지르기도 하니까 판검사들은 주눅이 들고 재판을 받는 사람들에게는 엄청난 힘을 주고 위로도 되고요.

선생님과 구속자가족협의회, 약칭 구가협의 관계는 어떻게 시작이 됐나요?

1974년 4월에 민청학련 사건으로 김지하가 잡혀 들어가면서 김지하 어머니가 우리 집에 일주일에 한두번 이상은 오셨는데, 어느 날은 김한림 선생을 모시고 왔어요. 그러면서 인혁당 사건과 가족들의 얘기도 듣고 재판 방청한 얘기도 들었고요. 당시에는 군법회의에서 재판을 받았는데, 재판정에 피고인 한명당 가족 한명밖에 못 들어갔어요. 1974년 7월 9일 재판에는 김지하 어머니가 며느리한테 재판정에 가라고 했어요. 그날 재판에서 김지하가 사형 구형을 받았어요. 그 얘기를 듣고 김지하 어머니가 기가 막히니까 삼각지 육군본부 앞에 있는 모든 집 집마다 문을 두드리고 들어가서는, '우리 아들이 김지하인데 사형 구형을 받아 하도 답답해서 호소하러 왔소, 다른 학생도 여섯명이나 사형 구형을 받았는데 알고 계시오' 하면서 돌아다녔어요.

'동네 사람들아, 이내 말씀 들어보소' 이런 거군요.

김지하 어머니가 노인치고는 상당히 센스가 있고 재치도 남다릅니다. 며느리가 가서 '어머니 좀 이상한 거 아니냐' 그러니까 '내가 지금 일부러 그러는 거니까 너는 모른 척해라' 하고는 기독교회관 같은 데 가서 방마다 찾아다니면서 '애들이 지금 사형을 받았는데 여기서 기도만 하면 애들이 나오냐. 이거 어떡하면 되냐' 하면서 그 사실을 알리고 구명을 호소한 거죠.

김한림 선생 역시 1964년 6·3학생운동 때 김중태를 숨겨준 경험이 있는데다가 정치적인 감각도 있으신 분이에요. 김한림 선생 딸이 김윤입니다. 김윤은 당시에 서강대 재학 중이었는데 서강대에서 3월 28일 데모를 했으니까 제일 먼저 잡혀 들어간 셈이죠. 그것이 민청학련 사건으로 얽혀지게 되는데, 그러니까 자연스럽게 구속자 가족들과 어울려 다니면서 하나의 큰 가족이 된 거지요.

우리 집에는 주로 김지하 어머니하고 김한림 선생하고 두분이 오셨습니다. 그리고 유인태 집이 미아리에 있었는데, 유인태 아버지가 산판이라는 걸 했어요. 당시에 탄광 출입구와 통로를 나무로 만들었는데, 그 재료인 생나무를 공급하는 업자였던 거죠. 생활이 비교적 여유로웠던 것 같아요. 유인태 어머니 얘기에 의하면 유인태가 사람을 좋아해 가지고 데모하고 다닐 때 사람들이 그 집에 많이 드나들었다고 합니다. 한달에 쌀 세가마니를 먹었대요. 집이 넓으니까 학생들이 거기 가서 먹고 자고 했던 거죠. 그러다가 민청학련 사건이 나니까 이번에는 어머니들이 떼 지어 몰려와서 또 거기서 먹고 자고 했습니다. 그때도 쌀이 한달에 한가마니씩 들어갔다고 해요. 유인태 어머니는 그걸 전혀 아까워하지 않으셨어요. 부모님들이 덕성이 높으신 분들이었지요.

구속자 가족이라고 하면 어머니들을 연상합니다. 실제로 어머니들이 주로 나섰으니까요. 그렇지만 이현배의 부인 최영희처럼 아내가 나서는 경우도 있고, 김효순의 형 김병순처럼 형이 나오는 경우도 있었어요. 김병순은 어머니들에게 여러 면에서 큰 힘이 되고 보탬이 됐어요. 온갖 궂은 일, 힘든 일을 도맡아 했습니다. 말하자면 구속자가족협의회의 보이지 않는 기둥이었습니다. 구속자 어머니들이 재판 방청을 간다든지 기독교회관에 기도회를 간다든지 할 때 김병순이 어머니들

안내를 했어요. 말하자면 향도(嚮導)지요. 이런 뒷바라지하다가 나중에 유인태 누나랑 결혼을 했습니다.

구가협 사람들과의 인연은 민청학련 때부터 시작된 거고 그때는 구가협이 없었군요. 민청학련은 천명 이상이 연행되고 몇백명이 재판을 받으니까 김지하 모친인 정금성 여사하고 김윤의 모친인 김한림 여사 두분이 그 과정에서 많은 활동을 하셨고요. 그런데 그분들이 왜 다른 사람도 아닌, 김정남 선생님 집에 옵니까? 그전부터 알던 사이였나요?

김지하는 내 친구니까, 김지하 어머니는 당연히 우리 집에 제일 먼저 달려와서 어떻게 해야 되냐고 상의하는 처지였고, 김한림 선생은 김지하 어머니를 따라오신 거죠.

왜 저였는지는 모르겠습니다. 아마도 마음놓고 상의할 데가 마땅하지 않으셨겠지요. 저는 대학 시절부터 어머니를 뵈었으니까 아무래도 편하셨을 겁니다. 우리 집에서는 김지하 어머니를 원주 할머니, 김한림 선생을 서울 할머니라고 불렀습니다. 김한림 선생은 그렇게 애들하고도 잘 놀아줬어요. 그때도 나이가 이미 일흔이 가까웠는데, 피아노도 직접 치고 토끼처럼 깡충깡충 뛰기도 하고, 아이들이 참 좋아했지요. 돌이켜보니 천사가 있다면 김한림 선생 같은 모습일 것 같다 싶어요. 실제로 마음씨가 천사 같았거든요.

왜 선생님을 찾아왔는지 모르겠다고 하셨는데, 김지하 어머니의 입장에서 한번 생각해보자고요. 어머니 입장에서 아들이 잡혀갔는데, 친구가 여럿 떠오르지 않고 김정남 선생님만 떠오르는 상황이었을까요?

내가 옛날에 김지하 집에 자주 놀러갔었어요. 예전부터 김지하와 친했고 어머니와도 스스럼없이 지냈고요. 어머니가 저를 굉장히 예뻐했어요. 그래서 저를 먼저 떠올리셨을지도 모르겠습니다.

김정남 선생님은 바깥 활동은 잘 못하셨잖아요. 주로 어디서 무슨 이야기를 나눴습니까?

가톨릭여학생관이나 우리 집, 명동성당에서 주로 만났지요. 김지하 어머니가 지하가 잡혀 들어갔는데, 고문은 안 당하는지 모르겠다, 이럴 때 우리가 어떻게 했으면 좋겠냐 그런 것들을 상의했어요. 그때 여러 사람이 잡혀 들어갔잖아요. 지학순 주교도 잡혀 들어갔고요. 그걸 객관화하기는 좀 그렇지만, 서열로 따진다면 지학순 주교가 사회적 지위가 제일 높다고 할 수 있는데 이분은 가족이 없으니까 동생인 지학삼이 왔다갔다 하면서 옥바라지를 했고, 김동길 교수도 나이는 좀 있는데 결혼을 안 했으니까 밖에서 돌봐줄 사람이 없었어요. 또 박형규 목사가 잡혀 들어갔으니까, 박형규 목사 부인이 조정하 여사인데, 개신교 쪽에서는 그분이 좌장 노릇을 할 수밖에 없죠. 개신교 쪽 구속자 가족 중에서는 조정하 여사가 적극적으로 나섰습니다.

초기에는 손학규가 박형규 목사를 도와드리고 조정하 여사 수행도 하고 그랬어요. 구속자가족협의회 결성과 활동에도 많은 도움을 주었지요. 1974년 7월 중순쯤에, 18일이라고 돼 있는데 맞을 겁니다. 그날이 화요일이었어요. 기독교 쪽에서 우리가 구속자 가족들이 이렇게 많은데, 이분들하고 기도회를 열고 위로가 되어야겠다면서 목요기도회를 만들었습니다. 시작한 날은 화요일이었지만, 그다음부터 목요일로 옮겨서 목요기도회가 시작이 됩니다. 김상근, 허병섭, 이해동, 문동환 이런 목사들이 구속자 가족들과 더불어서 기도하고 도와주고 상당히 큰 역할을 했죠.

그런 도중에 가족들이 9월쯤 돼서는 구속자 가족 모임을 만들자고 의견을 모아서 구속자가족협의회를 정식으로 발족했습니다. 해위도 피고인이었으니까 공덕귀 여사가 회장이 되고, 김학민이라고 연세대 학생의 아버지인 김윤식이 부회장, 김한림이 총무를 맡았습니다. 김윤식은 1960년대에 용인에서 민주당 국회의원을 하기도 했어요.

김지하 어머니는 내부에서는 보통 큰언니라고 그랬대요. 김지하 하면 모르는 사람이 없으니까 신구교회 어디고 다니면서 사통팔달로 왔다갔다 하며 역할을 맡았지요. 그분들이 아주 잘했어요. 김한림 선생은 진짜 따뜻하고 자상한, 정말 어머니들의 어머니였고, 또 공덕귀 여사는 기도를 하면 하도 절실하고, 아주 온몸을 바쳐서 기도를 하기 때문에 하느님도 저 기도는 안 들어주고는 못 배기겠다 싶을 정도였고요. 그 두 사람을 보면 '아, 늙는 것도 참 아름답구나' 싶었지요. 공덕귀 여사가 1911년생이고 김한림 선생이 1914년생인데, 학교는 김한림 선생이 조금 위였고요.

목요기도회 말고 금요기도회도 있었나보네요.

목요기도회가 쭉 계속 됐는데, 1976년 3·1민주구국선언 사건 이후로 기독교 NCCK 쪽에서 정식으로 기도회를 하나 조직을 해야 되지 않냐 해서 나온 게 금요기도회입니다. 마침 3·1사건 재판을 토요일날 해요. 그러면 금요기도회에서 모여서 기도, 찬송을 하고 그다음 날 3·1 사건 재판 방청을 하는 게 그때 하나의 일정이었습니다. 떼 지어 가서 같이 찬송 부르고, '민주 인사 석방하라'라고 쓴 양산 들고, 또 부채에는 '민주회복'이라고 써 붙이고 행진하는 일이 일상화됐죠.

또 하나가 갈릴리교회라는 게 있는데 이거는 해직교수들이 기독교 쪽에서 많이 생기니까 해직교수들이 이렇게 고난받고 있는데 우리끼리라도 모여서 기도라도 해야 되지 않나 해서 그 기도회 이름을 갈릴리교회라고 지었습니다. 갈릴리교회 모임은 수시로 옮겨 다니면서 하다가 나중에 이해동 목사의 교회로 정착이 됐지요. 갈릴리기도회, 금요기도회, 목요기도회, 명동성당, 가톨릭여학생관. 이런 곳들이 구속자 가족들이 가서 위로받고 마음놓고 갈 수 있는 곳이었지요.

김지하 어머니, 공덕귀 여사, 김한림 선생 등 대부분 여자분들이 주로 일을 하셨는데, 남자들은 어디 가 있습니까?

김지하 어머니는 구속자가족협의회는 여자가 할 일이라고 했어요. 왜냐면 여자들은 악다구니를 부리고 억지를 부려도 통하지만 남자들은 안 통한다, 여편네들이 할 수 있는 일이지, 남자들이 할 수 있는 일이 아니라고 하셨죠. 예를 들면 데모하다가 종로경찰서에 잡혀 들어가면 여자들은 무턱대고 내 아들 내놓기 전에는 못 나간다 하면서 생떼를 쓸 수 있지요. 그러면 경찰서장이 와서 어머니들 그만하시라면서 사정을 합니다. 그런데 남자들은 생떼를 쓰기가 좀 그렇잖아요.

남자들이 생떼를 쓰면 두드려 맞거나 처벌했을 것 같은데요. 엄마가

단식농성하는 구속자 가족들.

가진 무언가의 힘, 이런 것들을 활용하는군요.

그때 전태일 어머니 이소선 여사도 자연스럽게 여기에 참여하셨어요. 1977년에 장기표가 청계피복노조 관계로 잡혀 들어가서 재판을 받을 때 전태일 어머니가 방청을 갔어요. 전태일 어머니가 굉장히 똑똑하시니까 재판정에서 검사가 주장을 하면 그게 말이 되느냐면서 야유를 하고, 소리지르고 그랬어요. 그때 재판장이 변정수였는데 전태일 어머니를 법정모독으로 구속하기도 했습니다.

아무튼 이렇게 청계피복노조 쪽 어머니들하고도 어울리면서 청계피복노조 행사에 구가협 어머니들도 가게 됐고요. 청계피복노조에 민주화운동에 참여하는 학생들, 인혁당 구속자들까지 왔다갔다 하면서 합쳐지죠. 어머니들의 노학연대라고 할까요?

그때는 생활이 다 어려우니까 김지하 어머니, 이현배 어머니 같은 분들이 중국 동인당에서 나오는 우황청심환이나 미8군에서 나오는 물건을 떼어다가 팔아서 활동비로 썼어요. 전태일 어머니도 마찬가지였지요. 전태일 집에 항상 사람들이 와서 죽치고 있으니까 라면이라도 끓여줄 돈을 만들려고 그런 장사를 하기도 했어요. 어머니들은 옥바라지하는 와중에도 상조상부하자는 뜻으로 계를 만들어 그 돈으로 가장 어려운 가족을 집중적으로 돕기도 하고 당신들 활동자금으로 쓰기도 했습니다. 이러한 모임은 상당 기간 지속되었어요.

『우상과 이성』 출간으로 리영희-백낙청 필화사건이 나서 리영희 선생이 구속된 상태였을 때는 리영희 선생의 사모님도 열심히 나왔어요. 계를 하면 순서대로 돈을 타는데, 어려운 집이 있으면 먼저 쓰라고 주고 그랬지요. 그 가족들이 좋은 일을 참 많이 했어요. 그때 리영희 선생이 한겨레 가족모임이라고 이름을 지어줬지요.

유인태 집 지하실이 어머니들의 집합 장소였는데 어머니들이 모여서 양말을 떠서 수감자들한테 넣어주고, '승리 숄'이라고 보라색 숄을 떠서 자기네들끼리 하고 다니고 그랬어요. 그분들께는 그런 일들이 쉼표 비슷한 거죠.

선생님은 기독교회관이나 밖을 다니는 데 좀 제약이 있지 않습니까?

기독교회관은 안 갔죠. 나는 주로 가톨릭여학생관이나 우리 집, 한때는 제가 독립문 부근에 방을 하나 얻어서 낮에는 거기서 지냈는데

구치소 면회를 다니는 어머니들이 오며 가며 들르시곤 했지요. 제가 법정에 가기도 어려우니까 김지하 어머니 등이 면회에서 나온 얘기, 법정에서 보고 들은 이야기를 나한테 해줬습니다.

구속자가족협의회가 1974년 9월에 결성이 되는데 결성선언문을 나보고 써달라고 했어요. 지금은 갖고 있지 않습니다만, 제가 가지고 있는 건 11월부터 구가협 이름으로 낸 결의문이나 성명서들이에요.

어떤 건 김한림 선생이 직접 쓰기도 하고, 어떤 건 저보고 도와달라고도 하고요. 김한림 선생은 말씀도 잘하셨지만 실제로 글을 상당히 잘 쓰셨습니다.

그분들이 보기에 선생님의 역할은 뭐였을까요?

당시에는 나를 '남선생' 또는 '윤신부'라고 불렀습니다. 윤신부는 해위 선생 쪽에서 주로 부르던 이름이었는데, 민주회복국민회의의 상임대표위원이 윤형중 신부고, 제가 그 실무를 맡아서 연락을 하니까 그 연상으로 민주회복국민회의와 연관해서 나를 윤신부라고 불렀던 것이 아닌가 싶어요. 남선생은 가톨릭여학생관 쪽에서 내 이름의 마지막 자를 따서 부른 건데, 제가 여학생관에 가면 접수를 보는 직원이 2층 선생님들에게 "남선생 오셨다"고 신호를 보내곤 했지요. 저는 그쪽 사람들 신세를 참 많이 졌습니다. 타자도 치고, 연락도 대신 해주고. 꼭 필요할 때는 김지하 어머니나 김한림 선생이 직접 우리 집으로 오시기도 했고, 어떤 때는 우리 집에서 주무시기도 하고요. 대개의 경우는 폐를 안 끼치려고 새벽 통금 해제되면 첫차 타고 와서 들르셨어요.

김지하 어머니는 저를 '남이'라고도 부르고 '정남이'라고도 하시고,

우리 애들이 있으니까 '애비야' 하고 부르시기도 했습니다. 김한림 선생은 주로 '김선생'이라고 불렀고요. 다른 분들도 주로 '김선생'이라고 불렀습니다. 지학삼 선생이나 조정하 여사나 다 그랬죠.

김지하 어머니나 김한림 선생이나 참 많은 일을 했습니다. 동아일보 격려광고를 낼 때는 본인들도 하지만 사람들 찾아다니면서 내라고 권유도 하고요. 또 신구교회 왔다갔다 하면서 민주화운동 소식을 전하고요. 가족들한테 소식 전해주고 위로하는 일이라든지 민주회복국민회의할 때 이런저런 심부름이라든지, 김한림 선생하고 김지하 어머니하고 동분서주 일을 정말 많이 하셨습니다.

재야 인사들은 이 두분을 모르는 사람이 없겠네요. 정치적으로 유명한 사람들이나 재야 인사들은 사람 만나는 데 이런저런 감시와 장애가 많은 시기였잖아요. 이 두분이 그 전체를 엮는 메신저 역할을 하신 거네요. 구가협 분들이 수감자들 면회나 감옥에서의 처우와 관계된 항의도 했습니까?

물론이지요. 1970년대 후반에서 1980년대 오면서 대구교도소에서 무슨 일이 있다 하면 몰려가서 항의하고, 그런 일이 점차적으로 확대되죠. 그 전에는 주로 법정에서 방청을 하거나 구속자 석방을 요구하는 시위를 다반사로 하기도 했고 가톨릭여학생관에 모여서 해야 할 일들 기획하거나 회의도 하고, 기독교회관에 모여서 기도회도 했어요.

1970년대는 감옥까지 투쟁은 못 나갔고, 그러면 주로 법정.

네, 그렇죠. 법정하고, 가톨릭여학생관, 기독교회관에 모여서 노래 부르고 기도회 하고.

구가협 등에서 가톨릭여학생관을 활용할 때 별다른 제제나 문제는 없었나요?

거기 있는 아피들이 한국 민주화운동에 상당히 협조적이었어요. 민청학련 사건이 나자, 남대문시장에 가서 침낭을 사서 감옥에 넣어주기도 하고요. 외국에서 구속자 가족들을 위해서 100달러, 200달러 성금을 보내오면 그거 모아서 가족들한테 주고요. 국내에는 알려지지 않은 해외 소식도 전해주고 많은 역할들을 해주었습니다. 그러다보니까 가톨릭여학생관은 구속자 가족들이 마음놓고 갈 수 있는 곳 중 하나였죠. 짐을 맡겨놓을 수도 있고, 얘기를 들어줄 사람도 있고. 가톨릭여학생관은 원래 여학생 기숙사인데, 서울대교구 산하의 재산이에요. 그 기숙사의 운영을 아피한테 맡긴 거지요.

가톨릭여학생관이 명동성당과 붙어 있어서 명동성당에서 지원하는 거라고 잘못 알고 있는 사람들도 있는데, 명동성당과는 독립적으로 아피들이 운영하던 공간이었군요. 장소가 딱 붙어 있으니까 다른 사람들은 구분을 못하거든요. 실제로 보면 여학생관은 기숙사고 아피들에게 맡겨져 있는데, 아피들이 너무나 우호적이었고 헌신적으로 도와줬기 때문에 그 장소를 활용하고 사람도 만나고 한 거네요. 그런데 당국 입장에서 보면 명동성당 당신들이 사주하는 거 아니냐 할 수도 있을 것 같아요.

가톨릭여학생관은 주로 가톨릭을 믿는 지방 출신 여학생들이 서울에서 기숙하는 공간이라고 보시면 됩니다. 주로 학교에 다니는 학생들이었어요. 2층은 아피들 사무실과 손님방이 있었고, 1층은 강당 비슷한 곳인데, 월요강좌로 함석헌, 김지하, 리영희, 문익환, 고은, 한완상 같은 분들이 와서 강의도 하고요. 가족들이 와서 호소하고 만나고 하는 곳은 1층 또는 2층이었죠. 그들이 오면 아피들이 성심성의껏 먹이고 위로해주고 그랬어요. 종교기관인데다 여학생 기숙사니까 어머니들이 갈 곳 없어서 거기 가서 위로받는 데다 싶었는지 정보부 차원에서 치열하게 막거나 감시하지는 않았던 것 같아요. 구가협 분들도 항시 가는 게 아니라 갈 데 없으면 여학생관 가서 한번 얘기해보자 이런 식이었으니까요. 여학생 기숙사에서 밥도 자주 먹었는데, 기숙사생들이 먹는 식사에 밥만 몇그릇 더 하면 되니까 어머니들도 식사하는 데 별로 어려움이 없었고요.

기독교회관 경우에 요즘은 '목요기도회 하자'라고 하면 온갖 데서 반대를 해서 잘 안 될 텐데, 그때는 기독교회관에 KNCC의 영향력이, 김관석 목사나 이런 분들의 영향력이 아주 컸던 겁니까? 그때 목요기도회를 하자고 하면 당국의 감시가 살벌할 때니까 그런 거 하면 안 된다고 주장하는 교단이나 교회 측도 있을 수 있잖아요. 그런데 그때 어떻게 목요기도회라는 숨구멍을 거기서 틔울 수가 있었을까요?

김관석 목사의 영향력도 물론 있었고요. 기독교회관에는 KNCC와 관련 교회단체들이 입주하고 있었는데 그분들이 구가협 가족들한테 상당히 우호적이었어요. 기독교회관도 가톨릭여학생관처럼 가족들이 마음놓고 드나들 수 있고, 짐을 맡기고 어디 좀 갔다 오거나 쉴 수도 있고요. 구가협 가족들이 '거기서 만나자' 할 때 정해진 약속 장소가 이 두곳을 포함해 네댓개 됐어요.

한국 기독교 단체가 장로교니 감리교니 교파에 따라 상당히 다양하고 많은데, 한국기독교교회협의회(KNCC, NCCK)는 기독교장로회를 중심으로 해서 비교적 사회참여를 해야 된다고 생각하는 사람들이 모인 교단 중심의 단체에요. 기독교회관 자체가, KNCC, 김관석 목사니 박형규 목사니 이런 분들이 다 구속자 가족들에게 우호적이었고 어떻게든 감싸고 도와주려고 애썼지요.

기독교회관은… 제가 기독교회관의 성격을 몰라서 그런데, 기독교 단체 전체가 돈을 모아서 운영하는 게 아닌가요?

저도 자세하게는 모릅니다. KNCC 주도권은 총무가 제일 영향력이 세다고 할 수 있죠. 민청학련 사건 무렵에는 김관석 목사가 초대 총무였어요. KNCC는 세계교회협의회(WCC)를 따서 The National Council of Churches in Korea이에요. 그래서 NCCK라고도 하죠. WCC의 이념과 지향에 찬성하는 교단이 모인 단체가 KNCC인 것으로 알고 있습니다.

아, 그래요? 그러면 구속자 돕기나 양심수 돕기에 외부 원조라든지 지원이 들어왔습니까?

외부 원조도 상당히 많이 들어왔을 겁니다. 1975년에 수도권 특수지역 선교위원회 선교자금 사건이라고 세계급식선교회에서 선교자금을 줬는데, 한국의 수도권 특수지역 선교위원회 위원장이 박형규 목사였어요. 김관석 목사가 그 돈을 감옥에 있는 학생들한테 쓴 거예요. 그러니까 경찰에서는 선교하라고 돈을 줬는데 선교 목적에 반해서 감옥에 있는 학생들 옥바라지하는 데 돈을 썼다고 횡령, 배임 혐의로 김관석, 박형규 목사, 권호경 목사, 조승혁 목사 등이 잡혀 들어가죠. 실무를 하던 손학규는 수배가 되고. 재판 때 독일 쪽에서 아시아 담당 책임자인 슈미트 목사가 와서 이 사람들은 우리가 쓰라고 한 선교 목적에 합당하게 돈을 썼다고 진술까지 했는데 유죄가 나왔어요. 완전히 정치보복이었죠. 그리고 그거에 따르는 하수인 격인 배신자 비슷한 사람들이 있어가지고 고발을 하고…

그다음에 구가협 분들이 노래도 하고, 각종 문화 행사 이런 것들이 여기 몇가지 적혀 있네요? 신명을 내서 춤과 노래를 했다.

이런 거는 우리가 제대로 소개를 해줄 필요가 있을 것 같아요. 「오! 자유」라는 노래는 흑인영가에다가 아마 가사는 박형규 목사가 붙였을 겁니다. 「우리들은 뿌리파다」「묶인 손들의 기도」는 김지하가 영등포 교도소에서 쓴 거를 박형규 목사가 개작해서 찬송가에 연계시켜서 부르게 한 노래고요. 김한림 선생이 리더죠. 치어리더 비슷하게 맨 앞에 서서 노래를 불렀어요.

가사 한번 읽어보지요.

너무도 오래오래 사슬에 묶인 손들
너무나 긴 세월을 애원에 묶인 손들
아무도 뜨거웁게 잡아보지 못하였네
아무도 다정하게 잡아보지 못하였네
(…)
오! 주여 오셔서 쇠사슬을 풀으소서
무거운 이 쇠사슬 어서어서 풀으소서

외국 사람들이 와서 구속자 가족들이 석방운동 하는 걸 보면 놀라죠. 가족이 감옥에 가 있는데 신명나게 춤추고 놀고 있으니까. 한국 문화에 대한 이해가 없는 사람들은 좀 이상하다고 생각을 하는 게 당연해요. 일본 사람들도 그랬고요. 사실 맨날 울고만 있을 수는 없고, 오히려 활력을 돋울 필요가 있잖아요. 이런 춤과 노래로 한국적인 신명을 이끄는 게 김한림 선생이고 노래도 제일 잘 불렀어요. 선창을 하면서 다른 사람들이 자연스럽게 따라 부르게 만드셨어요. 발을 쾅쾅 구르고 손을 잡고. 김한림 선생이 리더십이 있어서 한번 시작하면 아주 화려하게 진행이 됐지요.

이런 문화활동을 통해서 연대의식도 생기고, 사람들이 답답하고 꽉 막힌 스트레스를 푸는 효과도 있었을 것 같습니다. 하지만 어려운 일도 적지 않았겠죠?

구가협 사람들이 데모를 하면, 경찰들이 잡아다 경찰차, 닭장차에 전부 때려넣어 실어가지고는 모래내 가서 한 사람, 녹번동 가서 한 사람, 구파발 가서 한 사람, 이렇게 떨어뜨려 놓는 거예요. 어머니들은 이걸 '설사똥'이라고 불렀어요. 그럼 거기서부터 각자 또 버스 타고 전철 타고 기독교회관으로 다시 모이는 거죠. 매번 이런 일의 반복이었어요. 이분들은 아마 서울 시내 경찰서를 안 가본 데가 없을 거예요.

유신정부에서 했던 두가지 아주 파렴치한 짓이 있습니다. 사실은 좀 거론하기도 싫은 일들이기는 한데요. 1974년 11월 21일에 구가협 어머니들이 포드(Gerald R. Ford) 미국 대통령 방한을 앞두고 미국 대사관에 몰려가서 시위를 했어요. 대사관이 문을 닫아버리니까 어머니들이 대사관 앞에 퍼질러 앉아 시위를 하면서 통곡을 했단 말이에요. 그런데 경찰이 전경 애들을 시켜가지고 어머니들 모여서 울고 있는 자리에서 그분들이 보는 앞에서 오줌을 누게 시켰어요. 어머니들은 굉장한 모욕을 당한 거죠. 얼마나 수치스럽겠어요.

또 하나는 1974년 9월에 인혁당 사건의 2심 판결에서도 사형이 나옵니다. 1심 사형 판결이 나왔을 때까지만 해도 가족들도, 신부들도, 우리도 설마 죽이기까지 하랴 생각했다가 2심에서도 사형이 나오니까 상당히 당황했죠. 인혁당 가족들이 절망적인 상황에서 올 코트 프레싱(all-court pressing)으로 구명운동을 하기 시작했어요. 인혁당 관련자들 죽이면 안 된다, 공개재판 해달라고 요청하는 탄원서를 써서 서명을 받으러 다녔지요. 인혁당 가족들이 가기 어려운 곳, 예를 들면 김수환 추기경이나 윤보선 전 대통령, 이런 분들한테는 김한림 선생이나 김지하 어머니가 찾아갔고요. 인혁당 가족들은 전혀 모르는 외국인 신부들한테도 찾아가서 우리 남편 좀 살려달라, 외국에 연락할 수 있는 사람이 있다면 한국 정부에 압력을 넣어서 우리 남편 죽지 않게 해달라고 간절하게 요청을 합니다. 그때 조지 오글 목사, 시노트 신부 이런 사람들이 다 참여하게 되지요. 오글 목사가 1974년 10월 10일 목요기도회에서 인혁당 관련자들이 억울하게 죽어가는데 그들이 반공법 혐의를 받고 있다는 이유로 외면하고 있다면서 우리가 그들을 위해 기도하자는 설교를 했습니다.

당시에 미국, 캐나다, 오스트리아, 독일 등에서 온 선교사들 중심으로 매주 월요일에 만나서 한국 민주화 소식을 나누고, 해외에서 들어온 소식을 전하는 선교사 모임이 있었어요. 월요모임이라고 불렀는데, 오글 목사, 시노트 신부 다 월요모임 멤버들이었습니다. 월요모임에서 인혁당은 조작된 거고 이 사람들 살려야 된다는 생각들을 공유하게 된 거죠. 인혁당 구명운동이 본격화되니까 정보부 사람들이 1975년 1월에 인혁당 가족들을 전부 정보부로 연행했어요. 그 부인들한테 '너희 남편이 빨갱이 짓한 거를 대라. 남편이 빨갱이라는 자술서를 써야 여기서 나갈 수 있다' 이렇게 협박을 한 거예요. 그 과정에서 물에 최음제를 타서 먹이기도 했다고 합니다. 그때 그 부인들 나이가 30, 40대였잖아요. 어떤 사람은 중앙정보부에서 나온 뒤에 스스로가 너무 부끄러워서 자살시도도 했다고 합니다.

이런 사건들이 다 유신시대에 있었던 정권의 추악한 민낯이라고 할 수가 있지요. 공개 석상에서 부끄러워서 말할 수도 없는 이야기들이에요. 그때 끌려가서 당했던 사람들이 트라우마가 있어서 지금도 얘기를 잘 안 해요. 정말 잔인한 짓이었지요.

구속자가족협의회(구가협)나 민주화실천가족협의회(민가협)을 '운동권의 기동타격대' '직업 민주화 일꾼'이라고 언급한 경우도 있더라고요. 선생님은 어떻게 보시나요?

구가협은 양심범가족협의회, 민가협으로 발전하면서 좀 전투적으로 됐죠. 민가협으로 가는 과정에서는 아마 노선투쟁이 좀 있었던 모양이에요. 어떤 어머니는 '내가 설거지하던 손으로 민주주의를 부르짖을 수 있는 건 오로지 내 아들 때문이지 내가 민주주의를 알고 정치를 하려는 거 아니다. 우리는 그냥 압력단체일지는 몰라도 정치주체는 아니다'라는 입장이었고, 민가협 초대 총무였던 인재근(김근태 부인)은 '우리가 바로 탄압받는 실체이니 우리가 정치적 주체가 돼야 한다'고 주장을 했어요. 민가협이 되면서는 상당히 정치적인 조직이 되지요.

민가협 자체가 하나의 독자적 운동주체가 되는군요. 구가협, 민가협에 대한 종합 구술이나 정리 작업이 필요할 것 같네요. 새롭게 조명되고 복원되어야 될 중요한 주제인 것 같습니다. 민주화운동사의 온갖 이야기들이 여기서 다 쏟아져 나오고, 특히 민주화운동 과정에서 역할을 한 어머니나 부인 등 여성들의 역할을 오늘날 페미니즘의 시각이나 여러 측면에서도 재조명해야 할 필요가 있다는 생각이 듭니다. 다른 나라 사례에서는 아르헨티나의 '5월 광장 어머니회'의 경우가 많이 알려져 있는데요. 이런 사례들과의 비교 관점에서도 조명해보면 어떨까 하는 생각도 들고요. 사실 세월호 유가족이나 태안화력발전소에서 사망한 비정규직 노동자 김용균의 어머니인 김미숙 여사가 굉장히 헌신적으로 나서서 법개정이라든가 여러가지 대책이 마련되는 걸 보면서, 민주화운동의 지속적인 흐름이 한국의 시민사회 속에 존재하는 게 아닌가 하는 생각이 들더라고요. 이런 것까지 아울러서 전반적인 재조명이 필요하다고 봅니다.

옛날에는 사람들이 집단적으로 잡혀 들어가니까 가족들의 집단화도 가능했는데, 요새는 그렇지가 않죠. 학생운동이 스러지는 것과 마찬가지 흐름인 것 같아요.

최근에는 일제강점기 독립운동도 남녀가 같이 한 게 많을 텐데 왜 남자들만 압도적으로 조명이 되느냐는 이야기들도 많이 나옵니다. 선생님은 김한림 선생 이야기는 많이 하시는데 전태일 어머니 이소선 여사와의 관계는 좀 다른 모양이죠?

이소선 여사와 제가 직접 뭘 한 건 없고, 이여사와는 주로 조영래나 장기표가 연락을 했지요. 저는 이소선 여사가 있어서 전태일이 '살았다'고 생각해요. 이소선 여사가 '대학생 친구가 오기 전까지는 시체를 못 내놓는다'고 결단할 때부터 전태일은 다시 살기 시작했다고 생각합니다. 전태일 못지않게 위대한 사람이지요. '죽고 싶어도 절대 죽지 말고 제발 그 힘과 그 마음으로 힘차게 싸우라'는 게 그분의 철학입니다. 자기 아들은 분신했지만, 그래서 더욱 다른 사람들의 죽음에 대해서는 단호하게 말씀을 하셨지요.

구속자가족협의회 설명들을 보면 감옥에 있는 아들의 석방뿐 아니라 아들이 부르짖던 민주화의 요구를 우리가 외쳐야겠다는 결의와 각성이 보입니다. 여기 1974년의 결의문이 있어요.

1974년 11월 21일 결의문이네요.

우리 구속자 가족들은 우리들의 투쟁이 없이 자식과 남편을 구할 수 없고 우리들의 투쟁이 없이 얻는 자유는 진정한 자유라 할 수 없음을 깨달았습니다. (…) 우리는 이제 자식이 외치다가 들어간 유신 독재 철폐를 부르짖어야 하겠습니다. 이것이 진정으로 아들이 그토록 사랑하던, 남편이 그토록 사랑하던 조국을 위하는 길이고 자식을 구하는 지름길임을 알았습니다. (…) 사랑하는 내 아들딸, 그리고 남편이 독재의 철창을 깨뜨리고 나오는 날 우리 함께 얼싸안고 정의와 자유의 만세를 소리 높여 불러봅시다.

이건 누가 썼습니까?

제가 관여를 했을 것 같은데 기억은 확실하지 않습니다.

1977년 성명서도 있네요. 이건 누가 썼습니까?

이것도 아마 제가 관여를 했을 겁니다.

양심범과 그 가족들의 모임 선언, 우리들의 일곱가지 약속.

1. 권력의 부당한 박해를 두려워하지 않고 비굴한 태도를 취하지 않는다.
2. 어떠한 어려움이 있더라도 '양심범과 그 가족들의 모임'을 지킨다.
3. 개별적인 구제운동을 하지 않으며 회원 한 사람에 대한 박해는

전체의 모임에 대한 박해로 간주한다.

4. 결정된 합의사항에는 최선의 노력을 기울여 적극적으로 참여한다.
5. 모임의 비밀을 지킨다. 정보, 수사기관원의 질문과 심문에는 일체 침묵을 지킨다.
6. 전원이 한 가족의 정신으로 단결한다.
7. 정보, 수사기관원의 위협과 고문에 대하여 우리는 양심선언으로써 우리의 양심을 지킨다.

7을 보니 양심선언 강조하는 부분이 있고. '정보, 수사기관원' 같은 표현을 보니 선생님께서 쓰신 게 맞는 것 같네요.

어머니들의 어머니, 김한림 선생

김한림 선생 이야기를 듣다보면 정말 훌륭하고 또 인간적으로나 지혜로나 뛰어난 분 같습니다. 김한림 선생은 민청학련 전에는 몰랐죠?

알았어요. 김한림 선생은 6·3 학생운동 때 김중태를 숨겨준 것 때문에 내가 감옥에서 나왔을 때 감옥에 들어가 있었어요. 그 무렵에 김한림 선생의 남편 김소운이라는 분이 일본에서 귀국해 한국에 있었어요. 『목근통신(木槿通信)』이란 수필로 일본에서 유명했고, 우리말로도 번역되어 나왔죠. 그때 김소운의 집에 간 적이 있습니다.

김지하 모친과 김한림 선생은 이 민주화운동의 과정에 계속 관여합니까?

그렇습니다. 계속 관여하지요. 1990년대 초까지 했던 것 같아요. 그러나 1980년대에 들어오면서 젊은 아내들이 맡고 어머니들은 뒤에서 밀어주는 관계로 발전을 하지요. 김지하 어머니도 시력이 나빠져 자주는 못 왔지만 계속 관여를 하고 있었고요. 계를 하니까 계 때문에 오는 경우도 있었고요.

계라는 게 계속, 일 없이도 모이게 하는 힘이 있네요. 그러면 1970년대와 1980년대를 비교해보면 가장 중심에서 역할을 하는 분이 좀 달라졌나요? 두분은 연세 때문에라도 활동이 좀 힘들었을 것 같습니다.

달라지죠. 김한림 선생은 어디든지 끼지만 중심역할은 안 하고, 1980년대가 되면 원로로서의 역할을 하죠. 그때부터는 임종석 어머니라든지 재일교포유학생 간첩단 사건 관련자인 이철의 장모라든지 또는 부인이라든지 이런 분들이 활동을 많이 했어요. 민주화운동가족협의회는 인재근, 조무하(장기표 부인) 등이 중심이 돼서 만들어졌고요. 이제 활동의 중심이 이동을 하지요.

서울구치소에서 성탄절 날 새벽송 불렀다는 얘기를 들었는데, 뭔가요?

3·1사건(1976)이 나고 나서는 김대중 등 여러 유명 인사들이 다 서대문에 있는 서울구치소에 들어갔습니다. 김상근 목사가 목회하는 수도교회가 사직공원 쪽에 있었어요. 그래서 3·1사건의 가족들이 수도교회에서 자고, 새벽에 구치소가 있는 안산 쪽으로 올라가서 새벽송을 부르면 감옥 안에 있는 문동환, 이해동 목사 등이 화답을 하기도 했습

니다.

아 그래요? 어떻게 화답이 되나요?

새벽이면 조용하니까 새벽송을 부르면 소리가 굉장히 크게 들리지요. 서울구치소 위쪽에 안산 중턱에 올라가서 합창을 하니까 교도소 안까지 그 노랫소리가 다 들려요. 성탄절에도 올라가서 찬송을 부르는데, 찬송가 261장이 '어둔 밤 마음에 잠겨'로 시작을 합니다. 그 찬송을 부르면 구치소 쪽에서 화답송을 하는 거죠.

그 찬송가는 김재준 목사가 작사했고, 3절은 나중에 문익환 목사가 옥중에서 지은 것이라고 알고 있습니다. 재일교포유학생 간첩단, 지금은 조작사건으로 결론났지만, 간첩단 사건에 연루가 돼가지고 입장이 아주 난처하게 됐을 때, 서광태 어머니가 내 아들은 빨갱이가 아니라고 열심히 시위를 하고 다닌 덕분에 낙인찍히는 고비를 넘어갔다는 이야기도 들었습니다.

우는 애기 젖 준다고 어머니가 그렇게 열심히 투쟁한 보람이 있었던 셈이지요. 서광태의 어머니가 간절하게 기도하고 투쟁하던 모습이 아련합니다.

떼쓰는 게 힘이다! 어떻게 보면 운동의 한 방식이네요.

1975년 2월 15일과 17일에 나눠서 사람들이 나왔는데, 상고하지 않은 사람들은 형 집행정지로 2월 15일에 바로 나오고, 상고를 했던 사람은 다른 이유로 해서 17일에 나오게 됩니다. 2월 17일에 지학순, 김찬국, 강신옥, 이철, 이 사람들이 제일 늦게 나왔어요. 그중에도 김윤이 17일 제일 늦게 밤중에 나왔대요. 그런데 아마 어머니들이 김윤이 감옥에서 나올 때 예쁜 옷 입혀서 내보내자 그래서 옷을 넣어줬던 모양이에요. 출소할 때 연분홍 저고리에 빨간 치마를 입고 나왔는데 그 모습이 선녀 같았다고 하더라고요. 또 김윤이 1심에서 10년 구형에 7년, 2심에서 5년을 선고받았어요. 그러니까 김한림 선생이 사형선고를 받은 사람한테 참 미안하다. 어떻게 하든지 같이 좀 해주면 좋은데 왜 차등을 줘서 우리를 부끄럽게 만드냐 이런 얘기도 했다고 하고요.

김윤이 나와가지고, 처음에는 순창에서 농사를 짓다가 나중엔 정읍으로 옮겨서 전북여성농민회 준비위원회라는 걸 만들어요. 그걸 김한림 선생이 열심히 도왔어요. 자기 딸이 하는 일이니까. 거기서 감사패를 하나 만들어줬는데, 그 감사패가 김한림 선생이 살아생전에 받은 유일한 감사패였어요.

제가 한번 읽어볼까요.

거칠은 바람 안고 박토에 씨를 넣고. 지심매며 거름 주어 새 세상을 키우는 땅의 사람 여성 농민. 그 갈쿠리 손 따뜻이 잡아 새 세상을 만들라고 북돋아주신 어머니들의 어머니! 그 깊은 마음을 간직하고 싶습니다.

감사패를 준 쪽이나 받은 분이나, 참 뭉클합니다. 참 곡진하게 쓴 감사명패네요.

김한림 선생은 딸이 둘이 있습니다. 첫째는 일본인 목사에게 시집을 갔는데 그 목사가 일찍 죽었어요. 목사와의 사이에서 난 딸 중의 하나가 지금 일본에서 대중가수로 활동을 하는데 꽤 지명도가 높은가보더라고요. 김윤이 둘째인데 김한림 선생은 병약한 딸을 굉장히 안타까워했어요. 윤이가 원래 심장판막증이 있어서 어릴 때부터 앓았고 학교 다닐 때는 1년이면 40일씩 결석했대요. 1953년생인데 2004년에 죽었어요. 어머니 돌아가시고 나서 얼마 안 돼서 일찍 죽었죠. 저도 좇아내려가 장례를 함께 치렀어요. 김한림 선생은 막내딸을 의지해 살면서 맨날 시골만 왔다갔다 했죠. 서울서 돈 생기면 갖다주고.

김한림 여사가 1993년에 돌아가셨네요. "양심수의 대모 김한림 여사 별세" 한마디로 이렇게 정리했네요. 영결식에 이철, 문익환, 최영희, 김용준, 양승호, 이우정, 함세웅, 김정남, 김근태, 이해동, 박형규, 다 왔네요. 1993년 8월이니까 선생님이 교문수석을 할 때였습니다. 그때 장례식 지원을 좀 했습니까?

했겠죠. 기억이 나지는 않습니다만.

선생님은 김한림 선생에 대한 기억이 제일 많군요. 이야기도 하고 싶고요. 김한림 선생한테 민주화운동의 1급 수훈을 드려야 될 것 같은데요.

그렇습니다. 일찍 돌아가셔서 그걸 못해서 안타까워요.

선생님이 김한림 선생에 대해 쓴 글도 있죠?

몇번 썼습니다. 그러나 선생님이 하신 일, 그 따뜻한 표정, 그런 것을 제대로 그려내지는 못했습니다. 그리고 우리 사회가 제대로 대접 한번 못해드린 채 보내서 언제나 미진합니다. 김한림 선생이 돌아가셨을 때, 제가 조사를 썼는데, 그때 선생님 영전에 바쳤던 조사의 일부가 『따슨 손, 따슨 웃음꽃』에 남아 있어요.

김한림 선생의 유품 같은 것은 없습니까?

김한림 선생이 구속자가족협의회에서 직접 쓴 글이 여기 하나 있네요. 민청학련 재판에서 학생들이 사형과 무기 판결이 막 속출하니까 김한림 선생이 작성해가지고 돌린 글이에요. “국민들이여! 민족의 앞길을 이끌어갈 젊은이들이 세계 역사상 있을 수 없는 형식적인 재판과 법 밑에서 죽어가는 것에 대하여 양심대로 말해봅시다. 진정으로 이 어린 학생들이 죽어가야 하는지를. (…) 국민들이여! 우리 자녀 형제들의 생명이 살 길에는 당신들의 용기 있는 양심의 외침이 필요합니다. 양심의 외침이.” 구속자가족협의회에서 발표했습니다.

김한림 선생은 글도 잘 쓰는 모양이죠?

네. 글도 잘 쓰시고, 붓글씨도 잘 써서 붓글씨로 쓰면 명필이고 펜으

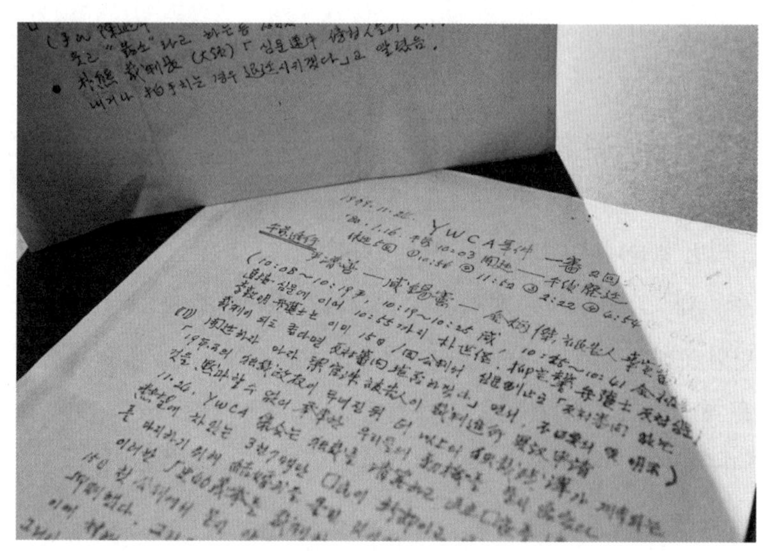

김한림의 필치. 1979년 YWCA 위장결혼 사건 공판 기록.

로 쓰면 달필이고 그랬어요. 해위의 대통령에게 보내는 공개장이나 성명서, 이한택 신부의 김지하 옥중메모에 대한 신학적 감정서 등을 대통령에게 보내거나 법정에 제출할 때 쓴 글씨가 김한림 선생의 글씨였어요. 한자도 아주 잘 씁니다.

제가 몇개 본 문건에서의 글씨는 부드러운 남자 글씨 같았어요.

내가 아주 후회스러운 게 두개가 있는데 하나가 김한림 선생 살아생전에 붓글씨라도 몇개 더 받아놓고, 펜으로 쓴 자필이라도 좀 남겨두게 할 걸 하는 거 하고 또 하나가 그분 생애사를 제대로 조명했으면 어땠을까 하는 겁니다.

김한림 선생 아버지가 김인식이라는 분입니다. 아주 단편적으로만 얘기한 게 있는데 김인식 선생은 1888년에 태어나서 1919년에 돌아가십니다. 서른셋에 돌아가신 거죠. 서울 사람이었대요. 경신학교, 보성전문학교를 나와서 정주 오산학교에 교사로 재직했다고 해요. 그때 춘원 이광수도 거기서 선생님을 하고 있었답니다. 당시 가르친 제자가 주기철 목사, 이약신(이효재 선생의 아버지) 등이 있어요. 주기철, 이약신이 아마 김인식을 따라서 마산 쪽으로 내려왔는가봐요. 그래서 부산 처녀를 만나 결혼을 해서 낳은 첫딸이 한림(韓林)이고, 둘째 딸이 한희예요. 김인식이 그 무렵에 진주를 거쳐서 목포에서 교편생활 하던 중에 3·1운동이 나니까 거기에 뛰어들어서 3·1만세운동을 주도했던 모양이에요. 그 일로 체포됐다가 석방이 됐는데, 몸이 약해서 석방이 된 상태에서 죽었는가봐요. 서른세살에.

그래서 김한림은 홀어머니 밑에서 자랐습니다. 일본의 동경가정전문학교 나와서 동래일신여학교 교사생활을 시작해 부산 쪽에서만 한 3~4년 근무하고, 서울 동덕여고로 옮겨서 서울서 교사생활을 했습니다. 내가 아는 우리 또래 한 사람은 풍문여고에서 김한림 선생한테 배웠다고 하더라고요. 1945년에 한글학자 이극로의 주례로 김소운과 결혼했다고 합니다.

저는 1965년에 김소운을 처음 만났어요. 김한림 선생이 잡혀 들어가 있을 때 그 집 가족 모임에 제가 갔었거든요. 김소운도 일본서 돌아온 지 며칠 안 돼가지고 가족 모임 참석을 했더라고요. 들리는 말로는 김한림 선생이 김중태를 숨겨준 일은 나쁜 짓이 아니고 참 잘한 일이라고 김소운이 칭찬을 했다고 해요. 김소운이 이승만하고 척을 진 건 아닌데 베네치아 국제예술가회의에 참가 전후해서 인터뷰를 한 게 이승만 대통령의 비위를 건드려서 한국에 돌아오지를 못하다가 그때 귀국을 했대요. 1952년에 갔다가 1965년이 돼서야 집에 온 거예요. 그때는 김한림의 집이 서대문구 영천이었어요. 당시에 김소운은 덩치도 크고 덕스러운 표정이었는데 서울구치소 담장을 돌면서 '이 너머에 너희들 엄마가 있겠구나' 하면서 담을 쓰다듬었던 기억이 납니다. 부부간에는 별로 금슬이 좋지는 않았던 것 같아요.

1980년의 일인데요. 당시에 김재규 구명운동을 할 때 우리가 만든 문서를 찍어주는 인쇄소가 있었어요. 그 인쇄소 사장인 강은기가 김한림 선생이 가져오는 민주화운동 관련 유인물을 찍어주는 일을 맡아서 했다고 그래요. 뒤늦게 인쇄소가 발각이 돼가지고 강은기는 잡혀 들어가서 징역을 살았어요. 그리고 강은기는 조사 과정에서 김한림 이름을 댈 수밖에 없었죠. 김한림 선생이 1980년 봄에 수배되어 100만원 현상금이 붙었습니다. 그때부터 김한림 선생이 1년 동안을 도피생활을 했는데 워낙 아는 사람도 많고 그 전에 덕을 많이 베풀어서 별로 어려움은 없었다고 해요. 1년 동안 스물일곱 집을 드나들었답니다.

1984년에 김한림 선생 고희연을 열어드린 적이 있습니다. 김동완 목사와 함께 김한림 선생이 저렇게 고생도 많이 하셨는데, 우리가 고희연이라도 하면 어떠냐 해서 조촐하게 마련한 자리였지요. 신촌에 불고기집에서 했고, 떡도 해오고 100여명 가까이 모여서 찬송가 부르고 잔치를 했습니다. 그날 김한림 선생이 자기가 도망다닐 때 도와줬던 사람들을 데리고 와서 자리를 함께했지요. 그때 박형규 목사도 한말씀하시고. 그게 우리가 김한림 선생에게 해준 전부였죠.

박형규 목사와 김한림 선생이 아주 친했어요. 구속자 가족 모임이라든지 판이 벌어지면 박목사가 춤도 추고 그랬습니다. 박목사가 춤을 잘 춰요. 해위 선생이 박형규 목사 춤추는 걸 보고 저거 돈 좀 들인 춤이라고 말하기도 했지요. 곱사춤도 출 줄 알고, 풍류도 있고. 그 짝이 항상 김한림 선생이에요. 김한림 선생도 춤을 잘 추고 잘 어울렸지요.

그때 우리가 해드렸다라고 하는데 우리가 누굽니까?

김동완 목사, 함세웅 신부도 오셨을 거고 김한림 선생의 그 갸륵한 헌신에 감사하는 마음으로 다들 십시일반으로 모아서 마련했어요.

박형규 목사 글 인용을 해놓은 것 같은데, 표현이 정말 좋습니다.

그 고난의 유신시대에 한몫을 하게 만들려고 한 하늘의 섭리가 아닌가 생각해. 김한림 선생의 한 인간으로서의 진면목이 그때 비로소 발휘된 것이 아닌가 싶어. 독재에 대한 투쟁에서, 여성이 지닌 투쟁의 능력이랄까, 저항의 효과를 십분 발휘할 수 있도록 김한림이라는 인물이 그동안 숨겨져 있다가, 갑자기 나타나가지고 구속자 가족들, 특히 어머니들의 정서를 묶어서, 저항운동으로 나아갈 수 있도록 지도력을 발휘한 것이지.

지금껏 선생님과 여러차례 이야기를 나눴는데 김한림 선생 이야기가 제일 많이 나온 것 같아요. 김한림 선생을 제일 좋아했던 것 같습니다.

그렇습니다. 선생이 돌아가신 1993년에 제가 바친 조사에서도 저는 김한림 선생을 이렇게 추모했습니다.

어머니, 어머니는 한 사람의 어머니가 아니라 구속된 학생 모두의 어머니로, 우리 시대의 어머니로, 당황한 구속자 가족들의 길잡이였습니다. 이 땅에 최초의 구속자가족협의회를 만들어 아들이나 남편이 감옥에 있는 이들이 두려움에 떨지 않게 하시고, 혼자 남은 절망감에 빠지지 않게 하셨습니다. 서러움에 복받쳐 흐느끼지 않도록 하고 오히려 슬픔 속에서도 신명내는 법을 가르쳐주셨고 내 자식, 내 남편이 감옥에 가 있는 것이 결코 부끄러움이 아니라 자랑이라는 것을 깨우쳐주셨습니다.

어머니는 신구교를 잇는 끈이셨고 민주세력을 연결하는 통로였으며 서울과 시골을 넘나들며 이집 저집 자라나는 아이들의 사랑보따리였습니다.

어렵고 궂은일마다 "내가 할게" 하신 어머니 당신의 일생은 이 나라 어머니의 일생이었습니다. 연약하지만 누구보다 깨어 있었던 우리 시대의 어머니 한분이셨습니다.

김한림 선생은 민주화운동에 가족이라는 이름으로 중요한 일익을 담당했습니다. '가족'이 민주화운동 세력의 한 축을 담당했다는 게 세계 민주화운동사에도 잘 없지 않나 싶어요.

민주화운동사에서는 구가협 어머니들이 이러이러한 역할을 했다 정도로 이야기하고 넘어가는데, 이 이야기들도 자세히 들여다보면 다양하고 섬세한 감동들이 물씬물씬 나오네요.

해위 윤보선 선생과의 인연

요새 개신교의 상황이 말이 아닙니다. 군사독재 시절 개신교를 회고하면 요즘 사람들은 '아니, 그때 개신교가 이런 역할도 했단 말입니까?' 하고 생각할 것 같아요. 그보다 훨씬 전 3·1운동 때 개신교가 적극적인 역할을 했다는 것도 이상하게 생각하는 지경이 됐지요. 하지만 민주화투쟁 당시 개신교 일부 또한 천주교 사제단과 함께 아주 중요한 일익을 담당했지요?

그렇죠. 1970, 80년대는 제가 자주 쓰는 표현이지만 기독교 말로 '하느님이 역사개입'을 했던 시기여서, 천주교와 개신교를 막론한 기독교인들이 민주화운동의 중심축으로 많이 들어와 있었습니다. 1973년 박형규 목사가 남산 부활절 연합예배 사건으로 반국가사범으로 몰려 잡혀 들어갔습니다. 그 일이 기독교를 다시 한번 뭉치게 하는 힘이 됐어요. 1976년 3·1민주구국선언도 원래는 원주에서 먼저 선언을 작성하고 서명을 받아 일단 다 끝난 일이었는데 그걸 3월 1일 목사들이 명동 성당에서 독자적으로 다시 선언했다고 해서 사건이 커진 거고요. 개신교 목사들도 가톨릭처럼 공식적인 선언을 발표해야 되겠다고 하던 차에 삼일절이 되니까 3·1선언을 주도하게 된 건데 그걸 당국이 모두 엮어 하나의 큰 사건으로 키우면서 오히려 신구교회를 뭉치게 하는 결과가 됐지요. 거기다가 3·1선언으로 기독교와 김대중 계열이 연결돼서 엄청난 민주세력 단합이 이뤄지는 결과가 돼버렸죠. 자세히 돌이켜보면 박정희 유신정권은 하는 짓마다 전부 역작용을 일으켰어요.

정부 입장에서는 강력하게 탄압을 해서 완전히 뿌리 뽑으려고 했는데 더 결집되는 결과가 되어버린 거네요. 정권에 함부로 탄압하면 안 된다는 교훈을 남긴 것 같습니다. 한가지 예로 '여호와의 증인' 교인의 양심적 병역거부를 그동안 징역 1년 6개월로 처벌해왔는데, 그것 때문에 여호와의 증인의 신앙적 결속력이 오히려 더 강화됐거든요. 탄압 때문에 종교가 죽는 게 아니고 정체성이 더 강화되고 생명력이 생기는 면이 있는 것 같습니다. 탄압의 정치학, 그 역설적 측면도 생각해볼 만한 것 같습니다.

하여튼 역사를 보면 권력이 의도하는 바와는 반대로 진행된 게 상당히 많아요. 1974년 민청학련 사건도 처음에는 국외공산계열 또는 북괴가 공작으로 인혁당을 만들고, 자금을 학생운동권에 줘서 민청학련을 만들어 움직이려고 했다는 것이 중앙정보부에서 만들려는 시나리오였어요. 박형규 목사가 수감되기 전에 안재웅(당시 한국기독학생회총연맹 간사)이 잡혀 들어갔어요. 당국이 공산주의자들의 책동으로 몰고 가는 게 확실하니까 안재웅은 자기가 최근에 결혼을 했는데 그 축의금을 나병식에게 거사자금으로 쓰라고 내놓았다고 중앙정보부에 진술했습니다. 안재웅은 순전히 자금줄에 공산계열을 끌어넣는 걸 막기 위해서 그렇게 말했는데, 나중에 나병식이 자금을 제공한 사람이 안재웅이 아니라 박형규 목사였다고 자백을 했어요.

사실은 나병식이 박형규 목사에게 유인물과 플래카드 만들고 교통비 쓰고 할 돈을 좀 만들어달라고 부탁했다고 해요. 박목사는 자기가 돈이 없으니 통행금지가 풀리자마자 어린이대공원 있는 데서 자전거를 타고 해위 선생(윤보선) 집까지 갔습니다. 마침 보니까 해위 집 앞에 배달된 신문이 있는 거예요. 그래서 박형규 목사가 신문의 제호 밑에다가 '돈이 급히 필요합니다. 100만원쯤 만들어주십시오. 규(圭)'라고 쓰고는 신문을 해위 집 대문 안으로 밀어넣었답니다. 그걸 보고 해위가 박형규인 걸 바로 알아봤대요.

그러고서 해위가 돈을 만들어서 공덕귀 여사를 통해 박형규 목사한테 전해주게 한 거죠. 공덕귀 여사는 박형규 목사가 어디 있는지 알지도 못하고 전화하기도 그러니까 이우정에게 박형규 목사한테 갖다주라며 전달합니다. 그게 100만원이 안 되고 45만원이었대요. 그 돈이 나병식한테 전달이 되었고, 나중에 다 들통이 난 거죠. 그러면서 안재웅 문제도 해결이 되고 박형규 목사가 자금책으로 밝혀지면서 공산계열의 자금이라는 문제는 정리가 됐습니다.

박형규 목사는 순전히 자금을 제공해서 긴급조치 위반으로 들어간 건데 박목사가 최후진술에서 '윤보선 대통령께 미안하다. 내가 결코 학생들보다 작은 형량이 되지 않게 해달라'라고 진술을 하니까 해위는 더 멋진 최후진술을 했죠. 사실 유신 때 해위 선생은 우리의 자존심이었어요. 유신에 맞서는 우리의 우산이었고, 간판이었죠.

해위의 최후진술이 이렇게 되어 있네요.

내 나이 77세, 내 인생 처음으로 국가내란죄명으로 재판을 받게 되니 감회가 깊다. (…) 심판관 여러분, 여러분 가운데는 내가 어깨에 별을 달아준 장군도 있다. 내가 여러분에게 별을 달아줄 때는 이 나라를 외적의 침략에서 지켜달라, 국방을 튼튼히 해달라고 달아준 것이다. 그런데 그대들은 국방의 의무는 다하지 않고 이 나라의 자유와 민주주의를 위해 국민의 정당한 의사를 밝히려는 애국 청년학생들을 심판하고 있다. (…) 이번 사건을 인혁당과 연결시키고 있으나 인혁당은 있지도 않은 단체다. (…) 나를 사형장으로 끌고 가거나 풀어주는 것은 당신들 마음대로지만 민주주의를 지켜야 한다는 내 소신은 뺏지 못한다.

멋있네요. 이건 윤보선 전 대통령이 준비한 거지요?

물론이죠. 그때는 해위를 알지도 못했습니다.

해위 윤보선 전 대통령을 선생님은 늘 '해위 선생'이라 부르시네요. 해위 선생 집에는 얼마나 자주 드나든 겁니까?

자주는 아닙니다. 일년이면 서너번 정도였어요. 해위 선생이 김지하 어머니나 김한림 선생을 통해서 만나자고 얘기가 오면 저는 굉장히 두려웠어요. 종로경찰서에서 해위 선생 댁 들어가는 길이 거의 직선으로 내다보입니다. 잘못하면 위험한데다가 선생 집 앞에 '김○○ 요리학원'이라는 간판이 있었는데, 해위는 이게 정보부가 자신을 감시하기 위해서 만들어놓은 거라는 확신을 갖고 있었어요. 말씀하실 때는 늘 라디오를 켜놓고 얘기를 했어요. 박정희 정권이 자신을 항시 감시하고 도청한다는 생각을 갖고 있었지요.

이분이 밖의 소식을 알고 싶을 때나, 당신 성명서를 발표하거나 기자회견문 또는 해외언론으로부터의 서면 인터뷰 요청이 있거나 할 때 저를 불렀어요. 당신이 연세가 많으시고 또 왔다갔다 할 수가 없으니까, 제가 들어가서 선생의 구술을 받아 그걸 기초로 성명서나 진정서 등을 썼습니다. 지금 생각해보면 공덕귀 여사는 정말 훌륭하신 분이었어요. 공여사는 무슨 일에 개입을 했다 하면 지성으로 모든 일을 도우려고 애를 썼어요. 해위 선생한테는 더할 수 없는 내조자였고, 구속자 가족들이나 전태일 어머니 같은 분에게도 자신의 모든 정성과 남은 열정을 다 바쳐 그들의 이웃이 되어주고자 항상 최선을 다했던 훌륭하신 분이었다는 생각이 들어요.

해위 선생은 5·16 때 약간 구설수에 오를 만한 일이 있었고, 유신 말기에 너무 훌륭하시다가, 5공정부에 들어서 흠이 났죠.

그렇죠. 그런데 오해인지 오점이 좀 있긴 했어도 5공 때 생존한 인혁당 사람들의 석방을 앞당긴 것이 해위였습니다. 해위가 전두환에게 인혁당 사건은 박정희가 저지른 역사적 죄업인데 왜 그 덤터기를 당신들이 쓰려고 하느냐고 설득해서 인혁당 사람들이 빨리 나올 수 있었죠. 무기징역이나 20년형을 받은 사람들이 그래도 비교적 빨리 석방될 수 있었던 것은 해위 선생의 노력이 있었기 때문입니다. 사형당한 사람들 구명운동하는 데도 열심이었어요. 또 비슷하게 김지하 석방에도 힘을 써줬습니다.

그런 보이지 않는 기여는 처음 듣습니다. 해위와는 어떻게 알게 된 겁니까?

김지하 어머니와 김한림 선생을 통해서 알게 됐어요. 그전에는 개인적으로 몰랐지요. 해위가 김지하 어머니와 김한림 선생에게 '궁금한 게 있으면 누구한테 얘길 들으면 되냐'고 물어서 그분들이 저를 소개해줘서 해위하고 가까워졌어요. 김한림 선생은 1964년부터 해위 심부름을 했어요. 공덕귀 여사와도 아주 가까웠고요.

해위 선생이 오라고 해서 갈 때는 댁 서북쪽 담에 붙어 있는 이발소를 이용했어요. 서북쪽에 담이 쭉 쳐져 있는데, 거기 있는 이발소가 안과 밖이 통하는 구조로 되어 있어요. 사람들은 그냥 담에 이발소가 붙어 있는 줄로만 알지 안팎으로 통하는 걸 몰랐죠. 가령 저녁 9시에 선생이 오라고 하면 이발소 근처로 갑니다. 담 앞에서 저벅저벅 가다가 살살 가고 그러면 선생이 이발소 문을 열고 나오시지요. 거기 가면 늦은 밤엔 못 나오죠, 위험하니까. 그 댁에서 자고 나와야 해요. 공여사가 바로 집 앞에 있는 안국교회에 새벽예배 보러 나올 때 따라서 나오고 그랬어요. 그때 내외분이 저한테 아침밥을 못 먹여 보내는 걸 그렇게 안타까워하셨지요.

그 집은 들어가기도 쉽지 않고 나오기도 쉽지 않은 곳이군요. 그런데 그 집 자체가 워낙 유명하잖아요. 보통 사람들은 그 집 안이 어떻게 생겼을까, 거기서 잠은 어디서 잘까 궁금해하는데요.

안에 들어가면 본채가 있고 사랑채가 있는데, 그때 들리는 바로는 김종필이 해위를 미워해서 해위 선생을 경제적으로 많이 압박했다고 합니다. 선생 댁이 1,400평이나 되고 소유한 건물도 많아서 재산세를 내려면 금액이 상당해요. 청진동에 '르네상스'라는 음악감상실이 있었는데, 그 건물이 해위 소유였어요. 그런데 관에서 재산세 체납을 빌미로 르네상스 임대료에 차압을 붙여놔서 돈을 쓸 수가 없도록 해놓은 거예요. 선생이 자기 재산을 실질적으로 사용할 수 없도록 조치를 한 거죠. 그걸 김종필이 했다고 하더라고. 그래서 경제적으로 상당히 어려워서 겨울에는 집 전체에 보일러를 돌릴 형편이 안 돼 사랑채에 와서 거기에서만 사시는 거예요. 난방비 때문에 집에서 제일 작은 데서 겨울을 나야 했던 거죠.

사람들은 해위 선생이 집도 99칸이고 경제적으로도 아무 걱정 없는데, 다만 정치적으로 핍박을 받았다고 생각하는데 실상은 그렇지 않았군요.

경제적으로도 상당히 어려웠습니다. 아까 박형규 목사가 100만원 만들어달라고 한 얘기를 했는데, 해위가 막상 그 돈이 없는 거예요. 가까스로 일부를 만들어줬을 정도지요. 해위를 공화당의 김택수가 간접적으로 도왔다는 설도 있어요. 박형규 목사는 김택수가 자신은 보이지 않게 이한두라는 지인을 통해서 해위와 민주화운동 쪽에 수시로 상당한 액수를 보냈다고 얘기하더라고요. 이 내용은 민주화운동의 또다른 비사라고 할 수 있어요. 그 비슷한 내용이 이한두가 쓴 『유신 공화국의 몰락』(매산출판사 1985)이라는 책에도 나와 있습니다.

지금으로서는 해위에 대한 기억을 제일 많이 갖고 있는 사람이 선생님이겠네요.

아마 그럴 겁니다. 당시 1년에 양심수 100명 정도가 교도소에 있었어요. 그래서 설과 추석에 100만원 정도가 필요했습니다. 그때 내복 한 벌이 대개 만원이었거든요. 지학순 주교가 1975년에 감옥에서 나온 이후에는 자기도 감옥에서 살아봤으니까, 그 돈을 항상 당신이 내서 김지하 어머니나 김한림 선생을 통해서 전 가족들에게 내복 한벌이 돌아가도록 했어요. 그런데 지학순 주교가 외국에 나가 있는 동안에는 이게 난감한 거예요. 장준하 선생이 돌아가신 다음 해인지 그다음 해인지에 장준하 선생을 추모하는 서예작품 전시회를 했는데, 해위 선생 글씨가 그때 돈으로 50만원에 팔리더라고요. 그래서 해위 선생을 찾아가서 이만저만해서 감옥에 있는 사람들한테 명절에 돈을 좀 넣어야겠는데 글씨를 좀 써주십시오 하니까, 써주더라고요.

해위 선생 글씨는 모범생 글씨 비슷하게 또박또박 아주 고집스러워 보이는 글씨예요. '그런 일이라면 내가 팔이 부러져도 쓸 테니 걱정하지 마' 하면서 20여장을 써줬어요. 그걸 받아가지고 일부는 팔고, 일부는 억지로 떠넘기기도 해서 그해 구속자들한테 내복을 다 넣을 수 있었습니다. 남은 글씨 몇개는 아직 가지고 있습니다. 그때 쓴 것 중에

해위 선생이 선물한 글씨 '견의용진'.

청천세심(淸泉洗心, 맑은 샘에 마음을 씻어라), 견의용진(見義勇進, 의를 보거든 앞으로 나아가라) 천류불식(泉流不息, 샘물은 흐름을 멈추지 않는다) 같은 글씨들이 있었죠.

그리고 해위 선생은 신사였습니다. 평소에 선생 댁이 본채의 밥 먹는 데서 사랑채까지가 복도로 다 연결이 되어 있는데, 본채에서 식사하고 나서는 정장에 모자 쓰고 지팡이 짚고 얼마 되지 않는 거리의 복도를 걸어서 사랑채에 가서 또 옷 벗고 모자 벗고 지팡이 놓고 그랬어요.

제가 1979년에 아내가 계를 해 모은 돈에다가 박경리 선생의 도움까지 받아가며 가까스로 집을 하나 장만했어요. 우리 집에 딸이 넷이에요. 해위가 그 얘기를 들으시고는 우리 집 당호를 '만춘당(滿春堂)', 봄이 가득하다 이렇게 택호를 지어주시고는 직접 편액을 써서 주셨어요. 난 또 욕심이 나가지고 그럼 집은 만춘당이고 제 서재에도 하나 달게 인의재(仁義齋)라고 써주십사 했지요. 그 글씨를 공덕귀 여사가 표구해 우리 집에 몸소 방문하셔서 걸면 좋을 자리를 얘기해주기에 그 자리에 걸은 적도 있습니다.

해위 선생은 바깥출입이 별로 없었던 모양이지요?

나갈 데가 없었죠. 해위 선생 왔다가면 뒷조사하고 그러니까. 선생이 다녀가는 것을 좋아하는 데가 없었죠. 제가 수원에 있는 '말씀의 집'에서 추기경을 만나게 해드린 적은 있습니다. 아마 선생이 먼저 추기경을 한번 만나고 싶다고 요청을 했던 것 같아요. 선생 당신의 묏자리가 아산에 있는데, 치표(置標)라고 해서 자기가 묻힐 데 표를 해놓고 거길 다녔어요. 성묘를 겸해서 1년에 몇번 행차했죠. 그 행차를 빙자해서 제가 말씀의 집에 추기경이 먼저 가 계시도록 하고, 선생이 마치 묘소에 갔다 들른 것처럼 해서 두분을 만나게 해드렸습니다. 한 두세시간 서로 말씀을 나누셨어요. 아마 그게 두분의 처음이자 마지막 만남일지도 모르겠어요.

해위 선생이 1967년 대통령 선거에서 떨어지고 난 뒤 1974년까지는 거의 활동을 안 한 것 같아요. 선거 끝나고 사실상 정계은퇴를 한 셈이지 않습니까? 1971년 선거 때는 유진오가 언급되다가 유진오가 지병으로 쓰러졌는데(1970년) 아마 그때 건강했으면 대선주자가 될 수 있었겠죠. 중망도 있었고요. 유진산은 당권을 쥐고 있었지만 대선주자는 못 되는 거고. 그때 해위는 나올 생각을 완전히 안 한 거지요? 해위가 1963년, 1967년 두번 나와서 두번 다 졌죠. 두번째는 압도적으로 패했고요. 그러고 나니 이제 야당에 주자가 없으니까 결국 김영삼, 김대중, 이철승 등 40대 기수론이 등장하고, 해위는 잊힌 인물이 되는데, 다시 이름이 등장한 게 민주회복국민회의와 3·1민주구국선언이에요.

3·1민주구국선언으로 재야의 통합을 이루다

반유신투쟁을 할 때는 해위 선생이 우리의 자존심 같은 분이었죠. 해위 선생은 박정희와 감정의 질곡도 상당해서 반박정희투쟁에 있어서는 아주 철저하게, 일대일로 맞서려는 의지가 강했어요. 당시에 사람들이 민주화운동을 하려면 해위라는 우산이 필요했습니다. 해위가 대통령을 지냈고 고령이니까 해위가 앞장서면 해위를 잡아넣기 전까지는 우리도 보호받을 수 있지 않을까 하는 보이지 않는 기대심리가 있었어요. 그러니까 3·1선언을 포함한 많은 운동을 하기 전에 해위한테 가서 동의를 받는 거죠. 당연히 해위가 재야 민주화투쟁의 중심 비슷하게 되고요. 3·1사건도 여러 사람들이 준비한 일에 기꺼이 우산이 되어주신 거지요.

1976년 3·1선언의 발표 때까지 여러가지 흐름이 합류되는 것 같습니다. 마치 1919년의 3·1운동의 전개가 그러하듯이 말입니다.

매년 1월 넷째주가 가톨릭 교회력으로 '일치주간'이에요. 신구교회가 종교개혁 이후에 갈라섰는데 갈라진 교회가 하나 돼야 되지 않느냐는 의도에서, 흩어진 형제들이 합치는 주간이다 해서 일치주간이라고 불러요. 1974년에 지학순 주교가 잡혀 들어가고 1975년에 형 집행정지로 풀려납니다. 그러고 1년 후에 일치주간 행사를 원주교구에서 개최를 했어요. 1976년 1월 23일이었습니다. 원주교구 사람들이 지학순 주교 구속 전후에 신구교회가 보여준 관심과 사랑에 감사의 뜻을 전해야겠다는 생각을 하고 있기도 했고요. 신현봉 신부가 강론했는데, 그 강론 원고를 제가 썼습니다. 그리고 거기에 참석한 신구교 성직자들이 교육관에 모여서 가톨릭 신부들이 준비한 선언문을 읽고 토론한 끝에 서명합니다. 민주화를 위한 선언인데 흔히 원주선언이라고 부릅니다. 그 선언문은 조영래가 초안을 쓰고 최종적으로 사제들의 검토를 거쳐 나왔습니다. 비교적 깨끗하고 잘 정리된 내용이었습니다.

그때 준비 과정에서 강론 원고나 편지는 주로 김지하 어머니가 운반했어요. 원주에 있는 신현봉 신부나 최기식 신부는 어머니를 통해 저와 연락을 했습니다. 강론 원고를 운반할 때 이런 일이 있었다고 나중에 들었는데, 김지하 어머니가 친화력도 있고 그러니까 당신을 감시하는 중앙정보부 사람들에게도 스스럼없이 대했어요. 그래서 중정 사람들이 잡으면 '아이, 왜 그래. 그냥 갔다올 테니까 따라올 거면 따라오고' 이러면서 뿌리친대요. 그 사람들이 '갔다오시면 꼭 행적 그대로 얘기해주세요' 하면 '뭐 그렇게 하지' 이런 식으로 대답하고 잘 넘어가고. 그런데 가끔은 상당히 경직되게 굴 때가 있는가봐요. 제 강론 원고를 운반하는 날이 그런 날이었는지, 어머니를 강제로 연행해간 거예요. 어머니 호주머니에는 선언문과 강론 원고도 있고 여러가지 문서도 많고 그러니까 이분이 갑자기 당혹스럽기도 하고 구차스럽기도 하고 이걸 어쩌나 고민이 되셨겠지요. 갑자기 아프다고 막 뒹굴면서 거기 캐비닛 밑으로 문서들을 밀어넣었다가 며칠 뒤에 어머니다운 꾀를 써서 그것을 다시 찾아다가 신부들한테 인계를 해줬어요. 어머니로서는 얼마나 아슬아슬했겠어요. 하여튼 임기응변이 대단하셨어요.

그렇게 해서 강론 원고와 선언문이 살아났지요. 뒤에 내가 '원주선언'이라고 이름을 붙였는데, 그게 공식명칭이 됐습니다. 원주선언은 말하자면 우리가 더이상 유신헌법과 긴급조치를 이대로 견딜 수 없다는 내용인데, "안보를 위하여 민주주의를 유보 내지는 사실상 포기하여야 한다는 주장은 '절도를 피하기 위하여 가진 재산을 모두 불태워 없애야 한다'는 주장과 같다" 이런 표현이 기억이 납니다. 반유신 문건으로는 가장 완벽한 문건이라고 볼 수 있지 않나 싶어요.

신현봉 신부 강론도 좋은 내용이었고, 신구교회 참석자들로부터 좋은 반응을 받았습니다. 기도회가 끝나고 교육원에서 함께 자면서 신구교회의 일치와 협력에 대해서 토론도 했습니다. 여기서 원주선언에 대한 서명이 이루어졌고요. 참석한 함석헌 선생, 서남동 목사 등 개신교 목사들, 가톨릭 신부들 모두 서명했습니다. 헤어질 때 일부 개신교 목사들이 개신교 쪽도 따로 이같은 시국선언을 마련해서 서명을 받아야겠다고 한부만 달라고 해서 각자 얻어가지고 갔어요.

이렇게 개신교 쪽에서는 문익환 목사를 중심으로 새해 들어서 반유신투쟁 성명을 준비해오고 있었어요. 차일피일하다가 삼일절이 다가오면서 기회를 놓쳐서는 안 되겠다면서 서둘렀지요. 사람들의 서명도 받고 발표 일정도 정하는데, 여러 사람들의 서명을 받으려면 일단 해위 선생이 먼저 서명을 해주시면 좋겠다 생각해서 문익환 목사가 선생을 찾아갔습니다. 그때 문익환 목사가 써온 선언문은 '내 친구 장준하가 꿈에 나타나서, 너 뭐하냐! 했다'는 내용도 들어가 있고 제가 보기에 좀 장황스럽다 싶었습니다.

또 하나의 흐름은 김대중 쪽 정치권이었어요. 김대중 쪽에서 3월 1일이 가까워오는데 이날 가만있을 수는 없지 않냐 해서 우리의 민주화 요구를 반영하는 성명이나 선언을 생각하고 준비하고 있었습니다. 정일형, 이태영, 김대중 이렇게 세 사람이 논의를 하고 있었지요.

해위는 김대중의 문안과 문익환 목사의 문안 두개를 다 가지고 있었어요. 그 문안을 살펴보는데, 김대중 쪽 문안은 긴급조치 위반을 의식해서 '긴급조치 무효' '유신헌법 철폐' 같은 말은 빼고 굉장히 완곡하게 '민주주의가 우리가 살 길이다' 이런 표현으로 순화해서 썼어요. 긴급조치 위반이 되면 국내에서는 한줄도 보도되지 못할 게 뻔하니까요. 이때 해위 선생이 '긴급조치 무효' '유신헌법 철폐'가 들어가지 않으면 뭐 하러 하느냐, 단순히 내기 위한 성명이 아니라 우리의 분명한 반유신의 뜻을 표명하는 것이어야 한다고 완강히 주장해서 양쪽의 문안이 통합, 조정이 됐지요.

그런데 왜 발표 장소가 명동성당이 된 겁니까. 서명자 명단에 가톨릭 쪽은 없는데요.

결국 선언문 문안은 문익환 목사 것을 중심으로 작성이 됐는데 막상 개신교 쪽에서 발표할 장소가 없는 거예요. 마침 그때 3·1운동 57주년에 즈음해서 명동성당에서 미사를 올릴 거라는 얘기를 듣고 문익환 목사가 함세웅 신부와 신현봉 신부한테 찾아가서 선언을 발표하려고 하는데 3월 1일에 미사 시간을 좀 내줄 수 있느냐고 협의했습니다. 천주교 쪽에서는 아마 특별한 목적을 가지고 미사를 하려고 했던 건 아닌 것 같아요. 그래서 개신교 주최 측과 가톨릭 서울대교구가 그날 기도회의 순서를 정리했습니다. 1부 삼일절 57주년 미사의 강론은 김승훈 신부가 하고 2부에서 문동환 목사가 설교를 맡고 2부 마지막에 3·1민주구국선언을 낭독하는 것으로 변경을 했습니다. 함세웅, 신현봉, 문익환 사이에서 그렇게 합의가 돼서 진행이 된 거예요.

3·1민주구국선언에 가톨릭 쪽이 빠진 건, 같은 취지의 원주선언이 이미 나왔고, 거기에 신부들이 서명했기 때문입니다. 그때 원주 모임에 참여한 개신교 쪽이 자극을 받아 준비한 것이 3·1민주구국선언인 것이지요. 그래서 3·1선언에 신부들은 참여를 안 한 거예요. 원주선언은 국내에서는 보도된 적이 없지만 일본 등 외신에서는 보도가 되었습니다. 1988년 『신동아』에 홍성우 변호사 이름으로 이 사건의 경위가 자세히 실려 있는데, 그 글을 제가 썼습니다.

개신교 쪽에서는 문익환 목사가 중심역할을 했군요.

여기에도 일화가 있습니다. 해위 선생하고 공여사한테 직접 들은 얘기예요. 그때 문익환 목사가 해위 선생하고 공여사한테 와서 지금 가톨릭의 선종원 신부와 함께 신구약 공동번역성경을 마지막으로 손질하고 있는데 그 번역을 마쳐야 하니 본인이 3·1민주구국선언을 주도한 것이 아니라고 해야 한다며 말을 맞춰야 한다고 하더래요. 중앙정보부가 해위를 못 잡아가니까 공여사를 잡아다가 조사를 했는데 공여사는 그 약속을 지키느라 해위 집에 온 것은 문익환이 아니라고 이야기를 했어요. 조사를 담당한 사람이 문홍식이에요. 그 사람이 직접 문익환을 조사를 했는데 말 맞추자고 한 것까지 다 사실대로 불었다는 거예요. 그런 사실을 자필로 자술서를 쓰고 조서까지 작성해놓았더래요. 중앙정보부에서 그 자술서를 공여사한테 들이대니까 공여사가 씨익 웃고 "지가 그러자고 그래놓고" 했다는 겁니다. 문익환 목사는 대지약우(大智若愚)라고 할까 그런 천진한 구석이 있었어요. 너무 맑고 착해서 거짓말도 못했어요.

공안 당국은 없는 사실도 잘 만들어내니 있었던 사실을 감추기란 매우 어려웠을 텐데, 문목사의 성정상 감출 수가 없는 것이군요.

문익환 목사의 일화가 많지요. 민주구국선언을 발표하고 며칠간은 아무 일이 안 일어났어요. 그러다가 3월 4일쯤부터 사람들이 하나둘씩 소리 없이 없어지기 시작했습니다. 문익환 목사도 없어지고 함세웅 신부도 없어지고. 성당에 가면 '우리 신부님이 없어졌다', 교회에서는 '우리 목사님이 안 보인다' 얘기가 막 돌았어요. 당시 제가 생각할 때 아마 정보부원들이 밀착해서 연행해간 것 같은데 신병은 틀림없이 서울구치소에 있고 중앙정보부에서 조사하고 있는 게 아닌가 싶더라고요. 그래서 교도관인 전병용을 통해서 알아봤더니 과연 문익환 목사가 거기에 들어와 있다는 거예요. 가족들한테 얘기도 못하고 끌려가 가족들이 궁금해할 테니 문목사한테 가족들에게 편지를 쓰면 전해주겠다고 했지요. 문익환 목사가 부인인 박용길 장로에게 편지를 썼습니다. '내가 지금 3·1사건 문제로 서울구치소에 들어와 있다. 그러니까 안심해라' 이런 내용이었을 거예요. 그 편지를 전병용을 통해 받아서 제가 직접 수유리에 있는 문목사 집에 갔어요. 이 편지는 걸리면 안 되니까 없애는 걸 봐야 내가 안심하고 올 수가 있죠. 그래서 박용길 장로한테 제가 보는 앞에서 태우든지 해서 없애달라니까 박장로가 자식들이 돌아오면 애들한테 한번 보여주고 난 뒤에 자신이 없애면 안 되겠느냐고 하더라고요. 차마 안 된다고 할 수가 없어서 알겠다고 하고는 돌아섰습니다.

3·1사건이 3월 10일 공식적으로 발표가 돼요. 재판을 해야 하니까 변호인단이 구성됐는데 워낙 유명 인사들이 많다보니 변호사들이 굉장히 많이 몰렸어요. 변호인단 전체가 사건을 맡되 피고인 한명에 주임 변호사를 한명씩 정했습니다. 박세경 변호사가 문익환 목사의 주임 변호사여서 문목사를 처음 접견하러 갔어요. 그랬는데 문목사의 제일성이 '내 편지 받았대?'였다고 합니다. 그때 마침 입회한 교도관이 우리 쪽에 가까운 사람이어서 무사히 넘겼지 아주 큰일 날 뻔했지요.

선언이 발표된 뒤 바로 즉각적인 탄압이 나온 거네요. 이참에 개신교, 가톨릭, 정치인, 원로 모두를 일망타진하겠다는 박정희 정권의 의도대로 흘러가지는 않았죠.

3·1사건이 사건 자체로서는 이렇게 커지고 내외에 강력한 영향을 미칠 만한 게 아니었는데, 이것도 묘한 흐름으로 이어졌습니다. 앞서 얘기했던 원주선언이 1월 23일에 있었고, 2월 16일에는 전주에서 천주교 전주교구사제단 주최 기도회가 있었어요. 김지하 석방과 관련해서 유인물도 배포하고 김지하 어머니의 호소문도 낭독했습니다. 그리고

3월 1일에 3·1운동 57주년 기념 미사가 있었던 거지요.

검찰에서는 이런 여러가지 일련의 행사를 가지고 신구교 성직자와 정치인 등 관련된 사람들을 한꺼번에 다 묶어서 3·1민주구국선언 사건이라는 이름을 붙여 하나의 사건으로 발표를 했어요. 그 사람들 계산으론 모두 묶어서 일망타진하겠다는 거였겠지요. 그런데 거꾸로 이 사건이 검찰의 의도와는 다르게 신구교회가 서로 일치하고 교류하는 계기가 됩니다. 김대중과 개신교 쪽이 가까워진 계기도 되었고요. 김대중은 가톨릭인데, 이 일로 문익환 목사 그룹과 상당히 가까워졌어요. 그러면서 김대중 중심의 재야세력에 개신교 쪽 사람들이 참여하게 됩니다. 말하자면 정부가 신구교회와 재야세력들을 하나로 묶어준 셈이죠.

앞서도 말했지만 이렇게 정부가 자기들 딴에는 보복이나 탄압을 목적으로 강경하게 대응을 한 게 오히려 반대 진영을 더 단합시킨 경우들이 왕왕 있습니다. 노동운동 탄압도 노동운동 세력과 민주화운동 세력이 결합하게 하는 역작용을 일으켰죠.

3·1선언은 이렇게 탄압을 통해 한국과 세계의 주목을 받고, 반유신 세력을 결속하게 만든 계기가 되었군요.

다만 나로서는 약간 아쉬운 게, 온 세계의 지원과 관심이 이 3·1선언 사건에만 쏠리는 거예요. 그러니까 구국선언 가족들은 어떨 때는 보라색 파라솔을 들고 법정에 가고, 어떤 때는 똑같은 부채를 들고 가고요. 워낙 유명 인사들이 많으니까 관심이 한쪽으로만 쏠리고 노동운동이나 학생운동 쪽은 점점 더 침체와 소강으로 가는 것이 좀 아쉬웠습니다. 다른 한편으로 긴급조치 9호 이후 이제까지는 3·1사건 때문에 민주화투쟁의 명분이 유지가 되고 있었는데, 3·1사건이 끝나면 그나마 있던 민주화운동의 불꽃이 꺼지는 게 아닌가 하는 두려움이 있었어요. 그래서 제가 생각한 게 '민주구국헌장'이었습니다. 3·1민주구국선언과 1·23원주선언을 지지하면서 그 연장선 위에서 범국민적인 민주국민연합을 이룩하기 위해 각자가 서 있는 자리에서 최선의 투쟁을 하자는 내용이었습니다. 해외에서도 민주구국헌장 서명운동이 광범위하게 벌어졌는데 이 민주구국헌장의 서명을 어머니들이 받으러 다녔어요. 그분들이 역할을 톡톡히 했죠. 어머니들이 동아투위, 조선투위 기자들한테도 가서 서명을 받고 만나는 사람들마다 서명을 받았어요.

약간 다른 얘기인데, 당시에 신부님들 세분이 구속되어 계시니까, 신부님들께 편지를 쓰려면 인찰지에다 먹지 대고 세장을 한꺼번에 썼어요. 편지를 몰래 반입하는 거니까, 받은 사람은 그 편지를 바로 없애야 해요. 나중에 들은 건데 신현봉 신부는 그걸 빨래처럼 빨아서 없앴대요. 문정현 신부는 씹어 먹는대요. 함세웅 신부는 어떻게 한다는 얘기를 못 들었어요.

해위 선생이 1976년이면 78세시잖아요. 그런데 그 나이에 유신반대, 긴급조치 반대에 대한 상당히 강한 원칙론을 가지고, 그걸 피력하기가 쉽지 않잖아요?

그래서 나는 해위 선생은 우리 유신반대의 자존심이었다고 얘기를 하죠. 아마도 박정희에 대한 어떤 반감 혹은 원한 같은 게 그 기초를 이루고 있지 않았나 생각해요. 그분하고 같이 자다가 쿵쿵 소리가 들리면 "잘 들어봐, 잘 들어봐. 지금 청와대에서 중앙청까지 연결되는 비밀통로를 만들고 있는 거야, 쟤들이" 이랬어요. 박정희 일당에 대한 증오가 대단했어요.

당시 재야운동 세력은 어땠습니까?

재야세력의 통합이 이루어진 첫번째 계기는 민주수호국민협의회(민수협)예요. 1971년입니다. 민수협이 당국의 탄압으로 점차 소멸단계에 들어섰을 때 제가 중심이 돼서 만든 게 1974년에 민주회복국민회의입니다. 이때 양심선언운동 제창과 유신헌법 찬반 여부를 묻는 국민투표 거부운동을 주도했습니다.

하지만 민주회복국민회의도 1975년 하반기로 가면서 탄압이 심해지면서 급격하게 소멸의 길을 걸었습니다. 이후 1976년에 3·1민주구국선언이 있었고, 말했듯이 검찰에서 워낙 사건을 크게 만들어서 굉장히 떠들썩했어요. 하지만 이렇게 끝나버리면 안 된다는 위기의식도 있었지요. 1977년 3월 22일에 3·1사건 대법원 판결이 있었는데 그날 즈음해서 제가 서명자 일동 이름으로 '민주구국헌장 서명운동'을 제창했습니다.

그뒤에 1978년에 인권운동협의회를 만들었어요. 재야의 정치적인 움직임에 대한 탄압이 격심해지니까, 수위를 낮춰 인권운동 차원에서 대응을 한 것이죠. 그간 너무 정치적으로만 맞서다보니까 탄압이 더욱 심해져서 적어도 동일방직 사태라든지 노동운동 탄압에 대한 우리의 목소리를 다시 정리할 필요가 있다고 봤거든요. 인권운동협의회를 하다가 1979년 초에는 '민주주의와 민족통일을 위한 국민연합'이 만들어져 활동을 했고요. 이렇게 끈질기게 이어왔습니다. 이런 것들이 해위 선생이 하고 싶어했고, 나와 함께 끊임없이 이어온 활동이에요.

1979년 10월에 10·26사태가 있었고 11월 24일에는 YWCA 위장결혼 사건이 있었습니다. 최규하 대통령 권한대행이 유신헌법에 규정된 대로 통일주체국민회의 체육관 선거를 통해 새 대통령을 선출하겠다는 담화를 발표한 것에 대한 반발이었지요. 전두환과 그쪽 일행들은 3개월 이내에 통대(통일주체국민회의 대의원 회의)에서 대통령 선거를 하고, 거기서 선출된 대통령 책임하에서 헌법을 개정해서 정부를 이양한다는 방식이었는데, 그걸 안 된다고 제일 먼저 주장한 게 해위였습니다. 민주주의와 민족통일을 위한 국민연합에서 즉각적인 민주화, 즉 헌법개정을 3개월 전후해서 완료하고 새로운 헌법에 의한 대통령 선거를 해야 한다는 성명을 발표하면서 격렬하게 항의했지요. 그리고 24일 YWCA 위장결혼 사건이 '통대 선출 저지와 민주화 촉구'를 위한 대회였던 겁니다. YWCA 위장결혼 사건까지는 해위 선생이 같이 했어요. 거기까지는 해위 선생이 잘했죠. 그 이후부터 저희와는 좀 멀어지기 시작하죠.

제 생각에는 해위 선생이 자기에 대한 직접적인 탄압이 없어지고 호의적인 메시지가 오자 너무 쉽게 현혹된 게 아닌가 싶어요. 해위 선생은 1980년이 되면서 전두환 군부와 상당히 좋은 관계로 들어서면서 저희와 벌어지기 시작했습니다. 그때 멀어지기 시작한 사람이 해위, 천관우 선생 같은 분들이에요. 천관우 선생은 아주 안타깝죠. 공덕귀 여사도 제게는 굉장히 어머니 같은 분이시고요. 그뒤에도 옛날의 관계가 있으니까 종종 뵙기는 했습니다.

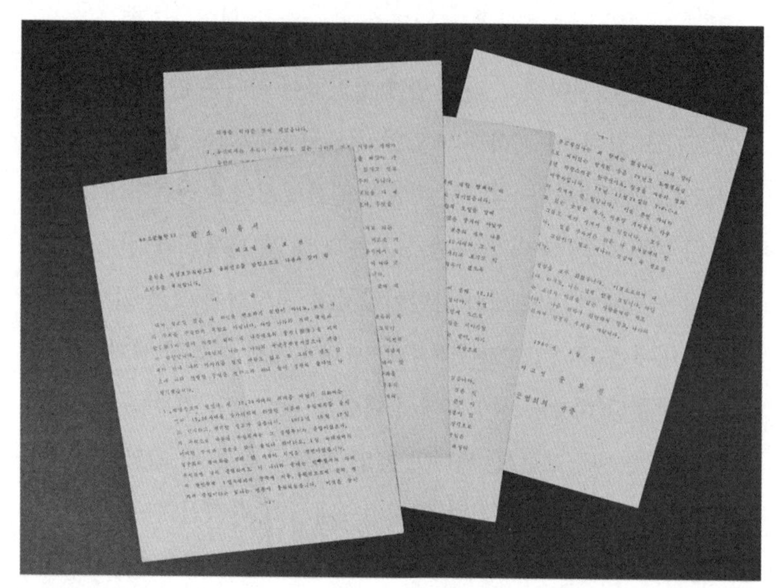

1979년 YWCA 위장결혼 사건과 관련해 재판을 받게 된 윤보선 전 대통령의 항소이유서.

해위 선생은 민주주의 열망이 강했고, 그 못지않게 박정희에 대한 반대 입장이 투철했던 분인데, 전두환 정권이 들어섰을 때 왜 그랬을까 궁금합니다.

선생이 그때 재정적으로 상당히 고달팠고, 정권에서 상당히 공작을 하지 않았나 싶기도 해요. 조종호라고 선생의 비서실장을 하던 이가 전두환 정권이 들어서면서 민주정의당 소속으로 충주에서 국회의원에 당선되기도 했고, 이기동(전두환의 장인)이 당시 대한노인회장을 했는데 해위 선생을 자주 찾아왔대요. 이러면서 정권이 해위에 대해 집중적으로 공략하지 않았나 싶습니다. 천관우 선생은 민족통일중앙협의회라는 이상한 기구를 만들어서 의장에 세웠고요. 천관우 선생도 생활이 상당히 어려웠다고 들었습니다.

민주구국헌장 발표 이야기를 좀더 자세히 해주시지요.

나는 3·1민주구국선언 사건이 역사의 뒤안길로 묻혀버리고 나면 그나마 가까스로 이어가고 있던 민주화투쟁의 명맥이 끊어질까 두려웠어요. 그래서 어떻게든 관계자들로 하여금 상고이유서를 쓰게 해서 그것을 하나의 민주화투쟁 교과서로 만들면 좋겠다는 생각을 했습니다. 연락이 가능한 범위 한에서 상고이유서를 써달라고 독려를 했지요. 함세웅, 문정현, 신현봉 신부가 우선 쓰고, 불구속으로 재판받던 해위 선생의 상고이유서는 내가 직접 초안을 잡았어요. 해위의 상고이유서에는 나라의 민주화에 대한 원로 대통령의 간곡한 열망과 당부를 담았어요. 함세웅 신부는 평화시장의 전태일이 분신으로 우리에게 호소했던 것처럼 버림받고 가난한 형제들에게 관심을 가질 것을 간곡히 당부하는 내용의 상고이유서를 옥중에서 썼고, 문정현, 신현봉 신부는 인혁당 사건과 김지하 사건을 집중적으로 거론하면서 유신체제에 맞서 싸울 것을 호소했습니다. 나는 김지하의 최후진술과 양심선언, 그리고 3·1사건 관계자들의 상고이유서를 묶어 민주화투쟁 교과서를 만들 수 있지 않을까 생각했는데 연락이 여의치 않아 뜻은 결국 이루지 못했습니다. 다만 신부들의 상고이유서는 당시 각 교구에 있었던 인권회복, 민주회복 기도회 때마다 낭독되었습니다. 당연히 기도회에 참석한 많은 사람들의 절절한 호응을 받았지요.

1977년 3월 22일, 3·1민주구국선언 사건의 대법원 확정 판결이 있던 날에 맞추어 민주구국헌장을 몇분의 서명을 받아 발표했습니다. 여기에 서명한 사람이 윤보선, 정구영, 윤형중, 천관우, 정일형, 양일동, 함석헌, 지학순, 박형규, 조화순입니다. 제가 직접 찾아가 서명을 받기도 했지만, 김한림 선생과 김지하 어머니를 비롯한 구속자가족협의회 분들이 많이 애를 써주셨습니다.

그리고 이내 서명운동을 전개했습니다. 물론 여기서도 구속자 가족들과 동아투위, 조선투위 해직기자들이 앞장서서 서명을 받으러 다녔어요. 물론 그 과정에서 연행당하는 등 유신정권으로부터 수많은 탄압을 받았고, 서명철을 빼앗기지 않으려고 어머니들이 숨바꼭질까지 해야 했습니다. 순조롭지는 않았지만 공개적으로 서명에 응해주신 분들이 있어서 4월 15일에는 민주구국헌장 추진 운동본부 이름으로 「민주구국헌장의 길」이라는 성명과 지침, 그리고 서명자 명단을 공개했습니다.

민주구국헌장은 해외에서도 큰 호응을 얻은 것으로 압니다.

「민주구국헌장의 길」은 국내는 물론 해외에 거주하는 한국인들에게 민주화투쟁을 향한 연대를 제의하고, 어떻게 민주구국헌장 공동체에 참여할 수 있는지 방안을 제시하고, 민주구국헌장의 목표를 민주국민연합 결성에 두고 있다는 점을 분명히 했어요. 민주회복국민회의, 3·1민주구국선언, 1·23원주선언에 참여한 사람들이 공동체가 되어 민주국민연합과 함께 민주주의의 승리를 위해 다 함께 전진하는 것이 민주구국헌장의 길이라는 것이지요. 4월 15일 1차 발표에 이어 4월 19일 2차 발표를 통해 공개적으로 서명운동을 확대해나갔습니다. 서명운동의 확대와 함께 서명운동에 참여하는 사람들에 대한 연행과 구속

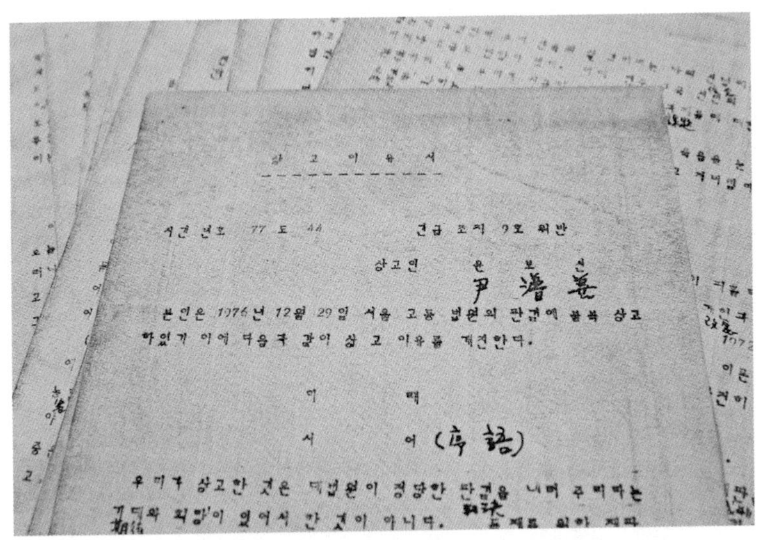

상 고 이 유 서

사건번호 77 도 44 긴급조치 9호 위반

상고인 윤 보 선 尹潽善

본인은 1976년 12월 29일 서울 고등 법원의 판결에 불복 상고하였기 이에 다음과 같이 상고 이유를 개진한다.

서 어(序語)

우리가 상고한 것은 대법원이 정당한 판결을 내려 주리라는 기대와 희망이 있어서 한 것이 아니다.

1976년 3·1민주구국선언 참여를 이유로 재판을 받게 된 윤보선 전 대통령의 상고이유서.

이 이루어져, 특히 학생들이 2~5년의 실형을 선고받는 일이 비일비재했어요.

나는 국내의 이러한 움직임과 상황을 해외에 알렸어요. 이것이 해외동포들의 민주구국헌장 서명운동을 일으켜, 5월 16일에는 민주구국헌장 서명운동 해외동포 추진위원회가 결성되어 서명에 총궐기하자는 호소문을 발표합니다. 여기에는 일본에서 김재화, 배동호, 곽동의, 정경모, 정재준, 미국에서 임창영, 고원, 최석남, 선우학원, 유럽에서 윤이상, 이삼열, 송두율, 이수자 등 많은 이들이 참여했어요. 이것이 해외의 민주화 연대운동의 토대가 됐어요. 사실 나는 민주구국헌장운동이 그렇게 널리 해외동포 가운데 확산되고 더 나아가 연대의 고리가 될 줄은 생각도 못했습니다.

그 중심에 있던 것이 일본의 한민통이었어요. 한민통은 민단(재일본

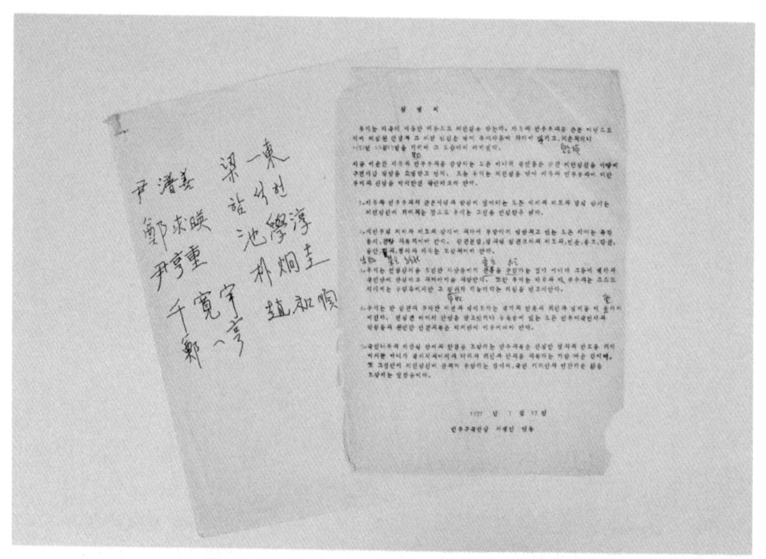

1977년 3월 22일에 발표한 민주구국헌장 서명부(왼쪽)와 서명인들이 같은 해 7월 17일 제헌절을 맞아 재차 발표한 성명문(오른쪽).

대한민국거류민단) 내에서 민주화운동을 주도하다 민단에서 추방된 사람들이 당시 일본에 체류 중이던 김대중과 연대해 1973년 8월 결성한 단체인데, 1977년 5월 14일 한민통이 긴급 전국대표자대회를 열어 한국에서 전개되고 있는 민주구국헌장 서명운동에 해외동포들도 참여하고 결집해 민주국민연합을 결성할 것을 제안했습니다. 그리고 해외에서의 서명운동에 있어서 한국 내 민주세력과의 일체화, 해외동포 사회에서의 민주주의 애국역량 확대, 해외동포 민주국민 연합체의 실현을 기본방침으로 설정합니다. 1977년 8월 12일부터 14일까지 도쿄의 이케노하라 문화센터에서 11개국 104명이 참가한 가운데 해외한국민주운동대표자회의가 열립니다. 대표자회의 이틀째인 8월 13일 한국 민주화운동을 위한 연합단체로서 '민주민족통일해외한국인연합'(한민련)이 결성됩니다. 한민련은 어디에 있든 한국인의 민주화투쟁을 조직적, 유기적으로 일원화하고 유신체제와 싸우며, 나아가서는 민주헌정질서 위에서 민주연합정부를 구성하는 것, 그리고 최종적으로 조국통일을 실현하는 것을 민주화운동의 목적으로 삼았습니다. 그리고 14일에는 대표자회의 이름으로 결의문을 발표했는데, 그 내용은 정치범과 양심범의 무조건적인 석방, 유신헌법과 긴급조치 철폐, 미국과 일본의 박정권에 대한 군사적, 경제적 원조를 중지하라는 것이었습니다.

다소 우여곡절이 있었습니다만 이후 한민련은 한국의 민주화운동을 지지, 연대하는 해외조직으로서 중심적 역할을 하게 되는데, 그 불씨가 민주구국헌장이었던 것입니다. 말씀드렸듯이 나도 민주구국헌장의 불씨가 그렇게 커질 줄은 미처 생각도 못했습니다. 이런 사실이 당시는 물론 그후에도 국내에는 널리 알려지지 못했지요. 저도 한참 지난 뒤에야 전후 사정을 알게 됐습니다.

오원춘 납치의 미스터리

유신 말기인 1979년에 있었던 오원춘 사건은 천주교회와 관련이 있지요?

네, 오원춘 사건은 아직도 제게는 몇가지 점에서 미스터리예요. 오원춘은 1976년경부터 가톨릭농민회 활동을 해왔는데, 1978년 경북 영양군이 보급한 가을씨감자가 싹이 트지 않아 재배농가 80퍼센트 이상이 폐농을 했어요. 이렇게 되니 당시 스물아홉살이었던 오원춘이 주도해 대책위를 구성, 34개 농가의 피해액 780만원의 보상을 요구하는 운동을 벌입니다. 1979년 들어 영양군으로부터 150만원의 보상을 받았지요. 요구액 전체를 받아내지는 못했지만 당시로서는 일찍이 없었던 성과를 올린 것이어서 이 사실이 농민 사이에 널리 알려졌고, 오원춘은 일약 스타가 됐습니다. 그후로 여기저기 강연에 불려 나가 그걸 자랑하고 다니니까 지방 당국으로서는 골치 아픈 존재였지요.

그러던 중 5월 5일 영양읍내에 있는 버스정류장에서 오원춘이 정체 불명의 사람들에 의해 납치당해 안동을 거쳐 포항의 어느 잿빛 건물로 끌려갑니다. 거기서 체제에 반항하는 놈은 그냥 둘 수 없다는 폭언과 함께 폭행을 당하고, 울릉도에 보내져 15일 동안 격리된 상태에서 불안한 나날을 보내다 21일 겨우 집에 돌아오게 됩니다.

돌아온 뒤에 지역사회에서 큰 화제가 됐겠어요.

그랬죠. 오원춘이 납치되었다 돌아왔다는 얘기를 듣고 안동교구 사제단이 두차례에 걸친 검증 끝에 오원춘이 십자가에 달린 예수 아래서 양심선언을 하게 합니다. 안동교구에서 이 양심선언을 토대로 '짓밟히는 농민운동'이라는 제목으로 납치사건의 전말을 세상에 밝히고 당국에 해명을 요구합니다. 그러나 오원춘의 신병을 서둘러 확보한 경찰은 오원춘이 납치·폭행당했다는 자신의 주장은 허위라고 자백했다면서 오원춘을 허위사실 유포에 의한 긴급조치 위반 혐의로 구속해버립니다. 사건의 진실을 놓고 교회와 유신정권의 정면충돌이 이뤄진 거죠. 김수환 추기경까지 쫓아내려가 "현장교회의 수난과 아픔을 우리 모두의 것으로 받아들이지 않으면 안 된다. 진실이 거짓이 되고, 거짓이 진실로 둔갑하는 현실이 개탄스럽지만 교회는 진실을 밝히기 위해 많은 수난을 당해왔다. 그러나 교회는 언제나 다시 부활한다"라는 비장한 내용의 강론을 했습니다. 그리고 전국의 교회에서 교권 및 신앙자유 수호를 위한 기도회가 열립니다.

함세웅, 문정현 신부도 그해 8월 오원춘 사건을 성토하다가 재구속되는 수난을 당했습니다. 3·1사건으로 구속되었다가 석방되었는데 근신하지 않는다는 이유로 석방이 취소된 거지요. 나는 두 신부의 입을 막기 위한 유신정부의 응급대응이었다고 생각합니다.

당시 사제단과 인권변호단이 진실을 알리기 위해 적극 나섰지만 결과가 아쉬웠던 것 같습니다.

문제는 오원춘 자신이 스스로의 양심선언을 부정하는 것이었습니다. 대구교도소에 수감되어 있던 오원춘을 찾아가 진실을 확인했을 때만 해도, 변호사의 첫 접견 때만 해도 법정에서 진실을 밝히겠다던 오원춘이 정작 법정에서는 검찰 주장에 맞장구를 치는 거예요. 참 어이없는 일이었지요. 저도 변호인과 같이 내려갔는데, 우리 쪽에서 명백한 증거를 제시해도 무조건 아니라는 거예요. 법정에 왔던 주교와 신부, 수녀들이 '알퐁소(오원춘의 세례명) 힘내라!'라고 외쳤지만 오원춘에게는 마이동풍이었습니다. 결국 변호인들이 사임계를 내고 올라왔습니다. 올라오는 기차간에서 황인철 변호사가 퍼질러 앉아 울었어요. 너무 참담했던 거지요.

저는 오원춘이 구속되기 전까지 그를 보호했던 유강하 신부로부터 사건의 전말을 너무 상세히 들어 알고 있기 때문에 오원춘의 양심선언이 진실이라고 믿습니다. 그러나 지금까지도 그 진실이 명백히 밝혀지지 않고 있습니다. 저는 이 사건은 자신들의 책임을 모면하기 위해 지방경찰이 중앙에 허위보고한 사건이라고 봅니다. 그리고 어떻게든 교회의 목소리를 잠재워야 했기 때문에 목청이 큰 함세웅, 문정현 신부를 재구속했던 것이라고 생각하고요. 뒷날 황인철 변호사를 통해 김재규한테 "당시 천주교회가 억지를 부렸다고 보느냐"라고 물었더니,

중앙에서는 그렇게 보고받았다고 하더랍니다. 언젠가는 그 진실이 모두 밝혀질 수 있기를 바랍니다.

3부

1980년대

김재규 구명운동

오늘은 박정희 대통령 암살사건, 주역인 김재규 사건부터 이야기를 해볼까요?

옛날에 내가 김재규 구명운동을 위해서 책자까지 만들었어요. 이게 바로 김한림 선생을 말년에 도망다니게 만들었던 그 책이지요. 나도 이 책 만드느라고 애를 많이 먹었어요. 김재규에 관한 꽤 많은 내용이 실려 있습니다.

전두환 군부로서는 진짜 위험한 책이었을 것 같네요. 전두환 입장에서 정권 탄생을 정당화하기 위해서는 김재규를 '상관을 죽인 패륜아, 주군을 시해한 역적'으로 몰아야 하는데, 이 책에서는 김재규가 '야수의 심정으로 독재자를 죽인 의인'이고, '자신의 목숨을 걸고 독재라는 악을 제거한 의거'를 한 사람이라고 주장할 만한 자료들이 풍부하니

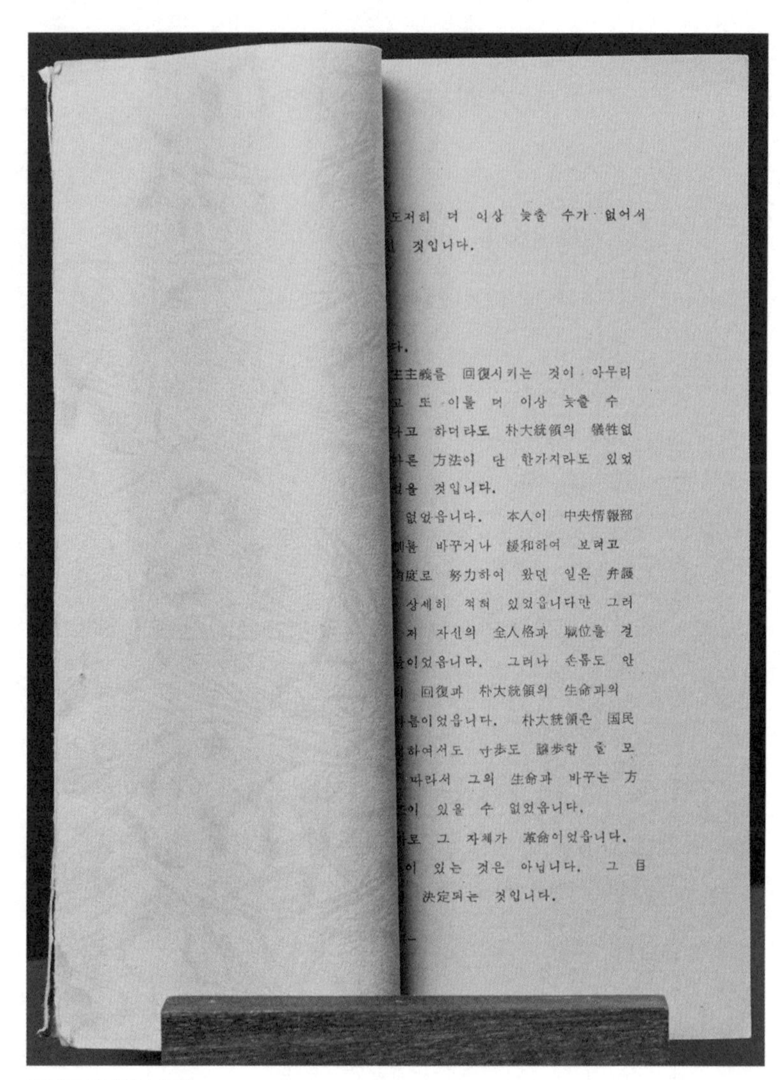
도저히 더 이상 늦출 수가 없어서
것입니다.

다.
主主義를 回復시키는 것이 아무리
고 또 이를 더 이상 늦출 수
다고 하더라도 朴大統領의 犧牲없
다른 方法이 단 한가지라도 있었
었을 것입니다.
없었읍니다. 本人이 中央情報部
制를 바꾸거나 緩和하여 보려고
範圍로 努力하여 왔던 일은 弁護
상세히 적혀 있었읍니다만 그러
저 자신의 全人格과 職位를 걸
물이었읍니다. 그러나 손톱도 안
回復과 朴大統領의 生命과의
름이었읍니다. 朴大統領은 國民
하여서도 寸步도 讓步할 줄 모
따라서 그의 生命과 바꾸는 方
이 있을 수 없었읍니다.
로 그 자체가 革命이었읍니다.
이 있는 것은 아닙니다. 그 目
決定되는 것입니다.

김재규 구명운동 책자.

까요. 이 책은 언제 냈습니까?

1980년 3월경, 김재규 구명운동을 위해 만든 겁니다. 거기에 담겨 있는 자료들이 강신옥 변호사의 접견 노트, 한국천주교여자수도회 장상연합회에서 작성한 조국을 위한 기도문, 그때까지 있었던 윤보선 등이 발표한 구명운동의 성명, 김재규의 최후진술, 김재규가 쓴 「장부한」 시, 항소이유서, 항소이유보충서 등입니다. 그 당시까지 있었던 거의 모든 자료를 수집해서 넣었을 거예요.

책자에 제목도 없이 하얀 표지만 있네요.

너무 무서웠거든요. 나는 김재규 구명운동을 하면서 김재규를 살려낼 수 있으면 민주화가 희망이 있고 김재규를 잃어버리게 되면 민주화는 물 건너가는 게 아닌가 하고 생각했어요. 언론이 제 기능을 못하니까 일반인들은 다 잘못된 정보만을 접하고 있었고, 정치권에서는 어떻게 하면 신군부와 마찰을 빚지 않으면서 정치 일정을 끌어갈지에만 골몰했기 때문에 김재규 구명운동에는 소홀했죠. 거의 외면했다고 봐야 할 겁니다. 심지어 일부 정치권 내부에서는 김재규 구명운동에 일체 관여하지 말라고 지시를 내렸다고 해요. 그래서 김재규 구명운동에 적극적으로 참여한 게 천주교계 일부, 기독교계 일부, 해위 쪽 사람들, 학생 일부, 미주 쪽 일부, 이 정도였어요. 나머지 특히 정치권은 상당히 냉담하거나 일정한 거리를 두고 있었고, 5공세력들은 결사적으로 막으려고 했고요.

정치권은 대중을 상대로 하니까 대중의 평균 정서에는 박정희가 심복의 총에 의해 돌연히 죽었고, 그 내막을 자세히 모르니까 박정희의 죽음을 해석하고 평가할 준비가 안 되어 있었죠. 그런 상황에서 신군부는 계엄령을 선포해서 언론을 압도적으로 장악하고 있으니 대중의 생각을 더더욱 바꿀 수가 없었고요. 이걸 바로잡는 게 인권단체, 또 어려운 쪽을 대변하는 천주교, 재야 이런 쪽의 몫일 것 같습니다. 각각의 역할이 있었을 것 같아요.

있죠. 신군부가 가장 신경을 쓴 게 김재규의 거사 동기와 목적을 진술한 부분들이 법정 밖으로 나가지 않도록 막는 거였어요. 재판 자체를 비공개로 하고 언론도 철저하게 통제했지요. 그래도 알자고만 하면 사실 정치권 사람들은 비교적 가까이에서 직간접적으로 들을 수 있었는데도 불구하고 달라지는 게 없더라고요. 김재규의 진술을 듣고도 모른 척하는 현실이 상당히 속상하고 마음이 아팠습니다. 구명운동 자체가, 어설픈 구명운동이 김재규를 더 빨리 죽음으로 몰아간 게 아닌가 하는 후회가 들기도 했어요. 인혁당 사건도 마찬가지였고요. 죽어놓고 보니까 후회와 한탄뿐이죠. 너무 서둘렀던 것은 아닌가, 그때 다른 방법을 써야 했던 걸까, 많은 생각과 후회가 들어요.

구명운동을 잘하고 못하고가 결과에 영향을 미치진 않았을 것 같습니다. 인혁당 사건 관련자들의 죽고 사는 문제는 구명운동의 성공 여부에 달렸다기보다는 정권의 정치 책략과 계산에 따른 것이었잖아요. 구명운동이 없었다면 빨리 안 죽었을 거라는 말에도 동의되지 않습니다. 김재규도 마찬가지죠. 김재규를 어떤 시점에서 어떻게 죽이느냐

하는 건 신군부의 정권 장악 전략에 들어 있었던 것이니까요. 훌륭한 일을 하신 분들이 마음속에 자책감이 너무 큰 것 같습니다.

저는 그때 대학생이었는데, 김재규의 동기가 이해는 가나, 한편으로는 이 사람이 중앙정보부장으로서 나쁜 짓에 얼마나 연루가 되어 있는지를 알 길이 없다고 생각했습니다. 게다가 김재규 문제는 여론상 유리하지도 않았죠. 이 문제를 주 쟁점으로 삼다가는 민주화운동 진도에 차질이 생길 수도 있다는 판단이 있었습니다. 이 문제는 신군부에 더 유리한 쟁점이었으니까요. 선생님께서는 김재규의 동기를 안 이상 유불리를 막론하고 도와야 된다고 생각하셨던 것이겠고요.

나는 김재규의 진의를, 또 재판정의 진실을 세상에 알리면 국민들이 틀림없이 호응을 하리라고 생각했어요. 그래서 이 책을 만드는 모험을 감행한 거고요.

가만히 보니까 진실을 제대로 구성해서 세상에 알리는 게 선생님 전공이네요. 매번 보면 정말 진실을 알리는 고독하고 힘든 투쟁을 하십니다. 김재규의 진의가 무엇인가를 확인하고 그것을 알리는 과정에서 선생님이 어떤 역할을 하셨는지 자세하게 말씀해주시면 좋겠습니다.

1979년에 10·26사태가 발생하고 그다음 날 새벽에 이부영이 불광동 저희 집으로 찾아왔더라고요. 와서는 무슨 일이 나긴 났는데 뭔지 모르겠다, 박정희가 유고인 것만은 확실한데 무슨 일이 일어날지 모르니까 일단 튀자고 했어요. 그래서 아무것도 모르고 어디 갈 곳도 마땅치 않으니까 의정부로 갔어요. 당시에 '앙팡테리블'(무서운 아이들)이라고 해서 신흥기업들이 부상을 하고 있었는데, 기억하실지 모르겠지만 신선호의 율산그룹, 이창우의 제세그룹, 김병만의 대봉그룹 등이 있었습니다. 그중에 대봉그룹의 김병만이 서울법대를 나와서 법대 출신들이 대봉그룹에 꽤 많이 가 있었어요. 그래서 그쪽으로 피신 겸 놀러 가보자고 한 거죠.

사건이 난 초반에는 조용했어요. 새벽 4시에 유고가 발표되고 7시 30분에는 박대통령이 서거했다는 공식 발표가 났지요. 그 소식을 듣고 27일인가 홍성우 변호사하고 황인철 변호사가 둘이 신촌 어디서 만나서 아주 코가 비뚤어지게 마셨대요. 황변호사는 술을 잘 못하는데도 취하도록 마시고 노래도 불렀다고 해요.

또 한편에서는 변호사들 중에 김재규 변론을 맡겠다는 분들도 있었어요. 김정두 변호사라고 대구에서 신민당 국회의원도 한 사람이 있는데 그 사람이 구미에 살 때 김재규와 앞뒤 집에 살았다고 합니다. 김재규의 부인이 김정두 변호사를 찾아가서 '우리 남편 변론을 어떻게 해야 될지 모르겠다. 김변호사님이 좀 맡아줬으면 좋겠다'고 부탁을 한 거예요. 이 사람은 또 혼자서 감당하기에는 겁이 나니까 인권변론 한다는 이돈명 변호사한테 찾아와서 같이 좀 해줄 수 없겠냐고 말을 넣은 거죠.

김재규에게 수영이라는 외동딸이 있습니다. 옛날 자유당 정권 아래서 금융관료로 있었고 한일은행장도 했던 김포대학 설립자 전신용 집으로 수영이가 시집을 갔어요. 그러니까 전신용과 김재규는 사돈지간이죠. 전신용 집이 전통적인 가톨릭 집안인가봐요. 김재규 부인이 사돈 부인한테 가서 얘기를 했더니 사돈 부인이 김수환 추기경을 찾아가서 '어떻게 된 건지 모르겠지만 일단은 추기경님이 변론을 맡아줄 사람을 좀 주선을 해주실 수 없겠냐' 부탁을 합니다. 추기경이 이돈명 변호사하고 다른 인권변호사들한테 얘기를 했는데 홍성우 변호사는 처음에 좀 부정적이었다고 해요. 김재규는 중앙정보부장이었고 유신 정권의 2인자인데 이 사건을 맡아야 되나 싶었던 거죠. 결국 최종 결론은 그러나 우리는 법조인이고 변호인이 아니냐, 그 사람들이 굳이 우리한테 맡아달라고 했다면 맡아야 하지 않겠냐는 쪽으로 의견이 모아졌습니다. 그래서 이들이 육군교도소로 김재규 첫 면회를 간 게 11월 29일이에요. 육군교도소라고 하면 굉장히 무서워 보이지만 오히려 거기는 정권과 적대적인 관계에 있는 정치범을 제대로 다뤄본 일이 없어서 접견 과정이 상당히 허술했던가봐요. 거기서 김재규와 얘기를 나누는데 범행동기라든지 준비 과정 같은 걸 김재규가 허심탄회하게 이야기를 다 했답니다. 그 이야기를 들은 변호사들이 이제까지 당신들이 생각했던 것과 전혀 다르니까 감복을 받고 왔죠.

한편 변호사 중에 류택형이라는 사람이 있었어요. 안성 사람인데 율곡문화원도 만들고 강의도 하고, 정치권에도 왔다갔다 하는, 일 욕심이 강한 사람입니다. 그 사람이 11월 30일에 무작정 김재규 면회를 갔어요. 어떻게 숨겼는지 녹음기를 가져가서 김재규와 한 대화를 녹음을 해온 거예요. 그 녹음 대화 내용 처음이 '이봐 김부장, 나 류택형이라는 변호산데, 아마 김부장은 나를 잘 모를 거야. 나는 어떤 사람이고 누구누구도 잘 알아' 하니까 김재규가 '아, 그래요' 이렇게 하는 대담 내용이 나옵니다. 한시간여를 면회한 게 녹음이 다 되었어요.

기적 같은 일이네요.

기적 같은 일이죠. 그 사람도 겁이 나니까 이돈명 변호사가 있는 우리 쪽에 가져와서 김재규 녹음을 들려줬어요. 전날 이돈명 변호사가 접견 가서 들은 것과 대동소이한 내용이었어요. 그 자리에서 저도 변호사들과 같이 들었어요. 그걸 듣는데 이상하게 이건 진실이라는 확신이 드는 거예요. 왜 그런 거 있잖아요. 활자화된 걸 읽는 것보다 목소리의 진실성 같은 것. 류택형 변호사가 '근데 왜 쐈어?' 하고 물으니 '하, 참, 그것도 각하께서 돌아가실 운명이었는가봐요. 내가 권총을 갖고 기회를 노리고 있는데, 내가 내 아버지 같고 형님 같고 나한테 은혜를 베푼 분을 어떻게 쏩니까. 그런데 하필이면 그때 김영삼 얘기가 나왔는데 '미국의 브라운 장관이 오기 전에 (김영삼을) 구속기소하라고 했는데 유혁인이 말려서 취소했더니 역시 좋지 않아. 한미국방장관회의고 뭐고 볼 것 없이 법대로 하는데 뭐가 잘못이란 말이야. 미국 놈은 범법해도 처벌 안 하나' 그러니까 옆에 또 차지철이 '신민당 놈들, 국회의원 그만두고 싶은 놈은 한 놈도 없습니다. 언론을 타고 반정부적인 놈들이 선동해서 그러는 거지. 그 자식들 신민당이고 뭐고 나오면 전차로 싹 깔아뭉개겠어요' 했는데, 그 순간에 먼저 차지철을 향해서 '이 버러지 같은 놈' 하고 쏘고, 그다음에 각하를 쐈어요' 이렇게 얘기를 하더군요. 그때 그 얘기가 안 나왔으면 자기는 못 쐈을 거라는 거죠. 아주 진실함이 느껴졌습니다. 그런 와중에도 김재규가 박정희에 대해 말을 할 때 '각하께서' 하면서 예의범절을 전혀 잃지 않는 거예요. 그 내용을 들으면서 아, 이거는 진실일 수밖에 없다, 이게 진실이 아니라면 어떻게 저렇게 말을 할 수가 있겠나 싶었지요. 김재규의 말에서 어떤 진실을 봤기 때문에 저도 구명운동을 하게 된 거죠.

이제 변호사들하고 변론전략을 짜는데 그때는 자못 위험하죠. 계엄령 상황이기도 하고 이걸 처음부터 잘해야 된다는 생각이 있었어요. 변호인단을 구성했는데, 대법원판사를 거쳤고 제일합동법률사무소 소장 격인 김제형 변호사를 대표변호사로 하고 격식을 갖춰서 재판에 임하자 한 거죠. 1979년 12월 4일에 첫 재판을 했습니다. 재판을 시작하면서 김제형 변호사가 대표발언을 했어요. 이 재판이 앞으로 한국의 민주화는 물론 역사적으로도 중요한 재판이니만큼 재판이 공정하고 정당하게 이루어져야 된다, 그리고 재판 절차에 대해서뿐 아니라 면회와 기록보존 등을 충분히 보장해달라. 아마 10분 안팎 정도 했을 거예요.

그렇게 세번째 공판까지 진행을 하고 12월 11일 네번째 공판에서 어떤 이유인지 모르지만 김재규가 변호인단을 전부 해임했어요. 그때 김재규가 밝힌 해임 이유는 자기가 결행한 10·26혁명의 정당성을 변호인단이 훼손할 우려가 있어서라는 것이었습니다. 이쪽에서는 뜻밖이죠. 그때 박선호 의전과장의 변호인으로 강신옥 변호사가 이미 개별 사선 변호인으로 입회를 하고 있었어요. 그리고 중앙정보부 경비원이었던 이기주와 운전기사인 유성옥의 변호인으로 국선 변호인인 안동일, 신호양이 선임되어 있었습니다. 이 둘은 군법회의 출신으로, 대개 군법회의에서 하는 재판은 안동일이 관여하고 있었어요. 김재규가 변호인단을 해임하니까 재판부에서 강신옥, 안동일, 신호양을 즉석에서 국선 변호인으로 임명했어요.

강신옥, 안동일 변호사는 나름 열심히 변론했고, 나중에 각자 책이나 인터뷰를 통해 김재규의 진실을 알리는 데 힘쓴 것으로 압니다.

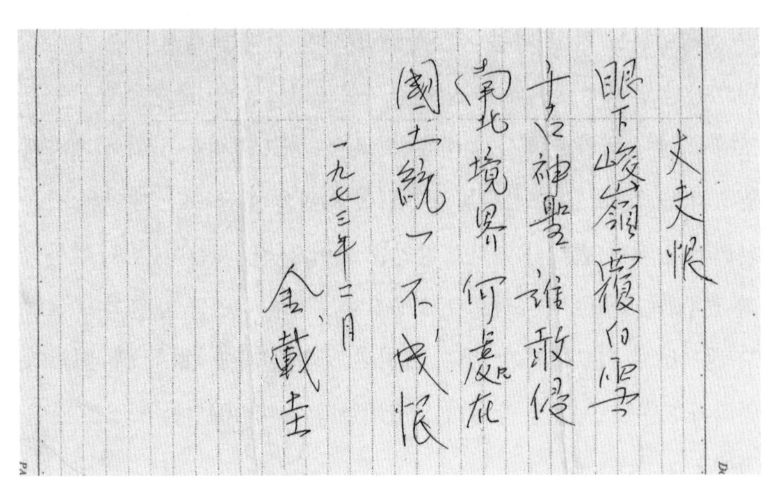
丈夫恨
眼下峻嶺覆白雪
千古神聖誰敢侵
南北境界何處在
國土統一不成恨
一九七三年二月
金載圭

김재규가 강신옥의 노트에 남긴 「장부한」.

강신옥 변호사는 김재규의 국선 변호인이 되고 나서 접견을 다니게 됐는데, 김재규라는 사람한테 반하기 시작했어요. 저는 한동안 강신옥 변호사가 남한산성에 가서 김재규를 면회하고 오면 오후에 강변호사 사무실에 가서 그날 들은 이야기를 전해 듣곤 했어요. 강변호사는 접견을 하면서 그날 있었던 일을 전부 적기도 하고, 중요한 사항을 적어두기도 하고요. 김재규가 '제가 3군단장 시절에 「장부한(丈夫恨)」이라는 시를 썼는데 내 후임자인 정승화가 그 시를 비석으로 세웠습니다' 하면 강신옥이 '외우십니까?' 하니까 김재규가 '외울 수 있죠' 그러면 자기 노트 들이대고 '여기다가 한번 글씨 써보십쇼' 그렇게 해서 강신옥의 노트에 김재규의 글씨가 더러 남기도 했어요. 김재규가 구미 선산 사람인데 좀 서툴기는 하겠지만 한문을 배워서 한시도 쓰고 그랬나봐요. 「장부한」은 3군단장 시절에 눈이 많이 내린 날 일선시찰을 하고서 쓴 시라는데, 읽어보면 남이(南怡) 장군 시 같아요.

眼下峻嶺覆白雪 눈 아래 준령이 흰 눈에 덮히니
千古神聖誰敢侵 천고의 신성함을 그 누가 감히 범하리
南北境界何處在 남북의 경계가 어디에 있는고
國土統一不成恨 국토의 통일을 이루지 못함이 한이노라

변호인은 다른 사람은 모르는 그 사람의 진실을 처음 접하잖아요. 그러니까 스파크가 일어나죠. 변호인 역할을 아주 열정적으로 열심히 끌어간 게 강신옥 변호사고, 이돈명, 홍성우 변호사 등은 1심에서는 배제돼버린 거죠.

네. 배제됐다가 2심부터 다시 시작을 합니다. 제 생각에는 그때 김재규가 잠깐 보안사 쪽 전두환 군부의 꼬임이나 협박에 넘어간 게 아닌가 싶어요. 너 그냥 잘하면 최소한 목숨도 구할 수 있는데 저런 인권변호사라는 사람들이 변호를 하면 도저히 그렇게 안 된다, 아마 이런 말에 현혹됐던 게 아닌가 짐작도 해봅니다.

1979년 크리스찬아카데미 사건에서 박철언 검사가 신인령 선생에게 인권변호사들을 해임하면 뜻대로 해주겠다고 회유했던 경우가 있어요. 다른 변호사는 몰라도 인권변호사들은 이제까지의 경험과 연륜이 있어 공안 당국의 뜻대로 되지 않으니까요. 또 피고인 중에는 이럴 때 '내가 떳떳하면 당당하게 이야기하면 되지 변호인이 무슨 필요가 있어' 하는 생각이 드는 경우도 있어 그렇게 슬그머니 충동질하기도 했던 것 같습니다. 법정이라는 무대는 항상 변호인의 조력을 받아야만 자기가 하고픈 이야기를 제대로 할 수 있는데 김재규도 이런 객기가 발동했다가 1심 판결이 나오니 다시 이돈명 변호사 등을 받아들였던 것 아닌가 싶어요.

제가 보기로는 그때 보안사 쪽에서 상당히 집요하게 협박이나 회유를 하지 않았나 싶어요. 인권변호사들을 앞세우면 너의 행동이 야당의 정치투쟁에 이용될 뿐이다. 그런 말에 현혹되었을 거라는 게 제 판단입니다. 그러니 김재규도 바로 판단을 했겠지요. 12월 4일에 첫 공판을 시작해서 18일에 결심을 하거든요. 재판을 거의 매일 하다시피하고 매번 꽤 늦게까지 진행이 됐어요. 그런데도 자기한테 진술 기회 같은 게 거의 주어지지도 않고, 그러니까 변호인들의 필요성을 상당히 느꼈을 겁니다. 그래서 항소심에서는 인권변호사들을 다시 부른 게 아닌가 싶어요.

박정희 대통령 암살과는 별개로, 김재규 내면에 민주주의에 대한 신봉이 있었을까요? 중앙정보부장으로 오래 있었고, 그 과정에서 중정이 민주화운동을 대대적으로 탄압했으니, 사건 이후의 근사한 말들은 자기정당화를 위한 포장 아니냐는 의구심을 말하는 사람들도 적지 않은데요.

우선 김재규가 사건 이전에 쓴 글씨나 휘호들이 있습니다. 김재규 부인이 외국의 정보기관 수장 부인들하고 왕래를 하는데 본인도 특기 같은 게 있어야 하지 않나 싶어 붓글씨 공부를 한 모양이에요. 김재규는 간이 안 좋아서 술을 거의 안 했다고 합니다. 중앙정보부에서 대충

김재규가 1979년 10·26 전에 쓴 붓글씨. '민주·민권·자유·평등'(왼쪽)과 '대의를 위하여'(오른쪽) 등 민주화 거사를 암시하는 글씨를 남겼다.

9시 전후해서 퇴근을 했는데 집 2층 부인이 쓰는 서재에 가보면 책상 위에 담요가 깔려 있고 붓글씨 연습하던 먹이 갈려 있었답니다. 김재규도 붓글씨를 좀 썼나봐요. 1979년에 쓴 것들이 '민주, 민권, 자유, 평등' '자유민주주의' '비리법권천(非理法權天)' 이런 겁니다. 나중에 재판할 때 가족들을 통해서 증거로 가져와서 원본은 법원에 냈을 거고 일부는 황인철 변호사가 가지고 있었습니다. 그 글씨를 저도 사진으로 가지고 있고 강신옥 변호사도 사진으로 가지고 있습니다.

이런 여러가지를 종합해보면 김재규가 엉성하기는 하지만, 그러니까 혁명계획을 제대로 세우고 체계적으로 하지는 못했지만 적어도 민주주의를 위해서 박정희 하나는 내가 처리하겠다는 진심은 확실하지 않았나 하는 게 제 생각입니다. 김영삼이 『뉴욕타임스』에서 인터뷰한 게 빌미가 돼서 의원직에서 제명되잖아요. 이런 엄혹한 상황에서 김영삼 혼자 버티고 있으니까 김재규가 보기에는 안타까웠던 것 같아요. 그래서 김영삼과 만나기도 합니다. 장충단 근방에서 김영삼을 태워 와 공관에서 만났어요. 그때 김재규가 오히려 김영삼한테 사정을 했다고 해요. 『뉴욕타임스』 인터뷰에서 당신이 한 말, 그러니까 미국이 한국의 독재정권을 인정하면 안 된다고 한 발언은 와전된 거라고만 해주면 나머지는 자기가 알아서 할 테니까 그렇게만 해달라고 사정을 했어요. 하지만 김영삼이 말을 안 들었던 거죠. 김재규는 김영삼을 살리려고 그런 건데 김영삼은 아무것도 모르고 뻗대기만 하니 김재규 입장에서 아주 죽을 맛이었을 거예요. 그런 얘기들이 법정에서도 나왔고 변호사 접견장에서도 나오고 했습니다. 제가 그때 이야기를 YS(김영삼) 한테 물어봤는데 그런 일이 있었지만 김재규가 자기를 위해서 애썼다든지 그래서 감사하다든지 이런 생각은 전혀 없더라고요.

제가 YS여도 그런 생각은 전혀 없겠어요. 중앙정보부에 들어간 자체가 긴장되는 일이고, 거기서 당신 뜻을 꺾으라고 하니까 좋게 볼 수가 없었겠는데요. 야당 정치인은 의지를 꺾는 순간 무엇보다 소중한 정치적 명분이 죽는 거잖아요.

그렇죠. 하지만 김재규는 김재규대로 김영삼을 살리기 위해서 한 거라는 거죠. 당시 김영삼 제명에 반발해서 신민당 소속 의원들이 전원 사퇴서를 제출했고, 중앙정보부에서는 정운갑 대행체제를 출범시키려고 했단 말이에요. 그러니까 공화당 쪽에서 그 사표를 선별수리하겠다고 나옵니다. 정권은 정운갑 편에 서지 않고 김영삼 편에 선 강경파 국회의원들의 비위를 조목조목 수집해서 전부 구속시키기로 했고, 만찬 자리에서 박정희가 김재규에게 진행 상황을 물었다고 합니다. 박정희가 김영삼 얘길 하면서 '재깍재깍 잡아넣어버려야지 그까짓 놈에 뜸 들이고 그러냐' 하니까 김재규가 '김영삼은 사실상 의원직 제명으로 처벌을 받은 거 아니냐, 어떻게 이중, 삼중으로 처벌을 할 수 있느냐'고 대들기도 합니다. 김재규 딴에는 김영삼을 변호하려고 나름대로는 애를 많이 쓴 것 같아요.

10월 17일에 부마민주항쟁이 터졌습니다. 18일 새벽 0시를 기해서 부산에 비상계엄이 선포됐지요. 그래서 18일 새벽에 김재규가 부산에 내려가서 현장을 직접 봤어요. 160명을 연행했는데 학생은 16명뿐이고 나머지는 전부 구두닦이부터 시작해서 사무직에 상인까지 일반 시민들인 걸 확인하고는 김재규는 그게 민란 수준이라고 판단했습니다. 학생들이 일으킨 단순 데모가 아니라 여러가지가 복합적으로 얽혀서 일어나고 있는 일종의 민란이다, 그리고 중앙정보부 내부보고를 보니 이와 같은 소요사태가 전국 5대 도시로 확대되어 나타날 것이라는 판단이 이미 나와 있었던가봐요. 부산에 다녀와서 박정희한테 그렇게 보고했습니다. 그런데 박정희는 '만약 그런 소요사태가 서울에서 나면 내가 직접 발포명령을 내리겠다. 이승만은 4·19 당시 곽영주나 최인규 같은 사람을 통해서 발포명령을 내렸으니 뒷날 그들이 처형됐지만 대통령인 내가 발포명령을 내리는데 누가 나를 어떻게 하겠냐'고 큰소리를 쳤습니다. 거기다 옆에 있던 차지철이 '캄보디아에서는 300만명을 쏴죽이고도 까딱없었다, 우리나라에서 100만명, 200만명 처치하는 게 무슨 문제냐, 이 차지철이 탱크로 다 깔아뭉개버리겠다'는 발언을 했지요. 그 말을 들은 김재규는 절망적인 상태였다는 거죠.

10·26 즈음해서 김재규가 친척 두 사람을 공관으로 불러서 저녁식사를 하면서 자기가 쓴 붓글씨를 보여줬다고 해요. 그리고 10월 24일에는 부인과 딸한테 대의를 따르는 게 옳으냐, 소의를 따르는 게 옳으냐 하는 추상적인 질문을 해서 가족들이 상당히 의아해했다고도 합니다. 그리고 10월 25일에는 사육신으로 대우받는 자기 18대 선조 김문기의 산소에 가서 성묘를 하고 와요.

그 정황들은 다 강신옥 변호사를 통해서 나오는 겁니까?

일부는 법정에서 나온 것도 있고, 대개 강변호사가 전해준 이야기들이 많습니다. 강변호사는 시간만 나면 김재규를 만나러 갔거든요.

이런 내용들을 선생님께서 일본이나 미국으로 보냈다고 하셨잖아요. 강변호사로부터 들은 이야기를 선생님 나름으로 정리해서 보내셨나요?

저는 재판 과정의 진술이나 변호사 접견을 통해서 확인한 얘기를 정리해서 한편으로는 윤보선 선생이나 김수환 추기경 등에게도 전하고, 다른 한편으로는 인편을 통해 일본의 가톨릭정의와평화협의회에 보냈습니다. 류택형 변호사의 접견녹음도 이 채널을 통해 나갔습니다. 그러면 일본의 정평협에서 미국이나 독일 등 그쪽의 연락망으로도 나갑니다. 이런 일련의 작업이 국내에서는 김재규 구명운동을 위한 자료로 활용되었고 해외에서도 김재규 구명운동이 일어났습니다.

79고군형항제550호

抗訴理由補充書

被告人 金載圭

被告人은 被告人의 弁護人들이 1980. 1. 4. 字로 提出한 바 있는 抗訴理由書에 대하여 다음과 같이 補充합니다.

다 음

一. 本人이 決行한 이번 10.26 擧事는 自由民主主義의 回復을 위한 革命이었읍니다.

5.16과 10月維新을 거쳐 完全하게 抹殺시켜놓은 自由民主主義를 回復시켜 놓기 위한 革命이었읍니다.

自由民主主義는 우리나라의 建國理念이며 國是입니다.

따라서 自由民主主義를 지키고 保全하는 일은 이 땅에 생을 누리고 있는 모든 國民의 第一次的이고 가장 중요한 義務에 屬합니다. 國是인 自由民主主義가 完全히 抹殺되었을 때 그 原制나 抹殺의 原因을 除去하고 自由民主主義를 回復시키는 일 또한 우리 國民이 갖는 莫重한 責務요 그 固有한 天賦의 權利라고 하지

김재규의 항소이유보충서.

물론 다른 변호사들도 김재규 면회를 자주 갔어요. 김재규를 만나는 게 의미 있다고 봤던지, 홍성우, 황인철, 이돈명 변호사가 시간만 나면 자주 갔는데 박정희를 죽인 사람이라고 해서 꺼림칙해하는 건 전혀 없었던 거 같아요. 제가 보기에는 김재규가 여러 변호사들 중에서 황변호사를 상당히 신뢰하지 않았나 하는 생각이 들어요.

김재규의 항소이유보충서 원본을 보면 타자로 친 게 아닙니다. 김재규가 황변호사를 불러서 '내 얘기를 잘 들으시오. 그리고 그 내용을 항소이유보충서로 써주시오'라고 하면서 불러준 걸 황변호사가 전부 메모해 와서 직접 먹지를 대고 육필로 쓴 다음 다시 육군교도소에 가서 김재규한테 무인을 받아다가 제출한 거예요. 그게 원본입니다. 항소이유보충서에는 10·26 거사의 몇가지 목표와 의의에 대해서 쓰고, 제일 마지막 부분에 박근혜와 최태민의 구국여성봉사단에 대한 이야기가 나옵니다.

아, 여기 나오네요. 25페이지에. "구국여성봉사단과 관련한 큰 영애의 문제." "직접 친국까지 시행하였고 그 결과 최태민의 부정행위를 정확하게 파악하였으면서도 근혜양을 그 단체에서 손떼게 하기는커녕 오히려 근혜양을 총재로 하여, 최태민을 명예총재로 올려놓은 일이 있었습니다." 그다음에 "지만군의 문제"가 나오고 결론 부분에 "이 문제에 대한 박대통령의 태도에서 본인은 그의 강한 이기심과 집권욕을 읽을 수 있었습니다. 비록 자녀들의 문제이지만 이런 일들이 있다는 것 자체가 국민을 우매하게 보기 때문에 일어나는 것임은 물론입니다. 따라서 이 문제를 이런 기회에서나마 밝혀두지 않을 수 없는 것입니다"라고 되어 있습니다. 이때 최태민이라는 사람과 최태민과 박근혜의 관계가 처음 드러났죠. 그리고 현재까지 영향을 미치고 있잖아요.

그렇습니다. 저도 여러번 글을 썼어요. 박근혜가 2012년에 대통령 선거에 출마했을 때 제가 조선일보와 인터뷰를 했거든요. 제가 이 내용을 인용하면서 박근혜는 안 된다는 얘기를 강하게 했습니다. 박근혜가 당시에 종교적인 비의랄까, 아무튼 최태민한테 빠져 있었던 게 아닌가 싶어요. 최태민은 굉장히 음습한 사람이라고 할까요. 전여옥이 박근혜가 한나라당 대표할 때 대변인을 했잖아요. 그 사람이 한 인터뷰에서 '자기는 박근혜가 정정당당하게 자기 의견을 얘기하는 걸 거의 본 적이 없다. 그리고 집에 책들이 꽂혀 있는 모습이 서재라고 부르기도 좀 그랬다. 무슨 일인지 모르겠지만 항상 그 집은 음습한 분위기였다'라고 밝히기도 했어요. 박근혜의 이런 일련의 비정상적인 의식과 생활행태는 사실 대선후보 경선 국면에서 어느 정도 공개가 됐어야 하는 건데.

1980년경에는 더했겠죠. 부모가 다 총에 맞아 죽고 그간에 아부하던 사람들은 다 등을 돌리는 상태에서 최태민과 그의 가족만 박근혜를 챙긴 것 아닙니까.

그렇지요. 재판에서도 박정희의 사생활 이야기를 하려던 박선호의 입을 막았던 게 김재규입니다. 그런데도 항소이유보충서에서 이 사건을 꼭 언급해야만 했던 의미를 가볍게 생각해서는 안 되겠지요. 김재규의 어머니는 평생 아들을 자랑스럽게 여겼고 김재규도 어머니한테 굉장히 각별했던 것 같아요. 강신옥 변호사가 들은 이야기 중에 이런 것도 있습니다. 1978년에 교도소에서 복역 중이던 김대중이 무릎이 아파 서울대병원으로 옮긴 일이 있어요. 김재규가 대통령한테 건의를 해서 성사된 거라고 합니다. 그 일이 있었던 날 김재규가 어머니한테 "정치적인 이유로 고통 받는 사람을 오늘 제가 병원으로 옮겼습니다. 기뻐해주십시오"라고 했다고 합니다.

김재규 구명운동을 위한 책자는 언제쯤 제작하신 겁니까?

1980년 3월에서 4월 사이에 했을 거예요. 그때는 항소심까지 끝났고, 대법원의 상고심 판결을 기다리고 있는 상태였죠. 대법원 심리도 굉장히 빨리 진행되어서 같은 해 5월 20일에 상고심 판결이 나오고 24일에 사형이 집행됐거든요.

그때 군부 일각에서는 대법원이 재판을 자기들 생각만큼 빨리하지 않으니까 '탱크로 대법원을 밀어버립시다' 같은 발언도 나왔던 걸로 알고 있습니다.

신현확 국무총리와 전두환 보안사령관이 각각 기자회견을 했는데 신현확은 김재규 재판이 끝나야 계엄령을 해제할 수 있다는 얘기를 했고, 전두환은 김재규가 상고심에 가도 법률심이기 때문에 형량의 변경은 없다고 발언했지요. 덧붙여서 김재규 구명운동은 도저히 있을 수 없는 일이고 이 패륜아를 영웅시하는 일은 있어서는 안 된다고도 했어요.

1980년 3, 4월은 '서울의 봄', 말하자면 정치와 시민의 계절이었고, 한편으로는 전두환이 중앙정보부까지 장악하게 되는 국면이었는데, 그때 구명운동 책자가 나온 것이군요. 편집은 선생님이 다 하신 겁니까?

그렇습니다. 원고 모으고 윤보선의 성명서나 사제단의 성명서 등 대부분을 아마 제가 썼지 싶어요. 이때는 '민주주의와 민족통일을 위한 국민연합'에서 윤보선, 함석헌, 김대중 세분이 공동의장을 맡고 있었는데, 윤보선만 활동을 하고 있었고 다른 분들은 활동을 못하는 상태였어요. 원고는 제가 다 정리했고 김한림 선생을 통해서 인쇄할 곳을 찾았지요. 저는 그때까지 세진인쇄소 강은기 사장을 전혀 몰랐어요. 세진인쇄소에서 동아투위 관련 자료라든지 YH무역 여성노동자 투쟁기, 5·18민주화운동 관련 화보집, 청계피복노조 합법화 투쟁 등 상당히 많은 자료들을 인쇄해줬다고 합니다. 그러나 저는 직접 접촉해본 적이 없어서 몰랐는데 김한림 선생은 아마 상당히 자주 접촉을 했던 것 같아요.

3천부 정도 찍었는데 인쇄를 하면 여분 책들이 나오기도 하고 인쇄소 본인들도 필요한 곳이 있을 것 같으니 몇부 더 찍었던 모양인데, 우리가 3천부를 가져온 뒤에 경찰들이 들이닥쳐서 나머지는 다 압수가 되었습니다. 우리가 가져온 3천부는 전국 사제단 신부들에게 나눠주고, 미국에도 보내고, 필요하다고 생각한 각계에 발송을 했지요. 언론이 완전히 통제된 상태에서 김재규가 누구인지를 알리는 게 구명운동의 목표였으니까 많이 퍼질 수 있게 최선을 다했죠.

군부나 정보기관 쪽의 반응이 바로 왔습니까?

바로 압수수색이 들어왔고 강은기는 그 길로 구속돼서 계엄법 위반으로 3년형을 받았다고 합니다. 강은기는 2002년에 작고했는데 민주사회장으로 마석 모란공원 민주열사 묘역에 있다고 해요. 돌아가시고 나서까지도 그분을 몰랐다가 민주화운동기념사업회에서 펴낸 책자를 보다가 알게 됐어요. 그런 사람이 있었다는 것도 모른 채 이미 죽었다는 소식을 들어서 아주 안타까웠죠. 한번 만나지도 못하고 돌아가셨으니까. 제가 죽인 게 아닌가 싶은 생각도 들고요.

강은기 선생 나름대로의 역사적 소명을 가지고 결단을 한 것으로 봐야겠지요. 이런 운명을 피할 수도 있었잖아요. 그런 결단을 할 만한 사람을 김한림 선생이 소개한 거 아닐까 싶습니다. 아무 데나 맡길 수는 없으니까요.

네, 그렇죠. 그리고 이 책자를 찍는 비용은 사제단이 냈습니다. 함세웅 신부의 『이 땅에 정의를』(창비 2018)에서 빠뜨린 내용 중 하나예요. 함신부는 잊으신 것 같더라고요. 원고 수집이나 편집은 제가 했지만 비용은 사제단이 냈어요.

그러고 보면 사제단은 알려진 것 외에도 보이지 않게 한 일들이 많네요.

많이 했습니다. 그분들이 아니면 제가 도저히 그런 일들을 할 수 없었겠지요.

김한림 선생이 관여한 것은 어떻게 드러난 겁니까?

강은기가 잡혀 취조를 당하면서 누가 원고를 가져왔냐고 물으니까 김한림 이름을 안 댈 수가 없었겠죠. 그래서 김한림 선생도 바로 수배가 됩니다. 1980년 4월쯤이었을 겁니다. 그때부터 1년 동안 숨어 다녀야 했죠. 김한림 선생도 그때 잡혔으면 3년형은 받았을 겁니다. 김한림 선생이 수배됐을 때 제가 그분이 계실 만한 곳을 몇군데 알선했습니다. 도망자를 알선할 때 몇가지 원칙이 있어요. 그중에 첫번째가 공무원 집은 가지 않는다입니다. 공무원 집에 있다가 잡히면 그 공무원이 해직될 수도 있고, 그것 때문에 집안이 풍비박산할 우려도 있거든요. 또 포상금이 있으니까 신고할 수도 있고요.

그럴 때 선생님은 불안하지 않으셨습니까? 김한림 선생이 잡히면 며칠 뒤에는 선생님 이름이 나올 거였잖아요. 그 사람들이 안 나올 수 없게 만들죠. 그러면 선생님도 굉장히 위험한 상황이 되는 건데. 강은기가 체포된 그 위험한 상황에서도 계속 자택에 계셨나요?

항상 불안하죠. 그래도 집에 들어갔어요. 강은기는 저를 본 일이 없으니까 김한림 선생이 잡히지 않으면 제 안전은 당장 걱정할 일이 아니었죠. 사실은 전부 다 저를 도와준 셈이에요. 사제단 분들이 저를 온몸 다 바쳐서 막아줬고 또 김한림 선생이나 김지하 어머니도 제 이름 나올까봐 필사적으로 막아줬어요.

선생님을 엄호하기 위한 노력들이 어마어마하게 진행된 거네요.

제가 운이 좋았죠. 위험한 순간이야 수도 없이 있었습니다.

김한림 선생은 끝까지 안 잡혔나요?

수배되었을 때는 안 잡혔지요. 상당한 시간이 흐른 후 자진출두 형식으로 자수했어요. 그때 구상진 검사가 담당이었는데, 그 검사가 조사한 뒤 김한림 선생이 자유의 몸이 됐죠. 김한림 선생이 구상진 검사한테 조사받고 와서 아주 훌륭한 검사 같다고 하더라고요. 대한민국에 이런 검사도 있구나 싶어 저도 놀랐습니다. 김한림 선생을 대할 때 검사가 비난은커녕 굉장히 우호적이고 대단한 일을 했다는 식으로 대접했다고 해요. 그러고는 얼마 뒤에 검사를 그만뒀다는 이야기를 들었습니다.

맞습니다. 1981년에 연세대생 내란음모사건을 구상진이 맡았는데 학생들에 대해 불기소 의견을 내니 안기부에서 난리를 피운 일이 있습니다. 안기부가 내란죄로 기소하라고 요구하니까 결국 사표를 냈어요. 당시는 검사로서의 소신과 용기를 가진 사람이었는데 언젠가부터는 국가보안법 존치론, 호주제 찬성 같은 아주 우파적인 입장의 법조인으로 바뀌었고, 2017년 박근혜 대통령 탄핵심판의 대통령 대리인단에 합류하기도 했지요.

그렇군요. 당시에 김한림 선생이 인사하러 갔더니 사표 냈다고 하더랍니다. 김재규의 이야기를 더 해보자면, 김재규는 면회를 통해서 인간적인 면모를 보여주기도 했지만 법정에서도 아주 당당했습니다. 10·26의 동기나 자신의 생각을 1심부터 마지막 재판까지 일관되게 진술했습니다. 예컨대 "부득이 각하를 제가 희생시켰지만, 각하의 무덤 위에 올라설 정도로 제 도덕관이 타락하지는 않았습니다" "만약 이 거사가 제대로 성공했다면 5~6개월 안에 이 사태를 정리를 하고, 5·16 때부터 있어온 이 찌꺼기들을 다 정리를 하고, 그 이후에는 3년 동안 박정희 대통령 묘소에 가서 움막을 짓고 내가 저지른 잘못에 대해 사죄하면서 시묘를 살려고 했다"는 발언도 해요. 또 12월 18일 1심 최후진술에서도 "혁명의 결행은 성공했습니다만, 혁명과업은 손대지도 못한 채 50여일이 흘렀습니다. (…) 최대통령에게 지금도 말씀드리고 싶습니다. 감상에 사로잡혀 있지 말고 정치는 냉혹한 것이니 제가 아무리 밉더라도 밉다고 생각지 말고 저를 끌어내어 저와 같이 혁명과업을 수행합시다." 이런 말도 아주 당당하게 해요. 김재규 진술을 보면 박정희 정권 안에도 이런 얘기를 할 수 있는 사람이 있었구나 생각하게 됩니다.

흔히 중앙정보부장이라고 하면 악의 화신, 술수의 화신처럼 생각되곤 하는데, 역시 우리가 사는 도처에 인간이 있는 거군요.

또 하나 김재규가 재판정에서 이런 예언을 해요. "저는 오히려 빨리 민주회복을 안 하고 시간을 끌다가는, 내년 3, 4월이면 틀림없이 민주회복운동이 크게 일어나서 큰 문제가 될 것으로 봅니다." 그게 꼭 광주민주화운동을 예언한 거라고 볼 수는 없겠지만 어쨌든 정보부에서 정보활동을 한 경험과 경륜이 그런 걸 예감케 하지 않았나 싶어요. 김재규는 이 점을 여러번 강조했습니다. 틀림없이 엄청난 피의 투쟁이 벌어진다. 제가 보기에는 그 말이 그냥 단순히 나온 건 아닌 것 같아요.

이 이야기들에서 선생님의 독특한 면이 느껴지는데요. 민주 대 독재 구도로 놓고 보면 중앙정보부장 김재규, 교도관 전병용 같은 사람들은 직함으로만 볼 때 독재 부역자들로 치부하고 제쳐버릴 수도 있는데, 그들 내면의 무언가를 포착하고 활용해서 진실의 쪽으로 끌고 나가는 묘한 힘을 김선생님은 가지고 계신 것 같습니다. 선생님께서 가지신 인간에 대한 이해가 궁금합니다. 사람을 볼 때 어떤 철학을 가지고 계신가요?

모든 인간에게는 그런 게 있겠죠. 사람은 누구나 태어날 때부터 사단칠정이라든가 진선미에 대한 원초적 감성을 가지고 있다고 저는 믿습니다. 사람들과의 만남과 교류를 통해서, 이 사람이 그런 아름다운 마음과 감수성을 가지고 있다는 것을 확인하게 되고 그걸 바탕으로 친해지게 되지요. 저는 이런 과정을 통해서 상대의 진실을 발견해내고 그 점을 좋아하는 거지, 무슨 철학을 가지고 사람들을 만나는 건 아니죠. 그리고 저는 그때 김재규를 살릴 수 있다면 그만큼 빨리 우리의 민주화도 이루어질 수 있다고 확신했습니다.

민주화 이후에 김재규의 역할, 혹은 김재규 구명운동의 역할을 이해하려는 노력들도 많이 등장합니다. 김재규 10주기 즈음 평화신문에서 많은 자료를 확보해서 김재규의 진실을 알리려는 노력을 계속했습니다. 민주화 이후에도 꾸준히 이어졌고 2000년에는 '10·26 재평가와 김재규 장군 명예회복추진위원회'도 결성이 됐죠. 강신옥 변호사와 함세웅 신부가 김재규 재평가에 가장 열심인 것 같아요.

저는 그런 일에는 별로 참여를 못했어요. 김재규 거사를 온당하게 평가해야 한다는 사회적 움직임이 사제단과 변호인단, 강신옥 변호사 쪽 중심으로 지금까지 이어져오고 있죠. 김승훈 신부가 살아있을 때는 앞장서서 했고 돌아가신 뒤에는 함세웅 신부가 전면에서 활동했습니다. 지금은 강신옥, 김상근, 안동일, 청화, 함세웅 이렇게 공동대표를 맡고 있는데 이분들은 나이가 많아 앞으로도 계속 이어갈 사람들이 있어야겠지요.

신부의 역할, 변호사의 역할, 선생님의 역할은 정치인의 역할과 좀 다르잖아요. 정치인은 항상 대중의 표와 지지를 얻어야 되니까 아직 대중들에게 다가가지 못한 사안을 적극적으로 떠맡고 나서는 경우가 별로 없는 것 같아요. 신부나 변호사, 선생님 같은 경우는 무엇이 진짜 정의로운가, 무엇이 가장 진실인가를 판단하고 그것이 진실이고 정의로운 길이라면 밀고 나가죠. 제가 보기에 신부는 그럴 수 있고 변호사는 원래 그런 역할을 해야 하는 것 같은데, 선생님의 역할은 어떻게 생각하면 될까요?

우연히 보게 되었고 끼어들게 된 거죠.

우연히 끼어든 것 치고는 너무 주역을 맡으셨지 않습니까. 선생님께선 자신의 직업을 어떻게 정의하시나요?

박형규 목사는 '하나님의 발길에 차여서'라는 표현을 썼던데 그분은 기독교인이니까 그렇고, 저는 '역사의 수레바퀴'가 날 끌어들인 게 아닌가 하는 생각이 들어요. 제가 시작할 때 고3 때 참여했던 3·8민주의거에서 정의감을 처음 느꼈다고 했잖아요. 나는 사람이라면 누구에게나 이런 감정이 있다고 생각합니다. 사단(四端)이라고 해서 측은지심(惻隱之心), 수오지심(羞惡之心), 사양지심(辭讓之心), 시비지심(是非之心)이라는 본성이 있잖아요. 그게 있기 때문에 아마 이 사회가 그래도 굴러갈 수 있지 않나 싶습니다.

네. 그런 것들이 누구에게나 있다고 해도, 선생님께는 역사의 흐름 속에서 그런 역할을 하도록 많이 위치 지어졌고, 그 역할을 하다보니까 또 신뢰 속에서 그런 일들이 계속 들어오게 되었던 것이겠지요. 선생님의 주위에는 김한림, 강은기, 전병용 이런 분들이 결합되어 남이 알아주건 말건 상관없이 해야 될 일을 해나간단 말이에요. 이런 의인 공동체 그룹들이 끊임없이 만들어지고 그분들을 통해 역사가 만들어집니다.

김재규 얘기로 돌아가면, 평화신문에서 김재규 특집을 할 때 제공하셨던 자료 같은 것들은 어떻게 보관하십니까? 김재규가 쓴 휘호라든지요.

당시에 강신옥 변호사한테 양해를 구해서 강변호사의 노트를 전부 복사해가지고 갖고 있었습니다. 김재규가 쓴 붓글씨도 법원에 제출하기 전에 전부 사진으로 찍어뒀고요. 항소이유서는 강신옥 변호사가 썼는데 타자로 친 거고, 상고이유서는 이돈명 변호사가 대표 집필을 했는데 그것도 타자로 쳤습니다. 유일하게 육필로 돼 있는 게 황인철 변호사가 쓴 항소이유보충서여서 기억이 나는 거죠. 그때 솔직히 말하면 강신옥 변호사뿐 아니라 나도 김재규한테 매료돼 있었어요. 김재규가 인간적으로도 상당히 성숙했다고 느꼈습니다. 재판정에서 보면 죽음과 관련해서도 그런 얘길 하잖아요. "저는 저 스스로의 생명을 구걸하기 위해 최후진술을 하는 것은 결코 아닙니다. 오히려 대장부로 태어나서 제가 죽을 수 있는 명분을 찾은 것으로 죽음의 복을 잘 타고난 사람이라고 생각합니다. 다시 말해서 저는 오늘 죽어서도 영생할 수 있다는 자부가 있기 때문에 조금도 생명을 구걸할 필요가 없습니다." 이런 말은 인격적으로 상당한 수준이 아니면 할 수 없지 않나 합니다.

김재규의 대법원 판결에 굉장히 놀라운 내용이 들어 있습니다. 당시는 대법관이 아니라 대법원판사라고 불렀는데, 14명의 대법원판사 중에서 소수의견을 낸 법관이 무려 6명입니다. 그 소수의견에는 '유신체제가 그대로 유지된다면 김재규 행위는 내란이라고 볼 수도 있는데, 지금 민주주의를 회복하겠다는 국민적 합의가 돼 있다. 그렇다면 변화된 상황에서는 김재규를 그냥 살인죄로 처벌하면 몰라도 내란죄를 씌울 수는 없다' 같은 논리도 보이고, 저항권에 대한 변호인들의 주장이 일부 반영되기도 했습니다. 검찰과 하급법원이 저항권 논리를 거부하자 3·1운동, 4·19혁명이 다 저항권의 행사고, 그래서 저항권이 소수의견이라고 주장하면 몰라도 근거가 없다는 말은 도저히 받아들일 수 없다고 지적하지요. 대법원 판결에 그런 점이 반영돼서 저항권을 헌법적 권리로 해석하는 소수의견이 있었습니다. 당시 기준으로 보면 소수의견의 분량도 이례적일 정도로 많습니다. 그때 소수의견을 낸 대법원판사가 민문기, 양병호, 임항준, 김윤행, 정태원, 서윤홍 이렇게 6명이었지요. 계엄령하에서 소수의견을 쓰는 건 불이익에 대해 상당한 각오가 돼 있지 않으면 안 되거든요. 판사직을 걸지 않으면 쓸 수 없는 의견이었어요. 당시는 객관적으로 볼 때 전두환이 군부정권을 연장하는 것으로 여겨지는 시점이었거든요. 대법원판사 여러명이 자신의 직을 걸고, 또 일신의 위험을 무릅쓰고 소수의견을 냈다는 것은 대단한 거죠. 게다가 김재규는 이미 많은 사람들을 죽였으니까 굳이 김재규 사건에서 소수의견을 내지 않아도 되는데도 소수의견을 내서 모두 곤욕을 치르고 대법원판사에서 잘렸죠. 다수의견을 썼던 사람은 유태흥인데요, 유태흥은 전두환 정권에서 대법원장까지 했어요. 선생님 이야기를 듣고 보니까 김재규 자체가 주는 무시할 수 없는 무게와 힘이 있었던 것 같네요.

김재규 사건 관련해서 지금까지 제일 완벽한 책은 안동일 변호사가 낸 『10·26은 아직도 살아있다』(랜덤하우스코리아 2005; 개정판 『나는 김재규의 변호인이었다』, 김영사 2017)일 겁니다. 적어도 재판정에서 김재규의 육성으로 김재규의 얘기를 들은 사람이라면 김재규에 대해서 한번쯤은 자기들이 생각하고 있는 것과 다른 사람이라는 느낌을 확실히 가졌을 거라고 생각해요.

하지만 김재규의 육성을 듣거나 김재규의 진술을 글로라도 접할 수 있는 사람들은 극소수였지요. 계엄령이 내려진데다 신군부의 철권하에 있었고, 언론은 완전히 통제되어 있었으니까요. 변호인, 사제단, 김정남 선생님 같은 극소수만 그 진실을 온전히 느낄 수 있었고 그 진실의 전파를 불가능하게 만드는 시대 상황 때문에 그것이 전반적으로 퍼져서 민주화의 동력이 될 수가 없었던 것이군요.

네. 재판 자체도 군법회의 재판이니까 재판 중에 수시로 쪽지가 전달이 되었다고 해요. 소문이 자자했죠. 그런 걸 '쪽지 재판'이라고 하는데 김재규가 무슨 얘기를 하려고 하면 쪽지가 날아와서 심판관들이 그 쪽지에 따라서 발언을 제지하는 일이 비일비재했다고 합니다.

김재규가 말한 역사의 심판은 계속 논쟁, 논란이 진행되겠죠. 역사적 사실이 과연 무엇이었냐에 대해서는. 사실로만 보면 김재규가 박정희 대통령과 경호원들을 돌연히 제거한 사건이니까 그것을 해석하고 수용하고 체화하는 데 사람마다 시간 차이가 많이 있을 수밖에 없습니다.

그렇죠. 그리고 김재규가 부하들에 대한 사랑이 대단해요. 이 사람이 여러번에 걸쳐서 얘기를 하는데, 나의 부하들은 착하고 순한 양 같은 사람들이라고 말을 합니다. 박선호 의전과장, 박흥주 수행비서 둘을 제외한 다른 부하들은 김재규가 그렇게 잘 안다고 할 수가 없어요. 나머지는 그 밑에 심부름 하거나 운전기사를 했기 때문에 직접적으로 부딪힐 일이 많지 않죠. 부하들의 최후진술을 보면 박흥주는 '평소에 우리 부장의 언행으로 봐서 그분의 인격을 믿고 있으며 존경하고 있다, 그분이 하라는 대로 따르지 않을 수 없었다'고 합니다. 박선호 역시 '나는 다시 하라고 해도 이렇게 할 수밖에 없다'고 진술을 하지요. 그 밑에 있던 부하들도 '나는 이제까지 몰랐는데 이렇게 훌륭한 부장님이고, 이렇게 훌륭한 우리 상관인 줄 몰랐다. 진실로 나는 이분들과 같이 재판받는 걸 영광스럽게 생각한다'고 합니다.

그거 희한하잖아요. 왜냐하면 사전에 모의한 것도 아니고 그냥 30분 전에 갑자기 '해'라고 했단 말이에요. 박선호, 박흥주야 평소에 측근이라 하지만, 그 밑에 부하들은 죄책감도 있을 거 아니에요. 자기들과도 친한 경호원들을 쏴 죽이는 데 가담을 했으니까. 거기에 대해서 자책하거나 원망할 수 있는데 아무도 그런 게 없는 것 같아요.

그렇지요, 없어요. 강신옥 변호사가 아마 면회를 해서 들은 것 같은데 김태원이라고 중앙정보부 경비원 중에 제일 어린 사람이 있어요. 말단이죠. 그 사람은 사실 박선호가 쏘라고 해서 들어가서 쏜 거예요. 김태원이 항소심이 끝나고 강신옥 변호사에게 특별접견을 와달라고 해서 면회를 갔는데 그 사람이 '와전옥쇄(瓦全玉碎)'라는 한자를 써줬답니다. 기와로 온전하기보다는 옥으로 깨지겠다는 뜻이죠. 강신옥 변호사가 이걸 김재규한테도 전해서 김재규가 감복을 한 거예요. '얼굴도 모르는 이런 훌륭한 부하가 있다니. 나보다 더 신념이 확실한 사람들 아니냐' 싶었겠죠. 이런 일화들이 참 많아요.

김재규는 모든 책임은 나한테 있다고 주장하고, 또 박선호는 그 아래 부하들에 대해서 그들은 아무 책임이 없다, 나한테 책임이 있다고 하고. 박흥주의 경우는 군인이라서 3심이 아니라 단심으로 끝나요. 그에 대해서도 김재규가 아주 간곡한 얘기를 하죠. 박흥주는 잘 나가는 군인이었고 착실한 사람이다, 좀 각별하게 생각을 해달라고 합니다. 하지만 결국 1980년 3월 6일에 경기도 시흥 소래면 야산에서 총살형을 당하죠. 그 얘기를 듣고 사제단에서 성명도 냈습니다.

박홍주는 초등학교 6학년, 3학년 딸이 둘이고 생후 8개월된 막둥이 아들이 있었다고 해요. 사형이 집행된 1980년에는 한 학년씩 올라가서 큰딸은 중학교에 들어갔겠죠. 함세웅 신부가 큰딸이 대학 들어갈 때 학자금으로 쓸 수 있도록 그때 돈 40만원 정도를 예탁을 해두었어요. 그게 큰딸이 대학에 들어갈 때쯤에는 100만원쯤 되나봐요. 그걸 함신부가 잊고 있다가 1988년인가에 나보고 갖다주라고 해서 내가 그 100만원짜리 예탁증서를 가지고 박홍주 집에 다녀온 적이 있습니다. 한양대 옆이 행당동인데 옛날에 판잣집 촌이었어요. 그 판잣집 13평짜리에 살았던 거예요. 재판정에서도 여러 변호사들이 박홍주가 청렴하게 사는 걸 강조하려고 어디 사냐, 집이 몇평이냐 그런 걸 물어보는데 박홍주는 자신이 부끄럽지 않게, 비겁하지 않게 살려고 노력하고 있는데 왜 자꾸 내 집까지 들춰 내냐는 말도 했다고 하는데. 하여튼 근처에서 박홍주 부인을 기다리면서 들어보니까 어디 일하러 나가는가보더라고요. 부인을 만나서는 안 받으려고 하는 걸 억지로 손에 예탁증서를 쥐어주고 얼른 뛰어내려왔죠. 그게 이 사건과 관련해서 내가 한 마지막 일이었습니다. 큰딸도 벌써 50대가 훌쩍 넘었겠네요.

그때 헌법에 '비상계엄하의 군법회의는 군인 등에 대해서 단심으로 한다'는 조항이 있어서 박홍주는 판결을 받고 바로 처형이 됐는데 그 뒤에 1987년에 헌법개정이 되면서 제110조 제4항에 "비상계엄하의 군사재판은 군인·군무원의 범죄나 군사에 관한 간첩죄의 경우와 초병·

초소·유독음식물공급·포로에 관한 죄중 법률이 정한 경우에 한하여 단심으로 할 수 있다. 다만, 사형을 선고한 경우에는 그러하지 아니하다"로 바뀌었습니다. 예를 들어 김재규가 나중에라도 무죄가 나오거나 무기징역이 나오면 박흥주는 이미 처형이 되어버린 후잖아요. 그렇게 돼서는 안 되기 때문에 단서 조항이 들어간 거죠. 1987년 헌법에 '다만, 사형을 선고한 경우에는 그러하지 아니하다'라는 문장 속에 박흥주 판결의 교훈이 하나 또 담겨 있습니다.

나는 그래도 박흥주 부인을 만나서 그 돈을 전해준 게 상당히 좋은 일을 한 거라고 생각을 하고 살았는데, 나중에 안동일 책인지 어디서 전후사정을 조금 알게 되었어요. 박흥주가 죽기 전에 가족들한테 편지를 보냈어요. 유언이죠. 1980년 2월 2일자로 되어 있는데. "아빠는 조금도 부끄러움이 없는 사람이다. (…) 주일을 잘 지키고 건실하게 신앙생활을 하여라" 이렇게 썼고 아내에게는 "아이들에게 이 아빠가 당연한 일을 했으며, 그때 조건도 그러했다는 점을 잘 이해시켜 열등감에 빠지지 않도록 긍지를 불어넣어주시오. (…) 우리 사회가 죽지 않았다면 우리 가정을 그대로 놔두지는 않을 거요. 정신적으로나 경제적으로나 도와줄 것이라고 생각하오. 설령 그렇지 않더라도 의연하고 떳떳하게 살아가면 되지 않겠소"라고 썼습니다. 내가 이 편지를 보고 너무 눈물이 나더라고요. 난 그날 행동을 잘했다고 스스로 위안하곤 했는데 이 편지를 보고 아주 부끄러웠습니다.

오늘 김재규라는 인물에 초점을 맞추고 이야기를 나눴는데요. 인물 자체도 굉장히 흥미롭고 많은 발굴이 필요한 것 같습니다마는 이게 전체 한국 정치사의 전개 과정, 그리고 민주화의 발전 과정에서 정확하게 어떤 위상을 가지는 사건인지를 사회과학적 또는 정치학적 시각에서 전문 학자들이 제대로 연구를 해줬어야 되는 사건이 아닌가 싶어요. 선생님께서 함께 보셨던 여러 진실이나 아주 깊이 있는 체험들이 사회적으로 공론화되지 못하고 있는 거 아닌가. 우리가 함께 좀더 고민해나가야 한다는 생각이 듭니다.

10·26에 대한 재평가도 사제단이나 변호사들이나 학자들을 중심으로 시도가 되고 있지요. 예컨대 정해구 교수는 10·26을 혁명이라고 하기에는 객관적 여건을 갖추지 못했다, 또 김재규가 한 행동을 혁명이라고 하기에는 그에 걸맞은 행동이 뒤따르지 못했다고 얘기를 합니다. 상당히 맞는 말이에요. 하지만 적어도 김재규의 개인적인 소신만은 분명하지 않았나 나는 생각합니다.

1980년 5월 광주를 위해

자료를 보면 1980년 광주에서 벌어진 학살과 관련해 선생님께서 문건 『찢어진 깃폭』 『광주사태의 진상』을 6월에 일본에 보내셨고, 이 책자가 7월에 영어판으로 *Documents on the Recent Events in Kwangju S. Korea*이라는 이름으로 일본 정평협 이름으로 나왔는데요. 광주학살 전야인 5월 17일부터 7월경까지 어떻게 지내셨나요?

당시 광주에서 일이 생겼다는 사실은 소문으로 알고 있었지만 광주 바깥에 있는 그 누구도 그곳에서 일어나고 있는 실상을 듣거나 보지는 못했어요. 벙어리 냉가슴 앓듯이 발만 동동 구르고 있었습니다. 전주와는 통화가 돼서 광주가 완전 고립무원의 상태에 빠졌다는 것을 알았어요. 통신이 아직 완전히 두절되기 전인 5월 22일 11시 45분경에 광주교구 소속인 목포의 서상채 신부가 전주교구 신부에게 이런 말을 남겼다고 합니다. "우리는 이곳에서 자유와 민주를 사수하다 죽겠습니다. 만나는 분들에게마다 전해주십시오." 이 절박한 호소를 듣고 전주교구 사제단 역시 다음과 같은 비장한 결의를 다른 곳에 돌렸습니다. "전주교구 사제단은 회합을 갖고 (…) 국가의 안녕과 민족의 생존을 위해서 투쟁하다 죽기로 결의하였다. (…) 이제야말로 전 국민이 궐기하지 않으면 이 호남의 초토화와 대살육을 저지하지 못할 것이며 (…) 침묵과 방관은 최후의 죄악이 될 것이다. 우리를 위해서 기도해 달라."

광주교구와 전주교구의 이같은 비장한 호소와 결의가 곧 서울에도 알려졌고, 저 역시 어떻게 하면 광주를 구할 수 있을까 고민하지 않을 수 없었어요. 그렇지만 내가 할 수 있는 일이 아무것도 없었습니다. 다만 간헐적으로 들려오는 광주의 소식을 해외에 알려야 한다는 생각뿐이었어요. 사태가 5월 27일 종료된 이후에도 그런 생각은 마찬가지였습니다. 전두환 군부가 광주에서 저지른 만행을 온 세상에 널리 알리는 것만이 전두환 군부정권의 음모를 분쇄하는 길이라고 생각했습니다.

『광주사태의 진상』은 어떻게 만들어지게 됩니까?

추기경을 비롯한 천주교회 지도자들은 광주와 관련해 중요한 건 진실이라고 봤어요. 추기경이 광주교구에 수습 자금을 지원하는 자리에서 광주교구 윤공희 대주교가 '진실을 알리는 것이 오늘의 진실'이라고 얘기하기도 했어요. 그렇게 광주교구 사제단이 자체적으로 조사를 해 『광주사태의 진상』을 발표합니다. 나는 그때 가까스로 입수한 광주민주화운동 관련 사진과 녹음, 그리고 광주교구 사제단이 쓴 『광주사태의 진상』을 비롯해 신부들 간의 통화 내용 등을 인편으로 긴급히 일본 가톨릭정의와평화협의회에 보냈지요. 일본 협의회는 송영순의 번역으로 6월 5일 기자회견을 통해 한국에서 입수한 내용을 공개했고 일본과 구미 여러 나라에도 자료를 보냈어요. 일본에서는 『광주사태의 진상』과 김성용 신부의 『분노보다 슬픔이: 광주사태의 경과와 진상』을 책으로 펴냈고, 이것이 전 세계에 퍼져나갔습니다. 이밖에도 김현장의 「전두환 광주 살육 작전」, 서강대생 김의기의 「동포에 드리는 글」 등을 일본에 계속 보내 세계에 광주의 진상을 널리 알려달라고 했습니다. 그리고 이렇게 보낸 글들은 1983년에 간행한 『양심선언: 한국 가톨릭교회와 인권』이라는 제목의 영문 자료집에 수록되어 있습니다. 이후 5 · 18기념재단에서 펴낸 『5 · 18의 기억과 역사』(2013)에서도 이 내용을 밝힌 바 있습니다. 그러다가 한번 당국에 걸렸는데, 금방 나오기는 했지만 엉뚱하게 사제단 신부 몇명이 계엄사에 구속돼 고초를 겪은 일도 있었습니다.

천주교회가 굉장히 발빠르게 대응했네요. 『분노보다 슬픔이』도 김성용 신부가 썼고요.

그랬죠. 항쟁 당시 광주에서 대책위가 여기저기에서 만들어지는데 천주교 쪽에서는 홍남순 변호사 주도로 대책위가 만들어졌다고 해요. 그때 대책위에서 계엄군과 담판을 짓고 물러나게 하자고 협상을 하러 갔는데 통하지 않게 김성용 신부가 5월 22일 가까스로 탈출을 합니다. 그리고 추기경에게 가서 도움을 요청하고 자기가 그때까지 기록한 것을 내보였던 거죠. 그 기록이 나중에 제목이 붙어 『분노보다 슬픔이』가 된 것입니다. 추기경이 그 기록을 보고 참담한 심정으로 결심하고 전두환에게 면담을 요청했고, 실제로 만나 항의를 했습니다.

그때 선생님은 어디 계셨습니까?

서울에 있었죠.

당시 서울에서는 예비검속, 지명수배 하고 해서 있기가 어렵지 않으셨나요?

10·26 직후에는 말씀드렸던 것처럼 불안해서 도망가 있기도 했는데 좀 가라앉고 나서는 괜찮았고 YS 상도동 자택에 가정교사 비슷하게도 다니고 했어요. YS는 박정희가 죽고 난 뒤 민주화가 될 것으로 보고 야당 대표로서 대통령후보가 될 준비를 하고 있었어요. 그래서 5·18 이전까지 저 같은 사람을 주기적으로 만나곤 했습니다. 아마 당 바깥에서 소식도 듣고 대통령으로서 갖춰야 할 것들을 찾고 있지 않았나 싶어요. 그래서 저도 5·18 전까지는 그렇게 지냈지요.

5월 17일 비상계엄 확대로 YS도 자택 연금되고 활동이 금지됐는데요, 그 직후 어떻게 지내셨나요?

집에 있었고, 평상시와 같이 활동했습니다. 앞에서 말씀드린 광주 관련한 작업도 하고요.

일본 정평협에서 나온 책자가 되는 문건들은 거의 선생님께서 직접

5·18광주민주화운동 관련 책자들.

보내신 건가요?

그랬죠. 90% 이상은 제가 보낸 겁니다.

전달하기가 굉장히 어려웠을 텐데 누가 전달해줬습니까?

기억이 잘 안 납니다. 명동성당 여학생관에서 다행스럽게 연결이 된 사람에게 전달했을 겁니다.

일본에서도 굉장히 빠르게 행동했네요. 문건 받은 지 한달도 안 돼서 책이 나왔어요.

네. 그쪽에서도 광주의 절박함을 느끼고 있었고 빨리 알려야 한다고 생각했죠.

당시 선생님께 신변의 위협은 없었습니까?

그때 5월 15일 '지식인 134인 시국선언'에 홍성우 이돈명 조준희 변호사 등이 서명했어요. 그것 때문에 다른 사람이 잡혀가기도 하고 해서 변호사들과 어떤 음식점에 며칠 피신을 가 있었는데 저도 거기 있었어요. 좀 있다가 조용해서 돌아갔는데 얼마 후에 이돈명 변호사는 연행돼 조사받고 나오고 그랬죠.

선생님께선 시국선언에 서명하진 않으셨죠?

안 했죠.

선생님께선 그럴 때 앞에 나서서 서명하시지 않지요?

아닌 걸로 돼 있죠. 누구도 하라고 하지도 않고요.

선생님의 그 위치와 역할이 정말 유례도 없고 독특합니다. 모두가 선생님께서 이 일을 하신다는 걸 알고 있는데 이름은 쓰시지 않아요. 1970~80년대엔 공식 직함도 전혀 없으시고 심지어 명함도 전혀 안 쓰셨다고 하고요. 사진도 웬만하면 안 찍어야겠다고 생각하셨습니까?

굳이 빠져야겠다는 생각을 하지는 않았지만 찍어야겠다고 생각하진 않았죠. 어쩌다 사진 찍는 분위기가 되면 찍으려는 사람은 자연스럽게 앞에 나서고 나처럼 아닌 사람은 뒤로 빠지게 되지요.

실제 활동에서 비해서 사진이나 기록, 직함이 가장 적으신 분이 아닌가 싶습니다. 그렇지만 도처에서 헌신하셨고요.

신군부 아래의 야당

그럼 다음으로 1980년대 초반, 전두환이 광주학살을 저지르고 신군부의 집권기반을 다졌던 제2기 군사독재 시기로 넘어가보지요. 무슨 얘기부터 꺼내야 할지요.

신상우 의원과 고영구 변호사 얘기부터 떠오르네요. 앞서 말씀드렸듯이 저는 1970년대부터 신상우 의원의 의정활동을 도우면서 생활비 지원을 받았습니다. 신상우 의원은 모두 가기를 꺼려하는 국방위원회에 배정되었지만 그때 맹활약했어요. 국방위에 있던 사람들이 모두 인정했죠. 1980년에 전두환 군부가 들어서면서 자기들끼리 여당을 어떻게 만들고 야당을 어떻게 만들지 하는 와중에, 야당을 누구한테 맡기면 좋겠냐 하니까 사람들이 신상우가 똑똑하더라 한 거지요. 그래서 신상우가 민주한국당(민한당)을 창당하는 주역이 됩니다. 그때 이 사람들 주장이 기함론이었어요. 대한민국이라는 배를 신군부가 끌고 가는데, 서로 대립하는 두 배, 그러니까 두 당이 아니라 기함이 있고 호위함이 있어야 한다, 서로 적극적으로 돕기 위해서는 야당이 호위함 역할을 해야 하는데 그 야당을 맡는 사람은 우리와 우호적이면서도 똑똑해야 한다, 그런데 자기들이 본 사람 중에 신상우가 제일 낫다는 거였죠. 말하자면 전두환의 구상으로 신상우가 야당 조직책으로 발탁이 된 겁니다.

그러다보니 신상우와의 인연으로 제가 민한당 창당에 나름 관여하게 됐어요. 그때 민한당이라는 이름도 청년이탈리아당에서 아이디어를 얻어서 제가 신상우한테 제안을 했습니다. 또 1981년 총선 치를 때 주변에 출마하겠다고 찾아오는 사람이 많았어요. 고영구, 홍사덕, 김도현, 김문원, 한광옥 등 이런 사람들이 심지어 저한테까지 와서 얘기하는 거예요. 한 선거구에 두 사람을 선출하니까 공천만 되면 여야 한 명씩 동반 당선되던 때라 대부분 쉽게 당선되는 거죠.

신상우는 어쨌든 정치인이니까 현실정치의 기회가 열리면 활용해야 하는 입장이겠는데, 고영구 변호사가 정치에 참여했다는 건 좀 의외인데요.

고영구 변호사와는 제가 친분이 각별한데, 고변호사 가족들이 워낙 가난하게 살았어요. 그래서 판사를 잠시 그만두고 황인철 변호사와 같이 변호사 개업을 해 돈을 좀 만들어서 가족들을 먹고살게 해놓고 다시 법원에 들어갔어요. 그러다 1981년에, 전두환 정권 첫머리에 총선이 있었습니다. 고영구 변호사는 그때 사회당으로 지역구에서 출마하려고 했어요. 어릴 때 가난한 탄광촌, 화전민촌에서 자라서 사회주의에 관심이 많을 수밖에 없었으니까요. 또 당시 사회당을 주도하던 고 정훈과 오랫동안 뜻을 주고받았죠. 그러나 정작 고향에 내려가 옛날 초등학교, 중학교 친구들을 만나보니까, 사회당으로는 절대 안 된다고 한결같이 손사래를 치더라는 거예요. 그래서 당을 바꾸어 나올 생각을 하게 되었고, 황인철 변호사를 통해 저한테 연락이 온 거죠. 민한당 국회의원 후보가 되게 해달라고 하더라고요. 영월, 평창, 정선을 영평정이라고 부르고, 여기가 우리나라에서 선거구가 제일 넓습니다. 거기에 고영구 변호사가 출마를 했어요. 두명 뽑는 선거에서 민한당 공천으로 당선이 됐어요. 고영구 변호사는 보통고시 출신으로 밑에서부터 올라가 사법고시까지 통과해 판사를 했으니 법원 내의 서식이나 절차 같은 걸 상당히 잘 압니다. 아주 꼼꼼하게 알고 있어요. 그래서 홍성우, 황인철 변호사와 같이 인권변론을 할 때도 절차나 서식 같은 건 고변호사한테 묻곤 했죠.

예전 우리나라 땅 매매 방식이 대개 아는 사람끼리 사고팔았는데 뭐 꼭 등기가 필요하냐 이래서 등기하지 않고 놔둔 게 엄청나게 많았어요. 또 6·25전쟁으로 법원의 등기부 원본이 분실된 경우가 많아 소유권 등기를 하지 못한 경우도 상당했습니다. 특히 시골에 많았는데 영월, 평창, 정선에서만 몇만건이 됐다고 하더라고요. 그래서 고영구 변호사가 「부동산 소유권 이전등기에 관한 특별조치법」 개정안을 냈어요. 주위 사람이 소유권에 대한 보증을 해주고 군수가 추인하면 그걸 기초로 해서 등기해주는 약식등기 같은 건데, 많은 사람들이 구제를 받았죠.

또 저는 그때 신상우한테 자금을 받아가지고 고영구, 홍사덕 이쪽에 다니면서 봉투 갖다 전해줘라 하면 그들이 지금 뛰고 있는 선거구를 찾아가 전하는 일을 했습니다. 돈이 얼마인지는 모르겠어요. 그러나 시간이 지날수록 당이 신상우 중심의 민한당에서 총재인 유치송 중심의 정당으로 바뀌어갔어요. 유치송 중심으로 파벌이 생기고, 그러면서 투쟁수위도 완연히 약화되고. 신상우를 견제하는 분위기가 형성됐죠. 1983년 김영삼이 단식투쟁을 전후해서 정치권의 중심으로 떠오르면서 비주류로 몰린 신상우가 아무래도 YS하고 가깝고 이러니까 YS 쪽, 강경노선 쪽에 서게 되었지요.

민한당은 선명야당, 즉 김영삼, 김대중 쪽의 정치활동을 막아버린 다음 야당 흉내나 내라고 전두환 측이 허용한 관제야당이라고 백안시하곤 했는데, 선생님은 그 가운데서도 뭔가 참여를 통한 출구를 찾아내려고 하셨던 것 같네요. 민한당은 결국 1985년 총선에서 민심이반으로 판명이 나서 붕괴했지요. 그 전후 신상우의 정치적 행보는 어떻게 되고 선생님께는 어떤 영향을 미쳤는지요.

신상우는 1970년대부터 계속 국회의원을 했는데 1985년 총선 때 낙선해요. 거기에는 제가 상당히 잘못 충고한 탓도 있죠. 김영삼 쪽에서 1984년 5월에 민주화추진협의회(민추협)를 결성하고 다음 해인 1985년 1월에 신한민주당(신민당)을 창당해서 2월 12일 선거를 치렀는데 처음에 신상우 측근들, 그러니까 김현규나 홍사덕 이런 사람들이 전부 다 민한당을 탈당해서 신민당으로 갔어요. 이 사람들에 의해서 민한당이 내부로부터 깨지기 시작합니다. 민한당에서 유치송 쪽이 당권을 장악한 뒤에 워낙 모함을 하니까 다 같이 신민당 가자 그런 분위기였죠. 신상우도 신민당으로 갈 생각이 있었고요. 그런데 내가 말렸어요. 당신은 민한당을 만든 사람 아니냐. 만든 사람이 가면, 물론 당신은 실리적으로는 어떨지 모르겠지만, 도덕적으로는 옳지 않다고 나는 생각을 한다. 그래서 신상우가 끝내 못 갔어요. 결국 그 선거에 낙마했지요. 선거구가 부산 북구였는데 신민당의 문정수한테 졌습니다.

그러면 떨어지고 난 뒤는 신상우가 뭔가 재정적으로 도와주는 건 끊어졌겠네요?

그렇죠, 그 사람도 생활이 상당히 어렵게 되었으니까.

그래도 그 힘든 시기에 10여년 동안을 선생님을 도와준 거네요.

그때 신상우 의원의 도움이 없었더라면 제가 민주화운동 한답시고 건달 노릇하기가 어려웠을 거예요. 그런 밑받침이 있었기 때문에 민주화운동의 뒤안길에서 나름대로 일을 할 수 있었어요. 저는 그것을 매우 고맙게 생각하면서도 한번도 그의 생전에 고맙고 감사하다는 뜻을 말로 전하지 못했습니다.

또 저는 신상우 의원의 정치활동을 뒤에서 보필하면서 의회민주주의에 대한 맹목적 거부감으로부터 벗어날 수 있었어요. 비록 제한적이기는 하지만, 의회민주주의를 냉소하거나 거부만 할 것이 아니라 참여하는 것도 이 사회를 바로잡고 변혁하는 데 중요한 한 방편이 될 수 있다는 것을 인정하게 되었습니다.

민한당 활동과 관련한 일화가 더 있습니까?

생각나는 게 몇가지 더 있습니다. 앞서 말한 고영구 의원이 당선되어 국회 본회의에서 한 첫 대정부질문이 경남 의령의 총기난동 사건이었어요. 아무래도 첫 질의가 부담스러웠던지, 저보고 대신 그 원고를 써달라는 거예요. 아마도 대정부질문의 형식, 관행 이런 것에 익숙하지 않았기 때문에 저한테 부탁을 한 것이겠지요. 그래서 그 원고를 썼습니다. 상당히 신랄했어요. 경찰관에 의한 단순 살인이 아니라 사실상 권력이 자초한 행정살인이라고 몰아붙였지요. 당시에는 고영구 의원의 신상을 염려하는 목소리도 나왔습니다.

또 하나는 서울에서 당선된 한광옥 의원이 한사코 저더러 대정부질문 원고를 써달라는 거예요. 그래서 한강변에 있던 여관을 잡아놓고 둘이 작업을 했어요. 당시 연금 중인 김대중 선생을 즉각 해금하고 그에게 정치적 자유를 줘야 한다고 주장하는 내용이었습니다. 그때는 대정부질문의 내용을 정부기관이 사실상 사전 검열하는 것이 일종의 관행이다시피 했는데 한광옥은 사전검열에 응할 수 없다면서 끝까지 원고를 보여주지 않았어요. 그리고 본회의에서 총리를 상대로 김대중의 해금을 요구했습니다. 당시로서는 상당한 용기지요. 그 전까지 한광옥은 자타가 공인하는 신도환계 사람이었다가 대정부질문 이후 완전히 동교동계가 됐습니다. 들리는 말에 의하면 그 엄혹했던 시절 한광옥의 국회 발언을 듣고 김대중 선생이 크게 감동했다고 해요.

국보시대의 인권변론

전두환 군사정권에서도 여전히 조작 공안사건들에 개입하셨죠?

1970년대가 긴급조치를 통해 정치적 반대자를 규율하던 긴급조치 시대였다면, 전두환 군부가 등장한 제5공화국은 국가보안법으로 탄압하던 '국보시대'였다고 할 수 있습니다. 제6공화국의 노태우 정부로 들어오면서는 긴급조치와 국가보안법이라는 살벌한 탄압무기 대신 '집회 및 시위에 관한 법률'(집시법)이라는 겉으로는 완화된 칼날을 들이댔죠. 긴조시대가 악랄했다면 국보시대는 살벌했고, 집시시대는 교활했다고 말할 수 있지요.

1981년 서울에서 이른바 이태복을 중심으로 한 학림사건이 벌어졌습니다. 전민노련-전학련 사건이라고도 불리는 학림사건에 이어 부산의 부림사건도 발생합니다. 아마도 학림사건에 짝을 맞추어 부림사건이라고 명명한 것이 아닌가 싶어요. 이 두 사건이 국보시대를 알리는 서울과 부산의 양대 사건이라고 할 수 있습니다.

특히 부림사건은 노무현 전 대통령이 변호사가 되어 최초로 담당한 인권사건으로 알려져 있습니다. 부림사건은 노 전 대통령을 '의식화한' 사건인 셈이지요.

국보시대 들어와서 달라진 것이, 유신시대에 공안사건을 지휘하고 담당한 책임부서가 중앙정보부였다면 국보시대에 들어와서는 지휘부서가 치안본부 대공분실로 바뀌었다는 점입니다. 말하자면 '남영동시대'가 열린 겁니다. 국보시대에 남영동에서 직간접적으로 수사하는 사건을 밑받침하기 위해서 맞춤 용공좌경 감정을 담당하는 내외정책연구소라는 어용기관이 있었고, 그 책임자로 홍지영이라는 사람이 있었던 거죠. 피의자의 집에서 가져온 서적을 용공좌경서적이라고 감정해서 공산주의자로 만들어내는 역할을 단골로 맡았습니다.

이같은 수법으로 관제 빨갱이 집단이 서울과 부산에 이어 대전, 전주, 공주에서도 만들어지는데, 나는 당시 이 사건들을 쫓아가기에도 바빴습니다. 특히 대전 한울회 사건에는 당시 군복무 중이던 내 아우도 연루되어 있었어요. 대학생과 교사 등 기독교 신앙을 가진 몇 사람이 「사도행전」 4장 32~37절에 있는 기독교인으로서의 이상생활을 모범으로 삼고 실천하려 했던 신앙공동체 활동을, 맑스주의의에 입각한 공동생산, 공동분배, 공동소비 공동체를 만들어 전국으로 확산시켜 공산주의 체제로 만들고자 하는 반국가단체로 몰아갔던 사건이 바로 한울회 사건입니다. 충남도경 대공분실은 이들을 참여의 경중에 따라 수괴, 주요임무 종사자로 설정하고 고문을 통해 사건을 조작했습니다.

나는 강신옥 변호사를 동원해 이 조작사건의 방어에 나섰지만, 군사정권하에서는 어림없는 일이었어요.

한울회와 비슷한 사건이 많았던 것으로 기억합니다.

공주에서는 금강회 사건이 있었습니다. 아직 민주화투쟁 불모지였던 공주사범대학에서 뜻있는 학생들이 금강회라는 모임을 만들어 수련회를 한 것을 반국가단체 결성으로 몰아간 사건이지요. 1981년 8월 초 40여명이 연행되고 그 가운데 7명이 사회주의자 내지 공산주의자로 조작된 사건입니다.

아람회 사건도 있습니다. 충남 금산의 금산고등학교 출신 졸업생들이 당시 이웃 학교에서 봉직하던 존경하는 교사 등과 함께 야유회를 가지는 등 계속 교유하고 지내던 중에 1981년 5월 17일 당시 육군대위로 근무하던 김난수의 딸 아람의 백일잔치를 열었는데, 여기서 이들이 반국가단체 '아람회'를 결성했다고 조작했습니다. 그리고 정권과 미국 등 외세를 타도하고 고려연방제의 통일노선에 따라 반국가단체 활동을 했다고 몰아간 거죠.

당시 이인제가 한울회 1심 재판의 배석판사였고, 이회창은 대법원 판사로 이 사건을 맡았어요. 여기서 이회창은 세간에 알려진 '대쪽판사'가 아니라 용공조작을 확인해주는 들러리에 지나지 않았습니다. 이 모든 사건들의 최종 지휘부는 치안본부 대공분실이었고, 각 지방경찰국 대공분실은 경쟁적으로 이와 같은 용공조작 사건을 만들어냈어요. 전주에서 있었던 이른바 오송회(五松會) 사건도 이렇게 만들어진 사건 중 하나였지요.

나는 전주교구의 문정현 신부가 서울의 천주교정의평화위원회에 긴급 법률구조 요청을 해서 이 사건을 알게 됐고, 이후 이돈명, 황인철 변호사를 도와 이 사건에 개입하게 됐어요. 군산의 제일고등학교는 이제 막 명문고등학교로 알려지기 시작할 무렵이었습니다. 이 학교에는 '들잠'이라는 별명을 가진 이광웅 교사를 비롯해, 박정석, 전성원, 황윤태, 이옥열 등 젊고 생각 깊은 교사들이 있었어요. 이들은 햇빛 밝은 날 '풋내를 띤' 들과 산을 돌아다니며 문학과 사회를 얘기하던 정열적인 교사들이었습니다. 4월 19일이 다가오자 이날이 공휴일로 지정되지 않은 것을 안타까워하면서 자신들이라도 위령제를 올리자고 막걸리 몇병과 오징어를 사서 소나무 아래서 4·19와 5·18 희생자들에 대한 간단한 추모의식을 가졌어요. 이것이 교직에 스며든 공산주의 자생조직이라는 오송회가 만들어지는 단초가 되었습니다. 이 사건으로 현직 교사 8명과 전직 교사 1명이 1982년 11월 초부터 소리 없이 연행됐고, 23일에 걸친 불법구금 끝에 구속되었어요.

모든 게 말 그대로 만들어낸 사건이네요. 이 사건 재판에도 가셨나요?

네, 방청했습니다. 재판정에서 진실을 밝히기 위해 있는 힘을 다하던 박정석 선생의 맑은 목소리가 떠오르고, 특히 술과 커피를 즐겼다는, 시인이기도 했던 이광웅의 티 없이 순수했던 눈빛을 지금도 기억합니다. 당시로서는 놀랍게도 1심에서 피고인 9명 중 6명이 선고유예를 받고 풀려났어요. 하지만 광주고법에서의 2심에서는 이들이 모두 다시 법정구속되는 이례적인 사태가 발생했습니다. 가족들은 땅을 치고 통곡하고, 문규현 신부는 의자 위에 올라가 울었어요. 당시 사건을 억지로 만든 경찰관들에겐 1계급 특진이 주어졌고요. 검찰과 법원 전부 방조자 내지 공범에 다름 아니었던 시대였습니다.

1980년대 초 공안사건이라면, 일가족 전체를 간첩으로 몰아간 송씨 일가 간첩단 조작사건을 떠올리지 않을 수 없습니다. 선생님은 그 사건의 진상규명에 깊이 관여한 것으로 압니다.

그 사건은 간첩조작 사건의 완결판이라고도 할 수 있습니다. 앞서도 얘기한 것처럼 국보시대의 주역은 치안본부 대공분실과 각 경찰국 산하 대공분실이었습니다. 그리고 재일교포 학생 간첩단 사건을 만들어 낸 보안사령부도 한몫 톡톡히 했다고 볼 수 있습니다. 그런데 송씨 일가 사건은 공교롭게도 안기부의 역작(力作)이었습니다. 내가 이 사건을 알게 된 것은 함세웅 신부를 통해서였어요. 신당동성당에 열심히 다니던 한 신자가 행방이 묘연하더니 난데없이 간첩혐의로 구속돼 재판을 받게 됐는데 변호인을 구해달라고 그 성당 김득권 신부가 부탁을 하더라는 것이었습니다. 나는 즉시 홍성우 변호사한테 얘기했고 홍변호사 역시 흔쾌하게 맡아줬습니다.

이 사건이 세상에 간첩단 사건으로 발표된 것은 1982년 9월 10일이고 그 즈음에 피해자들이 체포된 것으로 알려졌지만, 관계자들이 안기부 청주분실에 연행되기 시작한 것은 그해 3월 2일부터였어요. 공식적으로는 최장 116일을 불법구금되었던 것으로 되어 있지만 실제로 그것보다 훨씬 길게 불법으로 구금돼 있었던 것이죠. 간첩죄의 내용인즉 북한의 대남공작부 간부 송창섭이 1957년 간첩으로 남파되어 그의 친인척 20여명을 간첩으로 포섭하여 25년간 암약해왔다는 것이었어요. 홍성우 변호사가 사건을 처음 맡았을 때는 공안검사 출신들이 다른 피고인들의 변호사로 선임되어 있을 때라 많이 힘들어했지만, 홍변호사의 추천으로 박승서, 이범열, 조준희, 황인철 변호사 등이 함께 변론하게 되면서 공판정은 고문과 장기구금 등에 대한 법리공방으로 뜨거워졌어요. 이들 피고인들은 오랫동안 안기부에서 전기고문, 거꾸로 매달기, 물 먹이기, 손톱 사이 찌르기, 의자에 앉힌 뒤 양손을 의자에 매고 양 정강이를 발로 차고 몽둥이로 때리기, 눕혀놓고 짓밟기 등 별의별 고문과 수모를 다 당했다고 합니다.

홍성우 변호사 얘기로는 공소장 보니 이거 큰일났다, 한마디로 이 사람들 다 죽게 생겼다 싶어서 몇달 동안 이 사건에 미쳐 있었다고 하더군요. 혼자 힘으로 안 되니 변호사들을 모으고 선임하고, 재야 쪽에도 알리고 호소하며 다녔다고요. 고문이 엄청났고요.

안기부에서 벗어나 검사 앞에서 사실을 말하려고 하면 아직 정신을 못 차렸다면서 다시 안기부원을 들여보내 협박하는가 하면, 모든 것이 숙명이고 운명이라고 생각하고 받아들이라고 종용했다고도 해요. 그뿐 아니라 무려 23명이나 되는 증인을 내세워 피고인들의 유죄를 각본으로 입증하려 했어요. 원래 안기부 청주분실에서 했던 수사를 4월 27일 중앙 본부에서 인계받아 수사한 것을 보면 이 사건 조작을 안기부에서 얼마나 집요하게 했는지를 알 수 있습니다. 그렇지만 아무튼 조작이다보니 곳곳에 허점이 많았습니다. 변호인들은 그 허점을 노렸어요. 1심에서 사형선고를 받았던 송기준의 경우, 1968년에 입북하여 간첩교육을 받은 뒤 간첩선을 타고 버젓이 인천부두에 배를 타고 들어왔다고 조서에 되어 있어요. 그 무렵 송기준은 음료수 대리점을 하고 있었는데, 마침 그때가 추석 때여서 전혀 갈 형편이 아니었던데다, 대리점에 근무했던 김재철이라는 사람이 그때 송기준이 자리를 비우지 않았다는 것을 기억하고 있어서 홍변호사가 그를 재정증인으로 신청했고 그가 송기준의 알리바이를 증언해줬어요. 그런데 검찰이 이제 증인 김재철을 위증죄로 몰아 구속했어요. 그는 안기부에 끌려가 폭행당하고 불러주는 대로 조서를 작성하고 그대로 도장 찍으라고 협박당했어요. 송기준의 부인으로부터 돈을 받았고 홍성우 변호사가 시키는 대로 위증한 것으로 자백하는 내용이었습니다. 지금 국정원에는 김재철에 대한 출장 수사 결과가 남아 있다고 합니다. 김재철은 결국 위증죄로 구속되어 1심에서 6개월형을 받았다가 항소가 기각되어 만기 출소했다고 합니다. 그러나 뒤에 있었던 재재항소심은 김재철의 증언을 받아들여 송기준의 입북 혐의에는 무죄를 선고했습니다.

이 사건 판사들도 참 대조적이었습니다. 안기부의 기획 그대로 추종한 권력의 앞잡이 판사들이 있었던가 하면 그래도 이일규 대법원판사의 무죄 주심판결이 대조적으로 빛나기도 합니다. 1987년 민주화 이후에 이일규가 '대쪽 판사'로 불리면서 대법원장으로 중망을 얻도록 한 계기가 된 사건이기도 하고요.

1심 판결문이 349면이나 되는데, 공소장과 글자 하나 다르지 않게 범죄사실을 적시하고 있습니다. 공소장의 오식(誤植)까지도 그대로 판결문에 옮겼다는 것을 이 사건을 최초로 심층 보도했던 서중석 교수(당시 『신동아』 기자)가 밝혔어요. 형량의 사소한 변경은 있었지만 1, 2심 판결이 모두 유죄로 끝나고 대법원에 올라갔는데, 대법원에서 무죄 취지로 판결했습니다. 이일규 판사가 주심을 맡은, 당시로서는 획기적인 판결이었지요. 그러나 고등법원은 재항소심에서 대법원의 무죄 취지 판결을 치받아 다시 유죄판결을 내렸고, 대법원에서는 재상고심에서 다시 무죄판결을 내립니다. 그러나 고등법원은 재재항소심에서 다시 유죄를 때리고 대법원이 재재상고심에서 마침내 유죄판결을 내리는 것으로 일단 이 사건은 끝납니다. 장장 2년 4개월 동안 7차례에 걸친 핑퐁 재판 끝에 관련자들의 유죄가 확정된 것입니다. 재재항고심에서 유죄판결을 내린 김석수 서울고법 부장판사는 김대중 정부의 마지막 국무총리를 지냈고, 재재상고심에서 유죄판결을 내린 김형기 대법원 판사 배당에는 당시 안기부가 깊이 개입한 것으로 알려졌습니다.

이 사건은 사건 발생 27년 만인 2009년 8월 28일 재심에서 최종적으로 무죄가 확정되었습니다. 참으로 긴 여정이었습니다. 이러한 결론에 이르기까지에는 당시 사건을 맡아 최선을 다했던 인권변호사들, 특히 황인철, 홍성우 변호사의 역할이 컸습니다. 만약 이들이 없었더라면 이 사건 역시 그 숱한 간첩조작 사건처럼 묻혀 지나갔을 것입니다. 그러나 이 사건으로 송기준 등 관련자들은 삶이 파괴되고 가정이 무너져내리는 아픔을 겪어야 했습니다. 먼저 출소한 송기복과 함세웅 신부 등 천주교회의 구명활동도 큰 도움이 되었습니다. 송기복의 남편은 그 전에 박정희의 헬기를 몰던 공군 중령이었어요.

한마디로 인권변호사들이 죽을 사람 살려낸 셈이지요.

나는 인권변호사들의 변론활동을 통해 이 사건을 처음부터 끝까지 지켜봤습니다. 그때나 지금이나 이건 아니다, 이럴 수는 없다. 이게 나라냐는 생각을 수도 없이 합니다. 먼 훗날 남북이 통일되어 분단시대에 있었던, 특히 남쪽에서 있었던 이 사건을 돌이켜본다면 같은 민족으로서 얼마나 잔혹했고 인간으로서는 차마 할 수 없는 일을 했던, 결코 용서될 수 없는 치욕적인 죄악으로 얘기되고 기록될 것이라고 나는 생각합니다. 정말 있어서는 안 될 민족적 죄악인 사건이었습니다.

부산미문화원 방화사건

1982년 부산미문화원 방화사건은 세간을 떠들썩하게 했던 대형 사건으로 아직까지도 회자되는데, 이 사건 변론에도 관여하셨지요?

그랬습니다. 1982년 3월 30일 늦게, 나는 한강성당에서 함세웅 신부로부터 최기식 신부가 다녀가면서 부산미문화원 방화사건의 범인들이 원주교구 교육원 지하 보일러실에 와 있으며, 그들이 교회에 자수를 주선해주기를 바란다는 얘기를 듣고 깜짝 놀랐습니다. 당시 거리마다 바리케이드를 치고 이들을 잡기 위한 검문검색이 이루어지고, 방송과 신문 역시 범인의 행방을 쫓는 데 여념이 없을 때였거든요. 그런데 그 주요 범인들이 원주교구에 와 있다니 놀랄 수밖에요. 함세웅 신부가 그 이튿날부터 자수 문제를 놓고 정부 측과 협상을 벌였어요. 마침 전두환 정부의 청와대 정무수석으로 있는 허삼수가 한강성당에 교적을 두고 있었어요. 함세웅 신부는 교회의 조건으로 고문과 같은 잔혹

행위를 하지 말 것, 자수에 따른 법적 이익을 보장할 것, 교회가 자수를 주선했다는 사실은 가급적 공포하지 말 것 등을 제시합니다. 그리고 그날 오후(31일) 정부로부터 교회 측의 요구사항은 충실히 지켜질 것이며 이미 고문하지 말라고 대통령의 특별지시가 있었고, 특히 자수를 주선하는 천주교회와 김수환 추기경에게 감사의 뜻을 대통령이 전해달라고 했다는 전갈을 받아요.

처음에는 의외로 분위기가 좋았군요.

그러나 4월 1일 문부식과 김은숙이 인계되고 2일 김현장이 연행된 뒤부터 일이 살벌하게 꼬이기 시작했어요. 교회에 감사의 뜻을 전한다는 이제까지의 태도는 온데간데없어졌고 남영동에서 가혹한 고문이 자행되는가 하면, 부활주간의 한가운데 최기식 신부마저 범인은닉 혐의로 구속해버린 거예요. 정말 이럴 수가 있나 싶었어요. 대통령의 감사 표시가 교회에 대한 박해와 음해로 바뀐 거죠. 순식간에 벌어진 황당한 변화였습니다. 천주교가 용공세력의 일상적인 은신처라고 선전하는가 하면, 가톨릭농민회와 가톨릭노동청년회를 혁명적 지하조직이라고 모략하기까지 했어요. 지방에서는 지나가는 수녀의 머릿수건을 벗기는 행태까지 나타났습니다. 백년 전의 박해시대를 연상케 할 정도였어요. 추기경까지 나서서 '우리 교회가 속죄의 제물, 속죄의 공양처럼 되어주어야 한다면 기꺼이 나라도 되어주겠다'라고 나섰습니다. 천주교인이라면 박해시대에 버금가는 위기를 느끼지 않을 수 없는 상황이었습니다.

당시를 살았던 천주교인들은 생생하게 기억하겠군요. 무엇보다 이 사건은 반미정서가 고조되던 분위기에서 터졌지요.

방화사건이 있기 얼마 전, 미8군 사령관 존 위컴이 "한국인들은 들쥐와 같아서 누가 지도자가 되든 추종할 뿐이며 한국인에게 민주주의는 적합한 제도가 아니다"라고 발언하고, 주한 미국대사 리처드 워커가 한국의 민주화 인사를 가리켜 "버릇없는 애새끼들"이라고 표현한 것, 그리고 미국 쌀 수출업체 퍼미(Permi)가 국제시세로는 톤당 350달러인 쌀 10만톤을 449달러 90센트에 팔아 1천만 달러 이상의 폭리를 취하고 그 이익의 일부를 한국 정부에 뇌물로 준 것이 알려져 한국민의 반미감정이 넓게 깔려 있는 상황이었어요.

재판은 어떻게 진행됐습니까?

재판이 시작되자 이 사건의 주범인 문부식은 자신의 방화계획은 방화 그 자체가 목적이 아니라 한국민의 진정한 뜻을 내외에 알리는 게 목적이었다면서, 무엇보다 광주사태가 이 땅에 없었다면 자기는 이 자리에 서 있지 않을 것이라고 했고 방화 과정에서 죽은 장덕술에게 정중한 조의를 표하는 등 의연했어요. 서울에서 내려간 변호인단은 광안리 수녀원에서 숙식을 도움받으며 변론에 임했는데, 그 수녀원이 바로 이해인 수녀가 소속된 수녀원이었어요. 여기서 나는 노무현 변호사를 처음 만났습니다. 노변호사는 의식화 교육과 관련해서 구속된 김원석과 허진수의 변론을 맡았는데, 상당히 밝고 화끈한 인상을 그때 받았어요.

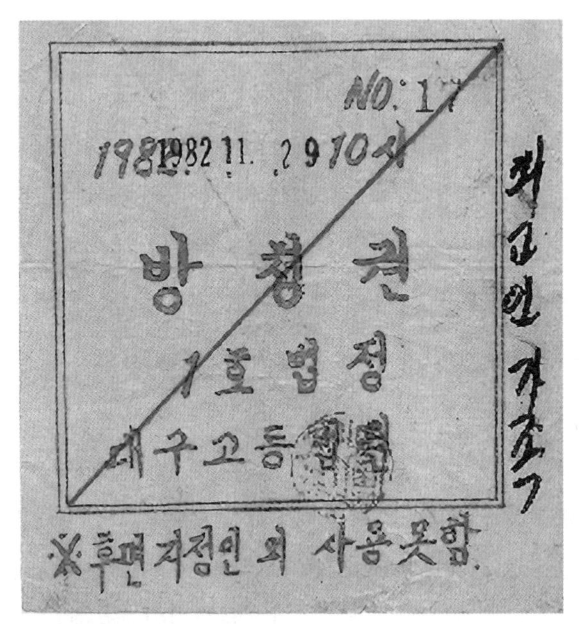

미문화원 방화사건 공판 방청권.

재판은 아주 삼엄한 분위기였습니다. 방청권은 피고인 1인당 3매가 할당되었고 나도 재판 방청을 했어요. 그때 받은 방청권을 지금도 소중히 간직하고 있습니다. 또 재판기록을 정리해 「부산 미문화원 방화사건의 진상」이라는 문건을 만들어 국내외에 돌렸습니다. 변론은 분리해서 맡았는데 이돈명 변호사가 총론을, 홍성우 변호사가 방화사건 자체를 담당하고, 김현장은 황인철 변호사가, 최기식 신부의 범인은닉에 대해서는 유봉묵 변호사가 맡았어요.

나는 서울 변호사들이 맡을 사안을 당시 이돈명 변호사가 신도회장으로 있던 세종로성당 사제관에 자료를 갖다놓고 밤을 세워가며 변론요지서를 썼어요. 반미 문제와 관련해서 그 수위와 표현을 놓고 고민을 많이 했습니다. 변론을 맡은 홍성우 변호사와 여러번 수정을 거듭했습니다. 내가 초안한 것을 홍변호사가 고치고 다시 쓴 것을 또 손대고 하면서 이렇게 끝을 맺습니다. "이 사건이 한국에서 민족적 자존심과 존엄을 확인하는 계기로 발전하지 않는다면 이 사건으로 불의의 희생을 당한 고 장덕술군의 죽음도 헛된 것이 될 것입니다. 이 사건에 임하여 최종적으로 느낀 소회는 과연 그 누가 민족의 이름으로 감히 이들에 대하여 돌을 던질 수 있겠느냐 하는 것입니다."

피고인들의 최후진술이 정말 감동적이었지요. 주범 문부식은 "이번 사건은 그 누구의 지시나 배후의 조종 같은 건 없었다. 오직 나에게 엄중한 처벌을 내려주고, 나로 하여 이 자리에 선 모든 사람들에게 관대한 처벌을 바란다"라고 했고, 김은숙이 "나는 광주시민의 희생에 국민의 이름으로 군부정권을 고발하기 위하여 방화에 참여했다"라고 합니다. 그때 방청석에 있던 김은숙의 어머니가 "은숙아! 그런 얘기는 제발 하지 마!"라고 울부짖어 사람들의 가슴을 찡하게 했습니다.

이 사건의 1, 2심은 모두 문부식과 김현장에게 사형을 선고했습니다. 그러나 1983년 3월 대법원에서 이들 두 사람은 무기징역형으로 감형됐어요. 나는 그때서야 비로소 최기식 신부가 감옥에 갇힌 이유를, 그리고 천주교가 그렇게 혹심한 탄압과 박해를 받아야 했던 까닭을 알 것 같았습니다. 두 젊은이의 생명을 살려내기 위해서였던 거예요. 교회가 관련되지 않았다면 두 젊은이는 아마 살아남기 힘들었을 겁니다. 참으로 하느님은 기묘하게 일하신다고 생각합니다.

김영삼 단식 성명서를 작성하다

김선생님은 양김 그중에서도 김영삼 총재와의 관계가 각별했던 것으로 압니다. 김영삼은 그의 호(거산)보다는 YS로 애칭되었으니까, YS로 이야기하지요. 김대중 역시 DJ로 호칭하고요.

글쎄, YS하고는… 대학 때 YS가 문리대에 연사로 한번 다녀간 일이 있었습니다. 그때는 상당히 젊고 잘생기고 유능한 정치인으로 선망의 대상이었죠. 그런 기억 밖에 없었어요. 또 전에도 말씀드린 것처럼 나는 정치판을 외경스러운 눈으로 본다거나 또는 우리가 현실정치에 뛰어든다거나 이런 일을 한번도 생각해본 적이 없기 때문에 대수롭지 않게 여겼죠.

1974년 11월에 민주회복국민회의를 어렵게 만들었는데, 그다음 해인 1975년 1월 22일에 박정희가 2월 12일에 유신헌법 찬반여부 국민투표를 하겠다고 특별담화를 발표합니다. 민주회복국민회의에서는 국민투표는 박정희의 유신정권을 합법적인 정권으로 선전하기 위한 요식행위일 뿐 해봐야 보나마나 뻔한 거라고 판단하고 우리는 국민투표 보이콧 운동을 하기로 결정을 해요. 그럼 이걸 발표할 성명을 제가 써서, 발표는 주로 함세웅 신부가 하지만, 그 결정이나 성명서의 내용에 대해서는 민주회복국민회의 대표위원들의 양해를 구해야 될 일 아닙니까? 그건 천상 제가 다녀야 되는 일이에요. 설명을 해야 하니까 아무나 보낼 수는 없는 거죠. 불안하죠.

제가 상도동에 있는 YS 집에 새벽에 일찍 들어갑니다. DJ 집에 갈 때도 마찬가지였고요. YS 집에 가면 1층과 2층 사이에 중간층 비슷하게 거실 같은 게 있는데 보온병이 있고 커피를 타 먹을 수 있게 되어 있었어요. 그 시간에는 비서도 안 나올 때니까 직접 타서 먹는 거죠.

내가 상도동에 일찍 가는 이유가 또 하나 있었습니다. YS의 비서 노릇을 하는 김덕룡이라는 사람이 있는데 나랑 대학 동기예요. 김덕룡이 매일 아침 나와서 하루 종일 YS를 수행한다는 건 우리도 다 알고 있는 사실이었어요. 그래서 그 사람하고 부딪치기 싫어서 그가 아직 출근하기 전에 아침 일찍 가서 얘기를 끝내고 온다는 계산이 있었어요.

옛날에 서울대 문리대 학생회장 선거가 간선이었는데 김덕룡이 출마했을 때 나는 선거 자체를 반대했어요. 당시에는 학생회가 뭐가 중요하냐 이런 생각도 있었고, 간선인데 출신 고등학교끼리 담합을 하는 거예요. 경기고 따로 서울고 따로 이런 식으로. 그러면 그 패들이 나뉘어서, 들리는 말로는, 돈거래가 있었다는 얘기도 있고 학생회 간부 자리를 예약한다는 얘기도 있고. 나는 그게 그렇게 못마땅하더라고요. 그때 아주 유치하지만 공개적으로 반대한 일이 있기도 해서 김덕룡하고는 껄끄러우니까 안 만나는 게 편하다 생각한 거죠. 만나고 싶지도 않고.

아무튼 YS 집에 가서 YS와 대화를 하고 나올 때면 나는 혹시 지키고 있을지도 모르는 정보요원을 어떻게 따돌리고 안전하게 나오냐 하는 게 제일 중요한 문제였어요. 그런데 어느 날 나올 때 뒤에서 누가 '안녕히 가십시오' 하는데 안 돌아볼 수 없잖아요. 돌아보니 김덕룡이 있는 거예요. 내가 '어, 네가 여기 있단 얘기 들었다' 그러면서 그때부터 얘기를 하게 됐죠. 그때가 김지하 양심선언 나오기 얼마 전이었던 것 같은데 그 이후에 김지하 양심선언을 김덕룡한테 갖다주고 니들도 좀 돌려봐라 하기도 했어요.

당시에 신민당 당수가 이철승이었고 YS는 그와 대립하여 선명기치를 내세우고 권토중래하면서 본인이 당권을 장악하려고 할 때였어요. 김한림 선생이 부산 쪽에 아는 사람이 많아요. 오래된 당원 중에. 그래서 김덕룡하고 김한림 선생이 자주 만났습니다. 김한림 선생을 만나려면 그 전 단계가 나를 통해야 하니까 김덕룡은 자꾸 나한테 연락을 해와요. 만나자, 뭐 하자, 이런 어려움이 있는데 도와 달라, YS 성명 이건 어떻겠냐 이러면서 교류가 점차 잦아진 거죠. 탄압이 심하면 심할수록.

옛날에 박우사에서 『한국인물대계』라는 책을 만들면서 아마 통일과 관련된 내용이었던 것 같은데 거기서 누군가가 말한 '닭의 목을 비틀어도 새벽은 온다'라는 문장을 본 거예요. 그 문장을 기억했다가 1979년인가 YS가 두번째로 신민당 총재에 당선됐을 때 YS의 당선수락 연설문에 "아무리 새벽을 알리는 닭의 목을 비틀지라도 민주주의의 새벽은 오고 있습니다"라고 썼죠. 그런 식으로 김덕룡이 꽤 많이 왔다갔다 하면서 제가 YS 성명이나 발표문 등에 많이 관여하게 됐어요.

YS가 신민당 총재로 당선이 되고 나서는 우리 쪽에서도 YS가 필요

해위 선생의 '정의' 글씨(송순 제공).

했습니다. 선명야당의 기치를 내세우고 있었기 때문이지요. 또 김덕룡한테 신세진 것도 있어요. 김덕룡이 김지하의 양심선언을 대량으로 복사해서 당원들에게 배포한 게 드러나서 긴급조치 위반으로 제일 먼저 잡혀 들어갔거든요. 그 일에 대한 부채감도 있고. 아무튼 김덕룡과 YS 쪽과는 그런 관계가 1970년대까지 쭉 내려옵니다. 그러다가 1979년 YH사건 나고 얼마 안 돼서 신민당에서 「말기적 발악-신민당사 피습사건과 YH사건의 진상」이라는 고발장 비슷한 조사 보고서 책자를 냅니다. 이 건으로 김덕룡이 국가원수를 모독했다는 죄목으로 잡혀 들어갔어요.

김덕룡이 잡혀 들어가면서 나는 이제 YS나 신민당 지도부하고 연락할 수 있는 길이 차단이 된 거죠. 그래서 해위 선생한테 가서 김영삼 총재하고 연락을 할 수 있는 채널을 만들어야 되겠는데 다른 길은 없고 선생님이 '정의'라는 신표 하나를 써주십시오 했어요. 붓글씨 쓰는 한지가 아니라 '해위용전'이라고 인쇄가 되어 있는 용지에다가 '정의'라고 써서 주셨어요. 아직도 가지고 있습니다. 이것을 가지고 가는 사람을 YS가 신뢰하기로 약속을 하는 거죠. 부산일보에 이수언이라고 신민당 출입기자를 통해서 YS한테 우리 쪽 메시지를 전했어요.

그 무렵 개헌논의가 시작되면서 많은 사람들이 내각제를 주장했어요. 박정희 독재가 절정이었을 때니까 DJ 쪽도 해위 쪽도 마찬가지고요. 신민당에서도 정책위의장 등 야당의 중진 인물들이 개헌논의를 시작하고 우리 쪽 의견도 교환을 하는 그 찰나에 10·26사태가 나서 해위 선생의 신표는 별로 효용을 발휘하지 못했죠.

1980년이 되면서 YS가 신민당 총재고 또 10·26사태가 사실 부산 민중항쟁하고 상당한 관련이 있으니까 그쪽 지지기반을 가진 YS가 대권주자로서 상당히 비중이 높아지게 돼죠. 본인도 대권에 희망을 갖고 있을 때였어요. 그때 3김(김영삼, 김대중, 김종필)이 다 그랬는데.

그런데 YS가 뭐 때문에 그랬는지는 모르겠지만 김덕룡을 통해서 전해오기를 점심을 먹고 나서 시간을 내서 상도동에서 매일 만나자는 거예요. 자기들 안에서 듣지 못하는 얘기를 듣겠다는 거죠. YS가 점심을 먹고 빨리 상도동에 오는 거예요. 나는 그사이에 상도동에 가 있다가 한두시간 동안 얘기를 하는 거죠. 그때 내가 주로 한 얘기는 '정치는 정야(正也)다' '정치라는 것은 국민에게 희망을 안겨주는 일이다', 구체적인 행위로서는 서로 상충하는 계층 간의 이익을 공동선의 방향으로 조정하는 역할이라든지 그걸 위해서는 어떻게 해야 된다든지, 선거제도는 어떻게 해야 된다든지, 지극히 원론적이고 상식적인 얘기들이죠. 그런데 YS는 그런 걸 들어본 적이 없었던지라 상당히 경청을 했습니다. 아마 한달여 이상 했을 겁니다.

지금 생각해보면, YS가 말은 안 했지만 자신이 대통령 후보로 나갈 것을 전제로 나름대로는 대통령학 공부를 하자고 한 것이 아닌가 싶어요. 그 상대로 저를 선택한 것은 그동안 민주회복국민회의 등의 활동과 당시에 썼던 성명이나 메시지를 보고 저로부터 들을 게 있다고 부른 것이겠지요. 그러다가 1980년 5월에 전두환 군부에 의해 가택연금이 되지요. 가택연금이 되면서 한편으로는 자신의 생각을 정리하는 글을 쓰게 되는데, 저더러 도와달라고 해서 제가 초고를 쓴 책이 『나와 내 조국의 진실』이에요. 1982년에 독립신문사를 통해 미국에서 먼저 출판이 되었습니다.

김영삼 저서로 나왔나요?

네. 김영삼 이름으로 나왔어요. 그리고 한국에서는 1984년에 김승균이 일월서각에서 같은 이름으로 책을 냈죠. 1980년 즈음에 『나와 내 조국의 진실』 초고를 쓰면서 김덕룡을 통해서 YS와 왔다갔다 한 거죠. YS는 연금 상태니까 외부 접촉을 전혀 못할 때였고.

김덕룡을 통해서 간접접촉으로. 그럼 김덕룡은 어떻게 YS와 연락을 하죠?

하나는 김덕룡 부인을 통해서 손명순 여사를 거쳐서 하는 방법이 있고, 나중에 얘길 들으니까 거기 나와 있는 노량진경찰서 정보과 형사들하고 친해지고 해서 김덕룡이 몰래몰래 드나들었대요. 그래서 직접도 자주 만났다고 그러더라고요.

김선생님은 YS하고 1980, 81, 82년 이럴 때 직접 만날 수가 없잖아요. 상도동에 못 가지요? 그런데 김덕룡은 비서니까 어떻게 어떻게 해서 들어갔는데 그러면 상도동은 한번도 못 간 상태에서 『나와 내 조국의 진실』을 선생님이 쓰셨다고요? 어디서 집필을 하신 겁니까?

집필은 집에서도 하고 제일합동법률사무소에서도 하고. 글을 써서 보내면 YS가 고친다고는 하지만 크게 고친 건 없었던 걸로 기억합니다. 그게 아마 1,500매 가까이 되는 분량이 아닐까 싶어요.

그럼 그것은 자서전 격입니까, 정치 논설입니까?

말하자면 정치 단상이죠. 연금 상태에 있으면서 내 조국을 쳐다본다. 그리고 우리가 이렇게 가야 된다 이런 거죠.

그런 방식으로 연금 상태에 있는 분의 글을 대필을 하네요. 김지하 양심선언 만들어내듯이. 그래서 YS가 받아보고 별로 고치진 않고. 김지하 양심선언이 일본에서 먼저 나오듯이 이 책이 미국에서 먼저 나온 겁니까?

네. 그러고 한국에서는 1984년에 나오고요.

미국에서 한국어로 출간이 된 거예요?

그렇죠. 그때 김경재라고 여기서 국회의원도 했던 사람이 그 무렵 미국에서 민주화운동을 했는데, 그 과정에서 김형욱 관련 책도 내고 그랬어요. 거의 비슷한 시기에 이 책도 나왔어요.

이 책이 나왔을 때 김영삼 저(著) 이렇게 해서 나왔습니까? 어떤 경

1983. 6. 29

국민에게 드리는 글　　83. 5. 2 김영삼

나는 지금, 서울 상도동에 있는 내집 울타리 안에 연금되어 있습니다. 내가 내집 문 밖으로 나가는 것이 불가능할 뿐만 아니라, 외부 인사가 나를 방문하는 것도 완벽하게 봉쇄되어 있습니다. 일체의 외부와 차단된 것입니다. 권력당국이 파견한 경찰과 정보원들이 물샐틈 없이 내집을 포위하고 집안에서의 나의 동태까지 감시하고 있습니다. 내 집은 창살이 없을뿐, 나를 가두고 있는 감방에 지나지 않습니다. 이런 가운데 나는 국민여러분께 전달될수 있을지도 모르는 이 글을 쓰고 있습니다.

친애하는 국민 여러분! 내가 이렇게 연금되어 있다는 사실자체가 이른바 제5공화국에 있어서 민주주의의 실체가 어떤 것인가를 말해주고 있는 것입니다. 권력당국이 나에게 가하고 있는 이러한 박해에는, 나를, 그리고 민주주의의 실현을 위하여 노력하는 애국적 민주인사를 가두어 놓고서야 비로소 자신들의 반민주적, 반국민적 의도와 음모를 관철할수 밖에 없는 현 정권의 한계와, 기만적이고 폭력적인 현 정권의 성격이 담겨져 있는 것입니다. 내가 나에 대한 이러한 박해를 견딜수 있었던 것은, 많은 수의 민주인사와 애국청년들이 감옥에 붙여지고 있는 가운데, 나도 그분들이 겪고있는 고통에 동참하고 있다는 민주주의를 향한 동지적 연대감을 확인할수 있었기 때문입니다. 또한 그토록 민주주의를 열망했던 국민여러분께 대해, 그것을 이루지 못한 자책과 참회의 계기로서 나에 대한 박해와 연금을 받아드릴수 있었기 때문입니다. 나는 유신독재체제가 강화되고 있던, 74년이나, 유신말기, 특히 YH사건이 터졌을 무렵부터 나의 국회의원직 제명, 그리고 야당 총재직 박탈, 부마사태와 10.26사태를 전후한 시기에 신민당 총재로서 민주화투쟁을 벌일 당시 국민여러분이 나에게 보내준 뜨거운 격려와 성원을 영원히 잊을수 없습니다. 그런데 나는 지난날 국민여러분이 나에게 보내준 지지와 성원에 보답하지 못하고, 독재정치의 악순환속에서 민주주의가 송두리째 부정됨은 물론, 심지어 민주화를 요구하던 수많은 민주시민이 무참히 살상상태에까지 이르게 된 데 대해, 당시 정계 지도층에 있던 한 사람으로써 그것을 막지 못한 책임을 통감하고, 나에 대한 권력당국의 불법적 연금을 국민여러분께 속죄의 계기로 삼았던 것입니다. 그러한 참회와 자책은 지금도 내 머리와 가슴속에 가득차 있습니다.

내가 두차례(1980.5.17~1981.4.30.과 1982.6.1~현재)에 걸쳐 연금되어 있는 동안 많은 수의 민주애국인사와 청년 학생들을 감옥에 보내거나 소급입법을 통하여 정치규제에 묶어 놓은 가운데 일부 군인과 그에 추종하는 세력만으로 이른바 제5공화국이 출범되었지만, 그 이후의 사태 전개는 조국과 민족의 앞날을 더욱 어두운 파멸로 몰아넣고 있습니다. 이러한 처지에 당하여 나는 비록 연금된 몸이지만 혼신의 힘을 다하여 국민여러분께 진심에서 우러나오는 나의 말을 전하고자 합니다. 나는 묶여 있는 몸으로 우리 시대의 진실을 말하고자 할뿐, 달리 사사로운 명예나 욕망에서 말하는 것이 아닙니다.

(1)

(2)

842624

김영삼의 「국민에게 드리는 글」

위로 나왔냐고 색출작업이 벌어질 것도 같은데요.

그때는 안 그랬어요. 다만 미국에서 나온 책을 한국에서 돌리는 과정에서 제한을 받았다고는 하는데. 어쨌든 그 건은 그냥 넘어갔어요. 굳이 미국에서 출판한 것까지 건드려서 문제를 만들 필요가 없었을지도 모르지요.

그런 상태로 쭉 가다가 1983년에 갑자기 김덕룡을 통해서 이대로 있을 수 없다면서 자신이 국민을 향해서 발표할, 현재 전두환 정권의 행태와 광주사태에 대해 정면으로 대항하는 글을 써달라고 요청이 왔어요. 여기에 민주화 요구 5개항이 나와 있죠.

그 글이 매수가 꽤 돼요. 70매 정도? 처음엔 장기표 보고 네가 한번 써봐라 해서 장기표가 초안을 잡아온 것을 제가 고쳤는데, 크게 고치진 않았습니다. 하고자 하는 말이 많은 장기표는 글이 좀 길고 늘어지는 편이어서 살펴본 정도지요. 원래 그 글을 발표하기로 했는데 국내 신문에는 보도가 한줄도 안 됐어요. 그러니까 미국에서 오버도퍼인가 하는 기자가 와서 받아가지고 외신에 내기로 했죠. 원래 4월 말~5월 초에 하기로 했는데, 이 기자가 예정보다 늦게 와버렸어요. 나는 5월 초에 발표할 수 있도록 일찍이 원고를 넘겼죠. 서강대의 박대인이라는 분한테 가서 영문 번역도 다 했다고 들었어요. 그게 5월 16일 날짜로 외신에 났어요. 그리고 단식을 5월 18일부터 들어가지 않습니까? 사실 이 두개가 상당히 간격이 있게 준비한 거고 계획한 건데 발표와 보도는 연달아 되어버린 거죠.

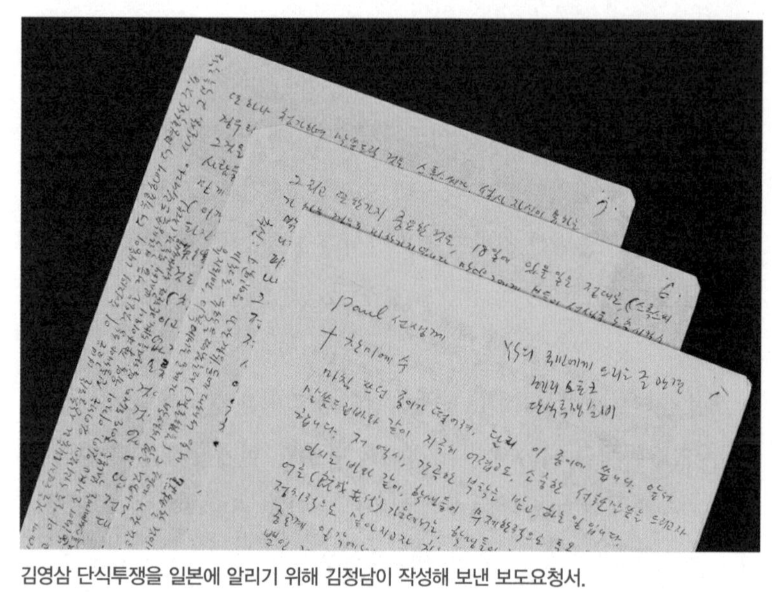
Paul 선생께
+ 찬미예수

김영삼 단식투쟁을 일본에 알리기 위해 김정남이 작성해 보낸 보도요청서.

그런데 그 발표를 언론에 돌릴 방법이 없죠?

민주산악회 사람들이 돌렸어요. 민주산악회가 복사해서 돌리는 일을 엄청나게 많이 했어요.

「국민에게 드리는 글」 뿐만 아니라 YS 관련한 글은 선생님이 거의 쓰신 거죠? 초안을 쓰면 일단 YS에게 보여줬습니까? 보여줄 틈이 있었어요? 예를 들면 「국민에게 드리는 글」 같은 것들이요. YS에게 보여주면 그쪽에서 이렇게 저렇게 하라는 의견 같은 것을 받아서 고치고 한 겁니까?

그 원고의 초고는 장기표가 쓰고 그것을 내가 조금 고쳐서 YS한테

보이고, YS가 김덕룡을 통해서 보내온 것을 제일합동법률사무소에서 제가 타자로 친 거죠.

그 글 하나가 나오려고 해도 장기표부터 시작해서 김정남 선생님을 거쳐서 그다음에 YS에게 갔고, 거기서 그게 조금 고쳐졌을까요?

그것은 저도 모르겠습니다. YS가 어떤 면에서는 정치적 감각이 탁월하니까, 결정적으로 고친 것도 더러 있었을 겁니다.

김덕룡으로부터 왔을 때, 「국민에게 드리는 글」이 타이핑된 형태는 아니죠?

네. 타이핑은 아니고 육필로 쓴 것을 가져다가 보고 돌아온 것을 보면, 더러 손댄 것도 있고 체크한 것도 있었습니다. 그것을 나중에 제일합동법률사무소에서 타자로 친 거죠.

그 타자본은 어디로 갑니까?

YS한테 가죠. 그때 YS는 감시가 아주 심하니까 부인들을 통했습니다. 김덕룡 부인이 의사인데 자가용이 있어요. 그러면 김덕룡 부인하고 손명순 여사하고 만나기로 약속을 하고 둘이 만나서 차를 대 놓고 거기서 교환을 해서 YS한테 가고 이런 과정이죠.

거기에 여성들의 중간 역할이 많군요. 남자들이 집중 감시대상 되니까 그들을 위한 연결 창구로서. YS 쪽에도 참모가 많은데 예를 들면 「국민에게 드리는 글」을 발표해야 되겠다 그러면 쓸 수 있는 사람이 없어요?

최기선을 비롯해서 많이 있죠. 그런데 자세한 건 모르지만 YS가 내가 써야 안심을 하는 타성이 좀 일찍부터 형성이 되어 있었던 것 같아요. 글뿐만 아니라 어떤 사안에 대한 판단 같은 것도 의견을 많이 물었죠.

글이 완성되면 이제 돌려야 할 텐데, 민주산악회가 그런 역할을 한 모양이지요?

나는 「국민에게 드리는 글」을 보내고 나서 왜 발표가 안 되나 하고 있다가 나중에 발표가 됐다는 걸 알게 됐어요. 민주산악회 사람들이 막 돌리는 와중이었는데 그 시기 전후에 김덕룡이 나를 보자고 하더니 YS가 단식을 하겠다고 한다는 거예요. 단식을 어떻게 하려고 하냐 그랬더니 "알지 않냐, YS가 한번 결심하면 누구 말도 듣지 않는 걸" 그러면서 그것도 단식을 무기한으로 한다는 거예요. 나는 "위험하다. 간디가 영국 정부를 상대로 해서 단식투쟁에 성공한 것은 인권이 뭔지 인간의 존엄이 뭔지에 대해서 생각할 줄 아는 영국 정부가 있었기 때문이다. 지금 전두환 정권하에서는 계란으로 바위치기다. 단식 자체를 재고해줄 수 없겠냐, 한다면 기한을 정하고 해야 한다. 나는 진심으로 걱정이 된다"라고 얘길 했어요. 김덕룡이 가서 얘길 전했겠죠.

그런데 YS가 "생과 사는 하늘에 맡기고 단식성명이나 빨리 쓰라고 그래라"라고 했다는 거예요. 그러면서 광주사태가 일어난 18일부터 시작하니 급하다 그래서 「단식에 즈음하여」라는 것을 써서 보냈죠. 그뿐만 아니라 불안하니까 단식투쟁 중에 무슨 사태가 생길 때를 대비해서 원고를 몇개 더 준비했어요. 만약 관권이 단식투쟁에 개입하거나 불행한 사태가 생기면 이것은 내 뜻이 아니라는 것을 밝힐 성명을 두개인가 세개인가를 써서 김덕룡을 통해 YS에게 전했죠.

「단식에 즈음하여」를 발표하고 김영삼이 단식에 들어간 지 이틀인가 됐을 때 안기부에서 진짜 단식을 하는지 의심을 했는지 서울대 교수들을 데려다가 검사를 했어요. YS가 실제로 물도 안 마신다는 게 밝혀지니까 진짜네 하면서 안기부에서 상당히 당황을 하기 시작합니다. 단식 8일째 되는 날 서울대병원으로 강제이송을 했는데 이날은 실제로 몸 상태가 굉장히 심각했던 모양이에요. 이송을 하면서도 작전하듯이 비서들도 제쳐놓고 자기들이 김영삼 집에 차 끌고 와가지고 납치하듯이 데려가버린 거죠. 어디로 갔는지를 아무도 모르는 거예요. 홍인길 같은 비서들도 뒤늦게 와보니 YS는 없고. 병원에 갔는지 어디로 갔는지 모르고. 마지막으로 나오던 정보원을 붙들고 보이는 것이 없게 된 홍인길이 칼 들고 '너 살고 싶으면 어디로 갔는지 말해'라고 위협을 하고서야 서울대병원에 간 걸 알게 됐어요.

그 과정에서 선생님은 「국민에게 드리는 글」 「단식에 즈음하여」 그 다음에 단식 시작한 뒤에 후속 사태에 대비한 문안까지 제공을 했다. 글에 대해서는 YS는 선생님한테 절대적으로 의존한 거군요. 옆에 측근들은?

왜 없었겠어요. 하지만 그동안 저와 상당한 신뢰관계가 형성되어 있었기 때문이 아닐까요.

글이라는 게 그렇잖아요. 누구나 쓸 수 있다고 하지만 말처럼 쉬운 일은 아니죠. 그 글이 선생님을 통해 나왔다는 게 알려지면 선생님도 위험할 수 있는 상황이고요.

실제로도 그랬습니다. 김영삼이 서울대병원에 있을 때 내가 제일 위험했어요. 몇 사람한테 얘기를 들었는데. 서울대 문리대 같이 다닌 친구 중에 민주정의당(민정당)으로 경북 영천에서 당선된 염길정이라는 한국일보 출신 국회의원이 있었는데, 그 사람이 민정당의 당시 실력자 권익현으로부터 '김정남이라는 친구가 김영삼 뒤에 있다고 그러는데 너 아냐?'라는 말을 듣고는 놀라가지고 나한테 와서 '좀 피하는 게 어떻겠냐'고 말하기도 했습니다. 또 현홍주가 그때 안기부 차장이었는데 신상우 의원한테 '신의원, 고급정보에 의하면 이 모든 것들이 김정남이 뒤에서 다 한다는데 신의원은 아냐?' 하고 물었다고 해요. 나하고 신상우하고 관계가 있는 걸 알고 그랬는지는 모르겠어요. 그래서 상당히 떨었죠. 내가 숨어야 되는지, 도망을 가야 되는지 아닌지. 둘 다 실권자로부터 전해들은 소식통의 얘기였으니까요.

민주산악회 이야기

김영삼 단식에서 민주산악회 언급을 하셨는데 선생님도 민주산악회의 멤버셨나요?

나는 민주산악회 나갔던 적은 없습니다. 내가 다녔던 산악회는 거시기산우회라는 이름의 산우회가 있었어요. 그 얘기를 먼저 해야 될 것 같네요.

원래는 1960, 70년대부터 이돈명 변호사가 산을 다녔습니다. 이중재라고 국회의원 하던 사람이 몇년 전에 자기 선거 소송을 제일합동법률사무소에 의뢰를 했던 거예요. 그러면서 제일합동에 드나들게 되고 이중재하고 이돈명 변호사하고 다 친화력이 있으니까 서로 말도 놓고 친구 사이가 됐죠. 이중재의 고향 친구 중에 정익룡이라는 사람이 산을 다니는데, 너도 한번 다녀보지 그러냐 그래서 함께 산에 다니게 되었대요. 그 모임에 이미 일행이 있었어요. 김영덕이라는 화가도 있었고, 몇몇 사람들이 함께 다니는 아주 작은 친목 산우회였죠.

한편 나는 이호철하고 불광동 한 마을에 사니까 가끔 동네 산에도 가고, 때로는 설악산도 갔는데 언제부턴가 이돈명 변호사가 다니던 산우회에 합류했어요. 이후 멤버가 점점 늘어나면서 당초의 이돈명 변호사가 만든 산우회를 구(舊)팀이라고 불렀죠. 그런데 이돈명 변호사가 그다음부터 재판 관련해서 본인과 연을 맺은 사람들을 한명씩 한명씩 참여시킨 거예요. 가령 백낙청, 리영희 필화사건을 맡으면 리영희, 백낙청이 너도 나와라, 또 박현채 재판을 맡으면서 박현채랑 친해지니까 너도 나와라, 그러면서 송건호, 박현채가 모시고 나온 변형윤, 이호철이 주선한 조태일 시인, 박석무 등등 꽤 명사들이 거기 참여하게 된 거죠. 이돈명 변호사가 상당히 친화력이 있어요.

이 산우회가 1970년대 중반부터 매주 이어집니다. 대개 일요일 아침 6시에 세검정 삼거리에서 만나요. 구기동, 대남문 쪽으로 올라가다가 보면 왼쪽으로 빠지는 길이 있어요. 계곡과 능선을 넘어가지고 태고사라는 절에 가서 아침 겸 점심을 먹습니다. 그리고 우이동 쪽으로 넘어오면 대략 11시경이 돼요. 이돈명 변호사는 그때는 막 뛰어다녔어요. 이 산악회는 상당히 오래 지속이 됐습니다. 몇년 하다보니까 사람들이 자꾸 불어나죠. 모임에 들어오고 싶다고 하는 사람이 있을 정도로 우리 산우회에 대한 소문이 밖으로도 많이 나 있었죠.

당시는 저와 조태일 시인이 나이로 이 산우회의 막내였는데, 어떻게 하다보니 이돈명 변호사는 대장이 되고 저는 총무 역할을 하게 됐어요. 산에 오면 변형윤 선생이 5천원씩 회비를 받아요. 그것을 침을 묻혀가며 몽당연필로 수첩에 내역을 적습니다. 그 돈이 쌓여 1980년대 말에는 작은 평수의 콘도 하나를 산우회 이름으로 사서 회원들이 이용했지요. 뒤에 산우회 이름으로는 안 된다고 해서 할 수 없이 제 이름으로 등기를 했어요. 그러다보니 제가 산우회 자산을 독점한 꼴이 되었어요. 거시기산우회라는 이름은 초기 회원 중에 한분이 말씀할 때마다 '거시기 거시기' 했던 데서 나왔습니다.

산에 다닌다는 것은 건강상에도 아주 좋은 취미라고도 할 수 있겠지만, 산에 다니면서 배우고 느끼는 것도 참 많았습니다. 산에서 음식을 먹을 때는 각자가 음식을 가져오거나 지금은 안 되지만 불을 피워 취사를 합니다. 그 과정에서 세상의 다양한 정보를 교환하고 또 친교도 합니다. 산행은 이돈명, 변형윤, 리영희, 송건호, 박현채, 이호철, 백낙청 이런 분들로부터 많은 것을 배우는 시간이었습니다. 그리고 원정산행을 통해 우리나라의 산하에 대한 새로운 이해도 할 수 있었고요. 서울에 북한산이 있다는 것, 우리가 함께 산행을 다니면서 하나의 산우회를 이루었다는 것을 저는 매우 다행스럽게 생각합니다. 매주 일요일이 우리들에게는 기다려지는 날이었어요.

1980년대 들어 YS가 산악회를 하게 된 건 1차 연금이 끝나고 나서입니다. 김동영이 YS에게 본인이 취미로 가끔가다 산에 올라가는데, 산에 가면 기분도 좋고, 정서도 많이 순화되니 난세에 그러지 말고 같이 산에 다니십시다 이래서 처음에는 김동영, 김덕룡, 최형우를 비롯한 몇명이 산에 다니다가 그게 커져서 민주산악회가 된 거예요. 그러다보니까 자연스럽게 비서실장인 김덕룡이 YS를 모시고 가게 되고, 김덕룡이 나한테 와서 산에 대한 자문을 구한 거죠.

처음에는 산악회가 친목 비슷하게, 자기 위안, 취미 이런 걸로 시작을 했는데, 사람이 늘어나고, 거기서 정보 교환도 이뤄지니까 이게 점점 커져서 민주산악회가 하나의 정치단체화하기 시작을 합니다. 상당히 커진 거죠. 산행의 격식과 산에서의 의례 등이 마련되고, 민주산악회라는 이름에 걸맞는 행사가 산 위에서 치러지곤 했습니다.

민주산악회가 나중에는 엄청난 조직으로 확대가 됩니다. 특히 1985년 2·12총선에서 YS의 지시에 의해서 풀가동을 해가지고 전국에 신민당 돌풍을 일으킵니다. 종로에서는 민주산악회 사람들이 동 단위로 책임을 맡아가지고, 그때는 전화하는 게 일이니까, 한 사람이 하루에 전화를 500통 이상 돌렸다고 합니다. 그래서 종로에서 이민우를 당선시키는 데 중요한 역할을 하죠.

그게 나중에 YS가 대통령 될 때에는 민주정의당(민정당), 통일민주당(민주당), 신민주공화당(공화당)하고 3당합당해서 통합정당으로 민주자유당(민자당)이 출범은 했는데 민정당 조직과 민주당 조직은 빙탄불상용(氷炭不相容)이죠. 출생부터가 다르니까 민정당은 큰 데 반해 민주당 조직은 형편이 없어요. 민정당 쪽은 자기들 필요할 때만 도와주고, 아니면 꿈쩍도 않으니 어떻게 할 도리가 없는 거죠. YS가 좌지우지할 수 있는 건 민주당 조직뿐이고. 그래서 그 대안으로 생각을 한 게 민주산악회였어요. 그때는 민주산악회에 서로 들어오려고 할 때였으니까. 회원이 몇십만명 됐다고 해요.

처음에는 연금 상태에서 갑갑하니까 한번 나가보자 하고 시작된 거니 처음부터 정치적 영향력을 가지게 될 거란 생각이 있었을 리가 없죠. 그분들은 원래 산에 다니는 분들이 아니었어요?

아니죠. 대개 처음에는 옛날 YS와 민주당을 하던 사람들이 전부 연금 상태에 있거나 탄압받는 상태에 있었는데 산에 가면 사람들을 만날 수 있으니까 자연스럽게 산악회에 참여한 거죠. 일반 사람들 중에서도 '어, 그런 거 나도 끼워달라' 해서 민간인들이 거기에 참여한 경우가 반, 원래 당 생활을 하던 사람들이 반 정도 된다고 봐야 되겠죠.

아주 희한한 돌파구를 찾았네요. 공식 활동이 불가능한 상태에서 산이라는 돌파구를 찾았는데, 거기에서 선생님의 역할은?

나는 다만 김덕룡이 와가지고 말하자면 산에 가서 YS가 무슨 말을 하면 좋겠냐, 이러이러한 메시지를 내거나 연설을 하려고 하는데 정리를 좀 해달라거나 또는 어디 가서 산행 표지석을 세우는데 거기에 쓸 문구를 적어달라 하는 일로 비교적 자주 만났습니다.

민주산악회 사람들이 김영삼 단식투쟁 때는 YS의 단식투쟁 소식을 알리고 단식 성명서를 뿌리는 일에도 아주 열심이었어요. 그때 YS가 단식하고 있다는 게 신문에 한줄도 안 나왔거든요. 진천에서 황새가 죽은 뉴스를 1면 톱으로 내보내고 그럴 때였죠. 김영삼이 단식하고 있다는 구체적인 내용이 나오는 게 아니라 '정치현안'이라는 표현으로 뭉뚱그려버리고. 그래서 민주산악회 사람들이 어떤 사람은 몸소 필사를 하고 어떤 사람은 복사를 해서 이웃사람들한테 나눠주고 길거리에서 뿌리고 그러다 연행된 사람도 많고. 버스 타고 가다가 몇장씩 뿌리기도 하고 그랬어요. 민주산악회 사람들이 몸으로 민주화투쟁을 한 거죠. 말하자면 홍보 역할을.

당시 언론은 무슨 암호문서 같기도 했어요. '정치현안에 대해 긴급회의를 가졌다' 이렇게 써놓으면 극소수 외엔 알 수도 없는 상태 말입니다. 국민을 캄캄한 상태에 두고, 크낙새 기사가 1면에 나고요.

그러다가 이우태가 민주산악회의 산악대장이 됩니다. 이우태는 원래 충청북도 제천 백운면 사람이래요. 이 사람이 6·25 때 통신사 기자를 하다가 산에 들어가 빨치산으로 활동도 했습니다. 그뒤에 1963년인가 그 당시 야당인 민중당에서 전국구 국회의원을 한번 했어요. 이우태가 1981년에 민주산악회 부회장을 맡으면서 조직이 더 활발해집니다. 이우태가 민주산악회의 회가(會歌) 가사도 썼고, 곡은 이우태 딸이 붙였다고 해요. 이우태가 산악대장으로의 역할을 꽤 잘했나봐요. 가령 월악산을 간다 그러면 자기가 먼저 답사를 가서 쉴 자리, 모일 자리, 밥 먹을 자리 같은 거를 챙겨 보고 당일에 안내를 했다고 합니다.

김대중·김영삼의 「8·15 공동성명」

당시에 YS 입으로 나오는 각종 문구에 대하여, 정보부 사람의 의심이든, YS 측근이든 저 문구를 누가 써서 제공하지? 그런 류의 궁금증이 나돈 적은 없습니까? 단식 성명도 그랬지만 단식이 끝나고, 특히 YS와 DJ 사이의 「8·15 공동성명」은 너무 잘 썼더라고요. 그때 저는 대학원생이었는데 '이거 누가 썼지?' 하고 궁금했었거든요. 한국과 미국에서 서로 떨어져 있으니까 복잡한 소통 과정이 있었을 거 아니에요. 성명에 나온 표현들이 굉장히 수준이 높고 적절하다고 생각했습니다. 저도 그런 생각을 했으니까 그 주위 사람들은 더더욱 '야, 이거 YS, DJ가 어떻게 소통해서 나왔지?' 하는 생각을 했을 것 같고, 혹은 당국은 '저 둘이 연결된 통로가 뭔지 찾아내!' 이렇게 했을 것 같은데요.

찾아내려 했겠죠. DJ쪽에서는 문익환, 문동환 등을 통해서 공동성명 내자고 연락이 왔다갔다 하고 YS쪽에서는 최기선 등이 연락책이었

다는 건 아마 정보 쪽 사람들도 알고 있겠죠.

그런데, 그 문장이 나온 경위는 모른다? 그럼 어떻게 선생님이 쓰시게 된 겁니까?

처음에 자기들끼리, YS는 DJ에게 '당신이 미국에 있어 좀더 자유로우니 그쪽에서 써라', DJ는 YS 보고 '국내에서 당신이 단식도 주도하고 했으니까 그 연장선에서 당신이 해라' 하다가 결국 김영삼이 맡게 됐어요. 그러니까 자연스럽게 그 성명이 나에게 떨어진 과제가 됐죠.

상세히 들어가봅시다. 김영삼과 김대중의 사이가 벌어져 있었잖아요. 뭔가 앙금도 좀 많이 남아 있고. 그다음에 김영삼이 단식을 하고, 단식 끝나고 공동성명으로 가는데 뭔가 복잡한 의사소통이 있을 거 아니에요. 그걸 아는 범위 내에서 한번 말씀해주시죠.

김영삼이 단식을 하고 있을 때 여러 사람들이 지지성명을 냅니다. 김대중이 워싱턴에서 제일 먼저 지지성명을 냈어요. 당시에 한완상이 미국에 있었는데 미국에서도 김영삼 단식에 즈음해서 호응하는 데모를 벌이고 김대중하고 같이 한국 민주화를 위한 행진도 하고 집회도 갖고 그랬어요. YS 쪽에서는 일반 외신 관계나 미국 대사관 접촉을 최기선이 했습니다. 최기선이 영어를 잘한답니다. 공식적으로는 최기선이 외신 담당 비슷하게 대외관계 소임을 맡았죠. YS가 단식을 한다 그러면 최기선이 미국 대사관에 가서 그 메시지를 전했습니다. 5월 2일 날짜로 되어 있는 「국민에게 드리는 글」은 5월 16일 AP통신에서 발표

됐는데, 그 운반도 사실 공식적으로는 최기선이 다 한 것으로 돼 있습니다.

YS가 단식을 하고, 미국서 동조 단식을 하고 행진을 하니까 문익환도 YS한테 왔다갔다 하고, 또 지지성명도 내고, 지지단식도 하고 그랬어요. 문익환 목사가 공동성명을 내는 데도 대화의 일익을 담당했다고 들었습니다. 미국 DJ 쪽과는 문익환 목사 동생인 문동환 목사를 통해서 했을 겁니다.

잠깐, YS 쪽에서 하겠다고 했고, 그다음에 YS는 김덕룡 통해서 김정남 선생에게 요청하라, 이렇게 되는 거군요? 그러면 우리 선생님은 상의하지 않고 혼자서 씁니까?

그렇지. 대개의 경우 혼자 쓰죠. 상의할 데가 없죠.

아, 그런가요. 아주 다수가 숙의한 끝에 나왔을 것 같았거든요. 써서 그다음에 어디로 연락합니까?

다시 김덕룡을 통해서 YS에게 전달을 하는 거죠.

얘기를 듣다보면 김덕룡이 거의 모든 연락을 담당하고 있는데, 김덕룡과는 보통 연락을 어떻게 합니까? 전화로 합니까?

전화도 하고, 약속은 암호로 하기도 하는데 문건을 운반하려면 만나야죠. 그 무렵에는 김덕룡과 그 주변 사람들이 생활이 상당히 어려우니까 무교동에 음식점을 하나 하고 있었어요. 거기 손님으로 가서 만나기도 하고 김덕룡의 사적인 비선라인을 통하기도 했습니다.

김덕룡하고 통화가 안 될 경우는 김덕룡 부인한테 전화를 해서 언제 어디로 나와달라고 전해서 김덕룡과 만나기도 하고 아니면 내가 김덕룡 부인에게 직접 전달을 하면 김덕룡 부인이 김덕룡에게 전달을 하는 방식을 취했죠.

김덕룡을 직접 만날 때는 주로 다방에서 봤던 것 같아요. 다방 말고는 김덕룡이 잘 가는 몇군데가 있었는데 그중 하나가 김덕룡의 경복고 후배가 하는 무교동에 골프연습장이 있었고요. 그 골프연습장 주인과 운영자가 김덕룡의 경복고 후배들이었습니다.

저는 이런 중간 메신저에게 각각의 가치를 좀 부여해주자는 겁니다. 그 경복고 후배도 나름 역할을 한 거 아니에요? 뭘 전해달라고 할 때 이거 약간 위험하지 않나 싶은 느낌이 있지 않았을까요?

위험하다고 느꼈겠죠. 자기들끼리는 그게 얼마나 위험한 일인지 알죠. 두렵지만 안 맡을 수가 없었겠지요. 보이지 않게 이런 역할을 한 사람들이 많습니다. 사적인 관계지만 동지 비슷한 관계가 아니었을까 싶어요. 그때 무교동에 주로 거점 역할을 한 사람이 이두룡이라는 친구가 있어요. 우리보다 한두해 아래고 서울대 문리대 중문과 나온 친군데, 그 친구가 김덕룡의 아주 충실한 후배 역할을 많이 했지요.

그 친구가 무교동 골프연습장 지배인을 했는데, 말을 전해주기도 하고, 내가 그쪽에 뭘 맡겨놓으면 그 친구가 운반해주기도 하고, 김덕룡 쪽에서도 그 친구한테 나에게 전할 메시지를 남겨놓으면 이두룡이 전화로 나한테 연락이 오고 그랬어요. 그때 뭘 했고, 어떤 채널로 연락했고 이런 건 일일이 기억이 잘 안 납니다.

글을 YS에게 전할 때, 육필로 줍니까 아니면 타이핑을 합니까?

내가 지금 일일이 기억은 안 나는데, 그때 야당이라는 게 참 보잘게 없었습니다. 실제로 비상사태 비슷하게 억압당할 때는 오히려 재야보다도 못했어요. 타자 하나 마음 놓고 칠 데가 없을 때도 있었으니까. 타자가 꼭 필요하면 내가 제일합동법률사무소에 가서 타자를 쳐서 전한 적도 있고, 대개의 경우는 일단 육필로 전하죠. 나도 다른 방법이 없으니까.

육필로 전하면 글씨체가 다 남잖아요.

그쪽은 받으면 그걸 옮겨 쓰거나 바로 없애죠. 그런 건 김영삼 동네 쪽이 아주 철저합니다. 글이든 문건이든 지우고 없애고 하는. 그런 탓인지 거기 남아 있는 자료가 없어요.

늘 불태워버리는 건가요, 들어오면?

글쎄요. 뭐 알아서 했겠죠. 그뒤에는 파쇄기가 생겼지만 그 전에야 어떤 식으로든 처리했을 겁니다.

보안에 대한 비상한 노력은 계속해야 되는 거죠. 그런 면에서 김덕룡이 상당히 역할을 한다는 걸 알고 있지만, 거기에 대해서 뭘 불었다거나, 그거 때문에 탈이 났다거나 한 일은 일체 없는 것 같아요.

없어요, 굉장히 잘한 거죠.

연락하는 라인 전체가 드러나지도 않으면서 각자 필요한 일은 하고?

그렇습니다. 김덕룡이 입도 무겁고 비서로서 아주 완벽한 사람이죠. DJ가 항상 탐냈다고 하지 않습니까. 나한테도 김덕룡 같은 비서가 하나 있으면 좋겠다고 했다는 말이 아마 전혀 과장이 아닐 겁니다.

DJ는 그런 비서가 없습니까?

YS에게 김덕룡은 어떤 사안이든 상의할 수 있는 사람이었죠. 그렇게 애오라지 믿고 상의할 사람은 흔하지 않습니다. DJ 같은 경우는 각각의 상황에 맞게 부릴 수 있는 사람은 많이 있지만 그 모든 걸 폭넓게 마음 놓고 상의할 만한 사람은 없었다고 봐야죠. 대개의 경우 심부름을 하는 가신들은 있지만 큰 그림을 상의하고 기획하고 할 정도의 인물은 별로 없었던 것 같아요.

선생님은 문필이라고 할까? 글 하면 김정남, 이렇게 알게 모르게 소문이 났습니까?

제가 접할 수 있는 내에서, 가령 '민주회복국민회의'라는 범위 또 'YS라는 범위'에 한에서는 내가 쓰는 게 제일 낫다는 생각들을 했던 것 같아요. 달리 길도 없었고요. 또 한가지는 비밀을 유지해야 된다는 것 때문에 나를 떠올린 사람도 있었을 테고요. 아까 얘기를 마저 해야 되겠네요. 그래서 YS가 단식 23일째 날에 단식을 중단하는데요. 그때도 김덕룡이 급히 중단성명을 써달라고 해서 "나는 부끄럽게 살기 위하여 나의 단식을 중단하는 것이 아닙니다. 앉아서 죽기보다는 서서 싸우다 죽기를 위하여 나는 나의 단식을 중단하는 것입니다"라는 내용의 단식중단 성명을 냈지요.

'살기 위해 단식을 중단을 하는 것이 아니라 싸우다 죽기 위해서 단식을 중단한다' 아 이런 표현이! 이 정도 표현이 나와야 중단할 때 명분이 확실하게 서는 거죠.

단식 끝날 무렵에 홍남순, 함석헌 이런 분들이 기독교회관에서 동조단식을 하고 있었어요. 미국서는 DJ가 지지성명을 내고, 교포들과 행진도 하고. 그게 최종 끝나는 게 8월 15일 광복절 38주년 기념일입니다. '워싱턴에서 김대중, 서울에서 김영삼' 이런 명의로 「8·15공동성명」을 발표하죠. 이건 내가 신경을 썼던 건데 "민주투쟁의 승리의 날에 우리는 민주투쟁에서 숨지거나 자신의 모든 것을 던진 사람들을 민족의 해방과 독립을 위해 투쟁했던 애국선열들의 반열에 올려놓아야 할 것입니다. 앞으로 이룩될 민주주의는 민주주의를 위해 싸웠고, 싸우다 죽어간 모든 사람들의 피나는 고통 위에서 이룩되는 것이 될 것입니다"라는 내용을 넣었어요. 그때 제가 제일 염두에 뒀던 게 뭔가 하면 보이지 않게 헌신하시는 김한림 선생 같은 분이에요. 이런 분들은 반드시 민족의 이름으로, 민주화의 이름으로, 국민의 이름으로, 합당한 대접을 해야 한다고 생각했습니다. 두 사람이 10·26사태 이후에 단결하지 못해서 이런 불행을 가져온 데 대해서 사죄하는 내용도 넣었고요.

저도 기억을 합니다. "우리 두 사람은 백의종군하는 자세로 하나가 되어 손잡고 우리 민족사의 지상과제를 향하여 함께 나아가려 합니다"라는 표현. 그런데 김한림 선생은 민주화의 이름으로 대접을 못 받았습니까?

못 받았죠. 일찍 돌아가신 탓도 있고요. 1993년에 돌아가셨는데, 우리가 그 양반한테 해준 게 없어요. 나는 그분을 도망다니게도 하고 못된 짓을 많이 했죠. 앞서 언급했습니다만, 내가 그분한테 해드린 거라고는 고희연 하나예요. 김한림 잔치치고는 너무 약소하게 그분의 일생을 위로한 게 그 양반한테 해드린 다였죠. 그때 이 양반은 자기가 도망다닐 때 신세진 사람들을 다 불렀어요. 우리는 미처 생각하지 못한 일이었지만 참 보람이 있었죠.

김한림 선생이나 송영순 선생이나 민주화 이름으로 커다란 훈장을 드려야 되는 분들인 것 같네요. 이 「8·15 공동성명」은 우리 선생님이 집필을 하고 수정 없이 미국 DJ 쪽에서도 다 확인을 하고요?

네. 다 확인을 했죠.

그러면 그때 권익현, 현홍주 이야기가 나오면서, YS단식 성명 뒤에 김정남이 있지 않느냐라고 그랬을 때 그다음에 행동이 주춤했습니까?

별로요. 특별하게 할 수 있는 게 없었죠. YS의 단식이 진행 중이어서 어떤 상황이 벌어질 것에 대비한 준비를 하고 있어야 하니까. 언제나 도망갈 준비는 하고 있었지요. 집을 잠깐 떠나 있는 거야 쉽지만 연락망은 항상 가지고 있었죠. 문제가 있으면 거기에 부응해야 되니까. 그러고 나서 한 10월쯤 됐나, YS가 나를 좀 만나자고 하더라고요. 김덕룡은 감옥에 있는데 김덕룡 집으로 먼저 가 있으라더라고요. 김덕룡 집이 반포에 있었는데, 반포 아파트, 내가 도착하고 얼마 후에 YS가 비서하고 같이 왔습니다. 단식이 끝난 후여서 살이 많이 빠졌더라고요. 만나서 회포를 풀었죠.

어떻게 풀었습니까?

고생했다고 위로하고, 그분은 앞으로 '내가 얘기한 대로 죽는다는 각오로 싸우다 죽겠다' 뭐 이런 이야기들 했던 것으로 기억합니다.

1979년 부마항쟁 직전까지 여당에 선명하게 맞섰던 야당 총재로서, 그리고 1983년 단식 전후의 행적, 그때가 YS가 한국 역사에서 순연하게 빛났던 시점 같아요.

한국 정치사에서 YS의 단식에서부터 1987년 6월항쟁 거쳐서 6·29

선언까지가 한국의 민주화투쟁도, 그리고 YS의 투쟁도 제일 장엄하게 빛나는 시기입니다. 재야와 정치판이 하나가 돼서 모두 하나의 목표를 향해 달려온, 명동성당까지 포함해서 가장 장엄한 시기였죠. 그때 YS가 앞에 서서 잘 싸워줬고 '직선제 개헌 천만인 서명운동'이라든지, '개헌 현판식'이라든지 투쟁의 이슈와 명분을 잘 만들었고, 또 재야 민주화 세력도 만만치 않게 결집되어 있었고, 또 민주산악회의 역할도 컸어요. 산에서 민주화투쟁을 한다는 것은 그것 자체로 독창적인 발상이잖아요. 그게 YS 머리에서 나온 거죠. 산에서 수도를 한다든지 세속을 피해 산으로 들어간다든지 하는 것은 우리가 익히 들어봤지만 산행이 민주화투쟁의 수단이 된 것은 아주 독창적이죠.

그 산이란 게, 산에 가면 정보원들이 따라올 수가 없죠?

일부러 따라오게도 합니다.

옷 입으면 뻔하게 드러나잖아요.

드러나는 걸 크게 괘념치 않았지요. 무엇보다 민주산악회에서 민주화추진협의회로, 그리고 신한민주당 창당과 선거혁명으로 이어지는 과정이 아주 장엄하지요. 저는 YS 단식 1년 뒤에 있었던 민추협 발족 때 그 선언문이라고 할 '민주화투쟁선언'이라는 것을 숨죽여 썼던 기억이 납니다. 민추협 역시 6월항쟁으로 이어지는 역사에서 빼놓을 수 없는 이정표의 하나였습니다.

보도지침 사건

1987년 6월항쟁 전에 있었던 일 중에서 특별히 기억나는 사건이 있으신지요?

제가 2016년 12월에 보도지침 사건과 관련해서 민주언론시민연합으로부터 감사패를 받았습니다. 다소 당혹스럽기는 했지만 그때 그런 일이 있었지 하면서 당시를 떠올렸어요. 1986년 9월 9일 『말』 특집호 「보도지침: 권력과 언론의 음모」와 관련해서 사제단과 민주언론운동협의회(민언협)의 공동 기자회견이 있기 얼마 전부터 나는 당시 민언협의 사무총장이었던 김태홍과 보도지침 폭로 문제를 놓고 협의를 거듭하고 있었습니다.

당시 각 언론사로 권력 당국으로부터 보도지침이 내려온다는 사실은 이미 널리 알려져 있었지만, 그 실체는 공개되지도 밝혀지지도 않고 있었어요. 그러던 어느 날, 김태홍이 나를 찾아와서는 그 실체를 찾아냈다는 거예요. 한국일보 기자 김주언이 신문사에 전달된 보도지침을 대학 동기인 『말』의 이석원에게 가져왔다는 겁니다. 그렇게 두차례에 걸쳐 전달된 1985년 10월부터 1986년 8월 초순까지의 보도지침을 가지고 민언협의 별도 사무실에서 분석·편집 작업을 하고 있다고 하더라고요.

내부고발이었군요.

김태홍은 이렇게 확보한 보도지침을 압수수색당하지 않고 어떻게 공개할지, 현역 기자인 김주언과 인쇄업자의 안전을 어떻게 보호할지를 상의하려고 나를 찾아 온 거죠. 그때 내가 궁여지책으로 내놓은 것이 김주언이 양심선언과 보도지침 전 자료를 사제단에 비밀리에 전달하고, 이를 다시 사제단이 민언협에 제공한 것으로 하자였습니다. 양심선언의 형식을 빌려 김주언의 안전과 효과적인 공개를 이루어낼 수 있다는 것이 당시 내 생각이었습니다.

사제단의 김승훈, 함세웅 신부를 만나 전후 사정을 말씀드리니 두분은 흔쾌히 동의해주셨어요. 이렇게 해서 김주언은 사제단 앞으로 보도지침의 입수 경위를 담은 양심선언을 썼고, 사제단은 보도지침의 제작·배포와 그 이후의 구명운동에도 개입하게 됩니다. 실제로 사제단에서 제작비의 상당 부분을 감당했고, 배포 과정에도 주도적 역할을 했습니다.

예전에도 자주 활용하셨던 가장 효과적인 방법을 택하셨군요.

9월 9일의 기자회견에도 김승훈, 함세웅, 정호경, 김택암 신부가 나와 이같은 사실을 밑받침했습니다. 이날 민언협 송건호 의장이 읽은 「보도지침 자료 공개 기자회견을 하면서」라는 성명 초안은 내가 썼어요. 보도지침의 성격과 본질을 밝히는 글을 신홍범이 썼다는 것은 나중에 알았습니다. 과연 보도지침은 그 자체로 이른바 제도언론의 정체를 폭로한 통렬한 고발장이었지요. 이 발표 얼마 뒤 나는 다른 일로 수배되어 쫓기는 몸이 되었고, 그해 12월, 내 처남 신홍범은 김태홍, 김주언과 함께 구속되었습니다.

5공정권의 언론통제는 특히나 전방위적이고 철저했는데, 거기 균열을 낸 사건이었던 걸로 기억합니다.

원래 보도지침을 공개할 때 김태홍과의 약속은 공개와 동시에 보도지침과 관련한 모든 책임을 김태홍이 떠맡겠다는 것이었습니다. 책임을 지고 자신이 먼저 구속되겠다는 것이었어요. 그러면 김태홍의 진술이 설득력을 가질 수 있어 김주언을 보호할 수 있으리라는 것이 우리의 계산이었습니다. 그러나 무슨 사정이 있었는지는 모르지만 보도지침 공개회견 후에 김태홍은 바로 잠수를 탑니다. 그리고 그해 12월에 김태홍이 체포되면서 보도지침의 출처가 김주언이었던 것도 함께 드러납니다. 결과적으로 김주언을 지켜주는 데 실패했죠.

「1987」 주인공들의 이야기

이제 1987년으로 가는 길을 다시 기억에 따라 걸어갔으면 합니다. 어쩌면 우리 현대사에서 가장 빛나고 장엄한 대목이 아닌가 여겨지네요. 우선 1987년의 30년을 맞은 시점에 나온 「1987」 영화 얘기부터 해 볼까요. 요즘 영화는 가장 대중적인 역사서이기도 하니까요. 그 영화 보셨나요? 어떻던가요?

보는데, 저절로 눈물이 나대요.

거기에 설경구가 분한 김정남의 활약상이 나오잖아요. 영화 속의 그 김정남을 보니까 어떠셨어요?

사실 거기에 나온 장면 자체는 나하고 직접적인 관련이 있는 사안은 아니었습니다. 설경구가 성당 뒤로 도망다니고. 글쎄, 조금 멋쩍긴

하지만… 그러나 실제로 고생은 영화의 그것보다 훨씬 더했지요.

뭐, 성당 위로 올라가고 그런 역사적 사실은 없었지만 실제로 마음 졸이고 고생은 훨씬 더한 그런 상태였고. 전체적으로 영화는 괜찮던가요?

그런대로 영화의 언어로 수습을 잘한 것 같아요. 영화 하는 사람들이 몇번 왔었는데, 내가 뭘 그걸 가지고 하라, 하지 마라 할 수는 없었죠. 대개 양해해달라고 찾아온 것이고, 그 내용 자체를 가지고 나한테 문의하지는 않았어요. 이미 대본을 만들어가지고 왔더라고요. 나중에 보니까 영화는 대본 그대로 되었고요.

1987년 박종철 고문치사 사건에 관련된 선생님의 역할을 할 수 있는 한 상세하게 이야기를 들어봤으면 좋겠습니다. 맨 처음 출발점이 이부영이 잡혀가는 이야기 전후부터 시작해야 될 것 같네요. 수배 중이던 이부영이 잡혀 들어가는 게 1986년이죠?

1986년 10월 22일에서 25일 사이가 아닐까 싶어요. 내가 이부영을 고영구 변호사 집에 숨어 있게 한 지 몇달 된 시점이죠. 고영구 변호사한테 보낸 게 5월 말쯤으로 기억합니다.

이부영은 왜 수배가 된 거죠?

1985년 5·3인천사태 때 장기표, 이부영, 박계동, 여익구 등 상당히 많은 사람이 신민당 현판식을 계기로 민중봉기를 일으키려고 했다는 혐의로 수배가 된 거죠. 5공정권이 어떻게든 잡아넣으려고 했어요.

말하자면 재야의 주요 인물에 대한 총 수배를 내려버린 겁니까?

그렇죠. 민주통일민중운동연합(민통련) 사무처장이 이부영인데, 웬만한 민주화운동 단체들은 전부 다 민통련 산하 단체였어요. 그러니까 그 단체의 주요 간부들이 전부 다 수배 대상이 된 거죠.

5·3인천사태라는 게 직선제 개헌 천만인 서명운동이 전국적 차원에서 번져나가던 중에 일어난 일이죠.

개헌추진의 물결이 남쪽에서부터 시작되어 5월 3일 인천에서 대회를 하기로 했어요. '신민당 개헌추진위원회 경기·인천지부 결성식 및 현판식'을 2시에 하기로 했는데, 물론 그거는 개헌 천만인 서명운동의 일환이었지요. 운동권 세력은 일찍 가서 10시에 시위를 하기도 했는데, 그걸 빙자해가지고 완전히 집회시위를 봉쇄하고, 경찰 병력으로 막아 경기·인천지부 개헌 현판식은 하지도 못했어요. 그리고 대량 수배령을 내리면서 현판식에 함께 참여하려던 재야 민주화운동 사람들은 도망다니게 됐습니다.

저도 옛날에 그랬습니다마는, 운동하는 사람들은 도망다닐 때도 내가 그냥 아무도 모르는 데 가서 숨어 있다고 안전한 게 아니다, 계속 활동을 하면서 연락을 해야 내 안전을 도모할 수 있지, 연락을 차단하면 안 된다는 인식을 대개 가지고 있었어요. 그러니까 도망다니는 중에도 서로서로 연락을 한단 말이에요. 그때는 전병용이 교도관을 그만뒀을 때인데, 자기 딴에는 좀 배짱 좋게 한다고, 자기 집에 누구나 와서 있어도 좋다고 했어요. 그래서 수배자들의 1차 피신처로 많이 이용됐었죠. 항상 문이 열려 있었거든요. 장기표도 당시에 전병용 집에 수시로 들락날락 했었죠. 이부영도 수배되고 갈 데가 없으니까 처음에는 전병용 집에 가서 한 며칠 머물렀어요. 기록상으로는 그렇게 돼 있습니다.

장기표가 잡힌 날이 5월 22일인가 그래요. 그때 장기표는 전병용 집에 있었고, 이부영이 밖에서 전병용한테 전화를 했는데, 아마 통화 도중에 전병용이 '하원이 아빠'(장기표)가 우리 집에 있다 이런 얘기를 했는가봐요. 그게 도청이 됐는지 하여튼 경찰이 전병용 집에 쳐들어와가지고 장기표가 잡혔어요. 이 사람들은 장기표라는 거물을 잡았니까 장기표를 숨겨준 전병용은 미처 데려갈 생각을 못한 거죠. 그때서부터 전병용은 범인은닉으로 수배가 돼서 도망다니기 시작을 합니다.

그 일이 있으니까 이부영은 이제 전병용 집에는 있을 수도 없고 도망다니는 것도 점점 쉽지는 않아지니까 나보고 있을 데가 없냐 그래서 제가 고영구 변호사한테 얘기를 했어요. 고영구 변호사가 '내가 직접 민주화투쟁에 나가서 싸우진 못하지마는, 그런 일이야 해야지' 그러면서 자기 집에 와 있게 해라 이래가지고 이부영을 고영구 변호사 집에 숨어 있게 했죠. 그 집이 변호사니까 다른 집보다는 잘 먹고, 이부영이 지내기에 일단은 편안하죠. 그 당시에 이부영이 가끔 나가서 수배자들끼리 만나면 그중에서는 이부영이 제일 살이 통통하게 오르고, 얼굴이 뽀얗고 그랬던 거예요. 여익구는 지금은 돌아가신 오현 스님이 숨겨줬어요. 도망자들끼리 만난 자리에서 여익구가 이부영한테 '형 도망다니면서 어떻게 얼굴이 전보다 더 좋아졌다'라고 우스갯소리를 했다는 얘기도 들렸습니다.

고영구 변호사 집은 역촌동이고 나는 불광동 사니까 이부영이 시내 나왔다 들어가면서 가끔 나한테 전화를 해서 만나곤 했어요. 그 시절 웬만한 연락은 직접 또는 인편으로만 했어요. 꼭 필요하거나 불가피한 경우에만 전화를 이용했습니다. 내 전화가 도청되고 있다는 것을 항상 염두에 두고 살았어요. 또 가능하면 공중전화를 이용했지요. 전화번호 같은 건 기록해놓지 않고 머릿속에 외워서 기억했어요. 전화를 걸어서 원하는 상대가 나오지 않으면 끊어버려야지, 내가 누구라고 말하거나 전해달라는 얘기 따위는 하지 않지요. 원하는 상대를 바로 목소리로 확인할 수 있는 건 큰 행운이죠. 내가 전화를 받으면 '그럼 술 한잔할까' 이러면서 나가서 술 한잔하고 이런 일도 몇번 했던 것 같아요.

이부영이 잡히던 날도 그런 식으로 이부영이 밖에 나갔다 들어오다가 전화를 해서 만난 날이었습니다. 전화로 '그럼 거기서 보자' 하고 만났죠. '거기서'라는 게 연신초등학교 앞에 있는 조그만 생맥주 집이에요. 도망자는 항상 그렇듯이 문을 향해서 앉게 돼요. 시선이 밖을 향해야 되니까. 그날도 이부영은 문쪽을 향해 앉아 있고, 나는 이부영 앞에 마주앉아 있었습니다. 문이 열리고 누가 들어왔는데 이부영의 얼굴이 하얘지더라고요. 그 사람도 이부영을 봤을 거 아니에요. 그런데 이부영을 바로 검거하지 않고 휙 지나쳐서 가게를 한바퀴 돌고 나가는 거예요. 내 생각에는 우리 전화를 도청해서 연락을 받은 정보부원이 그 근처를 뒤지다가 거기까지 들른 게 아닌가 싶어요. 이부영은 그 사람 나간 뒤에 '저 친구가 정보요원 같다. 내가 본 놈 같다. 어떡하지' 그래서 내가 '이 가게 뒤로 담을 넘어서 갈 수 있을 거다, 나는 여기서 버티고 있을게' 해서 이부영은 도망을 갔죠. 나는 거기서 한참 버텼어요. 한시간 넘게 버텼는데 아무 일도 일어나지 않았어요.

이부영은 도망갔고요?

도망갔죠. 그날 저녁에 나는 거시기산우회 사람들하고 3박 4일 지리산 가을 산행을 가기로 약속한 날이었거든요. 그날 밤차를 타고 가기로 했는데, 이게 걱정이 돼서 갈 수가 없는 거예요.

이부영 잡힌 줄은 아직 모르고 있는 거죠?

아직 모르는 거죠. 그렇다고 또 고영구 변호사 집에 전화를 해서 물어보기도 어려운 거예요. 혹시 이게 도청되는 건 아닌가 조심스럽고, 설사 이부영이 잡혔다 하더라도 이 밤에 고변호사에게 연락해서 걱정을 끼쳐드리는 것도 예의가 아니고, 내일 아침에 변호사 사무실로 연락을 해보면 이부영이 어제 저녁에는 안 들어왔다든지 말을 해줄 테니까 알겠지 하고는 밤새 초조하게 기다렸죠. 그리고 새벽에 지리산으로 갔어요. 그 양반들이 묵고 있는 곳을 아니까 지리산 뱀사골 산장 밑에 민가에서 합류를 했어요.

지리산 산행을 갔다와서도 며칠은 아무 일이 없었어요. 아무 일이 없으니까 더 불안하죠. 그런데 권근술이라고, 나중에 한겨레신문사 사장을 했는데, 나랑 이부영이랑 서울대 동기입니다. 또 이부영하고는 동아투위 멤버이기도 하고요. 권근술이 이부영 때문에 남영동에서 조사받고 나왔다는 소식을 들은 거예요. 그 말을 듣고는 조짐이 좋지 않아서 내가 일단 집을 나와서 그날은 고영구 변호사 집에 가서 있었어요. 다음 날 아침 뉴스를 보니까 어젯밤에 우리 집을 덮쳐서 가택수색을 했다는 뉴스가 짤막하게 나오더라고요.

김정남이란 이름이 나왔어요?

네, 이부영과 관련해서 도피방조와 범인은닉 혐의로 김정남 집을 가택수색 했다고. 김정남은 없고 뭐 책은 몇권 가져갔겠죠. 그래서 이부영이 잡혔다는 건 확실해졌죠.

고영구 변호사가 그 집안에서 둘째인데, 여든이 넘은 노모를 모시고 있었어요. 그리고 부인이 황국자라는 분인데 그때 신경성 위경련을 앓고 있었대요. 내가 이부영을 그 집에 소개할 땐 몰랐죠. 이부영이 한번은 찾아와서 사모님이 신경성 위경련을 앓고 있고 노모가 여든이 넘었는데, 내가 만약 잡히면 고영구 변호사도 필경 구속이 될 텐데 그럼 그 집이 어떻게 되겠냐, 그런 일이 일어나지 않기를 바라지만, 만약 내가 그 집에 있다가 잡히는 건 어쩔 수 없어도 다른 데서 잡힌다면 다른 집에 있었던 걸로 만들어줄 수 없겠냐 얘기를 하더라고요. 그래서 제가 이돈명 변호사한테 가서 조심스럽게 여쭈어봤죠. 사실 이부영을 내가 어느 집에 숨겨주고 있는데, 그 집의 사정이 이러이러해서 만약 이부영이 잡힐 경우가 염려가 되는데 혹시 이변호사님 댁에 있었던 걸로 하면 어떻겠냐 하고 물으니까 이돈명 변호사가 의외로 선선하게 '그렇게 하지 뭐' 이렇게 얘기를 하신 적이 있어요.

이부영이 그날 그렇게 도망을 갔으니까 나는 이돈명 변호사한테 그 얘기를 안 할 수가 없죠. 지리산 산행에 따라가서 '이부영이 나랑 있다가 정보요원을 보고 도망을 갔는데 잡혔을지도 모르겠고 그럼 선생님

집에 있었던 걸로 얘기를 할지 모른다. 그러니까 대비를 하셔야 될 것 같다' 말씀을 드렸죠. 그러고는 산행을 하고 돌아온 뒤에도 며칠 동안은 아무 소식이 없었어요. 이돈명 변호사 연행된 날을 찾아보니까 10월 29일로 되어 있더라고요. 그날 이돈명 변호사도 제일합동법률사무소에 있고 나도 거기 있었는데 일단의 경찰들이 와가지고 이돈명 변호사를 연행하려고 하는 거예요. 그런데 이돈명 변호사가 용감하게 대처를 잘하시더라고요. 그날이 마침 2시에 혜화동 성당에서 유현석 변호사의 아들 결혼식이 있는 날이었어요. 이돈명 변호사가 내 친구 아들 결혼식이 있고, 그 아들이 나한테는 조카 같은 애니까 결혼식 참석하고 연행해가면 안 되겠냐 하시더라고요. 경찰들이 동행하는 걸로 해서 2시에 결혼식을 보고 연행이 됐어요. 그걸 보고 나는 이제 더 불안해졌지요.

아니, 선생님도 그 사무실에 있었다고 했잖아요.

있었죠.

이미 김정남 가택까지 습격했지만 그날은 이돈명 변호사 잡으려고 왔으니까 다른 사람들은 안중에 없었다는 거네요. 잘못하면 같이 잡힐 뻔했군요.

그렇죠. 내가 이 모든 걸 기획한 셈이니까 일련의 사태들이 다 너무 걱정이 되죠. 저는 이돈명 변호사가 잡혀간 그날 저녁에 이돈명 변호사 집에 일찍 갔어요. 이돈명 변호사 잡혀갔단 얘길 듣고 그 집에 정호경 신부를 비롯해서 많은 사람들이 와서 이런저런 걱정을 하고 있었어요. 그 집은 큰 손님을 치른 셈이죠. 그 집 큰아들이 이영일이라고 서울법대를 나와서 한국은행에 다니고 있었는데 그날 손님들 접대한다고 아버지 집에 와 있었습니다. 저녁 9시쯤 돼가지고 사람들이 다 돌아가고 저도 돌아가야 되는데 영일이가 그날은 안 가고 그 집에 있겠다고 자기 아내한테 전화를 하더라고. 아버지 집에 손님들도 오시고 해서 오늘은 여기서 자고 가겠다고 전화통화하는 소리를 내가 들었어요. 나는 갈 데도 없고 또 사모님한테 죄송스럽기도 하고, 그 집에서 전에도 잔 일도 있고 하니 하룻밤 머물기로 했지요.

그런데 밤 12시에 경찰들이 대량으로 들이닥쳐서 이돈명 변호사 집을 포위하고 이영일한테 가택수색을 해야 되겠다는 거예요. 아마 영일이가 자기 부인하고 통화할 때 도청이 된 모양이에요. 손님이 있다는 소리를 듣고는 나를 염두에 두고 쳐들어온 건지는 모르지만 하여튼 그 사람들이 와서 집을 수색했어요.

나는 영일이가 '무슨 일 때문에 그러냐, 영장 없는 가택수색은 안 된다' 이런 말이라도 하면서 좀 버텨주기를 바랐죠. 그런데 너무 쉽게 들어와서 보시라고 그러는 거야. 나는 빨리 이돈명 변호사 안방에 있는 화장실로 들어가서 숨었어요. 그리고 경찰들이 안방에 와서 휘 둘러보기까지 했어요. 그런데 안방에 화장실이 있는 걸 미처 몰랐던 모양이야. 그래가지고 가까스로 안 잡힐 수 있었죠. 이변호사 아들도 말하기를 참 천행이다, 그때 경찰을 막으면 의심할 것 같아서 그냥 들어오라고 했다고 하더라고요. 그날 참 다행히 무사하게 넘겼죠. 그리고 그다음 날 아침에 이돈명 변호사 사모님이 세종로성당으로 새벽미사 나갈 때 따라나와서 도망을 쳤어요. 그때 아주 위험한 고비를 한번 넘긴 셈이죠.

그때는 나이도 꽤 있고 하니 도망다니는 게 상당히 힘들었어요. 젊을 때는 그냥 남의 집에 가서 땡깡도 좀 부리고, 미안하지만 며칠 있어야 되겠다 말도 하고 그랬는데 나이가 드니까 이제 어디 가는 것도 엄두가 안 나고 갈 데도 영 마땅치 않더라고요. 전병용하고 옛날에 교도관을 같이 했던 사람이 상일동에 살고 있었는데, 그 가족들하고도 친했어요. 나도 안면이 있는 사람이었고. 전병용도 그때 수배 중이어서 초반에는 전병용이 거기 가 있자고 하기에 그 사람 집에서 한달여 정도를 같이 있었던 것 같아요. 그래도 계속 불안하죠. 그래서 하루는 어떻게 해야 하나 망설이다가 고영구 변호사한테 전화를 했어요. 그랬더니 고변호사가 만나자고 해서 만났는데 처음부터 나를 당신 집에 데려가기 위해 만나러 온 거더라고요. 사실 겉으로야 사양하는 척했지만 솔직히 불감청(不敢請)이언정 고소원(固所願)이지. 고변호사가 오라고 하니까 고마웠죠. 그 집에 들어가서 한참을 지낼 수 있었어요.

고변호사 가족은 이미 이부영이 잡혀간 것 때문에 계속 불안해하고 있을 거 아니에요? 이름 혹시 나올까봐.

아니, 그때는 이미 상황이 종료된 후였어요. 그 일이 벌어질 때 이돈명 변호사가 천주교정의평화위원회의 위원장을 맡고 있었어요. 평신도로서는 상당히 중요한 역할을 맡고 있었던 거죠. 그래서 이돈명 변호사가 잡혀가고 난 뒤에 제가 제일 먼저 한 일 중 하나가 이변호사가 잡혀 들어간 사실과 경위를 추기경한테 편지로 전한 겁니다. 누굴 통해서 했는지 그 전달 경로는 지금은 잘 기억이 안 나요. 그러고 홍성우, 황인철, 조준희, 고영구 변호사를 다 불렀어요. 세검정 쪽 평창동에 있는 다방에서 저녁 무렵에 만났어요. 제가 이돈명 변호사가 구속된 경위를 자세히 설명을 했죠. 그때는 고영구 변호사도 이돈명 변호사가 잡혀 들어갔다는 건 알았지만, 왜 들어갔는지는 구체적으로 몰랐다가 그날 제가 얘기를 해서 알게 된 거예요.

그러니까 고영구 변호사가 '그러면 내가 들어가야지 왜 형님이 들어가냐. 내가 자수하겠다' 이러면서 울고, 나도 울고, 다른 변호사들도 다 울었어요. 그럼 어떡해야 되냐 논의를 하는 와중에 고영구 변호사는 지금이라도 사실은 내가 숨겨준 거다 자수하고 이변호사를 빼줘야 한다고 주장을 했습니다. 다른 변호사들이 저쪽에서 이돈명 변호사를 잡아넣고 거물을 잡았다고 지금 크게 한건 했다고 생각을 하고 있는데 고변호사가 자수해도 이변호사는 결코 내주기 힘들 거라고 했어요. 이미 이변호사가 자기 집에 있었다고 시인을 했을 테니까 고변호사가 진실을 말해도 경찰을 속였다면서 위계에 의한 공무집행방해든 뭐든 걸고 그리 쉽게 내주진 않을 거다. 그럼 이돈명 변호사도 잡혀 있는 상태에서 고영구 변호사도 잡혀 들어가게 될 테고 그럼 둘 다 들어가는 것이 되지 않냐, 그거보다는 그냥 이 상태로 대책을 강구하는 게 낫다는 결론이 났어요. 고영구 변호사가 끝까지 승복하지는 않았지만 하여튼 자수는 못하게 하는 쪽으로 낙착이 됐어요.

그럼 그때 모인 분들이 홍성우, 황인철, 조준희 고영구, 김정남. 다섯 분이 모여서 선생님이 이야기를 먼저 꺼내셨겠네요. 다른 분들은 이돈명 변호사가 왜 잡혀갔는지도 몰랐던 거잖아요. 정말 깜짝 놀랄 일이겠네요. 처음 듣는 분들은. 이돈명 변호사가 잡혀간 것도 놀랄 일인데,

사실은 실제로 숨겨준 사람은 고영구 변호사라는 것도 깜짝 놀랄 일이고요.

그게 변호사들로서는 엄청난 위기감을 느꼈을 것 같아요. 인간적으로나 종교적으로 보면 동료애와 자기희생, 혹은 "의를 위하여 핍박을 받은 자는 복이 있나니"와 같이 미담의 정점을 찍을 정도로 숭고한 부분인데, 법률적으로는 난감하거든요. 왜냐면 법을 다루는 사람 입장에서 보면, 변호사들이 사건 관련자들을 변론을 하거나 돕는 건 할 수 있는데, 이건 사건 속에 완전히 뛰어들어버린 거잖아요. 지금 이거는 변론의 영역을 넘어서서 완전히 다른 차원이 되는 거거든요. 그 부분이 하나 있고. 이돈명 변호사는 인간적으로 의인이고 좋은데, 법률적으로 공격하게 되면 완전 위기에 봉착을 하는 거죠. 범인도피에다 공무집행방해죄로 완전 직통으로 들어가기 때문에. 말하자면 그동안 역할을 했던 인권변호사들을 일망타진하고 이제까지의 명성에 흠집을 낼 수 있는 굉장히 좋은 계기가 되는 거죠. 경찰 입장에서는 일타쌍피, 일거삼득이 되는 형국인 거예요. 굉장히 패닉 느낌 들겠어요. 처음 들었을 때. 그래서 그날 저녁에 고변호사가 내가 잡혀가겠다 하는 걸 말리고 다른 쪽의 방향과 대책을 결정을 하신 거네요. 그때 이돈명 변호사가 잡혀가서 어떤 종류의 진술을 했는지는 아직은 모르는 상태였을 거고요. 바로 다음 날이니까.

구속이 되셨으니까 대충은 짐작할 수 있었지만 정확하게는 모르죠.

정확하게 모르는. 아마 그럴 것 같다는 얘기고.

고영구 변호사하고 저하고는 1981년 민한당 국회의원 선거 이후로 상당히 가까워졌어요. 고변호사는 보기 드문 인품을 가진 정말 훌륭한 분이세요. 저하고도 그렇고 우리 집하고도 상당히 교류가 많았어요. 내가 만약 나중에 여유가 좀 생기면, 돈에 여유가 아니라 말하자면 이런 세파로부터 자유스럽게 되면 고영구 변호사 선거구인 영월, 평창, 정선 어디쯤에 고영구 변호사 댁하고 같이 가서 살고 싶다고 우리 집사람한테도 얘기를 한 적이 있었죠.

그때 세검정에서 변호사들 만날 때는 내가 고영구 변호사 집에 도망가 있을 때는 아니었고, 그로부터 한달쯤 뒤에 고변호사 집으로 들어갔어요. 고영구 변호사 집에 들어갈 때도 그분의 훌륭한 인품을 다시 한번 느낄 수 있었어요. 고변호사 어머니 때문에 그렇게 신경을 썼다는 이부영의 얘기를 들었잖아요. 그러니까 고변호사가 어머니를 자기 동생 집으로 모셔놓고, 나보고 들어오라고 한 거예요. 배려가 참 세심하고 감사했어요. 그때는 웬만한 집이 온수가 안 나왔어요. 대체로 냉수로 씻거나 물을 끓여서 씻어야 하는데, 그 집에는 순간온수기라는 게 있어가지고 뜨거운 물로 목욕을 할 수 있었죠. 그 집에 있으면서 저도 상당히 대접을 받았습니다. 특별히 뭘 더 해줬다는 게 아니라 그 집에서 지내는 일상이 굉장히 편했어요. 아침에는 요구르트에 샐러드 같은 거 먹고 점심 저녁도 잘 얻어먹고. 시간은 많고 돌아다닐 일은 별로 없으니까 그때 저도 살도 찌고 그랬어요.

고변호사 집에 있으면서는 녹취 푸는 일을 주로 했습니다. 가톨릭여학생관에서 했던 월요강좌 강의 녹음한 걸 녹취하는 거죠. 분량이 책 두권은 됐었던 것 같아요. 그때는 테이프로 녹음을 하니까 조금 듣고 녹취를 풀고 다시 듣고 고치고 이러면서 시간을 보냈습니다. 그렇게 녹취한 걸 햇빛출판사에서 책으로 내기도 했습니다(『이 땅에 살기 위하여』, 1987).

추기경하고 윤대주교한테 경위를 설명하는 편지도 쓰고, 이돈명 변호사한테는 전병용을 통해서 죄송스럽다는 말씀을 드리는 편지도 보내고 밖의 이런저런 소식도 전하고요. 이돈명 변호사만 해도 살면서 특별한 어려움을 안 겪은 분이니까 교도소에서 생활하면서 상당히 고충도 겪었던 모양이에요. 교도소에 있으면서 신부전증이 생겨서 그 안에서 병원에 다녔다고 하더라고요. 나는 이변호사 가족들한테도 너무 미안하고 이돈명 변호사한테도 항상 죄송스러워 쩔쩔매게 되지요.

그 편지들은 안 남아 있죠? 그 편지의 내용을 자세하게 기억을 해보실 수 있겠습니까?

이돈명 변호사 문제 때문에 추기경에게 쓴 편지는 이변호사가 잡혀 들어간 경위를 정식으로 썼던 기억이 나요. 정식 서식으로. 글 앞에 '찬미예수' 하고 지금 이돈명 변호사 문제는 이러이러한 경위로 그 모든 건 제가 꾸민 일이고 이 모든 책임은 저한테 있다, 뭐 이렇게 하면서 전말을 다 말씀드렸죠.

"찬미예수. 이돈명 변호사의 급작스러운 구속 사태에 대해서 놀랐셨겠습니다만 그 경위를 제가 말씀드리겠습니다. 이돈명 변호사는 사실 이부영을 숨겨준 일이 없습니다. 이부영이 도피처를 찾을 때 제가 고영구 변호사를 알선을 해서 그 집에 숨어 있었는데, 고영구 변호사 집에 이러저러한 사정이 있어서 이부영이 그걸 알고 만약에 내가 잡히면 다른 집에 피신해 있던 걸로 해줄 수 있겠냐고 해서 이돈명 변호사하고 말을 맞췄고, 그 약속을 지켰기 때문에 이돈명 변호사가 구속이 된 겁니다. 이 사태에 대해 저도 책임을 통감하고 있고 드릴 말씀도 없고 어떻게 말씀드려야 될지 모르겠습니다. 앞으로 제가 할 수 있는 일이 있으면 말씀해주시고, 그리고 저도 수시로 연락드리겠습니다."

이런 내용이 아니었을까 싶습니다.

그리고 이돈명 변호사가 그때 가톨릭에 입교한 지 10년 정도 됐을 거예요. 이변호사는 자기가 거짓말을 해야 된다는 사실이 신자로서 굉장히 괴로웠던 것 같습니다. 이부영이 우리 집에 있었다고 말해서 죄를 뒤집어쓰는 게 두려운 게 아니라, 내가 거짓말을 하고 있는 것, 신자로서 종교의 계율을 어기고 있다는 것을 굉장히 걱정했다고 합니다. 내가 추기경한테 경위 설명을 하고 나서 추기경이 이변호사 면회를 가셨어요. 거기서 이돈명 변호사가 거짓말에 대한 고백을 말하자면 기술적으로 한 거죠. 자백을 번복해서 내가 안 했다 하면 난 비겁한 놈이 되고, 이거를 시인하면 십계명을 위반하는 게 되니까 자신이 어떻게 해야 되느냐고 물었던 모양이에요. 윤공희 대주교한테도 묻고 추기경한테도 묻고. 그러니까 오히려 이분들이 '그러니까 당신이 훌륭하다' 이렇게만 대답을 하더라는 거예요. 그 말을 듣고 이 양반 생각으로는 그 거짓말한 부분에 대해서는 추기경이나 윤공희 대주교가 교회적으로 사면을 했다고 생각을 하고 재판에 임해서는 전부 시인을 할 수 있었던 거죠. 공판은 결심까지 한번으로 끝납니다.

경찰에서 조사받을 때 이돈명 변호사는 '이부영이 우리 집에 있었다고 얘기했다면 그 말이 맞네' 이렇게 진술을 했대요. 그런데 이돈명 변호사 판단에 의하면, 자기가 이부영을 어디어디에 숨겼다 이런 얘기를 전혀 안 하고 그냥 이부영 말이 맞다고만 하니까 경찰 쪽에서도 이돈명이 숨긴 게 확실한지 아닌지 의심할 정도였을 거라는 거예요. 그래가지고 이돈명 변호사하고 이부영하고 대질심문을 합니다. 그 자리에서 이부영이 선수를 쳐서 '제가 선생님 댁 2층에 그 방에 있었잖아요' 이런 식으로 얘기를 하더래요. 그러면 이돈명 변호사는 별다른 말 없이 '그래, 그렇지, 그래, 그래' 이런 식으로만 대답을 하니까 그 사람들도 계속 석연치 않다고 느꼈을 거라는 거죠. 그런 상태로 구속이 됐습니다.

이돈명 변호사가 1982년에 회갑문집을 냈는데, 그 문집을 출판사에서 책으로 출판했어요. 『역사와 인간』(변형윤·송건호 공편, 두레 1982)이라고. 그 책의 인세와 당신이 모아둔 돈을 가지고 장학금을 만들었는데, 그 돈으로 대학생 둘을 이돈명 변호사 집에 데리고 있었어요. 한 사람은 서울의대 다니는 이윤이라는 학생이었고. 또 하나는 서울상대를 다니는 이광호라는 친구였습니다. 이광호는 지금 공무원을 하고 있고,

이윤은 의사가 됐어요.

아무튼 당시에 경찰이 미심쩍으니까 이돈명 변호사 집에서 나오는 이윤을 붙잡아다가 조사를 했어요. 이부영하고 대질하기 위해서 경찰이 이윤을 데리고 들어오는 데 이부영이 눈을 꿈쩍꿈쩍하니까 이윤도 눈치를 챈 거죠. 이부영이 '내가 니네 바로 옆방에 거기 거기 있었잖아' 이러니까 이윤도 그냥 '그렇죠, 그렇죠' 이래가지고 말이 맞춰져서 조서가 완성이 된 겁니다. 이돈명 변호사의 혐의는 순전히 이부영이 만들고 말까지 다 맞춰준 거죠.

이돈명 변호사는 방금도 말씀드린 것처럼 자기가 신앙적으로 거짓말을 하면 십계명을 위반한다는 거에 대해서 굉장히 신경을 많이 썼던 것 같아요. 끝까지 신경을 많이 써서 최후진술에서도 보면 내가 한 일에 대해서 전혀 양심을 가책을 느끼지 않는다고 얘기는 하는데 확실하게 이부영을 내가 숨겨줬다 아니다, 이런 얘기는 안 하죠.

이럴 때 법률가는 어떻게 답하나 보니까, '나는 아무 한 일이 없다. 아무 한 일이 없으니까 구속시켰다'라고 하셨더라고요. 내가 적극적으로 숨겨줬다, 그러나 독재에 싸우는 이를 숨겨주는 것은 떳떳하다… 이런 적극적 항변이 아니고요. 황인철 변호사가 그걸 받아가지고 최후변론을 이렇게 했습니다. 자신이 접견을 가니까 이돈명 변호사가 '내가 아무 한 일이 없어서 옥살이 조금 시키는 모양이다'라고 하니까 '그렇죠, 우리가 무슨 한 일이 있습니까' 이렇게. 그 맥락을 보면, 마치 민주화운동에 모두가 고생하는데, 당신들이 한 일은 뭐 보잘것없는 정도다 이런 겸손한 느낌의 고백같이 들리는데, 법률가적으로 보면 내가 숨겨줬다는 말, 숨겨줬다는 사실 이런 걸 한마디도 언급을 안 하죠.

이변호사가 최후진술을 상당히 길게 합니다. 한시간쯤 한 게 아닌가 싶은데. 천주교 서울대교구에서 발행하던 『새벽』이라는 잡지에 전문이 실려 있어요. 거기에 황인철 변호사의 그 얘기가 나와요. 전체가 굉장히 깁니다.

이돈명 변호사의 최후진술에, 접견온 황인철 변호사에게 "내가 암만 생각해봐도 한 일이 아무것도 없는데 왜 이렇게 갇혀 있는지 모르겠다 하니까 황변호사 말씀이, '아니, 원래 그런 거 아닙니까, 누군 뭐 일해서 갇혔습니까' 하시던데 지금 생각해보니까 사실이 그런 것 같아요"라고 되어 있네요.

이부영의 옥중 편지

이제 다음 해. 1987년 되가지고 1월인가 제가 그때도 김덕룡을 만나려면 김덕룡 집이 서초동에 있으니까, 지하철을 타고 갑니다. 어느 날은 서초역 구내를 지나가는데 수배전단을 본 거예요. 거기 있는 사진이 나 같더라고요. '키 167센티미터, 신체 건장함' 이렇게 되어 있더라고. 나는 내가 건장하다고 생각해본 적이 없는데 수배전단에 건장하다고. 수배전단을 보니까 수배자라는 게 실감이 나더라고요.

그러고 명동성당에 가야 한다거나, 김덕룡하고 만부득이할 때는 만나지만 안 그럴 때는 주로 고영구 변호사의 부인인 황국자 여사나 고 변호사 딸인 은영이라고 그때 이화여대 음대 3학년인가 4학년인가 그랬는데 그 둘이 대신 연락책을 맡아주었습니다. 주로 은영이가 많이 했지요. 두 사람이 김덕룡 부인한테 편지를 전해주기도 하고, 명동성당에 계시는 김수환 추기경이나 함세웅 신부한테 편지를 전해주기도 하고요.

그렇게 쭉 도피생활을 하고 있었는데 아마 3월 15일경이었을 거예요. 미국으로 이민간 이영철이라는 친구가 있어요. 6·3 학생운동 때 연세대의 시위대를 이끌었던 친구인데 1970년대에 미국으로 이민을 갔어요. 그 친구가 가끔 한국에 들어오면 저하고 만나서 술을 먹기도 하고 그랬는데 마침 그 즈음에 그 친구가 한국에 온 거예요. 그 친구와 어떻게 연락이 됐는지는 기억이 나지 않는데 하여튼 만났습니다. 당시에 유원호텔에서 묵었는데, 양재역 가기 전에 있는 시외버스터미널 뒤쪽의 조그만 호텔이에요. 호텔 방이 굉장히 더워가지고 방 끄트머리에 신발 벗는 현관 근처에 가서 잤던 기억이 나요.

다음 날 아침에 고변호사 집으로 돌아가려고 생각을 하다가 전병용을 만난 지가 참 오래됐다 싶어서, 혹시 그동안 이 친구 신상에 뭐 달라진 게 없는가 싶어서 나랑 같이 있던 집으로 전화를 했어요. 최양호라는 사람 집에. 그랬더니 마침 전병용이 받았는데 '안 그래도 형님을 꼭 봐야 될 일이 있다 급하다, 어디 있냐? 달려오겠다' 이래서 내가 그럼 유원호텔로 오라고 해서 만납니다. 그때 전병용의 손에 이부영이 쓴 편지가 들려 있었던 거죠.

유원호텔에서 전병용을 만났을 때의 기억을 좀더 자세히 얘기해주시죠. 전병용은 편지를 전해주고 그냥 가버렸어요?

전병용은 나에게 연락할 길이 없다가 모처럼 만나서 무척 반가워했고, 자신이 가지고 있는 두어차례에 걸친 이부영의 편지를 내게 뒤늦게나마 전해준 것에 무척 다행스러워했습니다.

내용에 대해선 둘이 이야기는 안 했어요?

편지를 그 자리에서 볼 수가 없었지요. 그냥 알았다 그러고 받아서 고변호사 집으로 왔죠. 전병용을 만난 게 양재동이고 고변호사 집은 역촌동이니까 거리가 상당히 됩니다. 편지를 안주머니 깊이 넣어서 오는데 이부영이 감옥에 가기까지의 과정, 이돈명 변호사의 구속 등 일련의 일들이 떠오르고, 또 이부영이 감옥 안에서 편지를 보낸 것에 일단 만감이 교차하더군요. 도대체 편지 내용이 뭘까 궁금했지만 참았지요.

고영구 변호사 집에 도착을 해서 편지를 펴보니 편지가 하나는 2월 23일 날짜로 되어 있는데 그게 주요 메시지고, 3월 1일자로 돼 있는 추신이 있었어요. 지금 내가 기억이 정확하다면 그게 한 편지 속에 들어 있어야 되는 게 맞지 않나 싶어요. 왜 그런가 하면 추신이라고 그랬으니까 그 추신을 쓸 때까지 미처 내보내지 못해서, 감옥 안에서 이부영이 미처 송달하지 않은 상태에서 추신을 또 쓴 게 아닌가 하는 생각이 들어요. 그런데 그 편지 내용은 처음 '우촌 보게'로 시작해서 곧바로 충격적인 내용을 담고 있었지요. '박종철 고문치사 시킨 범인이 따로 있어'라고 시작을 하는데 아마 처음에 쓸 때는 이부영도 너무 놀라서 격앙돼 있지 않았나 싶어요. 상당히 놀라운 편지였죠.

우촌은 김정남 선생님 호인 것 같네요. 편지 내용을 한번 읽어보겠습니다. "우촌 전. (…) 오늘은 아주 중요한 이야기가 있어 급히 몇자 적어 보내네. 박군 건으로 구속된 조·강 건은 완전 조작극이야" 그다음에 1, 2, 3, 4, 5, 이렇게 내용이 기술되어 있고, 마지막 부분에 "급해

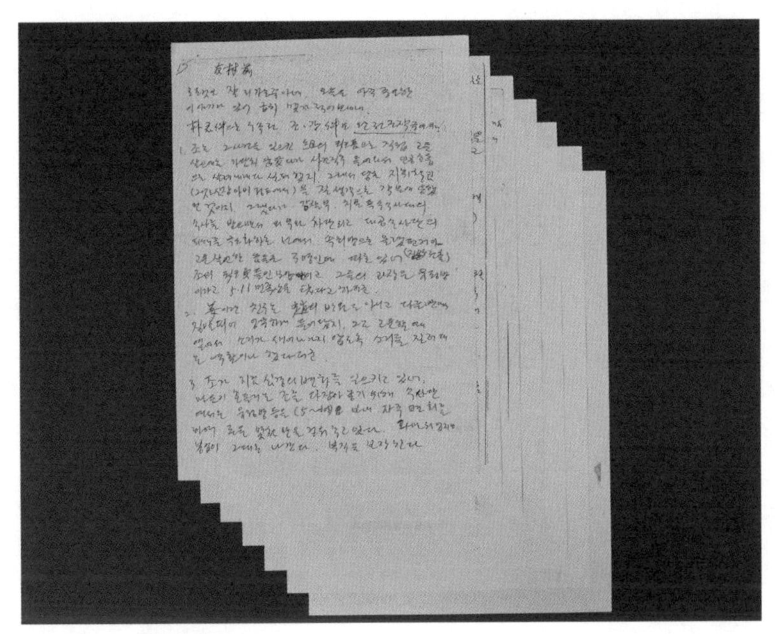

1987년 이부영이 보낸 옥중서신.

서 글씨가 엉망이군. 이만 줄이네. 건투를 비네. 2/23"

그다음 게 추신이지. 3월 1일자로 되어 있지요.

네, 추신 맨 뒤에 "6, 한가지 추가할 내용은 박군이 죽던 날 조(趙)는 직접 고문 살인한 3명에게 "말 안 하면 혼내주라"는 말을 반장의 입장에서 하고, 박군 관계 사건의 하모군(하종문)의 체포라든가 심문이라든가를 위해 고문실에서 나갔다가 1시간쯤 후 들어가 보니 박군이 늘어져 있어서 반장으로서 당황하여 침대에 눕히고 인공호흡을 했으나 깨어나지 않아 병원으로 옮기는 등 조치를 취했다고 함. 그런 뜻에서 자신은 당초 조사 책임자로서 도의적 책임을 질 준비는 했으나 자신이 주범으로 모든 범죄 책임과 도덕적 불명예를 뒤집어쓸 줄은 몰랐다는 것. 강은 정말 아무것도 모르는 사람. 그저 수사단에 대한 충성심에 따른 듯. 조는 단단하나 강은 매일 울고 지내는 듯. (…) 검찰이 은폐 기도할 경우 대한변협 지명 변호사가 피고인 접견 조사 발표 가능한지?"

박종철 고문치사의 진범이 조작되었다는 바로 그 폭로성 편지이지요. 고문치사한 치안본부 대공분실은 고문 사실 자체를 은폐하려다가, 결국에는 시인하고 그 진범이 2명이라고 했는데, 그 편지에서는 진짜 진범이 따로 있다고 했으니 공권력에 대한 신뢰가 송두리째 무너지는 그런 사실이 담겨 있었고요. 그 글은 혼자 보신 거예요? 고변호사에게는 안 보여줬어요?

처음에는 혼자 봤을 겁니다. 나중에는 보셨죠. 안 보여줄 수 없는 게 나중에 그걸 수습을 해가는 과정에서 고영구 변호사가 홍성우 변호사, 황인철 변호사하고 만나가지고 이러한 문제를 논의를 했어요.

아주 미세하게 기억을 살려봤으면 합니다. 역촌동 고변호사 집에 가서 내용을 봤을 때, 그 느낌을 방금 충격적이라고 했는데.

저는 전두환 정권이 광주사태까지 저지른 군사정권이니까 무슨 짓이든지 못하랴 하는 생각은 하고 있었지만, 막상 범인까지 조작하는 걸 보고서는 이거는 진짜 아니지 않나 하는 생각이 들더라고요. 이런 정도로 타락한 정권이라면 이건 용납해선 안 되는 거 아니냐, 새삼스럽게 그런 생각도 들고요.

그걸 받아가지고 그다음 어떤 조치를 해나갑니까?

글쎄, 내가 한 게 두가지죠. 함세웅 신부하고 추기경 쪽에 알리는 거 하나하고, 또 하나는 김덕룡을 통해서 YS 쪽에 알리는 것. 두가지 작업을 했죠.

가톨릭과 정치권 양쪽으로 작업을 펼쳐간 거네요. 양쪽으로 알릴 때 이부영의 편지를 복사해서 줄 건 아니고 뭔가 정리를 할 거 아니에요?

치안본부에서 이러이러한 조작을 했답니다 하면서 구체적으로 이러이러한 일이 있었다는 거를 정리해서 편지를 썼습니다. 메모에 있던 내용들을 재정리를 한 거죠.

재정리한 그 편지는 지금은 안 남아 있죠? 추기경에 알리거나 김덕룡을 통해서 YS에게 알린 그 편지는.

없죠. 이 건과 관련해서 편지를 네번쯤 쓰지 않았나 싶어요. 내 기억이나 상식적으로 생각을 해서 편지 내용을 떠올려보면, 첫번째 편지는 명동성당 쪽에 정보를 전달했죠. 함세웅 신부와 추기경 두분한테 각각 썼는지 한번에 썼는지는 정확하지 않아요. 박종철군 관련된 사건을 이런 식으로 조작을 했다고 합니다. 이건 용납할 수 없지 않습니까 이런 내용을 전달했습니다. 두번째 편지가 야당, 그러니까 신민당 쪽에 전달을 했습니다. 우리가 이 내용을 어떤 방법으로든 효율적으로 폭로를 해서 이참에 이 정권을 응징을 해야 된다. 우리가 이걸 하지 못하면 싸움에서 질 수도 있다, 반드시 해야 된다 그런 내용이었을 거예요. 그러고 나서 내가 그때 김덕룡으로부터 받은 답장은 굉장히 고무적이었어요. YS한테도 보고했고, 자기네들이 대정부질문에서 발표할 수 있게 하겠다, 그쪽에서 상당히 고무되어가지고 이런저런 걸 준비하자는 논의를 적극적으로 했다는 얘길 들었습니다.

그리고 세번째 편지가 아무래도 사제단이 해줘야 될 것 같다. 그리고 마지막 편지는 최종적으로 사제단만이 희망이다 이런 내용이었을 겁니다.

우선 이부영이 쓴 감옥으로부터의 편지가 작성된 경위부터 다시 찬찬히 되짚어보지요. 이부영이 안유에게 무슨 일이냐고 물어볼 수는 있는데 그럼 안유는 왜 이야기를 해줬을까요?

이부영이 물어보고, 친분도 있고, 자기 말로는 어떻게 이럴 수가 있냐라는 의협심도 좀 있었을 겁니다.

안유하고 이부영이 옛날부터 관계가 있었어요. 안유가 충주 사람인데, 이부영이 군대에 있을 때 안유의 고교 동창이 이부영하고 같이 있었던 인연으로, 그가 이부영을 좀 잘 봐달라고 부탁해서 이부영을 알게 됐나 봅니다. 이부영이 방금 들어온 조한경, 강진규를 두고 저들이 누군데 지금 여성 재소자들을 수감하는 여사동에 들어와서 왜 저러냐, 밤에 조한경은 찬송가를 부르고 울부짖고, 강진규는 면회 갔다오면 울고 이러는데 이유가 뭐냐고 물으니까 안유가 쭈뼛쭈뼛하다가 사실은 이렇다고 면회장에서 들은 얘기를 해줍니다. 이부영은 나름대로 열심히 내부 취재를 더했을 것이고요. 그 요지를 이부영이 편지를 써서 나한테 넘긴 것이고요. 거기서부터 출발이 된 거죠. 이부영의 편지에는 경관 이름이 조금씩 틀리게 적혀 있는데, 이정호를 이정오라고 한 거나 반금곤을 방금곤이라고 잘못 적은 게 안유가 말한 걸 이부영이 잘못 들어서 나한테도 잘못 전달한 거예요.

그럼 그때 강진규하고 조한경이 좀 예사롭지 않은 반응을 보인다는 건 이부영이 캐치한 거고요.

그렇죠.

안유 입장에서는 이부영이 이 이야기를 밖으로 내보낼 거라고는 생각지 못했을 거고, 그 장면에 대한 본인의 의문도 있고 하니 자연스럽게 말이 나왔을 텐데, 그냥 본인이 듣고 본 이야기를 한번 한다는 정도였을까요. 이부영에게 저 두 사람이 왜 저러는지 상황도 설명하고요.

안유 보안계장이 조한경하고 강진규가 들어온 바로 직후에 박처원을 비롯해서 치안본부 대공분실 사람들이 대거 와서 면회 신청을 하면서 교도관들 입회 금지, 일체 외부 접촉 금지를 하라고 하니까 교도소 측에서 그건 규정상 어긋난다 그래서 안유 보안계장이 접견내용을 기록하지 않는다는 조건하에 유일하게 입회를 하게 됩니다.

안유가 입회를 해서 멀찍이에서 그 사람들 얘기하는 걸 듣는데, '억울하다, 왜 우리만 들어가냐' 이러니까 통장을 보여주면서 '너희들 생활을 보장해줄 거고, 얼마 후에 바로 감옥에서 꺼내줄 거고' 그런 얘기를 하면서 회유를 한 거죠. 이 사람들이 다투는 과정에서 실제로 고문에 참가한 세 사람 이름을 대고 돈 이야기를 하고… 이런 내용을 안유가 듣고 이부영한테 운반을 한 거예요.

그 전에 이부영은 그 당시 공안사범 재소자 중에 대표 격이고 안유가 보안계장으로 공안사범을 담당하는 책임자였거든요. 거기서 재소자들이 단식을 한다든지, 투쟁구호가 나온다든지 하면 안유와 이부영 둘이 만나가지고 담판 비슷하게 해서 그런 문제들을 해결하고 그랬단 말이죠. 이부영이 나한테 편지를 쓰고 나서 그다음에 안유를 만났을 때 모든 게 밖으로 나간 걸 따지다보면 분명 너를 추적할 거다, 그러니까 기록 일체를 없애라고 했다고 해요. 면회장에 입회했던 내용은 물론, 그 전에 자신과 만났던 것, 재소자와 교도소 간부로 담판했던 것까지 포함해서 모든 걸 없애라고.

그러면 이부영과 안유가 만나서 재소자 문제든 뭐든 담판을 짓거나 상의를 하면 그 내용을 상부에 보고하기 위해 작성된 문서가 있거나 아니면 만났다는 기록을 일지에라도 기록을 해두었다는 이야기입니까?

'면회장에 입회했다' 혹은 이부영이랑 담판을 했다면, 예를 들면 '누구 단식 문제를 해결하기 위해서 만났다'라는 기록 같은 건 남겠죠. 이러면 그게 저들한텐 빌미를 주는 거죠. 이부영을 만난 것도 지우고, 안유가 거기 입회했다는 기록도 지우라는 뜻으로 나는 해석을 했습니다. 나중에 이게 공개됐을 때 바로 안유를 찾아올 텐데, 3월 7일 수감된 경관들을 의정부교도소로 이감시켰기 때문에 다행스럽게도 그런 일로부터는 벗어났죠.

그래서 이부영이 김정남 선생에게 연결할 때는 어떤 방식을 쓴 거예요? 거기에 한재동 이름이 등장하는 것 같던데요?

이부영이 한재동 교도관한테 종이와 볼펜을 부탁합니다. 종이는 한재동이 영등포교도소 안에 있는 부전지와 재생갱지 따위를 가져다줬어요. 나한테 보낸 편지를 그 종이에 그 볼펜심으로 쓴 거죠.

아, 볼펜과 종이를 준 건 안유가 아니고?

아니고. 한재동 교도관이 건네준 거예요.

반출 과정은 한재동을 통해서 밖으로 나왔고 한재동이 전병용한테 전하고 전병용이 선생님에게 전했군요. 이부영이 한재동한테 전병용에게 전해주라고 말을 했을까요?

확실한 건 아니지만 아마 그런 말을 하지는 않았을 겁니다. 그냥 한재동이 알아서 전병용한테 준 게 아닐까 싶어요. 한재동은 전부터 저도 알고 있었고요. 내가 출소 후에 교도관들과 교유할 때 전병용이 데리고 나온 교도관들 중에 한재동이 있었어요. 전병용의 후배죠. 한재동이. 이어서 보낸 이부영의 편지를 보면 봉투에 넣고 봉합해서 보내되 겉봉에 '성모병원 앞'이라고 쓰라고 되어 있어요.

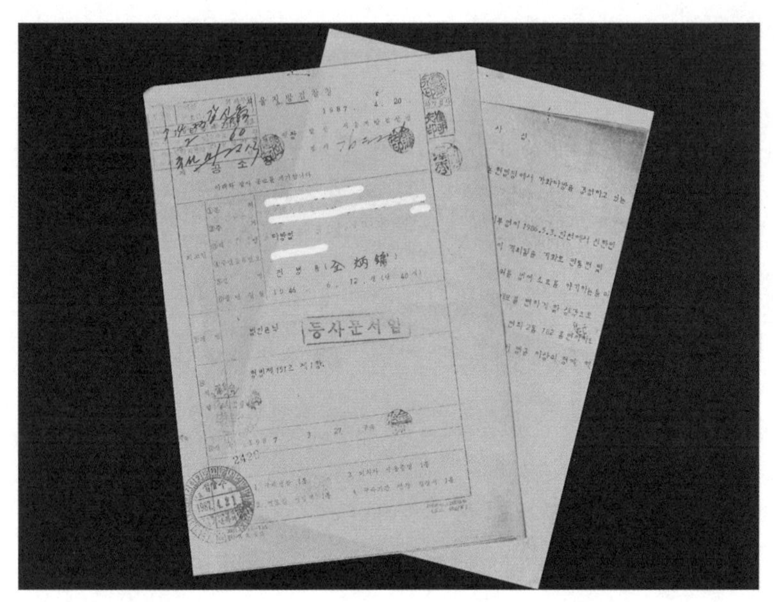
1987. 4. 20
공 소 장
등사문서임

1987년 김정남에게 이부영의 편지를 전해준 직후 체포된 전병용의 공소장.

이부영은 '이걸 김정남에게 전해라'라고 이야기를 한 것이고, 그다음에 한재동은 전달하는 방법으로 전병용을 떠올리고, 전병용은 마침 선생님이 전화를 해서 유원호텔에서 만나서 선생님에게 전했고요. 그리고 전병용은 그 편지를 건네주고 며칠 뒤에 체포되는군요. 전병용에 대한 공소장을 보니. 이부영의 체포를 면할 생각으로 피고인(전병용)의 집 문간방에 유숙케 했다, 그래서 범인을 은닉했다고 되어 있네요. 구속일자가 1987년 3월 27일. 그러니까 며칠만 늦었으면, 전병용은 선생님에게 편지를 전해줄 수 없었고, 오히려 그 편지를 갖고 있다가 큰 탈이 날 뻔했습니다. 돌이켜보면 아찔하고 기적 같은 순간들이었어요.

그리고 '박종철군 고문치사 사건의 범인이 조작되었다' 이 성명서 문건, 역사적 문건인데요, 그건 언제 쓴 겁니까?

전병용이 건네준 편지를 받고 나서 그때서부터 신문을 뒤지기 시작했어요. 이제까지 그냥 보고 넘기던 것들을 다시 찬찬히 살펴본 거죠. 정황 증거를 확보하기 위해서 신문들을 전부 스크랩하고, 그걸 가지고 준비를 시작했죠. 새로운 사실이 나오면 또 고쳐 쓰고, 또 옮겨 쓰고 하다가, 최종적으로 언제 됐는지는 정확하지 않은데, 아마 4월 말쯤에 작성된 게 아닌가 싶어요.

이부영 편지를 토대로 또 거기서 실마리를 얻어서, 독자적으로 자료를 모으면서 보다 더 객관화된 것으로 만들어가는 과정이었던 거군요.

이부영이 4월에 보낸 편지에는 신문사에 제보해서 거기서 보도하게 하는 게 어떻겠냐는 의견이 있어요. 그때까지도 발표가 안 되니까. 그런데 나는 그렇게 해가지고는 한때의 흘러가는 기삿거리로 끝나버릴 수도 있을 거라고 봤습니다. 그래서 처음부터 사제단하고 신민당 두곳을 염두에 두고 있었어요. 가장 좋은 방법은 신민당 쪽에서 대정부질문을 통해서 하는 거예요. 그래야 폭발력이 있고, 사회적 반응을 일으킬 수가 있지, 언론사 특종 정도로는 크게 사회문제화가 되거나 이 정권에 타격을 가하기는 어렵지 않겠냐는 판단이었죠. 나는 편지를 받자마자 이 내용을 어떻게 폭로성 성명으로 잘 정리를 해서 어디서 발표하느냐 이것만 생각했습니다.

이제 창의적 기획이 들어가야 되는 단계군요. 야당과 천주교 쪽에다 동시에 시도를 했습니까?

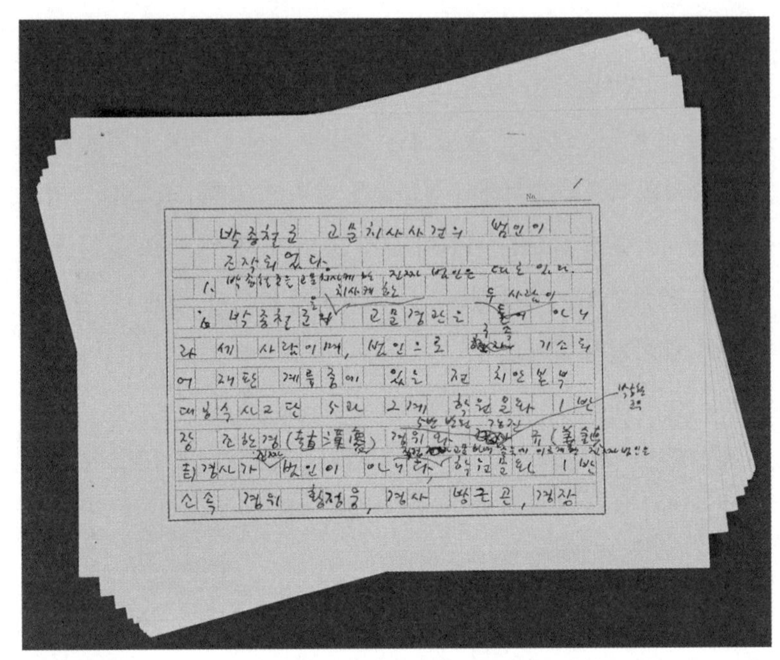

박종철군 고문치사사건의 범인이
조작되었다.
2. 박종철군을 고문경관은 … 이 아니라 세 사람이며, 범인으로 … 기소되어 재판 계류중에 있는 치안본부 대공수사단 2단 5과 2계 학원문화 1반장 조한경(趙漢慶) 경위와 … 규(姜鎭圭) 경사가 범인이 아니다 … 1반 소속 경위 황정웅, 경사 방근곤, 경장

1987년 명동성당에서 발표된 「박종철군 고문치사사건의 범인이 조작되었다」 초고.

앞서 네통의 편지 얘기를 했는데 처음 두 편지는 거의 동시에 보냈던 것 같습니다. 함세웅 신부하고 신민당 쪽에 다 같이 발표 문제를 얘기했던 것 같아요. 야당 쪽에서 처음에는 긍정적이고 희망적이었어요. 내가 주로 얘기한 사람은 홍사덕하고 김덕룡인데, 김덕룡 쪽으로부터는 원내 총무 김동영이 그렇게 열심히 발표하려고 노력하고 있고 질의를 담당할 의원도 확보했다는 등 희망적으로 생각하고 있다는 얘기를 들었고, 홍사덕으로부터는 질의자로 정해진 사람이 처음에는 자신이 할 것처럼 말하다가 마지막에 '나를 시험에 들지 않게 해달라'라고 하면서 못하겠다고 하더라는 얘기를 들었어요.

그 얘기는 예정되었던 질의자가 한 말을 옮긴 겁니까?

그렇죠. 그 사람이 한 말을 홍사덕이 나에게 전해준 거죠. 아무튼 야당에서 폭로하는 게 불가능하게 되자, 나는 사제단 쪽에 매달릴 수밖에 없게 된 거죠. 다급하게.

이후로 나는 이 이야기를 일체 안 했는데 그 이유가 그뒤에 1987년 대선 국면이 되잖아요. 그때 결국 통일민주당이 쪼개져서 DJ 쪽에선 평화민주당(평민당)이 생기는데, 평민당에서 그 건을 가지고 늘어지는 거예요. 그때 김영삼 쪽에서는 박종철 사건의 내용을 다 알고 있었는데, 그쪽 사람들이 용기가 없어서 발표를 못했다, 그래서 사제단이 한 거라는 게 평민당 사람들이 공세 요지였어요. 하지만 내 생각에 당시는 시국이 너무나 엄혹했기 때문에 두려워 발표를 못한 걸 너무 쉽게 비난할 일은 아니라고 봐요. 그걸 문제 삼아서 공세를 하는 건 자기들끼리의 문제고 우리가 낄 일이 아니다. 그래서 나는 이 건에 대해 이때까지 일체 얘기를 안 했죠.

제 생각에는 그때 신민당 총재인 이민우 쪽까지 협상해가지고 전두환이 자기 의도대로 정치 일정을 추진하려고 했는데, 김영삼-김대중 쪽이 당연히 저항을 하잖아요. 저항을 하면서 기존의 신민당을 바꾸기 어려워 아예 통일민주당이란 신당을 만드는데 창당 과정에서 용팔이 등 깡패들이 깽판을 놓고 온갖 탄압을 받아가지고 새 당 만들어가는 과정이 엄청나게 어려운 일이었죠. 당 자체를 만드는 작업이 가장 중요한데, 거기에 이 건까지 붙여가지고 싸우기에는 도저히 감당할 수 없는 상황이 아니었던가, 당시 활동 가능한 야당으로서는 자기 보존과 새 정당 만드는 일만도 벅차지 않았을까, 이렇게 이해하고 있습니다.

그때는 물론 그랬고, 그런데 그뒤에 1987년 대선 국면으로 들어오면서 김대중이 평민당으로 떨어져나가고. 그때 평민당 쪽 사람들이 김영삼이 내용을 보고받고 다 알고 있으면서 못했다고 공격하는 건 좀 지나치다는 생각이었습니다. 그냥 정쟁이죠.

박종철군 고문치사 사건의 범인이 조작되었다

다시 박종철 건으로 돌아와서 가톨릭 쪽에 매달렸다는 것은 함세웅 신부와 사제단, 그리고 김수환 추기경을 말씀하신 거죠. 두분은 참 그때는 하나였네요. 명동성당에 계셨으니까.

네. 함세웅 신부가 서울대교구 홍보국장으로 명동성당에 계셨지요. 앞서 편지를 네번을 썼다고 했는데, 세번째쯤에는 함세웅 신부에게 이 내용의 제보자가 김정남이라고 제 이름을 밝혀도 좋다, 우리는 또 김정남이 보내온 정보를 신뢰하기 때문에 발표를 결정했다고 얘기해도 좋다고까지 했어요. 저로서는 제 모든 것을 던져서라도 이 문건을 발표해야 된다는 절박한 심정이었지요. 그러면서 이게 얼마나 중요한지에 대한 이야기도 덧붙이고요. 평화신문인가 어디서 이번에 언뜻 보니까 5월 11일에 함세웅 신부가 김수환 추기경한테 보고를 했다는 거예요.

함세웅 신부가 김수환 추기경에게 이러저러한 일이 있고 이거를 발표해야 되겠다는 취지의 말씀을 11일에 전부 얘기를 했다고 해요. 그 이야기를 듣고 추기경이 괜찮을까라고 걱정을 하셨다고. 함세웅 신부는 그 경찰관 두 사람이 이 폭로로 옛날 인혁당 사건 때처럼 엄청나게 다칠까봐 그랬다고 하는데, 내 생각에 추기경은 신부들이 이걸 발표하고, 신부들과 교회가 이걸 견뎌낼 수 있겠냐, 이 점을 아울러 염려했던 게 아닌가 싶어요.

그거도 걱정되죠, 사실.

네. 처음부터 추기경은 이 정보를 받고도 상당히 조심스러워 하셨다는 거죠. 그래서 추기경은 확신을 갖고 세상에 진실을 밝히자, 이런 얘기를 끝까지 못했다고 해요. 인혁당 사건과 김재규를 연상하는 심정은 이해가 갑니다. 저도 물론 그런 생각을 가지고 있었고요. 죽고 안 죽고의 문제야 당시의 판결과 권력자의 의지에 달려 있는 것이지만요.

그럼 선생님은 5월 18일 명동성당에서 발표된다는 것을 사전에 알았습니까?

5월 18일에 명동성당에서 5·18기념미사가 있다는 건 알았지만 박종철 건이 발표된다는 건 몰랐죠. 발표가 안 되니까 저도 초조하죠. 그래서 마지막으로 함세웅 신부에게 편지를 보냅니다. 고영구 변호사 부인인 황국자 여사를 통해서 5월 17일 구파발성당에서 전달을 했는데요. 그 구파발성당으로 가는 편지는 상당히 진하게 썼을 거예요. '신부님들 어깨에 대한민국의 민주화가 되느냐, 안 되느냐, 전두환 정권이 몰락하느냐, 안 하느냐가 달려 있다. 신부님들이 십자가를 지고 꼭 이루어달라' 그런 간곡한 얘기를 썼던 걸로 기억을 합니다.

그럼 5월 17일에 그 편지를 전하면서 이 성명서 초안도 함께 전했나요?

아닙니다. 성명서 초안은 훨씬 먼저 전했죠. 발표문 준비는 이미 다 되어 있었어요. 그런데 함세웅 신부가 대답을 안 해주는 거예요. 한다 안 한다, 언제 할 예정이다, 이걸 말을 안 하니까 나는 굉장히 불안하고 초조해서 방금 말한 마지막 편지를 쓴 겁니다. 함세웅 신부도 해야 된다는 생각을 하면서도 너무 위험하고 또 조심스럽다보니까 미적미적하고 있던 와중에 내 마지막 편지를 받고 결심을 했다는 거죠. 할 수 없구나, 해야 되겠구나 하고요.

보통 구파발성당에 갈 때는 함세웅 신부가 어머니를 모시고 갑니다. 구파발성당에서 미사 집전을 하고, 끝나면 어머니를 모시고 벽제에 나가서 냉면을 먹고 오는 게 보통 일정이었는데, 17일에는 어머니를 일찍 댁에 모셔다드리고 저녁에 홍제동성당에 가서 김승훈 신부를 만났다고 합니다.

그때 황국자 여사에게 구파발성당에 가서 함세웅 신부를 만나라고 한 건 고변호사가 이야기한 겁니까? 우리 김선생님이 이야기한 겁니까?

제가 얘길 한 거죠. 원래 구파발성당은 김홍진 신부가 사목을 하는데 그분이 해외출장을 가서 일요일에 미사를 집전할 신부가 없어서 함세웅 신부가 일요일마다 구파발성당에 미사를 집전하러 갔었어요. 그 전에도 몇번 편지가 왔다갔다 했으니까 그걸 알고 있었죠. 한교수와 함세웅 신부가 쓴 책『이 땅에 정의를』에 의하면 제가 보낸 편지를 함신부가 김승훈 신부한테 줬고, 김승훈 신부가 다 읽었다고 하더라고요. 그리고 함세웅 신부가 '그 미사 집전은 신부님이 하셔야 되겠습니다' 하고 말을 했습니다.

'신부님, 이번에 신부님이 꼭 감옥에 가셔야 합니다' 그렇게 말씀하셨다고 들었습니다. 김승훈 신부는 간단히 '알았어, 알았어'라고 응답하시고요. 두분의 대화가 참 절묘하다고 생각했습니다. 십자가를 져야 된다고 말할 수 있고, 이를 선선히 받아들이는 모습, 순명이란 이런 것인가 하는 생각도 들고요. 김선생님은 마지막 편지를 17일에 전했지만, 다음 날 발표될 줄은 몰랐던 거네요.

저는 5월 18일 명동성당 미사에 갔다온 황국자 여사에게서 마침내 발표했다는 얘기를 듣고 알았어요. 황국자 여사도 발표를 한다는 건 모르고 갔는데, 명동성당에서 추기경이 1부 미사에서 강론도 아주 강하게 하시고, 그러고 난 뒤에 김승훈 신부가 올라왔는데, 제대에서 제의가 젖혀질 정도로 아주 90도 이상으로 절을 하더래요. 그리고 떨리는 목소리로 그 성명서를 읽었다고 알려줬어요.

황국자 여사도 큰 역할을 한 거네요. 사제단 쪽에 추기경이나 함세웅 신부에게 편지를 전해주는 메신저는 늘 황국자 여사였습니까?

그렇습니다.

그러면 1986년 12월부터 1987년도 5월까지 선생님은 어디에 살고 계셨습니까?

아마 1월부터 6월까지 고영구 변호사 집에 있었고 그 전에는 여기저기 돌아다니면서 최양호 집 등에서 며칠씩 있었을 겁니다.

그럼 1987년 1월부터 6월까지는 안심하고 고변호사 집에서 있을 수 있었군요. 이미 이돈명 변호사 수사하고 재판할 때, 고영구 이름은 한 번도 안 드러났고요. 검찰이든 경찰이든 이부영을 숨겨준 사람이 따로 있었다는 사실은 전혀 몰랐고요. 이돈명 변호사 집 압수수색도 다 했고, 동거하는 대학생들하고도 확인 다 됐고, 그러니까 고변호사 쪽은 수사받을 일이 하나도 없군요.

네, 없었죠. 그래서 일단은 안심하고 편하게 지낼 수 있었어요.

그때 유명한 일화가 하나 있지 않습니까. 고영구 변호사가 이돈명 변호사한테 너무 미안해서 내가 어떻게 난방이 되는 방에서 자겠냐 해서, 겨울에 난방하지 않고 차가운 바닥에서 잤다고요. 그럼 선생님도 냉방에서 주무신 건가요?

나는 그러지 않았어요.

그 집은 중앙난방이 아니었나보네요. 그냥 선생님은 따뜻하게 지내고, 고변호사 쪽은 냉방에 지내고. 아무튼 이제 그렇게 해가지고 발표가 납니다. 그리고 엄청난 반향이 일어나죠. 그런데 그때도 선생님 이름은 안 드러납니다. 그러면서 자기들끼리 조사하느라 정신없고. 그때 안유 보안계장이나 반출한 교도관들 이름도 안 알려진 거 아니에요?

안 드러났죠. 안유하고 한재동은 그 당시 교도관으로 근무 중이었어요. 그러니 그 사람들 이름을 밝힐 수가 없죠. 이부영도 그 부분은 끝까지 지켰고. 안유가 퇴직하고 2012년, 박종철 25주기 때 처음으로 안유라는 사람의 얼굴과 이름이 나오기 시작합니다.

아, 그럼 1987년 5월 18일에 발표됐을 때, 이 정보의 출처에 대해서는 경찰 쪽도 전혀 몰랐던 거네요. 왜냐면 정보부나 치안본부는 이부영의 편지로부터 발단되었음을 전혀 모르는 상태였고, 사제단은 이러이러한 게 객관적 진실이다라고 얘기를 하지, 우리가 진실을 알게 된 과정은 이러이러한 경로를 통해서였다, 이 말이 안 나오니까, 결국 이 내용이 맞다, 안 맞다 시비를 할 뿐이지, 이부영이 역할을 했다, 이것도 전혀 알 수가 없고요.

이부영 존재도 안 드러나고, 김정남 존재도 안 드러나고, 중간 메신저 존재도 안 드러나고. 안 드러난 상태에서 이 발표문의 내용이 맞다, 안 맞다, 그다음에 고문 경관 이름이 일부 부정확하다, 어쨌다, 이런 류의 이야기로만 논쟁할 뿐이지요.

18일에 발표를 하고 나서 반응이 전혀 없었어요. 21일 저녁 6시에 정구영 서울지검장이 처음으로 발표를 하죠. 고문한 경관 세 사람이 더 있다고. 내가 이부영의 편지만 보고 잘못 안 것 중에 하나가 반금곤, 이정호 이름을 오기한 것도 있고, 또다른 하나는 '세 사람이 더 있다' 라고 얘기해야 될 거를 '따로 있다'라고 얘기한 거예요.

사제단 발표에 따르면, 진짜 범인은 세명이고, 수감된 두명은 범인이 아니다.

그건 실수를 한 거죠.

그 실수의 원인은 우촌전 편지를 보면, 두 사람이 울부짖는 상황을 중심으로 안유가 들은 거를 이부영에게 옮기잖아요. 두 사람은 우리는 억울하다고 이야기하잖아요. 그러고 아까 조한경이 말한 것을 적어놓은 것을 보면 자신이 반장으로서 그냥 책임을 지는 것이지, 내가 직접 물에 집어넣는 등의 일을 한 적이 없다. 그래서 약간 묘한 게, 진짜 범인은 뒤에 감추어진 세명 같은 느낌입니다. 정확하게 알 수가 없어서 그런 거죠?

그렇죠, 몰랐죠. 이부영이 4월에 보낸 편지는 그때는 전병용이 잡혀 들어간 뒤니까 내가 한재동한테 직접 받은 것 같은데, 어떻게 받은 건지는 기억이 안 나요. 아무튼 그 편지에 의하면 치안본부 대공분실 상관들이 조한경 집에 돈을 가져오고, 이 세 사람 이름으로 따로 또 돈을 가져왔대요. 그래서 조한경은 재판정에서 세 사람의 이름을 공개할 생각을 했다는 거죠. 그런 거로 봐서 조한경은 자기가 범인이 아니라고 생각하는 정도에까지 갔던 건 맞는 것 같아요. 특히 조한경의 형이 와서 이 내용이 족보에도 오를 거고 너는 만고의 살인자로 기억될 거고, 이런 겁주는 얘기를 하니까 본인은 상당히 두렵기도 했겠죠. 그래서 조한경은 '나는 아니다'라고, 또 강진규는 '나는 그 반 반원이 아니다'라고 각자 자기가 유리한 방향으로 생각을 했던 거죠.

각각 자기 유리한 방향으로 한 이야기들이니까 이걸 실제로 듣고 정리한 쪽은 '둘은 범인이 아니거나 약한 역할을 했고, 진짜 범인은 다른, 더 위에 있는 셋이다'라고 요약을 한 거네요. 그런데 실제로는 다섯이 다 관계가 있었죠? 그때 물에 집어넣을 때, 다섯이 다. 한명에 다섯이 다 매달리네요?

그렇지, 다 관계가 있었지요. 물고문을 할 때 강진규는 앞에서 물속으로 머리를 밀어넣었다는 거죠.

같이 역할을 했으니까. 그냥 완전히 공동정범인 거죠. 그러면 지금 사제단이 발표한 날인 5월 18일에서 정부 차원에서 그 발표 내용에 승복한 21일까지 이 일에 김정남, 이부영이 관여했다는 건 몇명이 알고 있는 겁니까?

함세웅 신부, 김수환 추기경이 알고 있었겠고, 제 편지도 봤고 발표도 했으니까 김승훈 신부도 알았을 거고요. 고영구 변호사와 황국자 여사도 대강의 내용은 알고 있었겠죠. 또 야당 쪽에도 전했으니까 김덕룡하고 홍사덕이 알았을 거고. 김영삼도 대충 추측은 하고 있었을 거예요. 그 정도였겠죠.

제가 최근까지 잘못 알고 있던 게 있습니다. 김승훈 신부가 쓴 『당신께서 다 아십니다』(빛두레 1999)라는 두권짜리 책이 있습니다. 하나는 '정의구현사제단과 나의 삶'이라는 부제가 붙은 책이고 다른 하나는 강론 모음집으로 나왔습니다. 앞의 책 '정의구현사제단과 나의 삶'의 서문을 함세웅 신부가 썼는데, 거기에 함세웅 신부가 5월 17일 저녁에 가니까, 김승훈 신부와 김승훈 신부 어머님이 같이 계시더라. 그래서 어머니 나가세요 하니까 처음에는 우리 신부님한테 뭘 하려고 그러는 거지 하면서 안 나가시려고 했다는 거예요. 그러다 나중에 나가시면서 '어젯밤에 내가 좋은 꿈을 꿔서, 우리 신부님이 큰 웅덩이에 빠져 있는데 성모님이 와서 구해주는 꿈을 꿔서 내가 나갈게' 그 얘기를 했다 이래서 나는 이제까지 김승훈 신부한테 갔을 때마다 그 어머니가 계셔서 못한 줄 알고 있었습니다.

그게 아니에요?

함세웅 신부가 자주 간 게 아니고. 함신부가 이 원고를 붙들고 있다가, 5월 17일에 내 편지를 받고 할 수 없구나, 이게 하느님 뜻이구나, 이래서 저녁에 김승훈 신부한테 갔다는 거예요. 그리고 김승훈 신부 어머니는 불안해서 안 비켜주신 게 아니라, 말하자면 상당히 신부 어머니로 계시력 같은 게 있어서 즐거운 마음으로 피해주셨다는 거예요. 그게 정설이겠지. 나는 오해를 하고 있었던 거죠. 이제까지 김승훈 신부 집에만 가면 어머니가 방해를 해서 얘기를 못한 걸로 생각을 했는데, 이번에 함신부의 책 보니까 그건 아니고 당신이 이걸 할까 말까 하셨던 거더라고요.

함세웅 신부의 회고담인 『이 땅에 정의를』의 해당 부분과 비교해 살펴보면, 흥미있겠습니다.

김승훈 신부 책에 보면, 그 성명서가 3,120자라는 거예요. 낭독하기 전에 보신 걸로 알았더니, 함신부 책에 의하면 그거를 17일에 줬으니까, 천상 그날 밤이나 발표 당일인 18일 아침에 읽었다는 얘기지. 그런데 한자 한자 글자를 셌다는 거잖아요. 나는 사실 원고 매수로만 대충 알고 있었는데, 김승훈 신부가 얼마나 떨리는 감정으로 이걸 대했으면 글자 수를 셌겠냐 싶어서 죄송스러운 생각이 들어요.

그 한 글자 한 글자가 그만큼 의미를 갖는다는 것을 느꼈겠지요. 김정남 선생님이 쓴 그 마지막 구절을 한번 인용해 보겠습니다.

> 이 사건 범인 조작의 진실이 박종철군의 고문살인 진상과 함께 명쾌하게 밝혀질 수 있느냐 없느냐에 따라 과연 우리나라에서 공권력의 도덕성이 회복되느냐 되지 않느냐 하는 결판이 날 것이다. 또한 우리 사회가 진실과 양심, 그리고 인간화와 민주화의 길을 걸을 수 있느냐 없느냐 하는 중대한 관건이 이 사건에 걸려 있다.

김승훈 신부가 "하느님께서 다 아십니다"라는 말하고, "괜찮아, 하느님께서 다 잘해주실 거야" 이 말을 자주 합니다. 나도 김승훈 신부한테 그런 얘기를 여러번 들었어요. 그게 신부님이니까 그냥 하는 소린

줄 알았는데, 나중에 돌아가시고 나서 생각을 해보니까 다르게 다가오더라고요. 이 양반이 함세웅 신부보다 연세가 많다보니까 단장 격 비슷하게 사제단 일을 떠맡아, 여러 국면에서 어려운 일을 많이 하셨어요. 부산미문화원 방화사건 때도 김승훈 신부가 한국 신구교 사회선교협의회 회장을 맡으면서 강력한 성명서를 발표했어요. 그때도 굉장히 두렵지 않았을까 싶은 거죠. 그때부터 어려움에 처할 때마다 "하느님께서 다 아십니다" "괜찮아, 하느님께서 다 잘해주실 거야" 이게 자기 위안의 말이었지 않았나 싶습니다. 그러니까 예수가 십자가에 가면서 내 뜻대로 하지 마시고 하느님 당신 뜻대로 하시라라는 얘기와 같은 맥락의 말씀이 아닌가.

나는 오히려 김승훈 신부가 돌아가시고 나서 상당히 연민의 마음이 들더라고요. 함세웅 신부는 김승훈 신부를 한국 교회의 바위라고 어디서 얘기한 걸 봤는데 사실 평소에 그런 걸 느끼게 해주는 분은 아니었거든요. 저는 사제단 초기 일찍부터 알았는데 내가 가도 반말 비슷하게 '왔어?' 하고 툭툭거리고 그래서 아주 거칠고 오만한 사람이라고 느꼈어요. 그 책을 보고 아, 이 신부가 겉으로는 거칠게 보였지만 속으로는 얼마나 떨리고 불안했겠는가 싶은 생각이 들더라고요.

그러니까 바위처럼 여겨진 김승훈 신부도 내면으로는 불안감과 어려움을 느끼면서 그걸 이겨내기 위해 일종의 주문처럼 "괜찮아, 하느님께서 다 잘해주실 거야" 하고 읊조린 것이었네요. 성경의 말씀이나 신부님의 이런 말씀이 환란 속에 살아가면서 하느님과의 대화 속에서 자기 용기를 얻고 의지를 다지고 하는 과정이니까, 그때 그 부분에서 한순간 툭 나오는 말일 수가 전혀 없을 것 같습니다.

한재동, 안유, 전병용 교도관

1987년 이야기에 등장하는 전현직 교도관 세분 있잖아요? 1987년 6월 이후에 따로 만난 적이 있습니까?

전병용하고는 자주 만나죠. 한재동도 가끔 봅니다. 안유는 아직도 난 얼굴을 못 봤어요.

전병용 선생은 『감방별곡』(공동체 1990)이라는 책을 냈는데, 공동체 출판사에서 냈다고 되어 있으니 여기에도 뭔가 관계가 돼 있는 모양이죠?

박종철 사건 폭로에 대한 이야기는 정치인이 된 이부영이 그 진실을 누구보다 공개하고 싶어했죠. 왜냐하면 자기가 한 자랑스러운 역할이 크게 있으니까. 그렇지만 나는 그 사실이 세상에 알려지는 것이 두려웠습니다. 1990년에 김도연이라고 서울대 문리대 국문과 출신 후배가 공동체라는 출판사에서 전병용의 역할을 초점에 맞춘 책을 내자고 해서 『감방별곡』이 나온 겁니다. 전병용이 그 책을 쓰면서 저한테 우리가 했던 1987년 사건을 공개해도 되겠냐고 묻더라고요. 내가 그때 난 못하겠다, 안 된다고 해서 그 얘기를 『감방별곡』에는 못 실었어요.

『감방별곡』에 이부영, 김정남 이름 안 나오는 것 같은데요.

안 나오죠. 내가 못 나오게 했어요. 제가 대전 옆에 회덕이라는 데서 학교를 다녔는데, 우리 동네를 관할하는 파출소가 회덕지서였습니다. 거기에 한모라는 경찰이 있었어요. 반공청년단 출신이고 눈이 항상 충혈이 돼 있는. 그 사람이 내가 대학 다닐 때 동대문경찰서 대공반에 와 있더라고요.

대공반 사람들 대부분이 그런 것은 아니겠지만, 이른바 반공청년단 출신으로 빨갱이를 잡는 게 목적이 아니라 오히려 빨갱이를 잡는다는 명분으로 조작해 빨갱이를 만들어내면서 위세를 부리는 사람들이 많았어요. 그 최고 정점이 박처원이고, 그런 사람들이 집중적으로 모여 있는 곳이 치안본부 남영동 대공분실이고 각 도경마다 있는 대공분실인 거죠. 그 사람들은 사람들 잡아다 고문에 들어가면서 실제로 얘기를 해요. '너 같은 놈 죽여놓고 이 놈이 휴전선 넘어갈라 그래서 쏴 죽였다, 그러고 휴전선서 끌고 오면 누가 의심을 하냐, 너 같은 놈 하나 죽는 거 아무 것도 아니다' 이런 식의 공갈을 치는데 실제 그 사람들은 그럴 수 있는 사람들이에요. 그래서 나는 사실 굉장히 두려웠어요. 내 이름이 공개되면 나는 그 사람들한테 죽을지도 모른다고 생각했어요.

그래서 이게 전부 나한테서 나왔고 내가 한 거다 이런 사실은 좀 나중에 밝혀졌으면 좋겠다는 생각이었어요. 내가 엄청난 겸양의 미덕이랄까, 드러나기 싫어하는 미덕이 있어서 그런 게 아니라, 두려움이 상당히 작용을 했습니다. 난 이게 완전히 해소될 때까지는 절대 안심할 수 없지요. 박종철 사건이 87년체제로 이행을 하고 민주화가 되는 데 결정적인 계기가 됐지만, 반공으로 먹고사는 완장 찬 사람들을 이 땅에서, 특히 경찰에서부터 상당 부분 제거하는 기폭제가 됐다는 것이 박종철 사건이 준 가장 큰 성과 중에 하나라고 생각해요. 그 부분을 간과하지 말아야 된다고 봅니다.

그와 동시에 언급할 것은 박종철이 수배자나 피의자가 아니라 참고인이었다는 겁니다. 참고인 자격인데도 물고문당하고, 죽을 수 있다는 것이 사람들의 마음을 더욱 움직였죠. 부모들도 내 자식이 저럴 수 있겠구나, 또 학생들도 나도 저럴 수 있겠구나라는 것 때문에 그때 박종철 죽음이 사회적 공분을 불러일으켜서 그렇게 광범한 국민적 지지를 받을 수 있었던 게 아닌가 합니다. 박종철 사건이 알려지고 제일 먼저 남영동 대공분실을 찾아가서 '박종철 살려내라' 하고 외치며 농성한 분들이 민주화실천가족운동협의회 어머니들이었어요. 지금도 완전히 철폐는 안 됐겠지만, 고문철폐의 대위업을 달성하는 데 일조한 것이 박종철 사건이 주는 중요한 교훈 중에 하나라고 생각합니다.

1985, 86, 87년 가면서 김근태, 권인숙, 박종철, 이 세 고문사건이 연속적으로 폭로되면서, 적어도 우리에게 민주화란 한마디로 '고문 없는 나라' '대통령도 내 손으로 뽑는 나라' 이 두개로 딱 집약됩니다. 고문 없는 나라는 인권이고, 대통령 직선은 통치구조이니, 기본권과 통

치기구의 방향이 확실히 인각되었고 제도화되었습니다. 1987년 이후에 경찰서나 검찰청사에서 고문이나 폭행사건이 있었다고 하면 그건 개인의 일탈이지, 제도가 용납하는 고문은 아니잖아요. 이 시기를 지나면서 어떤 거대한 전환점이 형성이 됐다고 보는 게 맞죠. 좀 전에 선생님이 굉장히 두려웠다고 얘기하셨잖아요? 전병용이 1990년에 책을 낼 때, 그때도 실제적 보복에 대한 두려움 때문에 그런 건 아니죠?

아니, 그때도 아직 두려움이 남아 있었죠. 군사정권의 모습이 여전히 상존하고 있으니까요. 반공경찰이라는 게 얼마나 잔인하고 무자비한 사람들인지 사람들이 잘 몰라서 그런데, 그뒤에 민주화가 안 됐으면 다시 부활했을 겁니다. 민주화 과정이 지속적으로 진전됐기 때문에 그들이 완장 차고 설치는 시대를 넘어설 수 있게 된 것이죠.

제가 1990년대 후반에 우리 대학 동아리 출신들이 이부영 선생을 모시고 민주화운동과 관계된 여러 이야기를 들은 적이 있습니다. 그 말씀 중에, '1987년 6월항쟁에서 본인이 깊이 관여한 뭔가가 있습니다만, 그건 이 시점에 이야기하지 않겠습니다' 그러시더라고요. 그때 이런 관여가 있었다는 걸 알면 모두가 완전히 놀랐을 텐데 말입니다. 상당 기간 동안 그 이야기를 하지 않다가, 이야기하게 된 게 우촌전 편지 소개하면서부터입니까? 1987년으로부터 한 20년 정도 지나서 한 것 같은데요?

이부영으로서는 그런 얘기가 공개되는 게 나쁠 게 없죠. 감옥 안에서 이룩한 공적이고 정치적 자산이니까. 그럼에도 불구하고 이부영이

한재동과 안유를 상당 기간, 그들이 교도관 옷을 벗을 때까지 이 사건의 비밀을 지켜줬어요. 이름을 밝히지 않았지요. 이부영의 진정성과 배려에 상당히 고마워해야 할 일이죠. 그래서 그 사람들이 시빗거리 없이 교도관 일 정년퇴직을 할 수가 있었어요.

한재동 교도관의 이름은 김정남 선생님이 쓴 『우리는 결코 너를 빼앗길 수 없다』(민주화운동기념사업회 2007)라는 책을 통해서 2007년에 공개되었고, 안유는 2010년에 황용희 교도관이 쓴 『가시울타리의 증언』(멘토프레스 2010)에 이름이 처음 등장하고 얼굴은 2012년에 박종철 열사 25주기 추도식에서 처음 알려졌다고 되어 있습니다. 보통 없는 것도 공치사하기 바쁜 세상에, 굉장히 오랫동안 자중하면서, 진실이 서서히 한개씩 한개씩 밝혀지는 이 과정도 상당히 놀라운 모습입니다. 함세웅 신부 대담집 『이 땅에 정의를』 책의 출판기념회를 2018년 가을에 할 때, 제가 이부영, 함세웅, 김정남 세분을 단상에 모셨는데요. 처음에 저는 아무 생각 없이 했는데 나란히 세우니까 참 모습이 좋았다고 하더라고요. 그때 저한테 주어진 시간이 짧아서 시간 압박 속에서 사회를 하고 있었는데, 한재동, 전병용 두분이 와 있다는 게 쪽지로 날아오는 거예요. 미리 알았으면 다섯분을 나란히 세우는 건데, 나중에 생각하니 너무 아쉬웠습니다. 이 책이 나올 때 단상에 안유-이부영-한재동-전병용-김정남-황국자-함세웅-김승훈 이렇게 나란히 세울 수 있었으면 하는 게 제 바람입니다. 김승훈 신부는 대타를 모시고요.

여기에서 제가 몇가지 더 짚고 넘어가야 할 게 있습니다. 치안본부 대공수사 2단 5과 2계 학원분과 1반장이 조한경이고 5반 반원이 강진규인데, 최근 신문보도를 통하여 확인한 바에 의하면 이 사건이 터지자마자 이 사건에 '책상을 탁 치니 억 하고 죽었다'라고 하는 그 발표문을 쓴 사람이 1계 계장인 홍 아무개라는 사람인가봐요. 이 사람이 바로 공식적으로 발표할 경위서 작성에 들어가고 강민창 치안본부장이 발표를 합니다.

또 하나는 제가 쓴 사제단의 2차 발표에 보면 가족들을 회유하고 끝까지 감시하고 금품을 제공하는 일에 바로 그 사람이 가담했다는 얘기가 있어요. 그런 사람이 물고문에 가담한 그 과 그 계가 아니라는 이유로 빠졌는가봐요. 박처원, 유정방, 박원택 같은 사람들은 범인도피죄로 구속이 됐는데 그 사람만 빠집니다. 그후에 승승장구를 해요. 1990년 1월에 경정으로 승진을 하고, 다음 해 7월에는 보국훈장 삼일장을 받아요. 1994년 12월에는 홍조근정 훈장을 받습니다. 그리고 1997년에는 총경으로 승진해서 화순경찰서장으로 갔다가 분당경찰서장으로 부임을 합니다. 이 사람 역시 상당히 치명적인 역할을 한 사람인데 법망을 피해서 승승장구한 사람이 아닌가 그런 생각이 들고요. 그리고 당시 검찰은 공안경찰에 눌려 제 밥도 못 찾아 먹는 처지였지요. 경찰이 박종철 사건을 좌지우지하는 것도 이 사건에서 중요한 한 측면이라고 생각을 해요.

그때 검찰이 안기부하고 치안본부 대공분실에 눌려가지고, 부천서 성고문 사건도 경찰이 잘못한 것을 검찰이 수사해서 일단 진상을 자체 내에선 알았는데, 진상대로 발표를 못하게 하고, 오히려 '성을 혁명의 도구로 이용했다' 이렇게 적반하장의 발표를 했지요. 당시 인천지검장이 발표를 거부하고, 차장검사가 발표하게 만들어요. 발표 문안까지 안기부에서 제공했고요. 검찰로서는 이런저런 낭패감과 소외감 같은 게 쌓여 있다가 이제 박종철 사건에서도 경찰 대공분실이 대충 넘기려고 하는 것을 검찰 쪽에서 이번엔 뭐라도 한번 해야 된다 해가지고 약간의 노력을 한 게 아닌가 합니다. 박종철 부검에 관여한 안상수 검사가 약간의 노력을 했고, 최환 공안부장이 약간의 기여를 했습니다만, 그게 무슨 역사를 바로잡는 최고의 역할을 했다고 자찬하는 건 지나친 것 같습니다. 영화에서도 그 부분이 다소 거슬리더군요. 진짜 노력한 분들은 겸허하게 처신하는 것과 대조해보면 더욱 그렇고요.

1월 17일에 관계기관 대책회의를 했는데, 그 회의에서 결정 난 것이 뭐냐 하면 검찰의 의견은 전부 무시되고 경찰이 자체조사를 통해서 밝히겠다는 그 의사가 관철이 됩니다. 그래가지고 사실은 경찰이 이때 완전히 마음놓고 조작을 하는 거지요. 관계기관 대책회의에서 검찰은 전혀 존재감이 없고, 경찰이 좌지우지 하는 거죠. 언론과 검찰, 이부영과 이후의 일 모두가 우연의 일치처럼 착착 맞아돌아가는데, 서중석이 『6월항쟁』(돌베개 2011)에서 이런 우연의 일치를 '이성의 간지(奸智)'라고 썼대요. 이때를 돌이켜보면 이상한 인연들이, 우연들이 쌓인 건 상당히 맞는 말 같아요.

그런데 그게 우연한 인연이 아니잖아요. 수십년 동안 쌓아온 신뢰와, 민주화라는 가치가 교도관들에게까지 다 퍼지는데, 그건 민주화운동하던 사람들이 감옥 가면서 쌓여진, 우정과 신뢰의 축적 위에서 나오는 거지요.

그리고 또 짚고 넘어가야 할 사람 중에 하나가 안유에 대한 겁니다. 안유에 대해서 강용주가 자기가 수형생활을 할 때, 그때가 1992년인데, 안유한테 상당히 박해를 많이 받았다, 안유를 무슨 민주교도관이라고 칭하고 이부영이 기자회견에까지 내세우는 건 별로 바람직한 일이 아니라는 취지로 얘기를 했어요.

안유라는 사람은 나도 개인적으로는 몰라요. 그런데 그 사람이 다른 데 어디 인터뷰한 거 보니까 자기가 추도식 같은 데 나오기가 참 거북스러운 게, 나는 박정희 전두환 시절에 어쨌든 간에 그 사람들의 주구 노릇을 한 사람이고, 학생들이나 민주 인사들에게 나쁜 짓을 많이 한 사람인데 어떻게 내가 거기에 나갈 수 있냐, 이런 얘기를 한 것으로 봐서 상당히 괜찮은 사람이 아닌가 싶어요. 자기가 이름이 공개되고 난 뒤에 여러 반응이 있었다고 해요. 간부 된 사람이 무슨 그런 짓을 하고 그따위 짓을 뭐 또 잘했다고 나가서 이야기하냐고 말하는 사람이 있는 반면에 한편으로는 우리 교도관 중에서도 이런 사람이 있어서 자랑스럽다고 자기를 격려하고 칭찬해주는 사람도 있다고 얘기를 하더라고요.

강용주는 자기 경험에서 말한 것이고 세세한 정황은 잘 모릅니다. 다만 현대사 속에서 한 인물을 평가할 때 저는 특정한 순간에 포커스를 두는 편입니다. 그 시대의 보통 사람처럼 시킨 대로 하고 그저 그런 역할을 하다가, 어느 국면, 어느 순간에 역사적 대의라든지 뭔가에 꽂혀서 적어도 이거는 안 된다, 용납할 수 없다는 이런 류의 감정들이 표출되면서 한단계 나아가는 것이지, 30년 공직 생애 내내 올곧게 민주화를 위하여 투신, 헌신한 교도관이다, 세상에 누가 그렇게 자부할 수 있겠어요? 그건 검사도 판사도 교수도 마찬가지입니다. 어느 교수가 30년 내내 독재정권 치하에 민주화를 위하여 시종일관 싸웠다? 그런 게 어디 있겠습니까. 공기 중에 미세먼지가 있으면 모두 미세먼지 마시는 겁니다. 예종적 환경 속에서 살아가면서도 순간순간, 그때 결단한 그 부분을 우리가 소중히 여기고 평가하면서 앞으로의 자양으로 삼아야겠지요.

그다음에, 나는 이 사건을 겪으면서 참 아주 한심하고 속이 상한 게 안상수라는 사람입니다. 박종철 사건 담당 검사로 수사 과정을 기록했다면서 『이제야 마침표를 찍는다』(동아일보사 1995)라는 책도 냈는데 내용이 진실과는 완전히 거리가 멀어요. 그런 위선이 상당 기간 통했다는 게 나는 참 이상해요. 하여튼 안상수가 그거 가지고 한나라당 대표최고위원까지 하잖아요. 이런 거짓과 위선이 우리 사회에 아직도 횡행하고, 횡행한 정도가 아니라 완전히 압도하고 있다는 건 아주 고통스러운 부분이죠. 정신적으로 그렇고.

하여튼 결론적으로는 지금 생각해보면 박종철이 1월 14일에 죽고 나서, 고비 고비마다 다시 살아나와가지고 민주화운동을 일으켜세우고 다시 이어지게 하고, 계기를 만들어준 것은 사실 상당히 놀라운 일이었다고 봐요. 박종철 추모제에서 서울대 학생들이 「우리는 결코 너를 빼앗길 수 없다」라는 추모시를 낭독했는데, 실제로 빼앗기지 않게 했고, 빼앗기지 않았고… 기적 같은 일이죠. 어떻게 보면 참 용케도 잘 견뎌온 것 같아요.

박종철 폭로 그 이후

명동성당에서 박종철 진상이 폭로된 후에, 황인철 변호사가 찾아온 이야기는 뭡니까?

이제 이 사건이 대충 5월 20일 전후해서 서서히 사제단이 밝힌 박종철 고문치사 사건이 진실로 밝혀지면서 고영구, 황인철, 홍성우, 조영래 변호사 등의 노력으로 대한변호사협회에서 성명도 나옵니다. 고영구 변호사가 상당히 조심성이 많고 신중한 사람인데 이 문제를 상의하는 과정에서 어떡하다가 황인철 변호사가 내가 고영구 변호사 집에 있는 걸 눈치채게 됐는가봐요. 아마 5월 말쯤이었던 것 같은데 황인철 변호사가 고영구 변호사 집에 혼자 옵니다. 나를 만나러. 황인철 변호사가 나한테 지금 이 상태대로 쭉 가다가 네가 혹시라도 잡히면 고영구 변호사고 이 집이고 어떻게 되겠느냐, 이러면서 나한테 자수하라고 아주 강하게 권합니다. 자기가 알선해주겠다면서요. 물론 나는 그 뜻은 충분히 알겠다 하고 확답은 안 했는데, 그러면서 속으로는 사실 아주 싫었죠. 만약 꼭 그래야 된다면 차라리 이 집을 나가서 다른 데 숨지, 자수할 생각은 전혀 없었으니까요.

우리 같은 사람은 이렇게 밖에 도망다니며 사는 것도 고생이지만 수사기관에서 조사받는 게 얼마나 힘들고 고달픈 과정인지 잘 알기 때문에 내 발로 들어간다는 건 선택지에 없었어요. 황변호사는 숙고 끝에 선의로 한 말이었겠죠. 충분히 이해하죠. 자기 친구인 고영구 변호사 집이나 고영구를 위해서 그렇게 얘기하는 건 만번 이해가 되지만, 나는 속으로 참 섭섭한 생각이 들었습니다.

저로서는 조금 더 궁금한 점을 짚어야겠습니다. '우촌전'이라고 시작하는 이부영이 보낸 편지를 보여주셨는데, 우촌(友村)은 선생님의 호로 알려져 있습니다. 누가 지어주신 건가요? 그리고 그 역사적인 편지는 지금 어디 있나요?

이돈명 변호사가 지어줬습니다. 어느 날 김도현이 '정남이 호는 뭐로 하면 좋겠소?' 이러니까 이돈명 변호사가 한참을 생각하다가 우촌이라 그러면 좋겠다 그러니까 김도현이 '호기(號記)를 한번 써주세요' 한 거죠. 이돈명 변호사가 너는 민중과 함께 사는 사람, 민중의 친구니까, 벗 우(友)에 마을 촌(村) 우촌이라고 하자고 하셨어요. 우리들 사이에서는 저를 우촌, 우촌 했죠.

나이가 들면서 우촌이라 불러주는 사람이 늘어났는데, 그러던 중 어느 날 한겨레신문을 창간한 정태기가 또 우(又)자를 쓰는 우촌을 권하더군요. 송나라 때 시인 육유의 유산서촌(遊山西村)이라는 시에 "山重

水複疑無路/柳暗花明又一村"(산겹겹 물겹겹 길 없이 머뭇머뭇/어둑어둑 그늘에 꽃길만 환하니 또 하나의 마을이더라)라는 구절이 있는데, 거기서 우촌(又村)을 따온 것이지요. 그래서 한때는 '友村'과 '又村'을 같이 쓰다가 지금은 '又村'을 더 즐겨 씁니다. 또 고영구 변호사의 아호가 또 우자를 쓰는 우연(又然)입니다.

그 편지는 정확히 기억이 나지 않는데 아마 그 사건 발표하고 얼마 안 된 그 무렵이었을 거예요. 고영구 변호사가 '우촌, 그건(이부영이 보낸 편지) 내가 가지면 안 돼?' 이러더라고. 그래서 그러시라고 했죠. 내가 고영구 변호사 집에도 있었고, 그때고 지금이고 그렇게 연연할 필요가 없으니까 그러시라고 하고 말았어요. 나중에 이 일이 알려지면서 사람들이 그거 어떻게 됐냐 묻는데 나는 그걸 어떻게 했는지 기억이 잘 안 나는 거예요. 모르겠다 하면서 몇번을 넘어갔죠. 그런데 이부영이 감옥에서 나와 가지고 어떻게 하다가 그 편지가 고영구 변호사한테 있다는 걸 알고 자기가 가져가겠다 그래서 이부영이 보존을 하고 있었나봐요. 그렇게 쭉 가지고 있으면서 국회의원도 하고 그러다가 이거를 이부영이 나한테 보내서 우여곡절 끝에 이게 지금 나한테 와 있는 겁니다.

A가 B에게 편지를 썼고, 또 A가 B에게 보냈으면 B에게 준 거니까. 양도한 거죠. 선생님 소유권이 맞는 것 같은데요. 재미있네요.

아무튼 박종철 사건을 생각하면 저는 진실은 진실 그 자체로 자기를 드러내는 힘이 있는 게 아닌가 하는 생각을 하곤 합니다. 박종철 사건만 보더라도 박종철 죽음 자체가 그 진실을 스스로 밝힐 수 있는 힘을 가지고 있었지 않았나. 그렇지 않다면 어떻게 이게 사람의 힘만으로 여기까지 올 수가 있었겠나 하는 생각이 듭니다.

아닌 것 같은데요. 제가 보기에는 진실이 자기 힘으로 그 자체가 밝혀지는 것이 절대로 아니고, 진실을 밝히기 위한 엄청나게 고단하고 힘든 노력을 통해서 겨우 싹을 내고 세상 밖으로 퍼져나간다, 이렇게 보여집니다. 진실은 그 자체로 드러낼 힘을 가지고 있다고 하더라도 그 힘은 잠재력이고, 그 잠재력을 어떻게 현실화시킬 건가에는 한분 한분의 고뇌와 노력이 투입되어야 한다. 이병린 변호사의 법언 중에서 "법은 태양이다. 그런데 그 태양을 빛나게 하는 것은 사람이다" 이런 말이 생각납니다.

박종철 고문의 진상을 밝혀내는 데는 기자, 법의학자, 그다음에 수감자, 그다음에 교도관, 그다음에 김정남 선생님 같은 기획력, 그다음에 또 신부들의 역할 이 모든 것들이 연결되고 집약된 것이지요. 그래서 비로소 박종철의 진실을 세상 밖으로 온전하게 드러낼 수 있었던 거죠. 수십명이 자기 위치에서 온갖 노력을 통해서 진실을 드디어 만천하에 퍼지게 만드는, 그런 것이니까요. 선생님께서 하신 말씀을 듣고는 '진실은 그 자체로 스스로 드러낼 힘을 가지고 있다고? 그래? 그럼 알아서 되겠지' 이렇게 생각해서는 안 될 것 같습니다. 각자 할 일을 온전히 해낼 때 진실이 드러난다. 그런 점에서 박종철 사건은 정말 교훈이 되는 사건이라고 할 수 있을 듯합니다.

박종철 고문치사 사건을 전후해서 저와 제 주변에 일어났던 개인적인 일 가운데서 꼭 짚고 넘어가고 싶은 것이 있습니다. 1986년 늦가을 제가 수배된 이후, 우리 가정을 각별하게 돌봐준 사람이 당시 국회의원 홍사덕입니다. 우리 집이 정보원들에 의해 포위되고 때로는 그들의 상주처가 된 상황에서 수시로 우리 집에 들러 주눅 들어 있던 우리 가족들을 보살피고 또 위로해주었습니다. 국회에서 세비가 나오면 일정 부분을 떼서 우리 집 생활비로 내놓았고요. 현직 국회의원이기 때문에 정보원들도 함부로 다루지 못했지요. 홍사덕의 보살핌 덕분에 제 아내와 아이들이 그 어려운 터널을 무사히 빠져나올 수 있었습니다.

또 하나 말씀드리고 싶은 것은 제 아내의 고생입니다. 성당에 나가면 정보원들이 성당까지 따라와 제 아내를 감시했습니다. 영성체를 모시기 위해 제대를 향해 나가면 그 사이에 가방을 가지고 가 뒤져보고는 성당의 맨 끝자리에 던져놓고 갔다고 해요. 그만큼 일거수일투족을 감시, 미행당했지요. 또 마침 아내의 오빠 되는 신홍범이 보도지침 사건으로 구속되어 이중 삼중의 고통을 겪어야 했지요. 반드시 그것 때문만은 아니겠지만 그 무렵부터 제 아내는 불면증, 대인공포증 등에 시달리기 시작해서 현재까지도 그 후유증을 앓고 있습니다. 그 모든 어려움 속에서 그래도 가정을 끝까지 잘 지켜준 아내가 대견했습니다.

사모님의 어려움은 이루 말할 수 없었겠네요. 박종철 사건은 워낙 역사적 의미도 큰 사건이니, 이리저리 얽힌 이야기도 한 보따리겠습니다.

배동호로부터 받은 선물이 하나 있어요. 당신 같은 사람에게 필요할 거다 이러면서 만년필을 하나 나에게 선물을 했습니다. 몽블랑 만년필을. 사실 그 만년필로 박종철 관련 문건을 썼어요.

지금껏 갖고 있습니까, 그 만년필?

네. 죽 쓰다가 저희 아내가 옷에 만년필이 꽂힌 채로 그걸 세탁기에 돌려가지고 만년필 촉이 나간 거야. 그게 좀 안타깝더라고. 상당히 역사적인 만년필인데. 일본에 있는 송영순한테 연락을 해가지고 이거 어떻게 고칠 수 없겠냐 그러니까 몽블랑 본사에 보내가지고 고쳐왔어요. 지금 제가 가지고 있습니다.

선생님도 사치품목이 하나 있네요. 1987년 당시에 몽블랑은, 한국 사람들이 거의 안 갖고 있는 건데요. 선생님은 2007년에 박종철 사건에 대한 종합적 정리를 한번 하신 것 같습니다.

『우리는 결코 너를 빼앗길 수 없다』라는 제목의 책을 냈지요. 박종철이 속한 서울대 언어학과 학생회에서 박종철을 영결하면서 언어학과 학생들 이름으로 추모시를 낭독했는데, 제목이 "우리는 결코 너를 빼앗길 수 없다"였어요. 박종철과 관련한 시 중에 내가 제일 좋아하는 시입니다. 2007년인가, 민주화운동기념사업회에서 1987년 6월에 대해서, 6월항쟁 전 과정을 나보고 정리를 해달라고 하더라고요. 글을 쓰고 제목을 '우리는 결코 너를 빼앗길 수 없다'라고 붙였어요.

그 책에서 선생님이 쓴 마지막 부분을 읽어주시죠.

"박종철은 그해 1월 14일에 죽었으나 투쟁의 고비 고비마다 살아나와 민주화운동의 불씨를 소생시키고, 더욱 강렬하게 불타오르게 했다. 어떻게 보면 박종철은 이 나라 민주주의를 구하기 위해서 태어났고, 이 나라 민주주의를 위해서 순국했다. 이 나라 민주주의를 위하여 필요할 때 그때마다 부활했다. (…) 국민의 입장에서 보면 '우리는 결코 너를 빼앗길 수 없다'고 했던 그 약속을 마침내 지켜낸 것이었다."

맺음말이 장엄합니다. 선생님 문장은 장엄체군요. 시대의 무게를 담아내고 시대적 의미로 맺는 그런 스타일 같습니다.

김수환 추기경과 김영삼 총재의 가정 방문

6월항쟁으로 선생님이 수배로부터 풀려나면서 8월경에 김수환 추기경이 댁에 오셨다는 말씀을 들은 적이 있는데, 그 정황을 상세히 그려주시지요.

제 세례명이 요한인데, 함세웅 신부가 요한이 수배도 해제되고 했으니까 한번 방문하는 게 어떻겠냐고 했는지 아니면 추기경이 한번 가보자고 그랬는지는 잘 모르겠어요. 그때는 마침 송영순 선생도 한국에 와 있었고요. 8월 초순에 추기경이 우리 집에 오시겠다고 연락이 와서 오시라고 했죠. 내 기억에 오시겠다 말씀하신 게 며칠 전부터 약속을 잡은 건 아니었고 내일 가겠다고 오늘 연락이 온 거였어요. 그렇게 해서 당일에 함세웅 신부가 추기경을 모시고 오셨고, 나는 송영순과 고영구 변호사 내외를 초대했죠. 오후 4~5시쯤 오셔서 저녁 9시쯤까지 계셨던 것 같아요. 저녁 식사는 저희 아내가 준비를 했고요.

큰일을 치른 후였으니까 그간의 소회도 나누고 서로의 노고도 치하하고 즐겁게 이야기를 나눴습니다. 추기경이 저희 아내한테 그간 고생 많았다면서 위로의 말을 해주시고, 우리는 또 추기경이 여러모로 신경 써주신 것에 대한 감사의 말씀도 드리고요. 그 자리에 고영구 변호사 부인인 황국자 여사도 와 계셨으니까 그때 사제단 쪽하고 편지 왕래할 때의 전후 사정 이야기도 털어놓고요. 제가 수배자 신분인데도 어떻게 연락이 되고 있었고 편지를 왕래할 수 있었는지 알게 되신 거죠. 참 용케도 잘 숨어 있었다, 그게 고변호사 집에 있어서 그럴 수 있었구나 이런 얘기하면서 웃음소리가 끊이지 않았던 기억이 납니다. 그리고 이제 다 돌아왔으니까 즐거운 날 아니냐 하면서 노래를 했는데 다른 사람은 기억이 잘 안 나고 추기경이 '등대지기'라는 노래를 하셨던 건 또렷이 기억이 납니다. 노래는 우리 고영구 변호사도 아주 잘합니다. 가사도 4절까지도 정확하게 잘 외우시고요. 아마 그 자리에서도 노래 한자락 하지 않으셨을까 싶습니다.

당시에 술도 한잔하시고 노래도 합니까?

술은 따로 낸 것 같진 않아요. 먹었을 수도 있긴 한데, 술을 하시는 분들이 없으니까요. 송영순 선생이 찍어준 사진에 우리 막내가 1983년생이니까 그때 한 네살 때인데 추기경한테 폭 안겨 있어요. 그 사진을 보면 지금도 미소를 짓게 되죠.

옆집이나 주위 사람들은 알았습니까? 추기경께서 복장은 어떻게 하고 오셨어요?

막내딸을 안고 있는 김수환 추기경(왼쪽에서 세번째). 왼쪽부터 함세웅, 김정남, 김수환, 신홍범, 고영구, 송영순.

추기경께서는 보통 외출할 때 로만칼라 하고 그냥 오시죠. 수단이라고 그 추기경 복장을 하고 오신 건 아니고요. 그런데 추기경 차가 오고 빨간 모자를 쓰신 분이니까 동네에서도 저 집에 추기경이 왔다 하면서 소문이 났어요. 그전까지는 맨날 경찰이며 안기부 사람들이 와서 지켜보고 해서 저 집은 대체 뭔가 하면서 이상한 눈으로 보던 사람들의 시선이 좀 달라졌지요.

그다음에 김영삼 총재도 방문하셨다고 어디선가 들었습니다.

6·29선언 이후에 87년체제는 마련했는데, 이제 야권 단일화가 넘어야 할 산이었죠. 김영삼과 김대중 사이에 단일화 문제가 상당히 심각했는데, 나는 김대중보다는 김영삼 쪽으로 단일화가 되는 게 정도(正道)가 아닌가 생각을 하고 있었어요. 일단 6월항쟁에서부터 6·29선언까지 이끌어내는 과정에서 정치적으로 맨 앞에 섰던 게 김영삼이고,

물론 김대중의 도움도 많이 받았지만, 통일민주당을 창당하고 여기까지 온 데에는 김영삼의 결단과 역할이 중요했으니까요. 두번째로는 그때까지만 해도 정치에서 군의 영향력이 상당했는데, 김대중에 대한 군의 거부반응이 있어서 나이 차이가 좀 있다 치더라도, YS가 먼저 하고 DJ가 나중에 한다든지 이런 게 옳지 않을까 생각했습니다. YS도 당연히 그렇게 생각을 했을 거고요.

그리고 김대중 쪽에서 작년, 그러니까 1986년 11월 초에 건국대 사태 이후에 '만약에 전두환 정권이 직선제 개헌을 채택한다면 나는 대선 안 나오겠다'라고 선언을 해요.

그보다 앞서 1986년 10월 20일에 김수환 추기경의 로마발언이라는 게 있었어요. '김영삼, 김대중이 대통령이 되겠다는 욕심을 포기해야 한다, 개인적인 정치적 야망을 버리고 진정한 민주주의에로의 순조로운 이행이 이루어지도록 조력해야 한다'는 내용의 인터뷰입니다.

여기에 대해서는 김영삼도 김대중도 마음을 비웠다고 화답합니다. 그러나 6·29선언 이후에는 말이 달라지기 시작해요. 김대중이 자기는 군부가 스스로 완전히 물러나고 직선제 개헌을 한다고 했을 때의 경우에 한해서 대선에 안 나온다고 한 것인데, 6·29선언은 국민이 쟁취한 것이 아니냐 그러니까 내가 했던 불출마 약속은 차한(此限)에 부재(不在)한다 하면서 불출마 선언을 백지화합니다. 그것은 김영삼 쪽도 마찬가지였습니다. 또 하나가 통일민주당에서 문면이라든지 발표할 때 보면 상임고문 김대중으로 나오기는 하는데 김대중 쪽 사람들은 아직 통일민주당에 입당을 하지 않은 것으로 기정사실화했어요. 창당대회를 5월 1일에 했는데 미적거리고 있다가 8월달엔가 입당 형식을 취했어요.

그리고 창당 준비하는 과정에서도 이전까지는 그냥 자연발생적으로 지구당위원장을 선출을 했는데 동교동계 쪽에서 지구당 수를 동교동계와 상도동계가 동수(同數)로 해야 한다고 주장을 하니까 YS가 그것도 좋다 하면서 그 조건도 받아들여요. 대통령 선거일은 다가오는데 김대중 쪽에서는 여전히 서두를 이유가 하나도 없다며 김영삼의 속을 태웁니다. 6월 10일에 민정당에서는 노태우를 대통령 후보로 확정해서 이미 사실상 선거운동을 시작했는데, 김대중 쪽은 늦추면 늦출수록 좋다 이러니까 둘 사이가 자꾸 벌어지기 시작을 해요.

그리고 마지막으로는 지금 얘기한 것처럼 김대중이 요구하는 모든 조건을 들어준다고 했는데도, 당내경선을 반대하니까 김영삼은 초조하지요. 도대체 어떻게 해야 할지 모르겠고. 한편 그 당시에 김대중 쪽에서는 세검정 쪽에 있는 북악파크호텔로 사람들을 불러가지고 상의한다는 형식으로 자기의 지지층을 넓혀가고 있었어요. 상당히 부산하게 움직였어요. 그런데 김영삼 쪽은 김대중 쪽 움직임을 전혀 모르는 거예요. 김영삼이 통일민주당 총재니까 선제공격할 수 있는 유리한 조건이기는 한데 사실 누가 먼저 하느냐가 보기에 따라서 자칫 분열의 단초를 제공한 사람으로 보일 수도 있고, 또 총재로서 무책임하다는 얘기를 들을 수도 있으니까 조심스럽단 말이에요. 김영삼 쪽은 김대중 쪽 동향을 알아볼 수 있는 능력도 없고 사람도 없었던 거죠.

다만 이돈명 변호사가 그 김대중 쪽 회의에 수시로 참석을 했어요. 그때 김대중이 변호사들도 자주 만났거든요. 이돈명 변호사가 김대중을 만난다는 걸 뒤늦게 알았어요. 하여튼 김대중이 정치활동을 시작하니까 그쪽에서 부르면 가기도 했던 모양이에요. 이돈명 변호사는 성격이 활달해가지고 그런 자리에 갔었다는 말을 하면서 '큰일이다, 오늘 이런 일이 있었다'고 얘기를 해줬어요. 김영삼 쪽에서는 김대중 쪽이 평화민주당 만드는 것까지는 좋다, 좋은데 그럼 그 이후에 결국 민주당과 단일화를 할 거냐 안 할 거냐, 끝까지 가서 독자출마를 할 거냐 안 할 거냐, 언제 할 거냐, 이런 게 제일 궁금할 수밖에 없죠.

첨예한 현실정치 국면이네요.

그래서 YS가 우리 집에 온 시기는 어차피 김대중이 출마선언을 할 것으로 보고, 자신도 출마선언을 언제 할 것인가를 놓고 시기를 저울질 할 때였어요. 김대중이 자꾸 호남을 순회하겠다고 하니까 경선을 위해서 같이 가는 거라면 모르지만 혼자 순회한다는 건 독자선거운동밖에 더 되냐 했더니 김대중의 얘기는 내가 1980년에 광주사태 때 연금되고 목숨이 왔다갔다 할 때 나를 응원해준 광주 사람들과 호남 사람들한테 인사하러 가는 거지 내가 다른 뭘 하려고 가는 거 아니다 그랬어요. 그런데 갔다와서는 이 사람들이 열화와 같이 환영을 하는데 내가 출마를 하지 않는 것은 그 사람들을 배신하는 것일지 모르겠다. 그래서 후보는 정당이 뽑을지 모르지만 기본, 원칙적으로는 국민이 뽑아야 된다는 주장을 펴게 됩니다.

그러니까 김영삼 쪽에서는 김대중이 안 나올 가능성이 있다 그러면 마지막까지 기다려줘야 한다는 게 기본적인 입장이지만, 나오는 게 기정사실이라면 선제하는 게 옳지 않겠냐. 자기가 당 총재니까 김대중보다 먼저 출마선언을 하는 게 올바른 순서라고 생각을 한 거죠. 그래서 10월 10일에 김영삼이 출마선언을 합니다. 김대중이 출마한다는 게 확실하다면 내가 먼저 치고 나가는 게 당당하고 떳떳한 일이다. 만약에 김대중이 먼저 출마선언을 하고 통일민주당 총재인 내가 나중에 선언을 하게 되면 마치 내가 분열의 책임을 떠안는 것으로 오해받을 수 있겠다, 내가 먼저 선언을 하는 게 당연한 것 아니겠냐. 그래서 출마선언의 타이밍을 잡기 위해서 김대중 쪽 정보를 얻으려고 한 거죠.

우리 집에 와서는 한시간여 정도 있었던 것 같아요. 김덕룡이 YS를 모시고 같이 왔어요. 앞서 내가 들은 김대중 쪽 움직임을 전했지요. 또 조심스럽지만 내 의견도 말씀을 드렸습니다. 내 생각에도 DJ의 독자 출마는 돌이킬 수 없을 것 같고, 그리고 당신도 전혀 양보할 생각이 없다면 당신이 선제 선포하는 게 난 옳다고 본다. 그런 정도의 얘기를 나누었던 것 같습니다.

그때는 김영삼 총재가 움직이면 기자들이 항상 따라붙지 않았나요?

더러 따돌리기도 하고 그러죠. 기자들이 차를 따라올 수 없으니까. 당시에는 차를 가지고 있는 기자가 거의 없었거든요. 나중에 추적이야 했을지 모르죠. 우리 집에 온 건 알려지지 않았어요. 그렇게 짧게 얘기만 하고 식사를 하거나 하진 않았어요.

1987년 후반기, 막 정치의 계절로 들어가잖아요. 정치의 계절로 들어갈 때 선생님은 선거정치 자체에서의 역할은 별로 하지 않으셨던 것 같습니다. 적극적으로 전면에 나서거나 하는 일도 전혀 없으시고요. YS가 개인적으로 자문을 구하면 의견을 드리는 정도인 셈인가요.

그렇죠. 당시에 한 게 있다면 후보단일화 운동 쪽에 좀 참여를 한 정도였지요. 사실은 1987년 6·29선언 이전까지는 뭐니 뭐니 해도 재야운동이 민주화운동의 주축이 아니었나 싶어요. 그리고 1985년 2·12총선 이후부터 1987년 6·29선언까지가 말하자면 민주화운동 세력과 신민당 세력, 야당 세력이 공조체제를 유지했고, 그래서 반민주투쟁에 합심을 했던 시절이었다고 봐요. 그리고 1987년 이후로는 공이 이제 정치권으로 넘어가서 우리는 닭 쫓던 개가 된 거죠. 그래서 내가 처음에 정치에 대해서 아, 이건 이렇게 놔둘 게 아니라 무언가 해야 되겠다 한 게 1989년 8월 재보궐선거에 참여한 거예요. 고영구 변호사를 범재야 범민주 후보로 내세워서 영등포을에서 4강 정당체제하고 한번 붙어보자 한 거죠.

그런데 결국 우리가 졌죠. 나도 나름대로 처음부터 끝까지 총력을 기울였고, 상당히 많은 사람들이 총력을 기울였는데 만약 그때 이겼다면 혁신운동 쪽과 재야운동 쪽이 결합된 형태의 정치세력이 형성될 수 있을 뻔 했죠. 그런데 그게 너무 참담하게 실패하고 보니까 동력을 잃었다고 할까요.

당시 선거운동을 내가 지휘했다고까지 말하기는 좀 과하지만 선거자금이라든지 선거에 관련된 걸 처음부터 끝까지 전부 관여했다고 할 수 있는데 그게 실패로 돌아가고 나니 많은 생각이 들더라고요. 여론조사를 해보면 민정당 나웅배, 민주당 이원범, 평민당 이용희, 공화당 박상웅, 1노 3김 체제니까 그게 아니면 고영구를 찍으려고 했다, 고영구 후보가 훌륭하긴 하지만 안 될 줄 알기 때문에 못 찍었다 이런 거였어요. 이 한계를 극복하기가 참 굉장히 어렵겠다 절감했죠. 고영구 후보도 열심히 했어요. 원래는 홍성우 변호사를 내세우려고 여러번 가서 사정했는데 극구 고사를 해서 고영구 변호사가 나가게 된 거거든요.

고영구 변호사는 민한당 국회의원을 한번 했잖아요. 상당히 유능한 국회의원이었습니다. 그 사람은 굳이 나보고 하라 그러면 하겠다 이래서 고영구를 후보로 내세우고 그해 여름을 아주 열심히 뛰었죠.

이때 나의 실험이 실패하고 난 훨씬 뒤에 이제 후배들이 나와서 민중당이다 뭐다 하는 혁신정당 만들고 그럴 때는 내가 나설 계제는 아닌 것 같다라고 판단을 했어요.

이럴 때는 적극적으로 나서지 않는군요.

최종선의 양심선언을 세상에 알리다

1987년 대선은 군부정권의 연장인 노태우가 대통령에 당선되고, 야권과 국민은 쓰디쓴 국면을 맞게 됩니다. 그 이후 선생님은 정치권 쪽이 아니라 평화신문이라는 주간지에 본격적으로 관여하여 작업한 것으로 압니다. 지금부터는 평화신문 시절의 이야기를 들어볼까 합니다. 중앙정보부에서 고문당하다 죽음에 이른 최종길 교수의 동생 최종선이 1973년에 써놓은 양심선언이 처음으로 언론에 공개된 게 1988년 10월입니다. 전에 함세웅 신부께 얘기를 들어보니까 함신부는 1974년에 최종선을 만나서 양심선언을 받아놓았다고 하시더라고요. 선생님께서는 그 전에는 최종선을 직접 대면한 적이 없으셨나요?

네, 없습니다. 최종선이나 함신부 쪽 얘기에 의하면 두분이 만난 게 1974년 12월 31일이라고 하더라고요. 그날 밤에 최종선이 박기용이라는 사람과 함께 함세웅 신부를 찾아와서 양심선언 글을 맡깁니다. 최종선은 비감(悲感)에 빠져 있었지요. 그때 함신부한테 '우리 형의 죽음의 진실이 밝혀지느냐 안 밝혀지느냐는 신부님들한테 달려 있다, 그리고 이 일은 나의 생명하고도 관계가 있다. 신부님께서 진실을 꼭 밝혀달라, 신부님이 밖에서 하고, 나는 안에서 하겠다' 이런 얘기들을 했다고 해요. 최종선의 얘기에 따르면.

그럼 선생님이 이 사안에 뛰어들게 된 과정부터 시작해서 쭉 한번 말씀해주시죠. 최종길 교수의 중앙정보부에서의 죽음의 진실은 이렇다, 이런 거죠.

1987년 6월항쟁이 끝나고 8월 초순쯤이 아니었나 싶습니다. 최종선이 형수님 그러니까 최종길 교수 부인하고 함께 사제단을 찾아와요. 최종길 교수 고문치사 진상규명을 요구하는 일을 하겠다고 말을 합니다. 그리고 1974년 말에 최종선이 맡겼던 그 양심선언의 행방을 수소문을 하지요. 대개 성당에는 신부님을 보좌하는 수녀님이 두세분씩 계십니다. 일종의 파견인데요, 그때 응암동성당에 정멜라니아 수녀와 김아멜리아(김옥기) 수녀가 계셨어요. 1975년에 함세웅 신부가 정멜라니아 수녀한테 그걸 맡겼는가봐요. '수녀님이 이걸 보관을 잘 해라, 이거 굉장히 중요한 거다' 하면서요. 마침 여름 피정을 다녀와서 정멜라니아 수녀한테 이 얘기를 전해들은 김아멜리아 수녀가 선임으로서 내가 보관을 하겠다고 하십니다. 그러고는 김아멜리아 수녀가 양심선언을 비닐로 싸서 고무줄로 묶어가지고 장독대에 있는 소금항아리에다가 보관을 해요.

그런데 함세웅 신부가 1976년에 3·1민주구국선언 사건으로 3월 7일에 연행이 됩니다. 김아멜리아 수녀는 본원으로 갔다가 해외에도 나갔다가 그러니까 함신부 구속 이후에 자기가 보관하던 함세웅 신부 관련 일체의 서류와 양심선언을 사과박스에 담아서 주교관에 있는 홍인수 신부에게 전달을 해요. 홍인수 신부는 함세웅 신부하고 신학교 동기고 그 당시에 추기경 비서였습니다.

홍인수 신부도 비서 신부를 하다가 다른 본당 신부로 나가고 이러면서 그 서류뭉치가 다시 수녀원으로 돌아와가지고 수녀들이 번갈아가며 맡았는데 그게 행방이 묘연해진 거죠. 그때는 실제로 그랬어요. 워낙 살벌할 때니까. 제가 가진 자료도 수녀원에 좀 맡겨놓으면 세상이 험해진다 싶을 때는 겁이 나니까 가지고 있던 걸 태워버리는 경우도 있었고, 물론 잘 보관을 했다가 나중에 돌려준 경우가 더 많았지요.

아무튼 최종선이 함세웅 신부를 찾아오니까 함세웅 신부가 깜짝 놀라가지고 양심선언문의 행방을 추적하게 한 거죠. 마지막으로 보관하던 수녀가 로마에 유학을 가 있는 상태였대요. 어떻게 연락을 해가지고 되찾은 것이 1988년 8월 초순이었어요.

1988년 전에도 한차례 밝히려고 한 적이 있었죠?

그 전에 1980년에 잠깐 '서울의 봄'이 왔을 때 서울법대 안에서도 최종길 교수 사인 규명 및 명예회복을 하자는 움직임이 있었습니다. 당시에 최종선이 아주 용기백배해가지고 학생들에게 보낸 메시지도 있어요. "결코 폭력, 과격한 물리적 힘의 행사를 원치 않으며, 지성인답게 합법적이고 질서 있는 이성적 태도로 중후한 여론을 조성, 고인의 명예회복에만 전념해주기를 바란다"라는 내용으로요. 또 유가족의 요구조건으로, ①정부의 공식 사과 및 합법적인 결백 보장 조치 ② 관련자 전원 형사처벌 ③고인의 저서 출간 보장 ④고인 장서의 서울대 도서관 기증 ⑤ 고인 추모행사 및 사업에 대한 완전한 자유 보장 ⑥ 직계유족에 대한 충분한 보상(보상금 전액은 장학금에 사용 예정) 등 나름대로 철저히 준비했어요. 그리곤 최종선 본인은 1980년 5월에 중앙정보부에 사표를 제출해요. 그 사표는 시기가 안 좋으니 좀 기다리라고 해서 최종 퇴사한 날은 1981년 1월 23일이라고 합니다. 자기 형이 죽고 나서도 중앙정보부에 7년 정도를 더 있었던 셈이죠. 형에 대한 정보를 더 얻기 위해서 그랬던 것 같은데 그후에 알게 된 건 그리 많지 않았던 것 같아요. 그런데 5·17쿠데타에 5·18광주민주항쟁이 터지고 하면서 더이상 정보부에 남아 있을 의미가 없게 됩니다.

하여튼 이렇게 우여곡절 끝에 최종선의 양심선언문을 찾았는데 그때 따져보니까 그게 살인죄 공소시효 15년을 15일 앞둔 지점이었어요. 그래가지고 그걸 서둘러 사제단에서 정식으로 고발을 하자고 준비를 하지요. 한편으로는 최종선의 양심선언을 제가 입수해서 1988년 10월 15일에 평화신문에 공개합니다. '최종길 교수는 중앙정보부가 죽였다' 이런 제목으로 2면에 걸쳐서 냈고 내용, 근거, 증거 이런 건 최종선의 양심선언 글을 기반으로 한 거였죠. 최종선의 기록 『산 자여 말하라』(공동선 2001)에 의하면 10월 8일에 제가 최종선한테 전화를 해서 좀 보자고 했다고 합니다. 네가 쓴 양심선언을 공개하려고 하는데 네가 원하지 않으면 안 할 수도 있다. 내가 평화신문 편집 책임을 맡고 있으니까 지금이라도 편집국에 얘기해서 다른 기사로 바꿀 수 있다고 말을 했다고 해요. 그러니까 최종선이 '우리 형님이 15년 만에 비로소 그 이름이 세상에 나오는 건데 내가 그걸 왜 반대하냐. 얼굴을 세상에 내

73 | 01 | 003

1.

1973. 10. 26. 세브란스 병원 정신병동 —

나는 이것을 쓰기 위한 최적의 장소로 이곳을 선택했다.
지금의 나에게 있어 무엇보다 시급한 것은 후일을 위해 형님 죽음에 대한 오늘의 한을 생생히 남겨 두는 것이다.
나는 그들이 형님을 반역자의 누명을 씌워 매스컴에 대대적으로 보도한 어제 저녁 쇼크로 가장하여 이곳으로 들어온 것이다.
그들의 감시 범위 속에 남아 그들을 안심시키면서 내가 뜻하는 글을 제한받지 않고 쓸 수 있는 곳은 이곳 밖에 없은 것이기 때문이다.
나는 오늘 아침 레지던트 중에 있는 나의 친구 분을 병실로 불러 그로부터 펜과 노트를 받아 이것을 쓰는 것이다.
나는 이것을 완전히, 조속히 쓰고 난 후에야 이곳을 떠날 것이다.

이것은 앞으로 우리 가족, 또는 고인의 동료 교수, 제자들에게 또 다른 위해가 가해질 경우 공개될 것으로서 나의 최후의 글이 될지도 모른다.
따라서 이것은 진실 이외 아무 가식도 없는 나의 유언인 것이다.

내가 이것을 쓰지 않으면 안되는 것은 지금 이 시점에서 최종길 교수의 죽음과 그 진상,

F4-A11-③

480350

1973년에 작성되어 1974년 가톨릭 정의구현사제단에 전달된 최종선의 양심선언문. 1988년 10월 평화신문을 통해 공개되었다.

미는 건데 찬성한다' 그래서 그날 기사와 관련해서 상의를 하고 술을 한잔하고 헤어졌다고 합니다. 아마 그 내용이 맞을 겁니다. 그날 저는 최종선을 처음 만나게 되는 거지요. 기사를 1면에 쓰고, 3면에 최종선의 수기를 실었을 겁니다.

최종선의 수기요?

네. 그때 양심선언이란 말은 내가 붙인 거고, 최종선이 쓴 건 수기지요. 그 수기를 썼을 때가 1973년이니까 양심선언운동이 나오기 전이고 지학순 주교의 양심선언이 나오기도 전이거든요. 처음에는 최종선의 수기라고 불렀는데, 그 보도 이후로 최종선의 양심선언이라고 얘기하기 시작하면서 지금은 수기라는 이름보다는 양심선언이라는 이름으로 더 널리 알려져 있어요.

그 양심선언 글을 함세웅 신부가 저한테 줘서 제가 그걸 평화신문에 싣고, 최종 원본은 최종선이 나중에 민주화운동기념사업회에 기증을 했어요. 원본은 기증을 하고 남아 있는 건 사본인데 함세웅 신부가 가지고 있던 걸로 신문에 기사도 쓰고 그걸 가지고 고발장, 성명 등에도 원용을 하고 그랬습니다. 최종선은 사본을 만들어서 자기가 가지고 있는 거고요.

최종선의 양심선언 구체적인 내용이 궁금한데요. 한번 말씀해주시겠습니까?

1973년 10월 13일 오전 11시쯤 최종선이 출근을 합니다. 그리고 그날 본청 식당에서 형의 친구이자 총무국에 근무 중이던 박응규를 만나요. 그 사람이 최종선한테 '지금 5국에서 제2의 동베를린 사건 같은 걸 조사하고 있는 모양인데 북괴 공작원 이재원이 주범으로 되어 있는 것 같고 너의 형이 이재원과 중학교 동창인데다가 같은 시기에 유럽에서 유학을 해서 관심을 갖고 조사하고 있는 거 같더라'라는 귀띔을 받습니다.

최종선이라는 사람은 좋게 말하면 모범생이고 달리 말하면 아주 원칙적인 사람이라서 자기가 근무하던 감찰실 과장한테 '내가 오늘 오다가 동료로부터 이러이러한 얘기를 들어서 정식으로 직원 신상 보고를 한다, 만약 우리 형님을 연행해 조사할 때는 비인격적인 대우가 없도록 해주실 것을 요청한다'고 얘기를 합니다. 그 과장은 '아주 훌륭한 태도다. 그런 경우가 되면 그렇게 하겠다'고 답을 하고요. 그래도 최종선으로서는 자꾸 불안한 거예요. 형을 간첩단 사건과 연계되어 찾는데, 부서가 수사과가 아니라 공작과인 것도 좀 이상하고. 그래서 오후에 다시 관련 과를 찾아가서, 담당자를 불러내가지고 물어봤더니 그 사람 얘기가 사실 이거는 오래전부터 수사를 해오던 건데, 지금 한 30~40명 조사를 하고 수사발표문을 정리하고 있는 거의 마무리 단계다. 그래서 이미 끝난 거나 마찬가진데 아마 그냥 참고하는 거라면 모를까 별다른 일이 있을 것 같지 않다고 얘기를 해서 그제사 안심하고 돌아갑니다.

그리고 그날 저녁에 최종선이 댁으로 최종길 교수를 찾아가서 '오늘 내가 이러이러한 얘길 들었는데 형님은 교수회의 같은 데서 모난 발언 좀 하지 마시라. 그리고 너무 걱정하지 마시고 가서 조사를 받으시는 게 어떻겠냐, 깨끗하게'라고 말을 합니다. 최종길 교수는 '대한

민국 국민으로서 마땅히 그래야지, 이재원이라는 애가 완전히 빨갱이 가 됐다니 그거 참 안타까운 일이구나' 했다고 합니다. 그게 13일의 일이고 이제 16일 아침에 최종선이 최종길 교수에게 전화를 해서 오늘 가서 조사받고 아주 마무리지어버립시다 했더니, '반유신 데모 때문에 휴강이 잦다가 오늘 모처럼 강의를 시작하는 날이라 오전에는 내가 강의 때문에 안 되겠고 오후라면 괜찮다'고 해서 오후 2시에 아스토리아 호텔에서 만나기로 둘이 약속을 해요. 그리고 실제 1시 45분쯤 두 사람이 만나서 이 얘기 저 얘기 하다가 중앙정보부 들어가서 정문에서 담당 수사과에 연락을 했더니 변영철이라는 직원이 나왔어요. 그 사람한테 인계를 하고. 당시에 수사기관에 들어갈 때는 주민등록증과 혁대를 맡기는 게 관행이었습니다. 최종길 교수도 혁대를 끌러서 맡기고 주민등록증 맡기고 변영철이라는 수사관을 따라 들어가게 되는 거지요. 이때 최종선은 형한테, "형님! 못난 동생의 직장 이때 한번 봐두십시오" 하니까 최종길 교수는 "허허, 말로만 듣던 남산(중앙정보부)에를 다 와보게 되었구나" 하면서 웃고 헤어진 게 마지막이 됐지요.

그날 저녁에 최종선이 외부 방문객의 물품을 맡기는 데 가서 보니까 자기 형 주민등록증이 그냥 꽂혀 있는 거예요. 그러니까 아직 그 안에 있다는 얘기죠. 처음에는 별로 대수롭지 않게 생각하다가 그다음 날도 똑같으니까 이제 불안하죠. 형을 왜 이렇게 오래 가두는지 이유도 모르겠고. 그다음 날이 18일이죠, 그날은 최종선한테 행정과에 가서 대기하고 있으라고 하는 겁니다. 행정과에 가서 대기한다는 건 말하자면 중앙정보부에서의 주어진 업무 자체를 중단시키는 거예요. 18일 하루 종일 대기 상태로 있다가 집에 돌아갔는데 19일 새벽에 7시까지 중앙정보부로 빨리 출근하라는 전화가 옵니다. 그때 부인이 임신 3

개월이었대요. 서둘러 출근을 했더니 자기네 과장이 '단도직입적으로 얘기할게. 형이 간첩이라고 자백을 해서 7층에 와서 당신 마음 여유 있게 생각을 하시라고 대접을 해드리며 조사를 하려고 했는데 용변을 보겠다고 화장실에 가겠다고 하셔서 데려갔더니, 화장실 가셔서는 직원이 잠깐 한눈을 파는 사이에 화장실 위에 있는 유리창을 열고 난간으로 올라서더라는 거야. 가족을 생각하라는 우리 수사관의 얘기에도 불구하고 뛰어내려서 오늘 새벽에 사망하셨다' 하더라는 거예요.

최종선이 '시체를 지금 봅시다' 하니까 보여줄 수 없다고 그러더라는 거죠. 그런 황망한 와중에도 최종선이 자기 형이 자살했다는 현장을 가서 확인을 합니다. 뛰어내려 떨어졌음직한 지상에 갔는데 사람이 떨어졌으니까 마땅히 거기에 피가 묻어 있거나 아니면 그걸 바로 물을 뿌려 지웠다고 하더라도 새벽 1시 반에 죽고 4시에 시체를 국립수사과학연구소로 가져갔다 그러니까 3시간밖에 안 된 건데 주변 어디에도 핏기도 물기도 없었다는 거예요. 그걸 확인하고는 최종선은 이 사람들이 죽였다는 생각을 굳히게 됩니다. 그리고 좀 나중에 본인이 화장실도 직접 가서 사실확인과 실측을 해봅니다. 최종길의 몸집은 좀 비만한 편인데 혁대를 풀고 조사실에 들어갔잖아요. 그런 상태로 거기 소변기를 타고 난간에 올라가서 창문으로 뛰어내렸다는 게 말이 안 된다는 것을 직접 확인을 한 거죠.

아무튼 최종길이 죽은 다음 날부터 이제 정보부에서 최종선을 통해서 가족들을 협박하기 시작합니다. 정보부에서는 지금 부검을 할 건데 입회를 해라 해요. 최종선이 내가 입회해봐야 뭘 아냐, 우리 형수가 의사니까 형수하고 변호사하고 같이 가겠다니까 정보부는 급하다 안 된다 하면서 실랑이를 하던 도중에 가족 입회 없이 그냥 검시를 해버린 거죠. 그러고는 검시 결과에 서명을 하라고 합니다. 시체는 가족 누구도 보지 못한 거죠.

가족 측에서는 최종길이 간첩이라는 불명예만은 안 된다고 아주 강하게 주장을 했어요. 그랬더니 거꾸로 정보부에서 그럼 너희들의 요구를 들어줄 테니까 각서를 쓰라고 합니다. 각서의 내용이 말하자면 최종길이 간첩으로 암약을 하다가 나라에 이러한 불충을 저지르고 자살을 했지만 가족들은 무슨 죄가 있느냐. 앞으로 애들이 자라는 동안 아버지의 불명예 때문에 상처를 받지 않도록 기록에 남지 않게 해달라 이런 식이었어요. 각서가 아니라 거의 탄원서 비슷한 내용이었지만, 최종길을 간첩으로 발표하지 않겠다는 약속을 해주면 나도 검시 결과서에 서명해주겠다 이렇게 된 거지요.

그런데 그 약속마저도 지키지 않습니다. 10월 25일 중앙정보부에서 '동서유럽을 거점으로 한 대규모 간첩단 사건' 발표를 합니다. 54명을 적발했다고 했지만 구속된 사람은 3명뿐이었어요. 주범이라는 이재원은 외국에 있어서 체포를 못했고, 조사받은 사람들은 대부분 훈방조치됐고요. 구속된 사람 중에 김장현이라는 사람이 있었는데, 당시에 경제기획원 공무원으로 근무하고 있었어요. 이 사람도 그런 사건이 없었더라면 꽤 유능한 경제관료가 됐을 수 있는 사람인데 마침 그때 세미나 참석차 유럽을 갔다가 이재원을 만났던 일 때문에 사건에 휘말리게 됐죠. 공식적으로 발표는 안했지만 그 첩보를 제공한 사람이 이 아무개라는 사람이라고 합니다. 당시에는 밝혀지지 않았다가 의문사진상규명위원회의 발표를 통해서 알려지게 되었습니다. 김장현도 같이 고문을 당하다가 최종길 교수 얼굴을 서로 봤다는 거죠. 지나치다가 봤는데 '아, 저게 최종길이구나'라는 느낌을 받았다고 해요. 김장현은 재심을 해서 2012년에 무죄를 받았어요. 그리고 보상금의 일부를 이우학교에 기부했다고 합니다.

19일에 최종길 교수가 그렇게 죽고 20일에 장례가 치러지고 21일에 최종길 교수 유해를 장지로 옮깁니다. 장례마저도 중앙정보부의 일방적인 요구에 따라 치러지고 형의 불명예만은 없도록 보장해달라고 했던 약속도 지켜지지 않자 최종선은 정신적인 충격을 가장해서 연세대 세브란스병원 정신병동에 입원을 합니다. 양심선언을 보면 그게 1973년 10월 26일이에요. 내가 듣고 보고 한 사실을 전부 정리해서 남겨야 되겠다 생각했고 감시를 덜 받는 곳으로 병원을 선택한 것이지요. 최종선의 고등학교 동기 중에 지훈상이라는 친구가 세브란스병원 의사여서 도움을 좀 받았던 것 같아요. 거기서 11월 11일까지 이 사건 관련해서 중앙정보부의 발표 내용을 조목조목 반박하는 내용을 정리를 다 하고 12일에 퇴원을 합니다. 이 장문의 기록이 바로 훗날 '최종선의 양심선언'이지요. 그걸 보면 이 사건의 전후사정을 비교적 상세히 알 수가 있어요.

병원에서 나온 뒤에는 정상적으로 출근하기 시작했는데 1973년 11월 28일 게시판에 중앙정보부 부회보 42호가 붙었는데, 실내 난방은 몇도로 한다, 낮에는 사무실 불 켜지 말아라 이런 내용 아래에 '공시사항' 해가지고는 징계 내용이 적혀 있었어요. 5국3을 차철권은 직무위반 및 직무태만으로 견책, 5국4갑 김상원은 직무위반 및 직무태만으로 감봉 1월. 이게 상당히 중요한 정보니까 그걸 보고 최종선이 부회보를 뜯어다가 형네 집으로 가서 '형수님 이건 형님의 사안, 죽음과 관련해서 중요한 정보자료니까 깊이 보관하십시오' 이래가지고 백경자 여사가 그거를 때로는 이불 속에 꿰매놓고 자기도 하고, 베개 속에 넣기도 하고

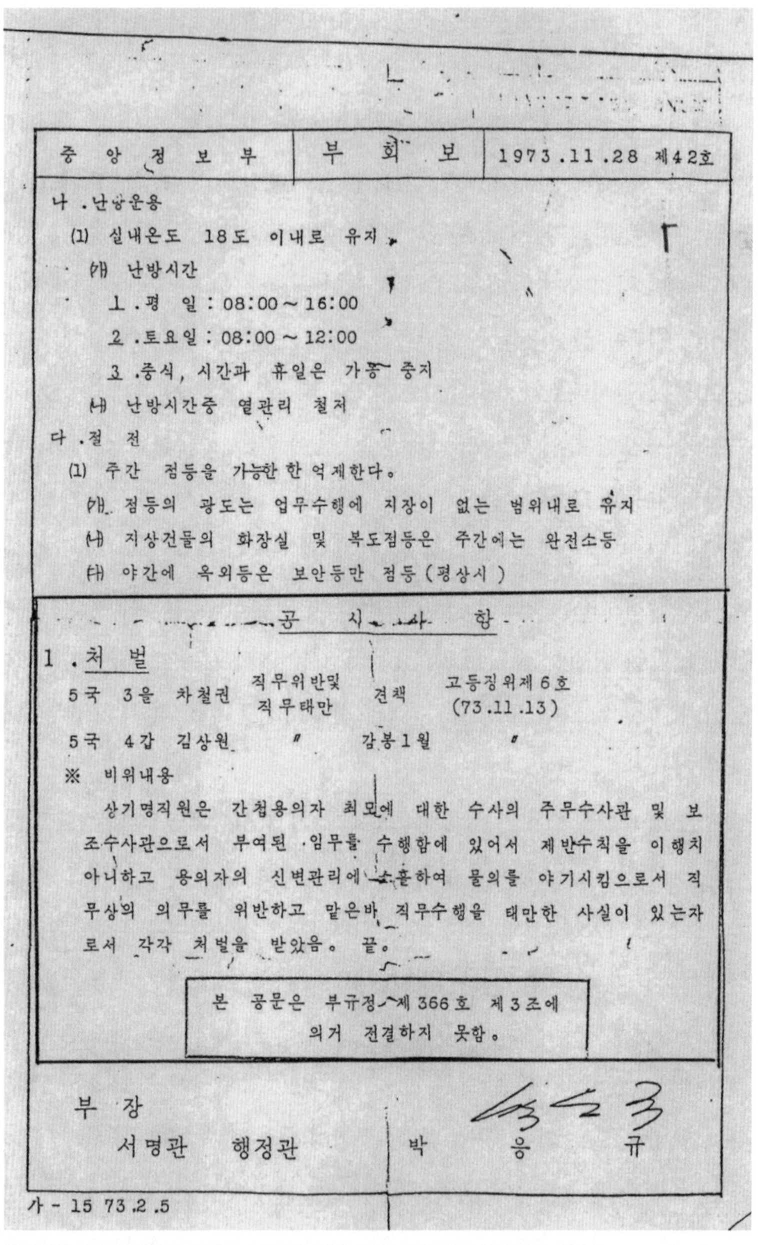

중 앙 정 보 부	부 회 보	1973.11.28 제42호

나.난방운용
(1) 실내온도 18도 이내로 유지.
(개) 난방시간
1.평 일: 08:00 ~ 16:00
2.토요일: 08:00 ~ 12:00
3.중식, 시간과 휴일은 가동 중지
(나) 난방시간중 열관리 철저
다.절 전
(1) 주간 점등을 가능한 한 억제한다。
(개) 점등의 광도는 업무수행에 지장이 없는 범위내로 유지
(나) 지상건물의 화장실 및 복도점등은 주간에는 완전소등
(다) 야간에 옥외등은 보안등만 점등(평상시)

공 시 사 항

1.처 벌

5국 3을 차철권	직무위반및 직무태만	견책	고등징위제6호 (73.11.13)
5국 4갑 김상원	〃	감봉1월	〃

※ 비위내용
상기명직원은 간첩용의자 최모에 대한 수사의 주무수사관 및 보조수사관으로서 부여된 임무를 수행함에 있어서 제반수칙을 이행치 아니하고 용의자의 신변관리에 소홀하여 물의를 야기시킴으로서 직무상의 의무를 위반하고 맡은바 직무수행을 태만한 사실이 있는자로서 각각 처벌을 받았음。 끝。

본 공문은 부규정 제366호 제3조에 의거 전결하지 못함。

부 장
서명관 행정관 | 박 응 규

가-15 73.2.5

최종선의 양심선언문에 포함된 1973년 11월 28일 중앙정보부 부회보 제42호.

이렇게 해서 15년을 보관했다가 1988년에 검찰에 원형 증거로 제출합니다.

차철권은 그 일로 견책을 받았잖아요. 중앙정보부에서 보통 견책을 받으면 6개월 동안 승급, 승진이 제한이 된답니다. 그런데 차철권은 4개월 만에 사무관에서 서기관으로, 3을에서 3갑으로 특진을 했어요. 울릉도 간첩단 사건에서 상당히 공을 인정받아가지고 승진을 한 거예요. 그런데 울릉도 간첩단 사건은 관련자들이 재심을 신청해서 2015년에 간첩조작으로 무죄 판결이 났지요. 41년 만입니다.

실제로 최종선이 제일 안타까워하는 것 중의 하나는 자기는 최종길 형한테 '같이 갑시다' 이래가지고 16일 오후에 자진출두로 자기랑 같이 출두한 거지 연행한 게 아닌데 모든 기록상에는 10월 17일 오전 10시에 최종선이 연행해온 것으로 조작되어 있다는 거예요. 최종선에게는 이게 아주 질곡이죠. 자신이 형의 죽음에 일조한 게 되어버리잖아요. 주변에서도 네가 형한테 그럴 수 있냐는 말까지 듣고요. 최종선은 안 그래도 형의 죽음이 가슴 아픈데 '연행'이라고 하는 법률적인 짐까지 끼워가지고 나를 옥죄는 게 말이 되냐면서 연행이라는 말에 대해서 아주 완강하게 거부를 하지요.

또 하나는 최종길이 왜 7층에 갔는가인데, 중앙정보부에서 처음에는 지하실에서 조사를 하다가 최종길이 자기가 북한에 갔다왔다는 자백을 듣고 그러면 여유 있게 해야 된다 그래가지고 VIP 대접을 하는 7층 조사실로 옮겼다는 정보부 주장이 거짓말이라는 확신을 최종선은 가지고 있어요. 왜냐면 최종길이 북한에 갔다왔다는 얘기를 하지도 않았을 뿐만 아니라 설사 했다 하더라도 7층 VIP 조사실에 왔다는 증거가 아무것도 없다는 거예요. 7층 조사실은 대공처 합심계에서 관리하는 곳인데 사용하려면 관계 부서에 협조 의뢰를 하고 승인을 받아야 한대요. 합심(합동심문)이라고, 여러 사람들이 와서 한꺼번에 질의하거나 혹은 여러 사람이 질문서를 작성을 해서 한 사람이 하거나 이런 걸 합심계라고 그러는데 그런 절차가 전혀 이루어지지 않았다는 거죠.

그리고 정보부에서 얘기하는 건 최종길 교수가 간첩이라는 걸 자백하니까 안흥용 수사과 과장이 와서 이건 엄청난 수확을 얻은 거다, 이러면서 최종길한테 담배를 한개비 주면서 같이 피우고, 대화를 한참 했다는 거예요. 그러고는 안흥용 과장이 '최교수를 이런 데서 모시면 되나 7층으로 모셔' 이렇게 했다는 건데 나중에 의문사진상규명위원회 조사에 의하면 안흥용이 최종길 교수하고 오래 대화한 일이 없다는 거죠. 잠깐 와서 보고 간 정도였지.

사건의 전말과 의문점까지 아주 긴 이야기를 들었는데요. 이 사건에 대해서 1974년 12월에 정의구현사제단에서 발표를 했지요? 선생님은 당시에 그 정도는 알고 계셨지만 최종선과 개인적인 접촉은 없었고. 그러다 앞서 말씀하신 것처럼 1988년에 최종선과 만나게 되셨고요. 1974년 12월에 했던 최종길 교수 의문사 발표에도 선생님께서 관여를 좀 하셨죠?

그렇죠. 메리놀 선교회 소속 제임스 시노트 신부가 함세웅 신부한테 '1974년 10월 9일자 『워싱턴포스트』에 제롬 코언이라는 하버드대 교수가 쓴 「한국의 우울한 1주년」이라는 글을 봤냐, 거기에 최종길 교수의 죽음에 대해 언급이 있다' 이래서 함신부가 최종길 교수에 대한 관심을 처음 갖게 됐다고 합니다.

마침 함신부가 잘 아는 친구 중에 박기용이라는 사람이 있는데 그 사람이 함신부보다 소신학교, 대신학교 1년 선배에요. 박기용은 신학교를 다니다가 자퇴를 하고 고려대 영문과를 나왔습니다. 대학원을 마친 후에 중앙정보부에 입사를 해요. 1969년에 들어가서 1974년 가을에 나왔다고 그래요.

이 사람이 어학에 굉장히 재능이 있어요. 박기용은 대학원을 다니면서도 간간이 영어교습을 했고, 중앙정보부 그만둔 다음에도 영어교습을 좀 했었나봐요. 최종길 교수 부인인 백경자 여사가 박기용한테 영어교습을 부탁하려고 만나서는 최종길 교수 사건 얘기를 하면서 자기는 무서워서 미국에 이민을 가려고 한다는 말을 한 거지요. 부인으로부터 최종길 교수 사건의 전말에 관한 얘기를 듣고 박기용이 함세웅 신부한테 얘기를 해서 사제단에서 최종길 교수 고문치사 사건을 폭로하게 된 겁니다.

1974년 12월 10일이 세계인권선언 기념일인데 명동성당에서 인권회복기도회를 했어요. 그리고 사제단 이름으로 「현 시국에 즈음한 우리의 인권 주장」이라는 성명을 발표하게 됩니다. 그 초안을 제가 썼어요. 뒷부분에 요구사항을 적시하면서 "서울법대 최종길 교수는 자살한 것이 아니라 고문치사되었다. 많은 사람들의 증언과 해외언론의 보도가 이를 밑받침하고 있다. 이렇게 죽어간 사람이 최종길 교수 한 사람이라는 보장이 없다. 인권유린의 수부 중앙정보부는 마땅히 해체되어야 하며 인권유린을 인정하는 모든 법적, 제도적 장치는 철폐되어야 한다"고 명시했습니다.

그리고 12월 18일에 '최종길 교수와 떠난 모든 형제들을 위한 추모미사'를 명동성당에서 바쳤습니다. 문정현 신부가 강론을 하고 오태순

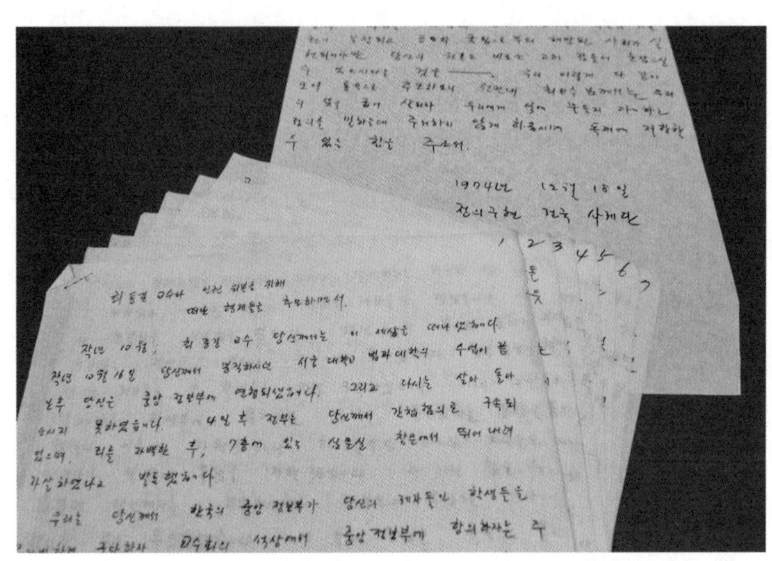

최종길 교수의 인권 회복을 위해
떠난 형제들을 추모하면서.

작년 10월, 최종길 교수 당신께서는 이 세상을 떠나셨습니다.
작년 10월 16일 당신께서 봉직하시던 서울대학교 법과대학의 수업이 끝난
후 당신은 중앙정보부에 연행되셨습니다. 그리고 다시는 살아 돌아
오시지 못하였습니다. 4일 후 정부는 당신께서 간첩 혐의로 구속되
었으며, 죄를 고백한 후, 7층에 있는 심문실 창문에서 뛰어내려
자살하였다고 발표했습니다.
우리는 당신께서 한국의 중앙정보부가 당신의 제자들인 학생들을

수 있는 힘을 주소서.

1974년 12월 18일
정의구현 전국 사제단

1974년에 낭독된 정의구현사제단의 최종길 추모사.

신부가 추모사를 낭독했는데, 강론 원고와 추모사 초안을 제가 쓰게 됐어요. 함세웅 신부나 사제단이 그때 세상을 모르니까 용감했던 거예요. 사실 저는 글을 쓰면서 매우 두려웠습니다. 피할 수만 있다면 피하고 싶을 만큼.

그날 최종길 교수 가족들도 미사에 참석을 했는데, 정보부 요원을 피하기 위해서 최종길 교수 부인이 애들 둘을 데리고 아침부터 나가서 종일 돌아다니다가 미사 한시간 전에 명동성당에 왔대요. 그때 최종길 교수의 아들인 광준이가 초등학교 3학년인가 그랬고, 동생인 희정이가 일곱살쯤 됐을 때였어요. 거기서 서성이고 있는데 김아멜리아 수녀가 우연히 그 가족을 본 거죠. 보자마자 '아, 틀림없이 최종길 교수 부인과 그 애들 같다'는 확신이 들었대요. 그래서 그 가족을 성당으로 데리고 들어와서 끝까지 안내를 맡아주었다고 합니다. 신자들의 기

도 때 백경자 여사가 남편이 왜 죽었는지 모르겠다며 "우리 남편은 사인도 밝혀지지 않은 채 사라져갔습니다. 나는 예수상 앞에서 그 죽음의 의미를 찾고 있습니다"라고 했다고 합니다.

그럼 이제 1988년에 평화신문에 최종선의 양심선언이 게재되던 이야기로 넘어가볼까요. 그때 기사를 쓰기 위해서 받은 자료가 어떤 게 있었습니까?

함세웅 신부한테 최종선이 쓴 양심선언을 받았고요. 그리고 그때 최종선이 함세웅 신부한테 쓴 편지도 있었습니다. 당시에는 함세웅 신부를 만나서 얘기를 했지만 혹시 만나지 못할 때를 생각해서 쓴 것 같아요.

형사 고발은 변호사들이 했습니까? 사제단이 했습니까?

사제단 이름으로 고발을 하고 사후에 민변 쪽 변호사한테 부탁을 해서 민변이 자문을 했죠. 고영구 변호사하고 김승훈 신부가 가서 검찰청에 고발을 했습니다. 그리고 형사1부 김상수 부장검사한테 배당이 됐어요.

최종선은 1988년에 검찰에서 수사를 시작하면서 굉장히 기대를 하고 있었어요. 관련자 조사를 받을 때도 서기한테 '지금 내가 얘기하는 거를 검사 앞에서 하는 거라 생각하지 말고 역사와 하느님 앞에서 하는 거라고 생각하고 똑똑히 기록하시오'라고 말했다고 합니다.

처음에 조사받으러 들어올 때는 최종선이 중앙정보부 사람이라고 하니까 최종길 동생인지 모르고 그 검사가 '뭐 적당히 덮는 거죠' 그래가지고 검찰청 안에서 최종선이 한바탕 난리를 피우기도 했다고 하고요. 최종길이 자살한 게 아니라는 걸 입증하려고 최종선이 직접 혁대를 풀고 투신했다는 그 화장실 벽 턱 위에 올라가가지고 떨어지려고 하는 시연을 해보이기도 했습니다. 혁대가 없으니까 바지가 흘러내려서 속옷이 보이고 그걸 지켜보던 사람들이 가서 말리고… 하여튼 굉장히 열정적인 친구예요. 자기 형의 진실을 밝히기 위해서 최선의 노력을 한 건 모든 사람이 인정을 하지요.

검찰에서 조사를 하고 살인죄 공소시효가 만료되던 10월 18일에 중간발표도 하고, 1989년 8월 22일에 최종 수사결과 발표도 했지요. 그때 중간발표를 보니까 '자살인지 타살인지 모르겠다, 간첩이라는 사실도 간첩이 아니라는 사실도 발견하지 못했다'고 했네요.

결론이 어정쩡하죠. 우리도 그럴 거라고 예견은 했어요. 그런데 수확은 많이 있었죠. 왜냐면 중앙정보부에 있는 자료가 검찰에 모일 수 있었고, 그게 나중에 의문사진상규명위원회로 옮겨갈 수 있었거든요. 적어도 자살이 아니라고 한다면, 간첩이라는 것도 사실이 아니지 않냐는 게 자동적으로 연결이 되죠. 자살이 아니고, 자살할 이유도 없는데 간첩이라는 걸 진술했다는 게 말이 안 되지 않냐는 겁니다. 검찰 발표 후에 사제단에서 10월 18일에 「진실은 끝까지 밝혀져야 한다」는 성명을 냈습니다. 그 성명서 안에 이번 검찰 발표는 진실을 밝히지 못했지만 우리가 얻은 수확은 이런 것들이 있다는 내용이 담겨 있습니다.

결국 2006년에 국가가 배상하라는 항소심 판결이 확정이 되지요. 형사시효는 끝났지만 민사인 국가배상소송에서는 국가의 불법행위 책임이 인정됩니다. 형사하고 민사하고 다른 것이 형사는 범인을 특정해야 하고 그 사람의 고의와 과실을 밝혀내야 되니까 입증이 상당히 까다롭습니다. 그런데 국가배상소송은 국가가 지배하는 구역 내에서 공무원의 고의 또는 과실이 입증이 되면 국가책임이 되니까 국가책임을 인정한 거지요. 문제는 손해배상의 시효가 종료되었느냐라고 할 때에 시효 주장을 하급심에서 약간 무리하게 배치했어요. 소멸시효의 기한이 종료되었지만 국가 불법에 대하여 배상해야 한다고요. 배상액수는 총 18억 4800여만원었습니다. 당시까지 소멸시효 도래한 사건에 대하여 국가배상이 인정된 최초의 판결이었어요. 그때 법무부가 상고를 하지 않았습니다. 천정배 법무장관의 결단이지요. 만약 상고하게 되면 대법원에서 소멸시효의 예외를 인정할 논리가 다수의견으로 관철되기 어렵다고 본 거지요. 국가 측에서 상고를 하지 않으니 항소심 판결로써 확정되었습니다. 1988년에 이어, 한단계 더 나아간 진전을 이뤄낸 셈이지요.

제가 이렇게 자세히 기억하는 건 재심과 시효에 대한 아주 긴 논문을 썼고 단행본으로도 냈기 때문입니다. 그 사이의 재판기록을 하나하나 분류하고 정리하고, 표도 만들고 했거든요. 다 선생님의 그런 노력들이 뒷받침된 거죠. 법적 다툼을 할 때 법원은 유족들 손을 들어주고 싶은데, 소멸시효 법리가 장애가 되니까, 결국 강제조정을 하려고 그랬어요. 이러면 법적 난관은 돌파할 수 있고 국가(법무부)는 조정하면 응하겠다는 전향적 자세를 갖고 있었는데, 아들 최광준 교수가 '유족으로서 절대로 조정에 응할 수 없다, 판결이 어떻게 나오는지 보자' 한 겁니다. 1심 판결에서도 고민을 했지만 시효 문제 때문에 원고(유족 측)의 패소로 판결을 내렸고, 항소심도 굉장히 고민하다가 조정안을 내놨어요. 저는 조정을 받을 줄 알았어요. 그런데 최광준 교수가 안 받더라고요. 자기 사건만 문제가 아니라 유사 사건에 대한 확고한 선례를 만들어, 국가 불법에 대한 사법적 판정을 받아내야 하겠다는 뜻이었겠죠. 마침내 고등법원에서 눈을 질끈 감고 그냥 '국가가 배상하라!'라고 판결을 해버렸어요. 그럼 시효 문제는 법리적으로는 완전히 해명은 안 된 겁니다. 어쨌든 국가가 더이상 상고하지 마라 해서 항소심으로 확정이 됐습니다. 이 사건으로 국가의 불법행위에 대한 민사상의 소멸시효에 대해 새 돌파구가 하나 열린 거죠.

최종선은 형 사건 이후에도 중앙정보부에서 7년을 더 근무합니다. 초반에는 최종선이 난 감찰실에 못 있겠다 해서 서울지부로 내려갔다가 중앙정보부가 조직개편을 하면서 다시 학원과로 옮깁니다. 1974년 강신옥, 홍성우 변호사가 민청학련 사건에서의 변론 때문에 중앙정보부에 연행되어 억지로 2박 3일 동안 조사를 받았는데, 그때 최종선이 학원과에 있었어요. 주무수사관 말고 옆에 입회한 수사 보조원이었다고 해요. 잠깐 둘이 있는 시간이 있었는데 최종선이 홍성우 변호사한테 자신이 최종길 교수 동생이라면서 말을 걸었답니다. 그렇게 두 사람이 만난 적이 있지요. 강신옥 변호사가 연행이 돼서 조사를 받는데 서울법대의 이수성 교수가 최종선한테 연락해서 "거기 강신옥 와 있지? 신옥이한테 손 못 대게 해라. 손대는 놈 있으면 내가 가만두지 않겠다 그래라" 했다는 거죠. 이수성 교수의 배포와 기개를 엿볼 수 있는 대목이지요. 그래가지고 최종선이 학원과 과장한테 그 얘기를 한 적도 있다고 합니다. 그랬더니 그 과장도 웃더라는 일화가 있어요.

1977년 동일방직 사태 때는 또 최종선이 중앙정보부 경기지부 노사 문제 담당관을 하고 있어서 그 건을 담당했다고 합니다. 당시에 중앙정보부가 개입해서 인천 동일방직 노조 와해공작을 했잖아요. 그때 중앙정보부가 지나치게 개입해서 노동자들에게 불이익이 가도록 조치하려고 했던 일에 제동을 건 게 최종선이래요. 그런데 '민주화운동 관련자 명예회복 및 보상심의위원회'가 동일방직 사태는 중앙정보부가 적극적으로 개입하지 않았다면서 민주화운동으로 인정해줄 수 없다고 기각을 하려고 하는 거예요. 그래서 국민대 이광택 교수가 요청을 해서 최종선이 가서 중앙정보부의 개입과 당시 상황을 증언하기도 했습니다.

1988년에 평화신문 게재 건으로 최종선을 만난 뒤에도 또 만난 적이 있습니까?

최종선은 지금은 미국에 있는데, 요새도 가끔 한국 들어오면 만나죠. 한국에 와서 머무는 동안 제가 아는 친구의 오피스텔에서 머물게 한 일도 있어요. 미국에서 골프 선생을 한다고 해요. 그게 미국에서는 상당히 고급 직업이더라고요.

최광준 교수도 몇번 봤습니다. 최광준도 얘기 들어보면 참 안타깝죠. 눈물이 났던 게 여러번입니다. 최광준이 얘기하기를 자기가 그때 초등학교 3학년이었는데 세상 사람들이 아무 것도 모르고 뛰놀았다고 얘기하지만 자기는 사안을 다 알고 있었다고 해요. 그런데 내가 알고 있다는 걸 어머니가 알면 더 슬퍼하실 것 같아서 차마 아는 척을 할 수가 없었다는 거예요. 1998년에 서울법대에서 있었던 최종길 교수 25주기 추모식에서 '저는 제 동생의 아버님에 대한 그리움과 어머님의 아픔을 잘 알았기 때문에 여지껏 제 동생과 어머님께 한마디의 위로의 말도 하지 못하고 살아왔습니다 … 어머님 감사합니다 희정아, 고맙다' 하는데 보는 사람들의 눈시울이 다 시큰해졌지요.

최광준이 얘기한 것 중에 아버지 시신을 화장을 안 했으니까 현재의 법의학 수준으로는 사인을 파악할 수 있지 않겠냐는 게 있었어요. 1994년인가 미테랑 대통령의 혼외자 문제가 불거졌을 때 시신의 DNA를 통해서 친자확인을 해서 알 수 있었다는 얘기가 신문에 보도되고 그랬거든요. 그래서 아버지한테는 죄송스러운 일이지만 지금이라도 시신을 통해 사인을 밝혀낼 수 있지 않겠냐고 울면서 얘기하는 것을 들었어요.

최종길 교수는 화장을 안 한 모양이죠?

네. 화장은 안 하고 모란공원에 묻혔죠. 최광준은 그때도 관을 뜯고 아버지 얼굴을 보고 싶었다고 해요. 그때 중앙정보부에서 내건 게 직계가족만 참석하는 가족장으로 치르고 외부 인사 초청을 금지할 것, 관을 열지 않을 것 뭐 이런 게 조건이었어요. 그래서 아무도 시신을 보지 못했죠. 어쩌면 최광준 교수의 얘기가 가능할지도 모르겠어요. 그리고 여러 조사에서의 진술을 보면 예를 들어 차철권 같은 경우도 진술이 오락가락 하거든요.

또 한번은 SBS 시사프로그램에서 이 사건을 다룬 일이 있어요. 차철권이 일산에 살아요. 그 집에 SBS 기자하고 최광준이 같이 가서 벨을 누르니까 어디서 왔냐고 그래서 SBS에서 왔다, 최종길 교수 죽음과 관련해서 아드님하고 같이 왔다 그랬더니 그거에 대해선 말할 수 없다고 딱 잘라요. 문을 사이에 두고 얘길 하는데 '중앙정보부에서는 여기서 알게 된 사실을 밖에 공표할 수 없게 되어 있으니까 나한테 그 얘길 들으려면 김대중한테 가서 해도 괜찮다는 문서를 받아와라' 하면서 말을 거칠게 하고, 최교수 아드님이 왔으니까 얘기 한번 해보시죠 그러니까 나는 그 사람하고 얘기할 필요가 없다 이러면서 끝내 문을 안 열어주는 거예요. 그때 최광준이 울면서 돌아섰다는 얘기를 들으면서 차철권이란 사람이 참 잔인하구나 싶더라고요.

그때 같이 징계를 받았던 김상원이라는 사람은 중앙정보부 정규입사 한 7기인데 1980년에 신군부가 들어섰을 때 사표를 내고 미국으로 가서 돌아오지 않았고요. 변영철도 김상원과 입사동기인데 최종길을 정문에서부터 인수인계 해가지고 데리고 간 사람이죠. 그 사람도 그뒤에 남아메리카 어디 나라로 이민 가가지고 돌아오지 않고 있는가봐요.

아직까지도 최종길 교수가 어떻게 죽었는지는 밝혀지지 않았잖아요. 선생님은 이 사건에 대해서 굉장히 생각을 많이 했을 테니까, 기록에 담을 수는 없지만, 선생님 개인적으로는 사인이 뭐라고 추론하고 있습니까?

고문기구를 들여왔는데 작동법을 아직 익히지를 못해서 오작동으로 심장파열로 죽었다는 게 그때 소문이었어요. 내가 강론이나 추모사 같은 데 그 내용을 넣기도 했고요. 내가 보기에는 고문과 관련해서 죽은 건 틀림이 없는 것 같고 자백을 하고 양심의 가책을 못 이겨서 떨어져 죽었다는 건 전혀 있을 수 없는 일이고요.

오늘의 시점에서 이 사건이 어떤 의미를 가진다고 보시는지요?

1972년 10월 17일 유신 이후에 제일 먼저 터진 사건이 1973년 8월 8일 김대중 납치 사건이고, 두번째가 최종길 교수의 죽음이에요. 그리고 유신헌법에 대한 반대투쟁이 1973년 10월 2일, 서울대 문리대에서 처음으로 일어나 전 대학가로 확산되고 있었습니다. 그때 중앙정보부는 유신헌법 문제가 더이상 확대되는 걸 막기 위해서 어떤 형태로든 최종길 교수의 입을 막거나 이참에 공작을 통해서라도 최종길 교수를 어떻게 만들어야 이걸 다소 제어할 수 있겠다는 생각을 했던 것 같아요. 수사과가 아닌 공작과에서 조사를 했다는 것도 그런 상황을 짐작하게 하지요. 의문사진상규명위원회 기록을 보면 중앙정보부 안에서 어떤 형태로 해야 한다는 건 자기들끼리 의견이 일치됐었다는 거죠.

다른 측면에서 보면 유신정권 이래 전두환 정권까지 거치면서 수백명에 이르는 의문사 사건이 있는데 의문사 1호가 최종길 교수 사건입니다. 적어도 이 문제 하나만이라도 제대로 짚고 넘어가야 한 시대가 풀리는 거 아니겠는가 싶어요. 최종선은 형의 죽음에 대한 진상을 밝히는 일을 멈추지 않았죠. 끊임없이 연구를 하고 기록을 합니다. 건의서든 답변서든 진정서든. 그래서 나온 책 중에 하나가 『산 자여 말하라』라는 거고요. 그 제목은 제가 지었습니다만, 이 제목이 의미하는 바는 이렇습니다. 지금 최종길 교수가 어떻게 죽었는지에 대해서는 말할 수 있는 사람은 그 현장에 있었던 차철권과 김상원이에요. 차철권은 자기는 아니라는 주장을 계속하고, 김상원은 아예 만나주지를 않죠.

밝힐 길이 없어요. 나는 나중에라도 어떻게든 밝혀질 거라고는 생각을 합니다. 이 사건이 제대로 밝혀져야 한 시대가 제대로 마무리지어지는 게 아닌가 생각을 해요.

김정남 선생님께서 서울법대 최종길 교수 기념 홀에 명문(銘文)을 쓰셨죠. "최종길 교수는 이 대학에서 법과 정의를 가르쳤다. 그는 학문으로서 나라를 일으켜 세우고자 했던 학자요 선지자였으며, 내 몸을 던져 제자를 사랑했던 참 스승이었다. 달을 보고 해라고 말해야 했던 시대, 그는 진실을 말하고 정의를 외치다가 불의한 권력에 의해 희생되었다. 그는 진실 없이는 정의 없고, 정의 없이는 자유가 없다는 것을 그의 온 생애를 들어 증거하였다. 이 방에 들어오는 이는 누구나 이런 질문을 받고 있다. 오늘 당신은 이 땅의 인권과 정의를 위해 무엇을 하고 있는가"라고 쓰셨습니다. 지금 최종길 홀은 여러 심포지엄이 개최되는 인기 있는 장소가 되어 있습니다.

평화신문 편집국장 대리 시절

1988년에 선생님은 평화신문 창간에 관여하시는 것 같습니다. 평화신문에서 선생님 당시 직함은 뭐였습니까?

편집국장 대리였습니다. 평화신문 만들 때 처음부터 관여하지는 않았는데 평화신문 준비하는 과정에 함세웅 신부가 와달라고 해서 들어가게 됐지요. 제가 갔을 때는 이미 창간하기 전에 준비지를 15번인가 낸 후였어요. 기자도 뽑아놓은 상태더라고요. 경력기자, 견습기자 다 있었습니다. 그때 입사 경쟁이 치열했던 모양입니다. 한겨레신문과 비슷한 시기에 창간 준비를 했으니까 한겨레신문도 견습기자를 모집했고 평화신문도 모집했는데 아마 상당히 우수한 인력들이 둘 중에 어디로 가느냐 서로 경쟁할 정도로 많이 모였던 모양이에요.

우선 편집국장 대리 시절을 좀 말씀을 해주시죠.

사실 천주교 서울대교구가 주력하려고 했던 건 평화신문보다는 평화방송 쪽이었던 것 같아요. 기독교방송에 있던 신현응을 영입해서 방송국 준비를 하고 그 전 단계로 평화신문을 만들었습니다. 공교롭게도 평화신문하고 한겨레신문하고 창간일자가 같습니다. 1988년 5월 15일이에요.

평화신문은 그때 오프셋(offset) 인쇄를 했는데 오프셋 인쇄라는 게 원고가 되면 먼저 식자를 해가지고 그걸 전부 오려붙여서 판을 만들어서 찍어내는 방식입니다. 아무튼 평화신문에 저는 뒤늦게 합류를 한 셈인데 어쩌다보니 평화신문을 이끌어가는 중심이 될 수밖에 없었어요. 창간호에는 김수환 추기경과의 창간 대담을 실었는데, '우리는 할 수만 있다면 가난이 제 탓만이 아닌 사람들, 불의에 짓밟히고서도 어디 호소할 데 없는 이런 사람들을 위해서 우리가 할 수 있는 최선을 다하자. 그런 게 이 신문이 나아가야 할 목표가 되어야 되지 않냐. 그들의 눈에서 눈물을 닦아주고 기쁜 소식을 전해주고 이런 신문이 되자'는 그런 취지의 대담을 했던 기억이 납니다.

평화신문에 오래 있진 않았어요. 1988년 그해가 다 가기 전에 나왔을 거예요.

아, 그래요? 1988년 5월부터 연말까지 계셨던 거니까 1년도 안 있었군요. 그럼 그 기간 동안에 최종선 양심선언을 소개하고, 서준식의 옥중 편지까지 작업을 하셨던 거네요.

네. 그런 셈이 됐습니다. 2001년에 문화일보에서 '한국의 출판 기획자'라는 시리즈 기사를 낸 적이 있는데, 그중에 내가 들어가 있어요. 그 기사 내용을 보면 선정 과정에서 논란을 불러일으키기도 했지만 제가 몇가지 책을 기획, 출간한 것이 한국 현대출판의 전환기적 작품이었다는 게 그 이유였습니다. 언급된 책들이 신영복의 『감옥으로부터의 사색』, 이태의 『남부군』, 서준식의 『새벽의 절망을 두려워 않고』, 최종선의 『산 자여 말하라』 이런 등속이었어요. 내가 기획을 하고 그게 다 책으로 나온 건데 이런 책들이 출간될 때마다 독자들에게 나름대로 센세이셔널했던 거죠.

하나하나가 다 그렇네요. 숨은 존재, 잊힌 존재, 암장된 사건의 진실이 처음으로 책으로 나오게 되는 것이니까요. 말씀을 듣다보면, 김선생님이 '진실 기획자'라는 생각이 또 드는데, 그 한 방식이 '출판기획자'인 것 같습니다. 내용을 한번 들어볼까요.

서준식은 둘째 형인 서승과 함께 북한을 8일간 방문한 적이 있다는 것 때문에 '모국 유학생 간첩단 사건'이란 딱지로 1971년 구속이 됩니다. 항소심에서 서승은 무기징역, 서준식은 7년형을 선고받고 복역을 하지요. 그런데 그걸로 끝난 게 아니라 서준식은 1978년 형기가 만료된 후에도 보안감호로 10년을 더 복역한 후에야 석방될 수 있었습니다. 보안감호가 뭐냐면 박정희 정권이 사회안전법이라는 걸 만들어 1975년부터 시행을 합니다. 국가보안법, 반공법 등으로 실형을 받아 복역한 사람들 중에 형기가 만료된 다음에도 법무부의 판단에 따라 보안감호란 타이틀로 2년씩 사실상 감옥살이를 연장하는 겁니다. 전향하지 않으면 2년 단위로 무한정 연장할 수 있고요. 서준식의 경우

전향을 하지 않는다는 이유로 보안감호가 4번이나 연장이 되어서 총 10년을 더 감옥살이를 한 거지요.

그때 이돈명 변호사와 서준식이 만나게 되는데요. 이돈명 변호사가 사는 효자동에 자교교회라는 개신교 교회가 있습니다. 그 교회에 평신도 중 한 사람이 교도소에서 교화활동을 하는 교회사였는데 그분이 서준식을 만났나봐요. 그 사람이 서준식을 만나 나름 설득을 했어요. 그럼 서준식은 '나는 사회안전법 따위에 굴복할 수 없다. 그거 때문에 내 양심을 팔 수 없다. 난 그래서 전향서를 못 쓰겠다'라고 하고 교회사는 '네 말을 백번 이해한다. 네가 옳다. 그럼에도 불구하고 네 어머니가 지금 일본서 너를 면회하러 다니는데 너무 힘드시지 않냐. 어머니가 자궁암에 걸려 언제 돌아가실지 모르는 일이고, 네가 빨리 나와서 어머니의 걱정도 덜어드리고 자식 노릇도 해야 하지 않냐' 그러면 또 서준식은 '그 말이 맞지만 그래도 나는 전향서를 절대 쓸 수가 없다' 그런 이야기만 반복하고 있었던 거지요.

그분이 이돈명 변호사가 자교교회 인근에 산다는 걸 알고는 찾아와서 '변호사님이 우리 서준식 좀 설득해주면 안 되겠냐, 눈 질끈 감고 아버지 어머니가 살아있을 때 나와서 아들 노릇해야 하지 않겠냐'고 하소연을 해서 이돈명 변호사가 서준식을 만나게 됩니다. 이돈명 변호사도 서준식의 주장이 꼭 관철되어야 한다는 확신은 없었던 것 같아요. 서준식도 마찬가지고. 서준식은 이돈명 변호사한테 '요령 좋은 승소보다는 명쾌한 패배가 낫다. 그러니까 변호사님 너무 신경쓰지 마시라'고 말을 했다고 해요. 그걸 보고 듣는 마음이 너무 안타깝죠.

아무튼 서준식의 글이 평화신문에 나오게 된 건 그 교회사의 편지에서부터 시작을 합니다. 교회사가 서준식에게 계속 편지를 보내니까,

서준식이 답신 형식으로 자기 심정을 고백합니다. '나도 나가고 싶습니다. 솔직히 말하면 미치도록 나가고 싶습니다. (…) 나는 블레이크의 시도 좋아하고 바흐의 음악도 좋아하고. 그리고 더군다나 아버지 어머니 생각할 때는 내가 탈옥이라도 해서 나가고 싶습니다. 그러나 나는 인간의 양심을 버리고 사회안전법 때문에 전향서를 쓰고 나갈 수는 없습니다' 이런 내용의 편지들이죠. 읽어보면 아주 눈물이 납니다. 평화신문 연재는 그 편지를 기초로 하고, 거기에 가족들에게 온 편지들도 소개를 했습니다. 서준식이 원래 당당하고 진실하고 절실하고 이러니까 그게 상당히 반응이 좋았어요.

지금 기억은 하나하나 어떤 건 좋고 어떤 건 나쁘다 이렇게 말할 순 없지만, 서준식이라는 친구가 시대의 아픔, 그 시대가 해결해야 할 사회의 과제를 자기의 온몸으로 떠안고 씨름한 거죠.

서준식의 편지는 일본에서는 소개되었지만, 한국의 매체에 나오는 건 이게 처음이었는데 그 덕분에 서준식이 나와서 저하고 같이 여러 번 만나기도 했어요. 서준식한테 배운 게 참 많습니다. 잠시 옆길로 새자면, 탈모관리법도 들었어요. 단식을 여러번 하다보니까 단식할 때마다 머리카락이 한움큼씩 빠지는데 머리카락을 보존하는 방법 중에 하나가 머리를 감을 때 두피를 열 손가락으로 긁듯이 강한 자극을 주는 거래요. 서준식이라는 친구가 아주 재미있기도 하고 또 감옥 안에서 공부도 엄청나게 많이 해가지고 굉장히 박식합니다.

서준식의 글이 평화신문으로 오게 되는 경로를 한번 정리해보지요. 먼저 교회사가 서준식에게 편지를 보냈고, 서준식이 교회사에게 답장을 했는데, 교회사가 그 편지를 이돈명 변호사한테 보여줬고요. 이돈명 변호사가 김정남 선생님에게 보여준 건가요?

그렇지요. 교회사 입장에서는 재판하는 데 도움이 되라고 보여준 건데 그게 저한테까지 와서 신문에 낼 수가 있었습니다.

교회사가 건네준 편지하고 가족에게 보낸 편지를 골라서 신문에 실었군요. 당시에 그 글을 저도 본 기억이 나요. 감옥으로부터의 사색도 봤고. 그때 평화신문이 참 신선하고 좋아서 이거 도대체 누가 내나 생각하고 있었거든요.

그리고 서준식의 글이 나중에 책으로 나오지요. 처음에는 3권으로 나눠서 출간이 됩니다. 서준식 옥중서간집 1이 『모래바람 맞은 영혼』(형성사 1989), 2가 『새벽의 절망을 두려워 않고』(형성사 1989), 3이 『고뇌 속에서 떠오르는 희망』(형성사 1989) 이런 제목으로 나왔습니다. 그거 말고도 『나의 주장: 반사회안전법 투쟁기록』(형성사 1989)이라는 책도 있지요. 사회안전법이라는 괴물과 싸운 이야기를 하고 있고 저도 아주 감동적으로 읽고 다른 법률가들에게 소개도 하고 그랬습니다.

『나의 주장』은 서준식이 50일 넘게 단식을 하면서 양면괘지로 58면에 이르는 자기의 소회를 적은 글이에요. 왜 나는 전향을 할 수가 없는가에 대한 말 그대로 '나의 주장'이죠.

제 생각에 전향 문제는 우리나라 역사에서 가장 부끄러워해야 할, 그리고 개인에게 있어서는 지워주고 싶은 기록 중에 하나입니다. 전향 문제와 관련해서 감옥 안에서 총 79명이 죽었다 그래요. 자살이든 고문이든. 우리 법조계는 전향 문제를 별로 그렇게 중요하게 취급을 안

하는데 이 문제는 우리 형행사(刑行史)에 가장 부끄러운 것 중에 하나라고 생각합니다.

교회사는 자기에게 온 편지가 평화신문에 나오는 걸 보고 싫어하거나 하진 않았나요?

서준식이 석방되는 데 도움이 된다면 자기는 뭐든지 어떤 거든지 다 좋다고 그랬어요. 서준식을 그렇게 연민하고 안타까워하고 보고 있으면 아주 애절하다는 걸 알 수가 있었습니다. 마치 누이 같았어요.

당시 독재정권이라 교도소에 관계하시는 분들이라고 생각하면 원래 제도적 역할은 굉장히 악역처럼 되어 있고, 선악을 구분할 때 나쁜 쪽의 하수인, 이런 선입견도 한편에 있잖아요. 하지만 그분들도 다 인간이기 때문에 개개인이 맺고 있는 인간관계에서 영향을 받고 서로 감화도 주고받고 하면서 또 나름 역할도 하고 그게 좀 희한하지 않습니까? 그 부분이 참 오묘한 지점 같아요. 앞서 박종철 사건 때의 교도관도 그렇고, 이 이야기에서의 서준식과 교회사의 관계도 그렇고요.

교회사 대 재소자가 아니라 서로 인간 대 인간으로 만나지기만 하면, 그 두 사람뿐만이 아니라 모든 사람이 그럴 수 있다고 생각합니다.

보통은 좋은 사람 나쁜 사람 이렇게 편 가르기를 하는데 선생님이 추구했던 것은 누구와 만나든 인간과 인간으로서의 만남의 끈을 연결해내는 것 같습니다. 서준식과 교회사의 관계는 알려지지 않았던 이야기 같습니다.

'서준식'이라고 하면 터프가이에 양심의 자유를 위해서 완강한 투쟁을 했다는 이미지가 강한데 여기에 교회사가 새로운 세상을 향한 연결끈이 되었고 서로 대화도 나누고 편지도 주고받고요. 또 서로의 처지를 이해하고 안타까워하고 있었다면 그 자체로 또한 놀라운 발견인 것 같습니다. 선생님이 그 교회사를 만난 적은 없죠?

아, 난 본 적이 있습니다. 이돈명 변호사 사무실에서. 그 교회사를 보면서 사람이 사람을 사랑하게 되면, 그 사랑이라는 게 성애적 사랑이 아니라, 인간 그 자체를 사랑하게 되면 저렇게 되는구나, 저렇게 할 수 있구나라는 걸 많이 느꼈습니다. 교회사가 이돈명 변호사를 찾아와서 그렇게 간절하게 원하는 게 서준식이 하루라도 빨리 밖에 나오는 걸 보고 싶다는 거예요. 사실 이돈명 변호사의 역할은 변론보다는 심부름이나 면회가 주된 일이긴 했지만요. 그래도 가족들은 참 좋아했죠. 이돈명 변호사도 일본말을 할 줄 알거든요.

처음에 서승, 서준식이 들어갔을 때 일본에서 어머니가 면회를 하려고 왔는데요. 어머니 이름이 오기순입니다. 충청남도 공주 사람인데 어려서 일본에 갔대요. 그래서 한국말을 잘 못하는 거예요. 처음에 한국에 와서 구치소에 가서 아들들을 찾는 데 어려움이 많죠. 말을 잘 못하니까 무시당하고. 이후에 오기순 여사가 한국에 오실 때마다 김한림 선생이 통역을 했어요. 서승 어머니 뒷바라지를 김한림 선생이 다 했죠. 김한림 선생이 가령 한국 기자들 만날 때도 전부 통역을 하고. 그러던 중 서준식 어머니가 자궁암에 걸린 거예요. 그래서 김한림 선생이 '몸도 안 좋으신데 그만 오셔도 된다, 편지로 하시라'고 했더니 어머니가 '자식이 중하지 내가 뭐가 중하냐' 하면서 그 몸을 끌고 한국을 오시고, 한국에서도 두 형제의 교도소가 떨어져 있잖아요. 그 면회를 다 왔다갔다 하셨지요.

김한림 선생이 한국어 잘 못하는 서준식 어머니를 안내해서 모시고 다니고, 구속자 가족들 만나게 하고, 해위 선생 댁에 모시고 가고 그랬어요. 자기가 혼자라고 생각했는데 옆에서 그렇게 도움을 주니까 그 사람들한테는 크게 위안이 되지요.

서준식 사건이 알려진 계기가 있었지요?

네. 서준식 사건이 유명해진 건 일본 국회의원 덕분이었지요. 니시무라 간이치(西村關一)이라는 사람입니다. 당시에 서준식이 옥중에서 고문을 받다가 너무 괴로우니까 자살기도를 해요. 그게 대전에 있다가 광주로 이감된 뒤였는데 그래서 면회가 전면 금지됩니다. 서준식 어머니는 6개월 넘게 아들 얼굴을 못 보니까 어머니를 돕던 활동가들이 니시무라 의원을 찾아가요. 그래서 서준식과 니시무라가 면회를 합니다. 일본 국회의원들이 한국에 와서 정치범을 면회하는 게 자기들 위신을 세울 수 있는 기회도 되는 거죠. 니시무라 의원과의 면회 자리에서 서준식이 처음으로 고문에 대한 불안과 공포, 전향제도의 위법성, 비전향자들이 얼마나 고통을 받고 있는지 이런 것들을 전부 폭로해서 일본에서는 국회의원, 학자, 문인들이 돌아가며 항의성명도 발표합니다.

당시가 1974년이니까 한국에서는 뉴스화시킬 수도 없는 내용이었는데 일본에서 알게 된 건 '서씨 형제를 생각하는 시민 모임'이 만들어져 끈질기게 알렸기 때문이지요. 거기에 서씨 형제들과 대학 동기인지 후배인지 미즈노 나오키(水野直樹)라는 분이 계시거든요. 그분이 서씨 형제들과 연을 맺으면서 전향제도를 비롯해서 서씨 형제들 사연 속에 들어 있는 온갖 문제들이 식민지 시대에서 비롯된다고 보고 일본의 식민지 시대를 연구하게 됩니다. 현재 한국 식민지 시대 연구는 한일을 통틀어서 교토대학 인문과학연구소에 미즈노 나오키 선생이 최고 수준급으로 인정받고 있습니다. 식민지 시대 자료집도 많이 냈고요.

어머니는 1980년 5월에 돌아가셨고, 서준식 아버지는 서승춘 선생인데 1983년 5월에 돌아가셨어요. 두 아들이 어머니 아버지 모두 임종도 못 지켰고요. 그러니까 서승, 서준식한테는 아주 한이죠. 당시에 서준식이 '아버지 병환 소식을 듣고 굴뚝같은 하나의 욕심, 나가고 싶다. 그 어떤 비열한 짓을 해서라도. 이러면서도 난 나갈 수 없다'라고 고백합니다. 아마 『나의 주장』에 있을 거예요.

그후에 서준식은 계속 보안감호가 연장되어서 형기를 마치고도 10년이나 더 살고 1988년 5월에 석방이 되고, 서승은 무기징역에서 20년 형으로 감형되었다가 1990년 2월에 삼일절 특사로 석방이 됩니다.

서승, 서준식 형제의 투쟁은 일본에서 지속적으로 여론을 불러일으켰잖아요. 사회안전법 폐지의 동력이 되기도 했고요. 비전향 장기수 문제를 세상에 알리고 비인간적인 대우나 참상도 폭로를 합니다. 처우 개선을 위한 투쟁도 하고요. 그 사회안전법은 결국 폐지가 되지요.

네. 그렇습니다. 1989년에 폐지가 되는데 사실 폐지라기보다는 보다

약화된 형태의 통제인 '보안관찰법'으로 대체됐다고 보는 게 맞지요. 그리고 1998년에 사상전향제도가 없어졌지만 대신 준법서약제도라는 게 생깁니다. 그리고 준법서약제도가 없어진 건 2003년이 되어서지요. 당시에 구미유학생 간첩단 사건으로 구속됐던 강용주는 끝까지 준법서약서를 거부했습니다. 준법서약서를 없앤 건 또 강용주의 투쟁으로 봐야 해요.

준법서약제도는 보니까 DJ 때 전향서 말고, 국민이라면 누구나 다 준법은 해야 되니까 준법서약서만 쓰면 그냥 내보내주겠다는 방침으로 바뀝니다. 서약서 내용은 크게 상관 않는다는 진전된 입장도 가졌다고 그래요. 그때 박노해, 백태웅 등이 준법서약서를 쓰고 나옵니다. 그런데 강용주는 그것도 못 쓰겠다고 하여 준법서약서를 쓰지 않고 버텼는데, 그후에 1999년에 김대중 대통령 취임 1주년 기념 특사로 석방이 되지요. 하지만 보안관찰 대상자가 됐고요. 보안관찰 처분을 2년마다 갱신을 하는데, 무려 7번이나 갱신이 됩니다. 강용주는 보안관찰 신고를 거부해서 재판에 넘겨지기도 하고요. 그러니까 2018년이었죠. 그 재판도 무죄가 확정되었고 보안관찰도 해제됐습니다.

보안관찰 제도 자체가 폐지된 건 아니지만, 저는 강용주의 개인적 승리라고 봅니다.

보안관찰 갱신 요건에 '재범의 위험성'이라는 게 있는데, 강용주는 직업이 의사고 사회활동도 잘하고 있고, 생활기반도 있는 사람이다. 재범 위험성은 객관적으로 봐야지 서약서 쓰고 안 쓰고 가지고 재범

할 사람이 안 하고, 안 할 사람이 하겠느냐, 전반적인 상황을 봐야 한다 이렇게 해가지고 강용주에 대해서 보안관찰을 갱신하지 않는다고 결론이 난 거지요. 그때 저는 법무검찰개혁위원회 위원장으로서 더이상 그런 거 하지 마라 의견을 냈고, 장관도 같은 의지를 가지고 있었고요. 일단은 개인의 승리이기는 하지만 이게 앞으로는 점점 재범의 위험성이 있음을 고도로 입증하지 않으면 갱신하지 마라 하는, 하나의 시그널은 되었으면 합니다. 입법적으로는 보안관찰법 폐지가 양심의 자유, 사상의 자유의 관점에서 제기될 것으로 봅니다.

신영복의 '감옥으로부터의 사색'에 담긴 의미

신영복 선생의 옥중 편지를 소개한 것도 평화신문이 처음이죠. 신영복 선생은 1960년대부터 알던 사이였나요.

그때 나는 신영복이라는 사람을 직접적으로는 몰랐어요. 다만 신영복이 숙명여대 강사도 하고, 육사 교관을 하고 하면서, 상과대 안에서 그때는 상당히 똑똑한 사람이라고 알려져 있었어요. 말하자면 머리가 뛰어나고 덕(德)보다는 재(才)가 승한 사람이라고 알려져 있어서 저 사람은 좀 조심해야 되겠다 하는 그런 분위기 같은 게 있지 않았나 싶어요. 그 이후에 1988년 평화신문을 할 때 감옥에서 신영복이 쓴 편지를 처음 봤는데 사람이 완전히 달라진 거예요. 신영복은 감옥을 대학이라고 그러는데, 감옥 안에서 수양이 된 건지 깊은 공부를 한 건지 내가 들어서 알고 있던 신영복과는 다른 사람이라는 느낌을 받았습니다.

신영복 이야기 나온 김에, 『감옥으로부터의 사색』(햇빛출판사 1988)이 1988년에 출간되기까지의 과정이 궁금합니다. 어떻게 신영복 선생의 편지에 주목하게 됐는지, 신영복 선생이 감옥에 들어간 이후 1988년까지 어떻게 이어지는지, 그리고 책으로 출간하는 과정은 어떠했는지가 궁금합니다. 그 편지가 1988년에 막 평화신문이 나올 때 연재가 되는 중에 신영복 선생이 석방이 되었잖아요?

신영복 선생이 통혁당 사건으로 1960년대 말에 잡혀 들어가고 난 뒤에도 특별한 관계는 없었어요. 강신옥 변호사가 신영복의 변호를 맡고 있어서 강신옥 변호사 사무실에 갔을 때 신영복의 소식을 듣게 되었지요. "한산섬 달 밝은 밤에…" 하는 충무공의 시를 한문으로 쓴 글씨 같은 것을 본 기억이 나요.

신영복의 부친이 신학상이라는 분인데, 밀양에서 교육장을 하셨어요. 교육장이라는 건 요새 이야기하는 교육감이 아니고, 군 단위로 교육행정을 운영하는 역할을 하는 직책이에요. 그분이 저서도 두개가 있어요. 『김종직 도학사상』(영 1990)하고 『사명당 실기』(기린원 1982)라는 책이에요. 김종직은 영남사림의 거두이고, 사명당은 원래 밀양 사람이라서 연구를 했다고 해요. 이분이 유림하고도 관계가 있어서 경상남도 유림의 이름으로 신영복 구명을 요구하는 운동을 하기도 했어요. 아마 그게 우리나라에서 유림이라는 이름으로는 마지막 활동이지 않나 싶어요. 다시 말하면 유림이 세상에 마지막으로 등장한 것이 신영복 구명운동이었을 것입니다. 물론 신학상 선생의 신망과 아들을 향한 부정(父情)이 크게 작용했겠지만… 1980년대에 이른바 민주화가 되면서 여기저기서 석방운동이 벌어지기도 했어요. 석방해달라고 얘기하기 제일 어려운 게 통혁당 같은 경우예요. 국가보안법 위반 사건이고, 어쨌든 간에 반국가사범으로 수형 중인데 민주화가 되었다고 해도 아직은 당당하게 요구할 분위기가 좀 꺼려지는 면이 있었던 거죠. 그래도 석방운동을 하시는 분들 몇몇이 애를 쓰면서 돌아다니셨지요.

신영대라는 기업인이 있는데, 신영복의 형이에요. 아주 훌륭한 사람입니다. 저는 그렇게 아름다운 형제애를 본 적이 없어요. 신영복이 잡혀 들어가 20년 20일을 감옥에서 살았는데, 형과 형수가 그 기간 동안 한달에 한번씩 하는 특별면회를 한번도 빼놓지 않고 갔습니다. 음식도 만들어가서 먹이고. 신영복은 한달에 딱 한번씩 편지 쓸 기회가 오는 거죠. 신영복이 나중에 얘기한 바에 의하면, 편지를 한달에 한번 쓰니까 기획을 한달 동안 한다는 거죠. 내가 이번에는 누구한테 편지를 써야지 정하고는 한달 내내 편지 내용, 구도 이런 것까지 다 계산을 해가지고 썼다는 거예요. 신영복의 편지는 봉함엽서에 넘치거나 모자라지가 않아요. 미학적 구도까지 포함해서 그 규격에 딱 맞게 적혀 있죠. 절제된 언어와 정제된 글씨로 앞뒤로 꽉 차게 그러나 넘치지 않게 썼어요. 그리고 대상은 어머니, 아버지, 형수, 제수, 그리고 조카(신영대의 아들)인 화용이 주용이 등으로 달마다 바꾸는 거죠. 받는 사람도 바꾸고 내용도 그 사람에 맞춰서 쓰고.

평화신문에 신영복의 편지를 가지고 온 사람은 신영복의 형인 신영대입니다. 신영복이 이제까지 감옥에서 보내온 거라면서 한보따리 가지고 왔어요. 구명운동의 일환으로 가지고 온 거죠. 그때 글씨와 편지를 처음 봤습니다. 그러니까 어떻게 보면 신영복의 가족들 빼놓고는 최초의 독자가 나인 셈이에요. 그게 상당한 매수예요. 그걸 읽어보니까 아, 진짜 감동인 거예요. 감옥의 고달픔에 대한 것들도 공감이 되지만, 그것보다 감옥에서 사람이 이렇게 자기수양이 될 수도 있구나 하는 생각을 하면서 놀랐어요.

그때 놀랐던 것 중의 하나는 눈사람 이야기예요. "옥뜰에 서 있는 눈사람. / 연탄조각으로 가슴에 박은 글귀가 섬뜩합니다. / "나는 걷고 싶다." / 있으면서도 걷지 못하는 우리들의 다리를 깨닫게 하는 / 그 글귀는 단단한 눈뭉치가 되어 이마를 때립니다." 이 글을 읽고 난 감회를 내가 쓴 『감옥으로부터의 사색』 초판 서문에서도 말한 바 있습니다. 짧은 글인데도 징역 사는 사람들의 바람과 한이 잘 표현돼 있어요. 저를 포함해서 많은 사람들이 인용하는 것 중에 여름 징역에 대한 글도 인상 깊었어요. 없는 사람이 살기는 겨울보다 여름이 낫다고 하지만 교도소에 있는 사람들은 여름이 싫다는 거예요. 왜냐하면 겨울 징역은 같이 사는 사람들의 체온 때문에 오히려 더 따뜻해져서 이웃이 가깝다는 걸 느끼게 하는데, 여름 징역은 사람들의 체온 자체가 더워서 옆 사람을 싫어하게 되고 멀어지게 된다는 거예요. 그러니까 사람의 존재 자체를 미워한다는 점이 여름 징역을 진짜 곱징역이라고 느끼게 한다는 이야기죠.

어떻든 이런 글들을 읽으면서 나는 옛날에 내가 듣던 신영복하고는 완전히 다른 사람이라고 느꼈어요. 잘 정제되고 곱게 다듬어진 아주 가뭇한 선비가 돼 있는 거예요. 정좌하고 앉아 있는 그런 선비 느낌이라고 할까요.

처음에는 3회 정도 실을 요량을 하고, 앞의 인사말과 뒤의 인사말 빼고 3회에 걸쳐 실었어요. 그런데 반응이 굉장히 뜨거워가지고 한회 더 연장을 했어요. 신문사에 전화를 해서 신영복을 소개해달라는 여자분이 있을 정도였어요. 연재한 내용들도 참 좋았어요. 전부. 조카한테 쓴 편지를 보면 토끼와 거북이의 경주 이야기가 나오는데, 조카들한테 너희들은 몰래 1등을 하는 거북이가 되지도 말고, 나 자랑하는 토끼가 되지도 말고, 손잡고 같이 가는 토끼와 거북이가 되라 하는 내용이 들어 있었는데, 그런 이야기가 정말 좋았지요. 감옥 안에서 책도 많이 읽어서 상당히 원숙해져 있는데다 그걸 어떻게 전달할지 전부 계산해서 쓴 글이니까, 아주 잘 다듬어진 글이었고요. 오자 하나가 없었어요.

통혁당 사건으로 들어간 사람 중에 오병철이라는 분이 있어요. 경북고를 나왔는데 강신옥 변호사의 한해 위 선배인가 그래요. 이분이 경북고 역사상 최고 성적으로 졸업을 했다고 하는데, 인품 역시 아주 훌륭한 분이에요. 언제 배웠는지 모르지만 검도를 배운 채로 감옥에 들어갔어요. 서울대가 다른 운동은 못하는데 검도만은 항상 대학교 리그를 하면 1등을 해요. 그게 다 오병철이 문리대 다닐 때 이룬 업적이지요. 출정을 한다거나 법정에 나온다거나 하면, 계호라 그러는데 교도관들이 이끌고 나와요. 그런데 오병철을 계호할 때는 교도관들이 상당히 긴장을 한다는 거예요. 물론 포승줄로 묶고 수갑도 채우지만, 소문으로는 젓가락 하나만 있으면 사람을 어떻게 할 수 있다 그러니까. 하지만 그건 소문이고 사실은 양처럼 순한 사람이에요.

그 오병철의 부인이 윤일숙이라고, 햇빛출판사를 운영했어요. 좋은 책도 많이 냈습니다. 당시에 남편을 비롯해 통혁당 사람들이 잡혀 들어가 있으니까 그 사람들 구명운동을 하는 와중에 어떻게 해야 할지도 잘 모르고 어디로 가야 하는지도 모르니까 그분들이 나를 찾아온 거예요. 나한테 변호사들이나 천주교 쪽에 얘기를 좀 해달라고 그러면서 그쪽 분들을 자주 만나게 됐지요. 지금이야 굉장히 많은 분들이 알고 존경도 받지만 그 옛날에 신영복 하면 크게 알아주는 사람도 없었습니다. 가족들이 구명운동을 하는 데 있어서 이 사람들이 누군지를 설명할 때 감옥에서 쓴 편지나 글씨가 나름 큰 힘이 된 거지요. 교도소마다 서예 선생을 모셔가지고 잘 쓴 글씨를 뽑아서 감옥 안에 있는 사람들 전시회도 하고 등급도 매기고 뭐 이런 일이 더러 있었던가봐요. 그럼 구명운동하던 가족들이 그때 썼던 글씨나 편지를 가지고 다니면서 알리는 거죠.

신영복이 붓글씨로 쓴 프란체스코의 '평화를 구하는 기도'도 있었습니다. 내가 한때는 평화신문의 제자(題字)를 신영복의 글씨를 집자해가지고 쓰면 어떨까 생각한 적도 있어요. 이게 자칫 아직 감옥에 있는 사람의 글씨로 제자를 만들었냐 이럴까봐 결국 포기를 했는데. 당시 신영복의 글씨는 요새와는 다른 궁체에 가까운 거였어요.

햇빛출판사에서 책을 내면서 저보고 서문을 쓰라고 해서 '평화신문' 이름으로 제가 서문을 썼어요. 책에 들어갈 글도 제가 골랐어요.

그 책은 지금까지 감동을 불러일으키는 스테디셀러지요. 서신검열이라고 하는 장치가 있으니까 정치색이 들어 있지도 않고, 계절에 대한 비유라든지 눈사람이나 토끼 이런 걸 통해서 이야기를 하니까, 그 전달력의 폭이 넓죠.

저도 그 책에서 좋은 말을 인용할 때가 많아요. 예를 들어 「계수님의 하소연」이라는 글에 보면, 시나리오를 인용해서 결혼에 대해 이야기를 한 게 나와요. 여자한테 너는 왜 하필이면 이 사람하고 결혼을 했냐 하고 물으니까, "Because I really conceived that I could be a better person with him"라고 대답을 했어요. "저 사람과 함께라면 나는 보다

나를 당신의 도구로 써주소서 미움이 있는 곳에 사랑을 다툼이 있는 곳에 용서를
분열이 있는 곳에 일치를 의혹이 있는 곳에 신앙을 그릇됨이 있는 곳에 진리를 절망이
있는 곳에 희망을 어두움에 빛을 슬픔이 있는 곳에 기쁨을 가져오는 자 되게 하소서
위로받기보다는 위로하고 이해받기보다는 이해하며 사랑받기보다는 사랑하게 하여
주소서 우리는 줌으로써 받고 용서함으로써 용서받으며 자기를 버리고 죽음으로써
영생을 얻기 때문입니다.

성 프란치스코의 평화를 구하는 기도를 씀 소당

신영복이 쓴 성 프란치스코의 기도문.

더 훌륭한 사람이 될 수 있다고 확신했기 때문에" 결혼을 했다는 거죠. 그래서 내가 결혼식 주례를 하면 가끔 인용을 해요.

편지를 책으로 내자는 아이디어는 옥중에 있는 신영복 자신은 생각 못했을 것 같은데, 어떤가요?

윤일숙이 출판사를 하니까 이게 출판만 된다면 통혁당 관계자들이 나오는 데 도움이 안 되겠냐 해서 출간을 했지요. 상당히 걱정스러웠죠. 출간 자체가 안 될 수도 있으니까. 저야 평화신문 편집국장으로서 다소 모험적인 연재를 했지만요. '감옥으로부터의 사색'이라고 제목은 내가 지었습니다만 신영복에게 양해는 구했죠.

저도 평화신문의 여러 글을 읽었던 기억이 납니다. 그때 『감옥으로부터의 사색』에 실린 글도 아주 좋았어요. 어떻게 이렇게 좋을 글을 쓰지 하는 동경도 있었고요. 여름 징역 겨울 징역 이야기, 칼 잠 이야기 이런 것들이 지금 헌법재판소 결정서에 들어가 있어요. 2016년 12월의 헌법재판소에서 지나친 과밀수용은 위헌이라는 결정을 내리는데요. 구치소에서 지나치게 과밀수용하는 것은 인간의 존엄과 가치에 반한다고 하면서 신영복의 여름 징역 겨울 징역 이야기를 직접 인용하고 있습니다. 30년 전에 일종의 문학이자 장기수의 체험으로 보여졌던 것이 30년 뒤에 헌법재판소 결정서에까지 들어간 것이죠. 굉장히 놀라운 일이에요. 이 내용이 결정서에 들어갈 수 있었던 것은 우선 거기에 사상의 냄새라든지 정치투쟁의 구호가 전혀 없잖아요. 인간 자체로서 느끼는 면들이 잘 정리된 글이어서 아름답다고 할까요. 그 편지는 누가 모아 가지고 있었습니까?

신영복 자신도 이 편지가 모여진다는 걸 전제로 하고 썼던 것 같아요. 주용이, 화용이한테 가거나 누구한테 가거나 아버지가 집안의 어른으로서 그 글들을 챙겼다고 그래요. 아버지가 신영복을 그렇게 사랑했어요.

『감옥으로부터의 사색』이 안 나왔으면 우리가 알고 있는 그 신영복은 사실 없는 거죠. 그 책으로 만들어진 새로운 관계 속에서 신영복의 입지가 만들어지는 거니까. 「청구회 추억」은 초판본에는 안 들어 있었지요. 돌베개에서 출간된 판본을 보면 칼라로 된 편지도 들어가고, 「청구회 추억」도 들어가고 그랬지요. 「청구회 추억」만 따로 떼내어서 그림책 형태로 만들어진 것도 있고요.

「청구회 추억」은 교도소가 아니라 육군교도소에 있을 때 밖으로 나온 거예요. 신영복이 그 청구회 아이들에 대한 마음의 빚도 있고 안부도 궁금하고 그래서 「청구회 추억」 이야기를 휴지에 써서 자기 방을 지키는 헌병한테 줬는데, 이감을 가면서 맡겨놓았다는 사실 자체를 잊어버렸죠. 그런데 그 헌병이 그걸 보관하고 있다가 나중에 신영복 집으로 보내가지고 사라지지 않을 수 있었어요. 그러니까 「청구회 추억」을 뒤늦게 찾은 거예요.

그 헌병이 만약 보내주지 않았더라면 「청구회 추억」은 전해지지 않았겠네요. 그 헌병도 참 특별합니다. 상부에 이상한 짓 한다고 보고하지도 않고. 신영복의 석방과 책 출간 시기가 거의 겹치네요.

거의 비슷했어요. 1988년 8월 광복절 특사로 석방됐고, 책은 9월 초순에 나왔으니까 책 출간을 준비할 때는 감옥에 있을 때였죠. 평화신문 연재부터 석방과 출간이 연쇄반응을 불러일으킨 셈이지요.

네. 그 책과 함께 신영복에 대해 세상은 완전히 새로운 이미지를 가지게 된 것 같습니다. 출옥하고 난 뒤 서로 잘 지냈습니까?

네, 나와서는 더러 공적인 또는 사적인 자리에서 보기도 하고 그랬습니다. 자주는 만나지 못했지만 만나면 서로 따뜻했지요. 그 사람이 인제에 더불어숲학교를 하면서 거기도 자주 왔는데, 거기는 나도 자주 가는 데여서 거기서 만나기도 했고요.

『남부군』 연재와 리영희-릴리 대사 논쟁

이태의 『남부군』도 평화신문에서 연재를 했습니다. 진짜 빨치산 이야기로, 1987년 이전이라면 도저히 나올 수 없는 책이었을 텐데요.

네, 그렇죠. 이태는 필명이고 본명은 이우태입니다. 『남부군』 이야기를 하려면 표절 이야기부터 해야겠네요. 이우태는 6·25 때 이현상의 빨치산 부대인 남부군에서 종군기자로 활동을 했던 사람이고요. 후에는 전향해서 6대 전국구 국회의원도 했고요. 그후 이우태가 그때의 경험을 가지고 지리산 빨치산 문제를 소설로 써서 여기저기 다니면서 출간을 해보려고 했지만 시절이 시절이니만큼 어려웠지요. 그러던 와중에 이병주 작가한테 이게 글이 되는지 한번 봐주십사고 줬는데, 이병주가 자기가 연재하는 소설에 이름만 바꿔가지고 실은 거예요. 이병주가 『지리산』에서 이태의 글을 상당 부분 그대로 표절하다시피 했는데 항의를 해도 소용이 없었대요. 그러던 차에 그 책이 두레에서 나온다 그러더라고요. 그래서 『남부군』 전체 중에서 어떤 거는 스토리를 뽑고 어떤 거는 부분을 뽑고 이렇게 해가지고 두회에 걸쳐서 평화신문에 연재했죠.

하여튼 거기 극적인 장면이 많이 나와요. 가령 전투 중에 경비군들의 총에 맞아가지고 옆에 사람이 쓰러져요. 그리고 총소리가 멎고 난 다음에 빨치산들이 배고프니까 그 죽은 사람 입에 있는 쌀을 손으로 꺼내 먹는 거야. 또 신발이 없어가지고 그냥 발이 얼어터지고. 이태의 문학적 재능이겠지마는 어느 날 보니까 이현상 사령관이 저 능선 위를 걷는데 달빛에 비치는 모습이 그렇게 외롭고 처연하더라는 표현이 있는데 말하자면 지리산 빨치산의 운명을 예감케 하는 거죠.

이후에 남북이 휴전협정을 하면서 포로교환 문제는 물론 인민군들 시체는 어떻게 북으로 넘겨주고 북에 있는 아군들의 시체는 어떻게 넘겨받느냐 이런 거까지 일일이 협상을 하면서도 살아있는 지리산 빨치산 문제는 남북 어디에서도 제기하지 않은 겁니다. 그냥 방치돼버린 거지요. 그렇게 지리산 빨치산은 사실상 소멸돼버립니다. 싸우다 죽은 것도 아니고 양쪽으로부터 버림받고 잊혀진 겁니다. 그러니까 이우태는 이 사람들의 역사와 애환을 자기가 밝혀야 되겠다는 생각을 하고 있었어요. 실제로 동지들이 죽어가면서 우리의 이야기를 꼭 밝혀달라, 우리가 이렇게 죽었다는 거를 알려달라고 했다는 거죠.

그러저러한 얘기를 듣고 있던 터라 그럼 내가 평화신문에 그 내용을 압축시켜서 한번 내보자 해서 실었습니다. 평화신문에 싣고 나니까 거기에 나왔던 인물들이 하나둘 자기를 드러내기 시작합니다. 남부군에 최외팔이라는 사람이 나오는데, 전투에서 실제로 팔을 잃어서 외팔이에요. 거기에 나오는 사람이 '나다' 하면서 찾아오기도 하고 숨어 있던 사람들이 우리의 이야기도 세상에 알려달라고 찾아오기도 하고. 이우태를 만나게 해달라는 요청도 받고 그랬어요.

2회밖에 안 나왔는데 반향이 그리 일어났군요. 새롭게 처음으로 언론자유가 막 꽃피는 시대니까 일간지, 주간지 하나하나에 대한 위력이 컸던 시절이었던 것 같습니다. 앞서 이우태가 YS의 민주산악회 쪽에서도 활동했다고 말씀하셨는데, 그때는 이우태가 남부군 출신인 걸 전혀 몰랐던 겁니까?

일부는 알고 있었던 것 같아요. 나중에 나도 이우태를 만났습니다. 정해영 의원의 소개로 야당에 입문을 했대요. 원래 이우태가 6·25 당시에 조선중앙통신기자로 차출됐는가봐요. 남부군 안에서 전사편찬일을 맡았고 그래서 17개월을 거기 있었다고 해요. 남부군이라는 게 정식명칭은 조선인민유격대 독립제4지대래요. 그런데 보통 남한에서는 빨치산 남부군단, 이현상부대, 나팔부대 이런 별칭으로 불렸다고 합니다.

이우태는 1963년에 국회의원을 한 이래 계속 야당에 몸담고 있으면서 YS의 민주산악회에 자연스럽게 참여를 했죠. 옛날에 빨치산으로 활동을 한 것뿐만 아니라 산을 실제로 잘 타니까 이 사람이 산악대장을 했어요. 민주산악회의 회장은 바뀌었지만 산악대장은 처음부터 끝까지 안 바뀌었습니다.

『남부군』도 거의 밀리언셀러 가까웠잖아요? 이게 『감옥으로부터의 사색』 못지않게 팔렸던 것 같은데요. 영화로 만들어지기도 했고요. 그리고 아류작도 많이 나왔잖아요. 『북부군』(행림출판 1990)도 있고요. 아, 그런데 다시 나온 『남부군』은 이병주한테 줬던 걸 그대로 낸 겁니까? 아니면 그뒤에 다시 쓴 겁니까?

많이 고쳤죠. 이태는 그뒤에도 소설 몇권을 더 냈습니다. 상당히 문장력도 있고요. 『천왕봉』(두레 1992), 『여순병란』(청산 1992) 등이 있고, 수필집도 있고요.

결국 1987년 민주화가 되니까 종래 억눌려 있었던, 목소리를 도저히 낼 수 없던 사람들의 이야기가 알려지기 시작합니다. 최종길과 같이 고문사 당한 사람의 진실, 서씨 형제 같은 경우는 감옥에 있던 비전향 장기수의 목소리, 신영복과 같은 좌익사범, 이태와 같이 지리산 빨치산, 옥살이하거나 죽어갔지만 자기 목소리를 사회에 낼 수 없었던 그런 사람들의 목소리를 두루두루 전파하는 통로가 된 것이네요. 민주화의 확산이나 후광이라고도 볼 수 있겠습니다.

역사의 수레바퀴에 깔린 사람들의 이야기, 그 인간적인 목소리들을 평화신문에 낸 거죠.

그러니까 최종길 건, 신영복 건, 서준식 건, 그다음에 이태 건. 이 하나하나가 기획성 특종인 셈이네요. 그런데 평화신문은 천주교 신문이잖아요. 지금 나온 게 최종선의 양심선언, 비전향 장기수, 빨치산, 좌익사범 이런 사람들의 글들이 막 나오고 그게 호응을 얻고. 가톨릭 측에서는 이거 우리가 투자해서 뭐 하는 거냐? 이런 불평도 나올 것 같은데요. 천주교 쪽에서 뭐라고 하는 사람은 없었나요?

그건 모르겠어요. 오히려 반응이 좋으니까 일단은 좋아했겠죠. 그때는 상당히 고무됐죠. 한겨레신문보다 평화신문이 읽을 게 많다, 이런 분위기도 있을 정도였으니까. 난 특별히 얘기를 들은 건 없었어요.

또 하나 중요한 기사가 있는 것 같습니다. 리영희와 제임스 릴리 주한 미국대사와의 논쟁도 평화신문에 실렸지요. 그때 반향이 상당했습니다.

릴리 대사가 1988년 5월 27일자 동아일보에 1988년 2월 24일에 있었던 미국 공보원 도서관을 학생들이 점거시위한 사건을 비난하는 인터뷰를 한 겁니다. 그에 대해서 리영희 선생이 나한테 '내가 반론을 쓰고 싶다' 이래서 리영희의 반론을 평화신문에 실었죠. 그걸 보고 미국 쪽에서 상당히 민감하게 반응을 했고 릴리 대사가 그거에 대한 반론을 또 가져왔어요. 그러면서 두번 정도 신문지상에서 공개논쟁을 합니다. 리영희가 마지막으로 이렇게 할 게 아니라 나랑 너랑 정식으로 공개토론을 하자고 제안을 하지요. 나도 영어로 충분히 할 수 있지만 여기는 한국이니까 당신은 영어로 하고 나는 한국어로 하겠다고 했는데 릴리가 거기에 답변을 안 했죠.

못하겠죠. 그때 리영희 선생은 한겨레신문에서 논설고문을 하고 있었는데 왜 평화신문에 실었을까요? 또 하나가 그 기고문에 대해서 미국대사가 다시 반박글을 보내왔다는 것도 뜻밖입니다.

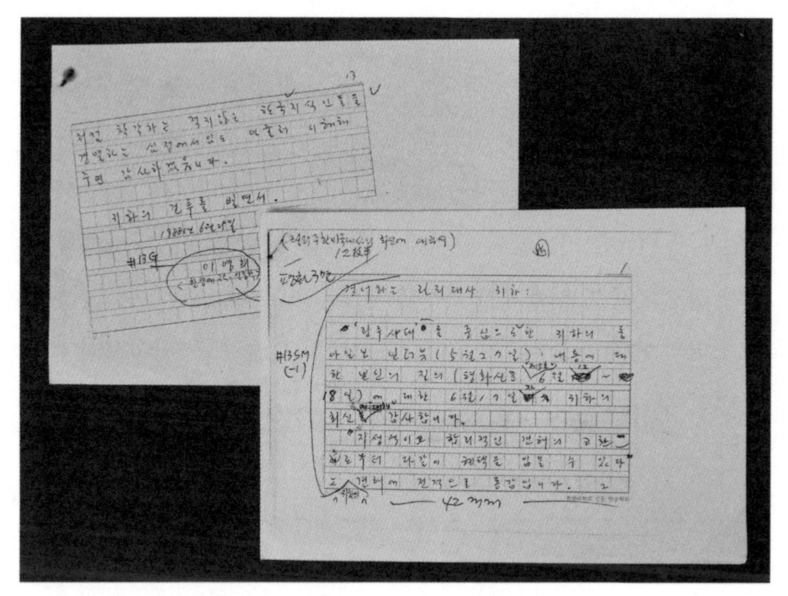

1988년 리영희가 릴리 주한 미국대사에게 보낸 공개서한 육필 원고.

리영희 선생한테 내가 먼저 얘길 했는지 그건 모르겠어요. 리영희 같은 학자가 스스로 나서서 반미활동을 했던 학생들을 옹호하는 건 상당히 의미가 있었다고 봐요. 그리고 미국 쪽에서도 꽤 무게 있게 받아들이지 않았나 그런 생각이 들어요.

그 당시 리영희 선생의 영향력이 거의 최고조에 이르고 있었으니까요. 리영희 선생한테 평화신문에 글을 쓰도록 한 건 전화로 했습니까?

만나서 얘기했을 겁니다. 이건 좀 가만있을 수 없지 않냐. 누군간 뭘 해줘야 하지 않냐고 얘기를 했을 것 같습니다. 정확하게 기억은 나지 않아요.

저는 왜 리영희 선생이 평화신문에 기고를 했을까 할 때 선생님이 역할도 분명히 있었을 것 같습니다. 원래 동아일보에 릴리 대사가 실었으면 리영희 선생도 동아일보에 반론을 실어야 되는데 그 당시 동아일보에 괜찮은 기자들이 한겨레로 옮겼고, 그런 상황이니까. 동아일보가 리영희의 반론 게재를 거부했다고도 하고요. 그러니 평화신문에서 뜻밖의 논쟁이 벌어지는 거지요. 시대가 만들어낸 또 하나의 특이한 면인 것 같습니다.

평화신문 퇴사

선생님은 편집국장 대리였다고 하셨는데 그럼 편집국장은 따로 있었습니까?

아, 없었어요.

그때 기자들은 편집국장 대리 말씀을 잘 들었습니까?

잘 들었죠.

계속 특종을 만들어내고 있으니까. 선생님이 1970년 후에 공식 직함을 가진 게 평화신문이 처음 아닌가요?

처음이지요. 난생처음 월급도 받아봤습니다.

그런데 왜 연말까지 하고 그만두셨습니까? 6, 7개월 정도만 하셨어요. 이때 평화신문을 하면서 언론인으로서 본인의 어떤 소명감이라고 할까, 자기 할 일, 역할 같은 것들에 대한 생각도 계속 정리를 할 수 있었을 것 같은데요?

그때 노조를 결성하는 것이 새로운 사회적인 풍조 비슷하게 돼가지고 언론사마다 언론노조를 만드니까 평화신문에서도 노조 결성을 위한 움직임들이 상당히 활발해졌어요. 그때 평화신문 직원들이 노동운동 선배들한테 노조활동에 대한 지침이랄까 노조를 만드는 방법 같은 걸 배우고 그랬죠. 그런데 평화신문 노조를 만드는 거에 대해서 천주교회가 그걸 기다려주지 못하고 못 참은 거예요. 아마 교회 쪽에선 내가 노조를 배후조종하고 있다거나 감싸고 있다고 생각을 했던 것 같아요. 내가 나가주기를 바라는 눈치여서 그럼 나가겠다고, 내가 솔선해서 스스로 나왔습니다.

나는 그때 무슨 내가 언론인으로 여기 오래 있겠다는 생각을 하지는 않았어요. 당분간 땜질하는 걸로 있을 수 있겠다 그 정도였지요. 그때 150만원 정도 월급을 받았는데 나로서는 엄청난 액수인 거예요. 평화신문에서 사람들이 노동운동 한다, 노동조합 만든다 그래서 '너희들 조건이 뭐냐?' 해서 이야기를 죽 들어보았지요. '내가 보니 제일 중요한 건 복지 문제하고 편집권 독립일 텐데, 편집권 독립은 내가 있어서 보장한다. 복지 문제는 나는 모르겠다. 나는 놀다와서 그런지 모르지만 이만하면 충분한 것 같다'고 얘기를 했어요. 또 하나가 천주교회라는 게 성직자가 군림하는 교회 비슷하게 이제까지 습성이 돼 있어가지고 감히 자기들을 거스른다는 느낌을 못 참은 거죠.

입사시험 때 1등으로 들어왔던 사람이 있어요. 윤석한이라고. 그 사람은 노조 한다고 잘려서 결국 인생이 달라졌어요. 나중에 보니까 윤석한은 해직기자협의회에 사무국 일을 보고 있더라고요. 사람 자르는 게 한 사람의 인생이 바뀔 수도 있다, 운명이 바뀔 수도 있다는 걸 경영진들은 잘 모르는 것 같아요.

그 부분이 함세웅 신부의 약점으로 돼 있더라고요. 참 언제나 노사관계가 어려운 일이긴 합니다. 그 시절은 모든 주장이 예각적으로 부딪치는 시기이기도 했고요.

질풍노도의 시대인데 그 격류를 조금만 참고 넘으면 다 함께할 수 있었고 서로 상조할 수 있었는데 아주 안타깝죠. 그때 기자 잘려서 그 이후의 삶이 어려움에 처한 사람들 생각하면 가슴이 아프죠. 그 사람들 인생에 나도 상당 부분 책임을 져야 하는 게 아닌가 하는 죄책감도 있고요.

그래서 처음 받기 시작한 월급도 이제 6개월 받고 끝나버렸습니다. 가족들이 아쉬워했을 것 같아요.

그건 익숙했으니까 집안에서 별로 반대는 없었어요. 그때 직원들하고 부딪히면 못 나가게 할까봐 일요일에 가서 짐을 싸서 나왔어요. 지금 가지고 있는 평화신문 관련 자료들은 그때 가지고 나온 짐 속에 들어 있던 거고요.

평화신문과 한겨레신문의 창간일이 같다고 잠깐 언급을 하셨는데요. 선생님께서는 한겨레신문 창간에도 관여를 하셨죠? 어떤 역할들을 하셨는지 조금 더 들려주시지요.

제가 뭐 두드러지거나 주체적으로 한 건 아니지만 기억나는 것 중에 하나가 신문 창간을 위해서 자본금 모금을 했는데, 김대중 쪽과 김영삼 쪽이 경쟁적으로 한겨레신문 창간에 출자를 했어요. 당시에 김영삼이 5천만원, 김영삼을 후원하던 국회의원 한분이 5천만원, 통일민주당에서 2천만원인가 해서 총 1억 2천만원인가를 내가 직접 한겨레신문에 전해줬습니다. 아마 김대중 쪽도 대충 그 정도의 출자를 했을 겁니다.

한겨레신문의 창간을 처음부터 기획하고 주도한 건 정태기입니다. 나중에 한겨레 사장까지 했지요. 물론 그 전에 우리도 신문을 가져야 된다는 생각들을 가진 사람은 많았지만 그걸 구체적으로 실천에 옮긴 사람이 정태기입니다. 한겨레신문이 막상 창간이 되니까 서로 누가 주도권을 잡느냐 때문에 바람직한 창간 작업에 지장이 있었다고 들었어요.

다만 기사는 한글로 한다, 가로로 쓴다, 컴퓨터를 활용한다 이런 기본 틀은 잡았습니다. 그 당시로서는 누구도 생각 못한 아주 파격적이고 새로운 편집 방향이었어요. 그런 편집 방향이 이후에는 오히려 한국의 신문 틀을 리드한 측면이 있죠.

저는 6·29 이후 그 무렵에 우리가 독재하에서 잃어버린 역사를 찾아서 복원하는 게 새 언론이 해야 될 중요한 사명 중에 하나라고 생각을 했어요. 암흑 시절에 기사를 쓰지 못했으니까, 그 시절에 일단 기사로나마 취급된 건 그나마 다행이고, 역사적 사실 자체가 없어져버린 게 상당히 많지요. 이런 없어져버린 이야기들, 사건들을 찾아서 복원하는 게 필요하다는 공감대가 형성되어 있었습니다. 그때 새로 만들어지는 한겨레신문이 신문사의 역사적 사업으로서 이 문제에 적극적으로 뛰어들어야 한다고 생각을 했어요. 그게 한겨레신문의 탄생 이유이자 존립 이유니까. 그런데 창간 이후에 그것에 주목하는 사람이 거의 없더라고요. 워낙 사건이 많기도 했지만, 그냥 하루하루 쫓아가기에도 바쁘고 하다보니까 자료도 다 놓치고. 평화신문에서 한 건 극히 일부, 떨어지는 물방울을 한두방울 받은 것에 불과하고, 사실은 그런 작업이 좀 체계적으로 이뤄졌어야 더 올바른 방향이라고 하겠죠. 나도 한겨레 쪽에 여러번 얘기를 했어요. 민주화운동 관련 자료들도 지금 수집을 하면 꽤 많이 모을 수 있다고 했지만 그런 데 관심들이 없었지요. 안타깝게 생각을 합니다.

사실 한겨레신문에 대해서 아쉬운 게 적지 않아요. 나는 한겨레신문을 만드는 사람들이 이 공동체의 일원으로서 공동체가 안고 있는 슬픔과 기쁨을 함께해야 한다고 생각하는데, 한겨레 쪽 사람들의 생각은 아웃사이더로서 밖에서 공동체를 보는 시선, 말하자면 비판적 시선으로 본다는 거예요. 어떻게 보면 어설프기도 하고 체화되지 못한 것도 있고 그렇죠. 지금도 어떤 사안에 대해서는 공동체 안에서 몸부림치고 울부짖고 하는 게 아니고 오히려 공동체 밖에서 이래야 된다 저래야 된다 도덕 교과서 같은 얘기를 하거나, 이념적인 지시를 한다거나 그런 경향이 없잖아 있죠. 대중과의 공감대 형성이랄까 접근성이랄까 그런 점에서 아쉬움이 있습니다. 그것은 아마도 오랜 기간 해직기자로서 제도언론 밖으로 떠돌았기 때문에 생겨난 체질인지도 모르겠습니다.

왜 그러지 못했을까요?

신문을 새로 만들어야 된다는 데까지는 공감대가 있었지만 어떻게 만드느냐에 대해서까지는 토론이 충분히 안 됐고, 또 공감대가 형성이 안 되어 있었던 거죠. 편집위원이 누구냐에 따라서 편집 방향이 달라지는 등 신문이 들쑥날쑥하고, 논설진이 누구냐에 따라서 달라지기도 하고요.

민주항쟁의 여러 긍정적인 유산 중에 하나가 언론 지형에 일정한 파열구를 내고 한겨레와 같은 진보적인 신문사를 이른바 시민의 힘으로 창간했다는 것, 그리고 그것이 30년 넘게 어쨌든 유지가 되었다는 것이 있습니다. 그럼에도 불구하고 내적으로는 신문의 기조에 대한 충분한 준비가 부족했다든가, 또 성향에 따라 과도하게 분열됨으로써 시대의 과업을 온전하게 수행하는 데 아쉬움이 드는 대목도 적지 않다고 보시는군요.

그렇죠. 자기들이 보고 싶은 시선으로 세상을 보니까 시대의 징표를 제대로 읽어내지 못하는 게 많지요. 평화신문도 초창기 1, 2년 정도만 신문 같은 신문이었다고 봐요. 현대의 사목헌장이라는 게 제2차 바티칸 공의회 문헌을 보면, '오늘을 사는 모든 사람들의 기쁨과 희망, 슬픔과 번뇌, 그것은 곧 그리스도를 따르는 신도들의 기쁨과 희망이며 슬픔과 번뇌이다'라고 되어 있습니다. 평화신문도 그 취지에서 출발한다고 해서 이름도 종교적인 냄새 없이 평화신문이라고 지었지요. 지금은 평화신문이 완전히 교회신문이 되어버렸어요. 어떤 의미에서는 한겨레신문도 마찬가지지요. 창간 초기에는 새로운 언론에 대한 기대와 성원을 보내며 아낌없이 돈을 낸 주주들이 많았어요. 그동안 소외되었던 모든 사람들의 언론이 되어주기를 바랐죠. 지금은 한겨레를 움직이는 사람들의 신문이 됐지 그때와 같은 진실에 목말라하는 모든 사람의 신문이라고 하기엔 미흡한 것 같아요.

4부

1990년대 이후

김영삼 대통령 취임사 준비

이제부터 YS와 DJ 사이의 이야기 그리고 김영삼 대통령 재임 시절 이야기를 본격적으로 나누어보려고 합니다. 말 나온 김에 선생님이 김영삼 대통령의 취임사에 결정적 기여를 했다는 설과, 아니라는 설이 있는데 그거는 어떻습니까?

정확하게 말한다면 여러 사람이 공동작업을 했다고 봐야지요. 취임사에 좋은 의견을 내서 반영시킨 사람도 자신이 썼다고 말할 수 있고, 공동작업에 참여한 사람도 자신이 썼다고 말할 수 있을 테니까요. 저는 취임사의 초안 작업부터 완성까지 실무책임을 맡아 정리하는 역할을 했습니다. 그렇기 때문에 작업에 참여했던 사람들이나 김영삼 대통령 쪽에서는 제가 중심이 되어 취임사를 쓴 것으로 생각하고 있습니다.

YS 비서실에서 취임사 준비위원이라고 해서 지명을 하고 그 사람들이 롯데호텔에 처음 모였습니다. 여러명 있었던 것 같은데, 지금 기억이 나는 사람은 문민정부에서 부총리 겸 통일원장관을 지낸 한완상, 이경재 공보수석, 오인환 공보처장관, 외교안보연구원 교수였던 김충남 그 정도입니다. 저도 그 안에 들어가 있고. 모여서 토론을 해가지고 YS 취임사를 준비를 해달라 이렇게 했던 게 아닌가 생각이 듭니다. 그 중에 김충남은 당시에 『성공한 대통령, 실패한 대통령』(전원 1992)이라고 미국 대통령들을 평가한 책을 냈는데 거기에 역대 미국 대통령들의 연설문이 들어가 있었나봐요. YS가 그걸 보고 취임사 준비위원에 김충남도 꼭 넣으라고 했답니다.

또 김혁규는 민정비서관을 하다가 나중에 경남지사를 했지요. 그 사람은 당시로서는 첨단이라고 할 프롬프터라는 기기를 가지고 참여했어요. 당시에는 꽤나 신문물이어서 귀하기도 했고 김혁규 외에는 프롬프터를 다른 사람은 손도 못 댔어요. YS처럼 연설에 익숙하지 않은 사람들한테는 굉장히 유용했습니다. 프롬프터가 정면과 오른쪽 왼쪽에 다 있으니까 청중들이 볼 때는 원고를 전혀 보지 않고 연설하는 것처럼 비칩니다. 그러니까 YS한테는 안성맞춤의 연설기기죠.

사람들이 대통령과 어떻게 관계 맺는가에 대한 비밀이 하나씩 나오는군요. 그럼 맨 처음에 롯데호텔로 오라는 연락은 누가 했는지 기억나십니까?

그게 아마 박관용 비서실장이었던 것 같습니다. 비서실장 발표야 2월에 했지만 아마 내정이 된 상태였을 거예요.

첫 초안은 언제쯤 작성한 걸로 기억하시는지요? 글 쓰는 사람들이

고집이 세잖아요. 초안이 나오고 난 뒤에도 1차 초안, 2차 초안 계속 나올 거 아닙니까. 그런 작업들을 어떻게 진행을 했나요?

아마 1월부터 준비를 했을 겁니다. 내가 쓴 초안을 기초로 해서 토론을 했어요. 그 토론에서 결정된 내용을 내가 실무적으로 정리를 하고 반영해서 초안을 다시 만들고, 그다음 만나서는 정리된 초안을 보고 또다시 검토를 하고… 이 내용이 들어가야 한다, 저 내용이 들어가야 한다, 이렇게 해서 한 예닐곱차례 거치지 않았나 싶어요. 일주일에 한번씩 만나서 '신한국창조'라는 걸로 큰 방향을 잡고 토론할 때마다 나온 의견을 취합해서 작성을 해나갔습니다.

그러고는 거기 있는 사람들과 독회를 하고 거의 마지막 단계에서는 YS가 참석해서 프롬프터를 보면서 직접 연설을 해봅니다. 그러면서 아, 이건 힘들겠다, 넘어가는 게 자연스럽지 않다 하면 그런 부분을 어떻게 고쳐야 되는지는 대체로 나한테 떨어지는 과제죠. 그 과정에서 원고 교정도 하고요. YS가 복모음 발음을 잘 못하고, 복문을 어려워하니까 단문으로 고치는 작업을 여러번 거듭했어요. 어떻게 하다보니 그 모든 작업을 내가 맡아서 정리해야 했지요.

취임식 당일에 연설한 게 22분 분량이니까 한 25매 정도 됐던 것 같습니다. 역대 대통령 연설 취임사 중에서는 잘된 축에 속할 겁니다.

너무 길어도 안 되고 짧아도 안 되고. YS가 복모음 안 되고 복문 안 된다는 건 YS 연설문 작성자들이 이미 알고 있던 사실입니까, 아니면 회의에서 얘기가 된 건가요?

대개 아는 사람은 알지요. 그리고 나 같은 경우는 그 전에도 YS 성명 작업을 많이 해봤으니까요. '~했습니다, ~했습니다' 이런 식으로 짧게 짧게 이어가야지 '~했는데, 그리하여 ~하고' 이런 방식은 YS 호흡하고 안 맞거든요. 그리고 단어도 복모음 같은 걸 발음을 못하니까 복모음을 피해야지요. 예를 들어 '관광'이 YS의 발음으로는 '강간' 이렇게 들린다고 하니 그런 말은 단어를 바꿔서 써야 합니다.

아, 연설자의 사투리까지 고려를 해야 하는군요. '관광' 이런 단어는 쓰면 안 되겠네요, '학실히.' 그때 제일 유명한 게 '군정종식을 '학실히' 하겠습니다' 발음하잖아요. 연설문을 쓰는 일도 상당히 까다롭네요. 쓰는 사람이 연설자의 스타일, 발음까지 하나하나 의식하면서 한글자 한글자를 써나가야 되는군요.

이제부터 구체적으로 취임사를 보면서 이야기를 나눠보지요. 야, 정말 한줄에 '다' 자가 하나씩 나오네요. 복모음이 거의 없고요. 취임사의 시작이 "친애하는 7천만 국내외 동포 여러분" 이렇게 써놨네요? 다른 대통령들을 찾아보니까 전두환은 '친애하는 국민 여러분' '친애하는 국내외 동포 여러분' 노태우는 '친애하는 6천만 국내외 동포 여러분' 김대중은 '존경하고 사랑하는 국민 여러분' 노무현은 '존경하는 국민 여러분' 이렇게 시작을 합니다. 미묘하게 조금씩 다르네요. 단순하게 생각하면 대통령을 뽑아준 게 국민들이니까 '친애하는 국민 여러분' 이 정도일 것 같거든요.

저는 상식적으로 생각해서 남북민족을 합해서 7천만이라고 썼던 걸로 기억이 나요.

김영삼 대통령 취임사에 유명한 구절들이 몇개가 있습니다. 그중에 하나가 "이 땅에 다시는 정치적 밤은 없을 것입니다"가 있지요. 정말 멋있는 표현이라고 생각을 합니다. 앞에는 "부정한 수단으로 권력이 생길 때, 국가의 정통성이 유린되고 법질서가 무너지게 됩니다. 목적을 위해서 절차가 무시되는 편법주의가 판을 치게 됩니다" 그다음에 "이 땅에 다시는 정치적 밤은 없을 것입니다"가 나오는데요. 이 문장을 쓰실 때 선생님이 떠올린 '정치적 밤'은 뭐고 '다시는 없게' 하기 위해서 어떻게 하겠다는 그 앞뒤 맥락은 어떻게 됩니까? 제가 보기에는 앞뒤에 뭔가 더 설명이 있었는데 그런 건 다 빼고 간명하게 수사학적으로 정리한 것 같은데요.

YS의 1987년 대통령 선거 때의 핵심공약이 군정종식이었습니다. 1992년 대선에서도 YS의 핵심공약은 군정종식과 군사정치문화의 청산이었고요. YS에게 있어 군정종식은 제1의 목표요 과제였다고 할 수 있습니다. '이 땅에 다시는 정치적 밤이 없을 것이다'라고 한 것은 이 나라에 다시는 군사쿠데타 같은 것이 없게 하겠다, 30여년에 걸친 군사정치문화를 청산하겠다, 이제부터 문민의 정통을 바로 세우겠다는 결의를 표명한 것입니다. 그 앞의 표현은 군사쿠데타의 폐해를 지적한 거고요. 실제로 YS는 취임 후 자신과 문민정부의 제1차적 목표를 군사정치문화 청산에 두고, 그 척결작업에 바로 착수합니다. 자신의 정부를 문민정부라고 스스로 자부하지요. 저는 YS의 치적 가운데 가장 역사적이고 또 잘한 것이 있다면 바로 이 군사정치문화의 청산이라고 생각해요.

그다음 부분을 읽어보면, "통일에 대한 국민적 합의입니다. 김일성 주석에게 말합니다. 우리는 진심으로 서로 협력할 자세를 갖추지 않으면 안 됩니다. 세계는 대결이 아니라 평화와 협력의 시대로 나아가고 있습니다. 다른 민족과 국가 사이에도 다양한 협력이 이루어지고 있습니다. 그러나 어느 동맹국도 민족보다 더 나을 수는 없습니다"라고 되어 있습니다. 이 마지막 문장이 갖고 있는 의미가 굉장히 크고 또 오해도 받고 공격도 받고 그랬던 것 같습니다.

많이 받았죠. 사실은 이게 중국이나 소련하고 북한도 동맹관계잖아요. 동맹국보다는 민족이 낫다, 즉 중소 동맹보다 민족과의 협력이 더 중요하다, 민족통일을 강조하는 뜻으로 한 말인데 이게 마치 한미동맹을 부정하는 거라고 호도되기도 했지요. 특히 주요 언론에서 그렇게 많이 몰아붙였고요.

조금 더 읽어보면요. "어떤 이념이나 어떤 사상도 민족보다 더 큰 행복을 가져다주지 못합니다. 김주석이 참으로 민족을 더 중요하게 생각한다면 그리고 남북한 동포의 진정한 화해와 통일을 원한다면, 이를 논의하기 위해 우리는 언제 어디서라도 만날 수 있습니다. 따뜻한 봄날 한라산 기슭에서도 좋고, 여름날 백두산 천지 못가에서도 좋습니다. 거기서 가슴을 터놓고 민족의 장래를 의논해봅시다. 그때 우리는 같은 민족이라는 원점에 서서 모든 문제를 풀어나갈 수 있을 것입니다"라고 되어 있습니다. 좀 긴 편이네요.

좀 길죠. 통일에 대해서는 어떤 대통령이든 야심을 안 가질 수가 없습니다.

아, 모든 대통령이 그렇습니까? 여기에 '따뜻한 봄날 한라산 기슭'이랑 '여름날 백두산 천지 못가'가 나오는데 '백두산 천지 못가'는 문재인 대통령이 했습니다. 따뜻한 봄날 한라산 기슭은 어찌될지 모르겠네요.

백두산 천지 못가에서의 그날은 참 좋더라고. 날씨도. 백두산이 그렇게 좋을 수가 없고.

날씨가 완전히, 기가 막히게 개어가지고 좋았지요. 동맹국과 민족 부분을 제대로 읽었으면 그런 공격을 할 수가 없는데, 이걸 열심히 읽었을 리가 없지요. 이 부분도 보니까 시작할 때 각각 말을 하는 대상이 있군요. '7천만 국내외 동포 여러분'으로 시작해서 두 문단을 이야기하고, 그다음에 '김일성 주석에게 말합니다'라고 해가지고 내용이 나오고요. 그다음에 '5백만 해외동포 여러분' 이렇게 가는군요.

요즘으로 상상해보자면 문재인 대통령이 김정은 위원장과 만나서 '어느 동맹국도 우리 민족보다 더 나을 수 없잖아요' 이렇게 이야기하는 걸 텐데요. 그러면 듣는 상대는 김일성 주석인데 저걸 읽을 때 그 앞뒤 다 잘라내버리고는 '어느 동맹국도 민족보다 나을 수 없다고? 그러니까 한미동맹 해체하자는 거야?' 이렇게 일부러 오독하는 정치세력이 있는 거겠지요.

저는 취임사의 시작 부분도 굉장히 인상 깊었는데요. 선생님의 노력이 특별히 들어간 구절이라고 생각합니다. 첫 문단에서 노태우 정권과 단절을 선언해버리고 있잖아요. 김영삼이 3당합당 되고 민자당 대통령 후보로 출마해서 대통령이 됐으니까 노태우 대통령 같은 경우는 그래도 우리의 정통을 잇는 거라고 생각하고 싶을 텐데 첫 구절이 그 사람들 가슴을 덜컹하게 만듭니다. 노태우 대통령이 바로 뒤에 앉아 있는데 "오늘을 맞이하기 위해 30년의 세월을 기다려야 했습니다"라고 합니다. 박정희, 전두환, 노태우의 30년 전체를 인정하지 않겠다, 그렇게도 애타게 바라던 문민민주주의 시대다, 그전의 30년은 군사독재주의 시대였다는 걸 바로 이야기해버린 게 되니까. 듣고 있던 노태우 대통령이 표정이 싹 변했을 것 같은데요.

전임 노태우 대통령을 의식할 겨를이 없었습니다. 저도 그랬지만 YS도 그랬을 거예요. 30여년에 걸친 험난하고 길었던 민주화투쟁 끝에 마침내 문민정부를 세우는 그 감격과 설렘을 먼저 말하지 않을 수 없었습니다. 얼마나 기다리고 외쳐온 민주화입니까. 얼마나 길고 험난한 길을 걸어왔습니까.

전두환이나 노태우의 입장에서는 완화된 반(半)군정, 반(半)문민쯤으로 소프트랜딩을 하는 데 성공했다 이러고 취임식에 왔는데 첫 문장이 '애타게 바라던'에다가 '30년의 세월' 해서 과거 30년을 통째로 부정해버리니까요. 모골이 송연한 이런 느낌이 들었을 것 같고. "민주주의에 대한 국민의 불타는 열망과 거룩한 희생" 이 부분은 군사독재 세력들에 대한 선전포고처럼 느껴집니다. '3당합당의 전통을 이어받아'가 아니라. '우리는 약간의 곡절은 있었지만 과거와는 완전히 단절된 문민민주 시대의 첫발을 내딛는 거야'라고 하는 시대정신을 확 내세워버리는 거잖아요. 이런 구절들이 과거와의 단절을 확실히 하겠다는 대통령의 의지가 반영된 것이겠지요. 그러면서 제2 문민정권이라는 말도 썼죠. 장면 정권이 제1 문민정권이고요. 연설문을 작성할 때 대통령이 문민민주주의 선언서로 만들어달라는 부탁을 했습니까?

정부 이름을 뭐라고 할 거냐, 정부의 성격을 어떻게 할 거냐를 가지고 상당히 토론이 많았어요. 우리는 '문민정부'여야 된다. 왜냐면 군정 종식을 했으니까. 우리 정부는 문민으로 해야 된다는 쪽으로 결론이 난 거지요. 제 기억으로는 문민정부라는 작명을 한완상이 했던 것 같습니다. 그다음부터 김대중 정부는 '국민의 정부' 노무현 정부는 '참여정부' 이렇게 이름을 붙이기 시작한 것 같아요.

또 하나 YS에게는 자신이 솔선하는 '위로부터의 개혁'에 전념하겠다는 의지가 대단했습니다. 그것이 인왕산 개방, 공직자 재산공개 등의 YS 초기 개혁으로 이어지지요.

연설문 작성할 때는 YS가 뭔가를 따로 부탁한 거 같지는 않아요. 그때 아마 이심전심으로 다 그런 마음가짐이 아니었나 싶습니다. 민주주의 시대를 연다는 자부심과 결의 같은 게 YS한테 분명히 있고, 적어도 나하고 YS 사이에는 그런 교감이 있었던 거죠. 이제 새로운 문민시대를 여는 거지 3당합당을 했다고 해서 그 사람들 때문에 뭘 못한다든지 이런 건 전혀 생각하지 않았어요.

연설문을 한줄 한줄 살펴보는 것도 재미있고 굉장히 의미가 있네요. 연설문의 전체 흐름은 선생님의 의도대로 쭉 되었다고 봅니까?

대체적으로 그렇죠. 내가 처음부터 끝까지, 마지막까지 내 손으로 글자 하나하나 전부 가다듬고 정리했으니까요.

멋지게 한번 써봐!

성명서나 연설문 작업을 많이 하셨는데 YS 연설의 강점과 약점 이런 게 어떻게 느껴지던가요?

YS 연설의 강점은 뭐라 그럴까요, 간결하고 명쾌하다고 할까요. 누구나 들으면 바로 알아들을 수 있지요. 연설은 그런 방향이어야 된다고 나도 생각을 하고요. 그냥 바로 본론, 본질에 들어가요. 앞에 이러저러하다고 복잡하게 설명을 한다든지 논리적으로 따지다가 막판에 뒤집는 레토릭이라든지 그런 건 쓰지 않습니다. YS의 호흡에는 그런 게 맞질 않아요.

DJ와 비교한다면, DJ는 반어법이나 역설법 등으로 신랄하거나, 연극적 재미, 드라마틱한 재미 이런 게 들어가는데, YS는 그거에 비하면 밋밋하고 직선적이고 문장도 짧죠.

그렇죠. YS는 자기의 호흡을 내가 제일 잘 안다고 생각을 하니까 자꾸 나보고 써달라고 했어요. 그래서 솔직히 공보실하고의 관계가 좀 껄끄럽기도 했습니다. 대통령의 연설문 작성 시스템이 어떻게 되어 있냐면, 가령 육군사관학교 졸업식에서 축사를 한다 하면 외교안보실에서 국방부에 얘기를 해서 초안을 가져오라고 합니다. 그래서 그 초안을 국방비서실에서 다시 고치고, 마지막으로 공보수석실로 보내서 거기서 최종 확정을 해가지고 대통령한테 올라가는 거죠. 그런데 YS는 공보실을 제쳐놓고 가끔은 나를 불러 연설문 작성을 지시했으니 그들이 미워할 수밖에요. 공보실은 상당히 우수한 인력을 차출해서 갖춰놨는데 자신들이 작성하지 않은 연설문이 튀어나오니까 내가 상당히 미움을 받을 수밖에 없는 거예요.

YS가 그러는 건 몇가지 이유가 있어요. 하나는 비밀유지를 위해서 공보실이나 당해 비서관실 같은 걸 통하지 않고 직접 나한테 부탁하는 경우가 있고, 또 하나는 나하고 호흡이 맞다고 생각하기 때문에 그런 경우가 있어요.

예를 들어 비밀유지 같은 건 금융실명제 특별담화문의 경우인데요. 1993년 8월 13일에 발표를 했는데 며칠 전에 갑자기 나보고 담화를 쓰라고 하는 거예요. 그거는 공보실은 물론이고, 경제수석실도 몰랐어요. 호흡과 관련해서는 1993년 5월 13일자로 발표한 「5·18광주민주화운동 관련 담화문(5·18의 연장선에 선 문민정부)」라는 특별담화가 있어요. YS가 취임하고 나서 첫번째 5·18이 돌아오는데 말하자면 광주에 대한 정치적 선언이 필요하다고 생각한 거죠. 그래서 공보실을 거치지 않고 바로 나보고 5·18 담화를 쓰라고 한 거예요. 그때 내가 왜 18일에 하지 않고 13일에 하냐고 물으니까 '사람들이 다 기대하고 있는데 너무 기대가 커서 채워주기도 그렇고, 우리가 선수를 쳐야 돼, 기선을 제압해야 돼, 기선을 제압하는 방향으로 5·18 담화를 한번 멋지게 써봐!' 하더라고요.

'멋지게 써봐' 하는데 멋지게 쓸 내용에 대해서는 서로 토의를 했습니까, 아니면 기본 방향이라도 정하고 가나요?

정확한 기억은 나지 않지만, 5·18광주민주화운동의 연장선 위에서 문민정부가 탄생했다는 방향으로 정리를 하자, 그런 정도죠. 그러고 나머지는 내가 쓰는 겁니다. 그래서 "분명히 말하거니와 오늘의 정부는 광주민주화운동의 연장선에 있는 민주정부입니다"라고 썼습니다. YS의 정치적 판단인 거죠. 하지만 이걸 공보실에서는 까맣게 모르고 있다가 나중에 알게 되면 아무래도 내가 그들의 공적 비슷한 게 되어버리지요. 나도 실제로 미안하고. 대통령한테도 정식 절차를 거쳐서 하시라고 몇번을 말씀을 드려도 YS 특유의 비밀유지라든가 정면돌파 그런 면인 것이지요.

YS가 '이런 연설은 예상도 못했을 거다, 놀랐지' 이런 걸 즐기는 것 같아요. 그러려면 공보실 거치고 토론 거치면서 이게 적당하니 안 하니 그런 이야기를 하는 게 더 안 좋겠군요. YS 입장에서는. 하지만 선생님의 입장에서는 미움 안 받을 수가 없겠네요. YS가 김정남 선생님한테 5·18 담화를 준비해라 하는 얘기는 전화로 합니까? 그 과정을 좀 설명해주시지요.

집무실로 불러서 하죠. 어떤 내용으로 써라, 혹은 어떤 내용으로 쓰면 좋겠냐 하는 걸 토의를 좀 합니다. 여러 사람들을 부르기보다는 주로 일대일이었던 것 같아요. 대부분의 결정은 YS가 다 한 겁니다. 5·18 특별담화를 5월 13일에 하겠다든지 이런 디테일한 것까지요.

아, 선생님은 예상치도 않았는데요?

문민정부의 개혁 드라이브

YS한테는 그런 일이 특히 많아요. 예를 들면 당선자 시절에 재야인사들을 만나고 싶다며 나, 백낙청, 이돈명, 박형규, 홍성우 이런 몇 사람들을 63빌딩에 초청을 했어요. 거기서 잘 먹고 자유롭게 대화를 나눴지요. 이전까지는 일본군 '위안부' 문제가 얘기가 많이 돌았어도 내가 '위안부'였다고 밝히는 사람이 하나도 안 나왔어요. 왜냐면 그 사람들이 '위안부'였다는 것이 밝혀지면 집안에서도 쫓겨나고, 고향에서 버림받고, 사람들에게 손가락질 받는 것이 두려웠기 때문에 다 숨어 살고 있었던 것이지요. 그때까지 우리의 풍토가 그랬고요. 그런데 1991년에 김학순 할머니가 처음으로 자신이 일본군 '위안부'에 동원됐었다고 고백을 합니다. 한해 전에 이효재 교수와 윤정옥 교수가 한국정신대문제대책협의회라는 걸 만들어서 활동을 하고 있었는데 그 고백으로 '위안부' 문제가 공론화되기 시작합니다.

당시에 홍성우 변호사도 법률가니까 그 문제에 대한 의견을 묻는 사람들도 많고 토론회에 초청도 많이 받고 그랬어요. 또 재야 인사니까 이효재 교수를 만나기도 하고요. 그래서 대통령 당선자와 만난 자리에서 홍성우 변호사가 이 문제에 대한 평소의 자기 뜻을 얘길 한 거예요. 일본 정부에 '위안부' 문제에 대해 피해보상을 하라고 하는 게 마치 무슨 사적 대가를 내라는 것처럼 들린다. 내 어리석은 생각으로는 이제는 우리도 이만큼 살게 됐으니 국가에서 '위안부' 할머니들의 생계와 삶을 책임지고 일본에 대해서는 진실을 밝히고 피해 당사자들에게 사과하라, 인류와 역사 앞에 그들이 저지른 죄를 인정하고 사과하라고 요구하는 게 우리가 나아가야 할 올바른 방향 아니겠냐고 말을 했습니다. 그 자리에서 YS는 그냥 듣기만 하더라고요.

2월 25일에 취임하고 3월 초에 YS가 저를 불러서 '그때 홍변호사가 뭐라 그랬지?' 하며 묻더라고요. 그래서 그 얘기를 다시 했더니, '그래 그거야' 하면서 그 내용을 자기한테 좀 적어달라고 하더라고요. 그걸 기초로 해서 3월 13일 수석비서관 회의에서 YS가 보건사회부에 '위안부' 할머니들을 전원 기초생활수급자로 지정을 해서 정부에서 생활비를 보장하는 지원책을 마련하라고 지시를 합니다. 그 지시와 동시에 일본을 향해서 역사 앞에 진실을 고하고, 역사적 범죄에 대해서 당사자와 역사 앞에 사과하라고 '위안부' 관련 발언을 합니다. 그 발표로 일본에서는 벌집 쑤신 것 같고 한국에서도 뜻밖이었죠. 일본 신문에서 '우리가 도덕적으로 한국의 문민정부에 완전히 압도당하고 있다' 이런 사설도 나가고. 당시도 그렇고 지금 생각해도 굉장히 올바른 방향이에요. 당사자주의라는 건 나중에 나온 얘기고.

그로부터 얼마 뒤 주일대사를 맡고 있던 공로명이라는 사람이 저한테 일부러 찾아와가지고, 자기가 외교관 생활을 하면서 이렇게 뿌듯하고 자랑스러운 적이 없었다, 일본 사람들 앞에서 정말 떳떳할 수 있었다고 하면서 명함꽂이를 선물하더라고요. 뭐라도 드리고 싶은데 이거밖에 없네요 하면서. 하여튼 YS는 좀 그런 면이 있어요. 나에게도 뜻밖이었죠.

그러니까 YS의 그 리더십이 뭐라 그럴까요, 딱 묘사되기 어려운 리더십이 있군요.

조선총독부 건물 철거도 내가 당시 수석이었으니까 덤터기는 내가 썼지만 그 결정도 실제로는 YS가 한 거예요. 총독 관저가 그 전에 먼저 철거되었으니 예정된 일이라고 볼 수도 있지만, 철거는 대통령 독단적으로 결정했다고 할 수 있습니다. 계획이 발표되자 일부에서는 오욕의 역사도 역사다, 건물은 남겨둬야 한다면서 여기저기서 반대가 벌떼처럼 일어났어요. 나는 YS에게 개인적으로 이렇게 얘기를 한 적은 있습니다. 우리가 광복이 되고 나서도 한번도 상징적으로 일제 36년을 청산하는 작업을 하지 못했다. 상징적 조치로서 조선총독부 건물을 철거하는 게 잘하는 거라고 생각을 한다. 그렇지만 그후에 YS가 결정하기 전까지 나하고 상의한 일은 없어요. YS가 어떤 경로로 결정을 하게 됐는지는 모르지만 YS의 독자적인 판단이었어요. YS가 결정을 하고 나는 뒷바라지만 하는 거죠.

그때 총독부 건물 철거를 적극 찬성한 사람들이 서울대 신용하 교수, 연세대 손보기 교수 등이었어요. 그분들이 적극적으로 나서서 철거의 정당성을 밑받침해주었습니다. 옛날에 감옥에 독립운동가를 가둘 때 이 사람들이 일본 천황한테 절을 안 하니까 문을 그쪽 방향으로 내서 들어갈 때마다 저절로 절을 하게끔 만들었다고 하더라고요. 멀쩡한 신체를 가진 사람도 그런 상황 속에 들어가면 몸이 왜곡되는데 하물며 그걸 박물관으로 써서 우리나라의 민족문화재를 그런 곳에 넣는다는 건 말이 안 된다고 강력하게 주장을 했지요. 내 방에 와가지고 잘하는 거다 하면서 격려도 했어요. 내 생각에도 적어도 이런 상징적인 조치가 있어야 우리가 일본 앞에서 일제잔재 청산이라고 당당하게 말할 수 있지 않나 싶었습니다. 맨날 말로만 하는 건 소용없지요.

하늘에서 내려다보면 청와대-총독부-서울시청이 이어져서 대일본(大日本) 글자처럼 보인데요. 그리고 총독부 건물이 1926년에 지어졌는데, 네덜란드 사람이 설계를 하고 낙산에 있는 돌을 깨다가 그 대리석으로 장엄한 석조건물을 지었다고 합니다. 그 당시로서는 일본과 조선을 통틀어서 제일 첨단의 기술로 지은 가장 현대적이고 우수한 건축물 중의 하나였던 거죠. 일본 관광객들이 여기 와서 이게 우리가 1920년대에 지은 건물이라면서 자랑스러워하고 사진 찍고 하는 모습이 보기에 좋지는 않았어요.

당시 국립중앙박물관 관장이 납북된 정인보 선생의 아들 정양모였는데, 참 성실하게 철거 실무를 맡았습니다. 조선총독부 건물 지하에 지하 감방이 있었다는 사실도 그때 밝혀졌지요.

조선총독부 건물 철거 진행과 함께 용산 국립중앙박물관 건설 계획도 함께 추진했어요. 철거 과정에서 적지 않은 진통도 있었지만 그 모든 게 세계적인 수준의 용산 국립중앙박물관을 마련하기 위한 것이었다고 생각합니다. 만약 그때 조선총독부 건물을 철거하지 않았더라면 오늘날의 국립중앙박물관은 태어나지 못했을 겁니다.

사실 1990년대까지 조선총독부 건물만큼 웅장하고, 건축적으로 잘 지은 건물이 별로 없을 겁니다. 그리고 그 주위에 다른 건물이 없잖아요. 공간 점유율도 높고. 그런 면에서 굉장히 압도적이었던 것 같아요. 게다가 그 총독부 건물은 대한민국의 중앙청으로도 쓰이고, 국립박물관으로 쓰이고 있었으니까, 민족정기 관점에서는 부끄러울 수밖에요.

어떤 건축가는 그거를 통째로 지하로 넣고 그 위에 유리를 깔아서 사람들이 보고 다니게 할 수도 있다고 주장하기도 했어요. 또 명성그룹 회장 김철호라는 사람은 건물 잔해를 자기한테 넘겨주면 바닷가 쪽으로 옮겨 지어서 보존도 하고 일본 관광객 유치도 하겠다는 구상도 했고요. 물론 실현은 안 됐지만. YS의 정책 결정 구조라는 거는 전혀 상상을 할 수가 없어요. 상의를 한 것도 아니고요. 그때 문화체육부 장관이 이민섭이었는데 그 사람도 그냥 통보만 받았지 협의를 하거나 그 일에 관여하거나 하지 못했다고 하더라고요.

그런 면에서 YS는 전격적이고 자기 결단의 정치를 폈다고 할 수 있겠네요. 그동안 군사쿠데타와 군부세력 정치화의 중추였던 장성들의 사조직, 하나회의 척결도 굉장히 놀라운 일이었지요.

그렇지요. 그건 YS 아니면 못하죠. 하나회 척결의 첫단계로 취임한 지 보름도 안 된 3월 8일에 권영해 국방부장관하고 조찬 하다가 '육군참모총장 어떻게 됐지?' 이렇게 시작해서 하나회의 실세였던 김진영 육참총장과 서완수 기무사령관을 해임하고, '그럼 그다음 총장은 누가 좋겠어?' 해서 그 자리에 김동진 연합사 부사령관과 김도윤 기무사

참모장이 임명이 됩니다. 그리고 해임과 신임 통보하고 언론에 바로 발표를 해버려요. 신임 당사자들한테도 즉시 들어오라고 해서 별 달아주고 임명절차를 밟고 취임식도 바로 했죠. 국방부장관한테 지시해가지고 해임에서 임명, 취임까지 그게 한 다섯시간 안에 끝나는 거예요. 그리고 4월 2일에는 안병호 수도방위사령관과 김형선 특전사령관까지 교체하죠.

나중에 나온 비화(祕話)를 보면 권영해가 하나회 명단을 가지고 김현철을 만나서, 지금 군의 배치와 구조가 이렇게 돼 있다는 것을 이야기를 했고, 이게 너무 중요한 사안이라 김현철이 대통령에게 이야기를 했고. 그래서 대통령이 마음의 준비를 하고 완전 전격적으로 이루어졌다고 전해집니다.

그건 모르겠어요. 박관용도 김현철도 권영해도 다 자기가 했다고 하니까. 박관용이 김진영하고 동기동창이랍니다. 그래서 자기는 발표 전에 YS한테 군 개혁 문제나 하나회 척결에 대한 얘기를 들었고 준비가 있었다고 주장을 하죠. 자기가 다 밑받침한 거라고. 권영해는 권영해대로 자기가 다 했다고 하고요. 실제로 권영해는 군 쪽에서 자기한테 전화를 해가지고 '니 배때기에는 총알 안 들어가냐'는 소리도 들었다고 합니다. 권영해가 어딘가에 고백한 걸 보면 자기는 신앙이 없었으면 견딜 수 없을 정도였다 그러더라고. 실제로 협박, 공갈, 위협이 상당했던 것 같아요.

문민정부가 들어선 직후라 군이 상당히 민감할 때니까 청와대 경호실에서는 군의 이동 같은 동향에 관한 전화 보고를 밤새도록 받고 대통령도 수시로 보고를 받죠. 그래서 YS가 밤잠을 설칠 때가 많았어요. 아침에 조깅할 때 보면 YS가 푸석푸석한 얼굴로 나와서 아침 운동을 하는 경우가 많았습니다. 그러면서도 '계속 해, 내가 책임질게'라고 했죠. 어떻게 보면 자기 목숨을 내걸고 시행한 거나 마찬가지예요. 그런 건 사실 YS 아니면 도저히 불가능한, 할 수 없는 일들이죠. 그러면서도 계속 밀어붙였어요.

그때 옷 벗은 장군이 18명에 떨어진 별만 50개는 됐어요. 육참총장, 기무사령관 포함해서 한달 뒤에 하나회 전원을 숙청을 한 거죠. 하나회에 있던 군인들 중에 중장급 이상 되는 사람들은 전부 강등되거나 다른 데로 옮겼습니다. 새로 임명된 사람들한테 별을 달아줘야 하는데 준비된 별이 없어가지고 국방부에서 따라온 국방부 정훈실장이나 차관이 달고 있던 걸 떼서 달아줘야 할 정도였지요. 하나회 척결이야말로 군정에서 민정으로 이동하는 중요한 정치적 결단이자 사건이고 아까 취임사에서 했던 "이 땅에 다시는 정치적 밤은 없을 것"이라는 약속을 지킨 거라고 할 수 있습니다. 노태우와 같이 3당합당을 했으면서도 군정종식을 얘기하고 그걸 제일 모토로 삼았으니까요. 그 '정치적 밤'이 의미했던 바가 바로 군사쿠데타의 싹을 자르겠다는 얘기였던 거죠.

사람들은 그렇게 인식하지 않고 그냥 수사학으로 읽었을 것 같아요. 그냥 들을 때는 표현 근사하네 이러고 마는데, 대통령의 표현 하나하나에는 그것을 정책적으로 뒷받침하겠다는 뜻이 들어 있는 거군요.

그런 셈이죠. 그 문장 앞에 "부정한 수단으로 권력이 생길 때 국가의 정통성이 유린되고 법질서가 무너지게 됩니다"라고 표현을 했는데 불법으로 권력을 잡으면 독재가 된다는 뉘앙스를 담은 거죠. 이걸로 쿠데타와 군대 문제를 정리하겠다는 뜻을 밝힌 겁니다.

숨겨진 뜻을 알아듣는다고 해도 당사자인 군인들도 설마설마했을 것 같아요. 군인들이 워낙 많고 다 자기들 패거리고, 주요 별 자리가 하나회로 채워져 있잖아요. 그러니 우리를 몽땅 잘라내고 어떻게 군대를 운용해 하는 생각도 있었을 것 같고요. 대통령이 어디까지 할 수 있겠어 하고 있었을지도 모르겠네요.

그래서 권영해한테는 YS가 부채가 있어요. 상당한 위험을 무릅쓰고 대통령 대신 명을 받들어서 하나회를 척결해준 것에 대한 부채라고 할까요. 그뒤에 권영해가 국정원장도 하고 KBO 총재도 되고 나름의 보상을 많이 했지요. 저도 KBO 총재를 시킬 때 협력을 했던 기억이 납니다. 국방장관이 남한산성 뒤쪽에 있는 체육부대에서 종종 만찬을 열었는데 그때 나도 몇번 초청을 받아서 참석한 적이 있어요. 그 자리에서 하나회 척결 때의 고충과 심리적 부담에 대한 얘기를 들었습니다.

금융실명제 담화문 작성할 때를 좀더 자세하게 들어보고 싶은데요. 아까 대통령이 전화를 해서 부른다고 하셨잖아요. 전화해서 뭐라고 얘기합니까? 그 당시에는 YS가 우리 선생님을 뭐라고 불렀습니까?

김수석이라고 부르죠. 부속실에서 대통령의 전화라고 해서 받으니까 '김 수석 올라와줘, 빨리 와'라고 하더라고요. 전화를 받고는 무슨 급한 일이 있나 하면서 본관으로 갑니다. 같은 건물이 아니니까 가는 데도 시간이 좀 걸려요. 본관하고 비서실은 걸어가면 최소 10분, 차를 타고 가도 1~2분 정도는 걸리거든요.

가시기 전에 누구와 상의를 하지는 않습니까? 선생님 밑으로 비서관들도 있잖아요.

할 수가 없죠. 무슨 일인지도 모르니까 일단은 그냥 갑니다. 본관에 가면 1층에 영부인 방하고 제2부속실이 있고, 2층에 가면 대통령 부속실과 대통령 집무실, 접견실 몇개가 있었어요. 대개 부속실을 통과해서 집무실로 갑니다. 부속실을 지나서 대통령 책상까지가 굉장히 멀어요. 아마 10미터는 넘을 것 같아요.

금융실명제 특별 담화 때는 이랬습니다. 그때 제가 공식적으로는 휴가중이었는데 출근을 했거든요. YS가 '지금 휴가중이라면서?' 그래서 내가 '휴가 중인데 어디 놀러 갈 수도 없고 그냥 그러고 있습니다' 했더니 '안 가길 잘했어. 중요한 일이 있는데 실장한테도 얘기하지 말고, 경제수석한테도 얘기하지 말고 우리 둘만 아는 거다. 지금 금융실명제를 준비하고 있는데 거의 다 됐어. 이건 전두환도 못한 거야. 실무진이 써온 담화문이 있는데 너무 상투적이라 새로 써야겠어. 빨리 좀 써서 가져와. 이게 지금 시간을 다투는 문제니까 바쁘더라도 내일까지 꼭 해야 돼. 그리고 실장이고 누구고 절대 얘기하면 안 돼. 발표하기 전까지 비밀이 새나가면 금융실명제 의미가 퇴색해버리니까. 그 전까지는 절대 비밀이야' 하면서 금융실명제 담화를 쓰라고 하는 겁니다.

저도 그때 처음 알게 된 거죠. 대통령이 이경식 경제부총리와 홍재형 재무부장관을 불러서 비밀리에 금융실명제를 준비를 시켰어요. 비밀유지가 생명이니까 몇명을 해외출장이라는 명분으로 차출해가지고 과천에 아파트를 하나 빌려서 합숙을 했답니다. 책임자가 재무부의 김용진 세제실장이었는데 홍성우 변호사의 아주 가까운 친구입니다. 그 특별팀에서 몇달에 걸쳐 작업을 했죠. 처음부터 국회와 논의하는 선택지는 없었고 대통령 긴급명령으로 준비를 했다고 해요. 발표 시점도 조율하고 준비를 차곡차곡 해나갔습니다. 마지막으로 김용진 그 팀에서 담화문까지 다 썼는데 YS 성에 안 찼던 거지요. '이게 무슨 구투로 말이지, 뭐 되겠냐, 이거는 참고나 하고 다 엎고 전부 새로 써. 그리고 절대 비밀이다, 사전이든 사후든 아무한테도 얘기하면 안 되고' 하면서 신신당부를 했어요. 실제로 비서실장은 알았던 것처럼 얘기하는데 내가 보기에 구체적 실질적인 작업이 어떻게 진행되는지는 전혀 몰랐던 것 같아요. 오직 직접 지시를 받은 경제기획원 장관하고 그 실무진 정도.

대국민담화가 8월 12일 저녁 7시 30분에 발표됐는데, 저한테 얘기한 게 8월 10일쯤이었던 것 같습니다. "친애하는 국민 여러분, 드디어 우리는 금융실명제를 실시합니다. 이 시간 이후 모든 금융거래는 실명으로만 이루어집니다." 이렇게 시작을 하죠. YS 스타일이니까. YS는 담화만 하고 가고 긴급명령의 나머지는 재무부장관이 읽고 기자회견을 했지요. 담화는 그렇게 길지 않았어요. 10매쯤밖에 안 될 겁니다. 박재윤이 경제수석이었는데 그 사람은 실제로 몰랐어요. 당시에 경제수석이 몰랐던 건 신문에 보도도 되고 그랬어요.

경제수석이 몰랐다? 그것도 몰랐으면 경제수석 사표 내고 싶었겠네요. 이 정도로 중요한 거에 대해서 YS가 '너를 못 믿겠다' 하는 것처럼 읽히잖아요.

그런 건 아니겠지만, 김영삼 대통령은 비밀유지에 대해서는 아주 예민하고 철저했어요. 아마도 민주화투쟁 때의 타성이 아닐까 싶습니다. YS 스타일을 보여주는 또 하나가 공직자 재산공개입니다. 그것도 토론을 통해서 재산공개 해서 투명한 사회를 만들겠다 이러는 게 아니라, 총무수석을 시켜가지고 내 재산 전부 찾아가지고 가져와라 해서는 자기가 먼저 공개를 딱 해버리는 거죠. 대통령이 솔선수범을 하니까 공직자들은 안 따를 수가 없지요.

내가 항상 '개혁은 도덕성을 가지고 하는 거다'라고 말을 합니다. YS가 그런 점에서는 도덕적으로 상당히 흠결이 없어요. 숨겨둔 꿍꿍이가 없으니까 아주 당당하죠. 자기가 먼저 딱 하고, 그다음에 지시. 그리고 그뒤에 공직자 재산공개법을 만들어서 그게 개혁 입법 1호가 됩니다. 재산공개로 그만둔 정치인들도 꽤 있었죠. 대표적인 사람이 국회의장까지 했던 김재순입니다. 그때 김재순이 토사구팽이라는 말을 해서 이 사자성어가 유명해졌죠.

남북정상회담도 참 아깝잖아요. 아까 취임사로 다시 돌아가보면 '김일성 주석에게 말합니다' 그 부분이 꽤 길었습니다. 직접 대화하듯이 말입니다.

나는 1994년에 만약에 김일성 주석하고 남북정상회담이 됐으면, 역사가 달라졌을 거라고 생각을 합니다. 그게 7월 25일인가 남북정상회담을 하기로 확정까지 됐잖아요. 김일성이 죽었던 날이 정확하게 기억이 납니다. 7월 9일이에요. 내 비서실이 여성 부분도 관장하고 있는데, 그날 여성 지도자들과 함께하는 오찬이 있었어요. 한참 밥을 먹는 중에 김석우 의전비서관이 쪽지 하나를 가져왔는데 그 내용이 김일성이 8일에 사망했다는 거였어요. 12시에 북한 방송에서 처음 나온 걸 듣고 대통령한테 보고를 한 거죠. 그때 통일부총리가 이홍구였는데 남북정상회담에 대해서 상당히 희망을 갖고 있었거든요. YS나 김일성이나 승부기질들이 다 강한 사람들이니까 남북이 만나면 통 큰 합의를 만들어낼 가능성이 굉장히 많았죠.

이홍구 관련해서도 여담이 하나 있습니다. 작곡가 윤이상이 동백림 사건으로 수감됐다가 풀려나고서는 독일로 국적을 바꿨지요. 한국은 입국금지가 됐어요. 이 사람 고향이 통영인데 재일한국민주통일연합(한민련) 대회를 하러 일본까지 왔다가는 통영이 너무 보고 싶다면서 통영이 보이는 공해상 마지노선까지 왔다가 돌아가곤 했대요. 첼리스트 전봉초와 시인 전봉건이 사촌지간인데 이 사람들하고 윤이상이 가까운가봐요. 그리고 전봉건이 이홍구와 친하고요.

윤이상이 '이제 YS 정부가 들어섰으니까 내가 죽기 전에 조국에 한번 가보고 싶다. 고향도 가보지 못하고 여기서 이렇게 눈감을 순 없는 거 아니냐' 해서 전봉건이 통일부장관인 이홍구에게 다리를 놓은 거죠. 이홍구한테 와서 '사실은 윤이상이 한국을 방문하고 싶다고 한다, 이렇게 간곡하게 얘기를 하는데 어떡하면 좋겠냐' 했더니 이홍구가 '그럼 대통령한테 말씀드려보자. 대통령은 거제고 윤이상은 통영이고 하니까 무언가 서로 통하는 것이 있을지도 모르겠다' 하며 말씀드렸다고 합니다.

그 이야기를 들은 YS는 별로 어렵지 않게 '그러지 뭐, 왔다가라 그래' 했다고 해요. 그런데 안기부 쪽에서는 필사적으로 반대죠. '그 사람이 얼마나 반국가행위를 했는데 입국을 허가할 수 있나' 했지만 실무적으로 거의 진행이 돼서 윤이상의 한국 방문이 성사되는 분위기였어요. 그런데 윤이상이 입국 한주 전쯤에 새삼스럽게 '한국 정부가 나한테 공식적으로 사과해야 한다 동백림 사건 등 나에 대한 박해에 대해서' 그러니까 안기부를 비롯한 공안기관이 벌떼처럼 일어나 과거에 대한 반성과 정치활동을 하지 않겠다는 각서를 요구하는 방향으로 대응하게 되었던 거죠. 결국 윤이상은 고향땅을 밟아보지 못하고 세상을 떠났어요.

우리가 남과 북이 갈라져서 사람들이 옹색해지고 곤핍해진 게 아닌가 싶어요. 서로 조금만 참으면 윤이상의 고국 방문도 그렇고 윤이상 음악축제도 민족적 축제가 될 수도 있는 건데 그 며칠을 못 참아서. 윤이상이 죽을 때 '고향이 보인다' 이러면서 죽었대요. 참 안타깝지요.

안타깝네요. 과거에 눈을 돌리면 사과와 반성으로 예리한 대립각이 세워지고, 미래를 중심에 놓고 보면 화합무드의 실마리를 풀 수 있었을 것 같은데요. 남북관계도 과거에 눈을 돌리면 한걸음도 진전될 수 없을 것 같고요. 남북정상회담 준비에는 좀 관계 하셨습니까? 날짜까지 확정되었으면 정부, 청와대 전체 분위기가 그 준비로 바쁘게 돌아갔을 거 아니에요?

저는 직접적으로 관여한 건 없습니다. 긴박하게 돌아가고 있었지요.

그런데 김일성 사망 소식을 듣고는 참 망연자실했다고 할까요. 그날 우리 비서실 행사를 하다가 김일성 주석이 사망했단 얘길 들었으니까 나도 본관에 같이 올라갔어요. 이홍구 부총리하고 김덕 안기부장 등 몇명이 김일성 주석 사망에 대한 대통령 논평은 어떻게 해야 되냐는 논의를 했고, '우리가 정상회담 개최에 합의를 했는데 이렇게 되어서 참으로 안타깝고 아쉽다' 이렇게 정리를 하고 발표를 했어요.

굉장히 신중하게 '안타깝다' 이렇게 정리가 됐군요. 그러고는 2~3일 뒤에 조문파동이 있었잖아요. 이부영 의원이 국회에서 정부의 조문 의사를 묻는 과정에서 보수세력들이 '조문'이라는 말을 썼다고 벌떼 같이 공세를 폈죠. 그러니까 북한도 자존심이 너무 상하고 이후에 완전히 경색 국면으로 가버렸어요. 그뒤에 남북 정상들은 DJ 때 만나고, 노무현 때 만나고, 그다음에 문재인, 계속 만남이 이어졌네요. 정상들의 첫 만남이 1994년 7월에 이루어질 뻔했는데 그랬으면 역사가 크게 달라졌을 수도 있겠습니다. 당시 취임사에 대해서 비공식적으로라도 북한의 반응 같은 게 있었나요?

취임사 관련해서는 잘 모르겠고요. 대통령 취임을 하고 나서 취임 100일 기념 기자회견을 했습니다. 그때 기자회견문을 제가 썼습니다. 1965년에 요한 23세가 UN총회 연설에서 '핵을 든 손으로는 악수를 할 수 없다'라는 표현을 쓴 적이 있어요. 소련이고 미국이고 핵무기를 개발하니까 핵을 폐기해야 한다는 의미였지요. 그 수사가 생각이 나서 취임 100일 담화문에도 그 내용을 수사로 원용했습니다. 그런데 공보수석실에서 어디라도 손을 대야지 그냥 둘 수 없었었던지 "우리는 핵

무기를 갖고 있는 상대와는 결코 악수할 수 없다는 점을 분명히 밝혀 두고자 합니다"로 바꾼 거예요. 이게 내 뜻과는 전혀 다르게 변질이 되어버린 거죠. 그것 때문이었는지 모르지만 그 기자회견에 대해서 북이 반발하고 나섰어요.

'핵을 든 손'과 '핵을 갖고 있는 상대'는 의미가 영 다르잖아요. 앞의 문구라면 '당시에 다양한 선택지가 있는데 핵을 들고 있으면 할 수 없는 거 아니야' 이런 의미인데 뒤의 문구라면 '핵을 갖고 있는 상대, 그러니까 바로 너하고는 이야기 안 한다' 이런 의미가 되어버려요.

그 시절을 떠올려보면 제 개인적으로 어떤 경험이 있는가 하면, 제가 1993년 1월 초에 독일에 1년 유학을 갔어요. 독일 가면서도 마음이 참 안 좋았거든요. 대통령 선거가 3당합당 계승자의 승리로 돌아갔으니 결국 개혁은 물 건너갔다고 생각했죠. 독일에 있으면서는 신문을 볼 방법도 없었지만, 한국 소식을 억지로 외면했어요. 그러다가 3월 말인가 4월 초에 튀빙엔 대학에 한국일보가 들어와 있더라고요. 그래서 한번 보기 시작했는데 점심도 굶고, 얼굴이 완전히 벌겋게 달아가지고 한꺼번에 몇달 치를 봤습니다. 신문 한장 한장 넘길 때마다 한국에서 막 대혁명이 일어나고 있더라고요. 한국에 계신 분들은 매일매일 뉴스를 들으니까 저만큼 충격적으로 다가오지는 않으셨을 것 같아요.

한국에서도 김영삼 취임 초기 1년 동안은 굉장히 숨 가빴죠. 오늘은 인왕산 개방, 내일은 청와대 개방 이랬으니까요. 어제까지는 그 근처에 갈 수도 없었는데 오늘은 청와대 앞에 차가 다니고 사람이 산에 올라가고 '야호' 소리치고 하니까요. 하루하루 놀라운 변화였지요.

그때 신문을 쭉 보는데 혁명의 대폭풍이 몰아치고 있는 와중에 하루에 몇 사람씩 날아가버려요. 그다음에 공직자 재산공개하면서 고위층들이 우수수 낙마해버리지 않나, 비전향 장기수 이인모는 북한으로 보낸다고 하지 않나. 하루하루가 너무 스펙터클하니까 한면 한면 넘겨가는데 저의 상상이 따라갈 수가 없더라고요. 그때 대통령 인기도 90퍼센트 아닙니까.

그랬지요.

거의 연말까지 90퍼센트 내지 80퍼센트 이상까지 인기가 지속됐잖아요. 아까 우리가 취임사 살펴봤다시피 취임사에 그런 것들이 다 들어 있었는데 사람들은 그냥 미사여구로 대했던 거네요. 취임사에 담긴 콘텐츠들이 YS가 한개 한개를 직접 주문했다기보다 그 시대의 정신과 정권의 민주주의적인 소명을 담은 거라고 볼 수 있는 거겠지요.

한완상 선생의 인터뷰를 본 적이 있는데요. "어느 동맹국도 민족보다 더 나을 수 없다"는 이 표현을 한완상 선생이 취임사에 넣었다고 하시면서 굉장히 자부심 있게 늘 기억을 하시는 것 같더라고요.

그때 취임사에 여러 분의 의견이 반영되었지만 그래도 거기서 제일 경륜이 높은 게 한완상이었으니까 그분의 얘기가 먹혔던 것으로 기억합니다.

"이제 곧 위로부터의 개혁이 시작될 것입니다. 그러나 국민 모두가 스스로 깨끗해지려는 노력 없이 부정부패는 근절되지 않습니다"라고 돼 있는데 '위로부터의 개혁'은 대통령이 나부터 재산공개를 하겠다는 것처럼 보입니다. 이 내용은 YS가 이렇게 하라고 주문을 한 건가요? 어떤 대통령은 본인이 직접 이거는 넣고 이거는 빼라 얘기를 하기도 하잖아요. 또 본인이 고치기도 하고요. YS는 펜을 들고 자기가 고치는 스타일은 전혀 아니었나봐요. YS가 직접 수정을 한 적은 없습니까?

아마 논의는 했겠지만 딱히 YS가 이렇게 해달라고 구체적으로 얘기한 건 없었던 걸로 기억을 합니다. YS가 그런 점은 좀 대범하다 그럴까 무심하다 그럴까 그런 부분이 있어요. 특별히 YS가 뭘 수정했던 기억은 안 나네요. 그냥 대개 믿죠. 한번 맡기면 그 결과물에 대해서는 그냥 따라주시는 편이었어요.

가장 안심하고 맡길 수 있는 사람이 선생님이셨던 거였군요. 그간 오랜 시간을 같이 해왔고, 적어도 연설이라든지 글에 대해서는 그냥 김수석이면 믿고 가도 된다고 여겼군요.

그런 셈이죠. 본인한테 가장 익숙해져 있는 거죠. 나하고 충돌이랄 것까진 없지만 의견이 달랐던 적은 있습니다. 12·12사태 문제, 5·18 문제에 대한 게 좀 그랬는데요. 내가 청와대를 나오기 전에 공소시효가 아직 남아 있었어요. 헌법재판소에서도 아직 공소시효가 남았다고 판단을 내렸습니다. 그래서 내가 YS를 찾아가서 전두환과 노태우를 법정에 세워야 한다고 의견을 냈습니다. 5·18과 12·12사태에 대해서 이미 관련자들에 대한 고소 고발이 들어와 있었어요. 구속시키지 않고 재판을 하면 5공, 6공 세력들을 통어(統御)할 수 있을 뿐만 아니라 내년이 광복 50주년이니까 광복 50주년에 국민통합을 명분으로 해서 사면을 하자, 그러면 역사를 바로 세울 수도 있고 화합도 이룰 수가 있지 않겠냐고 설득을 했지요.

그런데 청와대 안에 박관용 비서실장부터 '우리가 5공, 6공하고 같이 가고 있으면서 그 사람들을 법정에 세우냐. 말도 안 된다'는 의견이었고, YS 입장도 '5·18 진상이라든지 12·12 진상 같은 것은 역사에 맡기자'는 쪽이었어요. 나는 그걸 왜 역사에 맡기냐, 고발이 들어왔으니 그걸 바탕으로 해서 다 진실을 밝힐 수 있다고 주장을 했지요.

내가 청와대를 나올 때까지도 YS의 입장은 바뀌지 않았어요. 그러니까 나만 아주 외톨이 비슷한 취급을 받는 거지요. 맨날 대통령하고 그거 가지고 다투고 이러니까. 비서실 전체가 반대하는 입장이었어요. 그들의 입장에서는 천부당만부당, 상상도 할 수 없는 일이었던 거예요. 나는 그걸로 그냥 끝나는가 했는데 1995년에 박계동 의원이 노태우 비자금을 폭로하면서 국면이 바뀌었죠. YS가 정식으로 5·18특별법을 새로 만들어서 전두환과 노태우를 구속기소했고요. 내 건의대로 했으면 훨씬 더 부드럽게 제대로 했을 수 있지 않았을까 생각도 합니다. 그마저도 문민정부가 아니었으면 못했을 거지만요.

박계동의 비자금 폭로가 나오고 정말 경천동지할 난리가 났었죠. 천억 단위의 천문학적 금액의 비자금이 나왔잖아요. 결국 12·12, 5·18, 5·17은 군정세력들이 하도 정치적으로 오염을 시켜놔서 그걸로는 정치 쟁점이 되기에 취약점이 있는데 비자금은 정치 쟁점이 아니고, 온 국민의 공분을 사버리니까 불에 기름을 부은 격이 됐죠. 그 두가지가 결합되니까 수사와 재판의 동력을 확실하게 뒷받침하게 된 것 같네요. 대통령에게 꾸준히 진언한 것이 나중에 효력을 발휘한 게 아닌가 싶어요. 그런데 선생님께 교육문화사회수석을 맡아달라는 제의는 언제, 어떻게 이루어진 겁니까?

청와대 교육문화사회수석으로서

당시에 전병민이 청와대의 첫 정책수석으로 내정이 됐다가 낙마를 했어요. 전병민이 김현철과 가깝게 지내는 사람이라는 말도 있었고 결정적으로는 전병민 부인이 독립운동가 송진우 선생을 암살한 사람(한현우)의 딸이래요. 그게 문제가 돼서 여론이 안 좋아졌어요. 전병민이 낙마를 하면서 나를 사회문화수석이라는 이름으로 바꿔서 임명을 했죠. 나는 다른 사람들이 대부분 내정이 되고 한참 지난 뒤에 연락을 받았어요.

난 사실 그때 청와대 수석과 비서관의 차이도 잘 모를 정도로 청와대 직제에 대해서 전혀 문외한이었습니다. 나하고는 아무 관계없는 남의 동네라고 여겼으니까요. YS가 전화를 해서 좀 맡아줘야 되겠다 했습니다. 그 연락을 받고는 바로 그러겠다고 했어요. 부랴부랴 넥타이도 사고 사진도 찍고 그랬죠. 당시까지 저는 변변한 넥타이도 하나 없었어요. 아마 그게 1월 말이나 2월 초가 아닌가 싶네요. 행정수석한테 가보라고 해서 갔더니 필요한 서류들을 알려줬습니다. 그리고 앞서 말한 취임사 준비 팀에 들어가게 됐어요.

전병민의 자리는 정책수석이었는데 선생님은 왜 교육문화수석으로 들어가게 되신 건가요?

그 이유는 정확하게 모르겠습니다. 처음 내정 때의 공식 명칭은 사회문화수석이었어요. 노태우 정부에서 국무총리실 정무비서관을 했던 송태호라는 사람이 교육비서관으로 있었는데 송태호가 교육문화 분야가 그동안 너무 소홀했다 그쪽으로 더 신경을 써야 한다고 건의를 해서 제가 수석회의에서 얘기해서 4월에 교육문화수석으로 명칭을 바꿨습니다. 다음 해인 1994년 1월에 비서실 개편하면서 교육문화수석에서 교문사회수석으로 명칭을 변경했고요. 그때 사회 분야에서 보건, 여성, 환경 등까지 맡고 있어서 내가 관장하던 부처가 7개였습니다.

그 정도면 꽤 힘이 있는 수석이네요. 취임사 작성할 때는 교문수석 내정자이면서 취임사 준비위원이었던 거고요. 교문수석이 됐다고 했을 때 선생님하고 가까운 사람들의 반응은 어땠습니까? YS가 어떻게 나갈까 긴가민가하던 터에 김선생님의 교문수석 발표 소식을 듣고, '그래도 정남이 형이 수락했을 때는 뭔가 이유가 있을 거다' 하면서 한가닥 기대했다는 말도 들었습니다.

네. 취임사 관계는 그랬을 겁니다. 내정 소식을 듣고 주변에서는 놀란 사람도 있었겠지요. 사실 제 주변은 대부분이 재야 사람들이라 청와대 수석이라는 자리가 어떤 것인지 잘 몰랐어요. 그래서 그런지 특별한 축하나 충고를 받았던 기억이 없습니다. 다만 대통령을 가까이에서 보필하는 자리라는 점에서 항상 자신을 다듬고 지극하고 엄정한 자세를 가지고 있어야 한다는 얘기를 고영구 변호사가 제게 했던 기억이 납니다. 그러나 재야에서 민주화투쟁을 하던 사람이 청와대 수석으로 들어간다는 것을 세상은 매우 독특한 인사라고 봤던 것 같아요. 비서실 수석이라는 자리가 고위직이라면 고위직인데, 대개 분위기는 '김정남이 누구야'라는 게 제일 많지 않았을까 싶어요. 여권이든 야권이든.

내가 처음에 청와대 비서실에 갔더니 저를 재야 인사라고 해서 굉장히 무서운 사람, 투사로 알고 있는 분들이 많더라고요. 전투적이고 엄정할 것 같은 분위기를 연상하는 느낌이었어요. 대개가 그랬지요. 소문이야 그랬지만 직접 나를 만난 사람들은 의외로 상당히 부드럽다는 평을 많이 했습니다. 처음에는 겁을 먹고 왔는데 안 그렇다면서요.

김정남 선생님이 수석으로 갔을 때, 수석 밑에 팀이 있잖아요. 비서관도 있고 행정관도 있고. 그 팀들은 팀워크가 괜찮았습니까? 그것도 쉬운 일이 아니잖아요.

원래 수석이 가면 새로 팀 구성을 해야 되는데 그 전부터 근무했던 공무원들이 있잖아요. 어떤 사람은 자기가 어쩌다 공무원으로 청와대에 들어왔는데 1년만 더 있으면 20년이 채워져서 연금을 탄다, 어떻게 1년만 더 있게 해주면 이 은혜 잊지 않겠다 하면서 직간접적으로 사정을 해요. 그런 사람을 자를 수가 없는 거죠. 또 내 밑에서 보좌관을 한 사람은 전임자의 보좌관을 하던 사람이에요. 그 사람이 불러서 들어온 거니까 고시 합격자가 아니지요. 내가 별도로 보좌관을 채용하면 그 사람은 나가야 하잖아요. 인정이 차마 그럴 수는 없어서 내 보좌관으로 같이 일하게 했어요. 그 사람은 그뒤 정식으로 서기관 시험에 합격해서 뒤에 고위관료로 성장했어요. 어떤 사람은 노태우 정부 때 비서관을 했는데 이번에는 내 밑에서 일하고 싶다고 나를 아는 사람을 총동원해가지고 연락을 해옵니다. 물론 우리 팀에 있던 분들이 다 훌륭한 사람들이었지만, 그렇게 하다보면 내 뜻대로 인사를 하는 게 참 어렵다는 걸 느낄 수밖에 없죠. 거기 있는 직원들을 무작정 나가라고 할 수는 없으니까요.

그래도 우리 수석 비서실에서 장관이 아마 네댓명, 차관이 네댓명 나왔을 거예요. 제 밑에 있던 직속 비서관 하던 최선정은 나중에 보건복지부 장관을 했고요. 송태호도 문체부장관을 했고, 유진룡도 그때 행정관을 했는데 박근혜 정부에서 문체부장관을 했지요. 대개 청와대에 오는 행정관들은 당해 부처의 차관이 제일 우수하다고 평가하는 사람을 추천을 합니다. 복수든 단수든 추천을 통해서 청와대에 들어오는 거예요. 청와대와 한번 다녀간 친구들은 상당히 우수한 인력이라고 봐야죠. 그걸 얼마나 잘 쓰느냐 하는 게 문제기는 하지만.

공직 이야기로 가니까 약간 외교적 답변이 되는 듯도 합니다. 교문수석이 주로 하는 일은 뭐였습니까?

교육 관련해서는 크게 신경썼던 게 두가지입니다. 하나는 교육예산이에요. 당시만 해도 교육예산이 국민총생산(GNP) 대비 3~4퍼센트 이럴 때였어요. 교육개혁의 절대 과제가 교육예산 5퍼센트 확보였습니다. 그 예산을 어떻게 규정하느냐 돈은 어디에서 확보하느냐 이런 거에 중점을 두었죠.

또 하나가 전교조 해직교사들의 복직 문제였습니다. 노태우 정부 때 전교조 소속 교사를 대량해직한 일이 있었습니다. 1992년 대통령 선거에서 김대중 대통령 후보는 전교조 해직교사 복직을 선거공약으로 내세웠고, YS는 그걸 내세울 수가 없었지요.

한윤수라고 지금은 목사가 됐습니다만 한윤수의 친구 중에 전교조 해직교사가 있었던가봐요. 대통령 선거 개표방송을 보는데 YS가 앞서가니까 밤 10시까지 TV를 보다가 남편은 '아, 나 들어가 잘란다' 이러고 방으로 들어가버렸대요. 부인은 아들하고 계속 TV를 보다가 결국 김대중이 떨어질 거 같으니까 부인이 '이제 우린 어떻게 사냐, 김대중이 당선되어야 우리가 사는데 막막하다' 하면서 두 아들을 붙들고 울었다는 거예요. 결국 부인이 누워서 자는 척하는 남편한테 가서 이불을 걷어치우면서 '잠이 오냐, 어떻게 살 거냐' 하며 싸웠다는 이야기를 한윤수한테 들었거든요.

그래서 아까도 말씀드린 YS가 당선자 시절에 재야 인사들과 회동을 할 때 그 문제를 말씀드렸어요. YS의 공약은 아니었지만 나는 전교조 해직교사들을 복직시켜야 한다고 생각한다, 그 당사자들이 선거 개표방송을 보고 울었다더라 하면서 그때 들은 이야기를 했더니 YS가 고개를 돌리는데 눈시울이 젖은 것 같더라고요.

당시에 제가 교육부장관 인선에 좀 관여를 했는데, 교육부장관은 광주에 대한 배려로 그쪽에서 각료를 모시는 게 어떻겠냐고 제의를 했습니다. 광주에 있는 교수 중에 서울사대를 나오고 전남대 교수를 하시던 오병문 교수를 교육부장관으로 임명을 했지요. 오병문 장관하고 최이식 교직국장이 적극적으로 나를 도와서 교육부에서도 복직을 시키기 위한 노력을 많이 했어요.

그런데 전교조 쪽 사람들이 해직교사 복직에 한명이라도 누락시키면 안 된다고 요구를 하는 거예요. 해직교사 중에는 법적으로 결격인 사람들도 있었거든요. 우리나라는 해방 직후에 교육법이 제정될 때 군사부일체라는 게 있어서 교사가 형사소추를 당하면 그게 무죄추정의 원칙보다 앞서서 그 사실만으로도 교사직을 수행할 수가 없게 되어 있었어요. 그러한 법적 결격사유가 있는 사람들까지 무조건 복직시킬 수 없는 거죠. 그런데 전교조 쪽 사람들은 한명이라도 빠지면 안 된다고 주장을 해서 난관이 좀 있었어요. 나는 그 사람들까지 복직시키는 건 일단은 내가 할 수 있는 영역이 아니다 하고 선을 긋고 결격사유가 있는 사람을 제외한 1,500여명을 전부 복직시켰죠.

관료들은 사람 자체가 훌륭한 분들이기도 하겠지만 어쨌든 자기들이 회피할 수 없는 방향이다 그러면 상당히 협조를 할 수밖에 없습니다. 최이식 교직국장이 없었다면 그걸 행정적으로 전원 복직시키는 데 상당히 문제가 많았을 거예요. 그분이 자기가 앞장서서 일을 적극적으로 추진해서 비교적 수월하게 진행될 수 있었지요. 최이식은 정통 교육부 관료에요. 내 또래쯤 됐을 겁니다. 그분의 도움을 받아서 전교조 전원을 다 복직시킨 일은 나의 청와대 생활 중에 상당히 보람 있는 일로 생각을 하죠. 전교조 설립에 주춧돌 같은 역할을 한 유상덕 같은 사람은 그때 막 만세를 부르고 기뻐했다고 해요. 그때 복직된 사람 중에는 문재인 정부에서 문체부장관을 했던 도종환도 있고요.

또 하나 굳이 내세우자면 2002년 월드컵을 유치한 일을 들 수 있을 것 같습니다. 저희 비서실에 1988년 서울올림픽조직위원회에 파견 근무했던 문체부 출신 김철현 과장이 있었어요. 그 사람 얘기가 2002년 월드컵 개최로 일본이 유력한 것이 사실이지만 아직 결정된 것은 아니어서 충분히 유치 경쟁을 해볼 만하다는 것이었습니다. 그래서 2002년 월드컵 유치를 본격화하기 시작했지요. 대통령도 월드컵 유치에 관심을 가지고 스스로 자신과 가까운 LG그룹의 구평회 회장을 유치위원장으로 낙점했어요. 그리고 체육진흥공단을 구심점으로 본격적으로 유치운동에 나섰습니다. 처음에는 규정상 2개 국가 이상의 공동개최가 불가능하다는 분위기였지만 점차 한일 공동개최 쪽으로 기울었어요. 뒤에 제2기 유치위원장이 된 이홍구의 노력까지 합쳐져 마침내 2002년 월드컵을 한국과 일본에서 공동개최하기에 이르렀습니다.

한일 공동개최는 여러면에서 의미가 있지요. 삼국시대 이래 서로 이웃해 있으면서도 불목(不睦)하던 한일 양국이 처음으로 손을 맞잡고 공동개최하기에 이르렀다는 것 자체가 획기적인 일이었고, 높은 시민의식과 질서를 잘 지키는 국민으로 알려진 일본과의 공동개최는 한국인이 새롭게 깨어나는 계기가 되었어요. 2002년 월드컵을 준비하는 시민운동을 문체부에서 새롭게 전개하기도 했습니다. 어쨌든 2002년 월드컵은 한국이, 한국민이 세계 속에 새롭게 각인되는 중요한 계기가 되었다고 생각합니다.

수석을 그만두실 때는 거의 쫓겨나다시피 했다고 하셨는데 어떻게 나오게 되신 겁니까?

대중정치인은 여론이나 주변 사람들의 영향을 받기 마련입니다. 당시에도 YS와 가까운 김윤도 변호사라든가, 박용만, 이철승, 이런 사람들이 YS한테 김정남이 빨갱이니까 빨리 잘라야 된다고 계속 전화를 하는 거예요. 정권이 안정되어 있고 튼튼할 때는 그냥 누르면 되는데 조금이라도 흔들리면 약해질 수밖에 없죠. YS 입장에서도 내가 맡은 부서가 가장 중요한, 필수불가결한 그런 건 아니니까. 사실은 YS가 조선일보나 주변 상황에 굴복하고 타협을 한 셈이지요. 그래서 결국 2년을 못 채우고 나왔어요. 1993년 2월에 취임해서 1994년 12월 23일에 쫓겨났지요. 특별히 그만둬야 할 사건이나 계기는 없었던 것 같은데 하도 공세를 해대니까 어쩔 수가 없었어요. 마침 내각과 청와대 수석에 대한 인사를 계기로 자연스럽게 제가 물러나게 되었지요.

제가 교문수석으로 청와대에 22개월 근무하면서 있었던 일 가운데 청와대 안의 친목모임으로 청산회(靑山會)라는 산우모임을 만든 것이 생각나네요. 청산이 좋아 청산회요, 청와대 산우회라 청산회입니다. 이 친목모임을 만들어 저는 고문이 되고, 우리 비서실 송태호 비서관이 청산회 회장으로 모임을 이끌었지요. 북한산이나 청와대 뒷산에도 자주 올랐지만 봄가을로는 원정산행도 했습니다. 청와대가 너무 멀리, 삭막한 느낌이었던 것을 조금은 중화시키지 않았나 싶습니다. 최근까지도 청산회 했던 친구들이 가끔 연락을 해옵니다.

그래서 1994년 말에 그만두게 된 건 YS가 가는 방향과 김정남 선생님 방향이 깨끗하게 배치된 거는 아니죠? 그 당시에 점점 보수화되어 가는 듯하다가 역사 바로세우기로 다시 전환이 되잖아요.

내 생각으로는 나의 타이틀도 그렇고 실질적으로도 처음에는 재야

세력을 포용했다는 점에서 YS에게 플러스가 되었다가 이제 보수세력이 총공세를 해오면서 내가 부담스러워졌던 게 아닌가 싶어요.

보수언론이나 이철승 등은 왜 김정남은 빨갱이라는 식으로 공격을 계속했습니까?

그걸 모르겠어요. 그 옛날의 공안논리 같은 거죠. 공안부에 가면 '너는 빨갱이야. 만약 네가 빨갱이가 아니라면 네가 증명해봐' 이러거든요. 밑도 끝도 없이 자객비평 같은 거죠. 조선일보 같은 곳에서는 근거도 없이 어떻게든 단정을 해놓고 아니라면 니가 변명을 하든지 말든지 이런 식이니까요. 이철승 같은 경우도 어떤 모임에서 만난 적도 있어요. 일대일로 있을 때는 아무 말도 못하다가 돌아서면 빨갱이라고 몰아붙이니 이걸 어떻게 설명해야 하는 건지 나도 모르겠습니다. 뭐라고 할까, 그 사람들 뿌리 깊은 선입관인데, 이른바 색깔론이란 게 그때 이미 있었어요. YS조차 그걸 극복하지 못한 셈이죠.

보수 쪽에서 극렬 비방했던 인사가 한완상, 김정남 이런 분이었죠. 한완상 장관은 1993년 12월에 사임을 합니다. 결국 한완상, 김정남 이런 쪽에서 추진하는 남북정상회담 등에 대해서 탐탁지 않게 여기다가 이제 기회가 생기니까 반공우위 세력들이 살아나서 저 두 사람이 눈엣가시 같다 하며 공격을 한 게 아닌가 싶습니다.

하여튼 YS한테 상당히 집요하게 총공세를 한 건 맞아요. 나중에 김대중 대통령도 대통령자문 정책기획위원장으로 자신이 임명했던 최장집을 결국 자른 걸 보면 대중정치인들의 한계랄까 속성이 아닌가 합니다. 말하자면 뻔히 그런 걸 알면서도 지켜내기보다는 내가 좀 편하고 싶다, 그 부담 내가 안고 가기 싫다, 이런 마음이 더 큰 거죠.

교문수석과 관련된 것 중에서 기억나는 일을 좀 소개해주시지요.

교육문화 분야에서는 민주화가 되면서 과거 결성 자체가 불법 또는 불온한 단체로 취급되었던 민족문학작가회의라든지, 민예총(한국민족예술단체총연합) 등 단체들이 당당한 공식등록 단체로 거듭 태어나면서 새로운 분위기와 함께 자리를 잡아가기 시작했어요. 한국무용가 이애주 같은 사람은 그전까지 반정부 시위에서 춤췄다는 것 때문에 요주의 인물이었어요. 그랬던 이애주가 인간문화재로 지정이 되는 일이 별 마찰 없이 상당히 자연스럽게 진행이 됐어요. 자유화라 그럴까 이게 이뤄졌다고 볼 수가 있습니다. 사실 문화예술 분야의 민주화, 자유화는 매우 자연스럽게 이루어졌습니다. 제가 이렇게 해라, 저렇게 해라 한 것은 없습니다. 다만 해당 분야의 단체들이 문민정부가 들어서면서 자연스럽게 공식단체로 절차를 밟아 등록했고, 박해받는 단체에서 기왕의 관변단체들과 동렬에 서서 경쟁하는 단체로 변모해가기 시작했습니다. 어느 날 민예총의 김용태 사무국장이 문화관광부에 공식등록을 마쳤다면서 크게 고무된 모습으로 나를 찾아왔던 것이 지금도 기억이 납니다. 문민정부가 들어서면서 새로운 기운이 일어났다고나 할까요.

또 하나는 교육개혁위원회가 내 관장하에 있었습니다. 우리 부서에서 맡아서 하다가 내가 퇴임한 이후에 '5·31교육개혁'이라는 이름으로 개혁안이 발표가 됐어요. 내 뒤로 청와대 정책기획수석을 맡았던 박세일의 책임하에 진행했지요. 본격적으로 집행된 건 김대중 정부 들어서 이해찬이 교육부장관을 맡으면서부터였습니다.

5·31교육개혁은 긍정적인 측면과 부정적인 측면이 다 있다고 봐요. 긍정적인 측면은 우리 사회가 이제까지 대량생산, 대량소비 시대에 맞게 교육도 일반화의 방향으로, 그러니까 똑같은 교육을 받은 사람이 대량으로 배출되면서 산업화 사회에 필요한 인력으로 공급이 됐습니다. 이런 교육으로 인해 대량생산 대량소비 체제에 상당히 순응을 했다고 볼 수 있지요. 박지만이 공부를 못해서 고교평준화가 박지만에 대한 특혜를 주기 위해서 그랬다는 설도 있지만, 고교평준화는 그런 긍정적인 효과가 있었습니다. 한편으로는 정보지식 사회로 가는 중간 지점이었고, 전반적인 교육개혁이 수월성(秀越性)을 위해 경쟁교육을 강화하는 방향이었지요. 선생님들 정년이 65세였는데, 원래 60세까지 내리려다가 반발이 있어서 일단 63세로 내렸습니다.

내가 보기에 교육에는 두가지 목표가 있는데, 하나는 인간을 인간답게 만드는 인성교육이고, 다른 하나는 현대사회에 적응할 수 있는 유능한 사람을 만드는 겁니다. 그런데 수월성 교육을 강조하면서 인성교육 쪽이 굉장히 소홀해지고 오히려 경쟁 위주의 교육으로 치닫는 방향으로 흐르는 단초가 된 게 아니었던가 싶어요. 물론 내가 나온 이후에 발표되고 또 집행된 것이지만 결과적으로는 그렇게 됐던 것 같아요. 이른바 경쟁교육이 YS 정부에서부터 본격적으로 시작이 됐다고 볼 수가 있죠.

굉장히 중요한 지적이시네요.

내가 교육개혁위원회를 구성하고 나서, 교육기획위원회에 가서 나는 어떠한 일 있어도 외부세력이 그 누가 되었건 교육개혁 문제에 대해서 관여하는 건 차단을 하겠다. 여러분들이 훌륭한 토론을 통해서 만들어진 교육개혁안을 난 수용할 용의가 있고 대통령에게 건의하겠다고 말씀을 드렸지요. 그래서 외부의 영향은 거의 완벽하게 차단한 상태에서 만들어졌다고 볼 수 있어요. 내부 토론은 상당히 진지하고 치열했던 모양이에요. 다만 개혁안 자체가 아까도 말한 것처럼 경쟁교육 체제를 확보하는 거였다는 한계는 있지요. 안병영 연세대 교수가 YS 때도 교육부장관을 하고 노무현 때도 교육부장관을 했는데, 지금은 속초에서 농사를 짓고 있습니다만, 그 사람은 5·31교육개혁을 굉장히 높게 평가를 해요. 안병영은 자기가 교육부장관으로서 그 교육개혁안을 집행하는 사람이었고, 집행자로서 그 당시 시대적 상황에 비춰서는 잘된 교육개혁안이었다고 평가를 했어요. 그 사람은 행정학자니까 이후에 오히려 거꾸로 교육개혁안이 만들어진 과정을 복원하기 위해서 본인이 일일이 찾아다니면서 교육개혁안의 전 과정에 대해 묻고 녹화하고, 책으로 내기도 하고 그랬습니다.

교육개혁위원회는 어떻게 구성이 됐었나요?

나는 처음에 교육개혁위원장에 김준엽 교수를 모시려고 그랬는데 사양을 하더라고요. 그러던 중에 마침 서울대 철학과 출신이고 중앙대 총장을 역임한 이석희는 어떠냐고 YS가 얘기를 했어요. 같은 과 동문이니까 YS와 아는 사이였던가봐요. 그래서 내가 이석희를 만나서 얘기했더니 수락을 해서 그 사람이 교육개혁위원장을 맡았습니다. 그 밖에도 교육개혁위원으로 전교조 출신까지 넣어서 비교적 광범위하게 수용을 했다고 볼 수 있죠.

교육개혁위원회를 만들 때 나의 고등학교 은사가 자기를 교육개혁위원회에 넣어달라고 몸소 찾아온 일이 있어요. 그 선생님이 나이가 좀 많았지만 시인이었고 또 학제개편 등 교육 문제에 관한 저술도 있었어요. 대전고 선생을 하다가 중앙대부속고등학교 교사로 와 계셨는데 교육개혁에 대한 확고한 소견과 철학을 가지고 있었어요. 그렇지만 그 선생님을 끝내 받아들이지 못했습니다. 받아들이지 못한 게 아니라 내가 처음부터 피했다고 볼 수 있지요. 내 입장에서는 그때는 정권 초기고 내가 개인적인 청탁을 받아서 개인적인 인연으로 넣을 수는 없다는 생각을 했어요. 지금은 돌아가셨지만 그 청을 못 들어드린 것이 내내 마음에 걸립니다.

그때 교육부장관 인선에도 비하인드 스토리가 좀 있는데, YS가 좀 단순한 편이에요. YS 정부 초대 교육부장관을 오병문이 했고, 그다음이 김숙희가 장관을 했는데, 도올 김용옥의 누님입니다. 아무튼 YS가 제일 좋아하는 질문이 '누가 제일 똑똑하냐'였어요. 우리나라 여자들 중에서 누가 제일 똑똑하냐 그러니까 사람들이 이인호 교수 얘기를 한 거죠. 이인호가 미국에서 공부하고 러시아 지성사를 연구하는데 굉장히 똑똑하다고 하니까 YS가 이인호를 불러서 교육부장관을 맡아달라고 했어요. 이인호가, 그런 건 상당히 좋은 점이라고 할 수 있는데, 자기 생각에 교육자는 남이 보기에도 상당히 깨끗하고 행실에 모범이 되어야 하는데 나는 이혼을 했고, 또 내 자식들은 지금 미국에서 공부하고 있다. 자녀가 미국에서 공부하면서 교육부장관을 맡는다는 건 옳지 않다고 본다면서 점잖은 이유를 들어 사양을 했어요. 그러면 당신 말고 제일 똑똑한 사람이 누구냐 물었더니 김숙희 교수를 추천한 거죠. 그래서 김숙희가 교육부장관이 됐습니다. 그다음 장관이 연세대 총장 출신인 박영식 교수였는데, 그분이 나가게 되니까 YS가 그다음 사람도 연세대 출신이면 좋겠다고 해서 안병영이 된 거고요.

내각의 인선이 대통령의 인사 스타일에 좌우되는 게 적지 않겠네요.

그렇죠. 임명을 해놓고도 발표 전까지는 절대 비밀을 지키라고 했어요. 해임하는 사람에게 미리 해임을 통보하지 않고, 나중에 새로운 사람이 임명돼서 오는 걸 보고서야 자기가 나가게 되는 걸 알게 되는 경우가 많았지요. 난 좋은 방법은 아니었다고 생각해요.

퇴임 후에도 이어진 YS 연설 쓰기

교문사회수석에서 물러난 뒤에는 YS 정권 말까지, 대통령하고 관계는 없었습니까?

있었죠. 두세번 있었어요. 하나는 김광일이 비서실장으로 가기 직전이었을 겁니다. 그때가 1995년 말경이니까 YS 정권의 중후반기였지요. 나는 정권이라는 걸 잡으면, 주어진 기간 동안 그 정권을 끌고 가는 것도 내가 하고 책임도 내가 져야 된다고 생각을 하는데 YS 정권은 아주 어중간했어요. 왜냐면 초대 비서실장인 박관용은 친 YS계가 아닌데 비서실장을 한 케이스입니다. 그래도 가까운 민주당 출신 중에서는 제일 낫다고 박관용이 하게 된 거죠. 박관용 비서실장 후임이 한승수 비서실장인데 어떻게 청와대에 올 수 있었는지 모르겠습니다.

그래서 내가 이래서는 안 되겠다 싶어서 김광일이 비서실장이 되기 전인데, 그때 비서실장 선임 문제로 YS에게 면담을 요청해서 내가 청와대에 가서 얘기를 했죠. 내 생각에는 김덕룡에게 비서실장을 맡기는 게 좋겠다. 정권을 잡았으면 내 정권이 되어야지 왜 다른 사람한테 인사 문제를 맡기시냐. 그러니까 정권이 만만하게 보이는 거다. 자꾸 이렇게 흔들리기 시작하면 걷잡을 수 없을 거다. 내가 그렇게 얘기하니까 YS도 그 말에는 동조를 하는 거예요. '맞아, 정권을 잡으면 제대로 잡아야지. 그런데 김덕룡이 맡아줄까?' 하더라고요.

왜냐면 정권 초기에도 원래 당연히 김덕룡을 비서실장으로 데려오려고 했는데 김덕룡은 그때 이미 2선 국회의원인데다가 나름으로는 대권에 야심도 있는 거예요. 그래서 비서실 들어가는 것보다는 그냥 국회의원 하는 게 낫겠다고 판단을 한 거죠. 할 수 없이 한완상이냐 박관용이냐 하다가 박관용을 비서실장으로 임명한 거였어요. 그런 일이 한번 있었으니까 YS가 나한테 묻는 말이 맞는 얘기지요. 과연 김덕룡이 비서실장을 맡아줄 것인가. 그래서 나는 그러지 마시고 김덕룡을 불러서 손을 꼭 잡고 너랑 나랑 여기까지 어떻게 왔냐, 나랑 같이 이 정권 잘 마무리하자고 얘기하면 거절 못할 거다 했더니 그럼 그렇게 해볼까 하더라고요. 김덕룡한테도 얘기를 해뒀죠. 대통령이 아마 너를 부를 거다. 결정은 네 뜻대로 해라 그런데 나는 대통령에게 이렇게 얘기를 했다. 그리고 한 정권을 끌고 가는 데 있어서 나쁜 책임이건 좋은 책임이건 끝까지 지는 게 사나이다운 도리라고 생각을 한다고 전했지요. 김덕룡도 내 말을 듣고는 상당히 고심을 했어요.

그리고 얼마 뒤에 YS가 김덕룡을 불러서 얘기를 했습니다. 손을 꼭 잡고 나랑 함께가자. 아마 두 사람의 의기가 모처럼 통했을 겁니다. 김덕룡도 저한테 며칠만 말미를 주십시오 해서 그럼 한 일주일 정도 생각해봐라 한 거예요. 내가 알고 있기로는 그때 김덕룡이 지리산을 갔어요. 그다음은 저의 추측인데 그 사이에 김현철이 자기 아버지가 김덕룡을 불러서 얘기했다는 걸 알게 되어서 만약 김덕룡이 비서실장을 맡게 되면 자기의 활동 공간이 좁아질 수밖에 없으니까 감히 이 문제에 개입하지 않았나 싶어요. 김덕룡이 지리산에서 돌아와 자신의 최종 결심을 대통령에게 말씀드리기 전에 김현철의 작용이 있었다고 저는 봅니다. 그래서 김광일로 발표가 되어버린 거예요. 김덕룡은 한편으로는 잘됐다고 생각하면서도 한편으로는 뭔가 아쉬운 느낌이 들기도 했겠지요.

또다른 하나는 1997년에 대통령 선거가 끝나고 김대중이 대통령에 당선되고 난 뒤였을 겁니다. IMF 사태가 터진 그 무렵부터 퇴임 때까지는 YS가 거의 일주일에 한번씩 저를 불렀어요. IMF 사태 터지고 나서 한국은행은 재정경제원이 펀더멘털(fundamental)은 튼튼하다며 외환위기 조짐을 묵살했다, 우리는 위험한 상황임을 알고 대통령께 보고했다 하면서 서로한테 책임을 떠넘기기에 바빴습니다. 나는 이런 상황을 보면서 이게 무슨 꼴인가 정권이 너무 초라하지 않냐, 강경식에게 잘못이 있다면 나름대로 이런저런 나라 경제를 생각하다보니까 그런 결정을 한 거지 개인에게 무슨 잘못이 있겠냐 싶었지요.

사실은 나도 IMF 가는 건의 내용을 알고 있었어요. 김인호 경제수석과 강경식 경제부총리 겸 재경원장관이 자기들 재직 중에 IMF에 가야 된다는 건 기정사실화 하고 비밀리에 미셸 캉드쉬 IMF 총재를 한국에 불러서 연착륙 논의를 했어요. 뒤에 더러 강장관과 만나 술도 마시고 했기 때문에 나도 그때 상황을 듣게 되었지요. 강경식은 독서량이 상당히 많은 사람이어서 내가 그 사람한테 배우는 게 많았어요. 아무튼 그 통로로 전후 사정을 좀 알고 있었습니다.

그때 임창렬이 산업자원부 장관이었습니다. 각료들도 캉드쉬의 입국과 비밀리에 논의 중이라는 걸 다 알죠. 원만하게 연착륙하기로 합의가 되고 며칠 있으면 발표하기로 했는데 경제팀 사령탑이 바뀐 거예요. 임창렬이 경제부총리로 임명이 됩니다. 다음 주에 IMF 간다고 발표하기로 하고는 금주 말쯤 해서 임창렬로 장관을 바꿨습니다. 그때는 김용태가 비서실장이었는데 청와대 들어왔다 나가는 강경식을 좀 보자고 해서는 각하가 사표 내라고 한다고 전하고 사표를 받았어요. 강경식은 본인도 책임을 느끼니까 그걸 뭐라 그럴 수도 없는 거죠. 거기까지는 좋았는데 그럼 장관이 바뀐 후에도 이제까지 진행된, 말하자면 IMF와의 협의 과정을 기정사실화하고 그 위에서 진행을 시켜나가야 되는데 신임 장관은 이제까지의 과정을 무시하는 방향으로 나아갔습니다. IMF 쪽에서는 황당했겠죠. 그간 협의하고 약속했던 걸 장관 하나 바뀐다고 다 무시해버리면 이래서는 한국 정부를 신뢰할 수 없지 않냐 그렇게 된 거예요. 그래서 IMF에서 더 강하게 조건을 내거는데 이회창, 김대중, 이인제 등 대선주자의 각서를 요구하는 등 하여튼 굴욕적인 일을 많이 겪었습니다.

IMF 가는 와중에도 한국은행은 은행대로 책임회피를 하고, 안기부는 안기부대로 자꾸 첩보 보고를 올려서 한국은행이 어떻고, 뭐가 어떻고 하면서 여전히 혼선만 자꾸 키우고 있었어요. 그래서 나는 YS한테 모든 건 대통령의 책임이다, 내가 책임진다 하고 떠안아야 하지 않냐고 얘기를 했죠. 그러니까 YS가 발표문을 써달라고 하더라고요. 저는 '모든 책임은 나에게 있고 강경식 장관은 나라를 위해서 최선을 다했다고 나는 믿는다' 이런 내용으로 썼습니다. 그런데 5시 뉴스에 관련 내용이 나오면서 '나라를 위해서 최선을 다했다'는 말에 '나라'의

'라'를 빼먹었는지 '나를 위해서 최선을 다했다' 이렇게 발표가 나왔더라고요. 내가 쓴 걸 YS가 옮겨 쓰는 과정에서 '라'자를 빼버린 게 아닌가 싶어요.

그때는 일주일에 한번씩 만나면서 나는 여러가지 충고를 많이 했죠. 사실 YS는 DJ를 아주 불신하는 편이에요. 그럼에도 불구하고 나는 YS에게 건의를 했어요. 당신 내외와 김대중 내외가 청와대 경내를 함께 산책하는 모습이 참 아름다울 것 같다. 눈이 온다면 더 좋고. 둘이 산책을 하면서 현 대통령과 당선자가 인수인계 문제를 논의하는 모습을 보여주면 국민들한테 상당히 큰 위안이 될 거다. 그건 실제로 했지요.

강경식이 하려고 했던 노동개혁이라든지 한국은행 개혁의 방향은 옳은데 그때는 이미 개혁 방향의 정당성 같은 건 사라져버리고 정쟁 비슷하게 되어버린 상태라 동력을 얻을 수가 없었지요. 심지어 기아자동차는 직원들의 조직적인 부패가 부도의 원인이었음에도 불구하고 김선홍 회장 같은 사람은 '국민기업을 살려야 한다'며 정치문제화하고 '기아 살리기 국민운동'을 벌이고 그랬어요. 그러니까 이회창도 김대중도 거기에 편승하고 한국은행 노조가 일어나면 협상을 하고 제어를 해야 하는데 잘한 일이라고 치켜세우고. 그때는 여야를 막론하고 정상적인 사고가 불가능한 상태였어요.

나는 거의 일주일에 한번쯤 가서 김영삼을 만나고 있었으니까 김영삼이 대통령으로 있으면서 했던 마지막 연설문을 내가 썼어요. 2월 23일에 세종문화회관에서 고건 총리랑 장관들 청와대 비서관 등 공무원들이 모여서 고별 환송연을 했어요. 퇴임사 같은 거지요. '나는 적어도 내가 기억하는 한 나의 사적인 이익이나 사적인 감정을 가지고 국정에 임해서 누구한테 상처를 준 일은 없다. 그러나 혹시 만에 하나라도 내가 했던 행정적 조치라든지 정치적인 행동 때문에 상처를 받은 사람이 있다면 용서를 빌고 사과한다. 그러나 나는 맹세코 단 한번도 누구를 사적으로 미워하거나 의도적으로 불이익을 주려고 한 일은 없었다' 이런 내용을 담았습니다. 그리고 루쉰(魯迅)이 한 말 중에 "청년들이여 나를 딛고 일어서라"라는 게 있어요. 그래서 '김대중 정부가 나를 딛고, 우리 정부를 딛고 나라를 일으켜 세워줄 것으로 난 믿는다. 이 정부에 적극적으로 협조해주길 바란다'라고 덧붙였지요.

청와대에 몸담은 인사 중에서 퇴임 후 대통령과의 관계는 각양각색이잖아요. 김선생님의 경우는 어땠습니까.

퇴임하고 나서는 YS와 더 가까워졌어요. 퇴임 후에는 권력무상이라 찾아오는 사람도 없고 또 주변에 사람이 별로 없잖아요. 그러다보니 대외적으로 발표할 것이 있거나 준비할 연설 원고가 있으면 나를 불러요. 무슨 조그만 문건 작업이 필요하면 그것도 꼭 사람을 시켜서 들어오라고 해요. 대체로 YS, 대통령 수행실장했던 김기수, 비서하는 김상학, 나 이렇게 몇 사람 앉아서 식사를 하면 YS가 식사기도를 합니다. 기도를 참 잘했어요. 아주 간단하게 예를 들면 '우리 오늘 일용할 양식을 주셔서 참으로 감사합니다. 나라가 지금 어려운 처지에 있는데 이 나라를 굽어살피사, 이 나라가 제대로 길을 찾아나갈 수 있게 해주시고 특히 함께한 김정남 수석에게도 지혜를 주시고 우리 모두가 이 나라의 안녕과 앞으로 나아가는 데 도움이 되게 하여 주십시오. 주님의 이름으로 기도합니다' 이런 식으로 한 1~2분 정도 기도를 하지요.

밥 먹고 나오면 내 뒤를 잡아당겨서 따로 부릅니다. 그 자리에서는 꼭 돈을 주는데 대개 200만원을 줬어요. 10만원짜리 수표 20장을 주는데 이 양반이 노인이니까 어떨 때는 21장이 되고 어떤 때는 19장이고 그랬어요. 그게 대개 원고료인 셈이지요. 와세다 대학에서 연설할 때 연설문이라든지. 꼭 원고료를 챙겨주셨어요. 나는 매번 똑같은 말을 하게 되는데, 하나는 돈 주시지 말라는 거 하고 또 하나가 그때 나도 예순이 넘었으니까 나도 이제 늙었다, 젊고 유능한 사람을 쓰라고 하죠. 그럼 YS는 '아니야, 나는 김수석 글이 늘 맘에 들어' 이러세요. 돌아가시기 전까지 그러셨어요. 2011년이니까 돌아가시기 4년 전에 한러수교 20주년 즈음해서 마지막으로 러시아를 갔는데 그때도 YS는 꼭 내가 같이 가야 안심이 되는 거예요. 같이 가서 수행을 했습니다. 러시아에서 했던 연설문은 길이가 원고지 10매가 안 됐어요. 너무 연로하고 하니까 10분 이상 긴 연설은 못하죠. 말씀자료 같은 것도 대개는 5분, 길어야 10분 정도로 준비를 했습니다.

그럼 YS의 퇴임 이후에 모든 준비된 글은 다 김정남 선생님이 쓰셨다고 봐야겠네요. 퇴임 이후에는 뭐 거의 고치지도 않았겠어요. 좀전에도 말씀하셨지만 김정남 선생님도 '내가 이 나이까지 이렇게 써야 되나' 이런 생각이 간간이 들지는 않았나요?

들었죠. 우선은 나도 나이가 드니까 시대의 감각을 따라가기가 힘들잖아요. 그런데 사양을 할 수가 없고, 전화로 해도 되는데 꼭 와서 점심 같이 먹고 부탁하고, 원고도 그렇게 불러서 받았어요. 퇴임 후에 대통령이 무슨 돈이 그렇게 많겠어요. 대통령 예우에 관한 법률에 의해서 나오는 돈으로 나눠 쓰고 생활을 하는 거지요. 퇴임 후에 일본에 갈 때도 돈이 나올 데가 없으니까 재일교포 사업가 한창우 회장이 도움을 줘서 경비를 쓰고 없으면 못 가고 이런 정도로 상당히 어려웠어요. 그런데도 꼭 원고료를 그렇게 챙겨줬어요.

어쨌든 대통령이 주는 거니까 그걸 함부로 쓸 수가 없잖아요. 몇년 동안 그걸 모았다가 보람 있게 쓴다고 큰딸이 아이를 낳을 때 썼습니다. 아이 낳고 산후조리하는 데도 돈이 꽤 들더라고요. 제일 생산적인 일이 아이를 낳고 키우는 일이 아닌가 싶어서 소중하게 잘 썼습니다.

돌이켜보면 권력이라는 게 참 묘해서, 나는 그게 잘못됐다고 생각하는데, 김대중 정부 초기에 감사원이 외환위기 특별감사를 했어요. 그때 감사원장이 한승헌이었는데 김영삼 대통령을 조사를 한다는 거예요. YS는 당연히 거부했죠. 결국 서면조사를 했는데 그 서면 답변서를 내가 썼어요. 그럴 정도로 권력이 지면 주변에 사람이 없는 거예요. 찾아오는 사람도 없고. 그러니 나 같은 사람이 자료 갖다놓고 서면 답변서를 작성하고 그랬지요.

YS는 죽을 때까지 이 세상에서 제일 글 잘 쓰고 똑똑한 사람이 김정남인 줄 알고 살았어요. 한번은 이런 일도 있었습니다. 야구 해설하던 하일성이 KBO 사무총장을 하고 신상우가 KBO 총재를 할 때인데 YS와 그 사람들이랑 식사 자리가 마련된 거예요. 그 자리에 나도 동석을 했는데 하일성한테 우리나라에서 제일 글 잘 쓰고 제일 똑똑한 사람이다 하면서 YS가 나를 소개하는 거예요. YS 돌아가시고 나서도 그분 묘비명을 내가 썼어요.

여기 있네요. 제가 한번 읽어보겠습니다.

김영삼 대통령은 야당 시절 국민의 자유와 기본적 인권 그리고 이 나라 민주주의를 지켜주는 방패요 산성이었으며 대한민국 제14대 대통령으로 취임하여서는 30여년에 걸친 군사정치문화를 청산하고 문민민주주의에로의 위대한 전환을 이룩한 한국 민주주의의 자랑스러운 지도자였다.

김영삼 대통령은 군에 대한 문민통제를 확립해 한국의 민주주의를 반석 위에 올려놓았으며 정치개혁과 지방자치의 전면 실시를 통해 한국 민주주의를 제도적으로 완결했다. 재산공개와 정치자금 근절 등 위로부터의 개혁을 솔선수범하고 금융실명제와 역사 바로세우기 세계화 정보화 등 각종 개혁을 통해 한국 민주주의를 사회 전 부문으로 확산시켰다.

김영삼 대통령의 문민 민주화와 변화와 개혁은 세계 민주주의의 발전에 커다란 본보기가 되었으며 대한민국의 국제적 위상을 높이고 한류가 온 세계로 뻗쳐 흐르는 전기가 되었다.

김영삼 대통령이 걸어온 대도무문의 길과 한국 민주주의에의 업적을 기리고 한국 민주주의의 무궁한 발전을 기원하는 전 국민의 뜻을 담아 여기에 이 비를 세운다.

2016년 5월 26일

정치인 김영삼의 생애의 총평이네요.

묘비가 두개가 있는데, 하나는 보통 사람처럼 일생의 행장(行狀)을 적는 비석이고, 하나는 대통령이라 그래서 옆에 비 하나를 더 세울 수 있나봐요. 그래서 '김영삼 민주주의 기념비'의 앞면에는 민주화투쟁의 고비고비에 나온 짧고 선명한 어록을 싣고 뒷면에 내가 쓴 추모글을 실었습니다. 글씨는 서예가 신도영이 썼고요. 두개의 비석에 쓰는 글은 내가 짓고.

거제에 있는 김영삼 대통령기록전시관에는 관계하지 않았습니까?

안 했습니다. 그건 거제시청이 짓고 관리하고 있는 걸로 알고 있습니다. 상도동에 김영삼민주센터라고 기념도서관이랄까 기록전시관 건물은 가까스로 세웠는데, 지금은 동작구청이 관리 운영하는 것으로 되어 있어요. 김영삼민주센터 쪽하고 그렇게 협의가 되었나봐요. 그러니까 지금 소유권이 동작구청에 가 있는 셈이죠.

오늘 이야기를 쭉 들어보니 YS와 인연이 정말 몇십년 동안 이어졌네요. 1970년대부터 시작해서 한 50년 가까이 됩니다. 이렇게 긴 인연이 이어지기도 상당히 어려운 일이잖아요. 그 과정에서 온갖 사건도 있고 그에 따라 감정도 생기고요. 보통 헤어져가지고 전혀 다른 사이가 돼 있는 경우가 많은데 참 대단한 인연입니다. 더구나 1994년에는 내치기도 했잖아요.

가까이서 보면 YS는 차마 미워할 수 없는, 그런 게 좀 많은 사람입니다. 거기다 만년의 상도동에는 찾아오는 사람도 많지 않았습니다. 나로서는 차마 그런 YS를 떠날 수 없었던, 그래서 나만이라도 끝까지 모시고 가야 할 그런 분이었습니다.

김영삼과 문민정부 평가

YS는 1997년 외환위기 때문에 많은 사람들이 직격탄을 맞았고, 직장을 잃기도 하고, 노숙자가 되기도 하고 온갖 타격을 받았기 때문에 왜 가끔 전직 대통령 중에 누구를 좋아하느냐 설문조사를 하면 YS는 거의 꼴찌급으로 나오잖아요. 그 점에 대해서 억울하거나 신원을 좀 해야 된다는 생각이 나지 않나요?

많이 나아지지 않았나요? 당시 정치권 안에 있었던 사람치고 IMF 외환위기 사태, 그거로부터 자유로운 사람은 없다고 봐야 해요. 그런데 그걸 YS한테 다 몰아서 당신의 책임이다 이러는 건 당시의 대통령으로서는 당연히 감당해야 할 몫이었지만 YS 개인의 입장으로서는 가혹한 수모라고 할 수 있지요.

어떤 잘못에 대한 원인을 한가지, 그것도 한 사람으로 돌리면 편하잖아요. 원래 외환위기가 일어난 인과관계를 따지면 굉장히 여러 복합 변수가 들어갈 텐데, 이게 누가 한 거냐, YS 탓이다, 그다음에 강경식 탓이다, 김인호 탓이다, 이러면 마치 강경식, 김인호가 잘했더라면 그런 일이 안 일어났을 텐데, 사고가 이렇게 이어지는 거죠. 한국경제, 금융, 외교, 정치 온갖 게 다 복합적으로 작용하여 그런 귀결까지 간 것이니 한 개인 탓으로 돌리기에는 인과론상 맞지 않는 부분이 있을 것 같은데 그게 하나로 압축되면 그거는 뭐 YS 탓이다, 이렇게 되어버리는 거죠.

네. 회피할 수가 없죠. IMF 외환위기 이후에 강경식 장관하고 비교적 자주 만날 때 이야기인데요. 내가 한번은 시오노 나나미의 『로마인 이야기』(전15권, 김석희 옮김, 한길사 2007) 책을 사려고 했더니 사지 말라면서 자기가 다 읽었으니까 딱 요약정리를 해주겠다고 하더라고요.

『로마인 이야기』 전체가 하고 있는 이야기는 이런 거라는 거예요. 첫째 로마는 끊임없이 세계를 로마시민으로 통합해나갔다. 로마라는 공동체가 분열되지 않고, 주변국이 로마에 정복당하면서도 오히려 정복당한 걸 기쁨과 영광으로 생각할 수 있게, 로마 시민의 일원이 된 것을 아주 자랑스럽게 생각하는 로마를 만들어나갔다. 두번째 로마는 본인은 훼손이 될지라도 로마라는 공동체를 여러 위험으로부터 건져낸 지도자들이 끊임없이 나왔기 때문에 그렇게 오래 지속될 수 있었다. 그게 『로마인 이야기』가 얘기하는 메시지다.

그런 점에서 보면 YS는 우리 공동체의 발전을 발목 잡고 있던 것들을 뿌리쳐준 사람이라고 할 수 있어요. 예를 들면 군사정치문화 청산이라든지 금융실명제라든지 우리 시대, 이 나라 공동체가 안고 있는 여러가지 문제를 해결해주고 간 지도자죠. 그거에 비해서는 너무 알아주지 않는다고 봐요.

가까이서 본 YS의 장점과 아쉬운 점을 한번 정리해주실 수 있나요.

나는 YS가 훌륭한 점이 참 많다고 생각을 합니다. YS는 사심이 없고 돈 같은 거에도 초연해요. YS가 그런 물욕에는 어쨌든 담담한 측면이 있죠.

또 하나가 YS가 항상 하던 말이 있어요. 건강이 제일이다, 머리는 빌릴 수 있지만 건강은 빌릴 수 없다. 그 말이 맞죠. 하지만 어떤 사람이 진실로 훌륭한 사람인지, 능력 있는 사람인지, 나라에 충성할 수 있는 사람인지 아첨하는 사람인지 이거를 구별할 수 있는 능력이 있어야 한다는 전제조건이 필요해요. YS한테 그런 능력이 좀 부족했다고 봅니다. 자기 사심이 없으니까 거기에 더해 사람 보는 눈만 가지고 있었으면 더할 나위 없었을 텐데요.

그리고 또 하나는 아들인 김현철을 단호하게 끊지 못한 거예요. 나는 YS의 실정(失政)을 딱 하나 꼽으라고 한다면 현철이를 그냥 놔둔 걸 꼽겠습니다. 당시에 김현철을 그냥 방목하다시피 한 게 나중에 사달을 불렀죠. 정치판은 그냥 황야예요. 누가 세력이 있다 하면 전부 거기 가서 붙어 아첨하고. 그러니 나라가 제대로 될 리가 없죠. 우리 정치, 관료사회가 사실은 생각보다 훨씬 추해요. 대통령이라면 적어도 어떤 사람이 진실한 사람인지, 그리고 어디에 어떤 사람을 쓰느냐, 이걸 제대로 볼 줄 아는 능력이 있어야 되지 않나 싶어요.

대통령이 사람됨의 장단점을 다 알 수 없으니까, 첫 단계는 모르겠지만 누구로부터 추천받고 소개받고 하지 않나요?

소개를 받죠. 하지만 소개하는 사람이 누구냐도 중요하잖아요. 우리는 그전까지 민주화라는 하나의 목표를 위해서 마치 경주마처럼 옆도 안 보고 눈 가리고 마구 달려오기만 했지요. 그러다보니 그 경륜이란 것이 아주 보잘것없고, 인격적으로 아주 저급한 사람도 1987년 이후 민주화투사로 대접을 받았죠. 그런 사람들이 지금도 판을 치고 있지 않나요. 민주화 출신임을 내세워 국회의원이 되지만 그에게 무슨 경륜이랄 게 있겠어요. 이런 사람들은 한미 FTA는 절대 안 되고 농촌에 도시자금이 들어가면 안 되고, 생각하는 게 아주 교조적이에요. 우리가 민주화에 매달려 있는 동안에 세계는 엄청나게 빠른 속도로 변해가고 있는데 그걸 따라가지 못하는 거죠.

지금도 민주정권이 안고 있는 병폐가 그렇죠. 이런 세계적인 변화는 전혀 따라가지 못한 사람들이 권력욕만 가지고 자리만 차지하고 있으니 상당히 문제가 아닌가 나는 생각을 합니다. 이 나라가 어디 서 있으며 어디로 가고 있는가에 대해서 적어도 국가를 운영하거나 거기에 참여하는 사람이라면 끊임없이 고뇌를 해야 되는데 그런 사람이 별로 많아 보이지 않아요.

YS 주변에 있던 사람도 마찬가지였죠. YS 정부에서 이 사람은 정말 능력 있는 사람을 적재적소에 썼다고 자신 있게 얘기할 만한 사람이 제대로 없어요.

김선생님과 YS의 관계는 상도동계나 일반 민주계 정치 인사하고는 질적으로 다른 관계인 것 같습니다.

나는 민주계 사람들하고 완전히 동렬에 서서 한꺼번에 어울려본 일은 없고, 내가 보기에는 이렇습니다. YS계에서 YS를 대신해서 자기 언어로 지금 우리가 왜 민주화를 해야 되느냐, 민주화가 어디까지 왔냐, 어디로 가야 되느냐를 설명할 수 있는 사람이 김덕룡 정도나 있을까, 다른 사람은 그게 없었어요. 그러니까 그냥 깃발만 들고 다니는 사람들이지요. 그럼에도 이제까지 그런 사람들이 성공할 수 있었던 것은 완전히 지역주의 덕분입니다. YS계하고 나하고는 한번도 한자리에서 토론이나 회의를 해본 일이 없어요. 그 사람들도 물론 나를 굉장히 어려워합니다. 또 YS도 민주계에 비해선 나를 어렵게 대하죠. 그거를 민주계 사람들이 알아요. 나는 민주계라는 이름으로 불려본 일도 없고 불리기를 원하지도 않고요.

진실을 기록하는 일

YS가 퇴임한 1998년 이후에 어떻게 지내셨습니까? 이런 질문에 뭐라고 답하시나요?

대충 논다고 얘길 하죠.

대충 논다. 세속적 의미에서 공적인 역할은 YS 때 교문수석이 처음이자 마지막인 것 같네요. 보통 한번 시작하면 계속하려들기 마련인데 왜 그때가 마지막이 된 겁니까?

그냥 그렇게 된 거죠. 억지로 뭘 하려고 했으면 됐을지도 모르지만.

늦게 욕심을 부리면 자꾸 내가 왕년에 말이야 하면서 뭔가를 추구하려는 분들이 주위에 많잖아요. 나는 왕년에 어쨌는데 너는 그때 뭐

한 게 있냐 하면서 계속 불평을 한다거나 한자리 요구하는 사람들도 있고요. 그런데 선생님도 그렇고, 가까이 계신 분들은 별로 그렇게 사는 분들 같지 않아요.

내가 한 일들은 어떻게 하다보니 된 거지. 내가 엄청난 철학이 있어서 그런 일을 한 것도 아니고요. 이만큼 살아왔으면 구차하지 않게 잘 살아온 거 아니에요?

물론이죠. 잘 살아왔으니까 지금 저 같은 사람도 선생님의 삶을 복원하여 도움을 받으려고 길고 긴 인터뷰를 해오면서 계속 배우고 느끼고 있습니다.

김선생님은 1960~80년대에는 민주화운동의 산파 역을 하신 데 이어, 2000년대 들어서는 그 진실을 책으로 내기도 했습니다. 하나는 『진실, 광장에 서다』라는 책인데, 민주화운동의 표준 정사 같은 도움을 주는 책이라 생각합니다. 저도 좌표 설정과 숨은 진실의 이해에 도움을 엄청 받았습니다. 다른 하나는 『이 사람을 보라』는 책인데 두권 나왔지요. 암흑의 시대를 개척하며 걸어간 사람들의 희생과 헌신을 기록한 인물 이야기인데, 엄청 재미있습니다. 『진실, 광장에 서다』 그 책은 민주화운동의 공식적인 정사 비슷하게 느껴지거든요. 1974년부터 1987년까지 가장 어려운 시기를 쓰셨는데, 전체 구성도 균형이 잘 맞고, 1차 자료 인용도 정확하게 하고 있어서 민주화운동 시기를 공부하려는 사람들에게 『진실, 광장에 서다』하고, 홍성우 변호사의 『인권변론 한 시대』 이 두권을 자주 추천합니다. 하나는 이야기가 많이 섞여 있고 하나는 전체적인 흐름을 잡아주니까 두권을 읽으면 된다고요. 먼저 『진실, 광장에 서다』는 어떻게 썼습니까?

가톨릭 쪽의 『생활성서』에 연재만 한 6년 한 뒤에 2005년에 나왔지요. 거기서 이런저런 원고를 청탁하고 그러기에 단편적인 것 말고 우리가 어떻게 여기까지 왔는지 신부님들의 기록이라든지, 민주화운동 관련해서 연재를 해보면 어떠냐고 제안을 했는데 필자가 없다는 거예요. 그쪽에서 그럼 선생님이 쓰면 어떠냐 해서 1999년 2월부터 2004년 8월까지 '역정, 민주화 30년'이라는 제목으로 6년 가까이 연재를 했지요. 나라도 증언을 하지 않으면 이걸 증언해줄 사람이 없을 거라는 생각을 했어요. 기왕 하는 김에 성실하게 하자고 마음을 먹고 한달에 한 번씩 원고지 30~35매 정도씩 썼어요. 그 잡지에 어울리는 글도 아니었는데, 다행히 6년 동안 연재를 해줘서 그런대로 정리를 할 수가 있었지요. 그리고 마지막에 책으로 묶어서 낼 때는 천주교 쪽 내용이 좀 많아서 몇개는 빼고 몇개는 새로 써서 보완을 했습니다. 사실 『진실, 광장에 서다』라는 책을 쓸 때는 꼭 하고 싶다는 생각으로 썼습니다. 그뒤의 나머지는 꼭 뭔가를 해야 한다는 생각보다는 내가 아는 것만큼은 얘기를 해야 되지 않나, 해놓고 가야 하지 않나, 이런 생각이었죠.

『진실, 광장에 서다』가 2005년에 나왔고, 『이 사람을 보라』 1권이 2012년에 나왔고, 2권은 2016년에 나왔습니다. 한 20년 동안은 주로 집필을 통해서 민주화운동의 역정을 소개하고 또 알려지지 않은 것들, 또 잊지 말아야 될 사건과 잊지 말아야 될 인물에 대한 성실한 기록이 주된 활동이었다고 볼 수 있을까요?

제대로 했다고는 볼 수 없죠. YS가 퇴임한 이후에 보필한 것들이 좀 있고, 그뒤에 굳이 한 일을 말하라면, 한국문명교류연구소의 이사장 직을 한 10년 가까이 했습니다. 창비에서도 정수일이 쓴 실크로드 관련 사전이나 도록 등 책이 꽤 나왔지요. 『소걸음으로 천리를 가다』(창비 2004)라고 옥중 편지도 창비에서 출간했고요.

아, 그래요? 정수일 선생과는 어떤 인연으로 이사장 직을 맡게 되신 건가요?

정수일 선생은 실크로드를 지리적 개념으로 보는 게 아니라 문명교류의 현장이라는 문명사적인 현장으로 보는 입장입니다. 실크로드가 특정한 길, 우리가 생각하는 중국 서안에서부터 이스탄불까지의 길만 실크로드가 아니고 그외에도 아프리카에도 실크로드가 있고, 남아메리카에도 실크로드가 있고, 세계를 잇는 실크로드가 있다는 게 정수일의 주장이에요. 또다른 하나는 새뮤얼 헌팅턴처럼 문명충돌론이 아니라 문명교류를 통해서 오히려 인간은 발전하고 성숙한다는 신념을 갖고 있고요. 나는 그 사람의 주장이 옳다고 봐요.

정수일 선생의 작업을 지금껏 창비가 밑받침을 해왔습니다. 원래는 젊은 사람들이 자발적으로 실크로드탐사 모집을 하면 거기에 편승해서 탐사를 했는데, 시간이 지나면서 한두 사람씩 모여서 탐사를 갈 게 아니라 정수일 선생을 정점으로 하는 연구소를 하나 만드는 게 어떠냐고 해서 사람들이 자발적으로 모금을 해서 한국문명교류연구소라는 사단법인을 만든 거지요. 그 모든 일을 주체적으로 수행하고 집행한 사람이 현 이사장인 장석입니다. 그런데 창립 당시 공교롭게도 어떻게 해서 그 말이 나왔는지 나한테 이사장을 하라고 해서 2018년까지 10년을 이사장직을 맡았습니다. 나는 별로 한 일은 없지만요.

나는 미국비자가 안 나오잖아요. 이란을 다녀왔다는 것 때문이래요. 지난번에 이란을 가게 됐는데, 김관용이 경상북도 도지사 시절에 경상북도의 사업 중에 하나로 경주가 실크로드의 종착점이라고 해서 이스탄불과 자매결연을 맺었어요. 실크로드를 우리나라 경주까지 연장하는 과정에서 그 안에 콘텐츠가 있어야 하니까 이 부분을 정수일과 함께 작업을 하면서 도움을 많이 받았죠. 그때 이란을 여행할 기회가 있어서 정수일 선생과 함께 다녀왔어요. 경북도에서 돈을 대서 도록도 만들고요. 『실크로드 도록』이 육로편, 해로편, 초원로편 이렇게 나왔습니다. 정수일은 실크로드 문명교류학이라는 새로운 학문을 창발했고, 이게 세계적으로 인정을 받고 있지요.

정수일 하면 한때 무하마드 깐수라고 지칭된 이슬람 문명사 전공의 학자 교수였는데, 북한의 간첩으로 처벌받아 복역한 적이 있습니다. 이슬람과 한국의 문명교류사 부분에서는 독보적인 존재이고, 석방 후에 학문적 활동에 전념하여 여러 책을 냈습니다. 선생님은 정수일 선생을 어떻게 알게 됐습니까?

정수일이 석방된 뒤에 만나게 됐는데, 그전에도 이름이야 들었죠. 정수일이 감옥에 있을 때 박원순 변호사가 변론을 맡았는데 이돈명 변호사가 박원순한테 나도 정수일을 좀 만나보고 싶다고 해서 만나기도 했다고 해요. 2000년에 석방된 후에는 정수일 선생이 이돈명 변호사의 권유로 거시기산우회에도 합류했고요. 저는 거기서 만났습니다.

정수일이 광복절 특사로 석방은 됐지만 간첩 혐의를 벗은 건 아니었어요. 우리나라 주민등록증이 없었지요. 원래 정수일의 선대가 두만강을 건너 만주로 이주했대요. 저도 그의 고향을 가본 적이 있는데 윤동주 생가 근처예요. 정수일은 용정에서 중학교를 마치고 북경대학으로 진학을 했어요. 조선족으로는 굉장한 일이었지요. 북경대학을 졸업하고는 중국 외무성에 들어가 아프리카에 파견이 됩니다. 그렇게 외교관 생활과 학문연구를 병행하던 중 1960년대에 조국으로 돌아가기로 결심을 하지요. 외교관으로 촉망되던 그가 중국을 떠나기까지는 난관이 많았던가봐요. 그러나 그의 결심이 완강해서 주은래의 만류와 회유도 뿌리치고 북한으로 왔지요. 거기서 결혼을 하고 딸 셋을 두었대요. 그런 상태로 남파되었다가 체포되었던 거지요. 석방된 뒤에 대한민국으로 국적회복을 했는데, 서울 정씨가 아닌 동래 정씨로 했습니다. 본래가 동래 정씨랍니다. 국적은 회복이 됐지만 이제 여권이 나오지 않는 거예요.

또 한때는 주민등록증이 나오지 않았어요. 주민등록증이 없으니까 제주도에서 학회를 한다 그러면 정수일은 비행기를 탈 수가 없는 거죠. 비행기가 출발하기 전에 제주도행 비행기 탑승 마지막 콜입니다 할 때 막 쫓아 들어가 타고 가서 학회에 참석하고 그랬다고 해요.

안경환 교수가 서울법대 학장 할 때부터 정수일에게 여러 방식으로 도움을 줬나봐요. 그래서 정수일 선생이 안경환 교수에 대해서는 아주 고맙게 생각을 하죠. 정수일 선생한테는 여권이 필수인데 그게 나오지 않는 거예요. 고영구 변호사가 국정원장을 할 때였는데, 내가 정수일의 여권을 내줄 수 없냐고 물었더니 국정원에서는 불가하다는 거예요. 전향도 안 했고 북에 가족도 있기 때문에 틀림없이 북한 조선중앙통

신사 부사장이었다가 귀순한 이수근처럼 탈출의 위험이 있다는 게 국정원의 판단이라는 거였죠. 물론 이수근은 나중에는 간첩 혐의가 무죄로 판결이 났지만요.

아무튼 고원장이 참모들하고 여러번 상의했는데, 정수일 모르게 사람을 붙여서 만약 탈출을 시도하면 체포하는 안도 나왔었다고 해요. 내가 고원장한테 그 얘기를 듣고는 정수일 선생한테 차마 얘기를 안 할 수 없어서 국정원 쪽의 고충을 얘기하면서 그래도 해외에 꼭 나가야 하겠느냐 물었더니 정수일이 학문연구 활동을 위해서라면 어떠한 수모와 난관도 견딜 수 있다고 하더라고요. 그러다가 고원장이 그럴 바에는 자기가 책임질 테니 내주자 해가지고 여권이 나왔어요. 그게 아마 고영구 원장 재직 때일 겁니다. 지금은 마일리지가 얼마나 할 정도로 우리나라에서 비행기를 가장 많이 타는 사람 중 한명이 됐지요.

그러저러한 인연으로 어쨌든 간에 공식적으로 연구소를 발족하게 되는데 나를 이사장 시켜야 된다고 해서 제가 이사장을 맡게 됐습니다. 원래 이사장이라는 게 돈을 내야 하는 자리인데 돈은 못 내고 자리만 차지했어요.

한국문명교류연구소의 실질적인 주도는 정수일 선생이 합니까?

한국문명교류연구소에 장석 이사장이라고 있습니다. 아주 훌륭한, 누구 말대로 참 백석정한(白皙精悍)한 사람이에요. 장석이 한국문명교류연구소 사단법인을 만들 때 5천만원을 냈어요. 정수일 선생이 남아메리카 같은 데 일주를 하려면 한두달쯤 걸리는데 그 비용이 동행들까지 포함하면 1억원 가까이 든다고 해요. 그런 비용을 장석 이사장이 밑받침했고요. 지금은 경북도 같은 데서 도움을 받아가지고 문명교류연구소 업적이 되는 학문적인 축적도 쌓아가고 있지요. 장석이 현재 정식으로 이사장이 돼가지고 잘 이끌어주고 있습니다.

시대를 증언한 글을 쓰거나, 인물의 숨은 역사를 드러내는 작업, 그리고 편집가적 역할에 대한 작업을 멈추지 않고 있는 것 같습니다. 그런 작업 중에 스스로 자부심을 느낄 만한 것도 소개해주시지요.

그럼 책 편집 이야기를 하나 할까요. 맞습니다. 내가 살아오면서 잘했다고 생각하는 일이 두가지 있습니다. 그중에 하나가 1982년 이돈명 변호사 회갑문집을 낸 일이에요. 추기경하고 이돈명 변호사가 동갑인데 그때만 해도 우리 중에서는 제일 연장자셨고, 회갑잔치도 할 때였거든요. 우리 사회와 나라를 위해서 이 정도 헌신을 한 분들에 대해 어떤 형태로든 사회적 보답이 있어야 되지 않나 생각했어요. 당시 두레출판사를 하고 있던 정태기와 상의를 해서 책을 내기로 하고 이돈명 변호사의 회갑문집을 냈지요. 명동성당에서 회갑잔치도 하고요.

또 하나는 헌쇠 박중기의 『헌쇠 80년』이라는 책을 낸 일입니다. 박중기는 1964년에 감옥에서 처음 만났어요. 그분은 1차 인혁당 사건으로 감옥에 들어왔는데 겨울에 발에 동상에 걸려가지고 발을 잘라야 할지도 모른다는 얘기를 들었습니다. 교도소에는 간병부(看病夫)라고 교도소 안에서 의사 대신 약도 나눠주고 간병을 하는 사람이 있습니다. 당시 간병을 권찬식이라는 사람이 맡았는데 권찬식은 박림항 반혁명 사건으로 교도소에 들어와 있었어요. 들리는 말로는 한강 교각 사이로 비행기를 운전할 수 있는 전설적인 사람이라고 하더라고요. 나중

편집을 주도했던 책들. 왼쪽부터 『헌쇠 80년』 『범하 이돈명 선생 화갑 기념 문집』 『심당 이병린 변호사 문집』.

에 출소한 뒤에는 나와서 장준하가 국회의원을 할 때 보좌관도 했다고 합니다. 아무튼 권찬식을 통해서 박중기의 동상 얘기를 듣고는 발이 잘리면 어쩌나 걱정했던 기억이 납니다.

박중기가 인혁당 관계자인데도 불구하고 1974년 인혁당 재건위 사건에 휘말리지 않은 건 유신 선포 이후 학생들의 반독재 활동을 지원했다는 혐의로 그 전에 구속 수감이 돼 있었기 때문입니다. 당시에 이재오, 최동전 등이 공범으로 감옥에 갔었지요. 만약 그때 감옥에 안 들어갔으면 박중기는 인혁당 재건위 사건으로 처형당했을지 몰라요. 당시 정보부에서 사람들을 잡아넣는 기준은, 사회적 관계가 넓지 않아서 잡아넣어도 딱히 문제가 없다고 판단한 사람들 위주로 죽이고 그랬단 말이에요. 박중기는 거기에 딱 해당되는 사람이었고요. 그런데 2차 인혁당을 박중기를 넣어서 조작을 하려고 해도 그 당시 감옥에 있었으니까 시간상 아귀가 맞지 않는 거죠.

박중기는 본인이 그 사건을 피해간 걸 굉장히 죄스럽게 생각했어요. 그래서 이후 평생을 인혁당 사람들의 가족들을 도우면서 살았지요. 가족들 보증을 섰다가 자신이 신용불량자가 된 적도 있고요. 사업을 좀 했는데 돈이 생기면 전부 이수병 아들, 김용원 아들 등 그 사람들 생활비와 학비로 다 내어줬습니다. 박중기는 거시기산우회 멤버이기도 합니다. 박중기가 1934년생인데 2013년에 팔순을 맞아서 『헌쇠 80년』 책을 내고 출판기념회를 했어요.

박중기 선생은 밀양 사람인데 김원봉 신원을 위해서 제일 많이 애쓰는 사람 중 한명이에요. 현재는 민족민주열사·희생자 추모단체 연대회의 명예의장을 맡고 있는데, 2016년에 제11회 임창순상을 수상했어요. 상금으로 2천만원인가를 받았는데 그 돈으로 밀양에 김원봉 선생의 위업을 현창하고 기리는 일에 쓰겠다고 하더라고요. 가족들은 상금을 타면 다만 얼마라도 생활비로 내놓을 줄 알았을 텐데, 막상 한푼도 내놓지 않자 섭섭할지 모르겠습니다. 지금도 제가 형님으로 모시는 몇 안되는 사람 중의 한분으로 가끔 만나고 있습니다. 세상에 널리 알려져 있지는 않지만 참 배울 것이 많은 분입니다. 인혁당 재건위 사건으로 사형당한 분들의 자제분들에게는 아버지 노릇을 했고, 일생을 그렇게 남의 뒷바라지만 하며 살았습니다.

또 하나 굳이 더 말씀드린다면 『심당 이병린 변호사 문집』(두레 1991)을 낸 일입니다. “변호사는 사회정의를 실현하는 자이며, 자유와 진리를 사랑하는 자이며 사회개선을 위하여 노력하는 자”라고 하면서 자신이 몸소 그 길을 가신 변호사의 사표였고 우리가 말하는 인권변호사의 효시이자 영수격이셨던 이병린 변호사의 문집을 선생의 말씀과 유고를 모아 출판했던 것을 매우 자랑스럽고 보람 있는 일로 생각하고 있습니다.

감사합니다. 대담을 통해서 민주화운동의 살아있는 역사도 배우고, 저명인사의 앞뒤 얘기도 듣고, 그만큼 유명하진 않아도 진정으로 헌신하는 분들의 일화도 듣고, 민주화운동의 네트워킹을 들으며 인물지도를 죽 그려낼 수 있을 것 같기도 합니다. 어려웠던 시절의 소중한 삶들을 회고하면서, 그뒤에 펼쳐진 정치적 사회적 행적에 오염되지 않고, 그 시절을 제대로 바라볼 수 있기를 바라는 마음도 있고요. 온갖 가시밭길 속에서도 발걸음을 흩트리지 않고, 진실을 기획하고, 진실을 써서 전파하여, 사람의 양심을 울리고, 시대를 변화시키는 한 모델을 봅니다. 그동안 수고 많으셨고, 감사드립니다.

한교수가 이끌어 물어봐줘서 먼 길 함께 여기까지 올 수 있었습니다. 물어주지 않으면 차마 내세워 말하기 어려운 얘기도 끌려서 하게 된 경우도 많았습니다. 나보다 더 이 대담에 세심한 신경을 써주셨습니다. 우선 대담을 마칠 수 있게 된 것을 한교수께 치하드리고 싶습니다. 정말 수고 많으셨고, 감사합니다.

생각해보면 민주화의 긴 여정에서 너무나 많은 사람들에게 피해를 주고, 폐를 끼치고 또 도움을 많이 받았습니다. 그런데 한번도 그분들께 미안하다거나 고맙다거나 감사하다는 말씀을 못 드린 것 같습니다. 늦었지만 그 모든 분들께 죄송스러웠고 또 미안하다는 말씀과 함께 두루 감사의 인사를 드리고 싶습니다. 죄송했습니다. 그리고 정말 감사합니다.

발문

김정남 선생의 '민주주의와의 동행'을 기록하며

2018년 가을에 함세웅 신부의 시대증언을 담은 『이 땅에 정의를』 출판기념회가 있었습니다. 정동 프란치스코 교육회관에 운집한 분들을 보니, 민주화운동의 뜨겁던 그 시절로 순간이동 한 느낌이었습니다. 당일 행사를 진행하면서, 1987년 박종철 고문치사의 진상을 폭로하기까지 결정적 역할을 한 분들을 단상으로 모셨습니다. 옥중 메모를 쓴 이부영 선생, 성명서를 작성한 김정남 선생, 명동성당 발표에 관여한 함세웅 신부, 이 세분이 단상에 나란히 섰습니다. 그때 누군가 쪽지를 건네주었습니다. 감옥 안과 바깥을 연결했던 전직 교도관들이 와 계신다는 것이었습니다. 전병용, 한재동 두 분입니다. 잠시 소개해드리긴 했는데, 나란히 모셨더라면 더욱 좋지 않았을까 하는 아쉬움이 남았습니다.

그 즈음에 창비 측은 또다른 구상을 타진했습니다. 바로 김정남 선생의 민주화운동 역정을 대담으로 정리하자는 것이었습니다. 선생은 제가 앞서 대담한 두 책에도 여기저기 등장합니다. 홍성우 변호사와의 대담 『인권변론 한 시대』에서 선생은 보이지 않은 주인공처럼 계속 등장합니다. 함세웅 신부와의 대담집에서도 선생은 마치 씨줄과 날줄처럼 정의구현전국사제단과 엮여 있습니다. 두분은 대담 과정에서 자주 "자세한 경위는 김정남 선생이 알 거야"라고 했습니다. 이토록 선생은 1970~80년대 민주화 운동에서 중심입니다. 홍성우 변호사는 선생을 일컬어 '재야 민주화운동의 막후 비밀병기' '민주화운동의 대부' 더 나아가 '제1공헌자'라고까지 했습니다. 김수환 추기경은 선생을 일러 "그의 발길이 미치지 않고 그의 손길이 닿지 않은 민주화운동이 없었다. 그러나 한번도 자신을 드러내지도 않았고, 또 내세운 일도 없었다"(『진실, 광장에 서다』 추천의 글)라고 했습니다.

이러니 민주화운동과 인권운동에 대한 저의 정리 작업은 어쩌면 선생과의 심층대담을 통해 일단락되어야 하지 않을까 예감하고 있었습니다. 이런 제 심정을 아는 창비 측에서 선생과의 대담을 후속 과제로 맡기려 한 것입니다. 창비는 일찍부터 김정남의 민주화 역정의 비중을 알고 작업하려고 했지만, 선생은 자신이 주인공이 되는 그런 기획에 대해서 손을 내젓고 있던 차였습니다. 그러던 선생이 한 아무개라면 할 수 있겠다는 정도의 반응까지 얻어내어, 저와의 만남이 주선된 것이었습니다.

김정남 선생과의 본격대담은 더없이 소망하는 바였습니다. 다만 그 시점에 저로서는 교수직을 휴직하면서 다른 공직에 전념하던 터라 시간을 쪼갤 여력이 없었습니다. 하지만 이토록 귀한 제안을 피하기도 송구스럽기 그지없고 또 아쉬운 일이었습니다.

사정을 두루 헤아린 창비에서 대담 정리와 자료 확인을 전적으로 뒷받침하겠다고 나섰습니다. 그래도 저는 시간을 집중시킬 여건이 되지 못해 고민이 되었습니다. 다른 한편 이 귀중한 작업을 누군가와 함께하고 싶기도 했습니다. 주위로부터 정치학을 전공하는 서현수 박사와 공동대담을 추진하면 좋을 것이라는 권유를 받아 조심스레 타진하니, 서박사는 기꺼이 수락해주었습니다. 다만 그의 학업사정상 핀란드에 체류할 때에는 페이스북 화상회의를 통해 함께 대담을 진행했습니다. 모든 실무 준비는 창비의 윤동희 편집자가 챙겨주었고, 성균관대 박사과정 박정근 씨가 초벌 정리를 지원했습니다. 이렇게 2018년 12월부터 2019년 3월까지 매주 토요일 오후에 3시간 이상 창비 사무실에서 대담을 진행하고, 이후 수시로 만남을 통해 보완했습니다.

김정남 선생의 민주화운동 관여는 40년에 걸칩니다만, 그의 독보적 역할이 뚜렷해지는 것은 1970년대 초반부터 1980년대 후반까지입니다. 선생은 재야 민주화운동의 길을 개척하면서 독재하의 인권 탄압과 민주화운동의 실상을 널리 전파하고, 그 한 방법으로 국제적 연대망까지 조직합니다. 어려운 국면일수록 창의적인 기획을 통해 타개했고, 민주화 인사들을 지원하고 보호하고자 선한 손길들을 연결했습니다. 우리의 민주화운동에서 선생은 으뜸가는 타개자였고, 가장 신뢰할 수 있는 메신저였습니다. 대담자로서 저는 문제를 기묘하게 풀어나가는 방법과 디테일에 더욱 주목했습니다.

선생은 시대정신을 녹여낸 당대의 문장가였습니다. 인권변호사들의 변론서, 정의구현사제단의 각종 성명서를 비롯하여 민주화운동에 관련된 상당수의 문건이 선생의 손으로 쓰여졌습니다. 선생의 손길은 정치인들의 이름으로 나온 각종 문건에도 미쳤습니다. 해외에서 공표된 한국 인권침해의 자료 중에는 선생이 집필과 반출까지 지속적으로 관여한 것들이 적지 않습니다. 이번 대담과정에서 선생이 보관하고 있던 육필 초고들을 살펴보면서, 집필 당시의 긴장감과 진정성을 생생하게 느낄 수 있었습니다.

민주화운동에서 김정남 선생은 늘 누군가와 함께했습니다. 그가 접촉하고 상의했던 인물을 나열하면 한국현대의 민주화운동 인물열전이 되고도 남을 것입니다. 그의 열전 속에는 옥중에서 알게 된 교도관들도 있고, 탄압받는 민주인사들의 어머니와 자매들의 사연도 있습니다. 성직자, 변호사, 운동가, 언론인, 협객, 정치인 등 여러 인물이 다채롭게 등장합니다. 민주화 이후 선생은 잘 드러나지 않은 민주화 인사들의 행적을 증언하는 집필 작업을 자신의 소임으로 삼고 있습니다.

가장 폭압적인 독재시기에 선생은 민주화운동의 최전선에 있었음에도 잘 드러나지 않았고 구금을 피할 수 있었습니다. 아슬아슬한 위기 속에서도 그의 가치를 아는 분들이 그를 지켜내려 애썼습니다. 그는 자주 힘든 도피생활을 했지만 포기하지 않았고, 다른 사람들의 도피행을 알선하고 때로는 자금 지원하는 짐까지 떠맡았습니다. 한마디로 선생은 때와 곳을 마다하지 않았습니다.

이 책은 김정남 선생의 민주화운동 일대기라 할 만하지만, 개인의 전기에 머무르고자 하지 않습니다. 우리 민주화운동이 몇몇의 영웅적 활동의 산물이 아니라 신변의 위협을 무릅쓰고 용기와 지혜를 짜낸 의인들의 연대로 만들어진 결정체임이 선생의 증언을 통해 저절로 드러납니다.

대담 도중에 선생이 자주 되뇐 말은 "그땐 매우 두려웠다"는 것과 "너무 죄스럽다"는 것이었습니다. 혹독한 시절인지라 두려웠다는 심정은 당연합니다. 실제로 민주화운동에 관여하면서 인생 행로가 바뀌거나 혹독한 고초를 겪고 심신의 상처로 신음하거나 그로 인해 일찍 돌아가신 분들도 적지 않습니다. 민주화가 된 뒤에도 제대로 알려지거나 인정받지 못한 채 계신 분들도 적지 않습니다. 그분들을 언급할 때마다 선생은 죄스럽다고 했습니다. 그러나 대담자로서 저는 그런 죄책감이나 부채감의 토로에 대해서 가끔 이의를 제기했습니다. 오히려 그들은 선생과의 인연으로 인하여 민주화운동에 가치있는 기여를 할 기회를 얻은 면도 있고, 개개인의 결단은 스스로부터 솟아나온 정의감과 연대감에서 비롯된 것으로 존중되어야 한다고 반론했습니다.

대담자의 입장에서 이 책은 민주화운동 3부작의 완결인 셈입니다. 처음 홍성우 변호사와의 대담에서는 '인권'을, 함세웅 신부와의 대담에서는 '정의'를 주제어로 도출할 수 있었습니다. 제가 보기에 김정남 선생의 주제어는 '진실'입니다. 우리 민주화운동의 가치체계도를 만든다면 인권, 정의, 진실의 세 키워드를 중심으로 그릴 수 있겠다 싶습니다. 그래서 이 책의 제목으로 처음 떠올린 것은 '진실을 쓰다'였습니다. 민주화운동의 심층에 있던 진실을 드러낸다는 의미도 있고, 독재정권의 허위와 공작에 맞서 실체적 진실을 규명하고 이를 절실하게 전파해온 김정남 선생에게 어울리는 제목이란 생각이었습니다. 특히 선생은 수많은 역사적 문건을 직접 집필하였기에 '쓰다'라는 동사가 더욱 적확하다고 생각했습니다.

그런데 책 제목으로는 감이 잘 오지 않는다는 반론에 접하게 되었습니다. 거듭 생각해보니, 선생이 반군정-반독재를 위한 민주화운동에서 필요로 하는 곳곳에 있었고, 거기서 자신을 드러내지 않고 창의적으로 기획해낸 점을 살리는 편이 어떨까 싶었습니다. 그야말로 그의 손길, 발길이 미치지 않는 민주화운동이 없었다고 할 만한데, 특히 결정적인 국면일수록 선생의 역할이 막중했기 때문입니다. 그리하여 '그곳에 늘 그가 있었다: 민주화운동 40년 김정남의 진실 역정'을 제목으로 삼았습니다.

책이 나오기까지 여러 이들의 노고가 있었습니다. 창비에서는 윤동희 선생이 준비와 방향을 잡아주었고, 홍지연·박주용 편집자가 초고를 다듬고 본격적인 편집과 마무리까지 해주셨습니다. 대담은 처음엔 한인섭이 주도하고 서현수가 관여했지만, 여러 사정으로 정리작업을 한인섭이 전담하게 되어 대담자는 한인섭으로만 표기하게 되었습니다.

우리의 민주화운동에서 김정남 선생은 진실을 통해 어둠을 타개하고, 세상을 바꾸었습니다. 오늘날 민주화운동의 유산이 폄훼되기도 하고 이후 자리를 탐하는 세태에 대한 냉담함도 없지 않습니다만, 개개인의 이후 행적과는 상관없이 민주화운동의 투쟁과 고난의 행적 그 자체에 집중하고, 드러나지 않은 인물들을 온전히 복원하는 작업은 꼭 필요한 일입니다. 이 책을 통해 당시의 초심과 열정을 생생하게 느낄 수 있으면 하고 바랍니다. 그 초심 속에 녹아들어 있는 인권, 정의, 진실을 향한 노력은 어느 시대, 어느 나라에나 재활성화되어야 할 보편재이기에 말입니다.

리영희 선생은 김정남 선생을 일러 "어두운 시기의 얼굴없는 위대한 투사"라고 했습니다. 편집하면서 보니 1970~80년대에 선생의 사진이 거의 없었습니다. 그야말로 얼굴 없이 산 셈이지요. 월급 받는 자리나 명함도 없었습니다. 그렇게 많은 글을 썼음에도 당시에 그의 이름으로 나온 글도 없습니다. 그러니 세속적으로 선생은 무존재에 가까웠을지 모르지만, 무(無)에서 유(有)를 만들어냈고, 어쩌면 천개의 바람처럼 곳곳에 있었습니다. 민주화 이후에도 그는 자신의 발걸음을 흩트리지 않았습니다. 그같은 인물은 유례를 찾기도 어렵기에, 누구에 비견하기도 어렵습니다. 그에 대한 소개는 다른 인사들의 증언에서 가끔씩 나타나지만, 그건 늘 단편적이었습니다. 이 대담 정리를 통해, 우리는 선생이 타개해간 민주화 역정을 온전하게 알면서 충분히 체감할 수 있기를 바랍니다. 마무리하면서, 긴 대담 내내 참고 있던 한마디 말씀을 맺고자 합니다.

"김정남 선생님, 정말 고맙습니다."

2020년 10월

한인섭

김정남 연보

• 주요 사건

1942년 7월 8일(음력)	• 대전시 회덕에서 출생하다.
1958년	• 대전중학교를 졸업하고, 대전고등학교에 입학하다.
1960년 3월	• 대전고등학교 학생들이 주도한 3·8민주의거에 참여하다.
1960년 4월 19일	• 4·19혁명
1961년 4월	• 대전고등학교를 졸업하고 서울대학교 문리과대학 정치학과에 입학하다. 대학 입학 후에 학내언론 『세 세대』 기자로 활동하다.
1961년 5월 16일	• 5·16군사쿠데타
1962년 6월	• 한미행정협정 체결 촉구 시위 참여하다.
1963년	• 군정연장 결사반대 시위에 참여하다. 4·19혁명 3주년을 맞아 제4선언문을 작성하다.

1964년 3월	• 한일협정에 반대하는 6·3학생운동에 주도적으로 참여하다.
1964년 7월~1965년 3월	• 6·3학생운동과 불꽃회 활동으로 구속·수감되다.
1964년 8월	• 1차 인혁당 사건
1966년 2월~1967년 6월	• 서울대 정치학과를 졸업한 뒤 공화당 국회의원 오상직의 집에서 숙식하며 보좌 활동을 하다.
1968년 4월 3일	• 서울사대 독서회 사건
1969년~1970년	• 생업으로 리어카에 채소를 실어 판매하다 그만두고 잡지 『재정』와 『비즈니스』 편집장으로 일하다.
1969년 9월 14일	• 삼선개헌
1969년 10월 9일	• 친구 신홍범의 동생 신은경과, 가족과 가까운 친지들만 참석한 가운데 결혼식을 올리다.
1969년 12월 30일	• 장녀 은정 출생하다.
1970년 6월~1971년 2월	• 서울사대 독서회 사건으로 구속·수감되다. 교도소에서 전병용 교도관을 처음 알게 되다.
1971년	• 광고회사 '코리아마케팅'에서 기획 업무를 맡아 일하다. 신민당의 초선 국회의원 신상우의 비공식 보좌관 역할을 하면서 8월 10일에 발생한 광주대단지 사건의 대정부질문 준비에 참여하다. 차녀 은령 출생하다(1.11).
1972년 10월 17일	• 10월 유신
1974년 4월	• 민청학련 사건
1974년	• 지학순 주교 구속 후 옥바라지 및 구명운동을 하

면서 천주교정의구현전국사제단(사제단)과 인연을 시작하다. 김수환 추기경과 처음 만나다. 송영순과 편지 교환을 시작하다. 민주회복국민선언(11.27)과 민주회복국민회의 발족(12.25)을 주도하다. 인혁당 재건위 사건 관계자 구명운동에 나서다. 최종길 교수 고문치사 사건을 사제단 이름으로 폭로하다(12.10, 12.18). 장기표 조영래의 수배생활을 돕다.

1975년

• 민주회복국민회의 이름으로 양심선언운동 제창(2.3)을 주도하다. 인혁당 사건의 진상을 조사하고 사건 관련 사제단 성명서(2.24 발표)를 작성하다. 『기독교사상』 5월호에 발표된 지학순 주교 양심선언문 집필을 기초하다. 김지하 구명운동과 양심선언문 작성 및 반출을 기획하고 주도하다. 김지하의 원주 집에서 「타는 목마름으로」 등의 김지하 작품과 기록을 발굴하다. 김근태 유영표 신동수 손학규 등의 도피를 조력하다. 3녀 은화 출생하다(7.2).

1976년

• 원주선언(1.23)과 3·1민주구국선언으로 재야운동의 통합을 이루는 데 일익을 맡다. 김지하 양심선언 사건 재판 변론요지서를 작성하다.

1977년

• 민주구국헌장(3.22)과 「민주구국헌장의 길」을 작성·발표(1차 4.15, 2차 4.19)하고 민주구국헌장 서명운동을 주도하다. 민주구국헌장 서명운동이 일

본, 미국, 유럽 등 해외 교민 사회로 확산되다.

1978년 • 조영래의 『전태일 평전』 원고를 일본에 보내 출간하다. 송기숙 등이 연루된 우리의 교육지표 사건 재판 변론자료를 정리하고 재판에 참관해 과정을 기록하다. 사제단, 자유실천문인협의회 등으로 구성된 김지하 구출위원회에 참여해 '김지하 문학의 밤' 행사를 열다(12.21).

1979년 10월 • 부마항쟁(16~20일). 중앙정보부장 김재규가 대통령 박정희를 저격(26일).

1979년 • 김영삼 신민당 총재 당선수락 연설문을 작성하는 등 김영삼의 정치활동에 비공식적으로 참여하고 상도동 자택에 주기적으로 방문해 토론하다. 오원춘 사건 변론자료를 정리하다. 김재규 구명운동을 시작하다.

1980년 5월 18~27일 • 5·18광주민주화운동

1980년 • 신군부의 광부 학살을 증언하는 문건들을 일본 가톨릭정의와평화협의회 등으로 보내다. 김영삼의 『나와 내 조국의 진실』 집필에 참여하다. 김태홍의 도피를 조력하다. 민주한국당 창당에 참여하다.

1981년 • 학림사건 재판에서 변호인을 도와 변론요지서와 증인신문 사항을 작성하다. 한울회 사건 변론을 돕다. 금강회 사건, 아람회 사건을 세상에 알리다.

1982년 • 부산미문화원 방화사건 재판 변론요지서를 작성하다. 오송회 사건 변론을 돕다. 『범하 이돈명 선생 화갑 기념 문집』을 엮다.

1983년	• 김영삼이 단식투쟁 전후로 발표한 글 「국민에게 드리는 글」「단식에 즈음하여」 등을 작성하다. 김대중과 김영삼이 함께 발표한 「8·15 공동성명」을 작성하다.
1984년	• 4녀 은빈 출생하다. 천주교회 신자로 영세를 받다. 한국 천주교 200주년 기념행사에서 사회 담당 위원을 맡다. 민주화추진협의회 발족 성명인 「민주화투쟁선언문」을 작성하다. 지학순 주교의 강론집 『정의가 강물처럼』을 엮다.
1985년	• 서울미문화원 점거사건 재판의 변론요지서를 작성하다. 사제단의 활동을 종합하고 평가한 『한국 천주교회의 위상』 정리를 맡다.
1986년	• 민주언론운동협의회 및 사제단과 함께 보도지침 사건을 폭로하다. 견진성사를 받다. 이부영에게 고영구 변호사 댁을 알선하다.
1987년 1월 14일	• 박종철 고문치사 사건
1987년	• 이부영 도피방조와 범인은닉 혐의로 수배되다. 이부영의 옥중편지를 받고 사제단과 함께 박종철 고문치사 사건을 폭로하다(5.18). 성명서 「박종철군 고문치사 사건의 범인이 조작되었다」를 작성하다. 6·29선언에 즈음하여 수배에서 해제되다.

1987년	• 6월항쟁 및 직선제 선언(6월), 개헌 국민투표(10.27), 제13대 대통령선거에서 노태우 후보 당선(12.16)
1988년 5~12월	• 평화신문 편집국장(대리)로 일하다. 최종선의 양심선언문, 서준식의 옥중 편지, 신영복의 『감옥으로부터의 사색』, 이태의 『남부군』, 리영희-릴리 대사의 공개 논쟁, 재일교포 간첩단 사건 등을 평화신문에 게재해 사건 공론화와 역사의 수레바퀴에 치인 사람들의 이야기를 알리다.
1989년	• 고영구 변호사를 재야 범민주 후보로 하는 영등포을 재보궐선거운동에 참여하다.
1991년 6월	• 『심당 이병린 변호사 문집』을 엮다.
1992년 12월 18일	• 제14대 대통령선거에서 김영삼 후보 당선
1993년	• 김영삼 대통령 취임사 준비에 참여하다. 청와대 교육문화수석(1993.2~1994.12)으로 일하면서 취임 100일 기념 기자회견문, 금융실명제 특별담화문, 5·18광주민주화운동 관련 담화문 등을 작성하다.
1994년	• 교육예산 5% 확보, 전국교직원노동조합 소속 해직교사 복직, 교육개혁위원회 구성, 2002년 월드컵 유치, 조선총독부 건물 철거 등을 주도하다.
1998년	• 한국문명교류연구소 이사장에 취임하다(~2018).
1999년 2월~2004년 4월	• 『생활성서』에 「역정, 민주화 30년」을 연재하다.
2003년	• 김수환 추기경 연두회견문을 작성하다. 『4·19혁

명』을 출간하다.

2004년 • 『영원한 재야, 대인 홍남순』을 엮다.

2005년 • 연재 「역정, 민주화 30년」을 바탕으로 『진실, 광장에 서다』를 출간하다. 송두율 국가보안법 사건 재판 변론요지서를 작성하다.

2007년 • 박종철 고문치사 사건을 다룬 『우리는 결코 너를 빼앗길 수 없다』를 출간하다.

2012년 • 주요 민주화 인사들의 활동을 기록한 『이 사람을 보라』(1권)를 출간하다.

2013년 • 인혁당 사건 관계자 박중기 선생의 팔순을 기념해 『헌쇠 80년』을 엮다.

2016년 • 『이 사람을 보라』 2권을 출간하다. 현충원 김영삼 대통령 묘소의 '김영삼 민주주의 기념비' 비문을 쓰다.

김정남(金正男)

1942년 대전 회덕에서 태어나 대전고등학교와 서울대 문리대 정치학과를 졸업했다. 1960년대 이래 40여년간 재야 민주화운동을 막후에서 뒷받침해오면서 민주화운동 방향 설정 및 지도부 결성에 직간접적으로 참여했으며, 1975년 민주회복국민회의를 통하여 양심선언운동을 제창했다. 각종 성명서 작성, 구속인사 변론자료 준비와 구명운동, 구속자 가족에 대한 지원, 해외 지원세력과의 연대, 수배자 은신처 마련과 수발 등에 헌신했다. 특히 1987년 박종철 고문치사 사건이 조작되었다는 사실을 천주교정의구현전국사제단과 함께 폭로함으로써 6월항쟁이 폭발적으로 전개되는 데 기여했다. 1988년 평화신문 편집국장으로 창간에 참여했고, 문민정부 시절 청와대 교육문화사회수석비서관을 역임했다. 지은 책으로 『4 · 19혁명』 『진실, 광장에 서다』 『우리는 결코 너를 빼앗길 수 없다』 『이 사람을 보라』(전 2권) 등이 있고, 이밖에 민주화운동과 관련된 많은 문서와 저작을 정리 · 편집했다.

한인섭(韓寅燮)

서울대 법학전문대학원 교수. 한국형사정책학회장, 서울대 인권센터장 등을 역임했고, 사법개혁과 법학교육을 관장하는 여러 위원회에서 개혁의 제도화에 힘썼다. 현재 한국형사정책연구원장으로 일하고 있다. 지은 책으로 『가인 김병로』 『식민지 법정에서 독립을 변론하다』 『5·18 재판과 사회정의』 『형벌과 사회통제』, 민주화운동에 관한 심층대담으로 『인권변론 한 시대』 『이 땅에 정의를』이 있다.

그곳에 늘 그가 있었다

민주화운동 40년 김정남의 진실 역정

초판 1쇄 발행 / 2020년 10월 5일

지은이 / 김정남 한인섭
펴낸이 / 강일우
책임편집 / 박주용 홍지연
조판 / 황숙화
펴낸곳 / (주)창비
등록 / 1986년 8월 5일 제85호
주소 / 10881 경기도 파주시 회동길 184
전화 / 031-955-3333
팩시밀리 / 영업 031-955-3399 편집 031-955-3400
홈페이지 / www.changbi.com
전자우편 / nonfic@changbi.com

ISBN 978-89-364-8673-0 03340